U0941027

2021

北京门头沟年鉴

BEIJING MEN TOUGOU NIANJIAN

门头沟区档案史志馆
门头沟区地方志编纂委员会 编

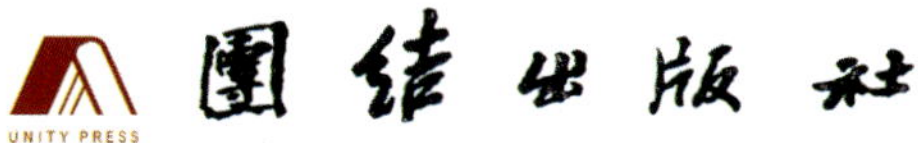

图书在版编目（CIP）数据

2021北京门头沟年鉴 / 门头沟区档案史志馆，门头沟区地方志编纂委员会编 . -- 北京 : 团结出版社，2021.12

ISBN 978-7-5126-9148-3

Ⅰ . ① 2… Ⅱ . ①门… ②门… Ⅲ . ①门头沟区 — 2021 — 年鉴 Ⅳ . ① Z521.3

中国版本图书馆 CIP 数据核字 (2021) 第 226725 号

书　名： 2021 北京门头沟年鉴

出　版： 团结出版社
（北京市东城区东皇城根南街 84 号　邮编：100006）
电　话：（010）65228880　65244790
网　址： http://www.tjpress.com
E-mail： 65244790@163.com
经　销： 全国新华书店
印　刷： 北京市鑫山源印刷有限公司
装　订： 北京华彩益立印刷设计有限公司

开　本： 185mm×260mm　　16 开
字　数： 850 千字
印　张： 29.75 印张
版　次： 2021 年 12 月第 1 版
印　次： 2021 年 12 月第 1 次印刷

书　号： 978-7-5126-9148-3
定　价： 118.00 元

北京市门头沟区地方志编纂委员会

《北京门头沟年鉴》编辑部

《北京门头沟年鉴》评审专家

10月19日，区抗击新冠肺炎疫情巩固防控成果阶段总结推进会召开（区委宣传部　供图）

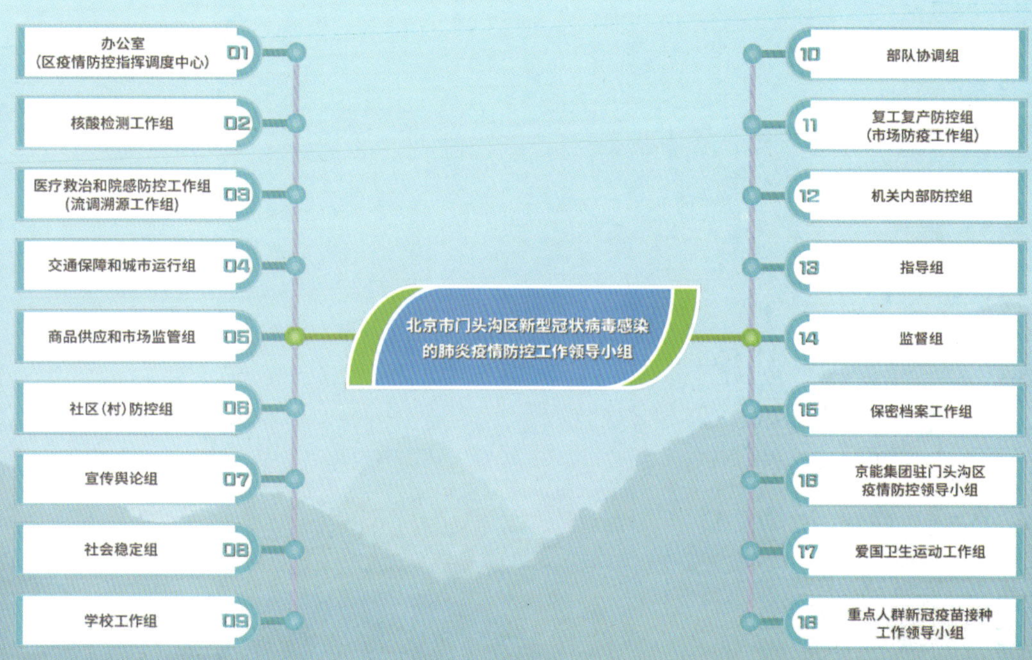

12月31日，门头沟区新型冠状病毒感染的肺炎疫情防控工作领导小组组织结构图（宫林　制图）

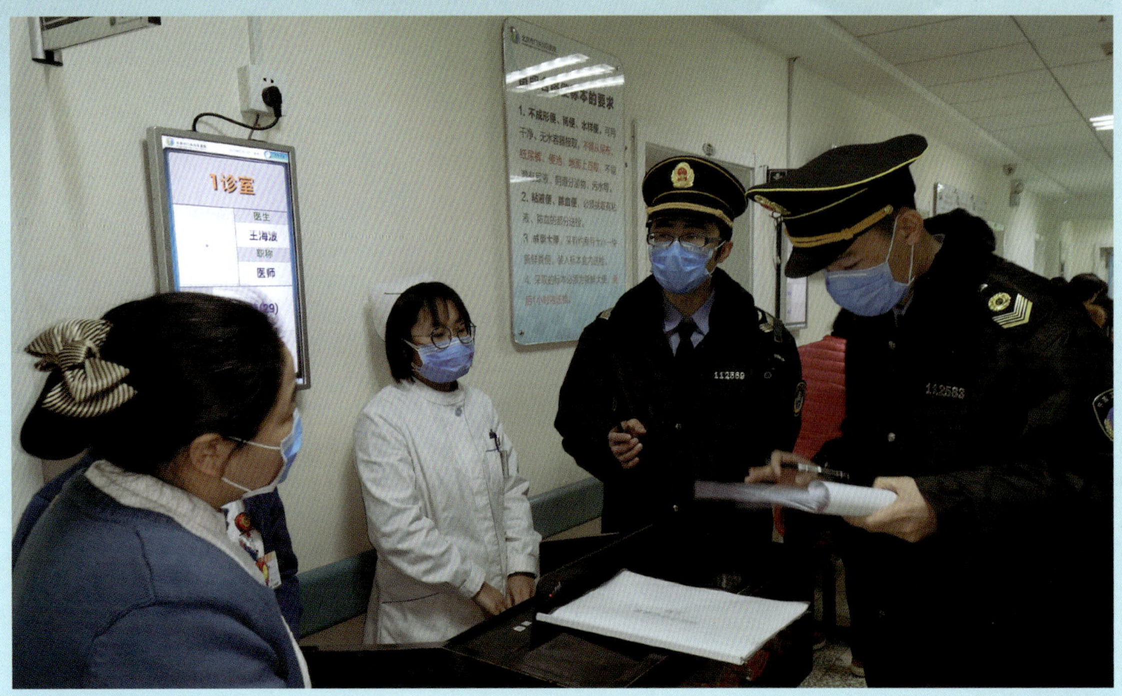

1 月 15 日，区卫生健康监督所到区医院监督检查疫情防控工作（区卫生健康监督所　供图）

1 月 31 日，龙泉镇东南街社区健康服务站组织社区返京人员登记（《京西时报》 供图）

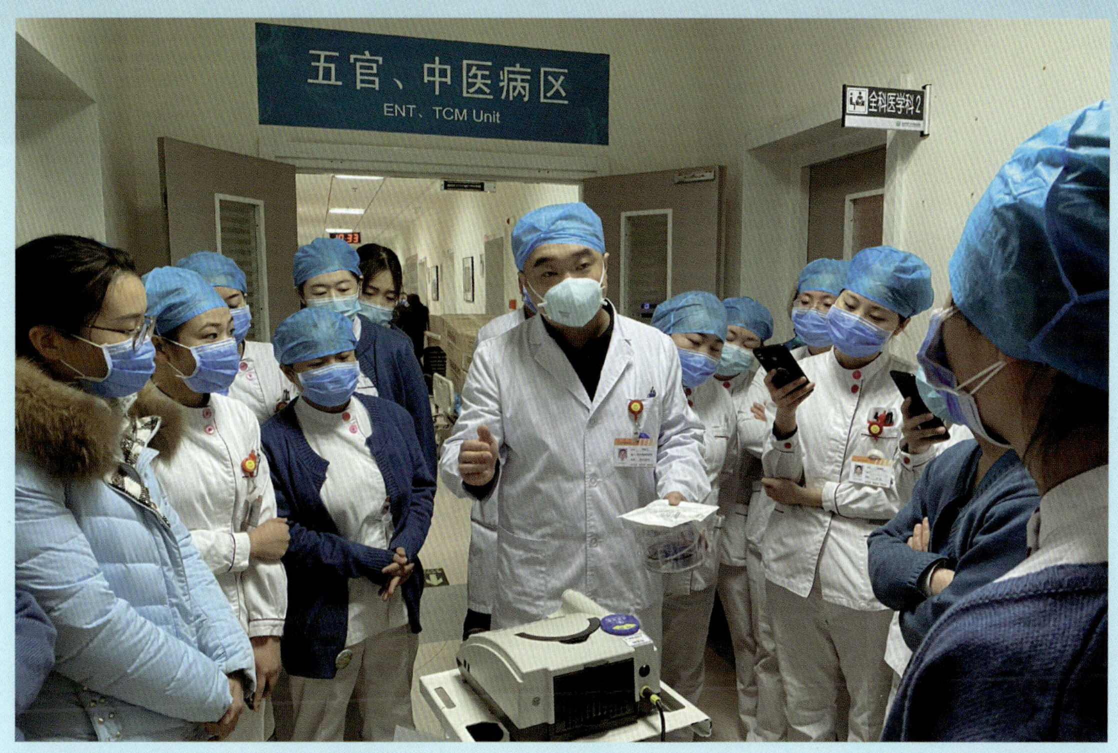

2月2日，区医院新冠肺炎疑似和确诊病例收治病房医务人员参加培训（区融媒体中心　供图）

2月6日，下沉干部与社区工作者在军庄镇惠通新苑社区机动车卡口为进入社区的乘车人员测量体温（《京西时报》 供图）

2月9日，门头沟区在中关村门头沟园开展“敲门行动”（王洪福　摄）

2月12日深夜，位于区疾病预防控制中心隔离区内的疫情处置组开会研究流调工作（区委宣传部　供图）

2月13日，门头沟蓝天救援队在龙泉镇三家店水闸西路社区开展义务消毒杀菌（《京西时报》 供图）

2月26日，区委组织部组织首批火线入党同志线上宣誓（区委宣传部　供图）

2 月 27 日，龙泉镇龙门新区二区社区在返京居家观察居民户外粘贴温馨提示牌（《京西时报》 供图）

2月，双峪农副产品批发市场设立新冠肺炎疫情防控卡口（《京西时报》 供图）

2月，顾客在永定镇甄选生活超市结账时保持一米距离（《京西时报》 供图）

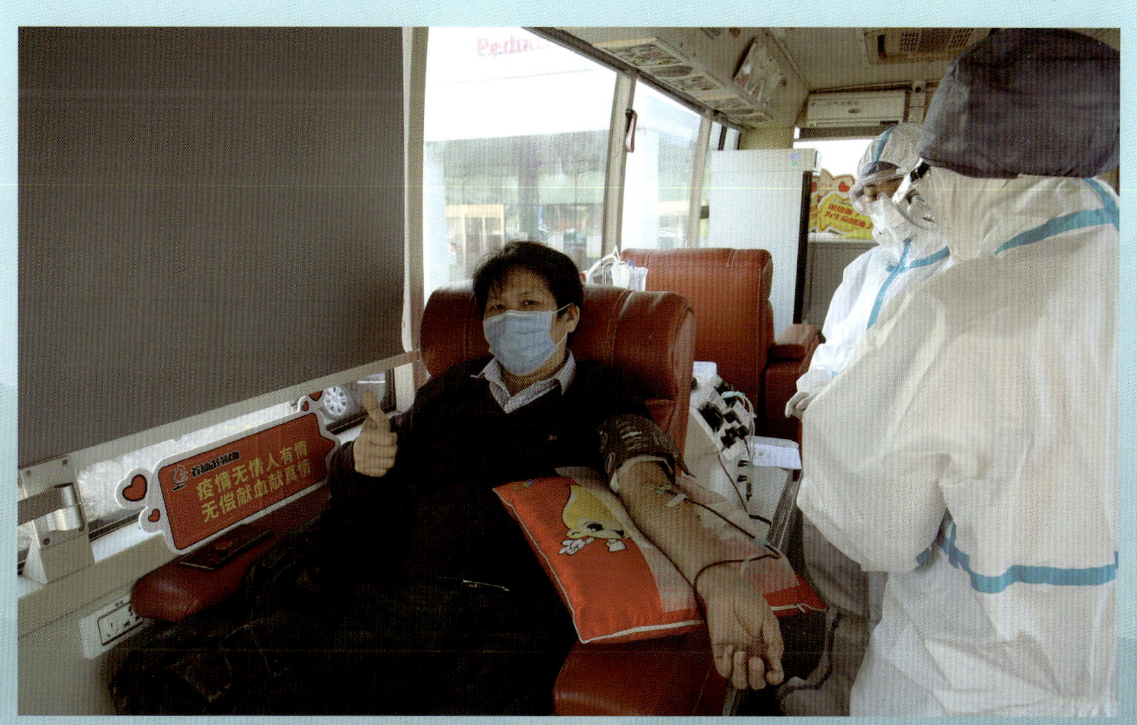

3月4日，门头沟区新冠肺炎康复者捐献血浆200毫升（《京西时报》 供图）

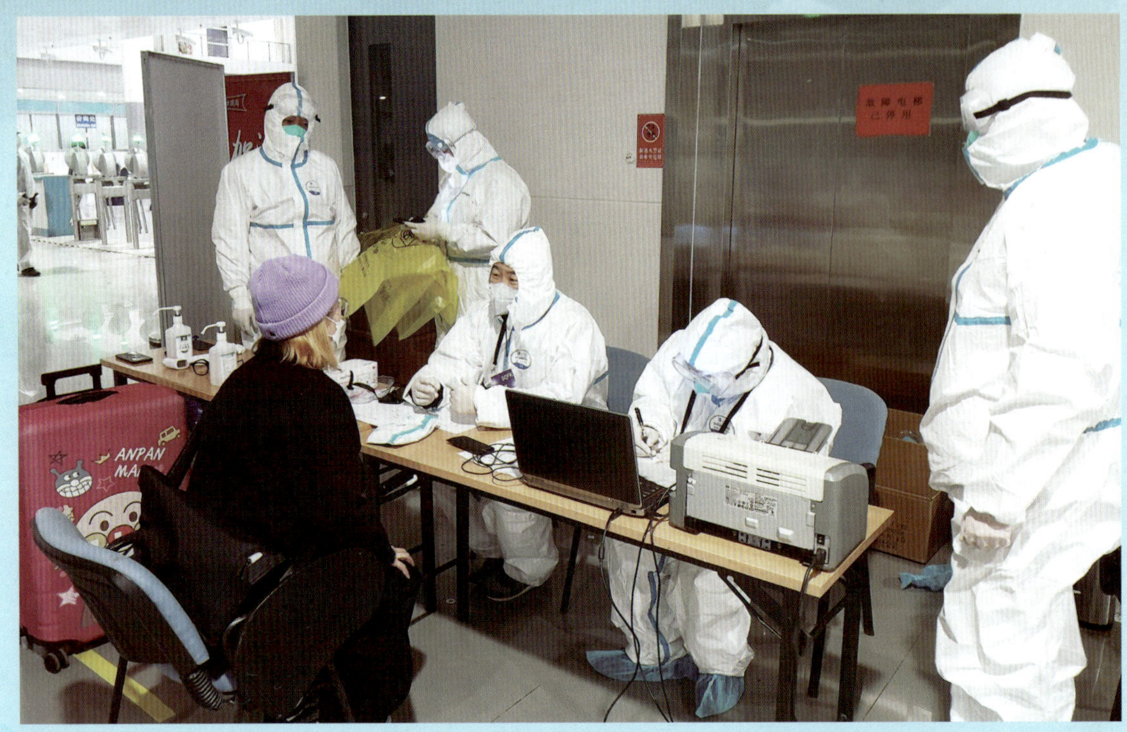

3月，门头沟区“千人战疫机场专班”的干部在首都机场入境人员集散点转接入境人员（《京西时报》 供图）

3月，首批滞留湖北返区人员抵京，即将开始14天居家医学观察（区委宣传部 供图）

6 月 16 日 23 点，区疫情防控工作领导小组办公室进入战时状态，连夜开展工作（区疫情防控领导小组办公室　供图）

6 月 18 日，永定镇冯村西里社区居民参加核酸检测（区疫情防控领导小组办公室　供图）

6月21日，首批新发地批发市场疫情密切接触者解除隔离后乘车离开（区文旅局　供图）

7月，区城管执法局在中昂时代广场检查“三类场所”疫情防控工作（《京西时报》　供图）

12月11日，龙泉镇向村民发放疫情防控宣传材料（《京西时报》供图）

12月23日，壹公里超市承泽苑店落实常态化疫情防控要求，消杀购物篮（《京西时报》供图）

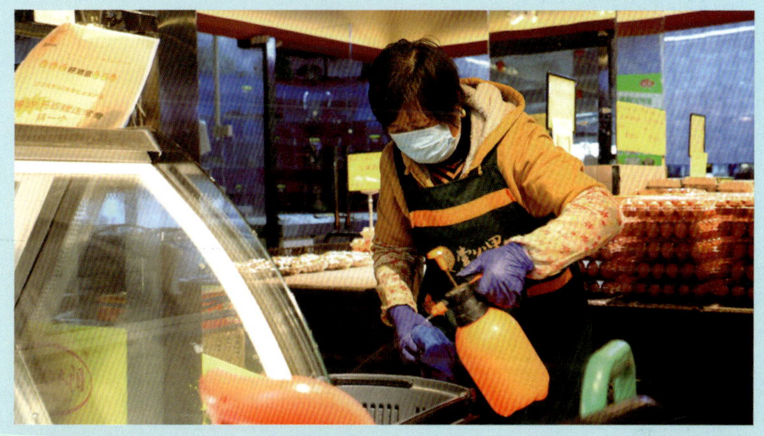

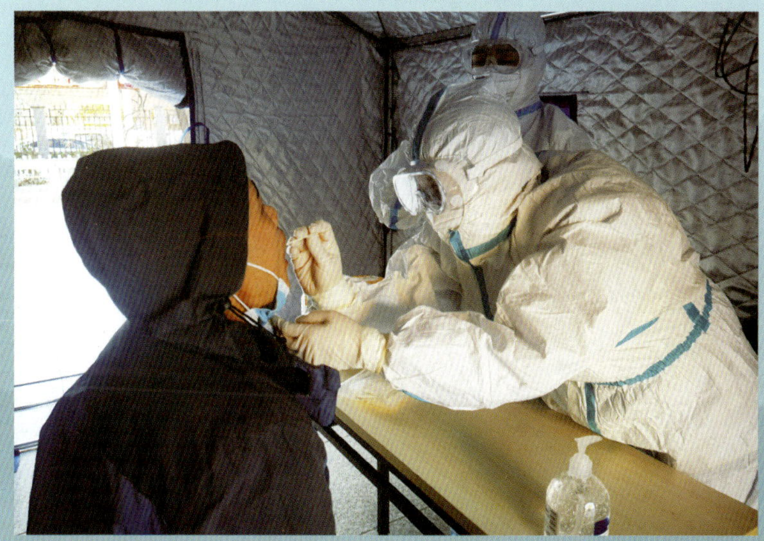

12月31日，门头沟区在大峪街道绿岛家园社区开展核酸检测应急演练（《京西时报》供图）

2月，妙峰山镇北沟联合检查点使用热成像自助测温仪强化社区疫情防控（《京西时报》供图）

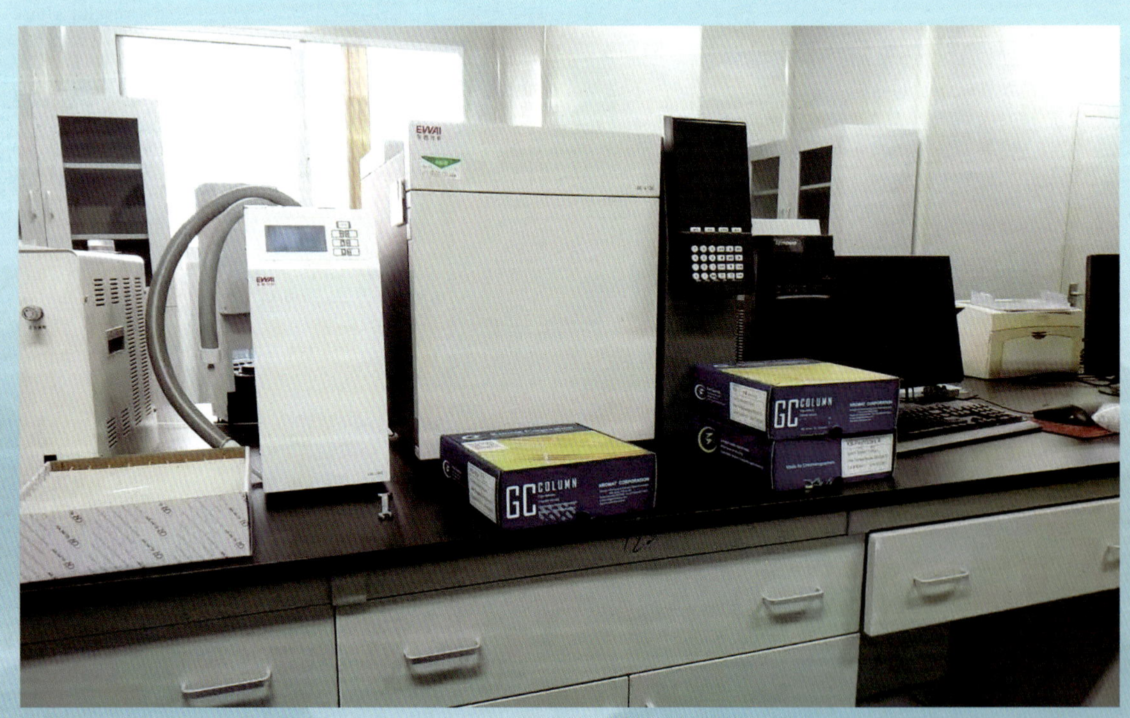

4月，北京东西分析仪器公司研制的广谱气相色谱仪，可用于口罩出厂检测（《京西时报》供图）

7月，龙泉医院方舱式核酸检测实验室建成，图为核酸提取区（区委宣传部　供图）

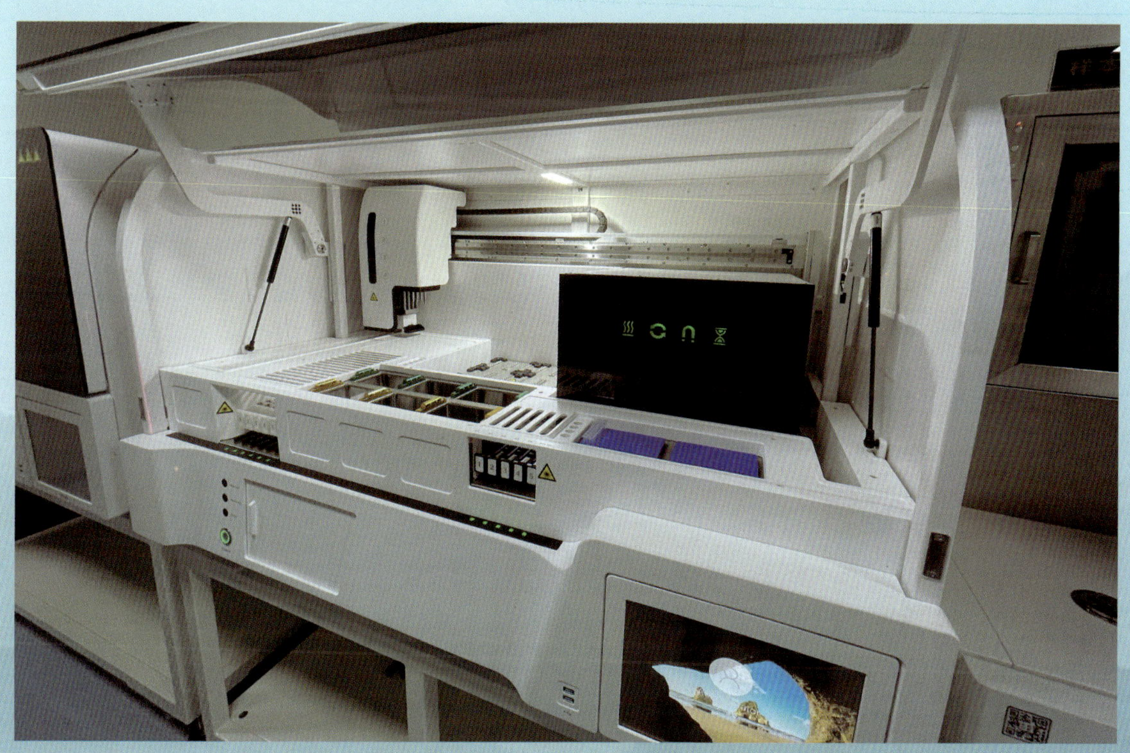

12月，区医院全自动核酸检测工作站建成（《京西时报》 供图）

3 月，龙泉镇大峪化工厂棚改定向安置房项目复工（《京西时报》 供图）

4 月 27 日，门头沟区首师大附中永定中学高三学生上主题为《战疫有担当 青春心向党》的开学第一课（《京西时报》 供图）

4月，京西创客工场复工复产，图为大厦疫情防控卡口（《京西时报》供图）

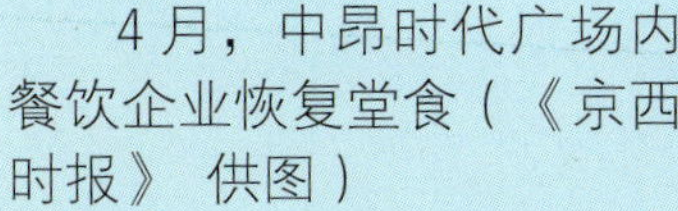

4月，中昂时代广场内餐饮企业恢复堂食（《京西时报》供图）

8月11日，受疫情影响暂停服务的军庄镇西杨坨村老年食堂恢复开放（《京西时报》供图）

3 月，区税务局办税服务厅“优化营商环境政策天天讲”咨询台落成（区税务局 供图）

5 月，长安天街商场客流回升（《京西时报》供图）

9月22日，北京竞业达数码科技股份有限公司在深圳证券交易所上市（区发展改革委供图）

12月，区科信局茶叶引种和加工研究示范项目取得成效，图为清水镇下清水村茶叶种植现场（《京西时报》供图）

1 月 31 日，区环卫中心为作业车辆消毒（《京西时报》供图）

5 月，工作人员在民防应急指挥车内开展防汛演练（《京西时报》供图）

12月，门头沟区供电公司巡视供电设备，应对电网负荷新高（《京西时报》供图）

12月，门头沟区政务便民超市平台上线（《京西时报》供图）

3 月，东辛房街道开展爱国卫生活动，图为“门头沟热心人”清理宣传橱窗（《京西时报》 供图）

4 月，大台街道治理沟域生态，图为“门头沟热心人”在铁路沿线捡垃圾（《京西时报》 供图）

5月，龙泉镇中门家园社区垃圾分类指导员指导居民正确分类（《京西时报》 供图）

5月，大峪街道新桥花园社区设置生活垃圾分类驿站（《京西时报》 供图）

7月，“门头沟热心人”在城子街道龙门三区社区清理小广告（《京西时报》 供图）

7月，雁翅镇组织“门头沟热心人”捡拾垃圾（《京西时报》 供图）

9月，军庄镇开展节约新“食”尚文明宣传活动

9月，清水镇梁家庄村在宣传墙书写有“低碳生活 绿色相伴”标语(《京西时报》 供图)

12 月，大峪街道建行西街入围“北京最美街巷”(《京西时报》 供图)

2020 年，门城地区空气质量优良，图为门城北部永定河畔区域(《京西时报》 供图)

2020 年，清水镇西达摩村治理土壤环境，图为村落全貌（《京西时报》 供图）

2020 年，斋堂镇白虎头村推动乡村振兴，图为村落全貌（《京西时报》 供图）

4月20日，珠窝水库提闸放水，为永定河生态补水（《京西时报》 供图）

11月，国道109新线谷山村隧道施工现场（《京西时报》 供图）

目　　录

区情概览

特 载

专 文

大事记

中国共产党门头沟区委员会

综述

组织工作

宣传工作

统战工作

政策研究

机构编制

网络安全与信息化

老干部工作

直属机关工委工作

党校

党史研究

门头沟区人民代表大会

综述

重要会议

各办室工作

门头沟区人民政府

综述

综合政务服务

外事及港澳台事务

信访工作

中国民主促进会北京市门头沟区工作委员会

中国国民党革命委员会门头沟支部

中国农工民主党北京市门头沟区工作委员会

中国致公党北京市门头沟区支部委员会

九三学社门头沟支社

人民团体

总工会

共青团

妇女联合会

科学技术协会

工商业联合会

法　治

政法委与综治

法治政府建设

公安

检察

法院

军　事

人民武装部

人民防空

经济管理

经济社会发展与综合调控

财政

税务

审计

统计

市场监督管理

国有资产监督管理

农业农村

综述

美丽乡村建设

农业业态

农村经济经营管理

工业信息化

综述

工业

信息化

石龙经济开发区

商贸服务业

商业服务业

商贸企业选介

京门良实

供销合作社

金　融

综述

工商银行

建设银行

农村商业银行

财产保险

人寿保险

交通　邮电

公路建设

运输管理

邮政

电信

生态环境

环境保护

百花山国家级自然保护区

城乡规划与建设

规划和自然资源管理

工程服务

棚户区改造

住房保障

房屋管理

城乡管理

城管执法

市政管理

园林绿化

水务

公用事业

气象

环境卫生

应急管理

综述

安全生产监督管理

危险化学品安全监管

烟花爆竹安全管理

应急救援

消防

防震减灾

教　育

综述

学前教育

基础教育

职业与成人教育

民办教育

督导评估

部分学校简介

文　化

综述

非遗保护与传承

文化活动

文物保护与利用

文化市场管理

文化创意产业

公共文化设施

融媒体建设

档案

地方志

文联活动

旅　游

综述

旅游设施建设

精品民宿

卫生健康

综述

卫生监督

疾病防控

部分卫生机构简介

体　育

综述

群众体育

学校体育

冰雪运动

竞技体育

社会生活

社会建设

人力资源和社会保障

医疗保障

民族宗教事务

精神文明建设

退役军人事务

老龄事业

残疾人事业

红十字事业

人物　荣誉

街道　镇

大峪街道

城子街道

东辛房街道

大台街道

潭柘寺镇

永定镇

龙泉镇

军庄镇

雁翅镇

斋堂镇

清水镇

妙峰山镇

王平镇

统计资料

附　录

索　引

区情概览

基本地情

门头沟区地处北京西部山区，是具有悠久历史文化和优良革命传统的老区。早在一万年以前，新石器时代早期的“东胡林人”就在此繁衍生息。燕昭王二十九年（公元前283年）设上谷、渔阳、右北平、辽西、辽东五郡，今区境分属上谷、渔阳二郡。此后，区境的隶属行政建制屡经变迁，直到1958年5月定名为门头沟区至今。门头沟区现辖9个镇、4个街道办事处。9个镇分别是：军庄镇、龙泉镇、清水镇、潭柘寺镇、永定镇、雁翅镇、斋堂镇、妙峰山镇、王平镇。4个街道办事处分别是：大台街道办事处、大峪街道办事处、东辛房街道办事处和城子街道办事处。

门头沟区位于北京城区正西偏南，东经115° 25′00″ ~ 116° 10′07″，北纬39° 48′34″ ~ 40° 10′37″之间。东西长约62公里，南北宽约34公里，总面积1447.85平方公里。其东部与海淀区、石景山区为邻，南部与房山区、丰台区相连，西部与河北省涿鹿县、涞水县交界，北部与昌平区、河北省怀来县接壤。属太行山余脉，地势险要“东望都邑，西走塞上而通大漠”，自古为兵家必争之地。

门头沟区地处华北平原向蒙古高原过渡地带，地势西北高，东南低。地形骨架形成于中生代的燕山运动。西部山地是北京西山的核心部分，山体高大，层峦叠嶂，海拔1500米左右的山峰160余座。西北部的灵山海拔2303米，有“京都第一峰”之称，另有百花山、髽鬏山、妙峰山等山峰。东部山地位于北京西山，山体较小，山势渐缓，其东南部的兔儿庄海拔仅73米，为境内最低点。区内3条主要岭脊均呈东北向平行排列，自西北至东南依次为：东灵山—黄草梁—棋盘山复背斜；百花山—清水尖—妙峰山复向斜；铁坨山—九龙山—香峪梁复向斜。由于山地切割严重，各岭脊之间形成大小沟谷300余条。平缓的山地与陡峭的山坡交替出现，地形呈锯齿状、阶梯状上升。流经境内的河流分属3个水系，其中属海河水系的永定河流域面积最大，为1368.03平方公里；属大清河水系的白沟河流域的面积次之，为73.2平方公里；属北运河水系的流域面积最小，仅为13.82平方公里。永定河是全区最大的过境河流，河道长100余公里。清水河是永定河官厅山峡最大支流，为境内第二大河，河道全长28公里。

门头沟区属中纬度大陆性季风气候，春季干旱多风，夏季炎热多雨，秋季凉爽湿润，冬季寒冷干燥。西部山区与东部平原气候呈明显差异。年平均气温东部平原13.5℃，西部斋堂一带10.2℃。极端最高气温东部40.2℃，西部37.6℃。极端最低气温西部-22.9℃，东部-19.5℃。春季60天，夏季76天，秋季60天，冬季169天，冬季漫长是境内气候的一大特征。春秋季节，境内风、霜频繁，年平均风速为2.7米/秒，8级以上大风21次，年平均无霜期200天左右，江水河村一带无霜期仅100天。日照时数较多，年平均日照2470小时。

门头沟区现已探明的有煤炭、石灰岩、玄武岩、辉绿岩、陶粒页岩、耐水粘土、大理石、花岗石、叶腊石、白云岩、硅石、白花玉、紫页岩、石棉、冰洲石、天然石板、铜、锌、铝、铁、金、银等等。其中以煤、石灰石储量大，分布广。

2020年，全区常住人口39.3万人，比上年增加2万人。户籍人口总户数123080户、总人数254737人，其中非农业人口213314人、农业人口41423人。户籍人口中，全年出生人口1933

人，出生率 7.6‰；死亡人口 3653 人，死亡率 14.4‰；人口自然增长率 -6.8‰。

门头沟区文化遗产丰厚，寺庙众多，文物古迹 470 处。川底下村、灵水村、琉璃渠村被住建部、国家文物局评选为中国历史文化名村。琉璃渠村、三家店村、川底下村、黄岭西村、灵水村、苇子水村、马栏村、千军台村、碣石村、沿河城村、西胡林村、东石古岩村 12 个村被住房城乡建设部、文化部、财政部列入国家级传统村落名录。张家庄村、燕家台村被列入市级传统村落名录。门头沟区境内长城存有守备中枢沿河城，以及由沿河城至小龙门的 17 座敌台，还有斋堂城、大寒岭、峰口庵关城等。潭柘寺、戒台寺、西峰寺殿宇宏伟，古树参天。妙峰山的香会早在明代就已名闻天下。龙泉务村辽代瓷窑遗址出土的瓷有数十种，其中还有辽三彩佛像。门头沟区拥有非物质文化遗产项目共 43 个，其中国家级非物质文化遗产项目 4 个、市级非物质文化遗产项目 8 个、区级非物质文化遗产 31 个。

2020 年经济和社会发展情况

2020 年，门头沟区立足区域功能定位和绿色高质量发展目标，全面完成“十三五”各项目标任务，高标准编制“十四五”规划，瞄准“五个之城”建设，毫不放松抓好疫情防控，加快推进复工达产，以“红色门头沟”党建为引领，矢志打造“绿水青山门头沟”城市品牌，经济社会发展取得了来之不易的成绩。门头沟区实现地区生产总值 251 亿元，比上年增长 0.7%，增速实现转正。全区完成公共财政预算收入 32.1 亿元，比上年下降 4.7%。税收收入完成 24 亿元，比上年增长 11%。非税收入完成 8.1 亿元，比上年下降 33%。区级政府性基金预算收入完成 41.9 亿元，比上年增长 382.9%。完成公共财政预算支出 106.9 亿元，比上年下降 3.6%。全区城乡居民人均可支配收入 55102 元，比上年增长 2.5%，收入绝对值在生态涵养区排名第一。全区实现农林牧渔业总产值 4.8 亿元，比上年下降 29.9%。全区实现社会消费品零售额 101.2 亿元，比上年下降 7.6%，企稳回升后增速处于全市前列。在疫情和经济下行压力的双重影响下，全区上下齐心协力、攻坚克难、苦干实干、砥砺前行，保持了经济社会平稳有序发展。

“一园”发展引领带动。园区中关村高新技术企业达到 333 家，地区“双高新”企业 191 家，8 家企业入围 2020 北京民营企业百强“1 + 4”榜单。中关村（京西）人工智能园先导园正式投入运营，企业入驻率达到 80%。石龙三期主体结构完工，石龙五期部分地块具备入市条件。实施 18 家老旧厂房改造工程，打造科创智能产业发展载体。建成科技企业孵化器 11 个，成立中关村精雕智造科技创新中心，他山人工智能触感实验室等高精尖项目顺利落地，创新发展考核综合排名位列生态涵养区第一。

“四区”建设同步推进。“一线四矿”文旅康养休闲区建设顺利启动。与京能集团深化合作，推动门大线启动国际方案征集；理清文旅资源开发思路，初步确定“一线四驿站、一心六组团”空间布局。新首钢协作配套区建设加快推进。全面落实新首钢地区十大攻坚工程和三年行动计划，有序推进京西产业转型升级示范区试点 33 项市区两级任务，着力培育高端服务业。医药健康产业集聚区建设明显提速。推进阜外西山园区二期建设，着力引进优质医疗资源，提升地区医药科研水平。“军庄龙泉”科技文创产业集聚区稳步实施。与故宫博物院、金隅集团合作，打造琉璃文化创意产业园区，推动军庄创意设计产业集聚区、金隅文化创意产业园等联动发展。

“门头沟小院”提档升级。推出“10+1+N”精品民宿扶持政策 2.0 版和田园综合体实施方案，精品民宿拓展到 57 家、覆盖 41 个村，13 个“门头沟小院 +”田园综合体项目稳步推进。21 家精品民宿在全市率先合法申办“一照两证一系统”。聚焦“六大文化”，推动“门头沟小院 +”多种元素融合创新发展。与北京同仁堂集团、北京演艺集团签署战略合作协议，形成“门头沟小院 +”康养、文化、演艺等模式。与北京电影学院共同启动“门头沟小院 + 影视艺术”战略合作项目，拓展文旅体验产业发展路径。成功举办两届北京精品民宿发展论坛暨“门头沟小院”推介活动，“门头沟小院”精品民宿影响力显著增强。

治污能力显著提高。坚持“抠 0.1 微克”治理 PM2.5，主要污染物排放量下降率达到全市要求。2020 年 PM2.5 平均浓度为 32 微克 / 立方米，同比下降 11.1%，全市排名第 4。全面落实“河长制”，重要水功能区水质达标率连续四年实现 100%，黑河沟获评“2020 年度北京市优美河湖”。

持续推进永定河山峡段综合治理及生态修复工程，土地腾退工作全面完成。配合做好永定河春季、秋季、冬季生态补水，山峡段地下水位明显上升。严控农业面源污染，强化土壤污染风险管理。全区土壤安全利用率达到100%，无受污染耕地。顺利完成迎接第二轮中央生态环境保护督察工作，督察组交办的62件群众信访件已全部办结或阶段性办结。

绿色空间大幅扩展。全力争创国家森林城市，36项指标已达标28项。完成新一轮百万亩造林绿化工程660公顷、留白增绿5.48公顷、战略留白34.87公顷，京津风沙源治理二期工程困难立地造林100公顷、封山育林1万公顷，国家级公益林管护项目抚育中幼林0.1万公顷，废弃矿山生态环境修复7.78公顷。百花山保护区特有的2株野葡萄开花结果，被国家林业和草原局列为国家一级保护植物，填补了北京市国家一级保护野生植物的空白。

减量提质更加突出。全面落实新版北京城市总体规划及分区规划，编制完成新城控制性规划街区指引，压茬推进27个街区控规编制工作，镇域国土空间规划编制取得初步成果。率先启动“集体产业用地实施规划”改革试点，构建科学的规划与实施体系。落实减量任务目标，有效整合低效存量建设用地，统筹集体建设用地，超额完成年度减量任务，实现以减促精、减中提质。

基础设施承载能力不断增强。国道109新线高速公路建设工程加快实施，市郊铁路（京门—门大线）纳入全市“十四五”规划，双大路二期主体工程基本完工。新首钢周边交通服务体系不断完善，石龙路等3条城市主次干路有序推进，雅安路等15条城市道路开放通车。门城水厂主体工程加快实施，村镇供水保障工程（一期）、水毁修复工程、“两田一园”高效节水灌溉工程顺利完工。稳步实施鲁家山垃圾焚烧厂余热供热工程，石门营供热厂增容改造工作有序推进。金沙街、石龙路电力隧道工程开工建设，“三供一业”老旧配电设施改造、斋堂和潭柘寺110千伏输变电工程加快实施。

公共服务设施加速建设。区教师进修学校综合教学楼改造工程主体结构完工，景山学校门头沟校区中学部、育园小学新建工程稳步推进。新城20街区机构养老设施工程进场施工，体育文化中心和政务服务中心实现主体结构封顶，永定河文化博物馆新馆确定选址，档案馆新馆建设工程启动招标，启动实施潭柘寺大悲坛、东斋堂村天仙庙等11项文物保护修缮工程。

城乡环境整治成效显著。率先出台文明村居综合考评奖励办法，创新绩效激励机制。实施“社区环境、背街小巷、乱停车、城乡结合部”四大专项整治，完成首都文明办年度测评迎检任务。启动“黄土不露天”专项整治行动，绿化硬化面积38万平方米。加快推进冬奥环境建设，完成S1线门头沟段城市景观提升工程，启动六环路门头沟段沿线景观提升一期工程。分类推进“厕所革命”，农村无害化卫生户厕覆盖率达到100%。持续开展村庄清洁行动，完成9个市级挂账城乡结合部村庄环境整治工作，全市农村人居环境整治考核综合排名第一，获国务院办公厅通报表彰。

乡村振兴战略不断深化。成功创建15个市级“乡村振兴示范村”，58个美丽乡村创建村全部通过市级考核验收。试点开展村庄整体风貌提升行动，斋堂镇柏峪村等6个村搬迁工程实现收尾，王平镇河北村等8个村（地区）实施取暖煤改电。农村地区生活污水处理设施覆盖率达99.2%，供水消毒设备配备和运行实现100%全覆盖，被评为全市唯一的全国农村生活污水治理示范区。加强农村宅基地管理，出台“村地区管”实施意见，83个村的农村土地承包经营权确权登记颁证任务如期完成。着力扶持集体经济薄弱村，8个市级扶持壮大集体经济试点村全部完成增收任务。高质量打赢低收入精准帮扶攻坚战，低收入农户人均可支配收入全部过线，预计全区低收入农户人均可支配收入1.8万元，增速18%。

城市治理专项行动纵深推进。完成“疏解整治促提升”专项行动市级任务，提前完成治理“开墙打洞”等6项任务，超额完成治理违法建设等4项任务。对过去四年实施的13个专项行动10456个点位开展自查整改，确保治理成果长效常态。发挥党建引领作用，物业“三率”在全市率先实现100%。开展垃圾分类专项执法百日行动，全区生活垃圾“两增一减”明显。大力推广“垃圾不落地”收运模式，131个村实现定时定点上门收集。完成垃圾楼标准化改造24个，开展“撤桶并站”行动，全区桶站减量53%，桶站达标率排名全市前列。

社会治理机制不断健全。建立“七有”“五性”指标监测台账，加大事关群众切身利益工作的考评权重。持续深化“吹哨报到”机制，建立接诉即办“周通报、月点评”机制，构建区、镇街（部门）、社区（村）三级联动体系，推动“接诉即办”向“未诉先办”延伸，解决率和满意率稳步提升。深化社区服务站改革，在大峪街道开展“一站多居”试点。提前谋划2021年社区（村）“两委”换届工作，在全市率先建立2021年镇、村（社区）换届领导小组和工作机构。完善三级退役军人服务保障体系，巩固双拥模范区创建成果，扎实做好国防动员、兵役征集等工作。加强“枢纽型”社会组织和行业协会建设，支持工会、共青团、妇联等群团组织开展工作。

社会保障水平持续稳固。基本建成各类政策性住房10418套，8681套已经完成入住。引入社会资本参与老旧小区综合整治，启动月季园东里老旧小区加装电梯工作。新建3家社区养老服务驿站和幸福晚年驿站，开展养老机构服务质量专项提升行动。全年城乡劳动力实现就业5434人，城镇登记失业率控制在3.23%。在全市率先启动无障碍环境建设，470个点位全部整改到位。全面开展安全生产专项整治三年行动，深入推进城市安全隐患治理，扎实做好森林防火和防汛工作。推动平安门头沟建设，完善扫黑除恶长效机制，全力维护社会和谐稳定。

公共文化体育事业加快发展。积极推动集团化办学，与清华大学附属中学签署合作筹建潭柘寺学校协议；新增学前教育学位360个，幼儿园普惠率达到100%，位居全市第一。公共卫生应急体系持续完善，社区首诊比重持续提高，分级诊疗格局逐步形成。做实家庭医生签约服务，重点人群签约率达95.89%。积极开展北京市公共文化服务体系示范区及国家公共文化服务示范项目创建，全区镇街、村居文化设施实现100%全覆盖。建好群众身边体育设施，新建全民健身运动场地8片。建设基本便民商业网点78个，城镇社区八项基本便民服务功能覆盖率达到100%。

重点领域改革蹄疾步稳。紧跟北京改革开放步伐，制定“两区”建设系列工作方案，完成政策创新、空间资源、目标企业三项清单，发挥优质项目引领带动作用，征集确定14个示范项目。制定《门头沟区“五新”政策落实推进工作实施方案》，形成工作推进、学习、议事、督查等4项机制。大力优化营商环境，推动政务服务“一网一门一次”改革，实现千余事项“不见面办理”。全年完成简易低风险项目建筑许可26项，完成全市首例集体建设用地简易低风险项目全流程案例、“全程网办”规划许可与施工许可合并办理案例。推动石龙经济开发区管理体制调整。稳步推进乡镇机构改革，持续为社区减负赋能，清理挂牌1800余块、表格45项。完成各镇街综合行政执法队伍调整组建，向镇街下放431项行政执法职权。开展协管员队伍管理体制改革，完成16支城市协管员队伍下沉。持续推动区属国有资本运营平台建设，理顺潭柘寺、戒台寺、妙峰山景区的管理体制。

财源建设工作成效突出。制定财源建设实施方案等文件，建立拟迁出企业信息预警及挽留、已迁出企业事后清理等多项工作机制。落实区领导及部门、属地联系走访企业制度，累计送出127个“服务包”。围绕精准招商、产业培育、精准服务，出台“门十条”新政。开展滞留户50天清零行动，加快推进土地上市。土地入市成交3宗，回笼资金约39.40亿元。建立健全政府性债务应急处置、动态监测、风险预警分析等机制，从严落实政府过“紧日子”的要求，进一步压缩一般性支出及非必要、非重点支出，财政收支保持平稳运行。

政府服务效能全面提升。全面落实市委市政府和区委各项重大决策部署，主动向区人大汇报、向区政协通报工作，全年办理建议75件、提案95件，办复率达100%，满意率持续提升。加强政府系统党建工作，推动“1179”工程落地落实，推进主题教育“四个一”制度成果落地。深入贯彻落实中央八项规定精神，保持惩治腐败高压态势。持续整治文山会海，完成压缩2%的任务目标。坚持政府常务会议会前学法、重大事项集体决策等制度。加强合法性审核，推进法治政府示范项目建设，支持人民法院、检察院开展工作。建立健全经济责任审计全覆盖机制和监察监督，推动政务信息公开全清单管理。

结对协作帮扶成果共享。与西城区扎实开展对接交流，举办西城企业与门头沟精品民宿项目对接会，年内签约民宿14家，结对协作4项重点实事基本完成。高水平开展对口扶贫协作，推动“万企帮万村”行动落地，引导17家京企在受援地累计投资11亿元，带动5695名建档立卡贫困人口。与5个扶贫支援合作地区共建“区域品牌联盟”，动员社会各界采购受援地扶贫产品

1.28亿元，带动受益建档立卡贫困群众6300余人。拨付区级、镇街级帮扶资金1305万元，完成36个区级扶贫支援项目建设，推动实现共同富裕。

面对突如其来的新冠肺炎疫情，全区上下在以习近平同志为核心的党中央坚强领导下，全面落实市委市政府重大决策部署和区委工作要求，把人民群众生命安全和身体健康放在首位，克服外防输入压力大、内防扩散难度大的不利局面，坚定信心、科学防治、精准施策，严格落实“三防、四早、九严格”要求，以“讲奉献、争第一”的门头沟精神，在全市率先开展“敲门行动”，率先实现社区（村）封闭管理，率先打响“千人战疫”。特别是新发地疫情发生后，以“九个立即”响应措施积极应对，率先制定突发病例快速响应处置、镇街突发疫情核酸检测应急预案、重点领域常态化防疫检测三项机制，迅速组建三级联动核酸检测体系，为全市常态化疫情防控应急储备提供了参考。疫情发生以来，全区累计确诊5个病例，除1例为外区院感病例外，其余均为敲门筛查发现，未造成疫情扩散。

同时，门头沟区统筹疫情防控和经济社会发展，主动应对各种风险挑战，最大程度降低疫情带来的不利影响，经济社会秩序加快恢复。在全市率先提出商务楼宇“五长六账三书一证九查”等经验，研究出台8项扶持政策，累计为719家中小微企业减免租金3100万余元，提供贷款354笔共6.6亿元。积极拓展消费外延，举办北京首场区级领导出镜带货直播活动，经济社会发展突围成效显著，宏观经济呈现深“V”反转。在抓好常态化疫情防控和复工达产的基础上，奋发有为，奋力进取，获得了一系列“金字招牌”。成功创建国家生态文明建设示范区、国家全域旅游示范区，正式获批全市首个“9041”标准“基本无违建区”，成功摘得全国双拥模范城“四连冠”，在2020年全市文明城区测评中综合得分第一，地区经济社会发展取得重大成就，实现“十三五”规划目标任务顺利收官。

特　载

夺取新胜利　描绘新蓝图
开启全面建设“绿水青山门头沟”新征程

——张力兵同志在区委十二届十二次全体会议上的报告

（2020年12月30日）

这次全会的主要任务是，坚持以习近平新时代中国特色社会主义思想为指导，深入贯彻党的十九届五中全会精神和市委十二届十五次、十六次全会精神，认真总结2020年统筹疫情防控和经济社会发展各项工作，部署2021年全区各项任务，统一思想、凝聚力量，动员全区各级党组织和广大党员干部以当好“两山”理论守护人的追求，以更加昂扬的姿态，更加一流的业绩，高质量打造“两个品牌”，全力开启“十四五”新征程。

下面，我受区委常委会委托，向全会报告工作。

一年来，面对首都发展新形势、绿色发展新要求、疫情防控新挑战，区委常委会坚决落实中央、市委决策部署，坚决扛起“把方向、谋大事、抓党建、保平安”的职责使命，团结带领全区广大党员干部群众，以无我无畏的豪情壮志战疫情、稳发展，以“为大国首都底色增光添彩”的自觉担当守生态、绿富民，以“讲奉献、争第一”的首善追求强治理、保平安，筑牢了疫情防控的铜墙铁壁，保持了经济社会平稳有序发展，夺得了诸多荣誉和第一：成功荣获国家生态文明建设示范区、国家全域旅游示范区、全国农村生活污水治理示范区、全国双拥模范城“四连冠”等又一批国家级荣誉；创城继2018年获全市实地测评第一、2019年获全市综合测评第一后，今年再次在综合测评中拔得全市头筹；在2019年以来全市累计进行的6次农村人居环境整治全面核查中，综合排名全市第一。

第一部分，坚定战疫情、稳发展，奋力实现“十三五”各项任务圆满收官

（一）坚定弘扬伟大抗疫精神，疫情防控取得重大战略成果

面对突如其来的新冠肺炎疫情，区委坚决贯彻习近平总书记“把人民生命安全和身体健康放在第一位”的要求，始终牢记市委书记蔡奇同志“要跑在疫情前头”的要求，以“红色门头沟”党建凝心聚力，团结带领全区党员干部群众奋勇打赢疫情防控的人民战争、总体战、阻击战，取得抗击新冠肺炎疫情斗争的重大战略成果。

一是坚持高位统筹抓防控，筑牢高效联动的战疫体系。1月20日市委发出全市防疫动员令后，

区委常委会立即对全区疫情防控工作进行部署，率先成立由区四套班子参与的疫情防控领导小组和工作组，提出“统一防控、高标落实、统筹推进、协同配合、尽职尽责”的“二十字”防控总原则，率先制发《关于进一步发挥党组织和党员作用争当“红色先锋”的通知》，果断决定正月初五全员提前返岗，推动党员干部冲在防疫第一线。新发地疫情发生后，以“九个立即”全力应对处置，率先推出突发病例快速响应处置、镇街突发疫情核酸检测应急预案、重点领域常态化防疫检测等机制。近期我市出现多点零星散发病例，12 月 25 日全市作出坚持常态化精准防控和局部应急处置的部署，区四套班子带头下沉一线，广大党员干部和“门头沟热心人”志愿者全员上阵，参与文明科学防控志愿服务行动，该做法被多家主流媒体宣传报道。疫情发生以来，全区累计确诊 5 个病例，除 1 例为外区院感病例外，其余均为敲门筛查发现，未造成疫情扩散。

二是坚持生命至上抓防控，诠释无我无畏的红色担当。坚持党旗举在前、党组织领在前、党员冲在前，率先打响千人战疫，累计下沉干部 27 批 3.1 万人次、火线入党 3 批 21 人。率先启动进京路口响应机制，率先构建村（社区）防控“542”体系，筛查各类人员 11.6 万余人次，使全区 123 个社区、178 个村都成为疫情防控的坚强堡垒；抽调精干力量，成立首都机场和西客站转运专班、核酸检测工作专班，累计转运 940 人次、组织开展核酸检测 31 万人次。

三是坚持慎终如始抓防控，构建长效长治的铜墙铁壁。制发贯彻落实国家和北京市抗疫表彰大会精神任务清单，以及全区秋冬季疫情防控方案，实现二级以上医疗机构全部具备核酸检测能力。对标全市加强公共卫生应急管理体系建设的实施意见及三年行动计划，出台我区具体落实举措。推出高质量发展“门十条”和中小微企业服务包，助力企业获得贷款 6.6 亿元，率先实现商务楼宇及规上工地、企业、商超 100% 复工，实现了疫情防控与精准复工复产双促进。

（二）坚定当好“两山”理论守护人，“绿水青山门头沟”建设迈出坚实步伐

在全力抓好疫情防控的同时，始终不忘决胜全面小康的目标，不忘守生态、绿富民的使命，在历经大战大考磨砺中，践行“绿水青山就是金山银山”的决心更坚定，奋勇打造“五个之城”的步伐更坚实，“两山”理论的生动实践更具内涵。

一是聚力打造“绿水青山的生态之城”，生态底色更为靓丽。克服疫情影响，不失时机开展植绿护绿，坚持不懈打好污染防治攻坚战，努力让群众享受到更多青山、绿水、蓝天。加快创建国家森林城市步伐，36 项指标已达标 28 项；超额完成百万亩造林、留白增绿市级下达任务，完成废弃矿山修复 7.78 公顷，地区绿色空间不断扩大。全力配合永定河生态补水，实现山峡段河流不断流、平原地区地下水位整体回升；坚定推进永定河山峡段综合治理及生态修复，配合永定河流域公司完成土地腾退工作；编制完成新一轮城乡水环境治理三年行动方案，农村生活污水处理设施、供水消毒设备配备和运行覆盖率均列全市首位，黑河沟被评为“2020 年度北京市优美河湖”。坚持“抠 0.1 微克”治理 PM2.5，截至 11 月底，PM2.5 累计浓度为 32 微克 / 立方米，比市级下达目标低 4 微克，6 月份以来连续 6 个月排名全市前三。

二是聚力打造“宜居宜业的幸福之城”，民生保障更加有力。积极顺应群众对美好生活的新期待，着力完善“一园四区一小院”发展思路，落实乡村振兴战略，千方百计保障和改善民生，努力让发展成果更多惠及全区人民。牢牢把握规划统筹这个关键，全市首个区级乡村振兴集体建设用地实施规划编制完成，新城街区控规和镇域国土空间规划编制取得阶段成果，“十四五”规划编制有序推进；在全市率先出台“村地区管”实施意见。新发展动能加快培育，北京竞业达数码科技公司登陆深圳中小板 A 股市场，北京中关村精雕智造科技创新中心成立了我市首个数字化精密结构件快速制造联盟，构建了该行业全生态产业链，仅 4 个月吸引全国 322 家企业踊跃加盟，累计完成项目 379 项、形成产值 322 万元，预计缴税 37 万元。北京芯盾时代科技公司上榜“2020 年新基建产业独角兽 TOP100”，德山生物医药孵化器获批国家备案众创空间，中关村门头沟园在中关村示范区分园创新发展考核综合排名中位列生态涵养区第一。启动打造国有资本运营平台，国资国企改革进一步深化。“一线四矿”建设全面启动，主动配合京能集团启动规划方案国际招标，形成一批前期研究成果，全面启动铁路沿线环境整治。“门头沟小院 +”建设进入快车道，扶

持精品民宿政策集成2.0版、田园综合体实施方案、乡村振兴绿色产业发展专项资金、“8+1”行动等政策机制支撑作用不断显现，与北京电影学院、同仁堂集团、北京演艺集团等高校名企战略合作日益深化，“门头沟小院＋影视艺术、＋医药康养、＋文化演艺”等创新路径不断拓展；今年又成功举办两届精品民宿推介会，在全市率先为21家精品民宿办齐“一照两证一系统”相关手续，推动“门头沟小院＋”项目覆盖范围增至41个村，全区精品民宿产业面对疫情冲击仍逆势而上，“十一”期间，精品民宿接待游客同比增长107%，实现收入同比增长140%。围绕打造“门头沟小院＋百果山”，引进藜麦、油蟠桃、西洋梨等新品种，并推动京白梨等传统优势品种提质增效。通过“门头沟小院＋”等产业项目带动，低收入精准帮扶在提前一年完成目标任务的基础上不断巩固拓展，低收入村与市级部门和企业、西城区等结对成果持续显现，预计低收入农户年人均可支配收入增长18%左右，增速位居全市前列。

深化民生保障，3817套新建棚改安置房完成选房并启动入住办理工作，2534套收购安置房已经全部完工；景山学校门头沟校区项目加快推进，幼儿园普惠率达100%，居全市第一；结合疫情防控，发热哨点建设、院感防控等流程进一步规范，分级诊疗格局加快形成；全力稳就业、保就业，城镇登记失业率控制在3.23%；积极探索医养融合发展途径，将老年病门诊和康复中心嵌入养老机构，新建3家社区养老服务驿站和幸福晚年驿站；国道109新线高速公路工程加快推进，双大路二期主体工程基本完工，“京门—门大线”市郊铁路纳入全市“十四五”规划，“大峪街道—建行西街”入围“北京最美街巷”，群众获得感进一步增强。

三是聚力打造“底蕴深厚的魅力之城”，地区发展更具内涵。紧抓西山永定河文化带和长城文化带建设契机，依托“六四一”机制，统筹把握历史传承与特色创新、产业支撑与文化铸魂的关系，促进满足群众文化需求和增强精神力量相统一。历史文化保护传承“六四一”模式信息化建设工程启动招标，永定河文化博物馆新馆及城市文化综合体选址长安街西延线，冀热察挺进军司令部旧址陈列馆入选第三批国家级抗战纪念设施、遗址名录，京西古道重点蹄窝段及石刻文物等保护项目启动实施。着力推进文旅融合发展，一批红色旅游、康养旅游、冰雪运动、夜间经济等特色项目稳步实施，爨底下村继灵水村、马栏村之后，成功入选国家文旅部、国家发改委第二批全国乡村旅游重点村。支持办好实体书店，出台《门头沟区推进实体书店建设实施意见》及扶持办法，全区实体书店达30家。成功举办第三届中国农民丰收节音乐会专场演出，运用数字技术打造第十四届永定河文化节，升级“门头沟公共文化云”服务平台，做精做好图书更新、公益演出等公共文化服务工程。围绕弘扬伟大抗疫精神，结合北京榜样、身边好人、绿色生活好市民等先进典型选树活动，深入挖掘“门头沟热心人”抗疫故事，《新英雄儿女》等多部原创作品被列入国家广播电视总局战疫主题宣传项目和“学习强国”平台，汇聚起共建美好家园的精神力量。

四是聚力打造“向善尊贤的人文之城”，文明首善更领风尚。坚定弘扬社会主义核心价值观，坚持把创建全国文明城区作为城乡治理的总抓手，以系统观念推动“绿水青山门头沟”城市品牌创建工作，巩固已有各类创建成果，确保创建为民、创建惠民。以老区人民志拔头筹、誓夺桂冠的无我气概，圆满完成首都文明办年度测评迎检任务，蝉联全市冠军，即将实现首都文明示范区和全国文明城区提名城区“双达标”。坚持以创城统筹落实“两条例一行动”，全区垃圾分类实现100%全覆盖，社区撤桶并站比例为53%，厨余垃圾分出率从0.6%提高到20%，131个村（占95%）实现垃圾不落地、定时上门收集；物业“三率”全部实现100%，提前完成三年目标；引导餐饮企业推出“小份菜”“半份菜”“光盘有奖”等服务，倡导绿色生活方式。率先推出文明社区、文明农村“两考合一”机制，合格标准比市级提高一档，每月分别对村、社区进行百分制考核，并与资金奖励挂钩，营造了浓厚的“赛马”氛围。积极创建文明村镇、文明单位、文明家庭，我区2个村、4个单位、1个家庭、1名个人荣登全国精神文明建设光荣榜。

五是聚力打造“有序包容的和谐之城”，城乡治理更显活力。强化大抓基层导向，推进党建引领“接诉即办”“吹哨报到”与主动治理相结合，持续推动社会治理重心下移，深化平安门头沟建设，确保人民安居乐业、社会安定有序。出台区委《关于坚持“红色门头沟”党建引领基层社会治理深化“接诉即办，办好‘小事’”工作的实施意见》，定人、定机构、定规程、定监督、定绩效，实施“515”工作法，实现系统性闭环管理，推动运动式办理向常态化治理转变。今年以来累计受理诉求10万余件，解决率和满意率稳步提升。深化镇街机构改革，组建镇街综合行政执法机构。全面提升政务服务便利化水平，实现千余事项“不见面办理”。加强城市管理大数据平台建设，开展利用闲置资源共享停车试点，深化党组织引领“办事处、居委会、业委会、物业服务企业”多方共治模式，精细化管理水平进一步提升。坚持“精精益求精、万万无一失”标准，圆满完成重大活动服务保障任务，科学妥善应对“5•26门头沟3.6级地震”。深化扫黑除恶专项斗争，市扫黑除恶第二特派督导组反馈的7项问题全部整改完成。压紧压实复工复产安全生产责任，未发生较大以上安全生产事故。

（三）坚定争当红色先锋，“红色门头沟”党建凝聚起强大合力

认真落实新时代党的建设总要求，体系化、制度化推进“1179”工程，深化全面从严治党“六六工程”，“红色门头沟”党建品牌优势在“绿水青山门头沟”建设中充分彰显，在锻造京西铁军过程中充分释放。

一是政治建设更加坚定有力。认真落实党中央关于加强党的政治建设的意见和市委贯彻措施，严格落实向市委请示报告重大事项制度，以提高政治能力为重点，创新推出“云端课堂”，举办一把手“政治能力”、副处级干部“治理能力”提升专题研修班，引领党员干部不断增强“四个意识”、坚定“四个自信”、做到“两个维护”，确保中央、市委决策部署在门头沟区不折不扣贯彻落实。深化“不忘初心、牢记使命”主题教育“四个一”制度成果运用，落实新形势下党内政治生活的若干准则，以坚定的政治担当守好首都西大门。

二是思想引领更加生动鲜活。坚定学习贯彻习近平新时代中国特色社会主义思想，掀起党的十九届五中全会精神学习热潮，落实各级理论学习中心组学习制度，创新推广“马克思主义读书会”，相关经验做法入选中宣部2020年《宣传思想文化工作案例选编》。充分利用新媒体平台强化宣传引导，区融媒体中心成为全市首家接入“北京云•融媒体”平台的区级融媒。强化疫情防控舆论宣传，选树身边的战疫典型，为战疫情凝聚了正能量。细化意识形态工作综合考评细则，成立区委巡察工作意识形态专项检查组，意识形态工作责任制进一步压实。

三是干部队伍更加忠诚担当。坚持新时代好干部标准和市委“四个不让”要求，落实我区“二十字”干部队伍建设原则，建立“1+7”干部工作规范化体系，扎实推进公务员职务与职级并行工作，提早谋划部署镇领导班子换届工作；出台《关于加强培养选拔优秀年轻干部推进“三个双向”工程的实施意见》，年轻干部人才库实现“三个一百”储备目标。突出对处级领导干部特别是一把手和重点部门、关键岗位干部监督，完善干部监督信息“负面清单”制度，从严管理进一步加强，领导干部个人有关事项报告随机抽查如实率达98.28%（比去年提高了近18个百分点），在全市十六区中排名第四。以全会形式审议通过《关于推进高质量发展综合考评的意见》，创新“3+N”高质量发展综合考评模式，出台《关于进一步加强干部严管厚爱，激励担当作为，奉献“绿水青山门头沟”的实施意见》，激励干部担当作为。“京西聚智计划”稳步实施，人才发展环境持续优化。

四是基层基础更加扎实巩固。健全各领域党建工作实施意见，形成“红色门头沟”党建“1+7”制度体系，54项基层党建重点任务有序落实。坚持“七个在前面”要求，率先成立村（社区）“两委”换届领导机构，细化时间表路线图，系统性筑牢基层根基；推动9个软弱涣散村、5个后进社区转化“摘帽”；落实村（社区）党组织书记区级备案管理制度及“两委”干部资格联审长效机制，充实农村党建助理员队伍，有效增强农村党建工作力量。加强“两新”组织党建，提升“两个覆盖”水平。

五是作风建设更加精准严实。制发全面从严治党“六六工程”实施意见，召开全区警示教育大会，深化区委巡察，累计发现问题1236项。严格落实《中国共产党问责条例》及市委实施办法，对存在管党治党不力等问题，启动8起问责调查。持续为基层减负，清理社区挂牌1800余块、表格45项。查处违反中央八项规定精神案件4起，给予党纪处分4人。始终保持反腐惩恶高压态势，处分党员干部82人，反腐败斗争压倒性胜利进

一步巩固发展。

一年来，区委常委会加强自身建设，出台《门头沟区委常委会及其成员职责清单》，严格执行民主集中制和区委常委会“三重一大”事项决策工作规则，制定区委法律顾问工作制度，组织召开区委常委会会议45次，讨论议题341个，常委会决策的科学化、规范化、法治化水平进一步提升。坚持总揽全局、协调各方，注重加强对区人大、区政府、区政协工作的领导，调动各方积极性，同心协力战疫情、稳发展。支持区人大履行宪法和法律赋予的职责，支持区政府深化“放管服”改革，加强法治政府建设，支持区政协有效发挥专门协商机构作用，支持区法院、区检察院公正司法。认真履行做好统战工作主体责任，充分发挥民主党派、工商联和无党派人士作用，构建大统战格局，深化拓展各民主党派市委支持我区“8+1”行动。创新新时代双拥工作，巩固坚如磐石的军政军民关系。发挥群团组织作用，凝聚各自联系群众的智慧和力量，共同守好绿水青山。

回顾一年来的工作，全区党员干部在市委、市政府坚强领导下，在各民主党派、驻区单位、驻区部队和社会各界全力支持下，奋勇争先，比肩奉献，走过了极其不平凡的历程，取得了来之不易的成绩。在此，我代表区委，向全区广大党员干部群众，向所有关心、支持、参与门头沟发展的各界人士，表示衷心的感谢和崇高的敬意！

在肯定成绩的同时，我们也要清醒看到工作中的不足：一是地区生态涵养功能仍需强化，大气污染防治、水质断面治理成果还需进一步巩固，多污染物协同控制和区域协同治理机制尚需健全。二是推动绿色发展、实现“绿水青山”向“金山银山”转化的成效还不够明显，项目带动、资金保障、人才支撑等方面力度还不够强。三是支撑绿色发展、生态富民的软硬件设施仍存在不少短板，以城带乡、协调发展的城乡融合发展机制还不健全，民生工作与“七有”“五性”需求仍有差距，办好两个“关键小事”、深化接诉即办的成效还不平衡。四是全面从严治党向基层延伸还不扎实，干部队伍管理有漏洞，酒驾醉驾等违纪违法问题仍有发生，基层党组织建设依然存在后继乏人问题。对这些问题，我们要高度重视，以更大决心、更强举措坚决予以解决。

第二部分，坚定讲奉献、争第一，奋力确保“十四五”高标启航

党的十九届五中全会清晰展望了到2035年基本实现社会主义现代化的远景目标，明确提出了“十四五”时期我国经济社会发展的指导方针、主要目标、重点任务、重大举措。习近平总书记强调，要“立足新发展阶段，贯彻新发展理念，构建新发展格局，推动高质量发展”。12月16日至18日，中央召开经济工作会议，习近平总书记发表了重要讲话，从党和国家事业发展全局和战略高度，深刻分析了“两个大局”背景下我国经济发展面临的新形势，明确提出了明年经济工作的总体要求、目标任务和重大举措。在12月28日至29日召开的中央农村工作会议上，习近平总书记强调，要坚持把解决好“三农”问题作为全党工作重中之重，举全党全社会之力推动乡村振兴，促进农业高质高效、乡村宜居宜业、农民富裕富足。市委十二届十五次、十六次全会，分别对“十四五”时期和明年全市经济社会发展进行了战略部署，开启了首都发展新征程。市委书记蔡奇同志在市委全会上强调，要“保持战略定力，更加注重质量和效益，实现行稳致远。”围绕贯彻落实中央、市委精神，我区召开了区委十二届十一次全会，深入分析了全区发展面临的形势，审议通过了区委关于“十四五”规划和二〇三五年远景目标的建议，突出强调了“五个始终坚持”的基本要求，即：始终坚持党的全面领导、始终坚持生态立区、始终坚持绿色发展、始终坚持以人民为中心、始终坚持系统观念，为“十四五”时期高质量建设“绿水青山门头沟”、当好“两山”理论守护人，绘制了蓝图、规划了愿景、吹响了号角。

2021年是中国共产党成立100周年，是我国现代化建设进程中具有特殊重要性的一年，“十四五”开局，全面建设社会主义现代化国家新征程开启，做好明年各项工作意义重大。我们要坚持以习近平新时代中国特色社会主义思想为指导，认真贯彻中央、市委决策部署，落实市委书记蔡奇同志2018年以来七次调研我区指示精神，坚定“一个方向”、坚持“两个原则”、打造“两个品牌”、建设“五个之城”、推进“三四三六”工程、构建“一园四区一小院”绿色发展新格局，特别是对标中央经济工作会、中央农村工作会和市委十二届十六次全会精神，进一步明确

“三四三六”工程中第一个“三”和“四”的内涵，其中第一个“三”即打赢棚户区改造、污染防治、乡村建设行动“三大攻坚战”；“四”即办好疏解整治促提升专项行动，建设京西产业转型升级示范区，实施集体经济薄弱村、低收入边缘户和返低风险户帮扶，完善新城控规、镇域国土空间规划、乡村规划和乡村振兴集体建设用地实施规划及专项规划在内的国土空间规划体系“四件大事”；坚定不移贯彻新发展理念，全面落实以首都发展为统领的要求，紧抓北京高位推进“两区”建设、打造改革开放“北京样板”的重大历史机遇，落实生态涵养区功能定位，在率先构建新发展格局北京行动中找准定位，高标启航，以“讲奉献、争第一”的门头沟精神，当好“两山”理论守护人，以优异成绩迎接中国共产党成立 100 周年。

（一）全面融入绿色北京建设，坚定擦亮“绿水青山门头沟”城市品牌

要坚持把为大国首都底色增光添彩作为职责使命，巩固国家生态文明建设示范区和“绿水青山就是金山银山”实践创新基地创建成果，率先启动国家环境保护模范城市创建工作，推进分区规划落地，编好新城控规和镇域国土空间规划，充分发挥各类规划的战略引领和刚性约束作用，不断提升生态环境品质，坚定当好“两山”理论守护人。

一是在植绿护绿上持续发力。咬定 2021 年如期创成国家森林城市目标不放松，巩固已完成指标，冲刺未完成指标，狠抓大尺度绿化，完成好 6640 亩百万亩造林、3 万亩京津风沙源治理以及市级下达的废弃矿山修复任务；抓好森林提质工程，强化森林生物多样性保护；统筹抓好长安街西延线、S1 线、109 高速、永定河及“一线四矿”的沿线绿化、景观优化，以系统观念提高全区生态系统的质量和稳定性。

二是在污染防治上持续发力。瞄准率先完成市级下达目标任务，坚定深化“抠 0.1 微克”行动，加强细颗粒物、臭氧、温室气体协同控制，持续加强挥发性有机物、车辆排放、扬尘等污染源治理，推进农村煤改清洁能源，落实全市二氧化碳控制专项行动要求，确保走在全市前列。以落实河长制为抓手，加快补齐水环境治理短板；加强与永定河流域公司的协同配合，矢志抓好永定河综合治理和生态修复，积极开展永定河沿线村落和小流域治理，充分利用永定河生态补水契机，继续强化源头治理，抓好污水治理“三年行动”任务落实，确保地表水断面水质持续达标。抓好土壤污染风险管理，打好净土保卫战，保障土壤环境安全。

三是在环境整治上持续发力。深入落实《关于“十四五”时期深化推进“疏解整治促提升”专项行动的实施意见》，对标全国文明城区标准抓细背街小巷整治提升工作，着力打造精品宜居街巷，有序推进城市更新。突出抓好浅山区到平原区城乡接合部等重点区域，以及“京门—门大线”、109 高速等重点产业发展带沿线的环境综合整治，深化“七边三化四美”行动，巩固“厕所革命”、农村污水治理等成果，抓好长效管护。加快实施“一村一貌、乡村营造”村庄风貌整体管控提升行动，接续落实“百村示范、千村整治”工程任务，巩固“9041”标准基本无违建城区创建成果，结合破解历史遗留问题，推动拆违攻坚向村居小违建延伸，完善“村地区管”体系，进一步提升城乡环境美丽宜居水平。

（二）全面贯彻新发展理念，坚定构建“一园四区一小院”绿色发展新格局

要围绕北京建设国际科技创新中心的总体部署，进一步用好京西产业转型升级示范区、“两区”建设、“一线四矿”建设的叠加效应和政策红利，瞄准培育做精“三大产业”，把落实扩大内需战略同深化供给侧结构性改革有机结合起来，释放“一园四区一小院”的绿色发展动能，为丰富“两山”理论转化途径探索更多实践经验。

一是坚持“一园”创新发展。积极推动园区企业瞄准“卡脖子技术”提升创新竞争力、构建创新联合体，继续支持北京中关村精雕智造科技创新中心围绕优势领域精耕细作，着力建设精雕数字制造研究院，并以此为基础适时启动国家级先进制造业和现代服务业融合发展试点区域申报工作；全力支持夏禾科技、芯盾时代、中关村硬创空间等企业，加快打造适应“两区”建设、符合区域功能定位的中关村科技创新中心、产业联盟和头部企业。着力提升园区对“两区”建设政策、示范项目的吸引力和承载力，支持江泰保险优投和大救星两个国际平台在市、区“两区”服务开放中发挥作用，着力引进人工智能触感实验室等市级服务业扩大开放示范项目。以我区头部企业为核心，以创新中心为牵引，以行业产业联

盟为载体，以“高精尖”企业为着力点，打造产业链供应链高端平台，创新招商引资新模式，实现新突破。深入实施国企改革三年行动，组建区属投资运营公司，推动国资国企做优做强。

二是坚持“四区”蓬勃发展。坚持把“四区”作为我区未来发展的重要战略空间和产业承载地，坚持精品化、绿色化、智能化、差异化方向，优化“四区”产业协同布局，形成优势互补、高质量发展的产业链、创新链。第一，加快打造“一线四矿”文旅康养休闲区，深化与京能集团对接，用好国家和北京市支持政策，做好规划方案招标等工作；严控开发强度，坚决守牢“不搞房地产”的底线，坚定向工业遗存保护利用要潜力，以“一线四矿”为“核”，以辐射的周边镇街范围为“圈”，强化“核”与“圈”产业链接、利益联结的整体规划，并与国道109新线高速公路发展带联动规划，更好统筹开发“一线”的火车旅游和通勤功能，突出打造“四矿”的主题特色，挖掘利用周边区域的生态文化资源优势，真正将“一线四矿”打造成京西绿色文旅产业发展的核心引擎。第二，加快打造新首钢协作配套区，紧跟北京“两区”建设步伐，紧抓新首钢文化、生态、产业、活力“四个复兴”机遇，强化与石景山、首钢的对接机制建设，探索产业一体化联动发展模式，引入区块链、5G等前沿业态，发展高端服务业。第三，加快打造医药健康产业集聚区，推进研究型医院建设，推动阜外医院西山院区项目尽快落地见效。发挥好150张研究型病床的聚核作用，前瞻性谋划打造国家级新药临床试验基地高端医疗服务示范中心，为吸引药企总部落地、促进医药健康产业链整合奠定基础。第四，加快打造“军庄龙泉”科技文创产业集聚区，与金隅集团合作打造琉璃文化创意产业园，探索发展开放式国际琉璃文创产业，打造“琉璃四合院”等精品特色旅游项目，并以符合区域功能定位的高校落户为切入点，将军庄镇与龙泉镇打造成科技、时尚、琉璃文化特色交融的创新创业产业集聚区，引领京西文化创意产业特色发展。

三是坚持“一小院”绿色发展。围绕实施乡村振兴，瞄准“十四五”期间100个村实现村村有“门头沟小院”精品民宿的目标，厘清政府、属地、企业、市场责任，不断完善促进规模精品民宿与民俗村（户）多层次叠加融合发展的支持政策。着眼“以供给侧结构性改革引领和创造新需求”，用好用足与高校名企的合作契机，深度研究疫情防控常态化条件下的消费方式，持续在丰富“门头沟小院+”内涵上做文章，提升精品民宿附加值和产业链价值，以国际化视野提升休闲旅游服务水平，高水平打造“门头沟小院+”田园综合体体系，在释放消费潜力、扩大内需、服务“两区”建设中彰显“门头沟小院”的特色优势。在此过程中，推进我区乡村振兴集体建设用地实施规划落地，以及再造集体建设用地快速审批流程、社会投资项目简易低风险、村地区管等诸多改革成果运用，实施乡村振兴战略，深入开展乡村建设行动，加大集体经济薄弱村、低收入边缘户和返低风险户帮扶力度，促进农民增收。

四是坚持生态富民共享发展。聚焦“七有”“五性”，创新民有所需、我有所促、企有所营的高质量民生保障举措，改善人民生活品质。坚持常态化精准防控和局部应急处置有机结合，坚持“外防输入、内防反弹”不放松，进一步压实“四方责任”，抓好突发病例快速响应处置、镇街突发疫情核酸检测应急预案、重点领域常态化防疫检测等机制的贯彻落实，按照市级统一部署，抓好进口冷链食品监管，持续做好社区、学校、培训机构、商超餐饮、农贸市场、养老机构等重点场所防控，做好疫苗接种工作，强化冬春季传染病防控，以更严措施、更坚决态度，科学、精准、依法、有效打好疫情防控人民战争、总体战、阻击战。以提升回迁居民幸福感为导向，加快建设好3个采空棚户区改造工程在建项目，再提供安置房源3498套，稳步推进3751C地块棚户区改造和环境整治项目，确保建设好、服务好、完成好棚户区改造任务。坚持立德树人、五育并举，深化名校办分校、集团化办学、教育联盟等模式，加快推动景山学校门头沟校区等项目建设，进一步提升教育质量。丰富高品质公共文化服务供给，创新实施文化惠民工程，持续支持实体书店发展。高标准积极推动门头沟医院新院区建设前期准备，落实新一轮健康北京行动计划相关部署，实施好我区公共卫生应急管理体系建设三年行动计划，开展区疾病预防控制中心规范化提升工程，与西城区共同做好两区结对医院简易转诊试点工作，推进“健康门头沟”建设。实施就业优先政策，保障重点群体多渠道就业。完善社会保障体系，落实居家养老服务条例，提升养老服务机构质量。以全民健身冰雪运动为载体，为助力北京2022年冬奥会和冬残奥会营造良好的氛围。坚持富国和强军相统一，完善国防动员体系，巩固军政军民团结，开启全国双拥模范城“五连冠”创建工程。全力保障国道109新线高速公路建设，力争“京门—门大线”项目年内实现开工，更加注重民生基础设施补短板，支持新型基础设施建设，进一步增强群众获得感。

（三）全面落实新时代党的建设总要求，深入打造“红色门头沟”党建实践品牌

紧紧围绕贯彻新时代党的建设总要求和全面从严治党战略部署，坚持把贯彻党的全面领导制度作为首要原则和根本要求，将其贯穿到“十四五”时期全区经济社会发展各领域、各环节，持续推动“红色门头沟”党建“1179”工程落实到“最后一公里”，为高质量建设“绿水青山门头沟”汇聚磅礴合力。

一是持续彰显“红色门头沟”党建品牌的新优势。坚持以习近平新时代中国特色社会主义思想为指导，深入学习贯彻党的十九届五中全会和市委十二届十五次、十六次全会精神，引领全区各级党组织和广大党员干部肩负起落实中央和市委决策部署、推动全区经济社会发展的政治责任，以“十四五”顺利开局的一流业绩，检验增强“四个意识”、坚定“四个自信”、做到“两个维护”的实际成效。按照中央、市委部署，以高度的责任感、使命感、历史感抓好庆祝中国共产党成立100周年相关工作，大力唱响共产党好、社会主义好、改革开放好、伟大祖国好、各族人民好的时代主旋律，落实北京市新时代爱国主义教育实施方案部署要求，并结合我区“一腔血”的红色传承，着力推出一批叫得响、立得住、传得开的活动品牌，不断扩大“红色门头沟”党建品牌的影响力、知名度。对标《北京市党委（党组）意识形态工作责任制实施细则》，抓好党管意识形态工作，完善巡察工作的意识形态专项检查制度，加强阵地管理，牢牢掌握意识形态工作领导权。

二是持续提升党建引领城乡治理的新效能。坚持把创城作为城乡治理的总抓手，紧抓全市制定实施深化文明城区创建三年行动计划的契机，依托“红色门头沟”党建品牌的组织优势，不断激发“我要创”“全民创”的热情，丰富“门头沟点赞”大拇指行动内涵，强化示范单位、示范街巷、示范村居创建，推动“门头沟热心人”志愿服务团队品牌化建设，全民动员、全力攻坚，在奋力确保2021年3月实现“双达标”的基础上，打好创城“第二步”的开局之战，为2023年暂拔头筹摘桂冠奠定坚实基础。持续深化党建引领“吹哨报到”“接诉即办”，严格落实《关于坚持“红色门头沟”党建引领基层社会治理深化“接诉即办，办好‘小事’”工作的实施意见》，坚持顶层设计与基层探索良性互动，用好接诉即办“515”工作法，探索更多未诉先办、主动治理的长效机制和基层经验。持续以创城带动落实生活垃圾分类管理、物业管理条例落实和光盘行动要求，落实垃圾分类责任人制度，进一步提高厨余垃圾分出率，实现农村垃圾不落地、定时上门收集全覆盖；巩固物业“三率”成果，开展物业服务品质提升行动；落实我区爱国卫生运动三年行动计划，用千万个文明健康小环境汇聚起文明首善大生态。统筹发展与安全，持续深化“平安门头沟”建设，树牢“精精益求精，万万无一失”的高标准，防范化解各类风险隐患，抓好安全生产、森林防火、防汛抗旱等各项工作，确保“西部无战事”。

三是持续谱写京西铁军的新辉煌。全面贯彻新时代党的组织路线，落实好干部标准和我区“二十字”干部队伍建设原则，将“四个当先、一个当头”融入“绿水青山门头沟”建设全过程，以提高治理能力为重点，加强领导班子和干部队伍建设，抓好区委《关于建设高素质专业化干部队伍实施意见》和《关于推进高质量发展综合考评的意见》落实，统筹做好干部教育培训工作，激励广大党员干部特别是年轻干部，不断提高政治能力、调查研究能力、科学决策能力、改革攻坚能力、应急处突能力、群众工作能力、抓落实能力，着力提升广大干部推动构建新发展格局的能力水平，着力锻造一支与当好“两山”理论守护人要求相适应、与生态涵养区功能定位相匹配的干部队伍，系统性打造各领域京西铁军队伍品牌。以提升组织力为重点，突出政治功能，坚持“七个在前面”，高标准率先完成村（社区）“两委”换届工作；持续推进“红色门头沟”党建“1+7”制度落实，研究落实机关、国企、医院等基层党组织党建工作意见有效措施，完善区委“两新”工作运作机制，推动各级党群服务中心“实体化”“规范化”运作，充分发挥基层党组织的战斗堡垒作用和党员的先锋模范作用，推动基层党组织全面进步全面过硬。深入落实区委《关于深

化全面从严治党“六六工程”的实施意见》，锲而不舍落实中央八项规定精神，持续纠治形式主义、官僚主义，切实为基层减负；推进巡察监督向村居延伸，将全面从严治党责任要求传导到神经末梢；坚持无禁区、全覆盖、零容忍，构建一体推进不敢腐、不能腐、不想腐体制机制，着力营造风清气正的干事氛围。

新蓝图已绘就，新征程已开启。让我们在中央、市委坚强领导下，高标准持续保持当好“两山”理论守护人的追求，创新打造一大批“红色门头沟”党建实践品牌，发挥红色优势，全力以赴夺取“十四五”开门红，奋力铸就“绿水青山门头沟”的新辉煌，以更加优异的成绩向中国共产党成立100周年献上老区人民的一份厚礼。

政府工作报告

——2020年1月7日在北京市门头沟区第十六届人民代表大会第六次会议上

北京市门头沟区区长　付兆庚

各位代表：

现在，我代表门头沟区人民政府，向大会报告政府工作，请予审议，并请各位政协委员提出宝贵意见。

一、2019年工作回顾

过去一年，区政府在市委、市政府和区委的坚强领导下，在区人大、区政协和社会各界的监督支持下，深入学习贯彻习近平新时代中国特色社会主义思想，认真落实党的十九大和历次全会精神、北京市第十二次党代会和历次全会决策部署，紧紧围绕区委十二届八次全会工作要求，按照“绿色发展、生态富民、弘扬文化、文明首善、团结稳定”的区域发展总原则，以新中国成立70周年庆祝活动为纲，稳增促调、转型升级，加快构建“三精”格局，经济社会实现平稳健康发展。预计实现地区生产总值200亿元左右，剔除传统资源型产业退出影响因素同比增长10%以上；一般公共预算收入33.63亿元，同比增长6.5%；建安投资85亿元，同比增长8%；社会消费品零售额74亿元，同比增长6%左右；全体居民人均可支配收入达到53500元，同比增长8.5%以上，绝对值居生态涵养区首位。地区资源依赖度持续下降，能源消耗总量控制在63.3万吨标准煤以内，万元地区生产总值能耗同比下降2.5%以上，圆满完成了区人大十六届五次会议确定的主要目标任务。

（一）攻坚克难，“三大攻坚战”有序推进

污染防治攻坚战成效显著。大气、水、土壤污染防治三大行动计划有效落实。聚焦重型柴油车、扬尘管控和挥发性有机物等重点领域，出台措施强化精细化治理。坚持“抠0.1微克”治理PM2.5，截至目前，地区PM2.5平均浓度为36微克/立方米，同比下降25%，持续位居全市前列。开展水源地保护工作专项行动，编制完成永定河山峡段综合治理及生态修复工程项目实施方案初稿。全面落实河长制，深化“清河行动”，重拳治理永定河山峡段和斋堂水库保护范围污染源及违法建设，三家店等3个断面水质达标，门城湖成功入选“2019年度北京市优美河湖”。配合实施年度永定河生态补水，永定河山峡段河道40年来首次实现不断流。强化土壤污染风险管理，土壤安全利用率达到100%。坚决支持京煤集团关停大台煤矿，彻底终结地区千年采煤史。

低收入精准帮扶攻坚战成果丰硕。深化点对点工作机制，实施低收入户动态精准管理，建立“一对一”精准帮扶对接台账。深挖农户就业岗位，实现低收入劳动力转移就业3286人，就业率达到97.68%。完成低收入农户住宅鉴定，持续推进农村4类重点对象和低收入群众危房改造工作，282户危房实现竣工。出台《门头沟区2019-2020年低收入发展项目实施方案》，实施低收入发展项目47项，增收效果初步显现。低收入农户人均可支配收入预计达到14600元，同比增长17.5%，高于全市平均增速，增幅位居各区前列。被生态环境部命名为“绿水青山就是金山银山”实践创新基地，“绿水青山门头沟”品牌优势逐步显现。

棚改攻坚战全面持续发力。建设人民满意的安置房，3817套棚改安置房完成分户验收，即将实现2500户居民搬迁上楼，累计建成安置房49492套。新棚改3751地块4个项目拆迁腾退基本完成，冯村南街、永定镇南区和3751-C三个项目实现开工，前期手续办理有序推进。市政道路、供暖、燃气等公共配套设施同步完善，棚改工程质量显著提升，腾退土地资源开发利用大力推进。

（二）统筹协调，“四件大事”加快实施

新版北京城市总体规划深入落实。建立完善国土空间规划体系，分区规划（国土空间规划）已获市政府正式批复，初步完成分区规划数据库建设。压茬启动新城控制性详细规划（街区层面）及镇域国土空间规划编制工作，开展城市体检评估，坚决落实减量发展。“点状供地”实施规划（草案）基本完成，以清水镇为试点，推动集体土地利用审批创新。开展历史文化名城保护，制定《门头沟区传统村落内危房改造指导意见》，强化传统村落保护机制研究。持续优化责任规划师配置，实现责任规划师团队镇街全覆盖。

乡村振兴战略加快实施。完成176个村集体经济组织换届选举，推动农民专业合作社“空壳社”专项清理。全面完成农村集体资产清产核资，开展扶持壮大村级集体经济试点，确定第一批8个试点村。扎实推进农村煤改清洁能源，完成斋堂镇柏峪村、雁翅镇珠窝村等5个村取暖煤改电。分类推进农村地区“厕所革命”，全面消灭农村旱厕，户厕覆盖率达到97.07%。基本实现农村垃圾分类和污水处理全覆盖。强化山区乡村风貌管控，完成138个村庄美丽乡村规划编制，门头沟区村庄民宅风貌设计导则、炭厂村村庄规划被评为“2019年度北京市优秀城乡规划奖”一等奖，分区规划荣获特殊贡献奖。围绕“七边三化四美”要求，全力推动农村人居环境整治工作，在2019年底全市农村人居环境考核验收中排名第一。

“疏整促”专项行动纵深推进。疏解整治促提升专项行动全年13项任务提前超额完成，专项任务点位完成率位列生态涵养区第二。腾退土地销账面积123.5公顷，疏解退出一般制造业企业2家，“散乱污”企业清理整治保持动态清零。新建和规范基本便民商业网点60个，完成全年任务的146%。从严控制人口增长规模，全区常住人口总量预计控制在34.5万人以内，人口变动趋势处于可控区间。

机构改革工作稳妥进行。新组建部门全部完成挂牌及职责划转，改革后设置党政机构43个。坚持充实强化基层，完成4个街道机构改革，率先在全市启动乡镇机构改革试点工作，在龙泉镇和军庄镇探索建立简约高效的基层管理体系。推进综合执法体制改革，调整组建8个区级综合执法机构。事业单位改革分类稳妥实施。建立健全权力清单动态调整机制，编制32个政府部门1214项权力清单，政府权力运行监督管理不断强化。

（三）转型升级，“三大产业”加速集聚

文旅体验产业驱动力持续增强。打造精品旅游，启动编制《门头沟区分区规划旅游产业专项规划》，国家级全域旅游示范区、旅游业改革创新先行区“双区”创建进展顺利。强化重点景区带动，八大景区组团专项规划编制初步完成，京西商旅古道一期、二期项目全部完工。大力培育发展精品民宿，成功举办北京精品民宿发展论坛和精品民宿推介会，发布《精品民宿发展服务手册》，设立乡村振兴绿色产业发展专项资金，成功推出“门头沟小院”“绿水青山门头沟”旅游和“灵山绿产”三个品牌，“门头沟小院”成为全市唯一地区性精品民宿品牌，“灵山绿产”成为全市首个区域性绿色产品品牌。推动梁家庄“创艺乡居”、黄安坨“百花山社”、白虎头“朗诗乡居”等项目落地，盘活闲置农宅300余套，地区精品民宿接待能力显著提升。打造文创产业新亮点，依托故宫博物院资源，与金隅集团加强合作，打造琉璃文化创意产业园区。加快乡村旅游提质升级，完成东马各庄村、炭厂村等旅游精品村改造提升。清水镇、王平镇全国运动休闲特色小镇试点加快建设，引进藜麦等高附加值新品种，打造特色农产品示范创新基地，推动体游、农游深度融合。保护传承历史文脉，着力推进“六四一”文化保护传承机制，西山永定河文化带、长城文化带保护与发展规划及五年行动计划初步编制完成，永定河文化博物馆新馆项目稳步推进。顺利完成潭柘寺、戒台寺、妙峰山景区退市交接，实施潭柘寺大悲坛、戒台寺戒坛大殿等17个文物保护修缮工程。成功举办第十三届永定河文化节，国际山地徒步大会被评为“2019中国体育旅游十佳精品赛事”，地区品牌活动影响力显著增强。

科创智能产业集聚能力不断提升。产业结构持续优化，围绕“三大产业”“四大集聚区”，完成全区战略和产业发展专项规划编制，推动京西产业转型升级示范区（国家级）建设。国家可持续发展实验区验收工作有序推进，国家可持续发展议程创新示范区完成申报致函工作。中关村门头沟园发展迅猛，园区地均产出率、劳均产出率在生态涵养区排名第一。大力推进科技企业孵化器建设，石龙五期人工智能科技园基本具备入市交易条件，石龙三期产业承载项目实现主体封顶。深入推进老旧厂房改造，正式启用“中关村（京西）人工智能科技园·智能文创园”。完成工业研发用地（安普公司）属地政府优先回购全部股权和社会投资“简易低风险”建设项目（利德衡）两个全市首例全流程案例。高精尖产业结构加速构建，以精雕科技、夏禾科技为代表的智能制造板块初步形成，遨博智能协作机器人、他山科技人工智能触感芯片等9个市级入库高精尖产业项目有序推进。他山科技与英国曼彻斯特大学联合共建的全国第一家人工智能电容触感实验室正式落户。双创氛围更加浓厚，建成国内首家民主党派双创基地“九三乐创空间”，成功举办京西创新论坛。加快推动地区协同发展，加强与石景山区合作共建，落实两区高层定期对接交流工作机制，出台《门头沟区贯彻落实新首钢打造新时代首都城市复兴新地标行动计划（2019-2021年）工作方案》，新兴战略产业项目加速布局。

医药健康产业培育成效显著。阜外医院西山院区二期项目手续办理进展顺利，深化与国家心血管研究中心合作，推出350张临床研究型床位，推动优势互补、资源共享，加速科研成果产业化。与首都医科大学深入对接，推进研究型医院建设。着力打造全国新药械临床转化中心、CRO产业中介服务中心和医药健康产业总部基地。新首钢滨河地区、中关村门头沟园、阜外西山院区纳入新首钢国际人才社区建设范围，地区人才支撑和智力保障体系稳步构建。

（四）共建共享，“六城联创”工作成果丰硕

通过整合创建资源、集中创建力量、协同创建平台、问题共督共改，推进“六城联创”工作全面开展。以“新时代文明实践中心建设”全国试点为契机，首善标准推进“全国文明城区”创建，以优异成绩通过2019年度市级创城测评，创城攻坚再拔头筹，为明年冲刺“全国文明城区提名城区”奠定坚实基础。“国家森林城市”创建有序实施，完成年度新一轮百万亩造林绿化、京津风沙源治理、永定河滨水森林公园、绿海运动公园等建设工程，新增造林面积4.15万亩，洪水口村获评“国家森林乡村创建工作样板村”。地区公园绿化面积达到1721亩，公园绿地500米服务半径覆盖率达到88.09%，地区森林覆盖率、林木绿化率分别达到46.61%和70.02%。“基本无违建区”创建取得决定性胜利，积极开展“大棚房”清理整治专项行动，完成新一轮浅山区违法占地违法建设专项治理。打响拆违70天大会战，拆除违建146.57万平方米，完成年度目标任务的703%，城乡面貌焕然一新。探索将创城与创卫工作相结合，强化属地、行业巡查机制，高标准通过“国家卫生区”复审。防范化解各类食品药品安全风险隐患，北京市“食品安全示范区”创建进入收官阶段。建立退役军人三级服务保障体系，在全国首创为现役义务兵父母投保补充医疗保险，在全市率先推出生活困难现役军人家庭及退役军人关爱基金，顺利通过北京市双拥模范城实地考核，努力争创“全国双拥模范城”四连冠。

（五）真抓实干，市区重点工程加快推进

基础设施承载力显著提升。69项区级重点工程稳步推进。加强与城区大市政对接，新首钢大桥建成通车，长安街西延长线实现全线贯通，国道109新线高速公路施工单位陆续进场。36个公路及市政道路项目进展有序，双大路二期工程顺利进行。新城大街、何各庄中街、紫金路东段等7条道路正式通车。加快推进门城水厂建设。

曹各庄路电力工程、新城35千伏石器线、营门线电力隧道工程顺利完工，潭柘寺、斋堂110千伏输变电工程、金沙街道路工程、220千伏高门一二线迁改工程按期开工。鲁家山垃圾焚烧厂余热供热工程进展顺利。

公共服务设施进一步完善。保障房建设加快推进，完成筹集政策性租赁住房1543套、政策性产权住房新开工3067套，建成各类政策性住房10927套，超额完成保障房建设任务。区教师进修学校综合教学楼改造工程结构封顶，育园小学新建工程等项目加速推进，新增4所一级一类幼儿园，增加学前教育学位450个。区档案馆新馆建设项目完成设计招标，区体育文化中心项目稳步推进。顺利通过北京市“节水型区”创建验收。“密路网、微循环”规划稳步实施，新开、调整13条公交线路，着力保障百姓出行。

（六）民生为本，社会事业全面发展

社会保障水平持续提升。强化就业精准服务，开展职业技能提升行动，全区城乡劳动力实现就业5575人，城镇登记失业率控制在3.28%左右。社会保险覆盖范围持续扩大，各项社会保险待遇水平稳步提高。实施镇办养老机构消防设施改造，推动新城20街区等养老机构和街道乡镇养老照料中心建设，新建4家社区养老服务驿站和农村幸福晚年驿站，社区居家养老服务健康发展。全面落实残疾人保障政策，新建7家残疾人帮扶性就业基地。加快人才公寓建设，向区内人才提供共有产权房、租赁型住房146套。探索引入物业管理模式，改善老旧小区居住环境，完成9.24万平方米老旧小区房屋漏雨防水施工。稳步实施险村险户搬迁工程，23个村完成搬迁。

公共服务水平显著增强。教育资源持续改善，普惠性幼儿园覆盖率达到96.5%，全市排名第二，区内4所学校成为国家级冰雪运动特色校。教育资源布局不断优化，持续推进“银龄计划”，返聘特级教师实现资源共享。教育综合改革持续深入，2019年高考本科上线率达到74.96%，同比提升6.57个百分点。顺利实施医耗联动改革，46家参改机构取消医用耗材加成。持续推进“健康门头沟”建设，顺利完成慢性病综合防控示范区市级复审。医联体建设初见成效，基层首诊、双向转诊分级诊疗格局逐步形成。积极打造国家基层高血压管理试点，“门头沟区急性心脑血管疾病救治能力提升工程”正式启动。远程综合诊疗与医疗大数据中心试点建设项目进展顺利。新建运营龙兴120急救站，院前急救呼叫满足率逐步提升。文化体育建设不断完善，首都公共文化服务示范区创建工作推进顺利，着力打造“五个一”公共文化服务配送体系。全民健身工程纵深发展，新建全民健身运动场地17片、健身步道5条。编制《门头沟区商业设施布局规划》，城镇社区便民商业网点覆盖率达到97.7%，龙湖长安天街入驻开业，促进地区消费全新升级。完成直接关系群众生活方面的重要实事26件。

社会服务管理不断创新。严肃换届纪律，依法圆满完成村和社区“两委”换届选举。开展村规民约、社区居民公约修订，激发村民、居民自治活力。推广“德马行储蓄所”“帮帮银行”等经验，推进区域多元共治。加强社区特色品牌建设，打造精品社区、特色品牌街巷25个。坚持党建引领物业服务企业和业主委员会建设，深化“村居共建、六联共创”治理模式。积极推进街巷长制和小巷管家，处理各类事项5.1万件。推动社区、停车管理企业探索共治共享管理模式，实施路侧停车电子收费。坚持“民有所呼、我有所应”，持续深化“街乡吹哨、部门报到”，健全完善“接诉即办”机制，实行首派承办单位负责制，强化属地兜底机制，加强联合督办，累计受理群众诉求5万余件，响应率100%，解决率、满意率持续提升。积极支持工会、共青团、妇联等群团组织开展工作，妇女儿童、民族宗教等各项事业全面进步。

社会大局保持和谐稳定。以平安门头沟建设为牵引，圆满完成新中国成立70周年庆祝活动、第二届“一带一路”国际合作高峰论坛、北京世界园艺博览会、亚洲文明对话大会等系列重大活动安保服务工作，确保“西部无战事”。坚决开展扫黑除恶专项斗争，累计梳理涉黑涉恶线索297条，查办涉黑涉恶腐败和“保护伞”案件6件。开展重点地区综合整治，推进“雪亮工程”建设，发案数量持续下降，重点地区、重点行业场所重大刑事案件“零发生”。全面夯实综治基层基础，加强“京冀五地”区域警务合作，联勤联动筑牢“环京护城河”。区、镇街、村（社区）三级综治中心规范化建设全部完成，解决各类问题1767件。深入推进“连民心恳谈室”工作机制，及时就地化解矛盾，形成信访工作新局面。持续推进城市安全风险评估和风险管控，制定实施政府与重大风险源企业“一对一”应急预案。深入开展城市安全隐患治理三年行动，全区安全生产形势总体平稳。

（七）深化改革，政府服务效能显著提升

全面深化改革持续深入。扎实推进“放管服”改革，不断优化营商环境，持续开展企业大走访，落实重点企业“服务包”制度，为企业提供“管家式”服务。坚持减事项、减证明、减材料，企业群众提供办事材料精简60%。初步完成区、镇街、村（社区）三级政务服务体系建设，1600余个区级事项和170个镇街级事项全部纳入“一窗”综合办理，在全市率先推行“不见面审批”“全区通办”“自助能办”改革，率先启动“百事套餐一次办”“企业开办上门办”“高频事项就近办”等便利化改革。全面深化政务公开工作，主动公开信息7723条，受理依申请公开443件。深入实施预算绩效目标管理改革，持续强化政府性债务风险防控。深化国资国企改革，清理29家企业债务。推动与西城区结对协作，不断深化公共服务、教育医疗、低收入精准帮扶等多领域合作。主动与京能、京煤集团对接，谋划工矿用地等资源统筹利用及绿色产业发展。深入推进扶贫协作，依托阜外医院优质资源，建设堆龙德庆远程心电诊断平台。累计向涿鹿、武川、察右后旗、堆龙德庆安排区级资金1100万元，支持公益岗位1830个，助力脱贫“摘帽”。

作风建设不断巩固加强。扎实开展“不忘初心、牢记使命”主题教育，不断强化政治担当。以“红色门头沟”党建为引领，自觉抓好政府系统党建。围绕群众和基层的痛点、难点、堵点问题，求真务实开展调查研究，主动查摆历史遗留问题147项。严格落实全面从严治党主体责任，坚定不移纠“四风”、树新风，进一步贯彻落实中央八项规定精神，加大监督执纪问责力度，25名党员干部因工作履职不到位被问责追究。坚决落实为基层减负工作要求，集中解决形式主义突出问题，发扬“短实新”文风会风，大幅精简文件和会议，超额完成文会精简30%以上目标任务。健全问责容错机制，完善激励关怀制度，严控“一票否决”事项。严格执行财经工作纪律，进一步压缩“三公”经费，严控行政运行成本。

全面依法行政持续强化。坚决执行区人大及其常委会决议和决定，自觉接受人大监督，认真履行政府职责。创新协商民主形式，积极支持区政协履行政治协商、民主监督和参政议政职能。主动向区人大和政协征求意见和通报工作，全年办理人大代表建议70件、政协提案105件，办复率达到100%，满意率持续提升。坚持政府常务会议会前学法制度，全年学法6次，推行行政执法三项制度，全面推进依法治区。坚持并完善重大事项集体决策制度，加强审计监督和监察监督。扎实推进法治建设，印发实施《门头沟区关于加强新时代法治建设的实施方案》。深入开展“七五”法治宣传教育，法律服务体系进一步完善。支持区检察院、区法院依法履行职责。

各位代表，过去一年，我们全面落实市委市政府重大决策部署和区委全会精神，持续推进改革创新，加快新旧动能转换，强化公共服务，锐意进取、奋力拼搏，取得了来之不易的成绩。这是市委市政府和区委坚强领导的结果，是区人大、区政协监督和支持的结果，是全区人民团结奋斗的结果。在此，我代表门头沟区人民政府，向在各个岗位上奉献智慧和力量的全区人民，向给予政府工作大力支持的人大代表、政协委员，向驻区部队官兵、中央市属单位及社会各界人士致以最崇高的敬意！向所有参与、关心和支持门头沟区发展的同志们、朋友们表示最衷心的感谢！

在肯定成绩的同时，我们也清醒地认识到，门头沟区经济社会发展还存在一些困难、问题和短板：一是生态建设任重道远。生态环境与区域功能定位要求还有一定差距，生态优势尚未得到充分发挥。二是转型发展任务依然艰巨。新产业新动能尚在培育，高精尖企业还未形成持续集聚效应，地区营商环境总体竞争力不高，经济总量和发展质量还需进一步提升，产业结构有待进一步优化，受减量发展及减税降费等因素影响，财政收支平衡压力较大。三是城乡发展不够均衡。城市功能还不完善，精细化管理水平亟待提高，背街小巷和城乡结合部等难点地区环境脏乱、乱停车和停车难等问题依然存在，长效管理机制有待进一步完善。落实乡村振兴战略上还有差距，农村基础设施建设和人居环境整治仍存在薄弱环节，山区土地、闲置房屋等资源盘活利用还不充分，农民持续增收缺乏优质项目带动。四是民生领域还有不少短板。群众在教育、医疗、养老、住房等方面的操心事、烦心事还不少，对照“七有”要求、“五性”需求，地区公共服务水平不高，资源配置不平衡不充分，与人民群众期盼还有差距。五是政府自身建设有待进一步加强。面对工作的新形势、新要求、新节奏，有的干部干事创业的热情和破解难题的能力还需提升，工作作风仍需不断改进。对于这些问题，我们将坚持问题导向，下大力气解决，决不辜负全区人民的期望。

二、2020 年主要任务

2020 年是全面建成小康社会和“十三五”规划收官之年，是全力谋划“十四五”规划建设的关键之年，做好全年工作意义十分重大。综合当前形势，我们面临着重要发展机遇：习近平新时代中国特色社会主义思想和生态文明思想，为我们全方位推进事业发展提供了根本遵循；北京市第十二次党代会和历次全会确定的首都发展重点任务、蔡奇书记和陈吉宁市长历次调研门头沟区指示精神，为我们在更大格局中谋划发展指明了方向；新版北京城市总体规划门头沟分区规划的正式获批，为我们未来加快推进全面协调绿色发展提供了美好蓝图；蔡奇书记就 2020 年工作提出了“七个怎么看”“七个怎么干”，要求生态涵养区充分发挥自身在城市发展中的压轴作用，进一步坚定了我们全面落实生态涵养区功能定位、当好“两山”理论守护人的信心。区委十二届九次全会明确提出以“红色门头沟”党建为引领，全力打造“绿水青山门头沟”城市品牌，以发展思想转变引领发展方式转变，通过建设“绿水青山的生态之城”“宜居宜业的幸福之城”“底蕴深厚的魅力之城”“向善尊贤的人文之城”“有序包容的和谐之城”，打通“绿水青山”向“金山银山”的转化通道，最终实现绿色发展、生态富民。我们一定要凝心聚力、攻坚克难、真抓实干，以切实的举措奋力推动全区各项事业再上新台阶。

2020 年政府工作的总体要求是：全面深入贯彻习近平新时代中国特色社会主义思想和生态文明思想，坚决落实市委、市政府和区委的工作部署，坚持“绿色发展、生态富民、弘扬文化、文明首善、团结稳定”的区域发展总原则，巩固“不忘初心、牢记使命”主题教育成果，坚持稳中求进总基调，践行首善标准，高举生态大旗，以“红色门头沟”党建品牌为引领，瞄准“五个之城”建设，对标“七有”要求、“五性”需求，统筹做好改革发展稳定和改善民生各项工作，打造精品经济、精品旅游、精品小镇，走好绿色高质量发展之路，争当生态文明建设的首都样板，全力塑造“绿水青山门头沟”城市品牌。

2020 年，全区年度经济社会发展的主要预期目标是：地区生产总值增长 6% 左右，一般公共预算收入完成数与 2019 年持平，社会消费品零售额增长 6% 左右，居民收入增长与经济增长保持同步，城镇登记失业率控制在 4.5% 以内。

（一）深入践行“两山”理论，全面夯实生态本底

全面落实减量发展。充分发挥规划的龙头带动作用，高质量编制“十四五”规划。持续落实新版北京城市总体规划及分区规划，扎实推进新城控制性详细规划（街区层面）及镇域国土空间规划编制工作。抓好《北京市城乡规划条例》组织实施，持续推进城乡建设用地减量。坚决执行“三个严禁”，严控山区开发强度，牢牢守住生态红线。推进“点状供地”实施规划落地，推动集体土地利用审批创新，做好战略留白，引导城乡健康有序发展。持续巩固基本无违建区创建成果，确保新增违建“零增长”。

深入推进污染防治。全面贯彻生态涵养区生态保护和绿色发展实施意见，建立健全生态环境保护制度、生态保护和修复制度、生态环境保护责任制度等制度体系。坚决打好蓝天保卫战。坚持“抠 0.1 微克”治理 PM2.5，全面完成市政府下达任务。聚焦柴油货车、扬尘和挥发性有机物等主要污染源，强化对工地、裸地、道路扬尘的管控，全力整治非法渣土车，确保降尘量持续下降。坚决打好碧水保卫战。持续做好水源地保护，配合做好永定河生态补水，严格落实河长制，持续推进永定河山峡段综合治理与生态修复。深入开展“清河行动”和“清四乱”专项行动。巩固好黑臭水体和入河排污口治理成果，扎实推进城乡水环境治理三年行动计划，确保断面水质达标。推进“三位一体”城市景观提升水环境保障工程建设，打造特色水环境景观格局。坚决打好净土保卫战。强化土壤污染风险管理和治理修复，完善污染地块监管机制。抓好“百村示范、千村整治”工程，强化农业面源污染治理。巩固“两山”理论实践创新基地创建成果，打造“两山”实践基地标杆，争创“国家生态文明建设示范区”，以优异成绩迎接第二轮中央生态环境保护督察。

持续拓展绿色空间。统筹山水林田湖草系统治理，瞄准国家森林城市创建，坚持把增绿作为基础性工作，狠抓植绿护绿，在山区重点实施新一轮百万亩造林绿化 1 万亩、京津风沙源治理封

山育林15.1万亩、困难地造林1500亩、废弃矿山修复12.9公顷、森林健康经营林木抚育任务8.7万亩，加大对非法占用林地的打击力度，巩固山区生态屏障建设。在城区启动实施东辛称C西、高家园土储地块代征绿地建设项目，持续做好公园绿地精细化养护管理，探索打造“微公园”，进一步提升公园绿地500米服务半径覆盖率。持续推进老城区环境整治，开展留白增绿、见空插绿工作。创建首都绿色村庄4个、首都绿化美化花园式单位3个、首都绿化美化花园式社区2个、首都森林城镇1个，努力为群众提供更多绿色空间。

（二）加快产业转型升级，推动绿色高质量发展

加快打造精品经济。稳步推进《门头沟区战略和产业发展专项规划》实施，围绕“三大产业”和“四大集聚区”，聚焦“绿色、精品、集约、高效”，抢抓新首钢高端产业综合服务区、京西产业转型升级示范区（国家级）、长安街西延长带建设机遇，加快培育发展新动能，着力构建绿色健康可持续的现代产业体系。确保国家可持续发展实验区顺利通过验收，全力争取国家可持续发展议程创新示范区申报成功。加快推动石龙五期人工智能产业园开工建设，力争石龙三期产业承载项目年底实现竣工验收。依托“新首钢国际人才社区”建设，建立健全区域人才涵养系统工程。完善高精尖企业服务机制，加大市区产业政策叠加效应，加快推进他山科技、精雕云服务平台等高精尖重点项目落地。着力盘活存量工业用地，加强科技企业孵化器建设，提升智能文创园签约入驻率。推进江泰保险、中联云港等企业加快上市，举办好第六届双创周、第二届“未来之门”人工智能产业论坛。发展医药健康产业，主动服务阜外西山院区建设，支持发展医学人工智能创新基地。强化与石景山区、首钢集团对接，推动科技创新服务资源要素集聚共享。

加快发展精品旅游。全力推进国家全域旅游示范区建设，将文旅体验产业作为绿色发展的“领头雁”，依托“六大文化”+“户外运动体验文化”的“6+1”文化体系，用好用足精品民宿系列扶持政策和专项资金，举办好精品民宿推介会，聚力打响“门头沟小院”“绿水青山门头沟”旅游和“灵山绿产”三个品牌。加快推动优质民宿项目落地，努力用5年时间把全区具备条件的村庄基本建成主题文化田园综合体。打造精品旅游线路，实现文旅融合发展。推动八大旅游景区组团落地建设，争取3到5年内打造1到2个具有发展标杆效应的5A级精品景区。实施游客“后备箱”工程，丰富精品文旅产品供给。促进文创产业健康发展，推动琉璃文化创意产业园落地建设。协调加快永定河文化博物馆新馆规划建设前期工作，提升地区文化影响力。加大文物保护工作力度，启动冀热察挺进军司令部旧址陈列馆提升，实施灵岳寺、宝峰寺、天仙庙等11项文物保护修缮工程，理顺潭柘寺、戒台寺、妙峰山、灵山景区管理体制。加强对千军台幡会、京西幡乐、蹦蹦戏等非遗项目挖掘保护传承，打造非遗文化中心。

加快建设精品小镇。结合镇域国土空间规划编制，加快构建“一城、两带、三点、多脉”的城乡空间结构，依据资源禀赋和特色定位，推动各镇特色化、多元化发展。瞄准协同打造首都西部独具生态特色的滨水美丽山城，在永定镇、龙泉镇着力培育科创智能、医药健康、文化创意产业；加快推进潭柘寺镇旅游产业配套建设，以特色文创、民宿休闲和健康养生产业为重点，把潭柘寺镇打造为京西特色历史文化旅游休闲小镇；加强与海淀北部地区协同联动，以北京服装学院为引擎，把军庄镇打造为科技、文化、时尚特色交融的创新创业小镇；实施妙峰山镇全域旅游基础设施建设，把妙峰山镇打造为全域景区化旅游示范小镇；充分发挥永定河生态文化融合发展带的重要节点作用，把王平镇打造为与旅游相融合的运动休闲小镇；充分利用京郊铁路“门大线”等资源，研究大台煤矿退出后产业转型，把大台街道打造为具有煤业文化旅游特色的工业转型发展示范小镇；挖掘传统村落特色资源，瞄准建设“引领带动深山区发展的辐射型小城镇”，把斋堂镇打造为以文旅康养为特色的古村落文旅休闲名镇；以美丽乡村建设为主线，发展都市型现代农业和旅游文化休闲产业，把雁翅镇打造为滨河水岸休闲小镇；加强与周边地区的生态治理协作，大力推进精品民宿和特色农产品种植，把清水镇打造为以田园综合体为特色的生态运动休闲小镇。

（三）加强地区统筹谋划，推进城乡协同发展

坚决打好棚户区改造攻坚战。把棚改作为头

号民生工程和防范系统性风险的重中之重，保质量、保进度、保配套、保服务，全力加大棚改工程建设力度。继续实施大峪化工厂、三家店粮库定向安置房建设工程，推进冯村南街、永定镇南区、3751-C和新城14街区项目建设，同步加强棚改项目周边环境和市政配套基础设施建设，提高棚改安置房物业服务水平，切实提升回迁群众居住品质，建设群众满意的安心工程。加快推进棚改七平方公里城子B地块上市。加速棚改工程手续办理，积极妥善解决历史遗留问题，力争2020年棚改工程基本完成。

扎实推进低收入精准帮扶。多渠道做好低收入村、户增收，结合“六个一”结对帮扶机制，巩固前期低收入帮扶成果，强化靶向定位、精准施策、对账销户，全力确保到2020年现行标准下低收入村、户全部消除，低收入农户教育、医疗、住房“三保障”水平进一步提高。加快推动低收入储备项目落地实施，着力发展林下经济，不断提高农产品附加值。开发绿色生态公益性就业岗位，创新农民就近就业路径。全力推动乡村产业发展，支持村集体经济组织入股景区和产业项目，持续壮大农村集体经济。探索研究农村宅基地管理办法，认真开展“一户一宅”清理，依法依规加强对农村宅基地管理及闲置农房的盘活利用。深化以低收入帮扶为重点的“8+1”行动，增强造血功能，确保高水平打赢低收入精准帮扶攻坚战。

持续推进美丽乡村建设。全面落实乡村振兴战略，高起点培育15个市级“乡村振兴示范村”。以“七边三化四美”为标准，落实农村人居环境整治长效管护机制，不断巩固整治提升效果。深化落实《门头沟区村庄民宅风貌设计导则》，建立村庄民宅规划管理长效机制，完成138个村美丽乡村规划备案。利用好3.17亿元美丽乡村建设资金，加快补齐农村地区基础设施建设短板。持续开展“厕所革命”，农村户厕改造做到愿改尽改。开工建设北四、上清水、赵家洼、陇驾庄地区村镇供水保障工程（一期），实现农村地区饮水“质”“量”双升。有序推进险村险户搬迁申报工作，稳步推动村庄煤改清洁能源。进一步优化农村集体建设用地审批流程，加强“村地区管”，整合盘活农村闲置资源。探索建立农村“三资”规范运作长效机制，强化农村“三资”管理制度化、规范化水平。

着力提升城乡基础承载力。全年计划安排重点工程81项，投资规模64.2亿元，其中建安投资47.5亿元。开展市政基础设施分区规划编制工作。持续完善山区路网，加快实施国道109新线高速公路建设，力争实现双大路二期主体完工。推进108国道三期、双大路三期、锅炉厂南路、河滩路前期手续办理，提升地区路网循环能力。加快完善新首钢周边交通服务体系，有序推进石龙路、新城玉带街等8个城市主次干道路建设。实施“三供一业”老旧配电设施改造工程，进一步优化管网及电力设施。完成门城水厂建设，推进鲁家山垃圾焚烧厂余热供热工程。加快推进潭柘寺、斋堂110千伏、清水35千伏输变电工程建设，实现金沙街、石龙路电力隧道工程开工，进一步提升地区供电保障能力。加快推进S1线沿线景观提升工程，推进无障碍环境建设，下大力气改善城市面貌。

提高城市精细化管理水平。全面争创全国文明城区，精准对标新版指标体系，拓展全区基础创建覆盖范围。深化“门头沟热心人”品牌，确保2020年全力冲刺首都文明示范区并实现全国文明城区提名。扎实推进新时代文明实践中心建设。开展门城新城地区行政区划调整前期研究，为捋顺城市管理体制打好基础。以提升为重点抓好疏解整治促提升专项行动，强化人口调控，常住人口增量规模控制在1.5万人以内。提升腾退土地利用品质，重点补齐便民服务设施。按照“六治七补三规范”要求，继续开展老旧小区、背街小巷整治提升。持续推进解决居住区停车难“三年挖潜建设计划”，统筹谋划全区停车资源，加快推进停车自治。开展好长安街西沿线、S1线沿线等区域环境专项整治。严格执行《北京市物业管理条例》《北京市生活垃圾管理条例》，探索物业管理新模式，积极创建垃圾分类示范片区，推进垃圾分类源头全覆盖。

（四）聚焦“七有”“五性”，持续保障改善民生

强化就业和社会保障。将稳就业放在突出位置，发挥创业联席会作用，实施职业技能提升三年行动计划，以创业带动就业，城乡劳动力实现就业5000人。推进社保体系建设，深化社会保障制度改革。为特殊困难家庭提供针对性帮扶，探索邻里互助等社会力量帮扶机制。加快完善“三边四级”养老服务体系，实施镇级公办养

老机构管理体制改革试点工作，推动新城20街区机构养老设施项目建设，全面提升养老床位使用率。实施残疾人家庭康复培训2000人次，为1800名重度残疾人发放居家养老助残券。完善租售并举住房体系，加快建设曹各庄共有产权房、潭柘寺镇定向安置房二期工程，推进集体土地建设租赁住房试点实施。推广节能抗震农宅，完成农村地区4类重点对象、低收入群众和城市低保户危房改造，有序推进老旧小区综合整治，改善群众居住条件。投资4.35亿元，办好直接关系群众生活的20件重要实事。

提高公共服务质量。不断优化城乡教育资源布局，深化教育教学改革，继续开展“银龄计划”，办好“课后三点半”活动。精细构建校园安全体系，为60家中小学幼儿园配备专职保安。统筹做好高校落地对接工作，加快景山学校门头沟校区、育园小学新建工程实施。积极落实《全民科学素质行动计划纲要》，推动公众科学素质水平显著提升。深入推进“健康门头沟”建设，加强与阜外医院、首都医科大学等优质资源合作对接，积极推进研究型医院建设。着力优化医疗布局，加强与首都医科大学宣武医院合作，推动地区医疗资源升级。提升重点人群家庭医生签约率。启动斋堂医院升级改造，推进龙泉医院迁建，加快空白村卫生室建设，提高地区医疗水平。加速推进体育文化中心及档案馆新馆建设，进一步提升区域体育、文化等公共服务供给能力。巩固食品安全示范区创建成果，谋划启动国家食品安全示范区创建工作，保障群众“舌尖上的安全”。着力推动消费扩容提质，推动区属国有企业做好10万平方米商业设施接收运营。加速商业服务设施布局，力争到2021年底，城镇社区八项便民服务网点覆盖率达到100%。

创新社会服务管理。落实《北京市街道办事处条例》，完善社区治理体系建设，夯实基层治理基础。继续深化“街乡吹哨、部门报到”，推进“接诉即办”向“未诉先办”转变，“一诉十接”快速响应，上下联动形成合力，持续在提升“三率”上下功夫。完善议事厅、恳谈会、微提案、微建议等居民参与社会治理的民主协商制度，制定社区购买社会组织指导目录清单。落实社区事项准入制度，健全社会心理服务体系，提高社区治理水平。整合街巷长、小巷管家和网格员、协管员、社区工作者等基层治理力量，健全网格化治理体系，构建共建共治共享社会治理格局。认真做好第七次全国人口普查。完善三级退役军人服务保障体系，深入开展“六进军营”特色拥军活动，巩固双拥模范城创建成果，推进军民深度融合发展。加强“枢纽型”社会组织和行业协会建设，支持工会、共青团、妇联等群团组织开展工作。

全力维护社会安全稳定。优化重点人管控模式，建立突出矛盾办理跟踪制度，发挥社会稳定风险评估机制，全力维护社会大局稳定。强化金融风险防范化解，加强对非法集资、非法放贷等监测预警，严厉打击违法违规金融行为。加大食品、药品、特种设备、产品质量安全违法行为惩处力度。坚持问题导向，深入开展安全执法检查，坚决防范和遏制重特大事故发生。完善应急管理体制机制，落实防灾减灾各项措施。增强防汛保障能力，推进西峰寺沟上游综合治理，实施水毁修复工程。深化信访责任制，畅通信访渠道，最大限度化解矛盾。巩固国庆期间安保机制，创新拓展新时代“枫桥经验”，全力推进“平安门头沟”建设，不断提升立体化治安防控能力、公共安全治理能力、基层基础管理能力。持续开展扫黑除恶专项斗争，守土尽责保平安，切实增强群众安全感。

（五）坚持全面深化改革，加强政府自身建设

全面强化党建引领。坚持以习近平新时代中国特色社会主义思想为指导，深入贯彻党的十九届四中全会精神，持续深化“不忘初心、牢记使命”主题教育成果，以“讲奉献、争第一”的门头沟精神，全面深入继承红色基因，矢志不渝打造“红色门头沟”党建品牌。加强政府系统党建工作，推动“1179”工程落细落实，推进主题教育“四个一”制度成果落地，强化“七个红色”，增强党员干部制度自信和行动自觉。深入贯彻落实中央八项规定精神，保持惩治腐败高压态势，完善权力配置和运行制约机制，坚决查处违纪违法案件，确保权力运行公开透明。坚定不移推进基层减负，持续改进机关作风。统筹规范督查检查考核事项，深入推进综合考评。

深化重点领域改革。全面落实机构改革任务，推动社会治理和服务重心向基层下移，推进街道乡镇改革，构建简约高效的基层管理体制。举全区之力提升招商引资实效，落实优化营商环境“9+N”政策3.0版，推进服务业扩大开放综合试

点，根据企业需求动态更新“服务包”，深入实施“一网通办”“一窗通办”“全城通办”“不见面审批”等便利化改革。推进“互联网＋不动产登记”，深化建设项目审批制度改革。着力提高过“紧日子”的能力和水平，积极争取市级部门专项政策资金支持，全面实施预算绩效管理，严格预算成本管控，强化政府性债务风险防控。深化国资国企改革，打造区属国有资本运营平台。进一步强化与西城区结对协作，以推动健康养老产业发展为着力点，深度谋划全面合作。做好扶贫协作和对口支援，保证完成与结对地区携手奔小康工作目标。

加快建设法治政府。认真执行区人大及其常委会决议和决定，自觉接受区政协民主监督，定期向区人大报告、区政协通报工作。加强与各民主党派、工商联、无党派人士和人民团体的民主协商，认真办理人大议案建议和政协提案，支持人民法院、检察院开展工作。严格履行重大行政决策法定程序，坚持政府常务会议会前学法，推进法治政府建设。加快综合行政执法体制改革，着力提升行政执法人员业务水平，实现行政执法“双随机、一公开”常态化。强化审计监督问责，发挥行政复议监督纠错作用，完善行政诉讼工作。广泛开展法治宣传教育，扎实推进“七五”普法，完善公共法律服务体系建设，满足人民群众不断增长的公共法律服务需求。

各位代表，蓝图已经绘就，目标振奋人心，奋斗正当其时。让我们更加紧密地团结在以习近平同志为核心的党中央周围，在市委市政府和区委的坚强领导下，凝聚全区人民的智慧和力量，以攻坚克难的勇气、百折不挠的韧劲、真抓实干的作风，全力以赴打造“红色门头沟”党建品牌和“绿水青山门头沟”城市品牌，努力开创现代化生态新区绿色发展新局面，为胜利实现“十三五”规划宏伟蓝图、全面建成小康社会而努力奋斗！

北京市门头沟区人民代表大会常务委员会工作报告

——2020年1月8日在北京市门头沟区第十六届人民代表大会第六次会议上

门头沟区人大常委会主任　陈国才

各位代表：

我受北京市门头沟区第十六届人民代表大会常务委员会委托，向大会报告工作，请予审议。

一、2019年工作回顾

2019年是中华人民共和国成立70周年，地方人大常委会设立40周年，也是门头沟区处于高水平推进生态建设和高质量实施绿色发展的关键时期。区人大常委会在中共门头沟区委的坚强领导下，以习近平新时代中国特色社会主义思想为指导，认真践行习近平总书记关于坚持和完善人民代表大会制度的重要思想，坚持党的领导、人民当家作主、依法治国有机统一，以“红色门头沟”党建为引领，紧扣区域发展总原则，落实以人民为中心的发展思想，积极行使宪法和法律赋予的各项职权，为全力推进“三四三六”工程、打造“绿水青山门头沟”城市品牌，提供了有力的民主法治保障。

全年共组织召开常委会会议10次，主任会议11次。依法听取、审议专项工作报告21项，提出审议意见5件，开展专项视察和代表集中视察4次，撰写专题调研报告5篇；依法对批准年度预算调整方案、2019年新增政府债务限额等事项作出决议、决定8项；依法推进机构改革，任免国家机关工作人员131人次，补选区人大代表2名，全面完成了区十六届人大第五次会议确定的工作任务。

（一）关于监督工作

1. 坚持高质量发展导向，促进“绿水青山门头沟”城市品牌打造

常委会贯彻习近平总书记生态文明思想，把牢区域功能定位，严守生态保护红线和城市开发边界，围绕中心，服务大局，认真履行监督和决定重大事项职能，促进构建“三精”新格局，助推打造“绿水青山门头沟”城市品牌。

着力推动经济和财政预算监督。常委会高度关注经济转型和深化改革，深入分析国际国内和全市经济运行情况，促进区政府努力克服经济下行压力带来的困难，在确保地区经济平稳运行的基础上，实现高质量发展。全面完成了预算联网监督建设，将人大及其常委会对财政预算的审查监督由事前、事后监督，提升为实时在线全程监督，切实提高预算监督效率和水平。审议2018年财政决算和审计工作报告，听取审计查出问题整改落实情况报告，听取2019年上半年国民经济、社会发展计划和预算执行情况报告，审议批准了年度预算调整方案和年度重点工程部分项目任务目标调整报告，对2020年计划和预算（草案）以及部分单位部门预算的编制情况进行了初步审查。要求区政府采取积极措施保证地区综合财力平衡，进一步优化营商环境，推动“三大产业”加速集聚，形成有规模、高产出的新兴产业集群，为财政收入提供有力支撑；强化预算绩效管理制度建设，使预算管理更加注重结果导向，更加强调成本效益；牢固树立过紧日子的思想，编制年度预算要深入评估经济发展趋势与地区财力基础，科学确定财政收支规模，提高财政资金配置效益，为地区经济发展提供坚实基础。

关注隐性债务风险防范。审议区政府2019年地方政府债务限额报告，批准了2019年新增政府债务限额。强调要进一步规范政府性债务管理，完善政府举债决策机制，强化政府债务运行管理，按照中央有关文件要求，完善政府隐性债务监测、防控和化解方案，严禁新增隐性债务，并定期向人大报告政府债务管理情况及政府隐性债务防控和化解处置情况，保证政府债务安全。

强化国有资产监督力度。落实国有资产报告制度，首次审议区政府2018年国有资产管理情况综合报告和2018年度行政事业性国有资产管理情况的专项报告。要求区政府建立健全行政事业性国有资产管理约束控制机制，着力提升行政事业性国有资产配置管理绩效，切实解决在建工程中存在的突出问题。围绕国有资产监督这个新课题，常委会开展“蹲下身子搞调研，长效机制补短板”专题调研活动，深入了解当前门头沟区国有资产管理中存在的困难和问题，经过三个月的调研，形成了《关于加强地方人大国有资产监督职能的研究》专题报告，并在此基础上制定了《门头沟区人大常委会关于加强国有资产监督实施办法（试行）》，探索建立了人大对国有资产监督的长效机制。

持续推进绿色协调发展。常委会践行习近平总书记“两山”理论，把生态环境保护放在履职的重要位置，在守护好绿水青山的同时，推进门头沟区城乡发展质量不断提高。主任会议视察了门头沟区创建国家森林城市工作进展情况，实地察看了留白增绿栗元庄地块、长安街西沿道路绿化美化、创森绿海运动公园建设情况并听取工作报告。强调建设国家森林城市，是完善城市生态体系、改善城乡人居环境、增加居民生态福利、推进生态文明建设的重大举措。建议区政府坚持规划引领，按照总体规划布局和“保护优先、生态惠民、尊重自然、持续发展”的原则，实现“一个筑牢，一个突破，两个彰显，三个全覆盖”为主的总体建设目标，努力提升项目的生态效益和社会效益。

生态环境质量既是社会各界高度关注的焦点，也是人大持续跟踪监督的重点，常委会把年度环境状况和环境保护目标完成情况确定为常规监督议题，审议相关工作报告，配合市人大检查蓝天保卫战攻坚计划在门头沟区的实施情况，跟踪检查了2018年常委会关于实施“河长制”工作审议意见的整改落实情况。要求区政府立足生态涵养区功能定位，自觉践行绿水青山就是金山银山的发展理念，坚持环境优先原则，严格落实城乡建设用地减量及空间管控要求，严守生态保护红线，坚决打赢蓝天保卫战、碧水攻坚战和净土保卫战，进一步提高环境治理水平，形成全社会共治共享的环境保护新格局。

2. 坚持以人民为中心的发展思想，着力推动改革发展成果更多普惠于民

常委会着眼于人民群众的衣食住行，从老百姓关切的突出问题入手部署工作，始终把实现好、维护好、发展好最广大人民群众的根本利益作为履行职权的出发点和落脚点。

扎实促进全国文明城区创建。常委会高度关注创建全国文明城区工作，围绕推进区委这项重大决策部署的落实积极履行法定职能，为创城工作提供法治保障。组织全体区人大代表深入倚山嘉园、双峪菜市场、新桥文明示范大街以及永定河公园对社区楼门文化、社区环境、文明经商、文明游园、垃圾管理等情况进行集中视察。建议区政府提高站位，进一步加强对创城工作的组织领导；坚持在利民惠民上下功夫，进一步增强群众的获得感；坚持在环境品质上下功夫，突出门头沟亮点特色；坚持在动员的广度深度上下功夫，持续巩固提升良好氛围。要求区、镇两级人大代表率先垂范，以身作则，用自己的实际行动影响和带动广大群众，积极投身到创建全国文明城区活动中去。

持续推进社会事业发展完善。常委会持续关注以教育文化卫生等公共资源优化配置为重点的社会事业发展。实地视察了1958创意公社、潭柘紫石砚博物馆，观看了独具特色的非遗项目展示，与相关人员进行座谈，深入了解门头沟区非物质文化遗产资源的保护和传承情况。建议要加强传播保护和宣传展示，推动非遗活态传承，提升公众认知度及社会影响力，实现优秀文化资源共建共享，做到对历史负责，对人民负责。听取优质教育资源引进及运行情况的报告，建议区政府加快景山学校京西校区的建设速度，尽早实现已经建成的北京八中门头沟初中部的招生，同时，注重发挥好引进资源的效益和作用，做好引进资源与本地资源的融合交流和辐射带动工作，为门头沟区教育的均衡优质发展探索新路径。听取公共卫生体系建设情况的报告，建议区政府落实好预防为主、防治结合的工作方针，建立大卫生、大健康工作协调机制，进一步健全社区卫生服务机构和医疗急救网络，加强慢性病防治，不断完善制度、扩展服务、提高质量，让广大人民群众享有公平可及、系统连续的健康服务。听取了生活垃圾管理工作报告，建议区政府深入贯彻习近平总书记对垃圾分类工作的重要指示精神，完善垃圾处理体系建设，推动规范化管理和资源化利用，努力实现垃圾分类全覆盖，进一步提升门头沟区人居环境和城市现代化水平，为门头沟区绿色可持续发展和提升城市文明做出贡献。跟踪检查了常委会2018年关于市政道路建设工作审议意见的整改落实情况。

时刻关注民生事业改善。常委会坚持以人民为中心的发展思想，在棚户区改造工作进入收尾阶段，继续加强监督推进，常委会组成人员实地察看了液压支架厂棚改定向安置房项目、曹各庄A地块配套服务设施交付情况以及即将开工建设的大峪化工厂地块棚改安置房项目进展情况。要求区政府持续发力保质保量完成收官阶段工作，兑现对百姓的承诺；加快推进各项手续办理及配套项目的建设、交接工作，更好地服务周边群众；从高标准社区建设要求出发，进一步完善社会管理服务，为百姓提供更有针对性的服务保障，提高幸福感、满意度。落实习近平总书记对脱贫攻坚工作重要指示精神，抓住精准扶贫工作的关键时间节点，对门头沟区精准扶贫工作完成情况进行审议。要求区政府加大产业发展统筹力度，依托对本地特色优势产业的培育，着力增强贫困对象的造血功能，提高贫困群众发展产业的参与度和受益度，并引导群众在脱贫致富过程中做到遵纪守法。围绕实施乡村振兴战略、建设美丽乡村工作开展专题调研，促进加大对农民创新创业支持力度，助推农业产业升级和乡村振兴。专题调研养老服务工作，围绕推进医养融合、增强工作合力、解决制约养老事业发展等体制机制问题提出了意见建议。

3. 坚持依法治区，着力推动“一府一委两院”依法办事、公正司法

常委会把全面推进依法治区作为应尽之责，切实落实《门头沟区关于加强新时代法治建设的实施方案》，围绕深化反腐败、推进依法行政、保证公正司法，不断加强法律监督力度，维护公平正义营造良好法治环境。

监督机制不断完善。常委会把抓好监督长效机制建设放在履职的重要位置，推动区委《关于建立区政府向区人大常委会报告国有资产管理情况制度的意见》，区人大常委会《关于讨论决定重大事项的规定》，区政府《重大决策出台前向区人大常委会报告工作办法》等制度在工作中的落实；研究制定了区人大常委会《关于加强国有资产监督实施办法（试行）》和《关于预算联网监督工作暂行规定》，从制度层面促进经济社会各项工作依法依规开展。对6件政府文件进行了备案审查，主任会议听取了年度备案审查工作报告。重视群众诉求，受理群众来信来访68件（次），依法防范风险、化解矛盾、维护权益。

法律监督不断推进。成立区人大法律监督组深入村和社区检查指导“两委”换届，督促换届工作严格规范程序、选举合法合规，为确保换届选举工作取得圆满成功提供法治保障。有效发挥人大法律监督职能，寓支持于监督之中，促进区监委依法履职。配合市人大常委会开展执法联动，就《北京市机动车停车条例》《北京市非机动车管理条例》以及《北京市人民代表大会常务委员会关于修改〈北京市实施中华人民共和国道路交通安全法办法〉的决定》的贯彻实施情况开展执法检查，通过法律途径促进交通拥堵这个大城市病逐步得到缓解。听取区法院关于执行工作开展情况的报告，对区法院采取有力措施推进执行工作，在全国率先完成“基本解决执行难”工作目标，为推动门头沟区法治建设，维护社会稳定发挥积极作用给予充分肯定。要求区法院坚持问题导向，深化细化各项措施，强化执行联动，不断提高执行工作水平；创新宣传方式，努力营造全社会理解执行、支持执行的良好法治氛围。听取区检察院关于未成年案件检察工作的报告，充分肯定了区检察院坚持分类施策，严把办案质量，落实普法责任制，延伸检察职能，推动形成“检家校社”未成年人保护合力所取得的显著成效。要求区检察院进一步加强未成年人检察工作专业化队伍建设，完善体制机制，充分结合、依托全国文明城区创建中未成年人思想道德建设工作，以预防帮教为落脚点，打造立体多元的法治宣传以及帮教模式。

（二）关于代表工作

常委会高度重视发挥代表主体作用，全心全意依靠代表、服务代表，不断加强和改进代表工作，支持和保障人大代表依法履行职权。

1. 发挥桥梁纽带作用，代表联系群众更加密切

积极落实市委、区委第五次人大工作会议关于实现代表履职阵地全覆盖的要求和全市人大代表之家、人大代表联络站工作现场交流会精神，及时研究制定区人大常委会《关于进一步加强人大代表之家、人大代表联络站建设和工作的实施意见》，结合新时代对代表工作的新要求，准确理解家、站功能定位，正确把握家、站建设和活动组织的相关要求，全面提升制度化、规范化水平，并以此为基础有效发挥代表密切联系群众的桥梁纽带作用，及时掌握和反映群众诉求，不断增进代表与群众的沟通联系。一年来，共有522人次区、镇代表接待、走访选民和群众3867人次，召开座谈会31次，收集群众意见建议262条，形成闭会期间代表意见建议36件；组织55名区代表向原选举单位报告履职情况，增强代表使命意识。积极发挥区人大常委会、镇人大分级负责，市、区、镇人大代表共同参与的三级代表联系机制作用，组织22位市人大代表、138位区人大代表、386位镇人大代表，到14个代表之家、73个代表联络站，就《北京市生活垃圾管理条例》的修订征求了12849位市民、社区工作者、物业管理者及109个单位的意见建议，为条例修订凝聚了共识，汇集了民意，奠定了基础。

2. 发挥代表主体作用，代表履职服务不断完善

组织127名区代表围绕贯彻落实习近平总书记关于坚持和完善人民代表大会制度重要思想，有效提高人大监督水平、提出高质量代表议案和建议等内容开展集中培训，提升代表履职能力水平。完善代表履职平台建设管理，提高代表履职信息化、便利化水平，用信息化管理支撑对代表履职的服务保障。有序扩大代表对区委、区人大常委会和各专委会、“一府一委两院”工作的参与，全年共邀请150余人次代表列席常委会会议，参加常委会、专委会视察、调研等活动；组织130余名代表开展集中视察；安排196人次代表参加区委及“一府一委两院”的会议、座谈、工作检查和法院庭审，保障代表依法履行职务。认真做好市人大代表履职服务，积极组织市代表参加各项履职活动，并邀请市代表参加区人大有关活动，结合门头沟区实际，向市人大提出议案和意见建议。圆满完成了组织部分代表参加70周年国庆游行、观礼的政治任务。

3. 发挥为民代言作用，代表建议办理提质增效

常委会将办理代表意见建议作为尊重代表权利、支持代表行使职权的重要内容。为确保代表议案建议能够“交得准、办得好”，及时将代表建议进行归纳分类，明确办理要求和办理时限。通过坚持常委会领导重点督办和相关专委会分工督办机制，增强督办刚性和绩效。区政府高度重视代表建议办理工作，落实分管副区长督办机制，各承办单位强化责任担当，建立主要领导包案制度，坚持“走出去”和“请进来”相结合，实现了“提、办、督”三方良性互动。代表在区十六届人大五次会议期间提出的76件意见建议，已经解决、正在解决的41件，做好解释说明的29件，原则参考的6件；代表在闭会期间提出的36件意见建议，已经解决、正在解决的14件，做好解释说明的18件，原则参考的4件，办理工作质效较往年有了稳步提升。

（三）关于自身建设

常委会着眼于新时代对人大工作提出的新要求，把提高政治站位、增强履职能力和服务保障水平放在突出位置，以高质量的自身建设来夯实人大工作基础。

1. 以“红色门头沟”党建为引领，加强党对人大工作的领导

党的领导是做好人大工作的根本保证。常委会深刻认识新时代人大工作的新定位、新要求，坚持把党的领导作为履职行权的首要政治原则，深入贯彻党的十九大和十九届二中、三中、四中全会精神，牢固树立“四个意识”，不断增强“四个自信”，坚决做到“两个维护”，做到政治上坚决拥护、组织上自觉服从、行动上始终跟随。主动向区委请示汇报重要工作，以落实“红色门头沟”党建“1179”工程为引领，把人大工作置于区委中心工作和全区经济社会发展大局中去思考、谋划和推进，坚决做到区委有号召、人大有行动，保证把区委意图体现到人大工作的各个方面各个环节，推动人大工作与区委决策部署扣得更紧、与发展大局贴得更近、与人民群众期盼靠得更实。

2. 以党的创新理论武装头脑，深入开展“不忘初心、牢记使命”主题教育

常委会党组立足新的历史方位和事业起点，以主题教育为抓手，坚持问题导向、责任导向、发展导向，切实通过学习教育，筑牢忠诚根基；通过调查研究，补齐发展短板；通过检视问题，改进工作作风；通过整改落实，推动绿色发展，始终与党中央和市委、区委同向同行、同频共振，做到谋实事、出实招、求实效，取得了阶段性成效。常委会党组抓住党员领导干部这个“关键少数”，以“刀刃向内”的勇气，抓好自我革命，将检视自身存在问题作为主题教育的“动员令”和“风向标”，对照党章党规找差距，深刻检视剖析，查找班子和个人存在问题72项，积极制定整改措施，坚决做到边学边改、边查边改、边议边改、即知即改。把调查研究作为谋事之基、成事之道，作为弘扬党的优良传统的重要体现，更作为开展主题教育的方法论，一以贯之抓出成效。党组成员紧扣事关地区发展、社会民生事业改善工作主动认领调研任务，围绕国有资产监督、预算联网监督、优化营商环境、精品民宿发展、养老服务等工作深入基层一线调查研究，把重点放在发现问题、解决问题上，提出了切实可行的意见建议，并建立相应的长效机制，从制度上对监督工作加以规范，依法推进各项工作。常委会机关上下把初心使命转化成当好“两山”理论守护人的行动自觉，政治立场更加坚定，对新思想的把握和认识更加深入透彻，运用理论指导实践、推动人大工作的能力明显提升。

3. 以提升履职水平为重点，不断加强自身建设

常委会协助区委组织召开第五次人大工作会议，并积极落实会议精神，加强和改进新时代全区人大工作；区人大增设社会建设委员会，调整各专委会职能，加强区、镇人大和人大街道工委组织机构建设；进一步有效发挥人民代表大会制度对门头沟区全面深化改革、全面推进依法治区、打造“绿水青山门头沟”城市品牌工作的推动作用。注重强化作风建设，落实区委提出的“蹲下身子搞调研”工作要求，围绕区委中心工作、常委会监督议题和群众关注的重点、难点问题深入一线开展调研，切实把群众的诉求及时反映上来，实现了联系群众制度化、常态化，坚持做到调研求深、审议求真、督办求实。注重强化组织纪律建设，扎实落实全面从严治党“两个责任”，从严抓好制度落实，充分发挥党员领导干部的表率作用，保证常委会机关党内政治生活正常规范严肃开展；认真贯彻执行中央八项规定精神和市委、区委有关纪律规定，严格落实党风廉政建设责任制，树立了清正廉洁、务实高效的地方国家权力机关形象。

各位代表，过去一年，区人大常委会各项成绩的取得，是区委正确领导的结果，是“一府一委两院”积极配合的结果，是社会各界大力支持的结果，是常委会组成人员、全体人大代表以及各镇人大、人大街道工委共同努力的结果。在此，我谨代表区人大常委会表示衷心的感谢和崇高的敬意！

我们也清醒地看到，工作中还存在一些需要改进和加强的地方，主要是在增强监督工作刚性、督促审议意见落实、推动问题解决方面还需持续发力，在加强服务保障、推动建议办理、更好发挥代表作用方面还需继续努力，在法律素养、理论水平、依法行权能力方面还需不断提升等。对这些问题我们将采取有效措施逐步加以解决，推动人大工作与时俱进。

二、2020 年工作任务

2020 年是全面建成小康社会和“十三五”规划的收官之年，区人大常委会将认真落实党的十九届四中全会精神，深入学习贯彻习近平总书记关于坚持和完善人民代表大会制度的重要思想，在中共门头沟区委的坚强领导下，认真落实市委、区委第五次人大工作会议精神，弘扬“四个一”奉献光荣传统，进一步找准人大工作与全区中心工作的结合点、着力点，发挥人大“聚民心、议大事、保落实、促善治”的重要作用，为推动门头沟区以习近平生态文明思想为指导，聚力打造“绿水青山门头沟”，全力建设“五个之城”，以首善标准当好“两山”理论守护人，提供更加有力的民主法治保障。

（一）围绕推动高质量发展，更加注重提升依法履职成效

聚焦促进经济社会稳步发展履职。落实区委《关于加强“绿水青山门头沟”建设的实施意见》，准确把握影响区域经济发展的关键点，树牢过紧日子的思想，服务大局，依法监督，稳步推进经济社会实现高质量绿色发展。审议 2019 年财政决算和审计工作报告、年度预算调整情况报告、国有资产管理情况的报告，听取 2020 年上半年计划和预算执行情况报告、审计查出问题整改落实情况报告和地方政府债务管理情况的报告，初步审查 2021 年计划和预算（草案）编制情况和“十四五”规划纲要的编制情况，全面实施预算联网监督，并结合区域发展现状就加强地方人大预算绩效监督开展调查研究。围绕门头沟区农村改革和乡村治理工作进行专题调研，推动农村改革走出一条具有区域特色的乡村振兴之路。

聚焦保障绿色发展履职。践行“两山”理论，坚持以生态优先、绿色发展为导向，围绕“二十字”区域发展总原则，推进“绿水青山门头沟”城市品牌的打造，筑牢首都西部生态屏障。审议 2019 年环境状况和环境保护目标完成情况报告、农村人居环境综合整治工作情况报告，听取农村污水处理全覆盖情况报告，全力保障生态安全，打造宜居环境。

聚焦“七有”“五性”民生问题履职。落实习近平总书记在十九大报告中提出的“多谋民生之利、多解民生之忧，在发展中补齐民生短板、促进社会公平正义”要求，把民生工作摆在更加突出的位置，持续推进中央、市委提出的“七有”“五性”民生保障要求的落实，结合全国文明城区的创建，不断增强群众的获得感、幸福感、安全感。审查区政府推动“七有”“五性”工作情况的报告；视察养老服务工作和棚户区改造建设进展情况，听取妇幼卫生健康工作情况和校园安全工作情况的报告，促进“老有所养”“住有所居”“病有所医”“学有所教”等民生保障工作；视察美丽乡村示范村建设，听取机动车停车管理工作情况和代表建议办理情况的报告，跟踪检查区政府落实常委会 2019 年农村精准帮扶工作审议意见的整改落实情况，组织全体区代表视察脱贫攻坚成果，进一步推动满足群众对生活“宜居性”“便利性”“公正性”的需求。

聚焦权力有序运行履职。深化体制机制改革，强化对“一府一委两院”的监督，健全社会公平正义法治保障制度，促进依法治区。听取区监委专项工作报告，听取区法院服务保障乡村振兴和参与基层社会治理工作情况报告、区检察院关于刑事检察工作情况报告，就门头沟区行政复议工作进行调研。深化规范性文件备案审查工作，提升备案审查水平和实效。

（二）围绕激发代表工作活力，更加注重服务保障代表履职

依托搭建平台、完善机制，在深化和拓展代表工作方面迈出坚实步伐，讲好红色门头沟故事，努力把人大及其常委会建设成同人民群众保持密切联系的代表机关。进一步提高代表履职水平。继续抓好代表学习培训和履职平台建设，落实家、站实施意见，在建好、管好、用好代表之家、代表联络站的同时，加强代表履职信息管理系统建设，提高履职管理平台使用效率，增强代表履职的主动性和有效性；服务代表知情知政，落实好常委会联系代表、代表联系群众等各项工作机制，有序扩大代表对常委会、专委会工作的参与，充分发挥代表在党和国家机关与人民群众之间的桥梁纽带作用，汇聚更多社情民意和广大人民群众的智慧。进一步发挥代表主体作用。完善议案建议提交、办理机制，引导代表围绕中心建言献策，

强化议案建议办理和督办工作，坚持既要满意率、更要办结率，努力推动代表议案建议办理工作落到实处、见到实效。进一步夯实基层人大工作。加强主任会议成员联系指导镇人大工作，在执法检查、视察、调研等工作中加强与镇人大、人大街道工委的联系联动，形成工作合力，全面提升新时代门头沟区人大工作整体水平。

（三）围绕加强“两个机关”建设，更加注重提高自身履职能力

以坚持和依靠党的领导为根本原则，不忘初心，改进作风，扛起责任，扎实做好人大各项工作。以政治建设为统领，深入学习贯彻习近平新时代中国特色社会主义思想和党的十九大，十九届二中、三中、四中全会精神，巩固做好新形势下人大工作的思想根基；全面加强常委会党的建设，充分发挥党组在人大工作中把方向、管大局、保落实的核心作用，推进“红色门头沟”党建品牌建设。以能力提升为目标，围绕贯彻落实中央和市委、区委重大改革决策，主动加强履职对接，提高法律法规和政策水平，努力增强改革创新、科学发展、群众工作和狠抓落实等素质本领；进一步加强组织机构建设，结合区人大社会建设委员会设立和职级并行工作的落实，统筹常委会工作机构人员力量，保障常委会、专委会各项工作高效有序运转。以改进作风为关键，严格执行党风廉政建设责任制，驰而不息反“四风”，培育清正务实、敢闯敢干的机关政治生态；落实区委“不忘初心、牢记使命”主题教育形成的“四个一”机制，认真抓好主题教育的整改落实工作，坚持问题导向和目标导向相结合，“蹲下身子搞调研”，聚焦经济社会和民生发展中的痛点难点问题依法履职，推动新时代人大工作迈上新台阶。

各位代表，经济社会实现高质量绿色发展，需要全区上下凝心聚力、真抓实干，共同谱写门头沟美好生活新篇章。让我们在中共门头沟区委的坚强领导下，更加紧密地团结在以习近平同志为核心的党中央周围，坚持和完善人民代表大会制度，坚持生态优先、绿色发展为导向的高质量发展之路，以“红色门头沟”党建为引领，“讲奉献、争第一”，为全力打造“绿水青山门头沟”城市品牌，推动“两山”理论在门头沟区形成生动实践作出新的更大贡献。

政协北京市门头沟区
第十届委员会常务委员会工作报告

——2020年1月6日在政协北京市门头沟区
第十届委员会第四次会议上

门头沟区政协主席　张冰

各位委员：

我受政协门头沟区第十届委员会常务委员会委托，向大会报告工作，请予审议。

一、2019年工作回顾

2019年是中华人民共和国成立70周年、人民政协成立70周年。一年来，在中共门头沟区委坚强领导和北京市政协有力指导下，区十届政协及其常委会团结带领参加政协各党派团体和各族各界人士，把坚持和发展中国特色社会主义作为巩固共同思想政治基础的主轴，把习近平总书记关于加强和改进人民政协工作的重要思想作为推进政协事业发展的强大思想武器，深刻认识新时代人民政协的新方位新使命，聚焦区委区政府中心工作履职尽责，为全区经济社会发展贡献了智慧和力量。

一年来，共召开政协常委会会议5次，其中召开议政性常委会会议3次，开展专题协商、对口协商、界别协商、提案办理协商20项，组织

视察考察126次，形成协商意见7篇、调研报告15篇、大会发言14篇、社情民意信息16篇，编发政协信息41期，较为圆满地完成了区委制定的《政协2019年协商工作计划》和区政协十届三次全会确定的工作任务。

（一）深入学习贯彻习近平新时代中国特色社会主义思想，在筑牢共同思想政治基础上迈出新步伐

坚持把强化创新理论武装作为首要政治任务。结合党的“不忘初心、牢记使命”主题教育，深入学习贯彻习近平新时代中国特色社会主义思想、中共十九届四中全会精神，持续学习贯彻习近平总书记关于加强和改进人民政协工作的重要思想，跟进学习贯彻中共中央政协工作会、中共北京市委第五次政协工作会和中共门头沟区委第五次政协工作会精神及关于新时代加强和改进政协工作系列文件精神，筑牢坚持中国共产党领导和中国特色社会主义的思想根基。区政协党组理论学习中心组带头学习，主席会议、常委会会议定期学习，通过常委读书班、委员读书班、政协学习报告厅、政协移动议政平台等形式组织委员深入学习，通过学习微课堂、研讨交流等方式组织机关干部同步学习，进一步增强“四个意识”，坚定“四个自信”，落实“两个维护”，努力推动习近平新时代中国特色社会主义思想在京西大地落地生根，进一步形成生动实践。

坚持把全面推进政协组织党的建设作为加强和改进政协工作的重要前提。政协党组以“红色门头沟”党建为引领，有效推进党的组织对党员委员的全覆盖、党的工作对政协委员的全覆盖。搭建的政协党组、专委会分党组、党员委员履职党小组党建工作链，实现了党的组织对党员委员的全覆盖，取得了党建责任层层分解、压茬传导、一体落实的实效，确保了政协党建和政协履职不游离、不偏离、相一致。严格执行专委会分党组成员联系界别党员委员、党员委员联系非中共委员“双联系”机制，构建专委会工作和界别工作“双促进”机制，实现了党的工作对政协委员的全覆盖，确保了党的领导在政协组织的全面贯彻、充分落实。在全会、外出调研考察期间发挥临时党组织作用，严格履行教育、管理、监督党员职责，引导委员遵守纪律、团结协作。委员中的共产党员按照“十个带头”要求，用自己模范行动团结凝聚、影响带动广大委员，为绘好绿水青山图汇聚了强大力量。区政协党的建设实践——“赋形‘绿水青山’赋能‘红色标杆’”作为北京市政协系统典型范例，收录于市政协出版发行的《新时代新作为——十三届市政协履职创新48例》一书中。

坚持把加强思想政治引领、广泛凝聚共识作为履职工作的中心环节。紧紧围绕庆祝新中国成立70周年、人民政协成立70周年这一中心工作，开展主题为《我的祖国、我的政协》系列庆祝活动。召开庆祝新中国成立70周年、人民政协成立70周年座谈会，区委书记张力兵同志出席会议并讲话，提出“勠力同心当好‘两山’理论守护人、绘好门头沟绿水青山图”的希望；各民主党派畅谈在党的领导下，与新中国一道成长、一起前行的光辉历程，表示要秉承与党风雨同舟、肝胆相照的优良传统，继续谱写团结歌、奋斗曲。组织参观“国庆70周年大型成就展”“2019年中国北京世界园艺博览会”，引领广大委员深入了解中国波澜壮阔的发展历程、感天动地的辉煌成就、弥足珍贵的经验启示，更加坚定中国共产党领导的政治决心。举办门头沟区、河北涿鹿县、内蒙古武川县与察右后旗四地政协书画摄影作品联展，开展《我与人民政协》征文活动，百余幅书画作品和80余篇纪念文章，倾情讲述人民政协故事和红色门头沟故事。开展“五一口号”发布71周年植绿活动，引领参加政协各党派团体和广大委员进一步深化对中国新型政党制度的认识。坚持把凝聚共识摆在更加突出位置，迅速传达学习市委十二届十次、十一次全会和区委十二届八次、九次全会精神，及时了解市区工作目标和重大决策部署，引领广大委员深刻理解打造“红色门头沟”党建品牌和“绿水青山门头沟”城市品牌的深远意义；围绕政协2019年协商工作计划，“接诉即办”“六城联创”“永定河治理”等重点工作开展视察考察调研，引领广大委员亲身感受区委区政府在推进改革发展中取得的成绩；广大委员在创城、拆违等工作中，自觉协助区委区政府做好协调关系、化解矛盾、理顺情绪、凝聚人心工作，努力为经济社会发展汇聚强大力量。

（二）紧扣全区中心工作建言资政，在助推区域高质量发展上实现新作为

围绕重点工作协商议政。助力落实《关于推动生态涵养区生态保护和绿色发展的实施意见》，开展“提升京西古道品牌”专题协商和“传承与

保护门头沟区非物质文化遗产”对口协商，举办“擦亮首都文化金名片讲好门头沟故事”专题报告会，组织60余场“知家乡、爱家乡”讲座，广泛征集文史资料，深入调研严密论证，为把绿水青山蕴含的生态价值、京西特色历史蕴含的文化价值转化为金山银山献计出力。紧紧围绕“打造精品民宿”重大决策开展广泛调研，组织春季常委读书班进行专题考察；召开专题议政性常委会会议，区委书记张力兵同志及区委区政府主管领导出席会议，与区政协各参加单位、政协常委、课题组成员及委员进行协商互动，六方面20条协商意见为推进精品民宿工作提供有益参考。持续深入开展“同心创城·同步践行”主题实践活动，组织常委开展专项考察，相关建议得到区委重视；广大委员积极反映社情民意、参与创城监督、争当“门头沟热心人”，努力在人人创城背景下打造政协方阵，展现委员风采，贡献政协智慧。

建言民生保障和社会建设。推动落实民生“七有”“五性”要求。重点围绕门头沟区便民服务设施建设情况开展专题协商，深入社区、服务网点了解群众多元化诉求、经营者对营商环境建议，加强规划落实的针对性、充分发挥市区两级政策资金引导作用等四方面意见建议与相关部门达成共识。围绕提高城市精细化治理水平，主席班子深入朝阳双井街道13社区开展专题调研；政协常委深入区城市管理指挥中心，东辛房、城子街道办事处视察“接诉即办”工作，对提高群众满意度提出意见建议。开展“优化教师资源配置工作”“加强山区医疗卫生机构建设”“落实分级医疗做实家庭医生签约工作”“农村地区生活垃圾及面源垃圾治理”调研协商，努力为解决百姓的操心事、烦心事、揪心事建言献策。

促进重大决策部署落地见效。紧扣“精准帮扶工作”，就项目落地、科技帮扶、龙头企业带动等方面加强监督性跟踪调研；各界别委员发挥自身优势，通过项目帮扶、捐资助困、招商引智等多种方式，助力实现全面建成小康社会目标。开展“门头沟区全面推进河长制落实情况”专题协商，助推河长制治理体系建设与治理能力进一步提升。开展“完善门头沟科技园区服务体系”专题调研，持续推进营商环境的优化。召开“关于加强门头沟电商物流从业行业管理”“在创建全国文明城区中加强文化建设”等重点提案办理协商会议，努力发挥政协提案促进全区中心工作的积极作用。政协常委会会议专题听取全区党风廉政建设情况、纪检监察工作情况、重点工程进展情况通报，就棚改、重点工程建设情况开展监督性视察，200人次应邀参加区委区政府座谈、测评、政务公开日等活动，努力助推区委区政府决策部署的贯彻落实。

（三）聚焦政协工作创新，在履职提质增效上取得新进展

努力画出最大同心圆。坚持新型政党制度，与区委统战部共同组织召开“打造精品民宿”专题议政性常委会会议，很好地完成了政协协商与政党协商的有效衔接。深入推进联合调研、走访联系、协商座谈等工作，推动各党派团体、各族各界人士实现思想上的共同进步。坚持秘书长会议制度，积极支持参加政协各党派深入开展8+1行动，努力为政协各参加单位、各界委员在政协协商平台发声提供更好服务保障。在春节、教师节、开斋节、圣诞节等重要时间节点，开展慰问、走访、座谈等活动，充分发挥政协组织与社会各界的桥梁纽带作用。进一步加强工作联动，主动接受北京市政协工作指导。在全国政协的调研座谈会上，就“如何发挥政协委员主体作用”进行工作介绍。加强与浙江省丽水市，江西省上饶市、婺源县，河南省商丘市，内蒙古武川县，北京市西城区、丰台区、房山区、怀柔区、延庆区等兄弟政协的工作交流，不断创新工作方法，提升履职能力水平。

扎实做好基础性工作。坚持把调查研究作为政协的基础性工作加以推进。各联合调研组紧紧围绕《政协2019年协商工作计划》和《政协2019年协商工作安排》开展调研，努力做到“身入”“心至”；发挥政协智库作用，聘请专家参与协商工作全过程，努力使调研成果有高度、有深度、有力度。发挥提案工作全局性、经常性、基础性作用，共交办134件提案，办复率达100%，努力使提案提、办、督的过程，成为宣传政策、解疑释惑、化解矛盾、形成共识的过程。发挥政协文史存史、资政、团结、育人作用，编辑出版《门头沟文史第二十八辑》《京西医药文化》等书籍；《门头沟文史》一至二十七辑被中国政协文史馆永久收藏。

切实加强自身建设。完善《区政协专门委员会分党组 党员委员履职党小组工作运行简则（试行）》《关于开展政协协商的基本规程》等制度，

进一步加强政协工作制度化规范化程序化建设。各专委会、各界别组认真落实《关于加强政协委员队伍建设的意见》《政协委员履职工作简则》《政协委员履职量化记分办法（试行）》相关要求，不断提高为委员履职服务与管理的水平。进一步发挥委员主体作用，开展委员届中述职交流工作，委员责任担当意识显著增强。政协机关深入开展“不忘初心、牢记使命”主题教育，加强党风廉政建设，支持区纪委区监委联合派驻纪检监察组开展工作；坚持“二十字”干部队伍建设总原则，践行“四个当先，一个当头”要求，发扬“讲奉献、争第一”门头沟精神，努力打造一支信念过硬、政治过硬、责任过硬、能力过硬、作风过硬的机关干部队伍。

各位委员，过去一年的成绩，是中共门头沟区委坚强领导、市政协关怀指导、区人大和区政府大力支持的结果，是区政协各参加单位和全体政协委员团结合作、忠实履职的结果，是全区人民高度关注、热情支持的结果。在此，我代表政协常委会向为人民政协事业发展付出辛勤劳动、作出无私奉献的各位委员，向所有重视、关心和支持政协工作的各级领导、各界人士、全区人民，表示崇高的敬意和衷心的感谢！

在肯定成绩的同时，我们也清醒地认识到工作中存在的不足：一是筑牢共同思想政治基础的有效方法有待进一步拓展；二是党的工作全覆盖实践有待进一步丰富；三是专门协商机构作用有待进一步发挥；四是建言资政和凝聚共识双向发力的工作质量有待进一步提高。对这些问题必须高度重视，认真研究解决。

二、立足新时代 担当新使命 实现新作为

在庆祝中华人民共和国成立70周年之际，中共十九届四中全会专题研究坚持和完善中国特色社会主义制度、推进国家治理体系和治理能力现代化问题并作出决定，对坚持和完善人民政协制度做出了明确规定。在庆祝人民政协成立70周年之际，中共中央召开政协工作会议，习近平总书记发表重要讲话，对人民政协的性质定位作出新概括，对人民政协的职能作用赋予新内涵，对加强和改进人民政协工作提出新要求，开辟了新时代人民政协事业发展的新天地。中共中央办公厅印发的《关于新时代加强和改进人民政协工作的意见》是继2006年《中共中央关于加强人民政协工作的意见》后，以党中央名义再次印发的指导人民政协工作的纲领性文件。中共北京市委第五次政协工作会议、中共门头沟区委第五次政协工作会议，为新时代加强和改进区政协工作指明了方向。各界委员通过深入学习深刻认识到，在新时代要充分发挥人民政协的制度优势，就要站在中国特色社会主义制度、国家治理体系的大格局中去领会党的政协工作会议的精神实质、核心要义、实践要求，就要着重把握新时代人民政协“是什么”“干什么”“怎么干”等重大问题，切实担负起政协组织和政协委员的政治责任，不断开创新时代人民政协工作新局面。

（一）准确把握对人民政协性质定位作出的新概括，在发挥专门协商机构作用上下功夫。习近平总书记强调，在社会主义制度下，有事好商量、众人的事情由众人商量，找到全社会意愿和要求的最大公约数，是人民民主的真谛。中央意见指出，专门协商机构综合承载政协性质定位，在协商中促进广泛团结、推进多党合作、实践人民民主，既秉承历史传统，又反映时代特征，清晰标定了新时代人民政协在党和国家事业中的地位和作用。我们要充分发挥人民政协专门协商机构作用，努力在“专”出特色、“专”出质量、“专”出水平上下功夫、见成效。要坚持把开展协商作为政协的主要工作，发挥好政协组织及其协商平台、机制程序等作用，广聚良策促进决策优化，广聚共识推动决策实施。要坚持民主协商、平等议事的工作原则，做到互相尊重、平等协商而不强加于人，尊重规则，有序协商而不各说各话，体谅包容、真诚协商而不偏激偏执，形成既畅所欲言、各抒己见，又理性有度、合法依章的良好协商氛围。要进一步完善制度机制，坚持区委会同政府、政协制定年度协商计划制度，完善协商于决策之前和决策实施之中的落实机制。要进一步提高协商议政质量，紧紧围绕区委区政府中心任务、群众关注的热点难点确定协商议题，坚持调研于协商之前，做到发扬民主和增进团结相互贯通、建言资政和凝聚共识双向发力，努力把推动政协协商民主建设成果转化为参与地方治理的效能。

（二）深刻理解对人民政协职能作用赋予的新内涵，在加强思想政治引领、广泛凝聚共识上下功夫。习近平总书记强调，人心是最大的政治，共识是奋进的动力。中央意见指出，要在坚持做好政治协商、民主监督，参政议政工作的同时，把更好凝聚共识作为政协的重要职能。我们要通过政协协商、宣传政策、解疑释惑、表达意愿、反映诉求、协调关系、弥合分歧等有效工作，使政协成为坚持和加强党对各项工作领导的重要阵地、用党的创新理论团结教育引领各族各界人士的重要平台，在共同思想政治基础上化解矛盾和凝聚共识的重要渠道。要加强思想政治引领，正确处理一致性和多样性的关系，求同存异、聚同化异，推动各党派团体和各族各界人士实现思想上的共同进步。要广泛联系和动员各界群众，协助区委区政府做好协调关系、理顺情绪、化解矛盾工作，努力寻求最大公约数，画出最大同心圆，更好地为全区绿色发展、高质量发展聚人心、添助力、增合力。

（三）严格落实对加强和改进人民政协工作提出的新要求，在强化政协委员责任担当上下功夫。习近平总书记强调，把人民政协制度坚持好、把人民政协事业发展好，担负起把党中央决策部署和对人民政协工作要求落实下去、把海内外中华儿女智慧和力量凝聚起来的政治责任，为决胜全面建成小康社会、进而全面建设社会主义现代化强国作出贡献。这一新要求对政协委员队伍建设明确了努力方向。人民政协工作的基础在委员、力量在委员、优势在委员。我们要坚持为国履职、为民尽责的情怀，更好发挥委员在政协工作中的主体作用。要强化委员的政治责任，旗帜鲜明讲政治，把做到“两个维护”作为责任担当的首要任务，在政治立场上不含糊、政治原则上不动摇。要强化当好人民政协制度参与者、实践者、推动者的责任，自觉投身凝心聚力、决策咨询、协商民主、国家治理第一线的具体实践。要强化落实“懂政协、会协商、善议政”“守纪律、讲规矩、重品行”要求的责任，广泛学习各方面知识，全面增强履职本领，自觉遵守宪法法律和政协章程，锤炼道德品行，严格廉洁自律，努力展现新时代责任委员的风采。

三、2020年主要工作任务

2020年是全面建成小康社会和“十三五”规划的收官之年，做好全年工作意义十分重大。中共门头沟区委第十二届九次全会指出：做好2020年工作，要坚持以习近平新时代中国特色社会主义思想为指导，认真贯彻党的十九届四中全会和中央经济工作会议、农村工作会议精神，认真落实市委十二届十次、十一次全会部署，按照市委书记蔡奇同志强调的“七个怎么看”“七个怎么干”和调研门头沟区指示精神，坚持把守护好绿水青山作为头等大事，用好“红色门头沟”党建这把“金钥匙”，擦亮“绿水青山门头沟”这个“金名片”，高水平打造“五个之城”，续写“一片绿”奉献的新篇章。这为区政协履行职能指明了方向，我们必须服从服务全市、全区改革发展大局，在政协履职过程中，坚持团结和民主两大主题，坚持发挥专门协商机构作用，坚持把加强思想政治引领、广泛凝聚共识作为履职工作的中心环节，聚焦区委区政府中心工作，以首善标准履行政治协商、民主监督、参政议政，更好凝聚共识职能，与全区人民一道共同扛起生态文明建设大旗，当好“两山”理论守护人，为打造“绿水青山门头沟”汇聚强大力量。

（一）着力加强思想政治建设。要把思想理论学习作为一以贯之的重要任务抓实抓好。进一步深入学习习近平新时代中国特色社会主义思想，持续推动习近平总书记关于加强和改进人民政协工作的重要思想学习研讨，深入贯彻落实党的政协工作会议精神和关于新时代加强和改进人民政协工作的文件精神，切实做到学思用贯通、知信行统一。完善以政协党组理论学习中心组学习为引领的学习体系，落实习近平新时代中国特色社会主义思想学习座谈会制度，提高学习的针对性和实效性。以“红色门头沟”党建为引领，进一步健全完善政协坚持党的全面领导的制度体系、工作机制，充分发挥区政协党组、专委会分党组、党员委员履职党小组作用，丰富工作形式，有效推进党的组织和党的工作“两个全覆盖”。

（二）着力发挥专门协商机构作用。坚持区委会同区政府、区政协制定好2020年协商工作计划，围绕“五个之城”建设，对标“七有”“五性”要求，紧扣“十四五”规划编制、绿色发展、生态富民等大事，聚焦弘扬文化、文明首善等要事，围绕乡村产业振兴、培育“高精尖”产业、打造精品小镇、抓好民生服务保障等实事，通过专题协商、对口协商、提案办理协商、界别协商等形式开展协商议政，努力做到建言建在需要时、议政议到点子上、监督监在关键处。

（三）着力增强凝聚共识成效。把凝聚共识融入视察考察、调查研究、协商议政等履职活动中，在建言成果、思想收获上一体设计、一体落实。开展“五一口号”发布72周年纪念活动，牢固树立政治共同体意识；精选协商议题同步纳入政协协商和政党协商工作计划，实现政协协商与政党协商的有效衔接；进一步完善联合调研、联合监督、走访座谈等工作机制，积极为参加政协各民主党派、工商联和无党派人士在政协更好履职创造条件。进一步突出政协界别特色，深入开展“委员基层日”活动，紧抓创建全国文明城区契机，大力弘扬社会主义核心价值观，深入挖掘门头沟区深厚文化底蕴，持续讲好“四个一”门头沟故事，引导各界群众回答好“门头沟四问”，不断增强建设“绿水青山门头沟”的思想认同。

（四）着力推进政协工作提质增效。抓住制度建设这个“牛鼻子”，进一步健全完善以协商制度为骨干的覆盖政协党的建设、履职工作、组织管理、内部运行等多方面制度。把调查研究作为提质增效的必经环节抓紧抓好，不断改进调查研究方式方法，努力提高调研质量。更好彰显政协人才荟萃、智力密集的优势，发挥政协智库作用，进一步提高议政建言质量。学习贯彻全国政协专委会工作会议精神，进一步加强专委会建设，切实发挥其履行职能的重要方式、团结联系委员的重要纽带、协商民主实践重要载体作用；注重从源头上把好提案质量关，加大集体提案比重，加强重点提案协办督办力度，探索提案办理协商新形式，推动提案工作高质量发展。

（五）着力加强队伍建设。深刻把握新时代人民政协的新使命，在聚焦协商主业方面、在广泛凝聚共识方面、在树立政协形象方面、在参与制度机制建设等方面切实发挥委员的主体作用。加强委员学习培训，培养协商民主专业能力，全面增强履职本领。加强委员服务管理，坚持多层次联系服务委员制度；严格落实委员履职工作规则，做好委员履职档案、履职情况统计、履职评价等工作。落实区委“不忘初心、牢记使命”三年行动计划，引领党员干部坚守初心使命，聚力担当作为，努力锻造一支政治坚定、思想过硬、作风优良、纪律严明的机关干部队伍。

各位委员！新思想引领前行方向，新使命激发奋进力量。让我们更加紧密地团结在以习近平同志为核心的中共中央周围，在中共门头沟区委的坚强领导下，同心同德，比肩奋斗，以建言资政和凝聚共识的积极成果，当好“两山”理论守护人，为打造“绿水青山门头沟”作出新的更大贡献。

专文

中共门头沟区委
关于制定门头沟区国民经济和社会发展
第十四个五年规划和二〇三五年远景目标的建议

（2020年12月18日中国共产党北京市门头沟区
第十二届委员会第十一次全体会议通过）

“十四五”时期是我国全面建成小康社会、实现第一个百年奋斗目标之后，乘势而上开启全面建设社会主义现代化国家新征程、向第二个百年奋斗目标进军的第一个五年，是北京市立足首都城市战略定位、建设国际一流的和谐宜居之都的关键时期，也是门头沟区围绕落实生态涵养区功能定位，传承“四个一”奉献光荣传统，发挥“红色门头沟”党建品牌优势，全面建设“绿水青山门头沟”，着力构建“一园四区一小院”绿色发展新格局，以更加一流业绩当好“两山”理论守护人的关键时期。

中共门头沟区委十二届十一次全会坚持以习近平新时代中国特色社会主义思想为指导，深入学习贯彻党的十九届五中全会和市委十二届十五次全会精神，深刻领会把握新发展阶段、贯彻新发展理念、构建新发展格局、推动高质量发展的新部署，准确把握首都新发展的新特征新要求，结合地区实际，深入研究“十四五”时期门头沟区经济社会发展一系列重大问题，就制定门头沟区国民经济和社会发展第十四个五年规划和二〇三五年远景目标提出以下建议。

一、奋力实现全面小康任务目标，开启“绿水青山门头沟”建设新篇章

1.“十三五”时期全区发展取得重大成就。“十三五”时期是门头沟区彻底告别千年采煤史、弘扬“一盆火”奉献的五年，是门头沟区坚定传承红色基因、继承“一腔血”奉献的五年，是门头沟区实现北京老能源建材基地关停转型、转换“一桶金”新奉献的五年，是门头沟区矢志聚力绿色发展和生态富民目标、坚定“一片绿”奉献的五年。全区在中央、市委的坚强领导下，深入践行“两山”理论，弘扬“讲奉献、争第一”的门头沟精神，以创建全国文明城区为总抓手，勠力同心打造“红色门头沟”党建品牌和“绿水青山门头沟”城市品牌，推动“绿色发展、生态富民、弘扬文化、文明首善、团结稳定”，当好“两山”理论守护人，成功跻身国家生态环境部“绿水青山就是金山银山”实践创新基地和第四批国家生态文明建设示范区行列，纳入国家发改委确定的京西产业转型升级示范区，获评国家文旅部第二批国家全域旅游示范区；成功创建全市首个“9041”标准的基本无违建城区；创城 2018 年获全市实地测评第一名，2019 年、2020 年连续两年获全市综合测评第一名；入选 2019 年全国村庄清洁行动先进县、全国农村生活污水治理示范区，成为国务院办公厅通报中全市唯一的“开展农村人居环境整治成效明显的地方”，成功摘得全国双拥模范城“四连冠”，地区经济和社会发展取得新成就。

——绿色发展方向更加坚定。保持战略定力，对标新版北京城市总规赋予的“三大功能”和市委、市政府“三个严禁”要求，坚决叫停了 4 个镇整镇开发和 20 个村拆迁，解散了注册资金 14.5 亿元的潭柘发展公司，抑制开发冲动，遏制大拆大建，校准发展方向，并率先召开践行“两山”理论发展大会，出台《关于“红色门头沟”党建引领绿色发展的实施意见》《关于加快“绿水青山门头沟”建设的实施意见》，确保耐得住寂寞、保持住定力、守得住绿色。强化规划统筹，率先完成分区规划编制，同步完善修编林规、水规、乡村道路规划、生态保护红线方案及自然保护地规划，率先构建起，以分区规划为龙头，以专项规划为重点“以乡村振兴集体建设用地实施规划为基础”的科学规划实施体系；在全市率先实施乡村振兴集体建设用地实施规划试点，破解了制约山区和农村集体产业用地有效利用的关键症结。守好绿水青山，瞄准创建国家森林城市，持续增绿色、控污染、优环境，森林覆盖率达 47.8%，较 2015 年提高了 6 个百分点；PM2.5 累计浓度降低至 32 微克 / 立方米，较 2015 年下降 54.7%；永定河再现碧水长流壮观景象，农村生活污水处理设施覆盖率达 99.2%、供水消毒设备配备和运行实现全覆盖，均位列全市首位；农村人居环境整治多次荣获全市各类考核冠军，地区生态涵养功能有效提升。

——生态富民步伐更加稳健。文旅体验产业加快培育“门头沟小院 +”田园综合体的支持政策更加完善、创新路径持续拓展，“门头沟小院”精品民宿、“灵山绿产”绿色产品、“绿水青山门头沟”旅游三个区域品牌影响力不断增强，全区“门头沟小院”项目已覆盖 41 个村，带动农民增收效果日益显现。科创智能产业加快蓄能，中关村人工智能科技园先导园实现开园，北京竞业达数码科技公司登陆深圳中小板 A 股市场，北京中关村精雕智造科技创新中心成立了我市首个数字化精密结构件快速制造联盟，构建了该行业全生态产业链，北京芯盾时代科技公司荣登“2020 年新基建产业独角 TOP100”，德山生物医药孵化器获批国家备案众创空间，园区 规模以上高新技术企业总收入年均增速达 23.64%，超过“十三五”目标 3.64 个百分点。医药健康产业加快布局，阜外医院西山院区研究型医院项目持续推进，全国新药械临床转化中心、CRO 产业中介服务中心和医药健康产业总部基地前瞻谋划取得阶段性成果。“十三五”时期，地区生产总值年均增速达 6.5%，一般公共预算收入年均增速达 4.3%，第三产业比重由 2015 年的 65.1% 提升至 2019 年的 71.8%，三次产业结构持续优化。民生保障水平加快提升，累计交付使用 45145 套棚改安置房，实现 3.17 万户群众搬迁上楼；普惠性幼儿园覆盖率达 100%，北京八中门头沟校区等一批优质学校相继建成，清华附中潭柘寺校区项目实现签约，高考一本率从 2015 年的 15.41% 上升至 2020 年的 32.78%，市级“金招牌”学校数量位列生态涵养区首位；国家卫生区和慢性病综合防控示范区顺利通过复审，医耗联动综合改革平稳推进，医疗卫生机构由 259 个增加至 265 个；累计新增城镇就业 25202 人次；社会养老助残服务体系日益完善，基本养老保险实现应保尽保；借力各民主党派市委支持我区发展“8+1”行动，及低收入村与西城区、市委宣传部下属单位、市级部门和企业等结对帮扶机制，提前一年完成脱低任务，我区对口支援地区提前一年实现脱贫摘帽；门头沟体育文化中心加快建设，S1 线、新首钢大桥实现通车，长安街西延线全线贯通，国道 109 新线高速公路正式开工，群众获得感进一步增强。

——弘扬文化成效更加鲜活。围绕服务全国文化中心建设，与北京联合大学合作，构建起文化保护传承的“六四一”模式；率先出台《门头沟区村庄民宅风貌设计导则》和《村民手册》，明确“村址不变，宅基地不变，胡同肌理不变，文物树木不变，老宅院不变，一户一宅不变”的

"六不变"原则，对 138 个村进行分类，明确山地四合院建筑特色等要素管控内容，精细化指导村庄规划及住宅院落建设，促进保护传承，留住记忆乡愁。利用各类文化服务平台，深入诠释"六大文化"内涵、讲好"四个一"的门头沟故事，连续举办永定河文化节、北京国际山地徒步大会、东胡林人论坛，推出大型人文地理纪录片《永定河》等一批原创作品并获得良好反响。完善三级公共文化服务圈，实现镇街文化中心、村居文化室全覆盖，群众精神文化生活更加丰富。

——文明首善形象更加彰显。聚力创城攻坚，高位统筹、高标启航，瞄准"三步并做两步走，三年实现双达标，六年实现摘桂冠"的总目标，打响了"门头沟点赞"大拇指行动、"门头沟热心人"志愿服务等创建品牌，搭建了区、镇（街）、村（社区）三级"比学赶超"擂台赛等赛马激励平台，率先推出文明社区、文明农村"两考合一"机制，为首都文明创建工作探索了新样板。共建美好家园，坚持以创城促生活垃圾管理、物业管理两个条例落实，131 个村（占 95%）实现垃圾不落地、定时上门收集；全区小区业委会（物管会）组建率、物业企业服务覆盖率、业委会（物管会）及物业企业党的组织覆盖率全部实现 100%，提前完成三年任务目标。培育文明风尚，弘扬社会主义核心价值观，倡导"光盘行动"，开展"礼让斑马线"、爱国卫生运动等活动，树立向善崇德的鲜明导向，深入挖掘具有鲜明区域特色的百姓故事，宣传抗击疫情中的先进典型，使文明首善成为门头沟人的自觉追求。

——团结稳定基础更加坚实。强化党建引领，发挥"红色门头沟"党建品牌优势，推动"团结保生态、团结促发展、团结创首善、团结保稳定、团结出干部"众志成城圆满完成新中国成立 70 周年庆祝活动等重大活动服务保障，新冠肺炎疫情防控取得重大战略成果，彰显了京西铁军"四个当先、一个当头"的时代风采，形成了自觉践行"门头沟四问"的浓厚氛围。强化基层治理，率先出台《关于坚持"红色门头沟"党建引领基层社会治理深化"接诉即办，办好'小事'"工作的实施意见》，形成了接诉即办"515"工作法等机制，涌现出"红色联盟议事会"等经验，推广党组织引领"办事处、居委会、业委会、物业服务企业"多方共治模式，破解了一批群众关心的操心事、烦心事、揪心事。强化平安建设，健全安全稳定风险防范化解机制，完成各镇街综合治理平台建设，"雪亮工程"在主要街道、重点地区、重要行业实现全覆盖，全面推进智慧平安小区建设，形成"一人一案、一事一档、一山一哨"机制，以"六个快速"科学妥善应对 2020 年"5•26 门头沟 3.6 级地震"；扫黑除恶专项斗争成效显著；未发生较大以上安全生产事故，群众安全感持续提升。

2. "十四五"时期门头沟区发展面临新形势新挑战。党的十九届五中全会站在"两个一百年"历史交汇点上，深入分析了我国发展面临的国际国内形势，清晰展望了 2035 年基本实现社会主义现代化的远景目标，明确提出了"十四五"时期我国发展的指导方针、主要目标、重点任务、重大举措，集中回答了新形势下实现什么样的发展、如何实现发展这个重大问题，强调要深刻认识我国社会主要矛盾变化带来的新特征新要求，深刻认识错综复杂的国际环境带来的新矛盾新挑战，增强机遇意识和风险意识，保持战略定力，发扬斗争精神，善于在危机中育先机、于变局中开新局。市委十二届十五次全会深入把握新的历史条件下党中央对首都工作的新要求，紧密结合新发展阶段首都发展面临的新形势新任务，对"十四五"时期全市经济社会发展和 2035 年远景目标作出系统谋划和战略部署，提出要率先探索构建新发展格局的有效路径，率先基本实现社会主义现代化，努力建设好伟大社会主义祖国的首都、迈向中华民族伟大复兴的大国首都、国际一流的和谐宜居之都，并就推进国际科技创新中心、"两区"建设等方面进行了战略部署。这些都为我们指明了前进方向、提供了根本遵循、带来了重大机遇。

进入新发展阶段，我区经济社会发展既面临多方面优势和条件，也面临不少困难和挑战。从优势和条件看，近年来，市委、市政府牢固树立"不让保护生态环境的吃亏"的鲜明导向，出台了《关于支持生态涵养区生态保护和绿色发展的实施意见》等一系列支持政策，市人大加快推动"北京市生态涵养区生态保护和绿色发展条例"立法工作，市政协从推动精品民宿产业发展等方面给予了支持和帮助，各市级部门也从诸多方面主动给予我区专业指导和政策倾斜；我区与西城区结对协作全面深入，与京能、京煤及首钢、石景山联动发展更加紧密，特别是市级层面高位推动“两区”建设、京西产业转型升级示范区、“一线四矿”建设等重大举措落地，全力支持国道109新线高速公路建设，以及S1线、新首钢大桥、长安街西延线实现开通运营，使我区外部条件优势、发展潜力优势、区位优势更加凸显，这为我区加快绿色发展、生态富民提供了难得的历史机遇。同时，“十三五”时期特别是2018年以来，我区认真贯彻习近平生态文明思想，践行“两山”理论，落实新版北京城市总规赋予的“三大功能”，进一步校准了方向、统一了思想，基本确定和形成了坚定“一个方向”、坚持“两个原则”、打造“两个品牌”、建设“五个之城”、推进“三四三”工程、构建“一园四区一小院”绿色发展新格局的总体思路。在此过程中，全区广大党员干部群众传承红色基因，发扬“四个一”奉献光荣传统，坚定历史自信、区域自信、时代自信、担当自信，为书写“一片绿”奉献新篇章增添了厚重一笔，为开启“十四五”发展新征程、全面建设“绿水青山门头沟”奠定了坚实基础。从困难和挑战看，全区生态环境建设品质与“青山绿水蓝天大国首都底色”的要求相比仍有差距，与发挥生态涵养区压轴作用的要求相比仍有不足；经济总量小、经济基础依然薄弱，税源不稳、结构不优的问题依然突出，“绿水青山”向“金山银山”转化的路径还需进一步创新拓展；支撑绿色发展、生态富民的软硬件设施仍存在不少短板，路网密度、公共服务设施与城区相比仍有差距，城乡精细化治理能力和水平有待提升；特别是突如其来的新冠肺炎疫情，给我区未来发展带来了不确定性。

总之，“十四五”时期是我区实现新的更大发展的关键时期。我们必须始终胸怀“两个大局”，更加自觉地站在服务首都城市战略定位的高度，准确把握中央、市委的新要求，准确把握当好“两山”理论守护人的新内涵，准确把握地区发展的新特征，准确把握全区人民的新期待，用好“红色门头沟”党建这把“金钥”，矢志擦亮“绿水青山门头沟”这张“金名片”，坚持“绿色发展、生态富民、弘扬文化、文明首善、团结稳定”的“二十字”区域发展总原则，在顺应新形势中准确识变、科学应变、主动求变，在直面新挑战中把握时机、抓住新机、赢得先机，以“讲奉献、争第一”的门头沟精神，奋力当好“两山”理论守护人！

3.二〇三五年门头沟区经济社会发展远景目标。展望二〇三五年，“绿水青山门头沟”品牌形象更具魅力，地区生态涵养功能更加强化，门头沟区率先成为宜居宜业宜游的生态发展示范区、展现北京历史文化和美丽自然山水的典范区，与首都一道率先基本实现社会主义现代化：生态环境质量持续实现高标准提升，为青山绿水蓝天的大国首都底色不断增光添彩，首都西部生态安全屏障更加牢固，“绿水青山就是金山银山”实践创新基地和国家生态文明建设示范区的引领带动作用充分彰显，高水平建成“绿水青山的生态之城”；经济实现高质量发展，京西产业转型升级示范区建设取得重大成果，“高精尖”产业结构基本建成，基本公共服务实现均等化，高水平建成“宜居宜业的幸福之城”；更深层次融入全国文化中心建设，在西山永定河文化带、长城文化带建设中走在全市前列，京西特色历史文化软实力显著增强，高水平建成“底蕴深厚的魅力之城”；在努力实现创建全国文明城区基础上，成为全市乃至全国文明城区的领跑者，社会文明程度实现更大提升，高水平建成“向善尊贤的人文之城”；公共安全保障能力全面提升，安全发展的底线更加牢固，平安门头沟建设跃上新台阶，与现代化发展相适应的基层治理格局基本形成，高水平建成“有序包容的和谐之城”。

二、“十四五”时期全区经济社会发展指导方针和主要目标

4.“十四五”时期全区经济社会发展的指导思想。高举中国特色社会主义伟大旗帜，深入贯彻党的十九大和十九届二中、三中、四中、五中全会精神，坚持以马克思列宁主义、毛泽东思想、邓小平理论、“三个代表”重要思想、科学发展观、习近平新时代中国特色社会主义思想为指导，全面贯彻党的基本理论、基本路线、基本方略，深入贯彻习近平总书记对北京重要讲话精神，统筹推进“五位一体”总体布局，协调推进“四个全面”战略布局，坚定不移贯彻新发展理念，坚持稳中求进工作总基调，深度融入人文北京、科技北京、绿色北京建设，全面落实以首都发展为统领的要求，紧抓北京高位推进“两区”建设、打造改革开放“北京样”的重大历史机遇，以推动高质量发展为主题，以深化供给侧结构性改革为主线，以改革创新为根本动力，以满足人民日益增长的美好生活需要为根本目的，在率先构建新发展格局北京行动中找准定位，探索门头沟区高质量发展有效途径。

坚定“一个方向”，即坚持以习近平生态文明思想为指导，践行“绿水青山就是金山银山”理念，坚决扛起首都生态文明建设大旗，当好“两山”理论守护人。

坚持“两个原则”，即“绿色发展、生态富民、弘扬文化、文明首善、团结稳定”的区域发展总原则和“团结统一、红色传承、向善尊贤、三严三实、互勉包容”的干部队伍建设原则。

打造“两个品牌”，即“红色门头沟”党建品牌和“绿水青山门头沟”城市品牌。

建设“五个之城”，即将门头沟区建设成为绿水青山的生态之城、宜居宜业的幸福之城、底蕴深厚的魅力之城、向善尊贤的人文之城、有序包容的和谐之城。

推进“三四三六”工程，第一个“三”即打赢棚户区改造、污染防治、乡村建设行动“三大攻坚战”，“四”即办好疏解整治促提升专项行动，建设京西产业转型升级示范区，实施集体经济薄弱村、低收入边缘户和返低风险户帮扶，完善新城控规、镇域国土空间规划、乡村规划及乡村振兴集体建设用地实施规划、专项规划在内的国土空间规划体系“四件大事”，第二个“三”即培育做精文旅体验、科创智能、医药健康“三大产业”，“六”即实施“六大创建工程”，以创建全国文明城区为总抓手，推进国家森林城市、国家环境保护模范城市等创建工作，持续巩固北京市食品安全示范区创建、国家卫生区复审成果，争创全国双拥模范城“五连冠”。

构建“一园四区一小院”绿色发展新格局，“一园”即中关村门头沟园，“四区”即加快打造“一线四矿”文旅康养休闲区、新首钢协作配套区、医药健康产业集聚区、“军庄龙泉”科技文创产业集聚区，“一小院”即“十四五”期间，在100个村实现村村有“门头沟小院”精品民宿，高质量建设“绿水青山门头沟”，当好“两山”理论守护人，为与首都一道率先基本实现社会主义现代化开好局、起好步。

5.“十四五”时期全区经济社会发展的基本要求。推动“十四五”时期全区经济社会发展，要严格落实以首都发展为统领的要求，严格遵循市委提出的“六个更加突出”，把握好以下基本要求：

——始终坚持党的全面领导。坚持把党的领导贯穿“绿水青山门头沟”建设各方面全过程，用好“红色门头沟”党建这把“金钥匙”，凝聚并带领全区党员干部群众传承红色基因、弘扬“四个一”奉献、激发红色斗志，以“讲奉献、争第一”的门头沟精神，全力确保中央、市委部署在门头沟落地生根。

——始终坚持生态立区。坚持把守好绿水青山作为最大政绩，耐得住寂寞、保持住定力、守得住绿色，突出林成片、水相连，不断扩大生态环境容量，持续打好污染防治攻坚战，提升生态系统质量和稳定性，筑牢首都西部生态屏障。

——始终坚持绿色发展。坚定践行“两山”理论，落实新发展理念，紧扣打造“精品经济、精品旅游、精品小镇”，培育做精“三大产业”，实施乡村振兴战略，持续以改革创新为“两山”转化赋能加力，充分发挥乡村振兴集体建设用地实施规划作用，助推集体经济绿色发展、生态富民，努力把绿水青山蕴含的生态产品价值转化为金山银山。

——始终坚持以人民为中心。坚持共同富裕方向，聚焦“七有”“五性”，推动绿色发展与改善民生有机结合，深化接诉即办、主动治理，着力解决群众的操心事、烦心事、揪心事，增进民生福祉，不断满足人民对美好生活的向往。

——始终坚持系统观念。更加主动服务“四个中心”功能建设、提高“四个服务”水平，自觉融入京津冀协同发展大局，有效推进城乡融合发展，着力统筹发展和安全，固根基、扬优势、补短板、强弱项，注重防范化解重大风险挑战，实现发展质量、结构、规模、速度、效益、安全相统一。

6.“十四五”时期全区经济社会发展主要目标。对接国家和北京市关于“十四五”时期经济社会发展的部署要求，锚定二〇三五年远景目标，立足我区实际，前瞻十五年，干好这五年，到2025年，生态质量显著提升，人居环境更为宜居，产业结构深度转型，创新活力明显增强，民生品质持续优化，基层治理更加高效，城市文明整体跃升，全面推动“绿水青山门头沟”再展新形象。

——生态涵养取得新成效。绿色发展理念深入人心，“绿水青山门头沟”建设取得重大进展，规划实施体系战略引领和刚性约束作用充分彰显，国家森林城市创建成果更加巩固，污染防治成效明显，生态保育和生态治理能力显著增强，率先争创国家环境保护模范城市，在落实绿色北京战略上走在全市前列。

——绿色发展迈出新步伐。京西产业转型升级示范区建设取得实质性进展，对接“两区”建设取得阶段性成果，“一园四区一小院”绿色发展新格局基本形成，中关村门头沟园深度融入北京建设国际科技创新中心大局，形成一批以北京中关村精雕智造科技创新中心为代表的“中关村”品牌冠名头部企业；“一线四矿”文旅康养休闲区成为老工业基地转型典范，新首钢协作配套区成为首都西部综合服务区建设的重要承载地，医药健康产业集聚区建设取得重大进展，“军庄龙泉”科技文创产业集聚区建设初具成效；“门头沟小院+”田园综合体体系更加成熟，城乡接合部及浅山区乡村振兴新路径持续拓展。

——社会文明程度得到新提高。社会主义核心价值观深入人心，人民思想道德素质、科学文化素质和身心健康素质明显提高，集全区之力向创建全国文明城区终极目标发起总攻，公共文化服务体系和文化产业体系更加健全，京西特色历史文化魅力更加彰显，市民素质和城市文明程度明显提高。

——民生福祉达到新水平。棚改工程高质量完成，居民收入增长和经济增长基本同步，脱低村、脱低农户内生发展能力显著增强，实现巩固拓展低收入精准帮扶成果同乡村振兴有效衔接，乡村振兴战略全面推进，“十个好”机制落实全面深化，公共服务体系更加健全。

——基层治理效能得到新提升。在法治中国首善之区建设中名列前茅，基层治理水平大幅提升，社会治理总体效能持续增强，“吹哨报”“接诉即办”工作机制更加完善，生活垃圾分类成为新时尚，物业管理水平显著提升，平安门头沟建设深入推进，防范化解重大风险体制机制不断健全，突发公共事件应急能力显著增强，发展安全保障更加有力。

三、着力优化城乡空间布局，高效能保障绿色发展

发挥规划的战略引领和刚性约束作用，坚持城乡统筹发展、产业集聚发展、职住平衡发展、减量集约发展，保持战略定力，着力构建高质量发展的城乡空间布局和支撑体系。

7. 优化城乡空间结构。高质量打造门头沟新城（“一城”），构建“一山、一水、两轴、一带、三片区”的城市空间结构。建设永定河生态文化融合发展带与沿 109 国道区域协同发展带（“两带”），凸显历史文化与生态特色，实现山区生态文化融合发展与区域协同发展。按照“村子不能再拆了”的原则，科学发展潭柘寺镇、军庄镇、斋堂镇 3 个小城镇（“三点”），联动重要沟峪（“多脉”）。

8. 强化全域空间管控。坚决守住生态保护红线、基本农田、城市开发边界，保证战略留白空间，结合区、镇、村三级规划，同步调整完善林规、水规等专项规划。统筹刚性约束与弹性供给，从严加强建设强度管控。科学统筹城乡人口、用地、建筑规模，合理安排建设空间，严守生态安全格局，优化人口布局和规模，规划到 2035 年，城乡职住用地比例达到 1:2。持续落实全市疏解整治促提升专项行动任务，统筹利用疏解腾退空间，结合群众需求促进商业便民网点精准增建提质，改善人居环境。巩固“9041”标准基本无违建城区创建成果，结合破解历史遗留问题，推动拆违攻坚向村居小违建延伸。完善“村地区管”体系，深化乡村振兴集体建设用地实施规划成果运用，以镇为单元，按近期、中期、远期有序释放乡村振兴集体建设用地指标，保障乡村旅游、精品民宿、休闲农业、基础设施配套等需求，切实为山区发展提供土地要素支撑。落实村庄民宅风貌设计导则，强化传统村落保护。聚焦从浅山到平原保留村庄的新农村建设，以宜居示范农房改造为重点，统筹村庄和农房改造规划方案，补齐基础设施和公共服务短板，因地制宜精准培育产业，壮大农村集体经济，创新城乡社会基层治理，探索浅山区到平原区城乡接合部的美丽乡村建设新模式，构建“山上、山下”交相辉映的乡村振兴新格局。

四、着力守住好山好水好生态，高站位打造北京后花园

坚持人与自然和谐共生，落实绿色北京战略，以创建国家森林城市、国家环境保护模范城市为牵引，打造绿水青山相映、小桥流水人家的京西特色生态走廊，为青山绿水蓝天的大国首都底色增光添彩。

9. 大尺度增加生态空间。持续实施京津风沙源治理、百万亩造林绿化、废弃矿山修复等工程，加大浅山区、百花山自然保护区和灵山生态保护力度，着力实施森林提质工程，强化森林生物多样性保护，到 2025 年，全区森林覆盖率达到 50.1%。统筹抓好长安街西延线、S1 线、109 高速、永定河及“一线四”的沿线绿化、景观优化，力求达到“不墨而画”效果，提升城市公园绿地建设水平，建成区人均公园绿地面积达到 30.29 平方米，着力构建功能完备的森林景观生态服务与休闲游憩体系。

10. 持续打好污染防治攻坚战。坚持“抠 0.1 微克”治理 PM2.5，聚焦机动车、生产生活、扬尘等领域，强化精细化管控，加强空气重污染应对，加快山区电力、燃气设施建设，推进农村煤改清洁能源，主要污染物排放总量持续削减，PM2.5 治理完成市级任务。坚持把永定河综合治理与生态修复作为水环境治理一号工程，全面落实河长制，推进永定河山峡段综合治理、沿河村庄地质灾害隐患和泥石流沟治理，规划建设 19 条生态清洁小流域，地表水断面水质达标率达到市级要求，城乡污水处理率达到 95%。打好净土保卫战，保障土壤环境安全。实行最严格的水资源刚性约束制度，推动各类资源集约利用，支持绿色技术创新，发展环保产业，推广绿色生产生活方式，从源头上控制污染。

11. 完善生态保护的体制机制。严格落实《门头沟区生态环境保护职责分工规定》《门头沟区贯彻<北京市贯彻《中央生态环境保护督察工作规定》实施办法>实施细则》《门头沟区生态环境损害赔偿制度改革工作实施方案》，着力构建以规划管控、责任追究等机制为保障的生态环境综合治理制度体系，完善与周边地区大气、水污染联防联控联治机制，以最严格的生态环境保护制度，坚决守好绿水青山。

五、着力推动产业转型升级，高质量培育发展新动能

围绕打造“精品经济、精品旅游、精品小镇”，紧抓京西产业转型升级示范区和“一线四矿”建设的历史机遇，加快构建“一园四区一小院”绿色发展新格局。

12. 加快“一园四区”建设。进一步发挥中关村门头沟园在培育发展新动能中的引擎作用，创新招商引资模式，以适应“两区”建设、符合区域功能定位的各领域中关村科技创新中心、产业联盟及头部企业，形成新的对外开放引资新路径，打造产业链供应链高端平台；继续支持北京中关村精雕智造科技创新中心做大做优，建设精雕数字制造研究院，积极申报国家级先进制造业和现代服务业融合发展试点区域；以夏禾科技、芯盾时代为头部企业，分别筹建中关村有机发光产业国际科技创新中心和中关村鑫盾国际数字金融安全创新中心，支持中关村硬创空间、京煤职业学校打造国际化“职业教育 + 工业互联网 + 中试智造”科创中心，着力建设一批“中关村”品牌冠名的领军企业。将“一线四矿”文旅康养休闲区高标准建设成为京西绿色文旅产业发展的新引擎，紧抓“京门—门大线”市郊铁路建设契机，统筹开发“一线”的火车旅游和通勤功能，打造绿水青山间的“流动民宿”，形成“一站一景点”特色风貌；统筹谋划“四矿”的历史工业遗存保护利用，突出“一矿一主题，四矿四特色”，推动文化、科技“双轮驱动”；推动“一线四矿”核心区和辐射拓展区与 109 发展带协调联动，形成京西产业转型升级示范区的核心。加快打造新首钢协作配套区，强化与石景山、首钢对接，引入区块链、5G 等前沿业态，着力培育高端服务业，推动生产性服务业向专业化和价值链高端延伸。加快打造医药健康产业集聚区，以阜外医院西山院区为核心，建设国家重大疾病防治创新品种开发及转化平台、健康大数据库、重大疾病样本库和临床医学数据示范中心，推进“互联网 +”智慧医院试点。充分发挥阜外医院西山院区二期建设 150 张研究型病床的聚核作用，打造国家级新药临床试验基地高端医疗服务示范中心，形成覆盖全国各级医疗机构的远程诊疗和医学教育平台，布局贯穿医药合同研发（CRO）、合同生产（CMO）、合同销售（CSO）全产业链的生物医药外包企业平台，吸引药企总部落地，实现医药健康产业链深度整合。加快打造“军庄龙泉”科技文创产业集聚区，与金隅集团合作建设琉璃文化创意产业园，并以符合区域功能定位的高校落户为切入点，将军庄镇与龙泉镇打造成科技、时尚、琉璃文化特色交融的创新创业产业集聚区，引领京西文化创意产业特色发展。

13. 加快打造“门头沟小院 +”田园综合体体系。围绕实施乡村振兴战略，坚持规模精品民宿与民俗村（户）多层次叠加融合发展，推动农业农村优先发展，实现农村集体经济与产业发展互相促进。厘清政府、属地、企业、市场责任，加强与清华大学、北京电影学院、同仁堂集团、北京演艺集团等高校名企合作，创新“门头沟小院”服务国际交往和扩大开放的新领域，以国际化视野提升休闲旅游服务水平。坚持在“精”字上做足文章，探索“门头沟小院＋六大文化、+百果山、＋户外运动文化、＋影视艺术、＋医药康养、＋文化演艺”等实践路径，推进数字化、5G进民宿，提升精品民宿附加值和产业链价值，形成各类主题突出、亮彩纷呈的“门头沟小院＋”田园综合体“带”和“群”。借力“门头沟小院＋”等创新路径，实施集体经济薄弱村、低收入边缘户和返低风险户帮扶，巩固低收入精准帮扶中形成的与西城区、各市级部门和市属企业建立的结对帮扶机制，在接续推进乡村振兴中扩大成果、深化友谊。

14. 加快改革创新步伐。推广精品民宿政策集成等改革模式，瞄准地区发展重点领域、关键环节，持续深化政策集成，统筹用好国家、市级及我区各类政策，形成集成效应。深化“放管服”改革，着力优化营商环境，持续推进多端智能化审批改革，落实“门十条”“中小微企业服务包”等惠企政策，强化12345热线服务企业功能，健全区级领导班子、区属部门联系重点企业等机制，完善政务服务机制，全面实行政府权责清单制度，构建服务型政府。深化国资国企改革，做强做优国有资本和国有企业。以供给侧结构性改革积极创造新需求，在推动产业转型升级中，发挥生态、文化等资源优势，增加健康、养老、文化、体育、旅游等服务消费供给，多途径促进生态富民。

15. 高位推动“两区”建设。紧跟北京“两区”建设步伐，动态完善区内政策创新清单、空间资源清单、目标企业清单。支持江泰保险优投和大救星两个国际平台在市、区“两区”服务开放中发挥作用，着力引进人工智能触感实验室等市级服务业扩大开放示范项目。以我区头部企业为核心，以创新中心为牵引，以行业产业联盟为载体，以“高精尖”企业为着力点，打造产业链供应链高端平台，创新招商引资新模式，实现新突破。

六、着力践行文明首善标准，高层次打造特色文化品牌

对接西山永定河文化带和长城文化带建设，强化地区发展的文化支撑，为绿色发展注入文化内涵。

16. 积极创建全国文明城区。紧扣“三步并做两步走，三年实现双达标，六年实现摘桂冠”的总目标不动摇，巩固2018年以来创城成果，坚定信心，鼓足干劲，用好文明社区、文明农村“两考合一”机制，持续激发“我要创”“全民创”的热情，持续深化“门头沟点赞”大拇指行动、“门头沟热心人”志愿服务活动，鼓励基层探索，创新工作举措，完善保障机制，全民动员、全力攻坚，力争在全市保第一、在全国争第一，奋力争取2023年誓拔头筹摘桂冠；以创城为总牵引，统筹实施“六大创建工程”，一体推进生活垃圾管理、物业管理、文明行为促进条例落实及爱国卫生运动，同步落实背街小巷环境精细化整治提升三年行动计划，不断提高市民文明素质和城市文明程度。

17. 积极推进文化保护传承。深化完善文化保护传承“六四一”模式，建设全区历史文化资源基础信息平台，走好文化保护传承“多规合一”新路。深挖文化资源，丰富“四个一”门头沟故事内涵，把我区独特的文化优势转化为绿色发展优势。积极推进永定河文化综合体及博物馆新馆建设，争取将东胡林人遗址列入全国重点文物保护单位，规划建设东胡林人遗址公园，加强非物质文化遗产传承保护。

18. 积极倡导文明新风尚。着力弘扬社会主义核心价值观，深化新时代文明实践中心建设，发挥“马克思主义读书会”等示范引领作用，用好“1+9”党性教育现场教学点、京西抗日革命根据地等红色文化传承载体，广泛开展各类宣传教育活动。推进公共文化服务示范区建设，继续加快建设门头沟体育文化中心等文化设施，建设一批群众健身场地和设施。抓住北京冬奥会、冬残奥会机遇，广泛开展全民健身运动。实施文明风尚培育工程，开展全民阅读活动，完善终身学习体系，建设学习型城市。

七、着力保障改善民生，高效率回应人民美好生活向往

坚持把实现好、维护好、发展好最广大人民根本利益作为发展的出发点和落脚点，紧扣“七有”“五性”，尽力而为、量力而行，补短板、提质量，健全基本公共服务体系，创新民有所需、我有所促、企有所营的高质量民生保障举措，完善共建共治共享的社会治理机制，努力促进人的全面发展和社会全面进步。

19. 抓牢常态化疫情防控。坚持党旗举在前、党组织领在前、党员冲在前，保持“外防输入、内防反弹”不放松，压实“四方责任”，落实“三防”“四早”“九严格”等要求，强化镇（街）、村（社区）公共卫生职责，抓好突发病例快速响应处置、镇街突发疫情核酸检测应急预案、重点领域常态化防疫检测等机制的贯彻落实，加强进口冷链食品监管。持续加强公共卫生服务体系建设，对标市委、市政府《健全首都公共卫生应急管理体系的若干意见》及三年行动计划，完善我区落实举措。推动社区卫生服务机构标准化建设，改造提升发热门诊，完善群众家门口的公共卫生服务体系。

20. 优化公共服务。高标准完成棚改攻坚收尾，坚持“保质量、保进度、保配套、保服务、强治理”，服务好、完成好棚户区改造任务，提升回迁居民的幸福感。落实教育优先发展战略，坚持立德树人、五育并举，深化名校办分校、集团化办学、教育联盟等模式，规划建设国际学校，持续优化城乡教育布局。高标准推进门头沟医院新院区建设，巩固慢性病综合防控示范区建设成果，完善基层医疗卫生机构配置，推动社区卫生服务机构标准化建设；继续推进斋堂医院急救体系建设，做优做强区疾控中心，打造“健康门头沟”。实施就业优先政策，千方百计稳定和扩大就业，对接文旅体验、科创智能、医药健康产业发展，鼓励创业带动就业、多渠道灵活就业和劳动技能型就业，全面提高就业质量。完善社会保障体系，健全分层分类社会救助体系。落实居家养老服务条例，推进养老服务驿站可持续发展，发展银发经济，营造老年友好型社会氛围。

21. 完善基础设施。统筹市区两级政策、资金，切实保障深山区基础设施及公共服务发展需要。全力保障国道 109 新线高速公路建设，前瞻性布局沿线市政交通、公共服务、旅游服务等配套设施，完善山区“三横五纵”路网布局，加快形成新城“七横三纵”路网格局；优化电网结构，瞄准“十四五”期间山区产业培育，加快补齐山区电力基础设施短板。加快天然气输配站建设，实现新城和浅山区天然气供应全覆盖。

22. 强化基层治理。持续强化镇街的社会管理和公共服务职能，完善“吹哨报到”“接诉即办”工作机制，严格落实《关于坚持“红色门头沟”党建引领基层社会治理深化“接诉即办，办好‘小事’”工作的实施意见》，持续压实“五个亲自”“五个到位”责任，强化未诉先办、主动治理。健全社区治理体系，完善区域化党建机制，推广“红色联盟议事会”“五彩微中心”等协同治理模式，发挥社会组织和社会企业等第三方作用，创新“双报到”载体，提升社区治理效能。积极推进数字社会、数字政府建设，提升公共服务、社会治理等数字化治理水平。树牢“精精益求精，万万无一失”的高标准，防范化解各类风险隐患，巩固完善“一人一案、一事一档、一山一哨”机制，创新实践新时代“枫桥经验”，健全平安建设工作体系，提升应急管理能力。抓好安全生产、森林防火、防汛抗旱等工作，推进食品药品、生产、交通等领域安全管理，确保“西部无战事”。

八、坚持和加强党的全面领导，为“十四五”规划实施提供坚强保证

实现“十四五”规划和二〇三五年远景目标，必须坚持党的全面领导，统一思想，凝聚共识，充分调动一切积极因素，广泛团结一切可以团结的力量，形成推动发展的强大合力。

23. 强化党建引领。深入学习贯彻习近平新时代中国特色社会主义思想，增强“四个意识”、坚定“四个自信”、做到“两个维护”，确保中央、市委决策部署在门头沟不折不扣落地落实。创新推动“红色门头沟”党建“1179 工程”，巩固我区“不忘初心、牢记使命”主题教育“四个一”制度成果，完善党（工）委、党组研究经济社会发展战略、定期分析经济形势、研究重大问题工作机制，加强对重大改革、重点工作、重要项目的统筹，健全决策咨询机制，提高决策科学化水平，确保将党的领导贯穿绿色发展、生态富民各方面全过程。落实“团结统一、红色传承、向善尊贤、三严三实、互勉包容”的“二十字”干部队伍建设原则，系统性打造各领域京西铁军队伍品牌。优化领导班子知识结构和专业结构，着力提高广大干部特别是年轻干部的政治能力、调查研究能力、科学决策能力、改革攻坚能力、应急处突能力、群众工作能力、抓落实能力。完善高质量发展综合考评机制，激励干部担当作为。以提升组织力为重点，突出政治功能，高标准完成村（社区）“两委”换届工作，推动基层党建全面进步全面过硬。强化人才队伍建设，全力实施“京西聚智计划”。锲而不舍落实中央八项规定精神，大力整治形式主义、官僚主义，切实为基层减负。深化实施全面从严治党“六六工程”，强化对公权力的制约和监督，积极构建一体推进不敢腐、不能腐、不想腐体制机制。

24. 凝聚各方力量。发挥区人大职能作用，强化区人大对生态保护、产业培育、棚改工程、预算审查和国有资产等重点领域的监督。发挥区政协的协商民主重要渠道和专门协商机构作用，推动政协组织和政协委员聚焦地区发展各项任务，加大视察调研和协商力度，更好聚人心、添助力、增合力。巩固和发展最广泛的爱国统一战线，充分发挥民主党派、工商联和无党派人士作用，不断深化各民主党派市委支持我区发展“8+1”行动。发挥群团组织作用，凝聚各自联系群众的智慧和力量，共同守好绿水青山。

25. 加强法治建设。推进严格执法、公正司法、全面守法，增强党员干部法治思维和依法行政能力。加强法治政府建设，严格落实重大行政决策法定程序，提高行政执法效能，把政府工作全面纳入法治轨道。深化司法体制改革，全面落实司法责任制，加强执法司法监督制约，全面提升司法能力、司法效能和司法公信。加快法治社会建设，强化法治宣传教育，完善公共法律服务体系，形成全社会尊重法治、信仰法治、坚守法治的良好风气。

26. 健全规划制定和落实机制。坚决贯彻中央、市委和区委决策部署，认真落实本建议提出的发展思路、主要目标、重点任务和重大举措，科学编制“十四五”规划纲要和专项规划。各级、各专项规划要贯彻新发展理念、反映高质量发展要求，增加政府履行职责约束性指标。完善规划实施监测评估机制，确保“十四五”规划建议落到实处。“讲奉献”永远在继续，“争第一”始终不停歇。让我们紧密团结在以习近平同志为核心的党中央周围，在中央、市委的正确领导下，始终保持奋进姿态、昂扬斗志，以“红色门头沟”党建为统领，在全力开启“十四五”经济社会发展和“绿水青山门头沟”建设新征程中，坚定当好“两山”理论守护人！

中共北京市门头沟区委办公室
2020年12月31日印发

大事记

2020年门头沟区大事记

1月

2日　2020年门头沟区创建全国文明城区提名城区冲刺誓师大会召开，总结2019年门头沟区创城工作情况并部署2020年创城工作安排。

▲　中关村门头沟科技园管委会与北京大学马克思主义学院签订马克思主义读书会共建协议。

3日　首都多党合作教育实践基地民建北京市委分基地揭牌仪式暨“名誉户主”新春慰问活动在雁翅镇房良村举行。

5日～8日　政协门头沟区第十届委员会第四次会议召开。会议听取并审议常务委员会工作报告、提案工作报告；听取并讨论政府工作报告；通报优秀提案；通过十届四次会议期间政治决议、工作报告决议和提案审查情况报告。

6日～9日　门头沟区第十六届人民代表大会第六次会议召开。听取并审议区领导付兆庚作政府工作报告，审查区2019年国民经济和社会发展计划执行情况与2020年国民经济和社会发展计划草案的报告，区2019年预算执行情况和2020年财政预算草案的报告。

8日　区农业农村局选送的非遗舞蹈《亘鼓》获评第30届北京农民艺术节“乡村大舞台”决赛暨汇报演出金奖。

10日　门头沟区委“不忘初心、牢记使命”主题教育总结大会召开。观看区委“不忘初心、牢记使命”主题教育纪实片《追寻》。

13日　门头沟区公共法律服务中心正式启动。标志着门头沟区“区有中心、镇街有工作站、村居有工作室”的公共法律服务网络基本形成。

14日　区卫生健康委部署新型冠状病毒肺炎疫情防控和“医患纠纷”排查工作。自14日开始，每日召开工作会，对疫情防控工作进行部署和强调。

15日　门头沟区文化创意产业协会在中关村（京西）人工智能科技园·智能文创园举行揭牌仪式。

16日　区残联与区中医医院协作成立“残疾儿童康复定点医疗机构”在区残疾人职业康复中心揭牌运行。

1月　区城市管理委实施道路停车改革工作，10条道路1251个车位实施路侧停车电子收费。

1月　门头沟区低收入农户帮扶基金显实效。据统计，累计救助金额达1300余万元，惠及低收入农户3.73万余人次。其中，助医1000余万元，惠及5000余人次；助学65万余元惠及近200人次；体检90余万元，惠及2000余人次；保险126万余元惠及近3万人次。

2月

13日　门头沟区2020年党建工作会议召开。会议指出2019年以及抗击新冠肺炎疫情以来，全区各级党组织坚持以“红色门头沟”党建为引领，扎实系统推进“1179”工程，主题教育、“红色门头沟”党建、疫情防控等工作取得新成效。

18日　区委平安门头沟建设领导小组2020年第一次全体（扩大）会议召开，就《2019年平安门头沟建设工作情况》《2020年平安门头沟建设工作要点》作说明，审议《2019年平安门头沟建设工作情况》《2020年平安门头沟建设工作要点》。

27日　门头沟区委综合考评委全体会召开，研究审议门头沟区综合考评2019年度工作总结及2020年度工作要点、门头沟区

2019年度综合考评社会评价意见报告。

28日 区委统战部实行新冠肺炎疫情期间各宗教活动场所“日报告”“零报告”制度，分层分级以“四不两直”形式就“两暂停一延迟”、场所人员管理等开展排查。

2月 区卫生健康委制定并下发《门头沟区疫情防控期间住院患者探视、陪护管理制度（试行第一版）》，要求各设立病床的医疗机构原则上禁止探视，确需探视的，严格时间、人数、频次，严格个人防护，加强陪护管理，加强宣传，做好医患沟通工作。

2月 国务院应对新型冠状病毒肺炎疫情联防联控机制医疗物资保障组对民建门头沟区工委会员李志辉及其企业寄来感谢信，充分肯定李志辉为疫情防控所供应的300吨高效熔喷口罩滤布的贡献。

3月

6日 国道109新线高速公路工程指挥部第一次会议召开，区纪委监委、区委组织部、区委政法委、区公安分局等单位就打击恶意阻施、违法承揽工程等行为提出要求。

4月

7日 区红十字会向区内滞留在29个国家的220名留学生和侨胞们邮寄“疫情无情，家乡有爱”防疫爱心包，每个爱心包内配有60个医用一次性口罩、100只PVC手套、1套隔离衣和一封慰问信。

13日 区政务服务中心无障碍服务专区启用，无障碍综合窗口开始试运行，涵盖咨询、帮办和受理大厅全部1369个政务服务事项，以及100余个“百事套餐”主题事项。

15日 门头沟区召开2020年残疾人工作委员会暨全区残疾人工作会，汇报了2019年残工委工作并对2020年的工作进行了部署。

16日 门头沟区召开2020年民族宗教工作领导小组会议暨民族宗教工作视频会议，总结2019年全区民族宗教工作并部署2020年各项工作任务。

21日 门头沟区2020年党建工作专题会议召开，书面审议《中共北京市门头沟区委党的建设工作领导小组及办公室成员名单》等5项相关名单，审议《中共北京市门头沟区委党的建设工作领导小组2020年工作要点》等相关事项。

28日 2019年度门头沟区镇（街道）、系统党（工）委书记抓基层党建述职评议会召开。

4月 首都环境建设管理办对全市进行环境检查考评，门头沟区综合成绩94.66，位列生态涵养区第一名。

4月 门头沟区4个家庭入选由市委宣传部首都文明办和市妇联共同主办的“2020年寻找‘首都最美家庭’活动”第一季度“首都最美家庭”榜单。

5月

9日 区人大、区政府召开第一季度区情通报会，通报区政府2020年第一季度重点工作情况。

▲ 区工商联会同槐井石舍、北京道勤创景规划设计院到弗莱共创科技发展公司参观了解智能家居整体设计系列产品，为企业搭建智能与民宿合作桥梁。

13日 北京市文化投资发展集团有限责任公司和北京文化产权交易中心有限公司在斋堂镇政府举办慈善捐赠活动，将艺术品拍卖款20.56万元捐赠给斋堂镇，用于全镇疫情防控，助力复工复产有序进行。

15日 门头沟区召开2020年农村工作和“疏解整治促提升”专项行动暨深入推进文明农村人居环境、文明社区建设大会，通报“疏解整治促提升”专项行动进展等情况；部署2020年农村工作以及文明农村人居环境综合考评核查办法及创建全国文明城区“比学赶超”擂台赛文明社区综合考评实施方案。

17日 “逛潭柘戒台、赏京西山水、尝鲜门头沟大樱桃”直播活动举办，这是门头沟区首次与电商平台开展直播合作。截至当日晚9时，拼多多“云游中国”北京门头沟的复工复游直播累计吸引近200万人观看，带动区内樱桃、酱肉、蜂蜜等农产品销量较前日上涨近310%。

25日 门头沟区委综合考评委全体会召开，研究审议《门头沟区2020年度综合考评实施方案》《关于在各镇（街道）推行综合考评工作的实施方案》。

29日 门头沟区召开2020年防汛桌面推演暨防汛动员大会，部署2020年防汛工作。

6月

6日 北京消费季之嗨购门头沟主题活动在北京长安天街购物商场启动。活动分为京彩、京券、京品、京韵、京味、京炫六大板块。通过线上直播、线下销售、夜景促进、打折让利、延长营业、强化互动、品牌联动、扶贫助农、文化引领等多种形式，开展促销活动。

10日　2020年度全区禁毒工作会议召开，播放《2019年度门头沟区禁毒工作回顾》专题片，部署2020年度全区禁毒工作要点。

13日　区文旅局举办“云游非遗”，“嗨购非遗”主题活动。活动分为展演、展示、直播、非遗PLUS论坛四部分，现场设有琉璃烧制技艺、潭柘紫石砚、玲珑枕等非遗项目展示平台。

30日　门头沟区召开与涿鹿县携手奔小康对接视频会，涿鹿县赠送精准帮扶大礼包。

7月

7日　门头沟区与内蒙古呼和浩特市武川县携手奔小康视频会召开，向武川县赠送精准帮扶大礼包。

8日　门头沟区召开与内蒙古自治区乌兰察布市察右后旗携手奔小康视频会，向察右后旗赠送精准帮扶大礼包。

15日　区委理论学习中心组学习（扩大）会议召开，邀请专家就“疫情冲击阻挡不住实现全面小康目标的步伐”作专题辅导报告。

20日　门头沟区召开全区领导干部大会，传达市委书记蔡奇到门头沟区调研时的讲话精神，就贯彻落实讲话精神提出具体要求。

21日　2020年“8+1”行动推进会在清水镇及10个视频分会场召开。各民主党派市委及其成员企业分别与区相关部门、单位签订项目意向书。观看了“灵山绿产”农产品在民革市委牵线引进的快手平台直播带货的场景，实地考察景山学校京西实验学校建设情况，黄安坨村“中建·百花山社”精品民宿、梁家庄精品民宿运营情况。

27日　全区领导干部大会召开，传达市委十二届十四次全会精神。

29日　2020年北京精品民宿发展论坛暨“门头沟小院”推介活动举办，解读《北京乡村民宿发展指导意见》，介绍门头沟区点状供地试点工作推进情况，推介“门头沟小院+”田园综合体开发建设经验，进行村企合作签约仪式。

31日　门头沟区“军事日”活动举行，全体人员观摩警卫实战化射击训练科目演示，赠送慰问金，并围绕相关工作进行座谈。

31日至8月25日　2020北京文化创意大赛门头沟分赛暨首届“红色马栏杯”红色文创大赛举办。来自北京市、陕西省西安市、广东省广州市、江西南昌市等地55个项目报名。参赛者围绕“红色马栏”文博文创产品开发、红色放映厅、主体餐厅、精品民宿、全景沉浸式文旅体验、智慧景区等方面内容提交设计作品。经过角逐，未来新视界教育科技有限公司的红色文化VR全景式系列影片《伟大征程》项目获一等奖。

7月　区公安分局对某汽车服务有限服务公司未落实《中华人民共和国反恐怖主义法》相关规定，开具了门头沟区首张“反恐罚单”。

8月

3日　区第十二届委员会第十次全体会议召开。全会审议《关于上半年经济社会发展情况和下半年工作安排的报告》《关于坚持“红色门头沟”党建引领基层社会治理深化“接诉即办，办好‘小事’”工作的实施意见》《门头沟区关于深化全面从严治党“六六工程”的实施意见》。表决通过《中共北京市门头沟区第十二届委员会第十次全体会议决议》。

5日　门头沟区政府召开廉政工作会议，传达国务院、市政府廉政工作会议精神，部署推动门头沟区政府系统党风廉政建设和反腐败工作。

7日　门头沟区政府召开永定河山峡段综合治理与生态修复工程工作专题会。

15日　门头沟区政府召开金隅琉璃文化产业园建设专题会，研讨与金隅集团合作，共同打造琉璃文化产业园，深入挖掘琉璃文化价值，将龙泉镇琉璃渠村琉璃厂区打造成琉璃保护性生产、琉璃文化推广、琉璃体验式旅游、文化创意办公于一体的中国琉璃文化创意产业园区。

18日　区领导到河北省张家口市涿鹿县调研扶贫协作对接工作，实地察看文玩核桃产业基地和南山区羊肚菌基地，看望慰问贫困户，召开门头沟区与涿鹿县扶贫协作对接工作会。

24日　门头沟区第十二届纪律检查委员会第八次全体会议召开，传达区委十二届十次全体会议精神；部署区纪委、区监委机关全面从严治党“六六工程”任务分解和区纪委、区监委派驻机构改革工作。

9月

2～4日　门头沟区党政代表团到拉萨堆龙德庆区对接携手奔小康工作，向堆龙德庆区捐赠20万元产业扶贫资金并赠送“精准扶贫大礼包”。

9日 门头沟区民兵分队授旗仪式举行，宣布民兵干部任职并授旗。

▲ 门头沟区消费扶贫月启动仪式在“灵山绿产”消费扶贫分中心举办，湖北省神农架林区介绍相关扶贫产品；区直机关工委、区总工会发布动员机关干部和工会会员参与消费扶贫购买扶贫产品倡议书；区属预算单位与门头沟区消费扶贫分中心签署扶贫产品采购协议。

11日 门头沟区召开2020年招商引资大会，公布《门头沟区招商引资工作管理办法》，宣读2020年全区招商引资工作指标任务书。

17日 “全国公路科普教育基地”在妙峰山镇水峪嘴村京西古道景区正式挂牌。

21日 2020年区委生态文明委第三次会议召开，审议通过《中共北京市门头沟区生态文明建设委员会专项工作小组设置方案》。

22日 京蒙互联共建“数智”生态战略合作会活动举行。蒙草集团介绍武川生态大数据平台建设进展情况，门头沟区与武川县签订《共建“数字生态”共享优势成果携手构建绿水青山战略合作框架协议》。

▲ 京西话丰收助农迎小康”第三届中国农民丰收节暨文化帮扶主题民族音乐会专场演出活动在永定楼文化广场举行，400名观众参加。

23日 区领导与北京电影学院党委书记围绕“门头沟小院＋影视艺术”战略合作项目到清水镇黄安坨村、梁家庄村，双方领导实地查看精品民宿建设情况，签署《门头沟区人民政府与北京电影学院战略合作意向书》。

▲ 门头沟区召开乡镇机构改革动员部署会暨进一步优化街道机构设置工作部署会，公布《北京市门头沟区深化镇街机构改革实施方案》和《关于进一步调整优化街道机构设置的意见》。

▲ 2019-2020全球AI文创大赛决赛暨颁奖典礼在中关村（京西）人工智能科技园智能文创园举办。大赛决赛由15家企业和9个创意项目组以路演的形式开展比拼，网易伏羲实验室获一等奖。

24日 门头沟区政府与清华大学签署战略合作框架协议。在干部培养、科技培育与成果转化、教育等文体方面开展更加深层次的合作。

28日 区委党的建设工作领导小组全体会议召开，实地走访龙泉镇西山艺境社区调研党建引领提升物业“三率”推动非公物业企业参与社会治理情况，到中关村门头沟科技园党群服务中心调研园区党建和服务非公企业情况，书面审议《中共北京市门头沟区委党的建设工作领导小组及办公室成员名单》，总结全区“两新”组织党建工作，并对下一步工作进行部署。

▲ 门头沟区举办第十一届中国统计开放日暨第七次全国人口普查宣传月启动仪式，活动通过视频影像、快板、情景剧等多种形式，号召全社会共同关注和支持人口普查工作。

29日 中国民主同盟“科学探索·圆梦行动”农村未成年人航天科普志愿服务行动全国主场活动启动仪式在门头沟区少年宫举行，为“科学探索·圆梦行动”航天科普公益志愿服务队科学家代表颁授聘书；向少年航天先锋队队长授旗；向受助学校赠送火箭模型和卷轴作品；项目管理方和承接方签署项目三方合作协议书。

▲ 首都多党合作实践教育基地民盟北京市委分基地揭牌仪式在潭柘寺镇南辛房村举行。

30日 门头沟区举行烈士纪念日公祭活动，向为全民族抗战事业献身的烈士默哀，向宛平抗日烈士纪念碑敬献花篮。

9月 斋堂镇冀热察挺进军司令部旧址陈列馆入选第三批国家级抗战纪念设施、遗址名录。

10月

14日 北京中关村精雕智造科技创新中心有限公司在门头沟区成立，依托驻区企业北京精雕科技集团有限公司的数字化制造技术和精密设备，快速响应企业研发试制需求，为科技型中小企业提供从技术图纸到量产商品制造的“全流程、一站式”服务。

16日 在2020年门头沟区国家扶贫日活动中，“扶贫支援合作地区互联互通协同发展‘区域品牌联盟’战略合作框架协议”签约仪式暨特色产品展销推介活动举办，门头沟区与扶贫支援合作地区企业签订《互联互通协同发展‘区域品牌联盟’战略合作框架协议》，实地参观“灵山绿产”消费扶贫分中心体验店和区扶贫协作地区特色产品展销大集。

19日 门头沟区与涿鹿县对接携手奔小康座谈会召开，双方分别介绍东西部扶贫协作工作进展情况和门头沟区对口帮扶工作有关情况。

20日 门头沟区在全国双拥模范城（县）命名暨双拥模范单位和个人表彰大会上获全国双拥模范城“四连冠”。

23日至11月底 门头沟区

第三届技能大赛在区总工会举行，主题为“发扬工匠精神争做首善先锋”。比赛共分为4个参赛项目，其中护理技能和园林护理为今年新增项目。来自全区相关行业300名从业人员参赛。区医院曹蕊、北京绿京华生态园林股份有限公司褚新阳、北京兴宸通达物业管理有限公司王建荣、百姓福餐厅分获护理技能、园林养护、垃圾分类、烹饪技能比赛一等奖。

24日 “精雕杯”走进绿水青山门头沟徒步活动在妙峰山镇京西古道举办，区外200余名企业家参加，线路全长5公里。

29日 门头沟区召开2020年度至2021年度森林防灭火工作会，总结全区2019—2020年度森林防灭火工作、部署2020—2021年度森林防灭火任务并汇报区应急救援大队组建情况。永定镇、百花山管理处签订森林防火责任书。

11月

6日 门头沟区第十一次妇女代表大会全体会议召开，听取第十届执行委员会工作报告，对未来五年全区妇女工作创新发展做出了全面规划部署。

20日 门头沟区“以案为鉴、以案促改”警示教育大会召开，通报区内纪检监察机关执纪审查工作情况。

19日 区直机关工委、区委农工委在清水镇梁家庄村联合召开“五进农村”帮扶工作阶段总结推进会。会后，各帮扶单位及各镇主管负责人参观考察梁家庄村的精品民宿项目、高山芦笋扶贫项目和美丽乡村建设情况。“十三五”期间，区直机关系统各单位积极开展结对帮扶工作，建立“单位包村、党员干部包户、科级以上干部包重点户”的帮扶格局。通过“发展思路进农村、项目资金进农村、文化科技进农村、爱心温暖进农村、组织共建进农村”的形式，为低收入村解决各类问题1016个，折合投入资金6322万元，精准帮扶工作取得显著成效。

27日 2020北京精品民宿发展论坛暨“门头沟小院”推介活动第二季举办，通过“一线四矿”路演展示，“门头沟小院”政策宣传和成果展示，与同仁堂、北京演艺集团签约战略合作协议等方式推介“门头沟小院”。

12月

1日 永定河冬季生态补水正式开始，由官厅水库出库向下游补水，珠窝、落坡岭水库采用“平进平出”水库溢洪道闸门输水调度模式，总补水量0.32亿立方米。

7日 区领导到中铁京西（北京）高速公路发展有限公司——国道109新线高速公路工程总承包部一工区，就双方党风廉政建设主体责任及监督主体责任的落实，召开党风廉政风险联防联建动员会。双方签订《党风廉政风险联防联建工作意见书》，并为“争创党风廉政建设示范点”揭牌。

▲ 门头沟区“全国双拥模范城”总结表彰暨“五连冠”创建动员大会召开，传达全国和北京市双拥表彰大会精神；宣读《关于命名表彰全国双拥模范城，全国模范退役军人，北京市双拥模范区，首都拥军优属拥政爱民模范单位和模范个人，北京市优秀退役军人、退役军人工作先进集体及先进个人，门头沟区最美退役军人、最美拥军人物、最美军嫂的通报》。

10日 石景山区与门头沟区协同发展工作座谈会召开，介绍经济社会发展情况及两区合作情况。

17日 第四届“东胡林人”论坛在门头沟区举办，以“万年先祖地粟作农耕源”为主题。

18日 区委第十二届委员会第十一次全体会议召开，审议通过《中共门头沟区委关于制定门头沟区国民经济和社会发展第十四个五年规划和二〇三五年远景目标的建议》《区委常委会2020年抓党建工作情况报告》《门头沟区关于推进高质量发展综合考评的意见》。

30日 区委第十二届委员会第十二次全体会议召开，学习贯彻中央农村工作会议精神和市委十二届十六次全会精神，总结2020年工作，部署2021年各项任务。

12月 斋堂镇“红色马栏”全景沉浸式爱国主义教育体验基地被评为首批“北京市文化旅游体验基地”称号。

▲ 门头沟区首批市级生活垃圾分类示范村居授牌会召开，龙泉大峪花园社区、永定镇永和新苑南区、东辛房街道石门营新区四区、城子街道惠锦园小区、王平镇东马各庄村和军庄镇西杨坨村成为首批市级生活垃圾分类示范村居。

▲ 门头沟区超额完成2020年住宅用地供应及入库任务。全区完成28公顷商品住宅用地供应，完成率147%，列全市第二；完成45公顷的土地入库任务，完成率102%。全区供应共有产权房用地16公顷，占全市供应比例57%，位居全市第一。

门头沟区抗击新冠肺炎疫情大事记

1 月

14 日　区卫生健康委召开门头沟区卫生健康系统第一次传染病防控工作部署会。会议强调，把传染病防控工作当成保障首都公共卫生安全的首要任务，充分做好思想、组织、技术准备，强化各项措施落实。

20 日　门头沟区启动突发公共卫生事件联防联控应对机制，成立门头沟区新型冠状病毒感染的肺炎疫情防控工作领导小组，区委书记张力兵任组长，区委副书记、区长付兆庚任常务副组长，领导小组办公室设在区卫生健康委。

▲　张力兵到门头沟区医院慰问医务人员。

21 日　付兆庚到京煤集团总医院检查安全管理与卫生防疫工作。

22 日　全区疫情防控工作会召开，研究部署疫情防控工作。会议指出，把疫情防控工作作为当前最重要的政治任务，做到“四个务必、四个起来”（务必增强敏感性，高度重视起来；务必增强纪律性，及时组织起来；务必增强紧迫性，迅速行动起来；务必增强整体性，联防联动起来），为人民群众营造安全、良好、稳定的生态、社会、健康环境。全区疫情防控工作会均由张力兵主持。

▲　京煤集团总医院、门头沟区医院被确定为新冠肺炎患者定点医疗机构。

▲　区纪委、区监委印发《关于对新型冠状病毒感染的肺炎疫情防控及“医患纠纷”排查情况开展监督检查的通知》。

23 日　全区疫情防控工作会召开，进一步研究调度疫情防控工作。会议强调，现在是防疫黄金期，要进一步完善区新型冠状病毒感染的肺炎疫情防控工作领导小组组织体系，强化进京人员体温监测与医疗机构内部防控，广泛宣传普及疫情防护科学知识，保障应急物资供应和市场稳定，坚决禁止活禽销售。

▲　张力兵到永定镇社区卫生服务中心检查疫情防控工作。

▲　付兆庚到门城地区社区卫生服务中心、龙泉镇琉璃渠村检查疫情防控工作。

24 日　北京市突发公共卫生事件一级响应机制启动。

▲　全区疫情防控工作会召开，进一步研究调度疫情防控工作。会议指出，全区进入“战事”状态，防控总原则是“统一防控、高标落实、统筹推进、协同配合、尽职尽责”。会议强调，切实压实“四方责任”，巩固自治机制、敲门登记筛查机制、防控感染机制，逐户落地查人。

▲　全区所有社区（村）开始对外来车辆及人员执行入口询问、登记等防疫措施。

▲　全区旅游景区与娱乐场所暂停营业，区图书馆、永定河文化博物馆等文博单位实行闭馆。

▲　区城市管理指挥中心将 12345 热线涉疫情诉求办理时限统一调整为 24 小时。

25 日　全区疫情防控工作会召开，进一步研究调度疫情防控工作。会议强调，党员干部在疫情防控工作中要发挥先锋模范作用，严查落地查人、“敲门行动”等工作的盲点漏洞，确保做到外防输入、内防扩散。

▲　付兆庚主持召开武汉来区人员摸排走访工作研究调度会。

26 日　全区疫情防控工作会召开，学习贯彻中央政治局常务委员会会议、市委常委会扩大会议精神，进一步研究部署疫情防控工作。会议指出，现在许多工作已经由面上转到具体事项，要沉下去抓、敲下去抓、严下去管、督下去促。

▲　付兆庚到区卫生健康委（区突发公共卫生事件应急指挥部办公室）调研，听取疫情防控工作汇报，通过远程诊疗视频会议系统向全区医务人员致以春节问候，要求研判制定确诊病例应对预案，做好初筛和流调工作，关心关爱一线工作人员。

27 日　全区疫情防控工作会召开，进一步研究调度疫情防控工作。会议要求，要深入学习、认真执行《北京市人民政府关于进一步明确责任加强新型冠状病毒感染的肺炎预防控制工作的通知》，围绕“四方责任”开展工作。

▲　市委宣传部领导到门头沟区城子街道和大峪街道检查社区疫情防控工作。

▲　张力兵到永定镇何各庄村、石厂村调研疫情防控工作。

▲　全区养老机构实行封闭

式管理。

▲ 区委宣传部主办的“京西门头沟”微信公众号发布《主动预防 积极应对——致全区人民的一封信》。

28日 门头沟区确诊首例新冠肺炎确诊病例。患者转入北京佑安医院治疗，2月9日达到出院标准并出院。

▲ 全区疫情防控工作会召开，进一步研究调度疫情防控工作。会议指出，疫情防控工作进入关键阶段，要坚决贯彻落实习近平总书记对当前新型冠状病毒感染肺炎防控工作作出的重要指示精神，以“红色门头沟党建”为引领，发挥基层党组织疫情防控的战斗堡垒作用，启动机关干部下社区工作，区四套班子领导同志每日到镇街督导检查村居疫情防控。

▲ 门头沟区42个单位668名党员干部率先下沉174个社区（村）参加疫情防控。

▲ 区创建全国文明城区总指挥部办公室发布《热心防控 有你有我——致广大“门头沟热心人”的一封信》。

29日 全区疫情防控工作会召开，进一步研究调度疫情防控工作。会议强调，进一步提高站位认识，认真贯彻落实党中央国务院、市委市政府部署要求，与市委市政府同频共振、步调一致，扎实做好全区疫情防控工作，切实做到“干部防控、群众过年、门头沟安全”。

▲ 门头沟区行政事业单位公务人员提前结束春节假期，正式上班。

30日 全区疫情防控工作会召开，进一步研究调度疫情防控工作。会议要求，做好落地查人、“接诉即办”、二级市场和便利店管理等工作。

▲ 门头沟区新型冠状病毒感染的肺炎疫情防控工作领导小组调整完善组成人员与下设机构。调整后，张力兵任组长，付兆庚任常务副组长，区委副书记、区委政法委书记彭利锋任副组长，其他区委常委、副区长以及区政府办公室主任等13人任成员。领导小组下设办公室、医疗保障组、交通保障和城市运行组、商品供应和市场监管组、社区（村）防控组、宣传舆论组、社会稳定组、学校工作组、部队协调组、企业园区组、机关内部防控组、指导组、监督组13个机构。

▲ 区城市管理指挥中心将12345热线涉五类疫情诉求办理时限升级为一类紧急响应诉求，实行2小时办结机制。

31日 全区疫情防控工作会召开，进一步研究调度疫情防控工作。会议强调，切实做好社区防控、建筑工地监管、防护物资供应等疫情防控工作，保障生活必需品供应与市场物价稳定，关心关爱志愿者、社区干部、下沉干部以及孤寡老人、残疾人等特殊群体。

▲ 张力兵到区新型冠状病毒感染的肺炎疫情防控工作领导小组办公室综合联络组、文秘简报组，以及军庄镇东山村、北四村、杨坨社区，龙泉镇水闸西路社区看望慰问防控一线工作人员并检查社区（村）疫情防控工作，到中关村门头沟园江泰保险经纪股份有限公司、北京大源非织造股份有限公司以及附近超市检查疫情防控、商品供应情况。

▲ 区政府召开第四次全体（扩大）会议。会议指出，以“红色门头沟”党建为引领，坚持“四个务必、四个起来”，把疫情防控工作作为当前最重要的大事来抓，同时深刻认识今年工作的新形势，切实增强抓好全年工作的责任感和紧迫感，在做好疫情防控工作的同时确保完成全年各项工作。

▲ 区民政局发布《关于疫情期间婚姻登记工作有关事项的公告》，取消原定于2月2日的婚姻登记业务，2月3日起办理婚姻登记业务实行网上预约。

▲ 区慈善协会接收潭柘寺僧团捐款20万元，专项用于新冠肺炎疫情防控。

2月

1日 全区疫情防控工作会召开，进一步研究调度疫情防控工作。会议要求，切实做好社区防控，加强小旅馆、小宾馆管理，严厉打击哄抬物价行为，充分发挥“接诉即办”促成联防联控、群防群治的作用。

▲ 张力兵到清水镇上清水村、下清水村、燕家台村、镇社区卫生服务中心检查疫情防控工作，并到附近超市查看商品供应情况。要求，属地镇抓住万众一心抗击疫情的契机，深入推进农村环境卫生整治、矛盾化解、历史遗留问题解决等工作，村庄认真落实24小时值守登记机制，社区卫生服务中心认真做好发热门诊筛查等工作。

▲ 付兆庚到区疾控中心检查疫情防控工作，听取区卫生健康委、区疾控中心工作汇报。要求，加大排查、培训、宣传、检查指导力度，扎实做好物资储备与后勤保障。

▲《北京日报》报道，清水镇杜家庄公安检查站站长张树伟春节期间卡口执勤，守护首都西大门。

2日　门头沟区新增1例新冠肺炎确诊病例。患者转入门头沟区医院治疗，2月11日达到出院标准并出院。

▲　全区疫情防控工作会召开，进一步研究调度疫情防控工作。会议指出，当前全区疫情防控工作正科学有序向前推进，党政“一把手”要振奋精神、以身作则，带动党员干部全力以赴投入到抗击疫情的战役中。会议要求，做好下沉干部的思想发动和服务保障、医疗机构管理和医务人员安全防护、出租房屋管理以及确诊病例居住地的服务管理等工作。

▲　付兆庚到门头沟垃圾转运站调研垃圾转运、渗沥液处理工作，听取门头沟区环境卫生服务中心工作汇报并慰问环卫工人。

▲　区委组织部印发《关于在打赢疫情防控阻击战中开展“五看五比”专项行动的通知》。

▲　区应急管理局紧急向镇街调拨救灾帐篷、棉衣等应急保障物资。

3日　门头沟区新增1例新冠肺炎确诊病例，属于西城区首都医科大学附属复兴医院聚集性疫情确诊病例。

▲　全区疫情防控工作会召开，进一步研究部署疫情防控工作。会议强调，全区党员干部，特别是各单位党政“一把手”要认真学习贯彻习近平总书记重要讲话指示精神，将当前疫情防控工作放在重中之重的位置抓紧抓实，做到站位再提高、力度再加强、责任再压实、奉献再争先。

▲　张力兵到斋堂镇东斋堂村、西斋堂村，雁翅镇太子墓村、河南台村看望慰问一线防控工作人员，检查疫情防控工作，并在斋堂大街查看超市、便民菜店商品供应情况。

▲　区政府信访办公室与区政府组成部门信访办公室来访接待场所暂时关闭。区司法局暂停接收申请人当面递交的行政复议申请材料。区档案史志馆对外展览暂停开放，查档接待业务照常进行。

▲　北京市门头沟区律师协会通过“线上线下”相结合的方式在区公共法律服务中心参与法律援助窗口接待。

▲《北京日报》报道，斋堂镇马栏村村支书宋孟杰为降低疫情传播风险，领导村委会为村民代购生活物资。

4日　全区疫情防控工作会召开，进一步研究调度疫情防控工作。会议要求，切实做好社区防控，以及春节假期结束后各行业全面复工的防护工作。

5日　全区疫情防控工作会召开，进一步研究调度疫情防控工作。会议强调，发扬连续作战的作风和“讲奉献、争第一”的门头沟精神，统筹用好下沉干部力量，落实“五全”（全覆盖、全封闭、全参与、全天候、全盯牢）机制，按照“四定”（定人、定岗、定责、定时）要求，把住“两道口”（路口、楼门口），抓紧压实社区防控。会议要求，加强监督检查服务部门防护措施，严厉打击哄抬物价行为，严肃查处销售假口罩等违法行为，同时认真研究、提前谋划全年经济社会发展各项工作。

▲　红色门头沟“千人战疫”行动第一批共1037名机关事业单位抽调干部下沉社区（村）抗击疫情。

▲　门头沟区第一集中隔离医学观察点（位于雁翅中小学素质教育基地）正式启用。

6日　全区疫情防控工作会召开，进一步研究调度疫情防控工作。会议强调，扎实做好社区防控工作，区四套班子成员到镇街进行夜查。会议要求，推动辖区中央和市属单位落实好“四方责任”，引导出现发热现象的群众到发热门诊就诊。

▲　区市场监督管理局通过政务网上办理、证照线下统一邮寄、区域代办代发等方式优化“不见面办政务”流程，在疫情防控期间确保办事群众健康安全。

▲　区文化和旅游局主办的“文化京西”微信公众号发布第一期《抗疫原创专场》，内容包括快板、相声等文艺表演视频。

7日　全区疫情防控工作会召开，进一步研究调度疫情防控工作。会议指出，全区总体疫情防控形势可控、平稳、有序，但工作中的漏洞不足还不同程度存在，要保持时刻应对严峻形势的精气神，查实查细各种漏洞不足，落实落细各项防控措施。

▲　张力兵到大台街道落坡岭社区、清千路总检查点、大台社区，王平镇桥头联合检查点、河北社区看望慰问一线防控工作人员，检查疫情防控工作，并查看附近超市商品供应情况。

8日　全区疫情防控工作会召开，进一步研究调度疫情防控工作。会议要求，继续做好社区防控与工地封闭式管理，规范医护人员、高龄高危病人防护与药店售药登记工作，加强关爱社区和下沉干部，确保京西疫情防控阻击战万无一失。

▲　门头沟区新型冠状病毒感染的肺炎疫情防控工作领导小组办公室印发《关于严防疫情防控工作中形式主义、官僚主义的通知》。

9日　全区疫情防控工作会召开，进一步研究调度疫情防控工作。会议指出，当前疫情防控工作决不能有丝毫松懈，全区上下要提高精气神，全力以赴坚决打赢疫情防控阻击战。

▲　张力兵到妙峰山镇、潭柘寺镇调研疫情防控与基本生活用品供应情况，看望慰问一线工作人员。强调要严格落实“四方责任”，强化基层网格化管理、卡口24小时值守与居家隔离人员管控责任，抓好外来人员排查登记，做好疫情高发地区人员暂缓返京劝导与疫情防控宣传工作。区政协主席张永参加调研。

▲　付兆庚到北京石龙经济开发区管理委员会（区投资促进局）调研检查企业疫情防控和复工复产工作。指出，要按照“管委会+企业+属地政府”要求落实“四方责任”，强化对办公室、食堂等重点点位管理，为中小微企业提供有针对性的支持和帮助并全力以赴做好招商引资工作。

▲　区城市管理综合行政执法局启动全区“三类场所”疫情防控措施监督检查。

10日　全区疫情防控工作会召开，传达学习贯彻习近平总书记在京调研指导新型冠状病毒肺炎疫情防控工作时的重要讲话精神和市委常委会扩大会议精神，进一步研究部署疫情防控工作。会议指出，认真学习、深入贯彻习近平总书记重要讲话精神，深刻认识做好首都疫情防控工作的极端重要性，以实际行动保卫党中央、保卫首都，筑牢京西防控疫情的“铜墙铁壁”。

▲　全区药店实行退烧药、止咳药实名销售，并每日将登记情况报区市场监督管理局。

▲　区司法局、区律师协会发放《防控新型冠状病毒肺炎疫情简明法律知识二十问》等法律宣传材料。

11日　全区疫情防控工作会召开，进一步研究调度疫情防控工作。会议强调，高度重视社区防控和医院防范规范管理的薄弱环节，做好区级隔离观察点、药店实名售药、生活垃圾回收处理、社会面防控等工作，积极开展爱国卫生运动。

▲　区政府在中关村门头沟科技园召开中小微企业发展座谈会，解读《北京市人民政府办公厅关于应对新型冠状病毒感染的肺炎疫情影响促进中小微企业持续健康发展的若干措施》，交流疫情防控期间加大对中小微企业金融支持力度、提供良好营商环境的相关措施。

▲《北京晚报》报道，王平镇南港村村民张建平在疫情防控期间拎起全村“菜篮子”，驾驶自家货车为村民代购蔬菜。

12日　全区疫情防控工作会召开，进一步研究调度疫情防控工作。会议强调，面对大人流返京，防控工作要标准更高、管控更严、力度更大。

▲　张力兵到大峪街道滨河西区社区、霁月园药店、月季园东里社区、月季园东里菜站，永定镇小园一区社区（白庄子村、东辛称村）调研疫情防控工作。要求，健全社区防控体系，持续做好保供稳价工作，保障群众正常生活。

▲　付兆庚调研门头沟区集中医学隔离观察点筹建情况，要求严格按照有关行业规范完善现有设施，细化各项预案，做好服务保障，确保启用使用后各环节高效有序运转。

▲　区司法局印发《关于做好疫情防控期间矛盾纠纷排查化解的工作方案》。

▲　大峪街道在全市率先开展返京人员线上扫码登记。

13日　区委常委会召开会议，学习贯彻习近平总书记在中共中央政治局常务委员会会议上的重要讲话精神，传达市委关于做好疫情防控工作的相关要求，研究门头沟区疫情防控和复工复产工作。会议指出，要把思想和行动统一到习近平总书记重要讲话精神和中央、市委决策部署上来，坚定信心、科学防治、精准施策，毫不松懈地做好大人流返京期间疫情防控工作，坚决打赢疫情防控的人民战争、总体战、阻击战，并在抓好防控的基础上抓好经济工作。

▲　全区疫情防控工作会召开，进一步研究调度疫情防控工作。会议强调，加强返京人员健康监测与新增确诊病例深度分析，引导市民尽量避免聚集、聚餐、聚会，做好养老院、儿童福利院等机构的防控工作。会议要求，积极应对雨雪天气，做好日常生活用品供应和特殊人群服务保障工作。

▲　张力兵到中关村门头沟园夏禾科技有限公司调研疫情防控和复工复产情况。

▲　区科学技术协会组织区有关部门赴河北省涿州市接收20万只口罩。

▲　区市场监督管理局对北京达因仁大药房哄抬口罩价格行为处以50万元罚款。

▲《北京日报》报道，龙泉镇在全镇主要出入口组建44个临时党支部，让党旗在防控疫情斗争第一线高高飘扬。

14日　全区疫情防控工作会召开，进一步研究调度疫情防控工作。会议强调，提高思想认识，增强大局意识、全局意识、战时意识，加强医院感染预防和控制，全区各单位争创“零感染”单位，加大城乡结合部等重点地区防控力度并巩固社区防控机制。

▲ 区市场监督管理局对北京康益友医药有限公司销售侵犯注册商标专用权口罩行为处以25万元罚款。

15日 全区疫情防控工作会召开，进一步研究调度疫情防控工作。会议指出，面对防控工作的新形势，要坚定信心、同舟共济，总结教训补漏洞，做好复工复产疫情防控。

▲ 北京卫视《北京新闻》栏目报道，门头沟区千余基层党组织3万余名党员坚守疫情防控第一线。

16日 全区疫情防控工作会召开，进一步研究调度疫情防控工作。会议强调，进一步巩固全区防控体制机制、防控标准化措施以及监督指导反馈补漏机制。

▲ 门头沟区医院第一批44名新冠肺炎疑似和确诊病例收治病房医务人员下线轮休，并开始持续14天的医学观察。

▲ 门头沟区中医医院开始调配中药预防处方药品，主要供应全区境外及外地返京人员、密切接触者、集中隔离医学观察人员、社区卫生服务中心职工等群体。

▲ 区财政局印发《关于新型冠状病毒感染的肺炎疫情防控经费管理办法》。

17日 全区疫情防控工作会召开，进一步研究调度疫情防控工作。会议强调，坚持疫情防控和复工复产两手抓，做好“三类场所”疫情防控以及“接诉即办”。

▲ 付兆庚到区住建委调研建筑领域开复工工作，听取区住建委、区棚改中心工作汇报，要求在不折不扣做好疫情防控的同时，严格制定开复工有关方案，坚决扛起行业主管部门责任，尽快提高开复工率，确保全区建筑领域平稳、安全、有序开复工。

▲ 全区中小学2019-2020学年度第二学期暂缓开学，学生居家学习。

▲ 人民网报道，大峪街道通过主动送、查、对接等方式，多方联动保障大型商务楼宇、商场、超市平稳复产复工。

▲ 光明网报道，城子街道百余名退伍军人志愿者参加社区卡口值守。

18日 全区疫情防控工作会召开，进一步研究调度疫情防控工作。会议强调，强化医疗机构院感防护管理与镇街巡查，宣传推广“一米线”，保障养老机构、残疾人等群体的物资需要，加强楼宇、企业、工地以及铁路站点的防控管理。

▲ 区委平安门头沟建设领导小组召开2020年第一次全体（扩大）会议。会议强调，加强重点管控，联防联控、依法处置、舆情引导，坚定打好疫情防控阻击战，切实维护辖区和谐稳定。

▲ 区委组织部印发《关于激励广大干部在新冠肺炎疫情防控一线担当作为的若干举措》。

▲《北京日报》报道，潭柘寺镇响应群众疫情防控诉求，制作与发放爱心便民服务卡，用一张卡片串联防疫大局。

▲ 北京卫视《北京新闻》栏目报道，龙泉镇通过村居共建、联防联控方式全力做好疫情防控。

19日 全区疫情防控工作会召开，进一步研究调度疫情防控工作。会议要求，全面落实楼宇防控责任制度，加强租赁中介行业及群租房治理，强化社区防控，做好返京人员服务管理。

▲ 张力兵到清颐敬老院、龙泉医院调研疫情防控工作。强调，关心关爱养老机构和医疗机构入住人员，养老机构工作人员要每日巡查居室，医疗机构要严格落实家属探视制。

▲ 付兆庚到区税务局调研税收组收工作，听取区税务局、区财政局、区石龙管委工作汇报，检查办税服务大厅防疫措施落实情况并慰问一线工作人员。要求，一手抓防疫、一手抓发展，坚持应收尽收、优化服务，努力完成市委市政府部署的工作任务。

▲ 门头沟区政协十届委员会召开第十八次常委会会议，传达学习习近平关于疫情防控工作系列重要讲话精神，审议通过《再接再厉同心协力坚决打赢疫情防控阻击战倡议书》等文件。

▲ 门头沟区新型冠状病毒感染的肺炎疫情防控工作领导小组办公室印发《关于做好门头沟区新型冠状病毒感染的肺炎疫情防控档案工作的通知》，转发《门头沟区关于应对返京人流加强疫情防控工作的实施方案》。

20日 全区疫情防控工作会召开，进一步研究调度疫情防控工作。会议要求，落实在疫情防控期间严格进京管理若干措施和各类行业疫情防控指引，开展新一轮“敲门行动”，保障生活性服务企业和城市运行相关单位的防护物资需求，宣传普及防疫知识，加强对重点场所和相对封闭公共环境的通风消毒工作。

▲ 门头沟区新型冠状病毒感染的肺炎疫情防控工作领导小组办公室转发《门头沟区新冠肺炎病例密切接触者集中隔离工作

方案（试行）》与《门头沟区新型冠状病毒肺炎防控期间“五小场所”整治工作方案》。

▲ 区纪委、区监委启动返京复工复产人员防疫风险防控专项监督检查。

21 日 全区疫情防控工作会召开，进一步研究调度疫情防控工作。会议强调，要按照坚定信心、同舟共济、科学防治、精准施策的总要求，切实履行主体责任，强化纪律要求，全面落实疫情防控期间严格进京管理若干措施，落实最严格的岗位责任制，严格执行复工复产疫情防控相关指引，关心关爱防疫一线医务工作者。

▲ 张力兵到区文化体育中心、石龙路一标段施工工地调研重点项目疫情防控与复工情况。强调，落实好施工人员的疫情防控轨迹查询与点对点运输工作，健全施工人员宿舍防控制度。

▲ 付兆庚到京煤集团总医院、门头沟区医院检查医疗机构疫情防控工作并慰问一线医护人员。要求，从进入医院开始做到全过程管理，引导患者主动配合落实疫情防控各项措施，并在此基础上满足好地区群众的基本医疗需求。

▲ 门头沟区新型冠状病毒感染的肺炎疫情防控工作领导小组企业园区组更名为复工复产防控组。

▲ 门头沟区体育文化中心建设工程复工，成为门头沟区疫情发生以来最早复工的施工工地。

▲ 人民网报道，城子街道通过明晰职责、查漏补缺、区域联动、死盯死守的方式筑起坚强的防疫堡垒。

▲《北京日报》报道，门头沟区妙峰山民族学校外教 Mervyn 与门头沟区育园小学外教 Marshie 通过网络向武汉送祝福。

▲《京西时报》报道，截至 2 月 16 日，中关村科技园门头沟园已开工企业 106 家，占园区内实地经营企业总数的 37%，复工人员 874 人，占总人数的 11%。

23 日 全区疫情防控工作会召开，进一步研究部署疫情防控工作。会议指出，疫情防控工作到了最吃劲的关键阶段，要认真学习领会，深入贯彻落实习近平总书记在统筹推进新冠肺炎疫情防控和经济社会发展工作部署会议上的重要讲话精神，坚决抓好外防输入、内防扩散两大环节，毫不放松抓紧抓实抓细防控工作，统筹做好经济社会发展各项工作。会议强调，切实加强商务楼宇防疫管理与返京人口管理，发挥好市民群众的监督作用，并按照“动静结合、条块结合、长效与补漏结合”工作要求，深入分析当前存在的问题，严格压实各方责任，打好京西疫情防控阻击战。

24 日 张力兵到创新大厦、利德衡大厦调研商务楼宇疫情防控与复工复产情况。指出，落实“四楼长六账两书一证八查”管理机制（“四楼长”由区城管执法局、区卫生健康委、属地镇街、企业等 4 家单位人员分别组成；“六账”包括产权及物业责任台账、属地责任台账、楼宇运行保障责任台账、监督检查责任台账、楼宇内企业商户责任台账、楼宇实址办公人员责任台账；“两书”包括疫情防控责任书与实址办公人员防疫承诺书；“一证”指楼宇内实址办公人员出入证；“八查”包括查门帘摘除、查指引张贴、查进门测温、查实址办公人员实名制出入证、查外来人员登记本、查商务楼宇指引实际落实情况、查防疫控制责任书（含属地与楼宇、楼宇与商户两级责任书）、查实址办公人员签字的防疫承诺书），做好企业职工错峰上下班、办公“一米线”及企业人员返京健康监测工作。

▲ 付兆庚调研医疗机构疫情防控工作，实地检查区妇幼保健院，并在区卫生健康委主持召开医疗机构疫情防控工作专题视频会。付兆庚向奋战在一线的医务工作人员表示慰问和敬意，强调，清醒认识疫情形势，进一步提高政治站位，进一步加强领导，坚持问题导向加大督导检查力度，关心关爱医务人员，为复工复产提供医疗保障。

▲ 区司法局发布《关于做好疫情期间中小微企业法律服务工作的通知》。

25 日 门头沟区召开统筹推进新冠肺炎疫情防控和经济社会发展工作部署会议，深入学习贯彻习近平总书记在统筹推进新冠肺炎疫情防控和经济社会发展工作部署会议上的讲话精神，北京市统筹推进新冠肺炎疫情防控和经济社会发展工作部署会议精神，并对门头沟区疫情防控和经济社会发展工作进行再动员再部署。会议指出，要做好防控工作“三个决不”，即：思想决不麻痹，坚决做到“两高一强”（政治站位高、政治敏感度高，政治执行能力强）；落实决不松动，做好“三看”工作（“仰头看”，对标对表抓落地；“低头看”，抓实抓细抓落地；“回头看”，严督实导抓落地）；不获全胜决不收兵，坚决服从党中央指挥。

▲ 中央电视台新闻频道《朝闻天下》栏目报道，北京支援湖北医疗队队员刘宇航与其母斋堂镇社区卫生服务中心疾控科主

任刘德芬、其父383路公交车司机刘正延在不同岗位抗击疫情的事迹。

26日　全区疫情防控工作会召开，进一步研究调度疫情防控工作。会议强调，开展“两个大排查”（对全区范围内的中央、市属单位、部队及家属院等单位开展新一轮“敲门行动”，对全区所有单位的物业、后勤开展防疫大排查），依法依规处置疫情防控纠纷，严防境外疫情输入风险，保持社区防控力度不减并合理安排社区干部轮休。

▲　门头沟区4名疫情防控人员宣誓加入中国共产党，成为疫情防控期间门头沟区第一批火线入党的同志。

27日　全区疫情防控工作会召开，传达市委常委会会议精神，进一步研究部署疫情防控工作。会议强调，确保中央对首都联防联控工作提出的各项要求贯彻落实到位，严格人员管理，严防死守门头沟区各进京入口，紧盯责任落实，并做好单位下沉人员服务保障工作。

▲　付兆庚主持召开“三类场所”疫情防控工作专题会。

28日　全区疫情防控工作会召开，进一步研究调度疫情防控工作。会议要求，继续开展“敲门行动”，精准开展社区防控，抓好辖区机关企事业单位保洁、保安、物业、食堂、维修维护等后勤物业工作人员健康筛查和封闭式管理，捋顺进京检查站和进京路口把控流程，按照“五个亲自”（对涉疫及水电气热等重点民生诉求主要负责同志亲自谋划、亲自组织、亲自申诉、亲自督查、亲自征求反馈意见）要求做好“接诉即办”。

▲　区委组织部组成6支考察组，到13个镇街，以及区卫生健康委、区民政局、区住建委、区城市管理委、区农业农村局、区商务局、区文化和旅游局、区市场监管局、区城管执法局等9个疫情防控重点部门考察领导班子、领导干部和党员干部在疫情防控的表现情况。

▲　门头沟区妇联向全区广大妇女同胞发布题为《关于进一步动员全区广大妇女、家庭、巾帼志愿者，下沉村居女党员、女干部奉献巾帼之力　守护美丽家园为最终打赢疫情防控阻击战贡献半边天力量》的倡议书。

29日　《北京日报》报道，清水镇下清水村一支由退伍军人组成的“抗疫小分队”投身疫情防控。

3月

2日　全区疫情防控工作会召开，传达市委常委会会议精神，进一步研究部署疫情防控工作。会议指出，要学习贯彻习近平总书记在北京考察新冠肺炎防控科研攻关工作时的重要讲话精神，充分认识到首都疫情防控工作事关全局、责任重大，决不能有任何闪失。会议强调，坚持社区防控不松劲，抓实抓细联防联控各项工作；坚持外防输入、内防扩散、严防境外疫情倒灌，筑牢首都安全防线。

▲　张力兵主持召开全区口罩调配工作专题会议，以及全区机关事业单位尚在湖北省未返京人员有关工作专题研究调度会。

▲　中国民主建国会北京市门头沟区工作委员会会员李志辉收到国务院应对新型冠状病毒肺炎疫情联防联控机制（医疗物资保障组）发出的感谢信，信中对李志辉在医用口罩原材料保障工作中做出的贡献表达诚挚感谢。

3日　门头沟区新型冠状病毒感染的肺炎疫情防控工作领导小组印发《关于进一步加强驻区单位与属地镇街联防联控共同做好疫情防控工作的通知》。门头沟区新型冠状病毒感染的肺炎疫情防控工作领导小组办公室印发《关于加强对各单位保洁、保安、物业、食堂、维修维护等后勤物业工作人员防控新冠肺炎疫情工作的通知》。

▲《北京日报》报道，永定河龙泉镇龙泉务村巡逻段组长张洪贵与巡河志愿者们构筑起河岸抗疫防线。

4日　全区疫情防控工作会召开，传达市委常委会会议精神，进一步研究部署疫情防控工作。会议要求，严防境外疫情倒灌，加快推进“北京健康宝”应用，加大进京公路检查站排查力度，做好“接诉即办”以及辖区医院和驻区部队疫情防控工作。

▲　门头沟区新型冠状病毒感染的肺炎疫情防控工作领导小组办公室印发《关于做好新冠肺炎疫情防控捐赠款物接收管理使用的通知》。

▲　中共北京市门头沟区第十二届纪律检查委员会召开第七次全体会议。会议强调，强化政治监督，确保疫情防控和复工复产部署推进到哪里，监督检查就跟进到哪里。

▲　门头沟区首位新冠肺炎康复者在北京佑安医院采血车自愿捐献血浆200毫升。

5日　全区疫情防控工作会召开，进一步研究调度疫情防控工作。会议要求，严密防范境外输入风险，持续做好疫情防控宣传，扎实做好院感防控工作。

▲《北京晚报》报道，永定镇小园一区社区居委会通过与房主、租户签协议并配备包楼干部的方式管理服务返京居家观察租户，守住回迁小区抗疫防线。

6日　区纪委、区监委启动防疫物资调拨专项监督检查。

9日　全区疫情防控工作会召开，进一步研究调度疫情防控工作。会议要求，把严防境外疫情输入作为重中之重，继续抓好外防输入、内防扩散两大环节。

▲　区纪委、区监委启动基层填报表格问题相关工作专项监督检查，杜绝“表格抗疫”。

10日　全区疫情防控工作会召开，进一步研究调度疫情防控工作。会议要求，严防境外疫情输入，严格落实社区防控，持续抓好复工复产防疫工作，高度重视疫情防控期间安全生产工作。

▲　门头沟区首批参加“千人战疫机场专班”的33名干部在首都机场入境人员集散点上岗，承担入境人员转接工作。

11日　全区疫情防控工作会召开，进一步研究调度疫情防控工作。会议要求，外防输入、内防扩散一刻都不能放松，精准有序推动复工复产。

▲　第一批境外返京人员入住门头沟区第一集中隔离医学观察点。

▲　中关村门头沟科技园的北京英田影视文化股份有限公司原创抗“疫”MV《新英雄儿女》被国家广播电视总局列入“精彩短视频，礼赞新中国”主题宣传项目。

13日　全区疫情防控工作会召开，进一步研究调度疫情防控工作。会议强调，坚持内外防控一起抓，进一步强化社区防控措施，严格落实境外返区人员居家隔离措施，做好集中隔离点改造，通过侨商协会等组织向门头沟区在外侨胞宣讲国内防疫政策。会议要求，坚持日常社会化精细治理与重点防控相结合，全面做好“接诉即办”。

14日　位于龙泉宾馆的门头沟区境外人员回京集中隔离医学观察点启用。

16日　全区疫情防控工作会召开，进一步研究调度疫情防控工作。会议要求，加强居家观察、隔离人员服务管理以及集中隔离点管理，做好对境外人员及家属的政策解释和防疫指导。

17日　全区疫情防控工作会召开，进一步研究调度疫情防控工作。会议强调，进一步强化境外回区人员居家隔离观察，并以中办国办复工复产调研工作组入驻北京为契机，在全力做好防疫前提下，积极推进快递、工地等有序复工复产。会议要求，将“接诉即办”作为常态工作，高效快速处置涉疫诉求，切实提高办理质量和满意率。

▲　门头沟区新型冠状病毒感染的肺炎疫情防控工作领导小组办公室印发《关于做好境外人员来（返）区接转和管控工作方案》。

18日　区司法局永定司法所与北京市沐林教育矫治所执行门头沟区首例疫情防控期间外省籍留区暂住刑满释放人员无缝对接。

▲　北京量子金舟无纺技术有限公司收到国务院应对新型冠状病毒肺炎疫情联防联控机制（医疗物资保障组）发出的感谢信，信中对公司在医用口罩原材料保障工作中做出的贡献表达诚挚感谢。

19日　全区疫情防控工作会召开，传达市委常委会会议精神，进一步研究部署疫情防控工作。会议指出，要学习贯彻习近平总书记在中共中央政治局常务委员会会议上的重要讲话精神，在抓好疫情防控的前提下，提高复工复产效率，统筹推进经济社会发展各项工作。会议强调，严格执行境外进京人员集中医学观察14天的措施，严格对从第三地入境返京散客的管理，继续织密织牢社区防控网络，积极有序推进企事业单位复工复产，抓好清明祭扫责任落实。

▲　区住建委开始为51个物业企业、81个物业项目发放口罩、防护服等防疫物资。

▲　北斗星酒店（北京门头沟店）开始承接新国展转运专班人员集中住宿保障任务。

20日　全区疫情防控工作会召开，进一步研究调度疫情防控工作。会议要求，坚守严防境外输入病例引发本地感染的底线，关心关爱社区防控一线工作人员。

▲　区政府召开复工复产工作专题会。

▲《北京日报》报道，门头沟区城市管理指挥中心网格巡查队队长张玉斌针对疫情防控期间收废品人员锐减导致居民垃圾回收难问题，未诉先办，带队消纳近6万斤垃圾。

▲　区委统战部主办的“门头沟统一战线”微信公众号发布第一期《战“疫”有我》，讲述统一战线的抗疫故事。

21日　门头沟区2020年清明祭扫工作启动，全区殡葬服务机构通过网上预约、人车分流等措施防控疫情。

22日　区委组织部主办的“红色门头沟”微信公众号发布第一期《门头沟区“千人战疫”二三事》，记录下沉干部的战疫心语。

23日　全区疫情防控工作会召开，进一步研究调度疫情防控工作。会议强调，进一步加强疫情防控、有序推动复工复产，做好物资配备和服务保障工作。

▲ 门头沟区医院暂停收治新冠肺炎病例，全面恢复日常医疗服务。

▲ 区财政局印发《关于做好新冠肺炎疫情防控资金预算绩效管理工作的通知》。

▲ 城子街道试用“社区盾”，开启科技防疫新模式。

▲《北京日报》报道，门头沟3千余名教师“兼职”心理调节师，关注疫情防控期间学生身心健康。

24日　全区疫情防控工作会召开，进一步研究调度疫情防控工作。会议指出，当前疫情形势依然复杂严峻，零星散发病例和局部暴发疫情的风险仍然存在，要保持清醒头脑，决不能放松各项防控措施。会议强调，提升集中观察点的服务管理水平，各镇街把居家观察的境外回区人员健康管理作为当前第一要务并着手做好滞留湖北人员返京工作，积极有序推进复工复产，集中整治公共卫生环境。

▲ 张力兵到北京精雕科技集团调研企业复工复产情况并主持召开座谈会。指出，围绕企业在疫情防控期间面临的融资信贷、人员通勤、劳资纠纷等问题主动对接、积极服务、全力支持。

25日　付兆庚到龙泉宾馆检查境外来（返）区人员集中观察点管理工作，强调提高政治站位，将疫情防控措施落实到位，关心关爱境外返京人员，并积极总结工作经验，为持续打好疫情阻击战打下坚实基础。

▲ 门头沟区新型冠状病毒感染的肺炎疫情防控工作领导小组办公室转发《门头沟区在鄂人员返京转运和隔离工作方案》。

▲ 门头沟区在北京西站“点对点”接送首批8名滞留湖北的返区人员。

▲ 区法院召开线上新闻发布会，发布《关于辖区企业应对疫情防控相关法律问题的指导手册》。

26日　全区疫情防控工作会召开，进一步研究调度疫情防控工作。会议强调，对现有居家观察的境外回区人员全面进行核酸检测，扎实做好滞留湖北返区人员的服务管理，加强对社区工作者和下沉干部的关心关爱，在全区开展创城爱国卫生月行动。

27日　门头沟区第一集中隔离医学观察点接收第一批离鄂来（返）区人员。

▲ 门头沟区开展以“防疫有我　爱卫同行　勠力创城”为主题的第32个爱国卫生月启动日暨爱国卫生运动高潮日活动，组织“门头沟热心人”在严格遵守防疫措施前提下进行卫生大扫除。

▲ 区人民法院宣判张某某谎称售卖口罩骗取他人钱财案，以诈骗罪判处被告人有期徒刑1年，罚金2万元。

28日　龙湖长安天街购物中心恢复正常营业时间。

29日《北京日报》报道，大峪街道德露苑社区党委书记孙云鹏在社区推行疫情防控电子出入证。

30日　全区疫情防控工作会召开，进一步研究调度疫情防控工作。会议指出，要从应急防控转向常态化防控，“防”和“控”两手都要抓好，加快推进符合防控要求的“七小”行业（小餐馆、小旅馆、小网吧、小浴室、小歌舞厅、便民店和房屋中介）复工复产。会议强调，清明祭扫防控要坚持管理、态度严格、服务井然有序。会议要求，恢复镇街党（工）委书记月度工作点评会与创城工作点评会。

▲《北京日报》报道，门头沟区文化创意产业促进中心孙华及其妻张庆庆、其父孙德良在不同岗位共同奋战在抗疫一线。

31日　全区疫情防控工作会召开，进一步研究调度疫情防控工作。会议强调，社区管理人员和被隔离人员要互帮互助，坚持提醒广大市民戴口罩，不聚集、不聚餐，加强对出境旅游劝阻工作。会议要求，以爱国卫生月活动为契机掀起群众参与创城活动的高潮，统筹做好春季传染病防控宣传，严厉打击野生动物违规交易行为。

▲ 区司法局印发《关于做好“因疫受损”群体矛盾纠纷和突出问题排查化解工作的通知》。

▲ 2019年至2020年采暖期结束，较法定结束日期延长16天，改善了新冠肺炎疫情防控期间的市民居家生活条件。

4月

1日　区委召开议事协调机构工作汇报会。会议指出，坚决落实中央、市委关于做好疫情防控和复工复产工作的指示要求，把时间追回来、把进度补回来、把损失抢回来，继续以战如风发、攻如河决之势做好各项重点工作，并坚决守住不发生重大生产安全事故、不发生内部聚集性感染两条底线。

2日《北京日报》报道，门头沟区疾病预防控制中心微生物检验科科长刘海涛和科室8名同事勇于承担病毒核酸检测工作。

3日 全区疫情防控工作会召开，进一步研究调度疫情防控工作。会议强调，全面加强对集中隔离人员、居家观察人员以及发热门诊就诊人员的监测检查和管理工作，妥善有序做好滞留在鄂人员返区工作，积极有序推动复工复产。

6日《中国教育报》报道，门头沟区教师为家长在抗疫一线的学生当兼职“父母”，学生通过争当家庭防疫“监督员”的方式与家人共同抗击疫情。

▲《北京晚报》报道，门头沟区公安分局永定派出所民警王海宾在疫情防控期间积极稳定居民情绪、化解社区矛盾。

7日 区红十字会向门头沟区滞留在29个国家的220名海外侨胞邮寄“防疫爱心包”。

▲《北京日报》报道，雁翅镇河南台村残疾人王久相参加卡口值守、防疫宣传、公共场所消毒，成为防疫一线的“独臂战士”。

8日 全区疫情防控工作会召开，进一步研究调度疫情防控工作。会议要求，继续做好在鄂人员返京工作，积极有序推动复工复产，统筹规划公园与景区的开放方案和管理制度。

▲ 门头沟区第一批武汉集中来（返）区人员入住龙泉宾馆集中隔离医学观察。

9日 门头沟区新型冠状病毒感染的肺炎疫情防控工作领导小组办公室转发《门头沟区滞留武汉人员返京转运和隔离工作方案》。

▲ 门头沟区启动湖北来（返）京人员核酸检测工作，优先对即将解除14天隔离观察期的人员进行检测。

▲《北京晚报》报道，东辛房街道石门营五区社区党委书记于秀银通过建立健全台账的方式领导社区防疫。

10日 全区疫情防控工作会召开，进一步研究调度疫情防控工作。会议要求，毫不松懈抓好社区常态化防控，科学管理公园与景区游览、室外健身等活动，进一步扩大核酸检测和血清抗体检测范围，对标市级复工复产标准加快推进生产生活秩序全面恢复。

11日 龙泉宾馆集中医学观察点境外返京集中医学观察人员清零。

▲《北京晚报》报道，北京景山学校门头沟校区高中部项目施工工地坚持防疫与复工“两手抓”。

13日 张力兵主持召开门头沟区医工智能大健康产业发展带规划专题会。

▲ 付兆庚到中关村门头沟园走访3家企业，调研企业疫情防控和复工复产情况，强调按要求减免企业相关费用，及时解决企业面临的困难。

▲ 门头沟区中小学生启动线上学科教学，结束此前以学生自主学习、自主管理为主的居家学习方式。

▲《北京日报》报道，门头沟区医院感染性疾病科（发热门诊）主任赵越和同事们通过勤记笔记的方式，更好坚守在疫情防控前线。

16日 门头沟区召开决战“全国文明城区提名”百日冲刺动员大会，提出在持续抓好疫情常态化防控的同时，统筹力量抓“创城”攻坚。

▲ 区政府召开一季度经济形势分析会。会议要求，重点抓防控、抓财源、抓投资、抓消费、抓政策落地。

▲ 门头沟区医院、京煤集团总医院被指定为新冠病毒核酸样本采样定点医疗机构。

▲ 区司法局与北京市监狱管理局清河分局前进监狱办理门头沟区首例疫情防控期间假释类社区矫正对象面对面移交。

17日 全区疫情防控工作会召开，进一步研究调度疫情防控工作。会议强调，毫不松懈抓好社区常态化防控，细之又细、严之又严做好初三与高三年级开学准备工作，同时做好“五一”假期消费引导，按照最新版楼宇商场、“七小场所”经营防控指引推进复工复产。

▲《北京晚报》报道，门头沟区清水学校采取“一人一策”帮助山区学生解决线上学习困难，确保深山复课一个都不少。

18日 区领导带头参加“防疫有我 爱卫同行 勠力创城”爱国卫生月大扫除活动。

20日 张力兵到北京东西分析仪器有限公司调研Ebio ReaderTM 3700全自动飞行时间质谱系统研发生产情况，并参加座谈会推进该产品用于疫情检测。

▲ 区政府召开复工复产工作研究调度会。会议强调，提高站位，高度重视，做好疫情防控和复工复产“两手抓”；精准施策，化危为机，切实增强危机感紧迫感，千方百计推进复工复产，加快恢复生产生活秩序；压实责任，严密防控，全力防范各类生产安全事故发生，确保社会大局稳定。

21日 全区疫情防控工作会召开，进一步研究调度疫情防控工作。会议要求，坚持“外防输入，内防反弹”的防控策略，进一步巩固当前疫情防控向好态势，持续推动复工复产，加快推进生产生活秩序全面恢复。

▲ 付兆庚到北京市大峪中学调研指导初三、高三年级试开学准备及疫情防控工作，听取区教委关于全区学校开学准备及疫情防控工作总体情况的汇报。要求，提高政治站位，坚决按照市委、市政府及市教育部门部署落实好疫情防控措施，以防院感的标准防“校感”，进一步增强学生及家长的责任意识，并做好各项后勤保障工作。

▲ 门头沟政务综合预约平台上线，区、镇（街）两级政务大厅的1700余项政务服务事项全部实现网上预约服务。这是北京市首家“政务预约大综窗”。

22日 张力兵到北京市大峪中学、北京市第八中学永定实验学校调研2020年春季学期试开学准备及疫情防控情况。

23日 区委常委、副区长庆兆珅出席北京市新型冠状病毒肺炎疫情防控工作第89场新闻发布会，介绍门头沟区开展爱国卫生运动的情况。

24日 全区疫情防控工作会召开，进一步研究调度疫情防控工作。会议强调，加快提升核酸检测能力，抓实抓细“五一”期间防控工作，持续落实社区（村）封闭式管理，全面推进复工复产，加强外籍人员服务管理。

▲ 门头沟区召开招商引资大会暨季度经济工作会，总结全区一季度经济工作，发布《门头沟区进一步构建高精尖产业结构促进高质量绿色发展的若干措施》。

27日 付兆庚主持召开保持中小微企业平稳发展专题会。

▲ 门头沟区815名高三学生复课。

▲ 潭柘寺、戒台寺景区部分有序开放。

▲ 区总工会职工服务中心向弗莱共创（北京）科技发展有限公司发放门头沟区首份首都职工创业免息贷款40万元，以缓解企业受疫情影响导致的创业运营资金不足问题。

28日 全区疫情防控工作会召开，进一步研究调度疫情防控工作。会议强调，坚决落实“三防”（防松劲、防漏洞、防反弹）、“四早”（早发现、早报告、早隔离、早治疗）、“九严格”（严格社区封闭式管理和健康监测；严格公共交通和公共场所体温监测；严格境外入京人员全部集中观察和核酸检测；严格发热就诊人员等高风险人员管控；严格对出院复阳者和无症状感染者筛查与治疗；严格中高风险地区来京人员全部集中观察；严格落实应检尽检、愿检尽检；严格落实“四方责任”，坚持单位和个人健康监测报告制度；严格个人卫生管理，提倡勤洗手、常通风、戴口罩、不聚集等健康行为），抓实抓细全区疫情防控工作，保持防控形势总体趋好稳定，推进全面复工复产和经济社会秩序恢复。

▲ 门头沟区十六届人大常委会召开第二十七次会议。会议强调，坚定工作目标，做到疫情防控和人大工作“两手抓两促进”；强化法治保障，将法治贯穿疫情防控全过程；强化监督推进，依法促进疫情防控工作的落实和“绿水青山门头沟”建设。

▲ 区政府办公室印发《门头沟区2020年就业工作重点任务分工实施方案》。

29日 全区疫情防控工作会召开，进一步研究调度疫情防控工作。会议要求，认真落实应急响应级别调整后相关防控策略的调整工作，持续做好社区常态化防控与“接诉即办”，确保全国“两会”顺利召开。

30日 北京突发公共卫生事件响应机制调整至二级。

▲ 团区委与北京农商银行门头沟支行联合举办“红色京西薪火相传，守护家园战‘疫’有我”纪念“五四运动”101周年线上主题活动。

5月

6日 付兆庚到区财政局调研，听取工作汇报，强调，牢固树立过“紧日子”的思想，合理安排支出，优化土地入市计划，积极涵养税源，确保完成各项任务。

8日 全区疫情防控工作会召开，进一步研究调度疫情防控工作。会议要求，认真评估“五一”假期防控效果，不断完善常态化防控措施，全面推动复工复产复商复市复学复游，用好“四早”应对疫情防控和全国“两会”两项“大考”。

▲ 张力兵，区人大常委会主任陈国才，付兆庚到北京市大峪中学调研初三年级试开学准备及疫情防控工作，到东辛房街道石门营四区调研垃圾分类、物业管理及疫情防控工作。

▲《京西时报》报道，5月1日至5日，门头沟区3家重点景区和5个重点镇共接待游客5.54万人，旅游接待收入420.48万元。已开业的民宿、民俗旅游经营户、乡村旅游特色业态等经营单位共接待游客6774人次，总收入170.1万元。

▲ 永定河文化博物馆有序

开放。

9日 区卫生健康委评选表彰83名卫生健康系统“最美护士”。

▲ 门头沟区处级“一把手”政治能力提升专题研修班“云端课堂”开班。研修班采用在线直播形式，利用周末时间“每周一讲”，持续至7月18日。

10日 妙峰山景区恢复开放。

11日 门头沟区1280名初三学生复课。

12日 全区疫情防控工作会召开，进一步研究调度疫情防控工作。会议要求，加强对中高风险地区人员流动的管控，落实复学复课中的家长责任，持续做好医院院感防控，“接诉即办”要做到防疫和其他事项两手抓。

14日 区政府印发《门头沟区应对新冠肺炎疫情影响减免中小微企业房租成本的若干措施》与《门头沟区落实〈进一步支持中小微企业应对疫情影响保持平稳发展若干措施〉实施细则》，符合政策范围的企业可申请减免补贴2020年2月至4月房租。

▲ 区政府信访办公室来访接待场所恢复接待。

17日 区委、区政府联合北京日报社，在手机购物APP“拼多多”推出“逛潭柘戒台 赏京西山水 尝鲜门头沟大樱桃”网络直播，帮助村民销售农产品并缓解疫情对区文旅产业的影响。累计198.3万人观看直播，带动该平台的门头沟区农产品日销量环比增长3.1倍。庆兆珅以嘉宾身份参加直播，并成为北京市第一位参加直播带货活动的区级领导。

18日 区政府、区政协召开2020年第一季度区情通报会，付兆庚通报第一季度重点工作及疫情防控情况，并希望政协委员与全区人民共同开创“稳疫情、强经济”新局面。

19日 全区疫情防控工作会召开，进一步研究调度疫情防控工作。会议指出，常态化疫情防控与全国“两会”安保维稳要“双确保”，与复工复产复学复课复市复游要“双促进”，与创城、人居环境整治要“双提升”，与北京市“两个条例”（《北京市生活垃圾管理条例》与《北京市物业管理条例》）实施要“双深入”，与安全生产、防火、河长制要“双落实”，与领导干部坚守岗位、下沉干部坚守一线要“双保障”。

20日 区新型冠状病毒感染的肺炎疫情防控工作领导小组办公室印发《关于做好我区机关事业单位及各类办公场所空调通风系统管理使用的通知》。

▲ 区政府办公室发布，一季度，门头沟区地方级收入完成15.60亿元，同比下降7.2%；区级收入完成10.18亿元，同比增长26.3%。

▲ 门头沟区图书馆适度有序开馆。

21日 全区疫情防控工作会召开，进一步研究调度疫情防控工作。会议要求，将社会面稳定和社区防控紧密结合，持续抓好社区与院感防控，加强建筑、外卖、快递、洗衣等行业防疫管理，引导市民科学佩戴口罩与正确使用空调。

▲ 区教委为全区高三、初三年级学生和教职员工配发3344支智能体温计，师生每日午检、晚检时各佩戴约10分钟即可自动完成体温测量、记录、汇总、上报等流程。

22日 《京西时报》报道，中关村门头沟科技园的北京他山科技有限公司研发出一套非接触式人机交互系统，并推出基于这套系统的非接触式电梯悬停按钮、非接触式饮水机等产品。

25日 张力兵主持召开全国“两会”期间门头沟区疫情防控和服务保障工作研究调度会。

26日 付兆庚主持召开全区基础教育学生返校及幼儿园复园工作专题会。

28日 区政府办公室转发《2020年门头沟区促进消费提档升级工作要点》，作出完善促进消费体制机制、推动服务消费快速增长、促进商品消费稳定增长、推动商品消费和服务消费融合发展等四项部署。

29日 张力兵、陈国才到北京市门头沟区大峪第二小学、育园小学附属幼儿园调研小学、幼儿园开学准备及疫情防控工作。强调，校园安全是疫情防控的重中之重，要压实“四方责任”，建立全覆盖无遗漏的健康管理机制，推进线上线下教学互动融合。

6月

1日 门头沟区6500余名初一、初二、高一、高二与小学六年级学生复课。

5日 全区疫情防控工作会召开，进一步研究调度疫情防控工作。会议强调，按照“重视程度不能降、工作标准不能降”的要求持续抓好各项常态化防控措施，按照“时间过半，任务过半”的要求全面推进复工复产复商复市并加大招商引资力度。

▲ 区档案史志馆在《京西时报》第4版以《图说疫情防控实物档案》为题，首次公开展示征集的部分疫情防控实物档案

相片。

6日 北京突发公共卫生事件响应机制调整至三级。

▲ 北京消费季之嗨购（High Go）门头沟主题活动启动，付兆庚参加启动仪式并致开幕辞。活动通过“政府搭台、企业唱戏、全民参与”模式，推动复商复市、复工复产，缓解疫情对经济发展的影响。承办启动活动的龙湖长安天街购物中心，除KTV和电影院以外的145家商铺全部复工营业。

8日 门头沟区3800余名小学四、五年级学生复课。

11日 门头沟区266名幼儿园大班幼儿复课。

12日 全区疫情防控工作会召开，进一步研究部署疫情防控工作。会议指出，北京市出现新增确诊病例给我们敲响了警钟，全区进入临战状态，严格按照“三级响应、二级防控”要求落实“四方责任”，坚持“外防输入、内防反弹”不放松，做到“三防”“四早”“九严格”。会议强调，瞄准新发地批发市场，连夜开展“敲门行动”和大摸排，加强就诊、购药人员筛查，医疗机构以最高标准严防院感；做好市场保供与舆论引导，确保食品供应与社会稳定。

▲ 付兆庚主持召开全区疫情防控工作专题会，研究调度人员密集场所检测、医疗机构管理、市场商品供应、防疫物资保障、人员排查等工作。

▲《北京晚报》报道，龙泉镇龙泉雾村的香白杏基地受疫情影响，白杏销量比往年同期减少近三成。

13日 区新型冠状病毒感染的肺炎疫情防控工作领导小组办公室印发《关于进一步做好我区疫情防控工作的通知》。

▲ 区市场监督管理局启动针对从新发地批发市场流出的海鲜、肉类、豆制品等商品的专项检查。

14日 为应对新发地批发市场暂时休市的影响，双峪农副产品批发市场每日从大洋路、锦绣大地批发市场采购近20万吨果蔬，鑫源市场从蔬菜基地直采直销。

15日 门头沟区永定镇报告2例新冠肺炎确诊病例，打破门头沟区此前连续133天无本地报告新增确诊病例的记录。

▲ 全区疫情防控工作会召开，进一步研究调度疫情防控工作。会议强调，以最高的政治敏感性、最快速的反应、最强有力的措施、最精准的工作方法应对当前疫情严峻形势，并以最严的督查问责促进工作再提升。

▲ 市委领导到北京双峪农副产品批发市场调研检查疫情防控工作与肉菜供应情况。

▲ 张力兵、付兆庚到鑫源市场调研检查疫情防控工作与蔬菜供应情况，到永定镇合景•领汇长安项目工地检查工地封闭式管理与人员隔离、环境消杀工作。

16日 北京突发公共卫生事件响应机制调整至二级。

▲ 门头沟区永定（地区）镇升级为中风险地区。

▲ 全区疫情防控工作会召开，进一步研究部署疫情防控工作。会议指出，全区启动战时状态，采取最坚决、最果断、最严格的措施，做到应查尽查、应检尽检、应隔尽隔、应收尽收。会议强调，科学安排核酸筛查检测，筹备扩大检测能力建设，做好工地人员健康监测与隔离管理、市场保供稳价、疫情信息发布、居家观察人员服务与“接诉即办”工作。

▲ 市住房城乡建设委领导到永定镇合景•领汇长安项目工地、永定镇中骏置业项目工地调研疫情防控、复工复产、防汛与安全生产工作。

▲ 门头沟区户外核酸采集点在龙泉镇京浪岛启用。

▲ 龙泉宾馆集中医学观察点开始接收新型冠状病毒肺炎病例密切接触者。

17日 全区疫情防控工作会召开，进一步研究部署疫情防控工作。会议指出，把疫情防控作为当前最重要、最紧迫的任务，确保人民群众身体健康和生命安全。会议强调，以最高的政治敏感性应对严峻形势，以最快速的反应遏制疫情蔓延，以最强有力的措施排查消除潜在风险，以最精准的方法加强重点管控，以最统筹的协同推动各领域防控和经济社会发展，以最严格的督查问责严肃纪律。会议要求，高标准做好流调工作，细化核酸检测方案，完善防控机构和机制，全力以赴打好京西防疫阻击战和保卫战。

▲ 海淀区疾控中心报告门头沟区永定镇永兴嘉园商城1人新冠病毒核酸检测呈阳性。永兴嘉园商城封闭。

▲ 全区中小学、幼儿园学生停止到校，改为居家线上学习。

18日 全区疫情防控工作会召开，进一步研究调度疫情防控工作。会议强调，统筹安排核酸检测，认真学习突发疫情快速响应处置工作机制，持续加强院感防控。

▲ 付兆庚到永定镇调研疫情防控工作，听取镇政府工作汇报，到Plus365购物中心检查防

疫措施落实情况、超市商品供应情况与商户租金减免政策落实情况。强调，永定镇要充分认识疫情防控工作面临的严峻形势，把抓好核酸检测作为当前工作的重中之重，统筹做好“接诉即办”与商户排查管控，协调各方面力量全面做好疫情防控工作。

19日 全区疫情防控工作会召开，进一步研究调度疫情防控工作。会议要求，对重点人员开展新一轮“敲门行动”并组织第二次核酸检测，排查销毁涉新发地批发市场货物，抓好对第三方检测机构的监督，加快二级医院核酸检测能力建设。

▲ 区新型冠状病毒感染的肺炎疫情防控工作领导小组调整完善相关工作机构，成立核酸检测工作组，办公室加挂“区疫情防控指挥调度中心”牌子，医疗保障组更名为医疗救治和院感防控工作组并加挂“流调溯源工作组”牌子，复工复产防控组加挂“市场防疫工作组”牌子。

▲ 区新型冠状病毒感染的肺炎疫情防控工作领导小组印发《关于突发新冠肺炎确诊病例疫情快速响应处置的工作机制》。

▲ 付兆庚到京煤集团总医院检查院感防控与核酸检测工作，到永定镇冯村新园、小园一区社区检查核酸采集检测情况，到首都师范大学附属中学永定分校检查高考筹备工作。

▲ 区纪委、区监委启动医疗机构院感防控情况专项监督检查。

22日 全区疫情防控工作会召开，进一步研究调度疫情防控工作。会议指出，认真学习落实《门头沟区突发新冠肺炎确诊病例疫情快速响应处置工作手册》要求，强化责任，建立完善各自领域的应急响应机制。会议强调，严格落实社区防控各项措施，提前谋划对农贸市场、商超、餐厅等场所的常态化环境采样检测工作。

▲ 市委宣传部领导到永定镇石龙阳光大厦核酸检测点调研核酸检测工作。

▲ 区纪委、区监委组建疫情隔离专项监督检查组，开展村居居家医学观察监督检查。

24日 全区疫情防控工作会召开，进一步研究调度疫情防控工作。会议强调，端午节假期要坚持“领导在一线、干部在岗位、群众过好节”，防控工作要坚持战时状态、科学精准，安全工作要坚持底线思维、风险防范。会议要求，落实好景区、公园、精品民宿和农家乐的防疫措施，强化对市民有序出游、个人防护的宣传引导，做到假期心情放松、防护不放松。

▲ 区人民法院宣判路某某谎称售卖口罩等防疫物资骗取他人钱财案，以诈骗罪判处被告人有期徒刑7年，剥夺政治权利1年，罚金14万元。

▲《北京日报》报道，2月7日至6月22日，门头沟蓝天救援队累计出动761人次，为199个社区（村）、单位或场所提供消杀服务4023小时。

26日 全区疫情防控工作会召开，进一步研究调度疫情防控工作。会议指出，以最高的政治敏感性应对当前疫情严峻形势，将居家隔离观察重点人管控作为当前最大政治任务。会议要求，组织好居家隔离观察人员第二次核酸检测工作，关心关爱医务人员、下沉干部和社区工作者。

▲ 张力兵、付兆庚到龙泉宾馆集中医学观察点检查疫情防控和服务保障工作并慰问值守人员。

27日 全区疫情防控工作会召开，进一步研究调度疫情防控工作。会议要求，严之再严抓好保密管理工作，强化集中隔离医学观察点管理，快速整改落实市、区指导组检查发现的问题，扎实做好市场保供稳价、工地疫情防控与查处活禽交易行为工作。

28日 全区疫情防控工作会召开，进一步研究调度疫情防控工作。会议要求，视情分类延长新发地批发市场相关人员医学观察时间，强化集中隔离观察点规范管理，准备开展复工复产楼宇公共空间日常环境采样检测工作。

▲ 付兆庚主持召开生活物资“保供应、稳物价”工作专题会，听取区商务局、区发展改革委、区市场监督管理局、区统计局工作汇报，要求抓供应、稳物价、严执法，确保粮油肉蛋菜等生活物资价格稳定。

29日 张力兵、付兆庚围绕“战疫情 强治理 当先锋”主题，到城子街道龙门新区三区社区调研慰问，并召开门头沟区纪念党建99周年座谈会。

▲ 全区“三类场所”（商务楼宇（包括办公楼、写字楼）及其使用单位、商场（含超市）、餐馆（含内部食堂））疫情防控措施监督检查进入常态化阶段，区城市管理综合行政执法局每10天检查一轮。

30日 门头沟区永定（地区）镇降级为低风险地区。

▲ 全区疫情防控工作会召开，进一步研究调度疫情防控工作。会议强调，提高政治站位，以战时状态快速落实市、区各项部署要求，确保防控工作始终跑在疫情前头。会议要求，按照规

定逐步解封新发地批发市场相关人员医学观察，组织新一轮大数据人员排查，持续加强居家观察和集中观察点管理服务工作，推动核酸检测“愿检尽检”与常态化疫情防控环境检测，做好高考准备工作。

▲ 区新型冠状病毒感染的肺炎疫情防控工作领导小组办公室印发《门头沟区关于突发新冠肺炎确诊病例快速开展核酸检测的区级应急工作预案》。

▲ 区市场监督管理局启动进口海鲜经营企业专项检查。

▲ 永定镇51个村居10万余人完成核酸检测筛查，筛查结果全部阴性。

▲ 区政府、国道109新线高速公路建设工程指挥部、中铁京西公司联合开展“守望相助 同心抗疫”活动，向龙泉镇、永定镇防疫工作者提供价值5万元的防疫和防暑降温物资。

7月

1日 区委组织部制作的《京西战“疫”党旗红》党员教育专题片在门头沟区电视台综合频道首播。

2日 全区疫情防控工作会召开，进一步研究调度疫情防控工作。会议强调，加大公厕环境采样力度，做好集中与居家隔离观察人员服务、场地管理、隔离解除评估工作，强化核酸检测结果反馈和录入，推进核酸检测“愿检尽检”。会议要求，统筹做好创城、防疫防控、复工复产、北京市“三个条例”（《北京市文明行为促进条例》《北京市生活垃圾管理条例》与《北京市物业管理条例》）贯彻以及近期强降雨应对工作。

3日 全区疫情防控工作会召开，进一步研究调度疫情防控工作。会议指出，当前疫情防控形势依然严峻复杂，必须坚持外防输入、内防扩散。会议强调，全面恢复双峪农副产品批发市场疫情防控措施，全面排查隐瞒新发地批发市场活动史、隐瞒密切接触史、不遵守医学观察规定的人员，持续抓好复工复产防控，迅速反应与处置涉汛投诉。

▲ 张力兵、付兆庚到高考北京市大峪中学考点调研高考组考工作。付兆庚主持召开2020年高考组考工作专题会。

▲ 付兆庚主持召开建筑工地隐患问题排查整顿工作专题会，启动为期一周的专项整治，推动疫情防控等各类工作落实。

4日 龙泉医院方舱式核酸检测实验室建成。实验室位于门头沟棚改项目的东西辛房C地块，每日检测量可达1000份。

6日 全区疫情防控工作会召开，进一步研究调度疫情防控工作。会议强调，推广使用“北京健康宝”扫码登记功能，严格落实“四早”措施，组建区级专家指导组强化社区防控指导，持续做好核酸检测工作。会议要求，统筹做好复工复产、创城和常态化疫情防控工作，持续抓好“接诉即办”。

▲ 区新型冠状病毒感染的肺炎疫情防控工作领导小组成立保密档案工作组、京能集团驻门头沟区疫情防控领导小组，印发《北京市门头沟区新型冠状病毒感染的肺炎疫情防控工作领导小组及工作机构》。

7日～10日 门头沟区766名考生参加2020年普通高等学校招生全国统一考试与北京市2020年普通高中学业水平等级性考试。在疫情防控背景下，北京市大峪中学作为常规考点，北京市第八中学永定实验学校作为备考考点，每个考场人数降至20人，考生在考试过程中全程佩戴口罩。

8日 区纪委、区监委启动中、高考防疫工作监督检查。

10日 全区疫情防控工作会召开，进一步研究调度疫情防控工作。会议强调，做好新发地批发市场相关人员家庭环境采样、消杀以及解除集中医学观察的后续工作，提前研究秋冬季防疫准备工作。

▲ 付兆庚到区税务局调研税收组收工作，听取工作汇报，充分肯定区税务局在疫情防控和税收组收工作中付出的努力和取得的成绩，要求，税源涵养抓大育小，税收征管应收尽收，加强服务，确保完成全年任务。

11日 市委教育工作委员会领导到北京八中分校斋堂中学督导调研2020年中考准备工作，强调，今年中考非常特殊，受疫情影响，门头沟区各考点要关注每一个细节，确保考试顺利进行。

12日 北京卫视《特别关注》栏目报道，门头沟区中小学举行线上毕业典礼，组织师生云端话别离。

13日 区红十字会发布《防控“新冠肺炎”疫情捐赠款物情况公示（七）》，截至7月12日24时，区红十字会累计接收捐赠款物160.989308万元，其中捐赠物资价值52.056786万元，并全部完成支付或拨出。

17日 中央政治局委员、北京市委书记蔡奇围绕“坚持生态涵养区功能定位，统筹推进疫情防控和经济社会发展”主题，到门头沟区大台煤矿、清水镇梁家庄村、斋堂镇川底下村调研，并在斋堂镇主持召开座谈会，听取门头沟区统筹推进疫情防控和经济社会发展有关情况汇报。指出，当前疫情呈现持续向好态势，但仍须慎终如始，严格落实“四方责任”，抓实抓细各项防控措施，深入开展爱国卫生运动，搞好环境卫生和个人防护，巩固拓展防控成果，积极推动复工复产、复商复市，努力完成全年目标任务。

17日—19日　门头沟区1166名考生参加2020年北京市高级中等学校招生考试。在疫情防控背景下，门头沟区首师大附中永定中学、新桥路中学、京师实验中学、斋堂中学等4所学校作为常规考点，北京市第八中学永定实验学校作为备考考点，每个考场人数降至20人，考生在考试过程中全程佩戴口罩。

20日　北京突发公共卫生事件响应机制调整至三级。

▲　全区疫情防控工作会召开，进一步研究调度疫情防控工作。会议指出，坚决贯彻蔡奇在门头沟区调研时的重要讲话精神，决不能松劲、决不能松懈、决不能放松各项防控措施，用心、用情、用力做好疫情防控和经济社会发展各项工作。会议强调，加强相关重点人员管控，积极推动复工复产、复商复市。

22日　区委全面依法治区委员会办公室召开2020年第一次会议。会议强调，继续做好疫情防控法治保障工作，持续深入提升依法防控能力，加强研究和着力化解疫情之下的矛盾纠纷。

▲　龙泉宾馆集中医学观察点新型冠状病毒肺炎病例密切接触者清零。

23日　北京市政府领导到门头沟区调研推动“五新”政策（中共北京市委、北京市人民政府在《关于加快培育壮大新业态新模式促进北京经济高质量发展的若干意见》中提出的加快新型基础设施建设、加快新场景建设培育数字经济新生态、促进新消费引领品质新生活、实施新开放举措、提升新服务进一步优化营商环境等五项行动）落地，促进经济高质量发展工作。

25日　北京消费季之嗨购门头沟主题活动重新启动。

27日　全区疫情防控工作会召开，进一步研究调度疫情防控工作。会议强调，做好常态化防控，开足马力推动复工达产，有机结合爱国卫生运动、创城与垃圾分类工作并形成门头沟区特色。

8月

1日　门头沟区影剧院正式恢复营业。

5日　区新型冠状病毒感染的肺炎疫情防控工作领导小组调整组成人员，区委副书记、区委政法委书记刘贵明担任区疫情防控工作领导小组副组长，成立爱国卫生运动工作组。

6日　全区疫情防控工作会召开，进一步研究调度疫情防控工作。会议强调，时刻紧绷防疫、防汛、“接诉即办”这三根弦，以工作成效来体现工作能力和水平。

7日　门头沟区召开“五新”政策措施落实工作推进会。

18日　区卫生健康委评选表彰80名2019年度至2020年度卫生健康系统“最美医师”。

21日　北京消费季之嗨购门头沟主题活动夜经济开幕。

24日　付兆庚到中石油铁工油品销售有限公司调研企业疫情防控和复工复产情况。

26日　《北京晚报》报道，截至7月底，门头沟区就业人数较2019年12月末增加8548人，就业人数增长率6.18%。

28日　区委理论学习中心组举行学习（扩大）会议暨2020年门头沟区科技素质大讲堂，邀请国防大学战略研究所杨毅少将作《新格局、新挑战、新方略——“后疫情”国际格局震荡带来的挑战与应对》专题辅导报告。

29日　全区中小学校2020-2021学年秋季学期错峰开学，小学一年级、初一、初三、高一、高二、高三等6个年级8140人返校。

9月

1日　全区小学五、六年级，初二年级5508人返校。

4日《京西时报》报道，截至7月底，门头沟区累计下沉干部参与防疫工作26批23601人次。

7日　全区小学二、三、四年级7305人返校。

8日　在全国抗击新冠肺炎疫情表彰大会上，门头沟公安分局杜家庄站派出所民警王宗桃，城子街道龙门新区三区社区党委书记、居委会主任佟广华获“全国抗击新冠肺炎疫情先进个人”称号。

11日　门头沟区召开2020年招商引资大会。会议要求，坚决纾困惠企，全区四套班子、各镇街、各部门要定期走访企业，努力把疫情带来的影响降到最低。

17日　全区疫情防控工作会召开，进一步研究调度疫情防控工作。会议强调，一手抓常态化疫情防控，一手抓复工复产达产。毫不松懈抓好外防输入，继续开展进口冷链食品常态化监管，坚持重点行业、重点点位常态化环境采样，强化医疗机构的“哨点”作用。会议要求，提前做好国庆节、中秋节假期疫情防控准备等工作。

21日　区城管执法局对辖区餐饮企业进出口海鲜产品、水产品、肉制品等冷链食品来源、进货渠道、储存环境等开展为期2天的专项检查。

▲　区文化馆有序开放。

29日　在北京市抗击新冠肺炎疫情表彰大会上，门头沟区30人获“北京市抗击新冠肺炎疫情先进个人”称号，9个党组织或单位获“北京市抗击新冠肺炎疫情先进集体”称号，3人获“北京市优秀共产党员”荣誉，3个党组织获“北京市先进基层党组织”荣誉。

▲　区文学艺术界联合会、中共石龙开发区服务中心党组主办的“迎双节、战疫情、美丽门头沟”美术作品展在石龙开发区艺术厅开展。

30日　全区疫情防控工作会召开，研究部署国庆、中秋节期间疫情防控工作。会议指出，统筹抓好疫情防控、安全生产、城市运行、垃圾分类、“接诉即办”等工作。会议强调，做好老旧小区常态化疫情防控，持续加强进口冷链食品监管，强化院感防控，发挥医疗机构“哨点”作用，教育引导党员干部、学校师生员工严格落实“非必要不离京”要求。

▲　张力兵到永定镇Plus365购物中心物美超市、区体育中心工程项目施工工地检查秋冬季疫情常态化防控等工作，强调，科学、精准、有效抓好防控工作，杜绝麻痹大意，全力以赴打好京西防疫阻击战和保卫战。

10月

1日～8日　门头沟区67家机关事业单位的500名干部下沉到190个小区参加垃圾分类和常态化疫情防控专项行动。

14日《京西时报》报道，10月1日至8日，门头沟区接待游客29.12万人次，同比增长10.51%；实现收入2292万元，同比增长60.64%。

15日　全区疫情防控工作会召开，进一步研究部署疫情防控工作。会议强调，严格落实秋冬季疫情防控方案，加强青岛疫情重点关联人员管控，紧盯冷链从业人员核酸检测，强化核酸检测能力保障，严把医疗机构院感防控关，并做好年底前各类考试防疫工作。

19日　门头沟区召开抗击新冠肺炎疫情巩固防控成果阶段总结推进会。张力兵充分肯定全区各级党组织和社会各界、全区广大党员干部和人民群众，在抗击新冠肺炎疫情工作中的辛苦付出和取得的优异成绩。强调，坚持慎终如始，高站位做好疫情防控；坚持化危为机，高质量推动绿色发展；坚持乘势而上，高水平深化基层治理。付兆庚主持会议。

23日　付兆庚到中关村门头沟园走访华润双鹤药业股份有限公司、江泰保险经纪股份有限公司，并召开座谈会听取相关工作汇报。要求，有关部门加强与企业的沟通联系，进一步加大企业扶持力度，关注企业发展需求，同时企业要努力克服疫情影响。

30日　全区疫情防控工作会召开，进一步研究调度疫情防控工作。会议强调，持续抓好秋冬季常态化疫情防控，更好统筹推进经济社会发展，严格落实国内中高风险地区进京人员闭环管控，强化进口冷链食品监管，加强活动管理，持续做好重点场所环境和人员核酸检测。

31日　付兆庚到国道109高速工程指挥部调研，要求，扎实做好秋冬季疫情防控工作，切实做到人数清、责任明。

11月

1日　区市场监管局推广应用“北京市冷链食品追溯平台”，推动企业应注尽注、产品信息应传尽传、日常经营应用尽用。

6日　付兆庚到大峪第二小学、门头沟区第一幼儿园检查诺如病毒和新冠疫情防控工作。

26日　全区疫情防控工作会召开，进一步研究部署疫情防控工作。会议指出，当前疫情防控正在进入高风险期。会议强调，以冷链食品为重点抓严抓实进口食品监管，严格国内中高风险地区人员进京管控，健全完善重点领域相关机制，严防聚集性疫情，发挥区纪委监委监督执纪问责作用。

11月　门头沟区完成以训稳岗培训补贴资金审批，共1702人享受补贴，涉及企业122家，补贴资金351.95万元。

12月

10日　全区疫情防控工作会召开，进一步研究部署疫情防控工作。会议指出，把冬春季疫情防控当作新的大考、作为重要政治任务。会议强调，坚持“人”“物”共防，做好国内中高风险地区进京人员、境外回京人员、冷链从业人员及共同居住人员疫情防控，严格进口冷链食品全程防控，抓好人员聚集场所、社区卡口疫情防控，发挥社区卫生服务中心发热筛查哨点作用，做好镇街突发疫情核酸检测预案推演和应急物资储备工作。

18日 全区疫情防控工作会召开，进一步研究部署疫情防控工作。会议指出，北京市出现境外输入病例引发的本土关联病例再次拉响疫情防控警报，即日起全面启动社会各领域防疫大检查、大体检，坚决打好疫情防控阻击战。会议强调，从严抓好社区防控，加强集中观察点管理，全面滚动检查重点场所，持续宣传引导市民加强自我防护。

19日 区住建、区商务局、区应急局、区城管执法局、区文化和旅游局等单位启动常态化疫情防控措施落实情况执法检查。

21日 区市场监管局开始检查“五类”以外市场主体（商务楼宇、商场超市、餐饮食堂、工业企业、建筑工地之外的市场主体），重点督促解决不戴口罩进店、未严格扫码入店、聚集扎堆、环境消杀不及时等问题。

23日 全区疫情防控工作会召开，进一步研究部署疫情防控工作。会议强调，加强管理社区对中高风险地区返区人员，强化落实集中隔离点疫情防控措施技术规范，压紧压实酒店7天集中医学观察健康监测责任，坚持非必要不出京，进一步加大不同形式的疫情防控宣传报道。

25日 全区疫情防控工作会召开，进一步研究部署疫情防控工作。会议指出，当前疫情防控形势进入应急状态。会议强调，领导干部全员到位，各镇街加强沟通联动，加强院感防控，做好中高风险地区来返区人员管控，严格社区封闭管理，把出租房管理作为重中之重，加大对公共场所核酸检测，宣传引导市民树牢防疫意识。

26日 全区疫情防控工作会召开，进一步研究调度疫情防控工作。会议强调，严格社区封闭管理，加强出租房屋排查，严格中高风险地区来返区人员排查管控，加大对地下商超监督检查力度，做好工地、重点在建项目和农贸市场等场所新入职员工核酸检测。

26日～27日 1500余名“门头沟热心人”志愿者在街头、村居、公交站台和交通路口集中广泛开展疫情防控宣传和劝导志愿服务。

27日 全区疫情防控工作会召开，进一步研究调度疫情防控工作。会议强调，扩大人员核酸检测和环境核酸检测范围，领导干部带头报名接种疫苗，严禁地下超市、商超及封闭性空间销售海鲜，严格集中隔离点与进京路口外来人员管理，抓好出租房屋管理，加强对私人诊所与医疗机构监督检查。

31日 全区疫情防控工作会召开，进一步研究部署疫情防控工作。会议指出，疫情防控是当前第一位的工作。会议强调，做好区“两会”和村（社区）“两委”换届疫情防控工作，加强监督检查防疫措施落实情况，加强疫情防控各工作组统筹协调、互补配合。

▲ 区新型冠状病毒感染的肺炎疫情防控工作领导小组调整完善工作机构，成立重点人群新冠疫苗接种工作领导小组。

▲ 门头沟区连续198天无新增新冠肺炎确诊病例。

中国共产党门头沟区委员会

12 月 30 日，中国共产党北京市门头沟区第十二届委员会第十二次全体会议召开（区融媒体中心　供图）

◆| 9 月 17 日，大峪街道绿岛家园社区开展网络安全进社区活动（区委网信办　供图）

◆| 11 月 26 日，组织第 29 期公务员初任培训班学员到妙峰山镇涧沟村进行现场教学（区委党校　供图）

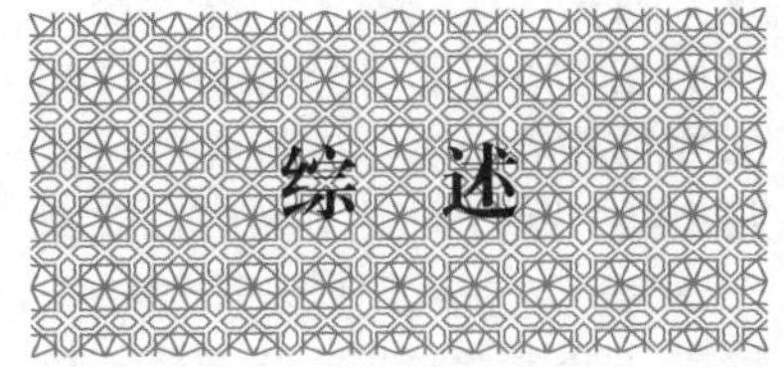

综述

【概况】 2020年，门头沟区委常委会团结带领门头沟区广大党员干部群众，推动新冠肺炎疫情防控取得重大战略成果，“绿水青山门头沟”建设迈出坚实步伐，“红色门头沟”党建凝聚起强大合力，保持经济社会平稳有序发展。全年，召开区委全会3次，召开常委会会议46次。

年内，门头沟区获国家生态文明建设示范区、国家全域旅游示范区、全国农村生活污水治理示范区、全国双拥模范城“四连冠”等荣誉；创建全国文明城区工作再次在全市综合测评中获得第二名；在2019年以来全市累计进行的6次农村人居环境整治全面核查中，综合排名全市第一位。

面对突如其来的新冠肺炎疫情，区委团结带领全区党员干部群众奋勇打赢疫情防控的人民战争、总体战、阻击战，取得抗击新冠肺炎疫情斗争的重大成果。

在全力抓好疫情防控的同时，始终不忘决胜全面小康的目标，不忘守生态、绿富民的使命，践行“绿水青山就是金山银山”的决心更坚定，奋勇打造“五个之城”的步伐更坚实，“两山”理论的生动实践更具内涵。

认真落实新时代党的建设总要求，体系化、制度化推进“1179”工程，深化全面从严治党“六六工程”，“红色门头沟”党建品牌优势在“绿水青山门头沟”建设中充分彰显，在锻造京西铁军过程中充分释放。

年内，区委常委会加强自身建设，出台《门头沟区委常委会及其成员职责清单》，严格执行民主集中制和区委常委会“三重一大”事项决策工作规则，制定区委法律顾问工作制度，组织召开区委常委会会议46次，讨论议题347个，常委会决策的科学化、规范化、法治化水平进一步提升。注重加强对区人大常委会、区政府、区政协工作的领导，同心协力战疫情、稳发展。支持区人大常委会履行宪法和法律赋予的职责；支持区政府深化“放管服”改革，加强法治政府建设；支持区政协有效发挥专门协商机构作用；支持区人民法院、区人民检察院公正司法。充分发挥民主党派、工商联和无党派人士作用，构建大统战格局，深化拓展各民主党派市委支持门头沟区“8+1”行动。创新新时代双拥工作，巩固坚如磐石的军政军民关系。发挥群团组织作用，凝聚各自联系群众的智慧和力量，共同守好“绿水青山”。

单位名称：北京市门头沟区委办公室
地　　址：北京市门头沟区新桥大街36号
电　　话：69842176
邮　　编：102300

（李　明）

【创建全国文明城区】 1月2日，门头沟区召开创建全国文明城区提名城区冲刺誓师大会。会上，总结2019年门头沟区创城工作情况并部署2020年创城工作安排，通报“接诉即办”工作情况，大峪街道等7家单位作了表态发言。4月15日，全区决战全国文明城区提名百日冲刺动员大会召开，区领导张力兵、付兆庚、陈国才、张永等，全区各部门党政主要负责人，各镇街领导班子成员，京煤集团主要负责人等分别在主会场和各分会场参加视频会议。会上，通报区内创城工作中存在的重点问题，部署2020年创城冲刺迎检安排。7月10日，召开门头沟区创城迎检冲刺阶段工作点评会议。会上，通报文明村居综合考评成绩后20名的农村、社区整改情况，部署创城迎检工作。相关村居、志愿者、文明引导员代表人作发言。

（田玉娇）

【党建人才工作】 1月10日，门头沟区委“不忘初心、牢记使命”主题教育总结大会召开。会上，观看区委“不忘初心、牢记使命”主题教育纪实片《追寻》，区委书记张力兵主持会议并作总结讲话。3月13日，全区2020年党建工作会议召开，部署2020年相关工作。4月12日，门头沟区2020年党建工作专题会议召开。会上，书面审议《中共北京市门头沟区委党的建设工作领导小组及办公室成员名单》等5项相关名单，审议《中共北京市门头沟区委党的建设工作领导小组2020年工作要点》等相关事项。4月28日，2019年度门头沟区镇（街道）、系统党（工）委书记抓基层党建述职评议会召开，潭柘寺镇、永定镇、城子街道、区委卫生健康工委、区国资委、区直机关工委等党（工）委书记依次述职，区领导分别对应各自重点点评单位、点评基层党建工作情况。会上，集中点评落实意识形态工作责任制情况、点评党风廉政建设情况，区委常委、区委党建工作领导小组成员、区“两代表一委员”代表、基层党员代表开展现场测评。5月9日，召开“巩

固主题教育成果 解决历史遗留问题”工作推进会，专题研究“理旧账”工程相关工作。6月29日，张力兵到城子街道龙门新区三区社区开展门头沟区纪念党建99周年调研座谈活动，查看“社区盾”系统在疫情防控、垃圾分类等社区治理工作中的应用，慰问基层党委，听取优秀基层党组织书记、党员代表的交流发言，并进行座谈。8月4日，张力兵主持召开区委常委扩大会议，宣布4人的职务变动的决定。8月14日，区委、区政府领导班子学习贯彻党的十九届四中全会精神交流研讨会召开。张力兵主持会议并发表讲话，区长付兆庚等依次交流发言。8月28日，区委党的建设工作领导小组全体会议召开，实地走访龙泉镇西山艺境社区调研党建引领提升物业“三率”推动非公物业企业参与社会治理情况，到中关村门头沟科技园党群服务中心调研园区党建和服务非公企业情况。会上，书面审议《中共北京市门头沟区委党的建设工作领导小组及办公室成员名单》，6家单位分别做现场和书面交流；全面总结区内“两新”组织党建工作，并对做好下一步工作进行具体部署。8月30日，门头沟区举行烈士纪念日公祭活动。区领导张力兵、付兆庚等，区相关单位负责人，驻区部队官兵、小学学生、军烈属代表、退役军人代表等在宛平抗日烈士纪念公园举行公祭。10月28日，区领导张力兵为区内2020年村“两委”负责人培训班暨“两委”后备干部示范培训班作动员，介绍区内基本情况、经济发展新格局的总体思路和近年来取得的成绩。11月20日，召开区委常委会扩大会议，宣布北京市委关于4人职务变动的决定。11月25日，北京市学习贯彻党的十九届五中全会精神宣讲团门头沟区报告会举行。市宣讲团成员、市发展改革委党组书记、主任谈诸详围绕学习贯彻党的十九届五中全会精神，从党的十九届五中全会基本情况、“十四五”时期经济社会发展的重点任务、推动门头沟区高质量发展等7个方面作宣讲报告。全区党政机关通过“北京日报”APP及“门头沟融媒”APP同步收看直播。

（田玉娇）

【参加重大活动】 3月27日，区领导张力兵参加爱国卫生运动高潮日活动，到永定镇金安路南侧清扫垃圾、杂物及杂草。4月18日，区领导张力兵到永定镇参加“防疫有我 爱卫同行 戮力创城”大扫除，在永定镇捡拾绿地中的垃圾。9月22日，“京西话丰收 助农迎小康”第三届中国农民丰收节暨文化帮扶主题民族音乐会专场演出活动在永定楼文化广场举行。市、区领导，京演集团相关负责人，区农民代表及机关单位共400人参加。9月25日，2020北京西城全民健身徒步大会在妙峰山镇涧沟村举行。西城区领导卢映川、喻华锋等，门头沟区领导张力兵、付兆庚等，两区400名“千人战疫”下沉干部职工代表参加。9月29日，中国民主同盟“科学探索·圆梦行动”农村未成年人航天科普志愿服务行动全国主场活动启动仪式在门头沟区少年宫举行。会上，全国人大常委会副委员长、民盟中央主席丁仲礼向“科学探索·圆梦行动”航天科普公益志愿服务队科学家代表戚发轫院士颁授聘书，并宣布中国民主同盟“科学探索·圆梦行动”航天科普公益项目启动；北京市市委常委、统战部部长齐静向少年航天先锋队队长授旗；民盟中央副主席、北京市政协副主席、民盟北京市委主委程红发表致辞；受助乡村少年宫学校教师、学生代表发言；项目管理方和承接方签署合作协议书。10月16日，2020年国家扶贫日活动举行。期间，举行“扶贫支援合作地区互联互通·协同发展‘区域品牌联盟’战略合作框架协议”签约仪式暨特色产品展销推介活动，下达“百日攻坚行动”就业扶贫任务书和消费扶贫任务书，门头沟区与扶贫支援合作地区企业代表共同签订《互联互通·协同发展‘区域品牌联盟’战略合作框架协议》，与会人员实地参观“灵山绿产”消费扶贫分中心体验店和区内扶贫协作地区特色产品展销大集，调研区内与扶贫支援地区精准帮扶就业招聘和技能培训展示活动，并参加远程云端招聘会启动仪式。11月27日，2020北京精品民宿发展论坛暨“门头沟小院”推介活动第二季举办。活动通过“一线四矿”路演展示，“门头沟小院”政策宣传和成果展示，以及与同仁堂、北京演艺集团签约战略合作协议等方式推介“门头沟小院”。

（何蕙枫）

【接诉接办】 4月22日，区内“接诉即办”及媒体反映问题专题会召开。区城市管理委汇报了关于进一步加强“接诉即办”工作机制的方案，区委宣传部汇报了区内媒体反映问题的情况分析报告，与会人员围绕下一步工作进行研讨。9月7日，张力兵约谈“接诉即办”工作排名靠后单位，并就改进“接诉即办”工作提出要求。区领导金秀斌、赵北亭，区相关单位负责人参加。

（张　亮）

【镇街党（工）委书记月度工作点评会】　6月1日，门头沟区镇街党（工）委书记月度工作点评会召开。会上，传达全市领导干部会议精神，通报文明农村、文明社区综合考评结果，通报接诉即办工作情况；观看《近期创城工作问题通报》视频短片，相关镇街党（工）委书记发言。9月28日，镇街党（工）委书记月度工作点评会召开。张力兵主持会议并进行点评讲话，永定镇、妙峰山镇、清水镇、大峪街道党（工）委书记进行发言。12月1日，召开区委书记月度工作点评会整改问题专题会，传达学习11月区委书记月度工作点评会议精神，听取相关整改问题台账的汇报，进一步研究部署有关工作。同日，镇街党（工）委书记月度工作点评会召开。会上，通报区内“接诉即办”、垃圾分类工作情况，通报文明社区、文明农村综合考评结果，军庄镇、王平镇、大台街道党（工）委书记进行发言。

（田玉娇）

【区委全体会议】　7月20日，张力兵主持召开全区领导干部大会，传达市委书记蔡奇调研区内讲话精神并讲话。8月3日，中共门头沟区第十二届委员会第十次全体会议召开。会议总结2020年上半年工作，部署下半年任务；审议《关于上半年经济社会发展情况和下半年工作安排的报告》《关于坚持“红色门头沟”党建引领基层社会治理深化“接诉即办，办好‘小事’”工作的实施意见》《门头沟区关于深化全面从严治党“六六工程”的实施意见》；区委书记张力兵代表区委常委会作工作报告并讲话。12月18日，中共门头沟区第十二届委员会第十一次全体会议召开。会议审议通过《中共门头沟区委关于制定门头沟区国民经济和社会发展第十四个五年规划和二〇三五年远景目标的建议》《区委常委会2020年抓党建工作情况报告》《门头沟区关于推进高质量发展综合考评的意见》；区委书记张力兵就相关审议稿向全会作说明，并作讲话。12月30日，中共门头沟区第十二届委员会第十二次全体会议召开。会议总结2020年工作，部署2021年各项任务；区委书记张力兵代表区委常委会作工作报告，并作讲话；区委副书记、区长付兆庚作关于全区经济社会发展情况的报告。

（田玉娇）

【低收入精准帮扶】　8月18日，张力兵带队到河北省张家口市涿鹿县调研扶贫协作对接工作。其间实地察看文玩核桃产业基地和南山区羊肚菌基地，看望慰问贫困户，并召开门头沟区与涿鹿县扶贫协作对接工作会。9月2日至4日，门头沟区党政代表团赴西藏自治区拉萨市堆龙德庆区对接携手奔小康工作。代表团一行先后调研马镇措麦村饮水供水系统提升改造工程援藏项目并看望慰问贫困户，调研象雄美朵文化旅游小镇扶贫就业情况，实地考察乃琼街道加木村沟域经济林建设项目——京白梨试种情况、羊达街道帮普村帮普沟域生态提升项目——林卡运营情况和堆龙德庆区人民医院远程医疗影像项目开展情况，与门头沟区医院进行现场案例分析演示；召开门头沟区与堆龙德庆区携手奔小康工作座谈会，举行扶贫资金捐赠仪式、签订消费扶贫协议。9月25日，内蒙古自治区领导率呼和浩特市党政代表团到门头沟区考察对接京蒙扶贫协作工作。实地参观考察潭柘寺镇紫旸山庄精品民宿、区城子中骏消费扶贫专馆、第三届“中国农民丰收节”暨武川县·门头沟区特色农产品展销会，并接受邀请为现场直播代言。10月19日，门头沟区与河北省涿鹿县对接携手奔小康座谈会召开。双方分别介绍东西部扶贫协作工作进展情况和门头沟区对口帮扶工作有关情况，北京京东世纪贸易有限公司汇报南将石文玩核桃区块链溯源方案，北京龙辉酿酒有限公司交流发言。12月2日，接待西城区到门头沟区开展结对协作活动。其间，参观中关村门头沟园，到妙峰山镇水峪嘴村察看精品民宿及美丽乡村建设情况；张力兵主持召开座谈会，双方围绕两区结对事项进展以及下一步工作思路进行交流。

（张　亮）

【重点工程】　9月28日，区委书记专题会召开，专题调度国道109新线高速公路工程情况。10月13日，区国道109新线高速公路工程推进部署会召开，就加快推进工程建设进行研究部署。10月21日，京西“一线四矿”及周边区域概念规划任务书专题会召开。会上，听取“一线四矿”总体工作推进进展、市郊铁路有关情况的汇报，研究门大线旅游专线景观提升方案、“一线四矿”地面公交接驳工作的实施方案、“一线四矿”及周边区域概念规划任务书、门大线运营方案及“一线四矿”旅游文化资源研究报告。11月24日，京门线、国道109新线高速清水综合检查站专题会召开。区领导张力兵、付兆庚等听取京门线、国道109新线高速清水综合检查站方案及进展情况的汇报，区发展改革委等相关部门，项目设计单位负责人参加会议。

（田玉娇）

【换届选举】 12月8日，门头沟区村（社区）“两委”换届筹备工作推进会召开，听取各镇街党（工）委书记关于村（社区）“两委”换届工作筹备情况的汇报，研究部署下一步工作重点任务。12月14日，张力兵到大峪街道调研“两委”换届筹备工作，听取大峪街道关于换届选举工作情况的汇报。12月15日，张力兵到城子街道、军庄镇调研村（社区）“两委”换届筹备工作，听取城子街道、军庄镇关于换届选举工作情况的汇报。12月23日，张力兵到妙峰山镇调研村（社区）“两委”换届及城乡结合部村庄整治工作，听取妙峰山镇关于换届选举工作情况的汇报和炭厂村关于推进宜居乡村、村庄整治等工作经验的介绍。12月24日，全市村和社区“两委”换届工作动员部署会召开。12月25日，张力兵到清水镇调研村（社区）“两委”换届及城乡结合部村庄整治工作，实地调研黄塔村、塔河村村庄整治工作，听取清水镇关于村（社区）“两委”换届工作情况的汇报。

（田玉娇）

组织工作

【概况】 2020年，全区组织工作围绕打造“红色门头沟”党建实践品牌和“绿水青山门头沟”城市品牌，以党的政治建设为统领，巩固深化“不忘初心、牢记使命”主题教育成果，扎实推进组织工作各项任务，为打赢新冠肺炎疫情防控斗争、推动地区高质量发展提供坚强政治和组织保证。年内，全区共有党员37575名，基层党组织1421个，其中党委101个、党总支71个、党支部1249个。

单位名称：中国共产党北京市门头沟区委员会组织部
地　　址：北京市门头沟区新桥大街36号
电　　话：69842546
邮　　编：102300

（柯尊超）

【第一书记工作会】 1月3日，区委组织部召开全区第一书记工作会。总结市派第三批第一书记工作，部署12名市派第五批第一书记到相关镇驻村工作。

（白　璐）

【发动党员群众争当抗疫先锋】 1月29日，区委组织部制定并下发《中共北京市门头沟区委关于在新型冠状病毒感染的肺炎疫情防控阻击战中进一步发挥党组织和党员作用 带领广大群众争当“红色先锋”的通知》。《通知》要求，充分发挥基层党组织战斗堡垒作用和党员先锋模范作用，全力抓好新型冠状病毒感染的肺炎疫情防控工作。

（白　璐）

【党的建设和组织工作统筹谋划】 2月25日，区委组织部研究制定《门头沟区2020年组织工作要点》，明确组织工作18项重点任务。4月21日，牵头召开党建工作专题会议。审议通过《区委党建工作领导小组成员》等5个名单，《区委党建工作领导小组工作要点》等5个文件，《以“红色门头沟”党建引领社区、机关、国企、教育、卫健等领域党建工作》的5个实施意见，以及《区党建研究会第一届理事会工作报告》《区党建研究会第一届理事会财务工作报告》《区党建研究会章程（修正案）》，明确全区全年党建6方面26项重点任务。9月28日，区委召开党的建设工作领导小组全体会议，审议通过《中共北京市门头沟区委党的建设工作领导小组及办公室成员名单》，总结全区“两新”组织党建工作情况，对下一步工作进行部署。11月2日，研究制定《关于落实〈中共北京市委贯彻《党委（党组）落实全面从严治党主体责任规定》的分工方案〉的任务分工》，提出14项任务，并明确责任单位。

（张大为）

【个人有关事项报告集中填报】 3月16日至31日，区委组织部协助市委组织部完成35名市管干部2020年领导干部个人有关事项集中填报工作；组织全区532名区管处级领导干部、25名区管国有企业领导班子成员，对2020年度个人有关事项进行集中填报，其中40名2020年内新提拔使用的副处级领导干部按照首次填报的要求完成报告工作。6月至9月，按照10%的比例，随机抽取58名干部进行查核。其中，57名干部如实报告，1名干部漏报情节较轻、被给予责令作出书面检查并限期补报处理。7月至10月，对符合条件的7名处级干部开展领导干部个人有关事项查核验证工作，7人对房产、投资情况的合法来源均能说明清楚，予以采信。年内，共对279名领导干部的个人有关事项报告进行重点查核。其中，如实报告213人、基本一致56人、漏报情节较轻10人；对认定基本一致的干部进行提醒补报56人，对认定漏报情节较轻的干部给予书面提醒1人、责令作出检查9人。

（解　洋）

【民主测评和“一报告两评议”】 3月31日，区委组织部对2019年度处级领导班子及领导干部民主测评和2019年度科级干部选拔任用工作“一报告两评议”结果进行汇总分析后，分别形成《门头沟区2019年度处级领导班子及领导干部民主测评结果分析报告》和《门头沟区2019年度干部选拔任用工作“一报告两评议”结果分析报告》。5月，逐单位、逐人制定综合反馈表，向分管区领导、各单位主要负责人及干部本人反馈结果。

（解　洋）

【村（社区）“两委”换届“回头看”】 4月至6月，区委组织部开展村（社区）“两委”换届“回头看”。分类梳理出6个示范村、7个重点提升村、9个软弱涣散村，7个先进社区、4个提升社区、5个后进社区。

（白　璐）

【第十二批“人才京郊行”专家接收】 4月17日，第十二批“人才京郊行”专家10人全部到岗。从4月开始，每季度为第十二批“人才京郊行”专家发放生活补助，并于9月开展走访慰问活动，共发放生活补助和慰问款12.39万元。

（熊国菊）

【专题研究区党建研究会换届】 4月21日，区委组织部牵头召开党建工作专题会议。会上，审议《区党建研究会第一届理事会工作报告》《区党建研究会第一届理事会财务工作报告》《区党建研究会章程（修正案）》《门头沟区党的建设研究会第二届领导机构成员人选建议名单》。

（柯尊超）

【总结推广党建引领基层治理经验】 4月26日，门头沟区疫情防控领导小组社区（村）防控工作组召开适应疫情防控常态化进一步加强党建引领基层社会治理经验交流座谈会，总结推广潭柘寺镇、永定镇、龙泉镇、军庄镇、大峪街道、城子街道、东辛房街道、大台街道8个镇（街）的治理经验。

（白　璐）

【2019年度基层党建述职评议考核】 4月28日，区委组织部召开2019年度门头沟区镇（街道）、系统党（工）委书记抓基层党建述职评议会，市委组织部相关部门领导参加会议。会议采取视频会议形式召开，设置1个主会场和19个分会场。潭柘寺镇、永定镇、城子街道、区直机关工委、区委卫生健康工委、区国资委等6名党（工）委书记进行现场述职，龙泉镇、雁翅镇、清水镇、大峪街道工委、区委农工委等5名党（工）委书记进行书面述职。在统筹考虑现场测评成绩和“干部年终评议、基层党建督查、意识形态工作责任制、接诉即办‘三率’指标”等四方面日常考核情况，并结合各相关单位年度综合考评成绩，同时就个人廉政情况向区纪委监委征求意见的基础上，确定7人为“好”等次、4人为“较好”等次。5月，全面开展农村、社区、机关、企事业单位、“两新”组织等基层党组织书记述职评议工作。全区600余名基层党组织书记向各党（工）委进行述职，700余名党支部书记向上级党组织进行述职。

（袁　雪）

【基层党建“1+7”制度体系形成】 4月，区委组织部会同有关单位起草制定《关于以红色门头沟党建为引领进一步加强社区党组织建设推动基层治理的实施意见》《关于以红色门头沟党建为引领进一步加强全区机关系统党组织建设的实施意见》《关于以红色门头沟党建为引领进一步加强全区教育系统党组织建设的实施意见》《关于以红色门头沟党建为引领进一步加强全区卫生健康系统党组织建设的实施意见》《关于以红色门头沟党建为引领进一步做好国有企业党组织建设的实施意见》等多个实施意见，从机制建设、组织建设、队伍建设等方面细化了工作措施，与区委《关于“红色门头沟”党建引领绿色发展的实施意见》等文件，共同形成推动“红色门头沟”党建“1179”工程的“1+7”制度体系。

（左岩彬）

【1人获批享受“国务院特殊津贴”】　4月，区委组织部组织开展“享受国务院特殊津贴人员”申报工作，共推荐区京师实验中学校长裴艳萍、北京京西门城基础设施投资建设有限公司总工程师彭爱京、北京金鸿泰科技有限公司副总裁周双全、门头沟区医院骨科主任杨占辉4人参与评选，12月28日，裴艳萍获批享受“国务院特殊津贴”，给予一次性津贴并颁发证书。

（熊国菊）

【公务员队伍建设调研报告完成】　4月，撰写完成《加强门头沟区公务员队伍建设的调研报告》。深入了解区内公务员队伍现状、分析存在的问题，从优化政治锻炼机制、优化考录选用机制、优化培养培训机制、优化监督管理机制和优化考核激励机制等方面提出加强区内公务员队伍建设的对策及建议。

（张大伟）

【选派13名年轻干部赴镇街实训】　4月，区委组织部研究制定《关于向镇街选派机关优秀年轻干部开展交流实训的实施方案》。4月20日，召开门头沟区选派机关优秀年轻干部赴镇街开展交流实训工作对接会，选派13名85后优秀年轻科级干部到各镇街实训锻炼。

（季海洋）

【新招录46名农村党建工作助理员】　5月1日，区委组织部完成新一轮46名农村党建工作助理员招录工作。

（白　璐）

【《首都社区防疫百人访谈录》采写工作】　5月，区委组织部选定门头沟区被采访人员5名，成立采写组。5月27日，组织采写组相关人员进行专题培训。6月10日，完成访谈录初稿采写工作，根据《前线》杂志社记者意见建议进行修改完善。11月14日，5名访谈对象先进事迹在《前线》APP上推送，并在“红色门头沟”微信公众号上同步转发，在全区进行宣传。

（柯尊超）

【政治能力提升专题研修班】　5月9日至7月19日，以提高政治能力为重点，探索创新疫情防控常态化下培训模式，举办处级一把手“政治能力”提升“云端课堂”专题研修班。研修班设置习近平新时代中国特色社会主义思想、政治形势研判、领导力提升等课程，实现全区128名正处实职干部参训全覆盖。5月11日至6月18日，以提高治理能力为重点，举办处级领导干部“治理能力”提升“云端课堂”专题研修班。研修班设置社会治理、乡村治理、基层党建、绿色发展等4个专题，全区183名副处级干部参加培训，实现镇街副处级领导干部全覆盖。

（孙　玥）

【党建引领物业管理工作】　5月，随着《北京市物业管理条例》的正式实施，成立区级物业工作实体化专班，建立“1+3”工作制度。出台《以红色门头沟党建为引领全面贯彻落实〈北京市物业管理条例〉的实施意见》和《门头沟区贯彻实施北京市物业管理条例（2020—2022）三年行动计划》，明确35项具体工作任务。编制《门头沟区提升物业“三率1311”工作法指导手册》，通过规范一系列具体操作流程和工作模板，全面加强对基层工作的指导。区级物业工作专班通过坚持“挂图作战”“四个一批”“镇街吹哨，专班报到”等措施，物业“三率”在全市率先实现100%。

（左岩彬）

【“百家企业行”活动】　5月，区委组织部持续“开展百家企业行”活动。“一对一”为企业提供政策宣讲、业务指导等服务，累计走访企业33家，服务人才60余人次。

（熊国菊）

【党员电教片制作及参评工作】　5月至6月，为纪念中国共产党成立99年，制作一部反映在新冠肺炎疫情防控工作中，全区各级党组织和党员发挥战斗堡垒和先锋模范作用的专题片——《京西战“役”党旗红》，并于7月1日、2日在区电视台进行展播。6月、12月，分别向市委组织部报送《背影》和《京西战役党旗红》《平西大地狼烟起 龙门涧中战旗红》等3部电教片，全部被采用为全市党员干部现代远程教育教学课件，在北京长城网上进行展播。

（袁　雪）

【全区基层党建重点任务推进会】　6月2日，区委组织部召开全区2020年基层党建工作重点任务推进会。会上，播放2019年度党建暗访专题片，4家基层党组织做经验介绍，区委组织部副部长仇燕军对基层党建工作重点任务进行部署。

（白　璐）

【《北京市工作居住证》业务审批权限下沉】　6月起，对门头沟区《北京市工作居住证》业务办理规程、细则进行梳理完善，梳理形成《北京市工作居住证审核要点》，为《北京市工作居住证》业务审核权限下放做好充分准备工作，8月24日《北京市工作居住证》业务审核权限正式下放。全年共办理北京市工作居住证业务671件，其中个人业务513件、单位业务158件。

（熊国菊）

【党建工作调查研究】 6月，区委组织部组织开展党建工作调研课题申报工作，全区共申报调研课题24项。11月，开展全区党建调研课题结题工作，形成22篇调研成果。12月，撰写形成《从疫情防控看党建引领基层社会治理的研究与思考》调研报告，并推荐参加市党建研究会自主课题评选活动。围绕落实全区党建大会精神、办好“关键小事”、老干部工作等中心任务，编辑出版《探索》刊物6期。

（张大为）

【北京市干教网门头沟分中心课程开发】 6月，区委组织部开发20门在线学习课程。设置党的建设、经济发展、社会治理、文化建设、科技前沿、国际外交、领导力等7个模块，作为全区公务员在线学习年度指定课程，进一步提高课程的覆盖面和利用率。

（孙　玥）

【个人有关事项报告专项整治】 6月至10月，对2019年以来的个人有关事项报告查核情况开展专项整治工作。对涉及的777人次逐人逐项进行复查，重点对查核不一致111人次提交的205份说明佐证材料进行复核复审，共梳理出领导干部填报个人有关事项方面问题3条、提出重新认定处理意见10条。

（解　洋）

【区级干部教育培训项目统筹】 7月31日，区委组织部下发《关于申报2021年区级培训项目的通知》，在单位申报、系统审核的基础上，对全区培训项目和经费进行深度统筹。

（孙　玥）

【“接诉即办 办好小事”意见印发】 7月，区委组织部起草《关于坚持“红色门头沟”党建引领基层社会治理 深化“接诉即办 办好小事”工作的实施意见》，经区委组织部部务会、区长办公会研究通过。7月23日，《意见》提请区委常委会审议并通过。8月3日，《意见》以区委名义印发全区。

（柯尊超）

【选调生录用安置工作】 7月，区委组织部对2017届选调生基层锻炼期间表现情况进行全面考核、客观评价，把在基层干得好、干部群众认可、发展潜力较大的选调生安排到关键部门、关键岗位。区内共录用安置14名选调生，其中进入区委区政府重要岗位13名，留任镇里1名。

（张大伟）

【干部人才挂职工作】 7月，区委组织部选派了7名援藏干部、3名援内蒙古武川县干部、2名援内蒙古察右后旗干部、3名援河北涿鹿县干部、1名援湖北神农架干部，以及50名专业技术人才外出挂职援建。年内，接收受援地到区内挂职的干部7名、专业技术人才30名。

（王金焕）

【建党99周年系列纪念活动】 7月，区委组织部指导各级党组织围绕纪念中国共产党成立99周年，广泛开展“党课开讲啦”、主题党日、志愿服务、走访慰问、共产党员献爱心捐款、点赞身边榜样等“七个一”系列活动，动员门头沟区各级党组织观看《京西战疫党旗红》党员电教片。

（黄海荣　徐　曼）

【挖掘资助党性教育资源】 8月，区委组织部深入挖掘资助全区红色党性教育资源。资助军庄镇、妙峰山镇、王平镇等3个镇的4个党性教育课程开发项目16万元，进一步构建具有京西特色的“红色门头沟”党性教育体系。

（孙　玥）

【农村发展党员违规违纪问题排查整顿】 8月至12月，区委组织部以雁翅镇为试点，开展排查整顿农村发展党员违规违纪问题试点工作，制定《2020年门头沟区排查整顿农村发展党员违规违纪问题工作方案》。

（黄海荣　徐　曼）

【组织人才健康体检】 8月10日至30日，区委组织部在区医院组织全区行政、事业单位区管处级干部，优秀企业经营管理人才，2019年认定的“门头沟区领军人才、门头沟区优秀人才、门头沟区青年人才”，第十二批“人才京郊行”专家，来区内挂职干部等专家、人才进行健康体检。

（熊国菊）

【确定10个人才资助项目】 8月至9月，区委组织部组织开展"门头沟区领军人才、门头沟区优秀人才、门头沟区青年人才"项目资助工作。最终确定对传承琉璃技艺等5个"领军人才、优秀人才资助项目"，新一代超轻型协作机械臂研发等5个"青年人才项目"，分别给予每个3万元、每个2万元的项目资助，共25万元。

（郝　宇）

【处级领导干部"云端周末大课堂"】 9月5日至12月5日，区委组织部与浙江大学合作，举办5期处级领导干部"云端周末大课堂"。设置创城实践、城市管理、民宿旅游、乡村治理、社会治理等课程，全区1560余人次参加培训。举办7期处级领导干部"云端周末大讲堂"，围绕"接诉即办"经验分享、经济社会发展情况分析、预算管理与执行、审计案例解析、应急突发事件处理、网络舆情应对、全面从严治党等设置课程，全区共有760余人次参加培训。

（孙　玥）

【生活垃圾分类主题活动】 9月17日，区委组织部印发《关于开展垃圾分类"党建引领新时尚三个益百践承诺"主题活动的通知》。要求利用100天左右时间进行集中动员发动，选树100名左右垃圾分类先进人物，总结100个左右社区垃圾分类小妙招，动员发动全区党员干部职工共同参与垃圾分类工作，着力破解社区垃圾分类社会动员难题。

（袁　雪）

【政工职评综合评审】 9月23日，区委组织部组织开展2020年政工师申报人员论文答辩，并召开区2020年政工职评综合评审会。会上，评审通过2名政工师和1名助理政工师，并按程序报市政工职评办备案。

（熊国菊）

【统计优秀年轻干部库】 9月24日，区委组织部初步完成优秀年轻干部名册及《干部任免审批表》等重要信息的收集工作。

（季海洋）

【对1248个党支部"体检"】 9月至10月，区委组织部对全区21家党（工）委1248个党组织开展党支部"体检"，从基本组织、基本队伍、基本制度、基本活动、基本保障5个方面共查摆出161个问题，推进党支部全面进步、全面过硬。

（白　璐）

【第29期科级干部任职进修班】 10月19日至11月6日，区委组织部在区行政学院举办"门头沟区第29期科级干部任职进修班"，53名新任职科级干部参加培训。

（孙　玥）

【主题教育整改落实情况"回头看"工作】 10月23日，区委组织部召开"不忘初心，牢记使命"主题教育整改落实情况"回头看"工作调度会，组织门头沟区主题教育各单位开展自查整改。

（黄海荣）

【"开门纳贤 共绘京西"百人计划实施】 11月，区委组织部启动"开门纳贤，共绘京西"百人计划。通过线上宣传、重点推介、精准施策，面向清华大学、北京大学等11所在京一流高校招纳优秀应届毕业生，"点对点"发布校园招聘公告，"屏对屏"提供实时在线政策解答和引才信息推送，吸引1856名毕业生"扫码入群"，为地区高质量绿色发展提供了坚实智力支持。

（张大伟）

【第29期公务员初任培训班】 11月16日至27日，区委组织部在区行政学院举办"门头沟区第29期公务员初任培训班"，54名初任公务员参加培训。

（孙　玥）

【2020年党员发展对象培训班】 11月17日至19日，区委组织部举办门头沟区2020年党员发展对象培训班。采用线上线下相结合的方式举办，全区300余名党员发展对象参加培训。

（徐　曼）

【人才国情研修班】 11月20日，区委组织部举办门头沟区2020年人才国情研修班，19名"门头沟区领军人才、门头沟区优秀人才、门头沟区青年人才""人才京郊行"专家参加培训。

（熊国菊）

【"百名英才"培训班】 11月至12月，区委组织部与西城区联合举办西城区第四期"百名英才"和门头沟区优秀人才国情研修班。通过集中组织开展云端讲座、学习交流等。西城区30余名"百名英才"和门头沟区10名优秀人才参加研修班。

（熊国菊）

【2020年度考试录用公务员工作】 12月，2020年度上半年

考试录用公务员和补充录用公务员部分环节交叉进行。经过职位申报、考生报名、笔试、资格审查、调剂、面试、体检、考察等环节，市委组织审批通过58名拟录用公务员申请。相关人员经过入职环节正式进入公务员队伍。

（杨秀婷）

【龙泉镇司法所当选市级人民满意公务员集体】 12月，区委组织部开展第七届北京市“人民满意的公务员”和“人民满意的公务员集体评选推荐工作。门头沟区司法局龙泉镇司法所被市评选表彰领导小组选定为人民满意的公务员集体。

（杨秀婷）

【村（社区）“两委”换届】 12月3日至4日，在京西红色党性教育基地举办“门头沟区推动绿色发展——村（社区）“两委”换届专题培训班”，各镇街党（工）委副书记、各镇组织委员、各街道党群办副主任共30余人参加培训。12月8日，区委召开村（社区）“两委”换届筹备工作推进会。会上，各镇街汇报前期筹备工作情况，区换届领导小组各成员单位进行表态发言，区领导对换届工作提出要求。12月17日，召开区委常委会暨门头沟区镇领导班子和和村（社区）“两委”换届工作领导小组会。会上，研究审议《关于做好全区村和社区“两委”换届工作的实施意见》《门头沟区落实《北京市村和社区党组织换届选举工作规程》的实施办法》等文件。12月25日，召开全区村和社区“两委”换届工作培训会。对各镇街党工委副书记、组织委员、选办工作人员及村（社区）党组织书记、村（居）委会主任、第一书记、党建助理员进行换届工作培训，全区村和社区“两委”换届选举正式开始。

（白　璐）

【获抗击疫情国家、市级表彰】 12月，门头沟区获全国抗击新冠肺炎疫情先进个人2名，获北京市抗击新冠肺炎疫情先进个人30名（含优秀共产党员3名）、先进集体9个（含先进基层党组织3个）。

（黄海荣　徐　曼）

【受理“12380”举报】 年内，区委组织部共受理“12380”举报反映处级干部的来信举报2件次、来电反映问题4件次、来电咨询政策1件次，收到由市委组织部举报中心转来的举报5件次。对受理、转来的信访举报采取直接查核、转办要结果等方式进行办理。其中，8件次直接办理答复、1件次留存、3件次转区纪委区监委办理。截至12月31日，除转区纪委区监委办理的仍有2件次正在办理中，其余10件次举报经查核反映的内容均不属实。

（解　洋）

【因私出国（境）证件管理审批】 年内，区委组织部共集中管理在职及退（离）休局级干部、在职处级干部及区管国有企业领导班子成员因私出国（境）证件813份，其中因私普通护照289份、往来港澳通行证160份、大陆居民往来台湾通行证364份，做到“应备尽备、应收尽收”。全年共批准在职处级干部1人因私出国（境）。

（解　洋）

【领导干部进行提醒、函询和诫勉】 年内，区委组织部综合个人有关事项报告查核、信访举报、选人用人检查等工作中发现的问题，共对56名个人有关事项报告基本一致的领导干部进行提醒补报、对1名个人有关事项报告漏报情节较轻的领导干部进行书面提醒、对15名个人有关事项报告查核不一致的领导干部进行函询。

（解　洋）

【经济责任审计和自然资源资产离任审计】 年内，区委组织部对8名党政正职开展经济责任审计，对1家单位的2名党政正职开展自然资源资产离任审计，并提出相应整改建议。

（解　洋）

【完善干部履职“负面清单”】 年内，区委组织部统筹整合纪检监察、审计、信访、公检法以及民主测评、“一报告两评议”、个人有关事项报告查核、“12380”举报、专项清理整治等各渠道干部监督信息，健全完善干部履职“负面清单”，共收集干部履职负面信息83条。

（解　洋）

【疫情防控工作】 年内，区委组织部开展全区机关事业单位“千人战役”。组织党员干部下沉社区（村）开展疫情防控工作，共抽调29批次30441人次下沉社区（村）值守，涉及72个机关事业单位，覆盖全区8个镇街、152个社区（村）。

（王金焕）

【做好团职军转干部安置】 年内，区委组织部安置1名团职干部到区司法局任二级调研员。

（王金焕）

【干部抽调】 年内，抽调干部450人次参与疫情防控、创城、巡视巡察、109高速、垃圾分类、“接诉即办”等全区中心工作和重点任务。

（王金焕）

【干部人事档案管理】 年内，区委组织部开展干部人事档案“全覆盖”检查。检查单位75家，抽查档案587本，整改问题496个。2020年，新增处级干部档案57本。提供档案查借阅527人次。

（王金焕）

【全区人才工作调研】 年内，区委组织部对全区科技、经济、教育、卫生、农业、社会等多个领域的人才队伍牵头单位、用人单位、人才代表等进行了调研走访，召开人才座谈会15次，单人访谈80人次，进一步深化对全区人才工作的认识和谋划。

（熊国菊）

【《北京市工作居住证》核查】 年内，区委组织部开展2020年度《北京市工作居住证》抽查、核查工作，与税务部门联动，针对企业基本情况、个税缴纳情况、企业注册地、工作居住证办理情况进行系统筛查，累计核查企业917家。

（熊国菊）

【人才引进】 年内，区委组织部累计申报人才引进需求20人，留学人才引进需求3人、解决夫妻两地分居需求37人；共办理人才引进业务3人、留学人才引进业务1人，解决夫妻两地分居业务8人。

（熊国菊）

【2019年度干部统计】 年内，区委组织部完成全区领导班子统计表、处级干部统计表、事业单位领导人员统计表和优秀年轻干部统计表等报表填报，完成材料汇总校核和上报工作，开始接受全市第一轮集中会审。

（季海洋）

【“千人战疫”专项行动】 年内，区委组织部开展共27批次，每轮抽调1000名左右机关事业单位干部共3.1万人次下沉社区（村）参与疫情防控工作专项行动。制定《关于抽调机关事业单位干部下沉社区（村）开展“千人战疫”专项行动的方案》，通过“红色门头沟”公众号发起线上提交请战书、填写值守记录卡、推送“千人战疫”二三事之战疫心语等活动记录战疫风采。在做好全区机关事业单位干部下沉社区（村）选派和轮换工作的同时，注重提振士气，激励干部担当作为，连续印发《关于在打赢疫情防控阻击战中开展“五看五比”专项行动的通知》《关于激励广大干部在新冠肺炎疫情防控一线担当作为的若干举措》等文件。建立下沉干部“战疫20条”评价体系，由社区干部对每轮下沉干部工作进行打分测评，区委组织部撰写阶段性分析报告，引导激励广大党员、干部在疫情防控、垃圾分类、物业管理、文明促进等急难险重任务中争当“红色先锋”。

（杜学良）

【干部选拔任用整体工作】 年内，区委组织部共选任干部26批次、617人次，其中提拔72人次、进一步使用干部17人次、交流调整等114人次。晋升二级巡视员4人次，二级高级法官1人次，二级高级检察官1人次。全年持续做好全区领导干部人事任免、职级晋升、局级干部出国离京、党政班子工作安排、机关报周报、正处职名册及任免表季报工作，持续做好处级干部信息管理库专项信息维护工作，有效提高了全区领导班子、干部队伍建设整体水平。

（季海洋）

【实现镇、街、园区党群服务中心全覆盖】 年内，全区投入使用的党群服务中心（站点）达到80个，实现全区各镇、街、园区党群服务中心全覆盖。

（左岩彬）

【组织接转国有企业退休人员590人】 年内，区委组织部指导、协调各镇（街）党（工）委持续做好国有企业退休人员党员组织关系接转工作，门头沟区接收国有企业退休人员组织关系590人。

（黄海荣　徐　曼）

【发展党员工作】 年内，区委组织部完成北京市下达的473名计划数，其中火线入党21名。

（解　洋　徐　曼）

宣传工作

【概况】 2020年，区委宣传部坚持把学习宣传贯彻习近平新时代中国特色社会主义思想作为首要政治任务，紧密围绕全面建成小康社会、生态文明建设、创建全国文明城区等主题开展区委理论中心组学习12次，对二级理论学习中心组巡听旁听、实地检查30余次。打造“六个讲堂”，扎实开展党的十九届五中全会精神学习宣传。总结推广中关村门头沟科技园当代马克思主义读书会经验做法，在党政机关、非公企业、“两新组织”等18家基层单位开展当代马克思主义读书活动。《门头沟区：创建基层当代马克思主义读书会 推动党的创新理论“飞入寻常百姓家”》入选全国2020年《宣传思想文化工作案例选编》。用好“学习强国”平台，夯实支部学习基础，全年发稿125篇。

紧盯区域发展亮点工作，围绕创建全国文明城区、生态文明建设、农村人居环境提升、基层社会治理等主题开展25场集中采访活动，在中央、市属各主流媒体上刊发刊播报道260余篇。依托“一台一报两微一端”，围绕区域绿色发展等推送相关新闻3000余条，区融媒体中心成为全市第一家接入“北京云.融媒体”平台的区级融媒，第一批取得《互联网新闻信息服务许可证》的新闻单位。意识形态领域总体态势向上向好，加强对涉疫舆情、垃圾分类、社区治理等重点监控及预警，全年共监测舆情信息6775件。

2020年在创城综合测评中获全市实地测评第一，得到中央文明办、首都文明办领导的高度认可，打造文明城区创建的“北京样板”，成功实现争创首都文明示范区和全国文明城区提名“双达标”的目标。常态开展“比学赶超”擂台赛、率全市之先推出文明社区和农村“两考合一”等机制。贯彻落实《北京市文明行为促进条例》，持续打造“门头沟热心人”品牌，创城社会动员机制高效运转。2个文明村镇、4个文明单位、1个文明家庭、1名先进个人荣登全国精神文明建设光荣榜

扎实推进西山永定河文化带和长城文化带建设，运用数字技术打造第十四届永定河文化节，马栏村入选“全国红色旅游发展典型案例”，川底下村入选第二批全国乡村旅游重点村。连续举办两季北京精品民宿发展论坛暨“门头沟小院”推介活动，率先为第一批精品民宿办齐“一照、两证、一系统”，打造“门头沟小院”金名片。与北京电视台合作策划推出“一红一绿”2条旅游线路。深入挖掘系统梳理区内历史、人文等资源，牵头策划编写《北京门头沟》一书。与北京曲剧团合作编排曲剧《京西火种》，迎接建党100周年。支持办好实体书店，出台《门头沟区推进实体书店建设实施意见》及扶持办法，全区实体书店达30家。指导支持门头沟区第一部抗战题材的电影《京门烽火》开机拍摄，为建党100周年献礼。

单位名称：中国共产党北京市门头沟区委员会宣传部
地　　址：北京市门头沟区新桥大街36号
电　　话：69842184
邮　　编：102300

（陈佳琳）

【“市区两会”专题宣传】 在市、区“两会”召开期间，区委宣传部综合运用《北京日报》《新京报》《北京青年报》、北京电视台、千龙网、人民网等中央及市属重点媒体，围绕2019年工作总结以及2020年工作重点，宣传报道区内生态环境建设、经济社会发展、区域文化发展、重点民生工程、党建工作等方面的主要成就，刊发各类稿件100余篇次。

（赵盈春）

【“农村人居环境”集中采访】 6月9日，以“门头沟农村人居环境荣获国务院奖励”为主题，策划组织中央及市属10余家主流新闻媒体，前往清水镇洪水口村开展农村人居环境整治成效典型经验专题宣传报道工作，先后在各类媒体刊发各类稿件10余篇。

（赵盈春）

【北京精品民宿发展论坛集中采访】 7月29日，区委宣传部组织中央及市属10余家主流媒体参加由市文化和旅游局、区政府共同主办“2020北京精品民宿发展论坛暨门头沟小院推介会”。报道门头沟区对外发布《“门头沟小院+”田园综合体实施方案》和《精品民宿扶持办法》等精品民宿扶持政策，启动“门头沟小院”品牌系列推广活动。

（张　雯）

【组织参观主题展览】 10月至11月，区委宣传部组织辖区干部群众1000人次到军事博物馆参观“纪念中国人民志愿军抗美援朝出国作战70周年主题展览”，深切感受志愿军将士的英雄气概和不畏强敌、制胜强敌的精神。

（赵盈春）

【市级爱国主义教育基地申请命名考评】 11月6日，根据区级前期申请及市委宣传部综合考评情况，市委宣传部市级爱国主义教育基地命名考评组对斋堂镇宛

平抗日烈士纪念园申请市级爱国主义教育基地进行实地考评。

（赵盈春）

【视频直播实操培训】 11月12日，区委宣传部举办视频直播实操培训，围绕宣传干部素养提升、了解掌握传播规律、主动应用新兴媒体能力等方面进行培训，各镇街新闻发言人和宣传干部26人参加培训。

（张 雯）

【第十五届北京市“双优”评选表彰】 11月23日，第十五届“北京市思想政治工作优秀单位、优秀思想政治工作者”表彰名单公示，门头沟区获优秀单位3个、优秀工作者3名。获奖集体和个人为2018年以来，在全区思想政治工作方面取得突出成绩、做出突出贡献的基层单位和个人，重点向基层一线倾斜、向重点领域倾斜、向服务保障“新中国成立70周年庆祝活动”中的先进典型倾斜、向抗击新冠肺炎疫情一线的基层党组织和党员干部倾斜。

（高学雷）

【区级爱国主义教育基地考评】 年内，区委宣传部组织开展区级爱国主义教育基地考评工作，强化教育基地身份认同和责任担当，组织爱国主义教育基地联席会成员相关单位，对全区爱国主义教育基地进行综合考评，对3家爱国主义教育基地进行奖励，进一步推动爱国主义教育基地管理工作。

（赵盈春）

【出版物发行单位核验】 年内，区内应参加年检的出版物发行零售单位187家，通过年度核验147家，40家缓检，1家注销。从业人员708人，年销售额为27913.5万元，年利润2246.5万元。因受新冠肺炎疫情影响，市新闻出版局对《北京市新闻出版局关于开展2020年北京地区出版物发行单位年度核验工作的通知》的相关安排做出取消现场审核的调整。区委宣传部对参加年度核验的单位，采用网上初审和终审的方式对通过核验的企业办理年度核验工作。

（张 雯）

【出版物发行单位审批】 年内，区委宣传部共办理出版物发行单位审批79件，其中办理出版物零售企业设立事项56件、出版物零售企业变更事项20件、出版物零售企业分支机构备案事项2件、出版物企业注销1件。

（张 雯）

【区领导直播带货土特产】 年内，区委宣传部联合北京日报、拼多多平台共同策划“逛潭柘戒台·赏京西山水·住精品民宿·尝鲜门头沟大樱桃”直播带货活动。5月17日，邀请门头沟区领导作为带货嘉宾，通过北京日报客户端和拼多多直播平台向全国网友推荐门头沟的樱桃、熟蜜、酱肉等特色产品及知名景区和民宿。直播累计观看达198.3万人次，带动农产品销量比平日上涨近310%。这是北京首次由区级负责人出镜为当地农民直播带货。

（张 雯）

【新冠肺炎疫情防控宣传】 年内，区委宣传部成立疫情防控宣传工作领导小组和工作专班，认真研究安排新闻宣传和舆论引导工作。利用“一台一报两微一端”等多媒体宣传平台，开设“讲奉献 争第一 众志成城抗击疫情”“战疫有我 统一战线的故事”等专栏专版，推送区内疫情防控相关新闻3000余条，制作播出多条疫情防控媒体公益广告，制发“文明健康、有你有我”主题公益广告2万余张。主动策划组织媒体记者深入区内基层一线进行采访，先后在《人民日报》、中央电视台、《北京日报》、北京电视台等中央、市属媒体上刊发（播）报道260余篇，全方位多角度对区内疫情防控工作进展情况及时进行宣传报道。其中，《斋堂卫生服务中心疾控科主任刘德芬“抗疫”母女的故事》，2月25日在CCTV《新闻联播》播出；在《人民日报》先后刊发《战疫一线 践行初心》《北京7万名干部下沉一线全力战疫》《每天5万步“战疫力“爆表》等报道；在《北京日报》头版刊发《门头沟千名党员干部下沉一线“战役”》；结合区内防疫工作阶段性特点，先后在《北京日报》《北京晚报》刊发《门头沟热心人筑牢防疫钢铁防线》《退役不褪色防疫冲在前》《“火线党员”回社区》等整版报道；在北京电视台播出《放下3000副医用手套就走 为热心人点赞》《人相隔心相连 一家三口齐战疫》《“顶岗”担当 北京门头沟区第二批“火线入党”党员践行初心使命》《门头沟区千余基层党组织坚守疫情防控第一线》等重点报道。

（赵盈春）

【政治理论学习宣传】 年内，扎实深入开展党的十九届五中全会精神学习宣传。打造“书记讲堂、干部讲堂、专家讲堂、校园讲堂、百姓讲堂、网络讲堂”等“6个讲堂”，推动全会精神覆盖到每一个支部、每一名党员。用好《习近平谈治国理政》第三卷配发工作，确保全区党员人手一本。制定对各级党委（党组）理论学习中心组学习开展巡听旁听工作方案，巡听旁听、实地检查30余次。

（高学雷）

【当代马克思主义读书会】 年内，门头沟当代马克思主义读书会经验持续推广，相关经验做法入选中宣部2020年全国《宣传思想文化工作案例选编》。门头沟区在党政机关、非公企业、两新组织等8个领域的18家基层单位推广当代马克思主义读书活动。区委宣传部编印《门头沟区当代马克思主义读书会开展读书交流活动导引话题》，结合地区发展实际提出10个导引话题和相关阅读篇目，引导会员用马克思主义理论指导实践、引领发展。

（高学雷）

【实体书店建设统筹推进】 年内，区委宣传部成立实体书店建设专项工作领导小组，统筹协调具体工作。多次召开调度会进行专题研究，作出具体部署。研究下发《门头沟区推进实体书店建设实施意见》，明确年度实体书店建设任务和目标。拟定《门头沟区实体书店资金扶持管理暂行办法》，助推实体书店建设发展。积极促成千平米书城“更读书社”和24小时书店的落地，督导各属地如期完成建设任务，如期完成实体书店建设30家，结合地区特色推动“书店+”业态的发展，提升城乡品质，满足公共文化服务需求。

（高学雷）

【“扫黄打非”工作】 年内，区委宣传部完善门头沟区“扫黄打非”工作领导小组，印发《门头沟区2020年“扫黄打非”暨文化市场管理行动方案》。召开会议进行专题研究。协调开展专项行动，特别是在疫情防控期间，区文化市场执法大队通过现场检查、电话抽查、短信提醒等形式共出动执法人员381人次、车辆157台次，共检查各类场所774家次，确保区内文化文艺阵地的安全平稳。

（高学雷）

【新时代文明实践服务品牌建设】 年内，门头沟区作为全国第二批试点之一，充分发挥全区新时代文明实践所、站以及两级文明实践员的阵地和骨干作用，13个镇街新时代文明实践所及299个村社区新时代文明实践站，打造30个形式多样的新时代文明实践基地，形成“专项资源有特色、辐射领域无盲点”的“全网通”模式。推出城子街道“时代领读者”、大台街道“绿色快车”、龙泉镇“龙泉学堂”、王平镇东马各庄“德马行储蓄所”、大峪街道党员志愿服务联盟等一批特色品牌样板。整合737支志愿服务队伍、2497名志愿者在平台注册，共开展志愿服务2000余次，参与人数达2万余人。年内，区新时代文明实践中心东辛房新时代文明实践所服务品牌“一米阳光”入选中央文明办建设新时代文明实践中心工作方法100例，成为国家级新时代文明实践中心、所、站、基地、志愿服务队建设中，具有自身特色的志愿服务活动品牌。年内，区新时代文明实践中心在区融媒体手机客户端增添新时代文明实践中心志愿服务平台入口，独立实现“菜单平台”功能，实现“三个中心”贯通。

（张紫妍）

【选树“北京榜样”“身边好人”典型】 年内，区委宣传部在全区“门头沟热心人”范围内广泛征集优秀典型，向首都文明委推荐“北京榜样”候选人22名、“身边好人”候选人23名，其中王永萍被提名为“北京榜样”周榜人物、师恩光当选为“中国好人榜”的敬业奉献类“身边好人”。

（黄骞仪）

【百姓宣传工作】 年内，门头沟区建立区、镇街、村居三级宣讲队伍，组建“决胜全面小康决战脱贫攻坚”“众志成城共抗疫情”“红色门头沟永远跟党走”为主题的“三合一”百姓宣讲团，组建各级宣讲团20支，推动宣讲进企业、进农村、进机关、进社区、进校园、进网络，切实将党的创新理论送到“田间地头”，全年到镇街、机关等基层开展百姓宣讲100余场，直接受众2万余人。门头沟区百姓宣讲团被评为2019年度北京市“特色宣讲团”，4人被评为北京市“优秀宣讲员”。区委宣传部召开2020年全区百姓宣讲工作部署会，并表彰2019年度百姓宣讲工作优秀组织单位和优秀宣讲员。年内，推出《生态富民 决胜小康——当好“两山”理论守护人》短视频，展现区内清水镇洪水口村脱贫攻坚工作阶段性成果，在学习强国、央视等平台播放量超过2500万次，点赞量超过40万次。

（高学雷）

统战工作

【概况】 2020年，门头沟区委员会统一战线工作部（简称区委统战部）成立以区委常委、统战部部长为组长的区新冠肺炎疫情防控指导组，走访指导园区楼宇企业、宗教场所（聚会点）、重点景区、商超门店、餐饮企业等200余处。上报信息50余篇，印发指导组工作信息8期，刊登信息40余条。发挥“8+1”资源优势，市区统战成员共为疫情防控捐款142.3万余元，捐赠各类防疫物资、生活物资总价值达1762.5万元。各界党外人士报送疫情防控建言类信息30余条。结合疫情防控调整培训方式，探索“网络思政”工作新模式。在“学习强国”APP建立“门头沟党外人士学习小组”，共有400余人次参加学习；举办门头沟区委统战部2020年党外代表人士“云端课堂”培训班。加强疫情期间宣传引导工作，通过微信公众平台发出《众志成城抗疫情 统一战线展担当》《战“疫”有我》两个系列22篇文章，在京西时报刊登《勠力同心抗疫情 画出最美同心圆》专版文章及8篇统一战线抗疫故事。制定《关于进一步深化北京市各民主党派重点支持门头沟区发展“8+1”行动的工作方案》，形成《2020年“8+1”行动项目帮扶需求》，立足区内各部门、镇街、村居工作需求，整合对接党派资源，新形成30个项目。推进党外代表人士队伍建设，对全区党外科级干部进行全面排查摸底，健全完善党外干部台账，形成《区党外人大代表名单》《区党外政协委员名单》《区优秀正科级党外干部名册》《区政府工作部门领导班子中党外处级干部名单》《区法检机关领导班子中党外处级干部名单》。

单位名称：中国共产党北京市门头沟区委员会统一战线工作部
地　　址：北京市门头沟区新桥大街36号
电　　话：69825265
邮　　编：102300

（王培宽）

【“8+1”行动】 1月3日，致公党北京市委携手中国文学艺术基金会姜昆艺术公益基金到门头沟区东辛房街道办事处文化中心举办平安过寒假 快乐过春节——“致爱少年”系列活动。1月14日，庚子（2020）年民进全国“春联万家·迈向小康”北京会场活动在门头沟区举行。4月21日，民建北京市委引进中华思源工程扶贫基金会向门头沟区捐赠负压救护车。4月24日，市委统战部到门头沟区调研“8+1”行动，听取了门头沟区委统战部关于“8+1”行动工作的汇报、就下一步工作计划进行座谈交流。5月15日，民进北京市委带领会员企业到门头沟区雁翅镇大村调研对接，实地考察大棚种植、村集体流转土地建设情况，围绕农产品种植及产业发展进行座谈交流。5月19日，农工党北京市委秘书长到门头沟区就如何进一步推动“8+1”行动向深、向细、向实发展的主题，进行精准帮扶，并开展助力门头沟区发展调研。7月21日，调研推进“8+1”行动。考察“8+1”行动重点项目“景山学校京西实验学校”施工建设情况，参观了“中建·百花山社”精品民宿、梁家庄村民宿院落。在门头沟区清水镇及10个视频分会场召开了2020年“8+1”行动推进会。会上，听取了“8+1”行动工作情况汇报，发布了30个“2020年‘8+1’行动重点项目”，门头沟区政府向各民主党派赠送“‘8+1’同心抗‘疫’，聚合力驰援京西”锦旗。9月11日，民建北京市委主委带领“名誉户主”到雁翅镇房良村，帮助低收入户收核桃，并安排专家讲解核桃管理知识。9月29日，中国民主同盟“科学探索·圆梦行动”农村未成年人航天科普志愿服务行动全国主场活动启动仪式和主题报告会在北京市门头沟区少年宫举行。启动仪式后，民盟北京市委领导前往对口帮扶的门头沟区南辛房村，为首都多党合作实践教育基地民盟分基地揭牌。10月27日，农工党中央专职副主席到门头沟区雁翅镇青白口村调研“8+1”行动，参加首都多党合作实践教育基地农工党北京市委分基地揭牌仪式，并参观分基地展室，了解健康角“胶囊诊所”使用情况。11月16日，民进中央主席蔡达峰到门头沟区调研“8+1”行动重点项目成果。查看首都多党合作实践教育基地民进北京市委分基地、民进北京市委帮扶炭厂村污水处理项目及景山学校京西实验学校施工现场，参加北京师范大学教师教育研究中心与门头沟区教委“门头沟区未来教育家培育基地”项目签约仪式。

（王培宽）

【首都多党合作教育实践基地建设】 1月3日，首都多党合作教育实践基地民建北京市委分基地揭牌仪式在雁翅镇房良村举行。1月21日，“同心正道70载 首善创新勇担当”庆祝北京民进成立70周年——首都多党合作实践教育基地民进北京市委分基地揭牌仪式在妙峰山镇炭厂村举行。

（王培宽）

【疫情防控】 1月28日，区委统战部向全区统战成员发出联合抗击新冠肺炎疫情倡议。成立区疫情防控指导组对基层村居、“七小门店”、商超等进行疫情防控指导工作，印发各类疫情防控宣传材料等。

（王培宽）

【党外代表人士培训班】 6月10日，区委统战部联合区社会主义学院采用线上直播培训模式，举办门头沟区委统战部2020年党外代表人士“云端课堂”培训班。区各民主党派、区知联会、区新联会、宗教团体成员及区委统战部全体干部80余名学员通过电脑、手机等网络终端参加培训。

（王培宽）

【统战工作领导小组全体（扩大）会议】 12月22日，门头沟区召开2020年统一战线工作领导小组全体（扩大）会议。会上，传达习近平总书记关于新时代民营经济统战工作重要指示、全国及全市民营经济统战工作电视电话会议精神，传达中央及市委关于宗教工作会议精神，部署下一步民营经济统战工作和宗教专项治理工作。

（王培宽）

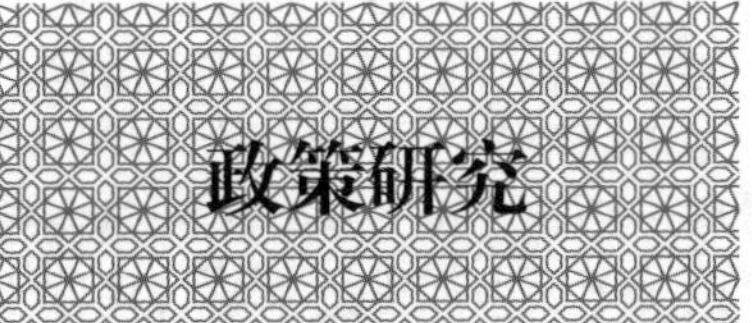

政策研究

【概况】 2020年，区委研究室紧扣地区发展战略全局，聚焦打造“两个品牌”，完成疫情防控、文稿起草、调查研究、深化改革各项工作任务。组织推动各单位围绕全区中心工作和经济社会发展大局，深入开展调查研究，为区委、区政府科学决策提供服务参考。统筹协调全区全面深化改革工作，对标中央、市委改革决策部署，制定年度改革工作要点和重点督察计划，实行建账管理跟踪督办，推动各项改革举措落地见效。突出以文辅政，坚持以文立室，树立精品意识，提升文稿质量，全面提升服务决策的能力和水平。

单位名称：中共北京市门头沟区委研究室

地　　址：北京市门头沟区新桥大街36号

电　　话：69842694

邮　　编：102300

（陈　凯）

【《调研成果汇编》印发】 年初，区委研究室从2019年全区调研成果中选取42篇优秀调研报告，编印《2019年门头沟区调研成果汇编》，为全区各单位破解难题、创新发展、总结经验提供参考。

（陈　凯）

【新冠肺炎疫情防控】 年内，区委研究室抽调30%干部到区疫情防控办，有力保障全区疫情防控工作的高效运转。年内，编印疫情防控工作简报236期、防控汇报209期；相关领导带队选派60%干部下沉社区参加“千人战疫”，累计下沉239人次。

（陈　凯）

【文稿起草工作】 年内，区委研究室起草区委重大文稿百余篇，约30万字。完成区委第十二届十次、十一次、十二次全会，抗击疫情阶段总结推进会等重要文稿起草工作；抽调骨干力量成立区委“十四五”规划建议起草组，完成区委关于“十四五”规划的建议初稿起草任务；对标对表市委《关于贯彻落实市委十二届十次全会〈实施意见〉重要举措分工方案》，协助区委起草门头沟区任务分工方案，确定重要任务254项。

（陈　凯）

【统筹全区调查研究工作】 年内，区委研究室聚焦践行“两山”理论、“红色门头沟”党建品牌和“绿水青山门头沟”城市品牌建设、京西产业转型升级示范区建设、民生服务等全区经济社会发展重要领域，组织协调各单位承办区级领导重点调研课题26项、区重点关注调研课题52项。承办完成《关于门头沟区推进京西产业转型升级示范区建设的实践探索和路径研究》等区级重点调研课题。9月，举办门头沟区调查研究工作培训班“云端课堂”，进一步提高调研工作队伍能力和水平。

（陈　凯）

【全面深化改革工作】 年内，区委研究室统筹制定2020年改革工作要点，明确10方面36项重点改革任务，提出10项需跨部门、跨领域联合攻坚的重大改革事项，

21个拟审议的改革议题计划及10项重点督察事项。年内，36项重点改革任务全面完成；召开区委全面深化改革委员会会议5次，审议通过议题26个，出台改革意见及方案28个；召开改革专题会议3次。在市级平台展示交流门头沟区基层改革创新成果，围绕综合考评、点状供地、人居环境整治等主题形成改革经验性信息，被市委改革办采用8篇，其中6篇获区委主要领导批示，1篇获市委改革办领导批示。

（陈　凯）

【决策信息服务】　年内，区委研究室将原有的3个内部刊物整合改编成《决策参考》。建立“人人搞调研”机制，班子成员每人牵头一个调研小组，机关干部全员参与，围绕区委中心工作、民生热点问题等，围绕一个专题开展调查研究，形成专题调研报告，以《决策参考》形式呈报区领导。年内，围绕复工复产、精品民宿发展、社区治理、公共卫生体系建设等主题，形成《决策参考》8期，获区委主要领导批示1期；聚焦“两个品牌”建设，编印《以“红色门头沟”党建引领“绿水青山门头沟”建设的重要名词参考释义》，被区委主要领导批示纳入社区村、机关干部应知应会内容。

（陈　凯）

机构编制

【概况】　2020年，门头沟区委机构编制委员会办公室（简称区委编办）围绕落实生态涵养区功能定位以及打造“红色门头沟”党建品牌和“绿水青山门头沟”城市品牌建设，统筹谋划事业单位改革，纵深推进基层管理体制改革，落实专项领域改革任务，强化机构编制管理刚性约束，不断推进机构编制管理规范化、法制化建设，为推动全区高质量发展提供体制机制保障。年内，按照深化行政执法体制改革要求，在整合优化基础上推进承担行政执法职能事业单位改革，做好机构组建、编制置换、人员转隶等政策衔接。

单位名称：中共北京市门头沟区委机构编制委员会办公室

地　　址：北京市门头沟区中门寺街16号

电　　话：69836448

邮　　编：102300

（李新华）

【区级事业单位改革试点工作】　年内，区委编办对区属和部门所属事业单位进行全面走访调研并做好机构编制人员信息等数据的统计测算，结合生态涵养区功能定位，以及打造“两个品牌”等区域发展需要，深入挖掘事业单位在领域间、领域内结构布局方面的问题，科学合理设置事业单位。选择部分面向社会提供服务的部门所属事业单位，探索建立政事权限清单和事业单位章程，并以制定“三定”规定为契机，推进事业单位管理规范化、法制化。

（李新华）

【经营类事业单位改革】　年内，区委编办印发《关于加快推进我区经营类事业单位改革工作的通知》。组织相关部门召开经营类事业单位改革工作推进会，协调区政府督查室下发《工作督办通知》，督促各主管部门加快推进改革任务。协调解决改革过程中存在的问题，加速推进区供暖服务中心、区垃圾无害化处理中心、区液化气站和区影剧院等4家经营类事业单位改革收官工作。

（李新华）

【乡镇机构改革】　年内，全面实行乡镇职责清单制度，将431项行政执法职权下放至镇街集中行使。优化机构设置，镇街党政机构普遍推行“大部制”扁平化管理，设立“接诉即办”工作机构，事业单位统筹设置并成立统一的综合执法队。充实基层人员编制，将各镇街司法所、统计所和各镇经管站由部门管理调整为属地管理，冲销置换统计专项编制，增加各镇街政法专项编制；通过组建镇街综合行政执法机构并下沉行政执法专项编制，实现街道乡镇城管执法编制在区内城管执法编制总量中占比不低于80%。

（李新华）

【街道统计机构管理体制调整】　年内，区委编办将4个街道统计所与社区建设办公室综合设置，保留统计所牌子，管理体制调整为属地管理。

（李新华）

【中关村科技园区门头沟园管理体制调整】　年内，区委编办调整中关村科技园区门头沟园管理体制，设立中关村科技园区门头沟园党工委、管委会，为区委区政府派出机构。制定并以区委办公室和区政府办公室名义印发《〈中共北京市门头沟区委中关村科技园区门头沟园工作委员会中关村科技园区门头沟园管理委员会职能配置、内设机构和人员编制规定〉的通知》。捋顺园区管理机构与相关事业单位关系，以区委编委名义印发《关于调整中关村科技园区门头沟园管理机构和事业单位设置的通知》。

（李新华）

【“接诉即办”工作体制机制调整】 年内，区委编办调整“接诉即办”工作体制机制。强化门头沟区城市管理指挥中心，优化镇街“接诉即办”机构，明确职能部门“接诉即办”责任科室，配齐配强专职工作力量，提升各级部门“接诉即办”问题解决能力。

（李新华）

【完善全区森林防灭火机构体系】 年内，完善全区森林防灭火机构体系，优化应急救援机构建设，充实人员编制，进一步加强门头沟区森林消防综合应急救援队伍能力建设。调整区级森林公安机关管理体制，加强园林绿化部门森林防火机构建设，建立健全公安机关和园林绿化部门工作协作机制，全面提升森林火灾综合防控能力。

（李新华）

【机构调整】 年内，区委编办完成门头沟区人大常委会机关、门头沟区政协机关工作机构调整，并充实人员力量；在区委组织部加挂区委“两新”组织工委牌子，完善工作职能，增强对“两新”组织党建工作的领导。

（李新华）

【权力清单建设】 年内，区委编办对照市级行政职权事项调整情况，组织各部门对全区权力清单进行动态调整并在政府门户网站上公布，强化对政府权力运行的监督管理，发挥权责清单基础性制度效用，不断提升部门履职尽责水平。

（李新华）

【机构编制法定化】 年内，区委编办制定《门头沟区学习贯彻〈中国共产党机构编制工作条例〉工作方案》，并在区委理论中心组学习中对《条例》进行讲解介绍；举办《条例》专题培训班，强化各部门机构编制责任意识；开展机构编制违规问题自查自纠工作，梳理汇总违规问题，定期督促相关部门落实整改；配合市级审计部门完成我区机构编制审计工作。

（李新华）

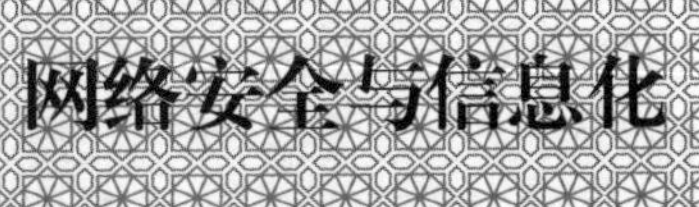

网络安全与信息化

【概况】 门头沟区委网信办2018年1月9日正式成立，为区委工作机构，挂靠区委宣传部，机构规格为正处级。主要职责是承担区委网络安全和信息化委员会日常事务工作，协调督促有关部门落实领导小组的工作部署和要求；指导推进区属党政机关、重点行业网络安全保障和信息化工作，协调推动公共服务和社会治理信息化，指导网络安全信息共享和通报；组织协调网上宣传和舆论引导工作，维护互联网意识形态安全，承担行政区域内互联网信息内容监督管理执法工作；协调处理网络安全和信息化重大突发事件。

2020年，区委网信办全体党员带头发扬“讲奉献争第一”的门头沟精神，坚定地站在新冠肺炎疫情防控工作的最前线，全部参与下沉值守，分别到妙峰山镇水峪嘴村、永定镇远洋新天地小区、永定镇西长安壹号小区、龙泉镇新河西路小区参加社区疫情防控值守。全体党员还到自己居住的社区参与在职党员报道，完成党员“双报到”工作。

年内，坚持“5+2、7×24小时”网络舆情监控，持续优化“舆情监控、分析研判、协同引导、效果评估”工作模式。围绕市区中心工作，加强对涉疫舆情、滞留户清零、垃圾分类、社区治理等重点监控及预警，以“舆情四报告”为抓手，在《门头沟今日舆情》增设“重点关注”“网络舆情风险研判”“舆论引导”“落实与反馈”等栏目。共监测到舆情信息100052件，制发《门头沟今日舆情》365期，《舆情月报》12期。5月，新增《网络舆情风险研判》专刊，加强舆情趋势研判分析力度，初步形成舆情风险“日研判、月梳理”的工作新局面。6月，启动新一轮网络舆情关键词需求分析，共统计年度内舆情敏感词1228个，进一步完善关键词库，扩大监测范围。增设《门头沟区委网信办涉区新冠肺炎舆情专报》，研判分析每日涉疫正负面报道及网民关注重点内容，共制发疫情专报109期，通报涉疫舆情158件。保持与市委网信办、区相关部门信息互通，实现谣言及负面有害信息“早发现、早报告、早处置”，对32起3000余条涉区不实网络信息进行联调联控，共通报属地、委办局相关舆情327件，协调处理不同领域多起民生问题。

年内，创新丰富宣传形式，宣传力度显著提升。围绕区级重点工作策划推出《门头沟这处500平方米的高颜值书屋等你去打卡！》《秋之永定河 风景无限好》等文章。开通微信“视频号”，形成“两微一端三视频”的多维宣传阵地。策划开展“垃圾分类”“防范网络电信诈骗”“国家安全教育”等有奖答题活动，“红叶照片”“光盘净碗”等有奖征集活动。陆续制作“垃圾分类”“创建文明城区”“网络安全”等宣传海报、配图150余幅，短视频70余个。疫情防控期间，全平台发布区内疫情防控工作举措及成效，相继发布《门头沟百名精兵援检测，“千人战疫”亮底色！》《“战疫”有底气！门头沟热心人再上阵》等1270余篇信息，累计阅读量达2011万余次，其中《门头沟区连续70天无新增，“三清零”第36天！》等8个宣传内容单篇阅读量均超250万次。“京西门头沟”品牌下新媒体产品全年总阅读量达5240.8万次，比上年增长190%。

年内，巩固落实《门头沟区网络发言人工作制度》要求，完成全区各单位网络发言人及网评员队伍名单更新，选拔业务过硬、能力突出的区级核心骨干队伍，完成“星火网络评论引导平台”项目正式落地实施。做好日常线索报送和舆论事件发声，牢牢掌握网络舆论引导主动权。依托平台加强“京西挺进军”队伍培训力度，逐步开展正面宣传及舆论引导的指令下发，进一步实现全区宣传舆论工作在线化、智能化、便捷化发展，着力提升区级网评队伍战斗力，提高全区宣传舆论影响率、到达率，有效筑牢“大宣传”阵地。围绕市区两级疫情防控工作，组织区属自媒体、政务新媒体、网评员矩阵式转发官方信息，汇聚战“疫”正能量，引导群众积极参与，科学防控，不信谣不传谣，共同落实“四方责任”，齐心合力做好应对疫情宣传引导。其中，网评员原创短视频《门头沟欢迎你回家 | 新国展vlog》，记录门头沟区“新国展”工作人员一线情况，总阅读量超百万次。组织区属核心网评员配合市级开展舆论引导16次，在《疫情防控最新部署》《全国“两会”专题报道》《习近平对制止餐饮浪费行为作出重要指示》等重点新闻报道后进行跟帖转发，带动正面积极声音占据主流。

第七届“4·29首都网络安全日”中，与北京日报合作拍摄系列反电诈视频，在微信朋友圈植入硬广告，通过情景还原，揭露电信网络诈骗套路，提升群众网络安全防护意识和能力。全年反电诈和网络安全小课堂系列视频全网浏览量超500万次，点赞超23万次，评论超5万条。持续加大网络巡查力度，督促区内影响力较大的商业自媒体删除不实和不良信息20余篇。

单位名称： **中共门头沟区委网络安全和信息化委员会办公室**
下属事业： **北京市门头沟区互联网信息管理事务中心**
地　　址： **北京市门头沟新桥大街36号**
电　　话： 61801589
邮　　编： 102300

（康禹顺）

【国家网络安全周宣传活动】 9月14日至16日，区委网信办以“网络安全为人民 网络安全靠人民”为主题，到军庄镇孟悟村、大峪街道绿岛家园社区和中昂时代广场，开展网络安全宣传活动。现场向市民发放宣传材料1200余份。同时，以“京西门头沟”两微一端为龙头，联动区内政务新媒体各平台转发《国家网络安全宣传周丨意想不到！身边这些很普通的对话竟暗藏“玄机”……》《国家网络安全宣传周丨网络安全小课堂之“谁动了我的信息”》等推文，通过朋友圈、微信群向辖区居民推送在线答题活动链接。全网共发布文章70余篇，阅读量超过50万次，点赞数超过2万次。此外，还在区内各村、居、人员流动量大的商圈等地区张贴宣传海报800张、发放宣传材料1万余份。

（郭　峰）

【网络安全和漏洞查补】 年内，区委网信办下发《关于加强电子邮箱安全使用的重要通知》《做好全国“两会”期间门头沟区网络安全保障工作方案》等通知，将工作提前部署到位，确保区内不发生网络安全重大事件。年内，与区公安分局、科信局等部门沟通，共同完成门头沟区网络安全漏洞扫描，协调相关技术力量对全区重要网站、信息系统进行安全漏洞扫描。全年共发现漏洞100余个，联系和督促相关涉及单位进行整改，将门头沟区重要网站和信息系统被黑客攻击、篡改的风险降到最低。

（郭　峰）

老干部工作

【概况】 2020年，全区离退休干部工作全面落实全国和北京市离退休干部“双先”表彰大会精神，树立精准服务工作理念，抓好离退休干部“两项”待遇和离休干部“一对一”帮扶制度落实，开展防疫物资发放、节日走访慰问、健康体检，组织线上课堂和运动会。推进党建引领老干部工作向基层延伸。引领离退休干部在疫情防控、垃圾分类、桶前值守、“接诉即办”和创建全国文明城区中发挥优势作用。挖掘微信公众号功能，将“香山革命纪念馆虚拟展厅”“武汉革命纪念馆”等300家博物馆搬进区委老干部局微信公众号，老干部足不出户就能参观。全区离退休干部工作迈上新台阶。

单位名称：中国共产党北京市门头沟区委员会老干部局
地　　址：北京市门头沟区剧场东街12号
电　　话：69837762
邮　　编：102300

（李传斌）

【文艺演出】 1月9日，区委老干部局组织区老干部艺术团在大峪街道文化中心举行新春联欢会，艺术团的老同志们编排舞蹈、独唱、器乐联奏、京剧清唱、古筝合奏等12个节目。部分离退休干部、老干部工作者及社区老党员先锋队代表观看演出。

（李传斌）

【组织老干部基层送春联】 1月14日，区委老干部局组织老干部书画协会20余名书法创作员到永定镇曹各庄社区和王平镇安家庄村，开展“迎新春、送春联”活动，现场创作春联和“福”字800余幅。

（李传斌）

【线上趣味运动会】 1月19日，区委老干部局以“线上线下、同样精彩”为主题打造“互联网+”新模式，开展2020年老干部线上趣味运动会。共有350名老干部参与活动，72名老干部获奖。

（李传斌）

【下沉社区参加疫情防控】 1月29日，区委老干部局选派10名机关干部下沉大峪街道剧场东街、绿岛家园社区5个执勤点参与新冠肺炎疫情防控；2月11日，选派14名机关干部下沉到绿岛社区参加疫情防控。下沉干部主动作为，克服各种困难，协助社区全面做好疫情防控工作。

（李传斌）

【健康体检】 8月29日，区委老干部局组织32名离休、局职退休干部到京煤集团总医院体检中心进行健康体检。9月2日至23日，组织16批823名处级以上退休干部到区医院健康体检中心进行健康体检。

（李传斌）

【纪念抗战胜利书画作品展】 9月25日至10月15日，区老干部活动中心利用线上平台，举办“铭记抗战史、共圆中华梦”纪念抗战胜利75周年书画展活动。将老干部书画协会会员和老干部大学学员100幅书画作品，制作成视频通过微信公众号推送。

（李传斌）

【老干部（老年）大学开班】 10月12日，门头沟区老干部（老年）大学2020秋季学期开班。采取线上教学方式，开设手工、太极剑、国画提高、国画入门、书法提高、书法入门、声乐、舞蹈、摄影等课程，设6个专业、8个教学班，在线学员266人。

（李传斌）

【北京老干部大学领导检查示范校工作】 11月18日，北京老干部（老年）大学副校长带领示范校创建考核工作组到区委老干部局检查指导老干部大学示范校创建工作。对门头沟区老干部（老年）大学向基层延伸的探索和研究给予肯定，提出街道分校、社区分课堂要进一步起到引领和带动作用。

（李传斌）

【老干部工作领导责任制检查】 12月15日，区委老干部局对区属15家单位的老干部工作进行综合考评，考评内容涉及离退休干部“三项建设”“两项待遇”、日常工作、组织活动、发挥作用5个方面的18条具体内容。对存在问题的单位，下达整改通知书，确保整改取得实效。

（李传斌）

【引领离退休干部带头落实垃圾分类】 年内，区委老干部局深化“增添正能量、共筑中国梦”活动，向离退休干部发放垃圾分类倡议书1200余份，组织离退休干部签订“垃圾分类我践行”承诺书，开展老党员先锋队“桶前值守”认领任务，为全区垃圾分类工作有序推进践行助力。

（李传斌）

直属机关工委工作

【概况】 2020年，门头沟区委直属机关工作委员会（简称区直机关工委）围绕“红色门头沟”党建“1179工程”，坚决落实区委各项决策部署，引领区直机关各级党组织和广大党员干部闻令而动、担当作为，积极投身各项工作中，为抗击新冠肺炎疫情、推动地区高质量发展提供了坚强保障。

单位名称：中共北京市门头沟区委直属机关工作委员会
地　　址：北京市门头沟区新桥大街36号
电　　话：69843115
邮　　编：102300

（李　红）

【服务工会会员】 1月，区直机关工委与区体育局联合举办“迎新春棋牌乐”活动，共22个单位的253名会员参赛。春节期间，慰问系统5名劳模，组织开展温暖基金“一元捐、十元捐”活动，22个单位共捐款24803元。3月，为参加下沉防疫工会会员购买口罩6000个，共1.8万元。9月25日，组织近百名机关干部参加2020年北京西城全民健身徒步大会。全年，共召开7次工会委员会会议，调整工会委员、工会副主席、经审委员共3人；建设12家暖心驿站。区直机关工会共有22个工会小组，会员575人，会员信息采集率100%，职工入会率100%。

（李　红）

【党员发展与管理】 2月26日，环卫中心1人作为全区首批“火线入党”的预备党员，参了线上集体宣誓仪式。6月30日，根据疫情防控需要，通过1个主会场和4个分会场“1+4”多点同步的形式，组织86名预备党员进行线上入党“云”宣誓。全年，严格审核发展程序，完成101名年度发展党员工作和6名火线发展党员入党工作，完成90名预备党员转正审批及备案工作。年内，共接转党员349人次。新冠肺炎疫情防控期间，共51人火线提交入党申请书。

（李　红）

【新冠肺炎疫情防控】 2月，区直机关工委动员在职机关党员积极投身社区（村）疫情防控工作。2月13日，向全系统4000余名党员发出《致区直机关系统全体党员的一封信》，倡议全系统党员主动下沉社区（村）参加“千人战疫”，守好疫情防控的“西大门”。2月至3月，组织系统党员自愿捐款支持新冠肺炎疫情防控工作，4098名党员累计捐款37.81万元。2月至4月，建立疫情防控“双报到”周报制度，每周汇总上报66家单位机关在职党员回社区报到参与疫情防控情况。3月，为区直机关系统66家单位参与疫情防控的4500名党员购买发放防护口罩共4.5万个。3月，工委2名班子成员参加区疫情境外防控专班，到机场接回境外返京人员。6月24日，牵头负责区住建委检测点核酸检测工作，组织完成18个单位1433人的核酸检测。年内，深入一线指导督导检查各单位防疫工作20余次，先后制定疫情防控各类方案、预案、领导机制6个，所属系统广大党员干部签订承诺书3800余份。3666名机关在职党员下沉镇街参加“千人战疫”及“双报到”行动，累计参与疫情防控9.67万人次。年内，机关工委作为区委疫情防控机关内控组成员单位，建立日报告、零报告机制，每天汇总66家单位离返京人员及身体健康状况异常人员信息，连续报送339天，累计统计离返京人员万余人次。

（李　红）

【组织建设】 3月，区直机关工委制定2020年度机关党建工作要点，细化分解为62项重点任务，对全年机关党建任务进行部署。4月，制订下发《以红色门头沟党建为引领，进一步加强全区机关党组织建设的实施意见》。4月29日，分3个会场完成66个单位2019年基层党组织书记抓机关党建工作述职评议会，共18名党组织书记进行现场述职；28名党组织书记进行测评，其中27名评定等级为“好”、1名为“较好”。“七一”前，在机关系统开展“十个一”系列教育活动，即开展一次调研座谈、上好一次生动党课、开展一次主题党日、开展一次走访慰问、开展一次志愿服务、开展一次“共产党员献爱心”、开展一次点赞身边榜样、开展一次新党员宣誓、开展一次征文宣讲、开展一次党建促帮扶。6月，对照《区委2020年基层党建重点任务清单》，制订《区直机关系统2020年基层党建工作重点任务清单》，明确20项具体任务和督查重点。7月23日，以党建联谊组为单位，分2场召开党建重点工作推进会，对2020年基层党建重点工作任务及考评工作、“五型机关”创建、“五进农村”帮扶、消费扶贫和纪检监督检查等工作进行部署，各单位党建主管领导和科长130余人参加。8月，开展区直机关系统“党支部体检”工作，全系统300余个党支部开展自查，共发现五类问题，并在年内完成整改。11月13日，以党建联谊组为单位，分2场召开党建相关工作部署会，对中央、市、区三级督导检查工作进行部署，党建主管领导和科长共130余人参会。12月9日，制定下发《区直机关工委关于进一步加强机关党员教育管理的通知》。全年，25个党组织完成换届选举。

（李　红）

【创城工作】 4月，区直机关工委组织全体党员干部开展“防疫有我 爱卫同行 勠力创城”环境卫生清洁行动。5月29日，全体党员干部开展周末卫生清洁日活动。11月，在所属系统发出“垃圾分类、党员先行”的倡议，号召基层近300个党组织和3700余名党员干部积极发挥党组织战斗堡垒和党员先锋模范作用，做到党员回所在社区报到并与社区签订生活垃圾分类承诺书。每月主动参与至少2小时的桶前值守活动，4900余人次党员到社区累计服务时长1万小时。所属系统66家单位从事宣传工作的党员干部组成志愿服务队，开展垃圾分类活动共计100余次。连续举办3场“垃圾分类新时尚、党员带头作表率”宣讲活动，300余名党员干部参加活动。强化督导机制，对所负责的17个社区开展6轮检查，对发现的桶站标识不规范、垃圾混装、未进行公示等问题进行督导整改。年内，开展创城主题教育活动302次，志愿活动511次。

（李　红）

【“五进农村”帮扶工作】 4月，区直机关工委开展“战疫助销”活动，组织全系统66家单位党员干部购买因疫情原因滞销的武川“红美”土豆30275千克10.9万元，购买清水镇梁家庄村高山芦笋2317千克73270元。7月，购买新疆和田鸭5801只139224元。5月，制定680户低收入户党员对接台账。6月3日，联合区委农工委区农业农村局到王平镇、妙峰山镇及低收入村开展联合督导，到边缘户家中了解帮扶单位、党员对接情况。7月至9月，下发《关于开展“消费扶贫 你我同行”主题党日活动的倡议书》，广泛动员机关党员干部在门头沟区消费扶贫双创中心认购指定受援地区扶贫产品，形成“党建+消费扶贫”模式，建立周报机制，党员、群众共参与4200人，累计消费354.99万元，超额完成门头沟区扶贫支援工作领导小组办公室制定的目标任务。8月，与区农委对接更新低收入户对接台账，实现对666户重点户动态对接动态管理。10月12日，接受门头沟区低收入帮扶工作第三方评估现场资料核查工作。11月19日，联合区委农工委、区农业农村局在清水镇梁家庄村召开“五进农村”帮扶工作阶段总结推进会，副区长王涛出席并讲话，各镇及帮扶单位主管领导共80余人参加，5家帮扶单位作典型发言。12月，收集66家单位5年帮扶工作总结和典型做法，汇总编辑印制《区直机关系统“五进农村”帮扶工作五年成果汇编》。年内，各帮扶单位与帮扶村对接445次，机关党员、干部参与帮扶工作3000余人次，为低收入村解决困难和问题282个，投入资金1720万元，有效发挥党建的引领保障作用。

（李　红）

【督导考核】 7月30日至9月10日，区直机关工委在农林大厦、人保大厦和区税务局、市场局、政务大厅、司法局、住建委、机关大院等场所开展专题督导调研9场，对重点工作任务进行再部署、再推动。围绕“红色门头沟”党建引领，就如何创新开展机关党建工作进行座谈，并对支部规范化建设进行督导检查，实现机关系统66家单位督导调研全覆盖。年内，将区直机关系统基层组织建设工作考评指标纳入门头沟区2020年度综合考评体系，划分达标分70分、进程分20分和超标分10分，共100分。其中，达标分从落实机关党建主体责任情况、党支部规范化建设情况、党员教育管理情况、特色品牌及重点工作完成情况五部分20项按季度进行考核，进程分从日常党建材料报送和宣传信息等方面进行考核。年度综合成绩90分以上共60家单位。

（李　红）

【捐款工作】 7月，区直机关工委组织4355名党员和群众参与“共产党员献爱心”活动，共捐款21.67万元。9月，组织66个单位参与“博爱在京城”募捐工作，共捐款18.18万元。12月，组织66个单位职工参与“爱心暖阳”社会捐助活动，共捐款16.93万元。

（李　红）

【教育培训】 8月至9月，区直机关工委结合疫情防控特殊形势，举办“2020年区直机关系统系统党员轮训班‘云端课堂’”，内容涵盖习近平新时代中国特色社会主义思想、十九届四中全会精神、党章党规等，通过专家直播上课、党员移动聆听、视频打卡签到、在线交流互动的方式实现培训效果，区直机关系统1500名党员参加。9月23日，举办区直机关系统党建暨意识形态信息员培训班，邀请区委组织部、区委宣传部干部专门讲解党建信息写作和意识形态工作相关知识，机关系统66家单位的信息员参加。10月14日至16日，通过“线上”+“线下”的模式，举办“2020年区直机关系统基层党组织书记、党务干部培训班”，内容涵盖《习近平谈治国理政》（第三卷）、《中国共产党党和国家机关基层组织工作条例》、党建工作实务、红色门头沟故事主题宣讲、重点工作经验交流等，420名机关党组织书记、党务干部参加，实现党组织书记全覆盖。10月28日至30日，组织各单位党建主管领导参加全市基层党建业务培训班，近70人参加。11月19日，组织107名发展对象进行培训结业考试。20日，组织107名2020年新发展党员到涧沟村平西情报联络站党性教育基地开展现场教学。12月4日，召开2020年度区直机关系统党内统计年报工作培训会，近70人参加。

（李　红）

【宣传工作】　11月，区直机关工委在区直机关系统广泛征集抗疫故事线索50余篇，开展“我们的抗疫故事”巡回宣讲活动4场，受众700余人。年内，开展专题研究意识形态工作2次，开展工作研判4次。通报4次。年内，共编辑信息30期，其中两办信息采用10条、区委组织部采用3条、“红色门头沟”微信公众号采用7条，《京西时报》刊发9条、融媒体APP采用10条。区直机关系统开展“三个坚持”学深悟透党的十九届五中全会精神，为各单位配发716本《党的十九届五中全会〈建议〉学习辅导百问》，66家单位通过制定学习计划及形式多样的方式方法，原原本本学习会议精神，进一步统一思想、凝聚共识、形成合力。各基层党组织专题学习全会精神300余次。

（李　红）

【党风廉政建设】　年内，区直机关工委对全系统及相关单位的督导检查，累计检查12次重点单位及场所60余家。开展诵读“红色家书”活动，各单位通过读家书、写家书、拍摄家书视频等方式参与。

（李　红）

【“五型机关”暨党建品牌创建】　年内，区直机关工委将“五型机关”创建与“打造亮点创建品牌”相结合，精心培育和打造了一批特色鲜明、措施过硬、成效明显、党员群众满意的党建品牌，将各单位的经验做法整理汇总，编印《区直机关系统2020年“五型机关”暨党建品牌创建案例集》。

（李　红）

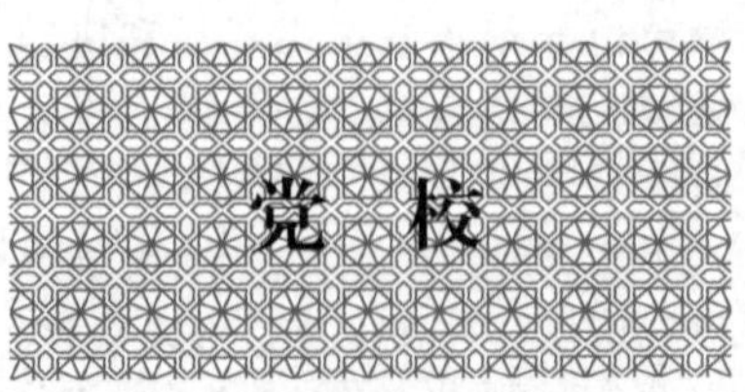

党　校

【概况】　2020年，门头沟区委党校（区行政学院、区社会主义学院）扎实开展干部教育、理论建设、思想引领、党的建设等各项工作，坚决打好新冠肺炎疫情防控阻击战。全年共举办培训班7类22期，培训学员3400余人次，各班次累计464学时，完成干部教育各项工作任务。发行《门头沟理论宣传》刊物2期、400册；基层理论宣讲近30余场，受众2000余人。完成各类调研课题17项，在各类期刊杂志发表文章16篇，获市党校系统年度优秀科研咨询工作组织奖、年度优秀科研咨询管理工作者奖、市党建研究会优秀自选课题成果一等奖。

单位名称：中国共产党北京市门头沟区委员会党校
地　　址：北京市门头沟区新桥大街54号
电　　话： 69842635
邮　　编： 102300

（黄海明）

【周末大课堂】　年内，区委党校完成12期周末大课堂组织协调工作，参训领导干部2400余人次。2020年度周末大课堂在课程设置上围绕区委、区政府的中心工作，结合领导干部的实际需求，内容包括乡村振兴、应急突发事件管理、网络舆情应对、“接诉即办”工作经验等。周末大课堂的有序开展为领导干部的理论学习和工作的开展提供了有益的指导。

（黄海明）

【理论宣传刊物】　年内，区委党校紧扣2020年全面建成小康社会和脱贫攻坚决胜之年的时代主题，引导广大党员干部深入学习《习近平谈治国理政》第三卷，弘扬抗击新冠肺炎疫情的正能量，在《门头沟理论宣传》中设置习近平新时代中国特色社会主义思想、十九届四中全会、抗击新冠肺炎疫情、脱贫攻坚相关内容，全年共刊印2期，面向区内外100余家单位印发400册，凝聚党员干部共识，发挥思想舆论阵地引领作用。

（黄海明）

【培训工作】 年内，共举办培训班7类22期，培训学员3400余人次，各班次累计464学时。区委党校与区委组织部联合举办1期处级“一把手”政治能力提升专题研修班、4期处级领导干部治理能力提升专题研修班、1期科级干部任职进修班、1期公务员更新知识培训班和普法培训班、1期公务员初任培训班、12期周末大课堂，与区委统战部联合举办1期党外代表人士培训班。在培训中，落实疫情防控工作要求，配合区委组织部，创新培训方式，利用“互联网+”功能，开设“云端课堂”直播课程，把增强理想信念、提高党性修养贯穿培训全过程，突出红色传承教育，组织学员到雁翅镇田庄村、妙峰山镇涧沟村进行集中党性锻炼，突出红色传承教育，增强知家乡、爱家乡、建家乡的责任感和使命感。

（黄海明）

【理论科研】 年内，区委党校坚持问题导向，聚焦区委、区政府中心工作和重大决策部署开展科研立项，围绕疫情防控、生态文明、红色文化、党风廉政、精品民宿发展等问题开展课题立项，共完成立项课题17项，在市级以上刊物发表文章16篇。获市党校系统年度优秀科研咨询工作组织奖一项，年度优秀科研咨询管理工作者奖一项，市党建研究会优秀自选课题成果一等奖一项。

（黄海明）

【理论宣讲】 年内，区委党校结合理论热点和各单位需求，围绕马恩经典理论、十九届五中全会精神、红色历史文化、党的建设、门头沟人战疫事迹等主题，开展宣讲30余场，受众2000余人，切实发挥思想舆论阵地引领作用。校内教师获市委宣传部、区委宣传部授予的“优秀宣讲员”称号。

（黄海明）

【教学工作】 年内，区委党校结合疫情防控要求和实际，采取线上备课的形式，充实和完善《重走情报小道》《妙峰山信仰之问》《京西山区中共第一党支部纪念馆》《田庄高小党支部旧址》等现场教学课程。共组织试讲会6场，试讲后入库课程11门。

（黄海明）

【疫情防控工作】 年内，区委党校鼓励广大党员参与“千人战役”，发挥党员先锋模范作用。校内30名在职党员参与下沉社区和社区报到的疫情防控值守累计达532次，抽调干部到新国展集散中心转运境外回国人员。组织开展“千人战疫 党校在前”活动，青年教职工自发创作抗疫诗歌《生命战歌》，演唱原创抗疫歌曲《与你相约最美的春天》，进一步提振坚决打赢疫情防控阻击战的士气和决心。36名党员自愿为抗疫捐款共计2830元。

（黄海明）

【概况】 2020年，门头沟区档案史志馆围绕区委、区政府的中心工作，以党史资料征集为基础，以党史研究为重点，发挥党史资政、育人的职能，完成《中国共产党北京执政纪事（2017—2019）》门头沟区资料征集工作。配合市委党史研究室申报冀热察挺进军司令部（马栏旧址）国家级抗战遗址相关工作。完成《中国共产党北京市门头沟区历史（1920—2012）》的初审、复审和终审。编辑完成2020年《北京市门头沟区党史大事记》。完成《探索》杂志供稿等工作。

单位名称：北京市门头沟区档案史志馆
地　　址：北京市门头沟区石龙北路31号
电　　话：60800474
邮　　编：102308

（朱晓梅）

【《中国共产党北京市门头沟区历史》编写】 4月，区档案史志馆党史科面向全区九镇四街、重点单位、退休老同志、区情区史专家征求意见和建议，对全部书稿内容进行补充完善和统改。4月29日，完成《中国共产党北京市门头沟区历史（1920——2012）》初审稿，提交市委党史研究室市地方志办公室核审；7月，召开初审会，综合专家和市领导修改意见和建议，对书稿进行系统修改；9月，召开复审专家评审会，根据市党史专家和区内专家意见修改文稿，完成终审专家评审和终审稿。

（朱晓梅）

【党史宣传】 6月，区档案史志馆党史科整理门头沟红色历史故事，向区融媒公众号提供资料。通过国际档案馆日线上直播活动，宣传门头沟党史编研成果，免费提供利用。

（朱晓梅）

【征集北京执政纪事相关资料】 年内，区档案史志馆党史科制定《〈中国共产党北京执政纪事（2017—2019）〉征集方案》，选取门头沟在区域经济发展建设过程中，有代表性的、标志性亮点事件，确立征集大纲。共面向全区18家单位，征集到文档46份、图片60余张。

（朱晓梅）

【党史大事记】 年内，区档案史志馆党史科编辑完成《北京市门头沟区党史大事记2020年》1万余字。

（朱晓梅）

门头沟区人民代表大会

1月7日，北京市门头沟区第十六届人民代表大会第六次会议召开（区融媒体中心 供图）

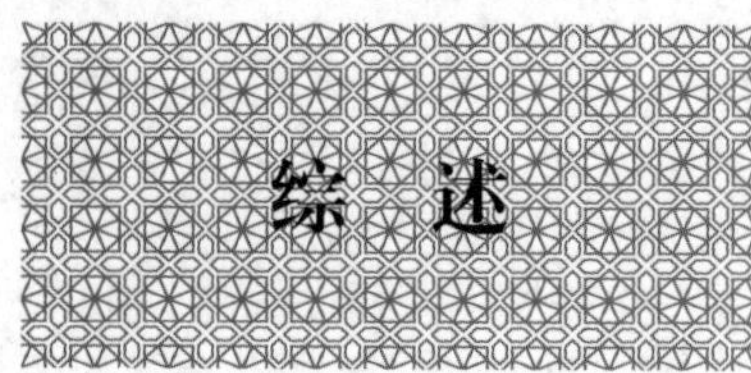

【概况】　2020年，北京市门头沟区人民代表大会常务委员会共组织召开常委会会议7次、主任会议8次。依法开展执法检查5项，听取、审议专项工作报告27项，提出审议意见4件；开展专项视察和代表集中视察2次；撰写专题调研报告5篇；依法对批准年度预算调整方案、2020年新增地方政府债务限额和加强生态环境保护等事项作出决议、决定7项；依法补选市人大代表1名、区人大代表6名，任免国家机关工作人员353人次，完成区十六届人大第六次会议确定的各项工作任务。

单位名称：北京市门头沟区人民代表大会常务委员会
地　　址：北京市门头沟区新桥大街36号
电　　话：69842136
邮　　编：102300

（张旭东）

【机关学习及党建工作】　1月19日，区人大办公室召开机关全体党员干部大会，传达区领导张力兵在区委"不忘初心、牢记使命"主题教育总结会上的讲话精神及区纪委关于元旦春节期间严明纪律规矩加强监督检查工作的通知要求。陈国才传达市十五届人大三次会议精神，总结区十六届人大六次会议工作情况。1月30日，门头沟区人大常委会党组及时召开会议学习《北京市人民代表大会常务委员会关于依法防控新型冠状病毒感染肺炎疫情坚决打赢疫情防控阻击战的决定》。3月16日，区人大常委会党组召开会议，全文学习《党委（党组）落实全面从严治党主体责任规定》。3月30日，区人大常委会党组召开专题会议，部署落实区委《完善中国特色社会主义制度、推进国家治理体系和治理能力现代化若干问题分工方案》，涉及区人大常委会工作机构的10项牵头任务和32项参与任务。6月29日，区人大常委会机关全体人员参加《中华人民共和国民法典》线上培训活动，观看北京嘉观律师事务所简婕律师讲授的题为"《民法典》——法治新时代的人民法典"的直播课程。7月1日，区人大常委会机关全体党员采用线上自学形式认真观看党员教育专题片《京西战"疫"党旗红》。7月23日，区人大常委会机关党支部召开党员大会。会上，通报区人大常委会机关2019年度民主测评及"一报告两评议"测评结果。8月21日，区人大常委会机关党支部召开党员大会。会上，传达区委办公室、区政府办公室联合下发《关于进一步加强节约粮食、反对浪费的通知》，传达区直机关工委《关于组织党员参加"垃圾分类我们一起行动"实践活动的通知》。9月4日，区人大常委会机关党支部举办"纪念抗战胜利·诵读《红色家书》"主题党日活动暨当代马克思主义读书会第十次集中活动。机关党员干部集体学习习近平总书记在纪念中国人民抗日战争暨世界反法西斯战争胜利75周年座谈会上的讲话精神，聆听夏明翰烈士写给母亲的家书《你会看到我们举过的红旗飘扬在祖国的蓝天》。11月9日，区人大常委会党组及机关党支部认真开展学习贯彻党的十九届五中全会精神专题学习活动。常委会党组理论学习中心组专题学习五中全会精神。11月11日，机关党支部召开五中全会专题学习交流研讨会，区人大常委会党组书记、主任陈国才为机关全体党员干部讲党课，宣讲五中全会精神。

（张旭东）

【当代马克思主义读书会】　2月14日，区人大常委会机关举办当代马克思主义读书会第二次读书活动暨第58期学习论坛。以自学方式，认真学习习近平总书记在北京调研指导新冠肺炎疫情防控工作时的重要讲话精神。2月26日，区人大常委会机关举办当代马克思主义读书会第三次读书活动暨第59期学习论坛。以自学方式，认真学习习近平总书记在中央统筹推进新冠肺炎疫情防控和经济社会发展工作部署会议上的重要讲话精神、市委十二届十二次全会精神等内容。3月26日，区人大常委会机关举办当代马克思主义读书会第四次读书活动暨第60期学习论坛。学习习近平总书记就疫情防控、决战决胜脱贫攻坚等重点工作开展调研、座谈时的重要讲话精神，以及区委党建工作会议精神、区纪委十二届七次全会精神。4月10日，区人大常委会机关举办当代马克思主义读书会第五次读书活动暨第61期学习论坛。学习习近平总书记4月8日在中央政治局常委会上的重要讲话精神、在20国集团领导人特别峰会上的重要讲话全文和《中国共产党党和国家机关基层组织工作条例》。6月5日，区人大常委会机关举办当代马克思主义读书会第六次读书活动暨第62期学习论坛。学习习近平总书记关于立足中华优秀传统文化培育和弘扬社会主义核心价值观的重要讲话精神，传达学习全国“两会”精神，学习《北京市文明行为促进条例》。6月18日，区人大常委会机关举办当代马克思主义读书会第七次读书活动暨第63期学习论坛。以自学方式，学习习近平总书记6月17日在中非团结抗疫特别峰会上的主旨讲话、《中华人民共和国民法典》相关内容等。7月23日，区人大常委会机关党支部举办当代马克思主义读书会第八次集中活动暨第64期学习论坛。集中学习习近平总书记在企业家座谈会上的重要讲话精神、市委书记蔡奇到门头沟区调研的重要讲话精神和张力兵书记在全区领导干部大会上的讲话精神。8月21日，区人大常委会机关党支部举办当代马克思主义读书会第九次集中活动暨第66期学习论坛。集中学习《习近平谈治国理政》第三卷；围绕全区发展大局，学习区委十二届十次全会精神，并交流发言。9月17日，区人大常委会机关党支部举办当代马克思主义读书会第十一次集中活动暨第68期学习论坛。集中学习习近平总书记在全国抗击新冠肺炎疫情表彰大会上的讲话精神、习近平总书记在科学家座谈会上的讲话精神，并交流发言。10月15日，区人大常委会机关党支部举办当代马克思主义读书会第十二次集中活动暨第69期学习论坛。专题学习《习近平谈治国理政》第三卷。10月30日，区人大常委会机关党支部举办当代马克思主义读书会第十三次集中活动暨第70期学习论坛，以现场教学的方式，组织机关党员干部到中国人民革命军事博物馆，集体参观“铭记伟大胜利 捍卫和平正义——纪念中国人民志愿军抗美援朝出国作战70周年主题展览”。11月27日，区人大常委会机关党支部举办当代马克思主义读书会第十五次集中活动暨第72期学习论坛。机关党员干部就习近平法治思想和中央全面依法治国工作会议精神进行专题学习，并交流发言。12月11日，区人大常委会机关党支部举办当代马克思主义读书会第十六次集中活动暨第73期学习论坛。机关党员干部就市委十二届十五次全会精神和决议进行专题学习，并开展交流发言。12月25日，区人大常委会机关党支部举办当代马克思主义读书会第十七次集中活动暨第74期学习论坛。

（张旭东）

【帮扶对接】 7月29日，区人大常委会机关党支部组织机关党员干部到妙峰山镇陇驾庄村入户走访、上门慰问帮扶对接的低收入户。

（张旭东）

【急救处置技能培训】 7月31日，区人大常委会机关举办急救处置和防灾避险知识专题讲座暨机关第65期学习论坛。邀请北京市红十字会应急救护讲师团队讲授应急救护和防灾避险知识，开展急救处置技能培训。

（张旭东）

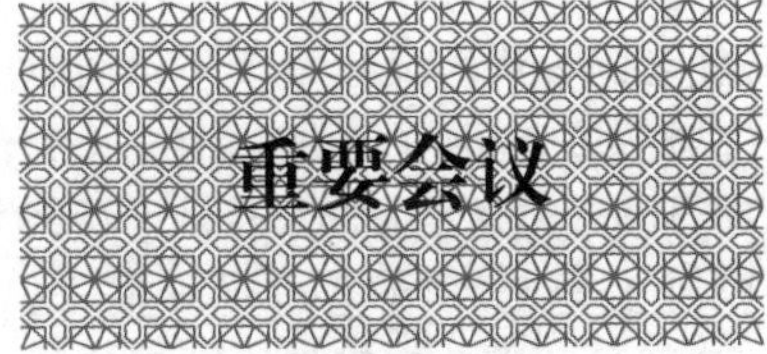

重要会议

【第十六届人民代表大会第六次会议】 1月6日至9日，门头沟区第十六届人民代表大会第六次会议在龙泉宾馆召开。

（张旭东）

【第十六届人大常委会会议】 4月28日，门头沟区第十六届人大常委会召开第二十七次会议，区人大常委会组成人员29人出席会议。会议听取和审议《门头沟区2019年环境状况和环境保护目标完成情况的报告》和区人大城建环保委员会的初审意见；《门头沟区人民法院关于服务保障乡村振兴和参与基层社会治理工作情况的报告》和区人大法制委员会的调研意见；《关于区十六届人大六次会议代表建议、批评和意见交办情况的报告》；进行人事任免事项。6月23日，门头沟区第十六届人大常委会召开第二十八次会议，区人大常委会组成人员27人出席会议。会议听取和审议《关于门头沟区2019年区级决算草案的报告》《关于门头沟区2019年度区级预算执行和其他财政收支审计结果报告》，区人大财经委员会关于2019年区级决算草案的审查结果报告；《门头沟区校园安全工作情况报告》和区人大教科文卫委员会的调研意见；《门头沟区农村污水处理工作情况报告》和区人大农村委员会的调研意见；研究区政府关于《门头沟区美丽乡村“百村示范”村建设情况报告》，听取区人大农村委员会的调研意见；表决通过《门头沟区人大常委会关于妙峰山镇、雁翅镇、斋堂镇、清水镇人大补选镇人大代表的决定》；人事任免事项。7月28日，门头沟区第十六届人大常委会召开第二十九次会议，区人大常委会会组成人员29人出席会议。会议听取《门头沟区2020年国民经济和社会发展计划上半年执行情况的报告》《门头沟区2020年上半年预算执行情况的报告》和区人大财经委员会的调研意见；《门头沟区政府债务有关情况的报告》和区人大财经委员会的调研意见；审查区政府上半年落实“七有”要求“五性”需求整体工作进展情况的书面报告；进行人事任免事项。9月22日，门头沟区第十六届人大常委会召开第三十次会议，区人大常委会组成人员20人出席会议。会议听取区人民检察院刑事检察工作情况的报告和区人大法制委员会的调研意见；区政府关于门头沟区机动车停车管理工作情况的报告和区人大城建环保委员会的调研意见；关于妇幼卫生健康工作情况的报告和区人大教科文卫委员会的调研意见；书面通报区人大常委会关于检查《北京市大气污染防治条例》实施情况的工作方案；进行人事任免事项。10月20日，门头沟区第十六届人大常委会召开第三十一次会议，区人大常委会组成人员22人出席会议。会议听取和审议区人大常委会的关于门头沟区落实《北京市大气污染防治条例》情况的执法检查报告；听取区政府关于门头沟区2020年新增地方政府债务限额情况的报告和区人大财经委员会的初审意见；区政府关于门头沟区2019年度国有资产管理情况的报告和区人大财经委员会的初审意见；进行人事任免事项。11月26日，门头沟区第十六届人大常委会召开第三十二次会议。区人大常委会组成人员24人出席会议。会议进行人事任免事项。12月15日，门头沟区第十六届人大常委会召开第三十三次会议。区人大常委会组成人员23人出席会议。会议听取和审议区政府关于“十四五”规划纲要草案编制情况的报告和区人大财经委员会的调研意见；区政府关于2020年重点工程部分项目任务目标调整情况的报告和区人大财经委员会的初审意见；区政府2020年预算调整情况的报告和区人大财经委员会的初审意见；区政府关于2019年度区级预算执行和其他财政收支审计查出问题整改情况的报告及区人大财经委员会的调研意见；区政府关于区十六届人大六次会议代表建议、批评和意见办理工作情况的报告和区人大常委会代表联络室关于区十六届人大六次会议和闭会期间代表建议、批评和意见办理情况的报告；区政府落实人大常委会2019年农村精准帮扶工作审议意见的报告；表决通过区人大常委会代表资格审查委员会关于区第十六届人民代表大会代表补选情况及代表资格的审查报告，依法确认当选区十六届人大代表的6位同志代表资格有效；表决通过区人大常委会代表资格审查委员会关于代表变动情况的报告，讨论通过门头沟区第十六届人民代表大会第七次会议各代表团组团、代表团召集人建议人选名单；表决通过关于召开区十六届人大七次会议有关事项的各项草案，并授权主任会议在常委会议闭会期间对各项草案和大会相关安排做进一步修改、调整；讨论通过《北京市门头沟区人民代表大会常务委员会2020年工作报告（草案）》；研究通过《关于门头沟区行政复议工作情况的调研报告》《关于加强地方人大预算绩效监督的研究》《关于我区校园安全工作情况的调研报告》《关于我区机动车停车管理工作的调研报告》和《关于改善农村人居环境 推进美丽乡村建设的调研报告》等区人大常委会年度调研报告；进行人事任免事项。

（张旭东）

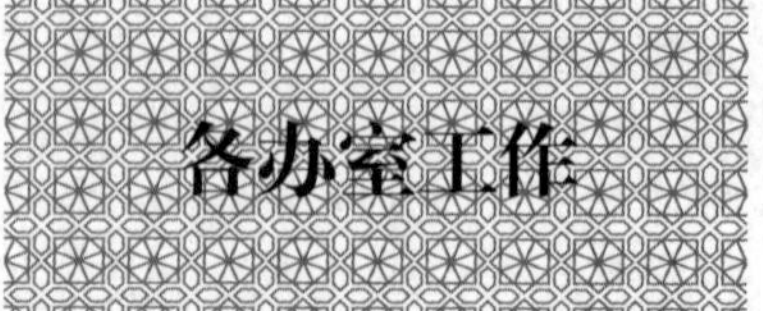

各办室工作

【代表联络室工作】　1月3日，门头沟代表团在龙泉宾馆会议中心，组织开展市十五届人大三次会议门头沟代表团分团活动。其间，门头沟代表团讨论市十五届人大三次会议议程草案，讨论大会主席团和秘书长名单草案，议案审查委员会名单草案，讨论代表团准备在大会期间提出的各项议案，讨论政府等6项工作报告的征求意见稿，讨论《北京市机动车和道路移动机械排放污染防治条例（草案）》等。5月20日至6月20日，各镇人大、人大街工委及京煤集团代表团（组）开展区人大代表联系群众接待选民和代表述职活动。活动期间，区各镇人大、人大街工委及京煤集团代表团（组）认真组织代表联系群众接待选民和代表述职活动。全区14个代表团（组）中共有149名代表开展调研、走访群众1092人次，最终形成闭会期间代表建议21件，102名代表提交了述职报告。8月2日至7日，区人大常委会组织市人大门头沟团的代表开展年中活动。代表们围绕市人大及其常委会的下一步工作，提出16件建议。8月12日至14日，区人大常委会组织全区14个代表（团）组开展代表年中活动。9月29日，区人大常委会组织区人大代表到清水镇洪水口和梁家庄村，视察美丽乡村建设、生活垃圾分类与脱贫攻坚成果。

代表们先后视察洪水口村和梁家庄村的环境卫生、乡风村貌、农户生活垃圾上门回收服务以及垃圾桶站设置情况，参观两村各具特色的精品民宿院落，详细了解当地因地制宜培育种植的特色农产品，听取清水镇、村负责人关于农村人居环境治理、生活垃圾分类、低收入户帮扶、精品民宿运营和特色种植项目发展等工作汇报。10月28日，区人大常委会组织市人大门头沟代表团会前视察暨《北京市生态涵养区生态保护和绿色发展条例（草案）》征求意见座谈会。为协助推进《北京市生态涵养区生态保护和绿色发展条例》立法工作，充分发挥“代表家站”履职服务平台的作用，加强市区履职联动，区人大常委会组织市人大门头沟代表团会前视察暨《北京市生态涵养区生态保护和绿色发展条例（草案）》征求意见座谈会。

（张旭东）

【法制办公室工作】 2月27日，法制办召开规范性文件备案审查工作部署会，对2020年区内规范性文件备案审查工作进行安排部署，明确有关注意事项，并征求与会部门的意见。3月3日，区人大常委会法制委、社建委通过区OA会议通知系统将2020年常委会监督议题通报相关单位，并征求各单位的意见。法制委重点协助区人大常委会完成5项工作。听取区人民法院关于服务保障乡村振兴和参与基层社会治理工作情况的报告，听取区人民检察院关于刑事检察工作的报告，听取区监察委员会关于监察工作开展情况的报告，完成区内行政复议工作开展情况的调研，听取备案审查工作开展情况的报告。3月20日，区人大常委会法制办、社建委召开工作会议，研究工作职责，安排部署下一步工作。学习研讨法制委、社建委工作职责；研究区法制委和社建委工作职责，形成工作手册，以供工作参考；安排部署区法院调研工作。5月14日，区人大执法检查组到大台街道办事处检查《北京市街道办事处条例》落实情况，听取大台街道办事处贯彻落实条例情况的汇报，查阅相关资料，实地查看大台社区和落坡岭社区条例落实情况，并进行座谈交流。5月22日，区人大常委会副主任带领执法检查组到东辛房街道检查《北京市街道办事处条例》落实情况，听取东辛房街道办事处关于条例实施情况的汇报，详细了解东辛房街道开展“街乡吹哨、部门报到”和接诉即办等工作情况，并进行座谈交流。6月2日，区人大召开《北京市街道办事处条例》检查培训工作会。会上，学习《条例》的立法背景、立法过程和主要内容，部署《门头沟区人大常委会检查〈条例〉实施情况的工作方案》，区委社会工委负责人就《条例》落实情况作了汇报。6月11日，区人大社会建设委员会召开工作会议。会议学习2020年全国“两会”精神、新颁布的《中华人民共和国民法典》主要内容、社建委工作职责、社建委及委员如何依法履职等内容，书面听取门头沟区养老服务工作情况报告，并提出意见建议。6月19日，区人大常委会法制办召开规范性文件备案审查工作调研座谈会。会上，听取区人大法制办、区政府办公室、区司法局关于规范性文件备案审查工作的汇报，并进行座谈交流。7月9日，区人大常委会召开镇人大主席工作会。会上，听取各镇人大上半年工作情况及下半年工作安排，学习镇人大代表补选程序、国家机关工作人员任免程序和区人大社会建设委员会主要职责。7月31日，区人大常委会执法检查组到大峪街道检查《北京市街道办事处条例》落实情况，听取区民政局、大峪街道办事处关于条例实施情况的汇报，并进行座谈交流。8月7日，区人大常委会副主任带领区人大执法检查组到城子街道办事处检查《北京市街道办事处条例》落实情况，实地查看城子街道办事处综合执法平台以及龙门三区社区落实条例情况，听取城子街道办事处关于条例实施情况的汇报，并进行座谈交流。8月14日，区人大常委会社会建设委员会对区内体育工作情况开展调研，实地查看大峪一小校园操场、篮球馆、冰雪速滑馆等体育设施的建设情况，听取区体育局、大峪一小主要领导关于全区体育工作、体教融合发展、体育社团建设等方面的情况汇报，并进行座谈交流。8月27日，区人大常委会法制委员会组成人员到区检察院调研刑事检察工作，实地察看区检察院“两个中心”建设和检察文化建设情况，观看“合成毒品犯罪治理”中法国际研讨会纪录片、队伍建设宣传片和“民之山”检察微电影，听取关于刑事检察工作的汇报，进行座谈交流。11月6日，区人大常委会法制办召开“一委两院”规范性文件备案审查工作座谈会。会上，传达全国人大常委会、市人大常委会规范性文件备案审查相关文件精神和工作要求，各参会单位分别就近三年规范性文件制定和管理情况进行汇报。11月10日，区人大常委会召开镇人大常委会主席工作会。会上，听取各镇人大常委会2020年工作情况及2021年工作安排，明确镇人民代表大会资料报送、规范性文件备案审查等工作流程。

（张旭东）

【教科文卫体办公室工作】 3月2日，市人大教科文卫委员会以网络会议形式召开市区人大教科文卫委2020年工作联席会，通报市人大教科文卫委2020年工作计划；16个区人大教科文卫办公室交流各区2020年工作安排。5月18日，区人大教科文卫委员会召开2020年工作会议，通报2020年教科文卫委员会工作计划，并征求委员和政府相关部门的意见建议。教科文卫委员会将重点开展5项监督议题：协助常委会听取区政府校园安全工作情况的报告，协助常委会听取区政府妇幼卫生健康工作情况的报告，专委会视察区档案管理工作情况，开展2020年部门预算审查工作，完成校园安全工作情况的专题调研。6月5日，区人大常委会副主任何渊带队调研门头沟区校园安全工作，查看北京八中永定实验学校、大峪中学分校，重点了解教育系统防控新冠肺炎的主要做法，以及在全面加强校园安全方面的工作措施。区人大常委会教科文卫委员会部分委员参加调研，对门头沟区校园安全工作取得的成绩给予肯定，并结合调研中发现的问题提出意见和建议。6月27日，区人大教科文卫委员会组成人员到门头沟区婚检婚登孕优全程服务站、区妇幼保健院进行实地调研，听取区卫健委关于妇幼卫生健康工作情况汇报，进行座谈。全区连续多年无孕产妇死亡，5岁以下婴儿死亡率、孕产妇系统管理率等指标均达到或高于“十三五”卫生发展纲要的要求。委员们结合调研中发现的问题提出了意见和建议。

（张旭东）

【城建环保办公室工作】 4月15日、5月13日，区人大常委会领导带领城建环保办全体人员到大峪街道绿岛家园社区实地查看该社区落实两条例工作情况，听取大峪街道办事处及社区主要负责人的情况汇报，并进行座谈交流。5月26日，区人大常委会召开《北京市生活垃圾管理条例》和《北京市物业管理条例》（简称“两条例”）执法检查工作落实部署会，对“两条例”执法检查工作进行了部署。7月15日，区人大常委会召开三级人大代表开展“两条例”身边检查工作部署会，传达市、区人大常委会相关会议精神，部署区三级人大代表开展“两条例”身边检查工作具体安排。8月25日，区人大常委会视察区内棚户区改造建设工作进展情况，并汇总书面意见建议转交区政府。常委会组成人员先后到三家店粮库棚改安置房项目、3751冯村南街项目工地视察，了解工程进度情况，在视察过程中对推进棚改工程建设提出意见建议。8月27日，区人大城建环保委员会组成人员视察调研区内机动车停车管理工作，实地视察惠泽家园临时停车场、东小河滩绿荫停车场和石门营片区道路停车治理成效，在视察过程中听取关于门头沟区机动车停车工作开展情况的简要汇报，并就区内道路停车管理工作提出建议意见。9月3日，区人大常委会召开《北京市大气污染防治条例》执法检查启动会。区人大常委会执法检查组成员，区政府相关职能部门负责人参加会议。区人大常委会城建环保办部署执法检查工作方案，区生态环保局主要领导就迎检工作做表态发言。9月8日，区人大常委会领导带领区人大常委会“两条例”执法检查组，“四不两直”方式对在市三级人大代表第一、二轮身边周边检查中反馈意见均为“否”的小区整改情况进行实地检查。区政府相关部门主管领导参加检查。区人大常委会“两条例”执法检查组针对代表们提出的问题，先后到区西长安壹号小区、城子街道向阳社区进行检查，听取区政府相关部门、社区和物业负责人就整改落实情况作出的汇报。9月18日，区人大常委会领导带领区人大执法检查组检查区内《北京市大气污染防治条例》实施情况。区人大执法检查组实地查看六环路军庄出口机动车联合执法情况、区住建委扬尘视频监控情况、原大峪化工厂棚改施工工地扬尘和非道路移动机械管控情况，听取相关单位的情况介绍。

（张旭东）

【财政经济办公室工作】 6月11日，区人大常委会财政经济委员会召开2019年度区级决算初审会议，听取区财政局关于2019年区级决算草案的报告、区发改委关于重大投资项目竣工决算及绩效情况的报告、区审计局关于2019年区级预算执行和其他财政收支情况审计结果的报告，并结合2019年部门决算草案及绩效管理工作情况，对区级决算草案和决算报告进行初步审查。7月16日，区人大常委会财政经济委员会召开2020年上半年计划和预算执行情况调研会议，听取了区发展改革委、区财政局、区商务局、区统计局等7个部门关于各领域上半年经济运行情况的报告。7月16日，区人大常委会财政经济委员会召开政府债务管理情况专题调研会议，听取区财政局关于门头沟区政府债务管理情况的专项报告。9月25日，区人大常委会财经委就第十六届人大常委会第三十一次会议相关议题召开初审会议。会上，初步审查门头沟区2020年预算调整方案，听取区财政局关于《门头沟区2020年区级预算调整情况的报告》；初步审查门头沟区2019年度国有资产管理情况，书面审查《门头沟区2019年度国有资产管理情况的综合报告》，听取区国资委关于《门头沟区2019年度企业国有资产管理情况的专项报告》，听取区审计局关于《门头沟区国有企业资产管理情况的专项审计报告》；初步审查门头沟区2020年新增地方政府债务限额，听取区财政局关于《门头沟区2020年新增地方政府债务限额的报告》。10月16日，区人大常委会财经委组织委员和代表参加区城管委关于门头沟区垃圾分类全流程精细化智慧管理系统和2021年门头沟区城市部件普查项目的事前绩效评估。11月26日，区人大常委会财经委召开经济运行座谈会。会上，听取区统计局关于门头沟区2020年经济指标预计完成情况的报告、区税务局关于门头沟区2020年税收预计完成情况及2021年税收预计情况的报告、区科信局关于门头沟区2020年工业经济运行情况的报告、区商务局关于门头沟区2020年商业经济运行情况的报告、区石龙管委关于中关村科技园门头沟园2020年经济发展情况的报告。11月27日，区人大常委会财经委召开门头沟区“十四五”规划纲要草案、国民经济和社会发展计划草案及财政预算草案初审会。会上，听取并审议区发改委关于制定《门头沟区国民经济和社会发展第十四个五年规划纲要》（草案）的报告、区审计局关于门头沟区2019年度区级预算执行和其他财政收支审计查出问题整改情况的报告、区发改委关于门头沟区2020年计划执行情况与2021年计划（草案）的报告、区财政局关于门头沟区2020年预算执行情况和2021年预算（草案）的报告等。

（张旭东）

门头沟区人民政府

12月2日，区政府召开第60次区政府常务会（区政府办公室　供图）

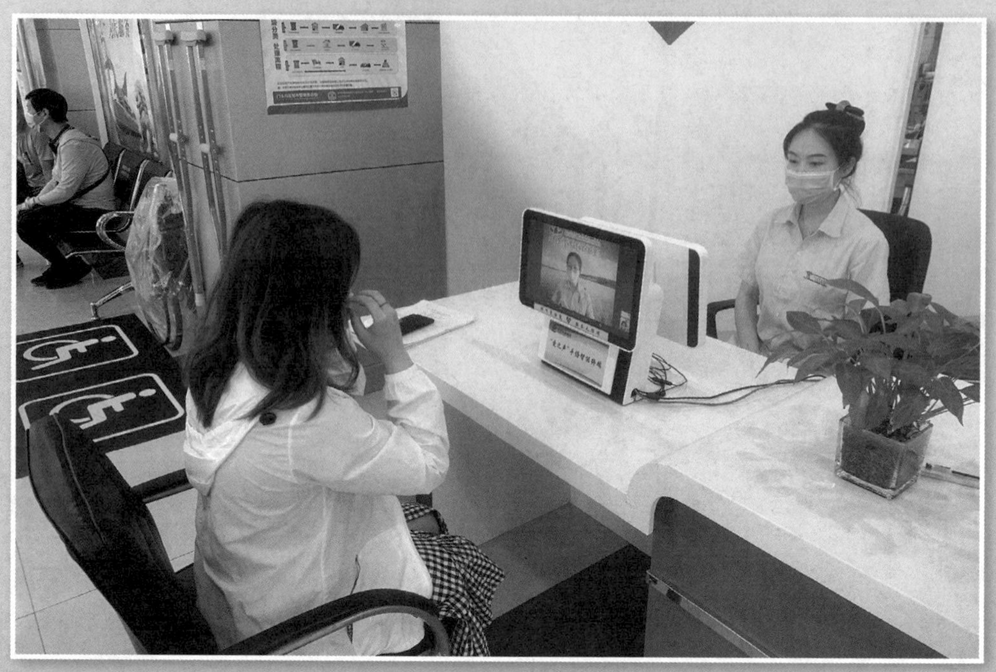

◆| 4 月 15 日，区政务服务大厅无障碍综合窗口启用（区政务服务管理局　供图）

◆| 2020 年，门头沟区向阿根廷圣达菲省拉斐拉市捐赠防疫物资（区政府外事办公室　供图）

综　述

【概况】　2020年，门头沟区全面落实习近平总书记关于统筹推进疫情防控和经济社会发展工作系列重要讲话精神，坚决贯彻市委市政府重大决策部署和区委工作要求，瞄准“五个之城”建设，矢志打造“绿水青山门头沟”城市品牌，最大程度降低疫情带来的不利影响，迎难而上、奋力拼搏，经济社会发展取得了来之不易的成绩。

中关村门头沟园引领带动作用明显，高新技术企业达到333家、“双高新”企业191家。“四区”建设扎实稳步推进，“门头沟小院”品牌全面系统塑造，“门头沟小院+”项目覆盖范围增至41个村，地区精品民宿迅速拓展至57家。

污染防治更加有力，绿色基底不断夯实，环境品质持续提升。全年PM2.5平均浓度为32微克/立方米，位列全市第4。全面落实“河长制”，黑河沟被评为“2020年度北京市优美河湖”。

减量提质发展有效落实，地区承载能力稳步提升，乡村振兴战略纵深推进。编制完成新城控制性详细规划街区指引，压茬推进27个街区控规编制工作，镇域国土空间规划编制取得初步成果。启动“黄土不露天”专项整治行动，绿化硬化面积达38万平方米。完成S1线门头沟段城市景观提升工程，启动六环路门头沟段沿线景观提升一期工程。试点开展村庄整体风貌提升行动，58个第一批美丽乡村创建村全部通过市级考核验收，完成9个市级挂账城乡结合部村庄环境整治工作。获得2019年全国村庄清洁行动先进县称号，成为全市唯一受国务院办公厅通报表彰的农村人居环境整治激励县。

基层社会治理能力全面增强，人民群众身边“小事”办出实效，社会保障与公共服务不断健全。建立“七有”“五性”指标监测台账，深化“吹哨报到”工作。开展垃圾分类专项执法百日行动，全区生活垃圾“两增一减”明显。分类推进“厕所革命”，完成94座公厕、386户农村户厕改造任务，农村无害化卫生户厕覆盖率达到100%。在全市率先启动无障碍环境建设，470个点位全部整改到位。创建15个市级“乡村振兴示范村”。6个村搬迁工程实现收尾，在8个村（地区）实施取暖煤改电。农村地区生活污水处理设施覆盖率达99.2%，被评为全市唯一的全国农村生活污水治理示范区。

重点领域改革成果丰硕，开展财源建设成效显著，推进协同发展成绩突出，政府自身建设全面加强。制定“两区”建设系列工作方案，完成政策创新、空间资源、目标企业3项清单，征集确定32个示范项目。制定“五新”政策落实推进工作实施方案。推动政务服务“一网一门一次”改革，实现千余事项“不见面办理”，推进告知承诺制、备查制审批制度落地。全年完成简易低风险项目建筑许可26项。完成各镇街综合行政执法队伍调整组建，向镇街下放431项行政执法职权。开展协管员队伍管理体制改革，完成16支城市协管员队伍下沉。落实区领导及部门、属地联系走访企业制度，累计送出127个“服务包”。出台“门十条”新政。加快推进土地上市，共入市成交3宗，回笼资金39.4亿元。围绕绿色发展、脱低增收等7个方面，与西城区扎实开展对接交流，4项结对协作重点实事基本完成。举办西城企业与门头沟精品民宿项目对接会，年内签约民宿14家。深化对口扶贫协作，拨付区级、镇街级帮扶资金1305万元，完成36个区级扶贫支援项目建设。引导17家京企在受援地投资11亿元。与5个扶贫支援合作地区共建“区域品牌联盟”，动员社会各界采购扶贫产品1.28亿元，带动6300余名建档立卡贫困群众受益。自觉接受区人大、区政协和社会各界监督，定期向区人大报告工作、向区政协通报情况，累计办理人大建议75件、政协提案95件，办复率100%。支持人民法院、检察院开展工作。推动政务信息公开全清单管理。

疫情防控取得重大战略成果，复工达产取得积极明显成效。在全市率先开展“敲门行动”，率先实行社区（村）全封闭管理，率先打响“千人战疫”。新建方舱核酸检测实验室3个、区域核酸检测基地1个，实现“应检尽检、愿检尽检”。率先提出商务楼宇“五长六账三书一证九查”经验，持续强化对工地、“三类场所”、工业企业的联合执法检查，保障复工场所及人员安全。研究出台8项扶持政策，累计为719家中小微企业减免租金3100万余元，提供贷款354笔共6.6亿元。制定促进消费提档升级工作要点，发动60余家餐饮购物企业参与政企联发消费券，开展“嗨购门头沟”消费季活动，举办北京首场区级领导出镜带货直播，经济社会秩序加快恢复。

2020年，区政府制定《2020年区政府办公室党组理论学习中心组专题学习重点内容安排》，累计开展各种形式的中心组成员学习讨论19次；制定党支部学习计划，全年组织学习研讨48次。编印信息刊物255期，向市政府办公厅报送信息370余条；报送舆情340余条。强化领导批办事项落实，转办各类批示800余件，制发区政府督查通知单200件、督办专报341期，解决历史遗留问题12项。起草各类材料260篇。组织周期性会议60次（区政府常务会、区长办公会、政府专题会），提交议题405项；全区性会议40次；组织调研138次。受理公文4000余件。全年开放3次区政府会议，邀请人大代表、政协委员12人次列席区政府常务会。统筹协调做好中央生态环境保护督察、市专项审计等各类迎检工作；做好13家集中核算单位财务管理，严控行政运行成本；统筹完成全区机关运行成本统计、机关用车终端普查、机关用车统计上账工作。强化政府总值班室各项职责，协助区领导处理突发事件60件，组织保障各类视频会议882次，处理紧急文电1158件。

单位名称：北京市门头沟区人民政府
地　　址：北京市门头沟区新桥大街36号
电　　话：69844858
邮　　编：102300

（孙少婷）

【京郊精品酒店建设工作专题会】 1月4日，召开推进京郊精品酒店建设工作专题会。付兆庚等听取文化和旅游局关于门头沟区京郊精品酒店有关工作情况的汇报。

（孙少婷）

【“接诉即办”工作专题会】 1月10日，召开“接诉即办”工作专题会。付兆庚等参加会议。城市管理委通报并布置“接诉即办”有关工作，相关镇街汇报问题并表态发言。8月17日，召开“接诉即办”工作专题会。付兆庚等听取城市管理委等单位关于8月考核期群众诉求受理情况的汇报。

（孙少婷）

【重大节目安全生产检查】 1月23日，付兆庚等到金福龙加油站详细检查加油设施及流程、站区环境、视频监控设施、巡查记录等，听取加油站安全生产工作情况的介绍。国庆节前期，付兆庚等区领导分别带队采取“四不两直”方式对重点商业街区、人员密集场所、便民商业网点、重点生产企业、养老机构、宗教场所、建筑工地、学校等开展安全生产检查。重点检查各单位安全生产责任制落实、应急值守、消防设施日常维护、施工现场物料摆放等情况，针对存在的问题要求相关部门立即整改，并随机检查垃圾分类等工作落实情况。

（孙少婷）

【第十六届政府第四次全体（扩大）会】 1月31日，门头沟区第十六届人民政府第四次全体（扩大）会议召开，付兆庚等区领导出席。会上，通报区十六届人大六次会议和区政协十届四次会议情况，并传达市长陈吉宁在市政府第三次全体会议上的讲话精神、关于疫情防控情况下经济稳定运行和发展的有关工作要求。

（孙少婷）

【二级市场供应保障情况检查】 2月10日，付兆庚等区领导检查二级市场供应保障情况。实地到鑫源菜市场检查，详细了解蔬菜、肉类等生活必需品的价格和进货渠道等。

（孙少婷）

【中小微企业发展座谈会】 2月11日，付兆庚等区领导到中关村门头沟科技园出席中小微企业发展座谈会。区发展改革委对市政府促进中小微企业健康发展的16条措施进行政策解读并汇报有关工作，辖区金融机构就疫情期间加大中小微企业金融支持力度的相关措施进行交流，中小微企业负责人代表进行发言。

（孙少婷）

【区领导调研集中医学隔离观察点】 2月12日，付兆庚调研门头沟区集中医学隔离观察点有关情况。期间，了解隔离点房屋格局及区域设置，详细询问启动程序、污水处理、垃圾清运、供暖保障、消防安全等有关情况。

（孙少婷）

【疫情防控及复工复产工作】 2月13日，付兆庚检查施工工地开复工准备工作情况。实地查看大峪化工厂安置房项目、区政务服务业务用房及配套工程、永定镇冯村南街棚户区改造和环境整治安置房项目、区体育文化中心工程开复工前疫情防控各项准备工作情况。2月17日，付兆庚到住建委调研建筑领域开复工工作，听取了区住建委、棚改中心的工作汇报。2月22日，付兆庚等检查建筑领域复工与疫情防控工作情况。到大峪化工厂项目、文体中心项目、石龙路项目、政务中心项目生活区现场检查体温检测、人员登记等疫情防控措施落实情况，详细询问人员到位及复工进展情况，实地查看施工现场、员工宿舍、食堂及医学观察区。3月11日，付兆庚检查疫情防控有关工作情况，到龙泉宾馆查看门头沟区外籍人员返京隔离场所设置情况。3月25日，付兆庚等区领导检查门头沟区境外返京人员隔离场所有关工作情况，实地到龙泉宾馆检查解情况。3月20日，复工复产工作专题会召开，付兆庚等区领导参加会议。会上，传达区政府工作交流会精神，重点责任部门汇报复工复产及疫情防控有关工作，执法部门汇报执法检查有关情况。4月2日，付兆庚以“四不两直”形式到大峪花园社区、丽景长安社区、上悦嘉园社区检查，随后到石龙路、金沙街、玉带街道路建设施工现场实地查看有关情况。4月20日，复工复产工作调度会召开。付兆庚等区领导参加会议，区发展改革委对市级复工复产最新精神进行解读并汇报总体工作情况，区市场监管局、区文旅局、区卫健委和部分镇街、单位汇报有关工作。年内，付兆庚等区领导对全区重点单位、社区、医疗机构、学校、企业开展疫情防控检查62次。

（孙少婷）

【区领导检查调研妙峰山镇】 2月16日，付兆庚等区领导到陈家庄村检查公共空间消毒等疫情防控工作情况，实地考察国道109新线高速公路拆迁等有关情况，并召开会议听取妙峰山镇相关工作情况的汇报。

（孙少婷）

【国道109新线高速公路工程】 2月18日，门头沟区召开国道109新线高速公路拆迁安置专题会。区领导张力兵、付兆庚等听取妙峰山镇的工作汇报。3月6日，门头沟区召开国道109新线高速公路工程指挥部第一次会议。付兆庚等区领导参加会议，区城市管理委、区公路分局、中铁京西公司汇报工作进展情况，区纪委区监委、区委组织部、区政法委等单位针对打击违法行为保障工程顺利实施进行发言，涉及属地镇、村代表作表态发言。3月25日，门头沟区召开国道109新线高速工程妙峰山段新增违法建设、违法占地通报会，付兆庚等区领导参加会议。会上，听取妙峰山镇、区城市管理委、区园林绿化局、区规自分局等单位的工作汇报，区委政法委、区纪委区监委、区委组织部等单位进行发言。5月11日，付兆庚等区领导与中国中铁副总裁、中铁投资集团有限公司、中铁京西（北京）高速公路发展有限公司有关负责人，就109国道新线高速有关事项进行座谈交流。7月1日，区政府与中国中铁股份有限公司座谈。付兆庚等区领导与中国中铁领导听取国道109新线高速公路有关情况的汇报。10月12日，付兆庚等区领导实地调研国道109高速公路工程有关工作情况，到三工区黄台隧道斜井、二工区下苇甸隧道进口、大溪沟二工区弃渣场查看施工情况。10月20日，国道109新线高速公路工程资源化处置工作专题会召开。付兆庚等区领导听取区城市管理委关于国道109新线高速公路工程资源化处置相关事宜的汇报，相关单位发言。10月31日，付兆庚等区领导到国道109高速工程指挥部调研，听取国道109高速工程指挥部关于工程进展等情况的汇报。12月15日，付兆庚等区领导调研国道109新线高速路项目。到妙峰山镇下苇甸隧道出口、王平镇安家庄特大桥、斋堂镇斋堂特大桥、北京中科力爆炸技术工程有限公司民用爆炸物品库、清水镇小龙门隧道进口等处，实地查看施工进展及安全生产情况，现场听取工作汇报。

（孙少婷）

【到税务局调研】 2月19日，区领导付兆庚等到税务局调研税收组收工作。听取税务局、财政局、石龙管委的工作汇报。7月10日，区领导付兆庚到税务局调研税收组收工作，听取税务局有关工作情况的汇报。

（孙少婷）

【优化营商环境】 2月20日，门头沟区召开会议研究优化地区营商环境有关工作。区领导付兆庚等听取石龙管委关于完善相关扶持政策的汇报。28日，召开优化营商环境工作专题会。区领导付兆庚等听取发改委、政务服务局和各指标牵头单位的汇报。

（孙少婷）

【激励政策措施落实工作专题会】 2月21日，门头沟区召开推动减量发展激励政策措施落实工作专题会。区领导付兆庚等听取发展改革委、规自分局、财政局、住建委等单位的工作汇报。

（孙少婷）

【点状供地实施规划汇报会】 2月25日，点状供地实施规划及潭柘寺镇、斋堂镇镇域规划汇报会召开。区领导张力兵、付兆庚等参加会议，分别听取规划设计单位编制情况的汇报并进行研究讨论。

（孙少婷）

【土地上市工作协调会】 2月27日，2020年土地上市有关问题协调会召开。付兆庚区领导等参加会议，听取规自分局关于2020年拟供地项目情况的汇报，相关单位及企业进行发言。5月19日，召开土地上市工作调度会。付兆庚听取规自分局关于2020年拟供地项目及进展情况的汇报。

（孙少婷）

【新城街区规划编制工作】 2月28日，新城街区层面“街区指引”和“控规试点单元”规划编制工作专题会召开。区领导付兆庚等听取市规划院项目负责人的工作汇报。5月22日，新城街区规划编制成果汇报会召开。区领导张力兵、付兆庚等听取《门头沟新城MC00-0605街区控制性详细规划》及“街区指引”规划编制成果的汇报。6月2日，召开新城街区规划编制成果汇报会。区领导张力兵、付兆庚、陈国才、张永等出席，听取规自分局关于《门头沟新城MC00-0605街区控制性详细规划》及“街区指引”规划编制成果的汇报。

（孙少婷）

【土储地块有关情况调研】 3月2日，区领导付兆庚调研7平方公里土储地块有关情况。实地到城子B地块、北涧沟观景台、九龙路查看拟上市地块情况、存在问题等。

（孙少婷）

【“三大攻坚战”工作部署会】 3月17日，门头沟区召开“三大攻坚战”工作部署会。区住建委、区农业农村局、区生态环境局分别部署门头沟区“三大攻坚战”工作，棚改中心、中建京西公司、清水镇等部门、企业和镇街代表结合本单位职责进行表态发言。

（孙少婷）

【春季植树造林及绿化美化工作专题会】 3月18日，召开春季植树造林及绿化美化工作专题会。付兆庚等区领导听取园林绿化局、城市管理委、公路分局的汇报，龙泉镇、城子街道和有关企业代表进行表态发言。

（孙少婷）

【森林防火工作】 3月20日，召开森林防火工作专题会，付兆庚等区领导参加会议。会上，区应急管理局通报门头沟区火情情况并对门头沟区森林防火工作进行部署。4月3日，付兆庚采取“四不两直”检查护林防火工作情况。到军庄镇西杨坨村，龙泉镇城子村、东龙门村检查微型消防站配置、护林员在岗、防火设施等有关情况。4月26日，付兆庚主持召开森林防灭火工作调度会。听取区气象局关于天气情况的汇报，各镇街及相关部门、有林单位进行发言，区应急局部署森林防火及迎检工作。10月29日，2020—2021年度森林防灭火工作会召开。付兆庚等区领导参加，区应急管理局总结2019年度—2020年度森林防灭火工作、部署2020—2021年度森林防灭火任务并汇报应急救援大队组建情况，区长付兆庚与相关单位代表签订责任书。12月12日，付兆庚等区领导采取“四不两直”检查森林防火及小餐馆燃气罐安全等工作。到潭柘寺镇南村、平原村、潭王路沿线及永定北岭、王平镇南涧村和王平大街，实地查看综合执法站森林防火值守、小餐馆燃气罐存储使用、食品卫生、垃圾分类等工作落实情况。

（孙少婷）

【慰问森林消防机动支队】 3月27日，付兆庚等区领导到九龙山慰问森林消防机动勤务中队，与机动勤务中队领导进行座谈，并送去慰问品。12月11日，付兆庚等区领导慰问森林消防局机动支队。到森林消防局机动支队驻地慰问一线指战员，听取机动支队和华林中心有关工作情况的汇报。

（孙少婷）

【应急管理工作会】 3月27日，门头沟区召开应急管理工作会。付兆庚等区领导参加会议。区应急管理局通报市区安全生产综合考核情况并部署门头沟区2020年应急管理重点工作，区住房城乡建设委、区园林绿化局和永定镇进行表态发言。

（孙少婷）

【项目规划调整及资金平衡专题会】 3月31日，门头沟区召开采空棚户区改造和环境整治12个地块项目规划调整及资金平衡专题会。付兆庚等区领导听取区住建委、区规自分局、中建一局和市规划院的工作汇报，区财政局、区审计局等有关单位进行发言。

（孙少婷）

【检查建筑工地】 3月31日，付兆庚等区领导到中骏天峰项目、诺德彩园项目、合景领汇长安项目检查疫情防控、开复工、污染防治及安全生产工作情况，详细询问工地复工、人员到岗、疫情防控措施落实及农民工工资发放情况，抽查体温检测登记表，检查消防设施、现场苫盖、配电箱管理、员工宿舍食堂等有关情况。

（孙少婷）

【滞留户50天清零行动专题部署会】 4月3日，召开滞留户50天清零行动专题部署会，付兆庚等区领导参加会议。会上，区规自分局、区住建委、区城市管理委汇报受滞留户影响的重点工程情况，相关单位、镇街及企业代表汇报工作措施并表态发言。

（孙少婷）

【检查道路遗撒治理工作】 4月7日，付兆庚到合景领汇长安项目、永定镇108国道检查站、大峪化工厂项目检查项目工地现场管理、土方运输及车辆通行记录等有关情况，详细询问来往车辆通行数量、来源及去向等有关情况，并沿108国道、西北环线等重点道路检查渣土车运输行驶及证件等有关情况。4月8日，付兆庚到永定镇108国道检查站、3751C地块2标段项目现场，检查项目工地土方运输、车辆通行记录等有关情况，详细询问来往车辆通行、复工人员到岗等有关情况，并沿108国道、西北环线、水担路等重点道路检查渣土车运输行驶及所需证件等有关情况。5月14日，付兆庚等区领导采取“四不两直”方式检查道路遗撒治理工作情况。沿城区主要道路检查渣土车运输行驶、所需证件及重点工地周边道路遗撒等情况，到108国道检查站检查车辆通行记录等有关情况。5月15日，检查“黄土不露天撤绿网”专项行动进展情况，到黑山大街北延、九龙路、桥西街、冯西园、S1线桥下及迎辉南苑等地检查问题点位及部分点位整改情况。

（孙少婷）

【永定河生态综合治理工作】 4月7日，召开永定河山峡段综合治理与生态修复土地流转腾退工作汇报会，付兆庚等区领导听取水务局有关工作情况的汇报。4月18日，付兆庚等区领导到妙峰山镇丁家滩村口检查永定河综合治理项目土地流转腾退地块有关情况；到妙峰山镇下苇甸村，王平镇河北村，雁翅镇下马岭村、饮马鞍村实地查看永定河生态补水河道周边安全保障相关情况。4月20日，区政府召开永定河生态补水保障工作调度会。付兆庚等区领导听取水务局相关工作情况的汇报，有关部门和沿线镇街进行发言。5月23日，召开永定河山峡段综合治理与生态修复工程土地流转腾退工作汇报会。付兆庚等区领导听取水务局相关工作进展情况的汇报。8月7日，召开永定河山峡段综合治理与生态修复工程工作专题会。付兆庚等区领导与永定河流域投资有限公司有关领导共同听取永定河山峡段综合治理与生态修复工程设计方案及土地流转腾退方案的汇报。

（孙少婷）

【区领导走访企业】 4月13日，付兆庚到北京芯盾时代科技有限公司、北京智慧云测信息技术有限公司、北京瑞途科技有限公司现场了解企业经营情况、复工复产情况和存在的困难，听取企业负责人对研发产品的介绍，参观实验室及产品运行展示等。4月15日，付兆庚等区领导到北京东西分析仪器有限公司调研走访详细了解企业经营状况、仪器产品相关功能及原理，参观产品成果展示，听取企业专家团队对研发产品的介绍。10月23日，付兆庚到中关村门头沟园走访企业。先后到华润双鹤药业股份有限公司、江泰保险经纪股份有限公司详细了解企业生产经营情况并召开座谈会，听取相关工作汇报。11月4日，付兆庚等区领导走访入区企业。到北京零点有数股份科技有限公司走访调研，并召开座谈会，听取企业发展情况汇报。

（孙少婷）

【“爱国卫生月”大扫除活动】 4月18日，区领导付兆庚等到龙泉镇城子村参加大扫除活动，与镇村党员干部和志愿者一起对道路两侧的垃圾、杂草进行清理。

（孙少婷）

【学校开学准备及疫情防控检查】 4月21日，付兆庚等区领导到大峪中学，实地查看校门初测点、观察室、隔离点、教室、食堂等开学准备及疫情防控工作情况；随后召开会议，听取区教委关于全区学校开学准备及疫情防控工作总体情况的汇报，相关单位及学校发言。5月21日，区领导检查基础教育学生返校及幼儿园复园工作情况。付兆庚等区领导到区第一幼儿园、实验二小永定分校实地查看园门初测点、临时观察区、幼儿接待区、隔离室、活动室、专业教室、餐厅等区域的准备情况，详细检查了登记表、体温检测、一米线等措施落实情况。5月26日，召开基础教育学生返校及幼儿园复园工作专题会。付兆庚等区领导听取学生返校及幼儿园复园工作情况的汇报。

（孙少婷）

【保持中小微企业平稳发展专题会】 4月27日，保持中小微企业平稳发展专题会召开，付兆庚等区领导参加会议。会上，区发展改革委汇报应对疫情影响支持中小微企业发展的相关措施，区财政局汇报2月至4月中小微企业房租减免资金测算情况，相关单位进行发言。

（孙少婷）

【垃圾分类工作】 5月5日，付兆庚等区领导到桥东街社区、中门寺垃圾分类压装清洁站、西山艺境社区、桃园社区、丽景长安社区，详细了解设施配备、布局及宣传引导、运输处理等有关情况，查看垃圾投放情况，并听取居民关于垃圾分类工作的意见建议。5月14日，垃圾分类工作调度会召开，付兆庚等区领导听取城市管理委关于垃圾分类总体推进情况及存在问题的汇报，垃圾分类推进工作指挥部各组牵头单位汇报工作推进情况，各镇街、相关部门就垃圾分类工作落实情况进行发言。5月26日，垃圾分类工作调度会召开。付兆庚等区领导听取区城市管理委关于垃圾分类总体情况和垃圾分类推进工作指挥部各组牵头单位工作情况的汇报，各镇街汇报了垃圾分类执法检查、存在问题和下一步措施，部分物业公司代表进行表态发言。5月30日，召开垃圾分类专项执法百日行动工作部署会。区领导付兆庚等听取城市管理委关于全区垃圾分类工作情况的汇报，城管执法局讲解《北京市生活垃圾管理条例》并部署2020年垃圾分类专项执法重点工作。6月5日，区领导付兆庚等以“四不两直”方式到燕保家园社区、惠民家园社区、大峪花园社区、中门寺南坡一区社区、小园一区社区、石门营六区社区检查创城指标落实和垃圾分类情况，详细了解小区垃圾投放、居民主动分类及大峪花园社区生活垃圾分类驿站使用有关情况。9月17日，垃圾分类严格执法工作专题会召开。区领导付兆庚等听取城管执法局关于9月垃圾分类执法有关工作情况的汇报，各镇街和相关单位发言。10月4日，区领导付兆庚采取“四不两直”方式检查垃圾分类工作。实地到龙山二区社区、葡东社区、永安社区、梧桐苑垃圾分类压装清洁站、梧桐苑七号院社区检查，详细查看社区垃圾分类情况，慰问垃圾分类指导员。

（孙少婷）

【到区财政局进行调研】 5月6日，区领导付兆庚等到区财政局调研，听取工作汇报。10月24日，区领导付兆庚等到区财政局调研，听取关于2020年预算执行和2021年预算安排情况的汇报。

（孙少婷）

【自然保护地整合优化工作专题会】 5月12日，召开自然保护地整合优化工作专题会。区领导付兆庚等听取调整优化整体工作情况的汇报。

（孙少婷）

【2020年农村工作大会】 5月15日，召开2020年农村工作和“疏解整治促提升”专项行动暨深入推进文明农村人居环境、文明社区建设大会。区领导张力兵、付兆庚等参加。

（孙少婷）

【责任规划师工作启动暨培训会】 5月21日，召开责任规划师工作启动暨培训会。区领导付兆庚等出席会议并向责任规划师团队代表成员颁发聘书。

（孙少婷）

【综合检查】 5月23日，区领导检查“两会”安保、低收入帮扶、农村人居环境整治等有关工作。区领导付兆庚等到芹峪口检查站慰问广大民警、辅警、武警及驻站医生。12月31日，区领导付兆庚采取“四不两直”方式检查疫情防控及“两节”城市运行保障、安全生产、森林防火工作。到中门寺沟检查护林员和生态林管护员日常巡查情况，到石门营热源厂了解寒潮天气下城区市政热网集中供热运行保障和安全生产情况，到龙湖长安天街检查人员聚焦区域和冷链单位的防疫措施落实情况。

（孙少婷）

【防汛桌面推演暨防汛动员大会】 5月29日，召开2020年防汛桌面推演暨防汛动员大会。区领导付兆庚等出席，并对推演进行点评；部署2020年防汛工作。

（孙少婷）

【招商引资工作】 5月30日，区领导付兆庚等到中关村门头沟园调研招商引资工作。听取石龙服务中心有关工作情况的汇报，并深入研究招商引资政策及实施细则。9月11日，2020年招商引资大会召开。区领导张力兵、付兆庚、陈国才等参加。会上，通报财源建设情况及各部门任务完成情况，并宣读2020年全区招商引资工作指标任务书，区财政局公布《门头沟区招商引资工作管理办法》，企业代表和部门、镇街代表先后发言。9月19日，中关村门头沟园招商引资工作专题会召开。区领导付兆庚听取石龙服务中心及相关单位的工作汇报。

（孙少婷）

【财源建设工作】 6月1日，区领导付兆庚等听取区财政局关于财源建设方案落实情况的汇报。6月2日，区领导付兆庚等听取区财政局、区税务局等单位关于各镇街收入完成进度及土地增值税、基础设施建设费组收进度等情况的汇报。6月10日，召开财源建设工作调度会。区领导付兆庚等听取财政、税务等部门及各镇街关于财税组收进度情况的汇报。7月8日，财源建设工作调度会召开。区领导付兆庚等听取区财政局、区税务局、区市场监管局、石龙服务中心、科信局、区人力社保局等单位的工作汇报。8月1日，财源建设工作调度会召开。区领导付兆庚等听取财政局、石龙服务中心、区市场监管局、区税务局及相关镇街的工作汇报。9月16日，召开财源建设工作调度会。区领导付兆庚等听取了区财政局、区税务局、石龙服务中心有关工作情况的汇报。

（孙少婷）

【棚改工程】 6月4日，区领导付兆庚等实地到三家店粮库项目、城子D地块项目、水煤浆厂项目、城子C地块项目、液压支架厂项目、冯村南街项目、冯村南区项目查看现场管理、施工准备、室内装修、室外铺装、绿化施工、小市政施工等调研棚改工程复工有关情况，详细询问工程进度、人员到位等情况及存在的困难问题，随机检查消防设施和垃圾分类工作落实情况。8月22日，区领导付兆庚等到水煤浆厂项目、城子D地块项目、液压支架厂项目查看现场管理、室内装修、室外铺装、绿化等检查棚改工程建设有关情况，详细询问工程进度、材料质量等情况。10月8日，区领导付兆庚检查棚改地块配套市政设施建设情况。到液压支架厂项目查看现场施工情况，详细询问工程进度和存在的困难问题。10月14日，棚改12个地块项目市政规划工作专题会召开。区领导付兆庚等听取市规划院城市所、交通所等单位关于新城01-04街区控规和市政专篇编制、市政道路规划方案等工作情况的汇报。12月5日，区领导付兆庚等调研棚改工程。到城子C、D地块，水煤浆厂项目，液压支架厂项目和三家店粮库项目查看筹备交房及工程建设等情况。12月19日，采空棚户区改造及环境整治项目土地入市工作专题会召开。区领导付兆庚等听取规自分局、城市管理委等单位关于采空棚户区改造12个地块项目进展情况等工作的汇报。

（孙少婷）

【环卫中心体制改革汇报会】 6月5日，召开环卫中心体制改革汇报会。区领导付兆庚听取环卫中心关于环卫体制改革方案的汇报。

（孙少婷）

【贯彻落实物业管理条例推进会】 6月6日，召开贯彻落实物业管理条例推进会，区领导付兆庚等出席会议。会上，住建委、组织部部署落实工作，街道、社区、业主委员会、物业服务公司代表发言。

（孙少婷）

【示范村实施方案汇报会】 6月8日，召开“百村示范、千村整治”示范村实施方案汇报会。区领导付兆庚等听取潭柘寺镇、妙峰山镇、雁翅镇、王平镇关于15个市级示范村实施方案的汇报。

【北京国际智能绿色金融中心项目座谈】 6月9日，召开北京国际智能绿色金融中心项目汇报会。区领导付兆庚等与中融控股集团董事长及其他集团负责人进行座谈，共同听取关于北京国际智能绿色金融中心项目方案的汇报。

（孙少婷）

【筹建潭柘寺学校签约仪式】 6月10日与清华大学附属中学合作筹建潭柘寺学校签约仪式举行。区领导张力兵、付兆庚与清华大学党委常务副书记及清华大学附属中学有关负责出席签约仪式，区领导付兆庚与附属中学校长签署合作协议。

（孙少婷）

【规自领域专项治理整改工作专题会】 6月11日，召开规自领域专项治理整改工作专题会。区领导付兆庚等听取专项治理工作专班和农业农村局关于规自领域专项治理进展情况的汇报，城管执法局汇报违法建设治理进展情况，相关单位发言。

（孙少婷）

【检查高考筹备工作】 6月19日，区领导付兆庚等检查高考筹备工作并“四不两直”检查疫情防控工作。到首师大附中永定中学检查高考筹备工作，实地查看考场布置，详细询问了学校考试筹备、疫情防控等工作落实情况。

（孙少婷）

【“永泰西山御园”项目遗留问题专题会】 6月23日，召开“永泰西山御园”项目遗留问题专题会。区领导付兆庚等听取规自分局、住建委关于工作进展情况和工作方案的汇报。

（孙少婷）

【节日期间连续检查】 6月25日，区领导付兆庚到潭柘寺景区、潭柘新区、戒台寺景区以“四不两直”检查疫情防控和城市运行有关情况。27日，到十八潭景区、王平镇河北村、王平医院检查各项工作落实情况。区领导付兆庚详细询问值守力量安排、防疫工作开展情况，检查体温检测、一米线等措施落实情况，询问景区游客预约、日常客流及旅游接待等情况，了解医院科室设置、就诊住院等有关情况，检查景区购票处、医院食堂等公共场所的消杀、消防设施、垃圾分类等情况，并慰问节日期间坚守一线的工作人员。

（孙少婷）

【生活物资工作专题会】 6月28日，生活物资“保供应、稳物价”工作专题会召开。区领导付兆庚等听取商务局、发改委、市场监管局、统计局等部门关于全区粮油肉蛋菜等生活物资保障、物价监测及执法情况的汇报。

（孙少婷）

【到气象局调研】 7月2日，区领导付兆庚等到气象局详细了解气象站点分布以及气象监测运行系统情况，听取气象局关于汛期气象形势及重点工作的汇报。

（孙少婷）

【高考组考工作专题会】 7月3日，召开2020年高考组考工作专题会。区领导付兆庚等听取教委关于高考组考工作情况的汇报。

（孙少婷）

【建筑工地隐患问题排查整顿工作专题会】 7月3日，召开建筑工地隐患问题排查整顿工作专题会。区领导区领导付兆庚听取住建委等单位的工作汇报。

（孙少婷）

【“两寺一山”管理工作专题会】 7月6日，“两寺一山”管委会筹建工作专题会召开。区领导付兆庚听取文旅局关于“两寺一山”管委会筹建工作的汇报。8月7日，召开“两寺一山”管理工作专题会。区领导张力兵、付兆庚、张永等参加。

（孙少婷）

【检查创城工作】 7月9日，区领导付兆庚实地到高家园新区、中门家园、中门寺南坡一区、中门寺南坡二区检查社区创城工作落实情况，详细查看楼道内杂物堆放、电动车停放等问题，检查社区疫情防控、垃圾分类等工作落实情况。

（孙少婷）

【检查防汛工作】 7月11日，区领导付兆庚等到清水镇艾峪村检查避险转移安置点及地质灾害隐患点基本情况，到黄塔沟小西湖塘坝检查水毁工程修复及运行管理情况，到斋堂水库查看溢洪道闸室并听取水库运行及日常管理情况的汇报，到斋堂镇川底下村检查景区汛期防汛避险措施及预警后应对准备情况，到大台街道木城涧社区检查人员转移避险安置点设置及物资储备等情况，到王平镇西王平村检查泥石流险村隐患点改造建设情况，到应急抢险二中队驻地了解队伍建设、训练等有关情况并慰问队员。8月12日，区领导付兆庚等检查防汛工作准备情况。到到石担路京门铁路桥泵站、龙泉镇三家店村、石担路永定路段、大峪街道葡东南区社区检查，详细了解排水设施运行及防汛准备工作情况，随机检查垃圾分类工作落实情况。

（孙少婷）

【“两条例”落实工作会】 7月18日，区领导付兆庚等到城子街道西七棵树惠锦园小区、永定镇四季怡园社区检查“两条例”（《北京市生活垃圾管理条例》《北京市物业管理条例》）落实情况，听取居民对小区物业管理工作的意见。随后，区领导付兆庚等召开交流会，城市管理委、住建委分别汇报条例落实情况，镇、街、社区及物业公司代表作交流发言。

（孙少婷）

【检查重点工程建设情况】 7月18日，调研水务重点工程。区领导付兆庚等到西峰寺沟上游治理工程、“三位一体”水环境保障工程现场检查工程进度，详细了解工程有关情况。7月25日，区领导付兆庚等到玉带街、金沙街、曹各庄路、石龙路、雅安路西延等道路施工现场，详细询问工程设计、投资、进度、存在的问题等有关情况，并抽查施工现场垃圾分类工作情况。9月12日，区领导付兆庚等检查新一轮百万亩重点工程有关情况。到清水镇田寺村、上清水村，斋堂镇双石头村、灵岳寺地块查看浅山台地、荒山造林工程进展情况详细询问了工程面积、种植树种、成活率及养护管理等有关情况，随机检查农村垃圾分类工作开展情况。

（孙少婷）

【征兵工作动员大会】 7月22日，2020年度征兵工作领导小组会和征兵工作动员大会召开。区领导付兆庚等听取2019年征兵工作情况及2020年征兵工作进展情况的汇报，审议并通过征兵工作领导小组和征兵办公室成员调整、2019年征兵工作先进单位和个人表彰的建议。宣读征兵命令，武装部政委李森林总结2019年征兵工作、部署2020年征兵任务，宣读北京市和门头沟区2019年征兵工作先进单位和个人表彰通报。

（孙少婷）

【到生态环境局调研】 7月25日，区领导付兆庚等到生态环境局调研，听取生态环境局的工作汇报。

（孙少婷）

【摩托车专项整治及流浪犬治理专题会】 7月30日，召开摩托车专项整治及流浪犬治理工作专题会。区领导付兆庚等听取公安分局等部门关于燃油两轮摩托车违法行为专项整治工作方案、违法养犬和收置无主犬集中整治行动工作方案的汇报。

（孙少婷）

【中关村（京西）人工智能科技园座谈】 8月1日，区领导付兆庚等到中关村（京西）人工智能科技园调研。参观园区沙盘及展厅，并走访夏禾科技公司。随后，区领导召开座谈会，听取科技园建设情况的汇报。

（孙少婷）

【“五新”政策措施落实工作推进会】 8月7日，召开“五新”政策措施落实工作推进会。区领导付兆庚等听取各牵头部门关于牵头任务工作措施、下一步思路以及围绕“五新”政策督查台账任务分解落实情况的汇报。

（孙少婷）

【安全生产工作会】 8月7日，安全生产工作会召开。区领导付兆庚等参加。会上，应急管理局通报近期安全生产工作情况，并部署安全生产专项整治三年行动和汛期安全生产工作，消防救援支队部署下一步消防安全重点工作，相关单位进行表态发言。

（孙少婷）

【检查大气污染综合治理工作】 8月8日，区领导付兆庚等以“四不两直”形式到阜石路西延热力管线工程、永定河文化广场、金福龙加油站、京西俱乐部餐饮机构及百年食府、三家店水闸路沿线餐饮机构、京浪岛公园、鑫三通汽修服务中心、南水北调河西支线项目、门头沟站货场铁路职工住房项目进行检查。区领导详细检查建筑工地降尘措施及整改落实情况、加油站油气回收系统、餐饮机构油烟系统及清洗记录、汽修企业烤漆作业及废品回收处置等情况，了解企业复工复产、经营及租金等有关情况，随机检查垃圾分类落实情况。

（孙少婷）

【金隅琉璃文化产业园建设】 8月15日，区政府召开金隅琉璃文化产业园建设专题会。区领导付兆庚等与金隅集团副总经理听取琉璃文化产业园进展情况的汇报。12月17日，金隅琉璃文创产业园工作专题会召开。市文物局领导党组书记、局长，区领导张力兵、付兆庚，北京金隅集团股份有限公司领导听取金隅集团关于相关产业项目的介绍。

（孙少婷）

【扶贫协作】 8月19日至21日，区领导付兆庚到内蒙古开展扶贫协作对接工作。其间，到武川县，调研呼和浩特市蒙草百草园、武川县蒙禾源菌业公司振兴元基地、哈乐镇根根渠村玫瑰种植园、京门商投公司援建雪菊加工车间和2020年门头沟区扶贫协作项目援建卫生室项目、内蒙古草原乌骨羊生物科技有限公司四合义养殖基地，详细了解产业项目进展情况和带贫增收机制；召开门头沟区与武川县扶贫协作座谈会，到察右后旗，召开门头沟区与察右后旗扶贫协作座谈会；付兆庚到土牧尔台镇大西村调研火山犇牛托养项目，到中农牧业科技发展有限公司调研肉兔养殖项目。8月25日，门头沟区与武川县扶贫协作座谈会召开。区领导付兆庚等和呼和浩特市委常委、武川县委书记，蒙草集团执行总裁等有关领导出席座谈会。

（孙少婷）

【到中石油铁工油品销售有限公司调研】 8月24日，区领导付兆庚等到中石油铁工油品销售有限公司调研。实地参观企业新办公地点，慰问企业员工，详细了解油品公司运营情况，并与公司领导等召开座谈会，听取油品公司经营情况的报告。

（孙少婷）

【电力规划建设战略合作协议签

署】 8月28日，门头沟区与国网北京市电力公司签署战略合作协议。区领导张力兵、付兆庚等与国网北京市电力公司领导等出席签约仪式，并听取门头沟电网规划及推进电网发展工作情况的汇报；签署《门头沟区“十四五”电力规划建设战略合作协议》。

（孙少婷）

【滞留户腾退工作部署会】 8月29日。门头沟区召开滞留户腾退工作部署会。区领导付兆庚等出席会议，听取相关单位工作进展情况及下一阶段工作计划的汇报。

（孙少婷）

【“十四五”规划编制工作专题会】 8月29日，区政府召开“十四五”规划编制工作专题会。区领导付兆庚等听取区发展改革委及专业机构关于“十四五”规划编制阶段性成果的汇报。

（孙少婷）

【提升城管系统执法水平工作专题会】 8月29日，门头沟区召开提升城管系统执法水平工作专题会。区领导付兆庚等出席会议，城管执法局部署相关工作，纪委监委、组织部提出工作要求，相关镇街综合执法队进行表态发言。

（孙少婷）

【物业满意度调查工作专题会】 8月31日，门头沟区召开物业满意度调查工作专题会。听取物业管理住宅小区调查问卷总体情况的汇报。

（孙少婷）

【与京能集团座谈】 9月1日，区领导到京能集团座谈。区领导张力兵、付兆庚等与京能集团董事长、副总经理及有关负责人员，就京西矿区转型发展进行交流研讨。

（孙少婷）

【环保工作调度会】 9月2日，门头沟区召开环保工作调度会。区领导付兆庚等听取生态环境局的工作汇报，相关单位发言。

（孙少婷）

【现场核实环保信访问题】 9月8日，付兆庚现场核实环保信访问题。先后到王平镇西马各庄村、吕家坡村实地检查。

（孙少婷）

【路移交通车工作专题会】 9月10日，北旅广场道路和华中心小区中路移交通车工作专题会召开。区领导付兆庚等听取了相关单位关于工作方案及存在问题的汇报。

（孙少婷）

【治理违法建设“回头看、防反弹”工作会】 9月17日，治理违法建设“回头看、防反弹”工作会召开。区领导付兆庚等听取城管执法局、各镇街等单位关于2017年以来拆后点位自查及公共公益类图斑监管工作落实情况的汇报。

（孙少婷）

【环卫综合服务中心项目设计方案汇报会】 9月18日，环卫综合服务中心项目设计方案汇报会召开。区领导付兆庚等参加，听取环卫中心等单位关于环卫综合服务中心项目设计方案的汇报。

（孙少婷）

【检查城市绿化美化工作情况】 9月19日，付兆庚等区领导到侯庄子桥、葡萄嘴环岛、莲石湖西路、东辛秤代征绿地、创客花园、新区绿色廊道、卧龙岗桥、京浪岛等地检查城市绿化美化工作情况。检查隔离带景观提升、树木补植补种等有关情况，详细了解设计方案、绿化范围及管理养护等情况。

（孙少婷）

【农村人居环境和美丽乡村建设推进会】 9月23日，农村人居环境整治和美丽乡村建设工作推进会召开。听取农业农村局、规自分局、卫生健康委、城市管理委、水务局和各镇的工作汇报。

（孙少婷）

【财政资金支出和重点工程推进会】 9月29日，财政资金支出进度和重点工程项目推进会召开。财政局通报全区各预算单位大额项目及使用特别国债安排的项目支出情况，发展改革委通报全区重点工程项目及固定资产投资任务完成情况，相关单位汇报工作进展情况及下一步工作措施。

（孙少婷）

【检查安全生产和城市运行】 10月4日，付兆庚采取“四不两直”方式检查安全生产和城市运行有关工作。实地到轨道交通S1线上岸站、龙湖天街购物中心和物美超市、三家店地区部分餐馆、门头沟站货场铁路职工住房二标段项目工地检查，详细了解节日期间人流量、客流量情况，随机检查垃圾分类工作，并亲切慰问工作人员。

（孙少婷）

【检查宗教场所】 10月8日，

付兆庚等到潭、戒两寺检查。详细了解节日期间人流量情况，查看消防设施，随机检查垃圾分类工作落实情况，向节日期间值守的消防救援和森林消防指战员表示慰问。

（孙少婷）

【夜查空气污染应对】 10月8日，付兆庚等采取“四不两直”方式夜查空气污染应对有关工作情况。实地到西六环石门营检查点、108国道检查站、3751C地块施工工地详细查看执法检查、渣土车运输、施工工地扬尘管控措施落实等有关情况，随机检查垃圾分类工作，叮嘱执法人员做好自身防护，并向坚守岗位的各单位工作人员表示慰问。

（孙少婷）

【2020年度市级绩效任务工作专题会】 10月10日，2020年度市级绩效任务工作专题会召开。北京元方智库咨询有限公司讲解2020年度市级绩效考评工作并做业务培训，区各牵头单位汇报2020年度绩效任务落实情况、存在问题及工作计划。

（孙少婷）

【消费扶贫双创中心门头沟分中心调研】 10月13日，付兆庚到北京市消费扶贫双创中心门头沟分中心调研。详细了解特色产品销售和日常运营情况，并现场消费购买扶贫产品。

（孙少婷）

【重点工程汇报会】 10月17日，重点工程汇报会召开。付兆庚等听取相关单位关于重点工程进展情况及存在问题的汇报。12月21日，2021年重点工程项目及为民办实事项目汇报会召开。张力兵、付兆庚、张永等区领导听取区发展改革委关于2021年重点工程项目总体情况的汇报和区政府办公室关于为民办实事项目情况的汇报。

（孙少婷）

【调研垃圾无害化处理】 10月20日，付兆庚到区垃圾无害化处理中心调研。实地查看垃圾筛选厂运行情况，详细了解工作流程。

（孙少婷）

【调研石龙五期项目】 10月24日，付兆庚等区领导调研石龙五期项目进展情况，听取北京中关村京西建设发展有限公司关于中关村（京西）人工智能科技园建设等情况的汇报。

（孙少婷）

【调研综合经济工作】 10月26日，付兆庚等区领导到发改委调研综合经济工作。，听取发改委关于前三季度经济社会发展形势分析的汇报。

（孙少婷）

【调研滞留户腾退工作】 10月27日，付兆庚等区领导到永定镇调研滞留户腾退工作，听取永定镇关于滞留户腾退工作情况的汇报。

（孙少婷）

【三家店土地资源整理项目专题会】 10月27日，三家店土地资源整理项目专题会召开，听取京西置地公司关于三家店土地资源整理项目有关情况的汇报。

（孙少婷）

【到龙泉镇调研】 10月28日，付兆庚等区领导到龙泉镇调研，听取龙泉镇关于采空棚户区改造等有关工作情况的汇报。

（孙少婷）

【检查校园卫生安全】 11月6日，付兆庚等区领导检查校园诺如病毒防控工作。到大峪第二小学、区第一幼儿园检查。

（孙少婷）

【检查冬季供暖工作】 11月7日，付兆庚等区领导检查冬季供暖工作。到黑山热源厂、石门营热源厂和葡东小区检查锅炉点火运行情况。

（孙少婷）

【棚改资金情况专题会】 11月7日，棚改资金情况专题会召开，听取住建委等部门关于棚改资金整体情况的汇报。

（孙少婷）

【检查农村人居环境整治和森林防火】 11月10日，付兆庚等区领导采取“四不两直”方式检查农村人居环境整治和森林防火有关工作。到下苇甸村、桃园村、樱桃沟村实地检查。

（孙少婷）

【到第七次全国人口普查登记现场调研】 11月14日，付兆庚等区领导到第七次全国人口普查登记现场调研。到永定镇上悦嘉园社区慰问普查人员并入户了解普查登记情况。在永定镇政府召开座谈会，听取区人普办等单位关于人口普查进展情况的汇报。

（孙少婷）

【财税工作汇报会】 11月17日，财税工作汇报会召开。区领导张力兵、付兆庚等听取财政局、税务局有关工作情况的汇报。

（孙少婷）

【检查冷链食品经营企业】 11月18日，付兆庚等区领导采取“四不两直”方式检查冷链食品经营企业。到龙湖天街购物中心物美超市及部分餐饮企业、京西兴顺市场查看冷链食品存储等有关情况。

（孙少婷）

【2020年度市级绩效任务推进会】 11月19日，2020年度市级绩效任务推进会召开，听取北京元方智库公司关于市政府绩效考核任务模拟察访核验结果及下一步工作建议的通报。

（孙少婷）

【与南洋投资有限公司座谈】 11月21日，区领导与南洋投资有限公司座谈。听取南洋投资公司关于“跨境电商民生智能供应链（北京门头沟）运营中心项目”有关情况的介绍。

（孙少婷）

【与复星基础设施产业发展集团座谈】 12月3日，付兆庚等区领导与复星基础设施产业发展集团座谈，听取复星集团关于相关产业项目的介绍。

（孙少婷）

【检查燃气安全】 12月4日，付兆庚等区领导采取“四不两直”方式检查燃气安全工作。到中门寺、高家园、三家店地区检查餐饮企业相关情况，随机检查垃圾分类工作。

（孙少婷）

【到住建委调研】 12月5日，付兆庚等区领导到住建委调研，听取住建委关于2020年重点工作完成情况和2021年工作安排的汇报。

（孙少婷）

【到城市管理委调研】 12月12日，付兆庚等区领导到城市管理委调研，听取城市管理委关于2020年重点工作完成情况和2021年工作安排的汇报。

（孙少婷）

【“送气下乡”专项整治工作会】 12月18日，“送气下乡”专项整治工作会召开。区领导付兆庚等听取城市管理委关于《门头沟区送气下乡专项整治工作方案》的汇报。

（孙少婷）

【调研“两区”建设】 12月19日，付兆庚等区领导到中关村门头沟园专题调研“两区”建设工作。先后到北京英田影视文化股份有限公司、北京他山科技有限公司调研。随后召开座谈会，听取石龙服务中心2020年工作完成情况和2021年工作思路的汇报。

（孙少婷）

综合政务服务

【概况】 2020年，全区区级44家审批单位全部进驻1个综合大厅和6个专业大厅，部门进驻率达到100%。门头沟区设有区级大厅6个，镇街级政务服务中心13个。所有大厅事项进驻率100%（其中，进驻区政务服务中心办理的事项达到81.4%），一窗通办率100%。按照“一办一台五区”标准，全区区镇（街）两级政务服务中心规范化改造率100%。

单位名称：北京市门头沟区政务服务管理局
地　　址：北京市门头沟区滨河路72号
电　　话：69848562
邮　　编：102300

（孙建茹）

【全市率先倡导“不见面”办政务】 2月4日，区政务服务管理局在全市率先倡导“不见面”办政务。通过综合自助机申报千余个区级事项，助力新冠肺炎疫情防控。

（安祎炜　王俊杰）

【“一号业务咨询”实现】 4月1日，全区20个区、镇政务大厅全部实现“一号业务咨询”，并实行首接负责制。

（安祎炜　王俊杰）

【“政务无人超市”投入使用】 4月8日，区“政务无人超市”暨24小时市民自助服务中心投入使用，为企业群众错峰办、随时办、智能办提供办事新体验和便利化服务。通过自助方式，市民群众能够便捷办理1000余个服务事项。

（王俊杰）

【实现政务服务事项网上预约服务】 4月20日起，区内1700余个政务服务事项全部实现网上预约服务。

（安祎炜　王俊杰）

【政务服务“便利化改革”再升

级】 5月25日，区内政务服务“便利化改革”再升级，实现全区20个政务大厅296个村（居）的咨询、帮办全覆盖。

（安祎炜　王俊杰）

【开展“周末不打烊”服务】 8月8日起，全区19个大厅开展“周末不打烊”服务。

（安祎炜　王俊杰）

【首批上线60个“办好一件事”】 8月，门头沟区首批上线60个“办好一件事”，60个事项场景用上区块链技术。

（安祎炜　王俊杰）

【“政务便民超市平台”试运行】 11月24日，区“政务便民超市平台”在区政府网站投入试运行，标志着门头沟区在政务便利化改革方面从线下步入e时代，企业和群众办事可以感受到网购一样的自主和便利。

（安祎炜）

【无障碍综合窗口试运行】 年内，区政务服务中心无障碍服务专区启用，无障碍综合窗口开始试运行。窗口能够咨询、帮办和受理大厅全部1369个政务服务事项，以及100余个“百事套餐”主题事项，让更多的有需求的群众享受优质服务。区政务服务无障碍建设再升级，政务服务中心、专业大厅、街道（乡镇）政务服务中心共20个政务大厅，实现手语服务全覆盖，听障群众在任何一个政务大厅办事都能得到无障碍爱心服务。

（安祎炜　王俊杰）

【对外公开电话精简比例达80%】 年内，门头沟区对外公开电话总数从450余部精简至77部，电话精简比例达80%。

（朱丽荣）

【“红色助企管家联盟”启动】 年内，区政务服务管理局率先启动“红色助企管家联盟”共建。10家单位党组织签订“红色管家助企联盟共建协议书”，加入“红色管家助企联盟”，搭建起“向前一步开展服务，助力企业健康发展”的服务平台。

（王　芳）

【政务服务事项“备查制”全市率先试行】 年内，区政务服务管理局在全市率先试行政务服务事项“备查制”改革。区备查登记平台上线，首批涉及7家部门的9个政务服务事项，实现“登记就秒批”。

（安祎炜）

【推出4批事项告知承诺审批服务】 年内，区政务服务管理局首批推出9家单位47个事项告知承诺审批服务，申请人只要签订相应的告知承诺书，承诺其符合办理条件并承担违反相应承诺的后果，即可当场获得审批服务。第二批推出9个部门30个事项告知承诺审批服务，第三批推出12个部门的24个事项告知承诺审批服务，第四批推出2个部门的6个事项告知承诺审批服务。

（安祎炜）

外事及港澳台事务

【概况】 2020年，北京市门头沟区人民政府外事办公室（简称区政府外办）全力以赴做好涉外新冠肺炎疫情防控工作，优化提升区域语言环境建设，积极践行“外事为民”，加大APEC商务旅行卡推广力度，积极做好外籍人员入境返京工作。

单位名称：北京市门头沟区人民政府外事办公室
地　　址：北京市门头沟区新桥大街36号
电　　话：69843657
邮　　编：102300

（程　红）

【外籍人员疫情防控措施下发】 2月28日，区政府外办制定并下发《关于外籍人员疫情防控的若干措施》，依托区、街镇、社区（村）三级疫情防控专项工作机制，将外籍人员纳入整体疫情防控体系，同时明确工作任务及各单位职责。

（程　红）

【强化区域高质量发展服务支撑】 3月2日，区外办在门头沟政府网站公示办理APEC商务旅行卡工作指南，并向多家企业进行政策解读，积极践行“外事为民”，做好外籍人员入境返京工作，推动企业复工复产。

（程　红）

【区委外事委工作会议】 4月1日，召开区委外事委工作会议。会上，听取审议2019年区委外事工作委员会工作总结和2020年工作要点，明确各项工作任务。

（程　红）

【境外人员关心关爱工作】 5月13日起，各镇街按照“属人、属地管辖”原则，稳妥做好区内境外人员关心关爱工作。区外办加强与相关单位的定期沟通，持续做好动态更新。

（程　红）

【优化提升区域语言环境建设】　年内，门头沟区提升区域国际化公共服务水平，高标准做好重点区域语言标识管理，积极营造无障碍国际语言环境。区政府外办制定了《2020年门头沟区重点公共场所外语标识核查纠错工作方案》，自5月18日起先后开展了行业主管部门自查及实地检查，进一步提升了区域语言环境建设水平。

（程　红）

【推进友好城市抗疫合作】　年内，门头沟区的传统友好城市韩国首尔特别市永登浦区在疫情发生后第一时间致函门头沟区，表达对门头沟区人民健康安危的关切和慰问。阿根廷圣达菲省拉斐拉市是门头沟区的友好交流城市。在得知该市急需口罩、医用防护服等防疫物资援助后，门头沟区紧急启动向拉斐拉市捐赠防疫物资工作。6月29日、7月3日，门头沟区捐赠的口罩、防护服等防疫物资抵达阿根廷，拉菲拉市市长对门头沟区的捐赠支持致函表达谢意。

（程　红）

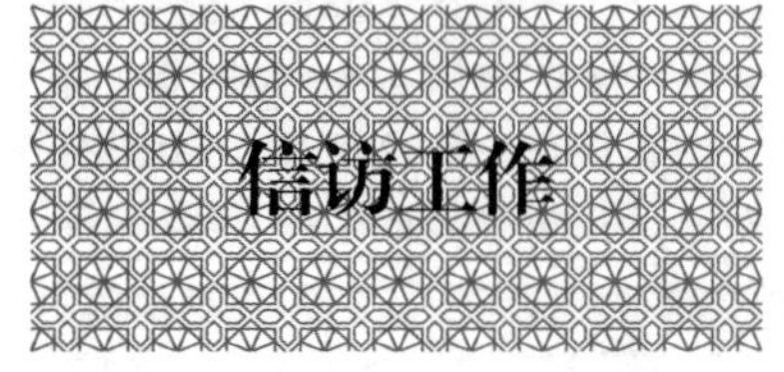

信访工作

【概况】　2020年，全区信访工作围绕中心，服务大局，坚持新冠肺炎疫情防控和信访工作两手抓、两不误，以治理重复信访、化解信访积案为突破点，全面落实信访矛盾排查调处工作，实现“四个不发生”预期目标。全区信访呈现群众来信、网上信访、群众来访、集体访、到市信访、到国家信访局信访“三升三降”的良好态势，年内，共受理群众来信1366件1672人次，同比件次上升45.78%、人次上升17.33%、网信1156件1190人次，同比件次上升293.2%、人次上升290.2%；接待群众来访185批473人次，同比批次下降60.81%、人次下降61.54%。其中集体访20批271人次，同比批次下降66.67%，人次下降62.31%。到市信访196批248人次，同比批次下降19.34%、人次下降28.53%；到国家信访局信访651批707人次，同比批次上升184.3%、人次上升135.7%。走访93批139人次，同比批次下降10%、人次上升17.8%；来信558批568人次，同比批次上升346.4%、人次上升212.1%。网上信访方式提升，群众信访趋于理性，信访秩序规范有序。

单位名称：北京市门头沟区信访办公室
地　　址：北京市门头沟区新桥大街12号
邮　　编：102300
电　　话：69842720

（刘兆奎）

【领导接访下访】　年内，门头沟区开展领导干部大走访、大接访活动，完善定点接访、重点约访、联合会访、带案下访和领导包案等制度，推动各级领导干部到矛盾突出、问题集中的地方下访约访，变群众上访为干部下访，切实把信访问题解决在初始，化解在源头。年内，区领导共接待和处理信访问题16件30批113人次。

（刘兆奎）

【网上信访】　年内，区信访办强力推进网上信访。疫情防控期间，通过政府官网、镇街接待大厅等多渠道发布门头沟区网上信访倡议书，公布网上信访网址、网上信访程序等加强对网上信访的宣传，让群众了解网上信访的功能和作用，引导群众通过这一新形式提出信访事项，最大限度减少人员流动聚集。配强配齐网上信访工作人员，确保网上信访事事有着落、件件有回应。组织开展网上信访进接访场所工作。着力落实“最多访一次、最好不用跑”的信访理念，重点开展就地宣传、现场引导、提供自助设备和开展“代理制”等四项工作。引导信访群众调整诉求表达渠道，达到网升访降、提升占比和源头化解的目的。

（刘兆奎）

【信访联席会议制度】　年内，区信访工作联席会议加大对信访工作的统筹谋划和指导力度，开展常态化专题调度，将上年的15件区级重点矛盾列入2020年区委、区政府历史遗留问题台账加以推动解决。要求各镇街成立信访联席会议机制，全区13个镇街全部建立并运行，且发挥很好的协调作用。

（刘兆奎）

【信访矛盾攻坚化解】　年内，区信访办在收到市信访办交办积案后，将涉及信访积案件进行梳理分析，并及时交办给责任单位，召开全区范围的信访积案化解工作培训会，严格按照市结案标准、结案时限办理，形成积案化解工作意识强、干劲足、工作细的良好局面。2019年市里交办的78件信访积案全部办结。年内，全区共确定国家信访局信访矛盾化解攻坚战重大信访事项和市级信访积案22件，全部办结，其中息诉罢访14件。年内，将列入国家信访局"治理重复信访、化解信访积案"专项工作范围的信访事项进行集中交办，其中纸信29件、来访25件、网信23件，包含涉法涉诉12件，涉及9个镇街、13个委办局。年内，重复信访中息诉罢访39件，其中纸信16件、网信13件、来访10件，息诉罢访率49%。

（刘兆奎）

【信访事项复查复核】 年内，区信访办共受理信访复查复核12件，其中10件已按期办结、2件按规定期限办理。不存在被责令重新作出答复、超期提交证据材料、不落实终极答复意见、提供虚假或有意隐瞒证据材料等情形。

（刘兆奎）

机关事务管理

【概况】 2020年，门头沟区机关后勤服务中心围绕区委、区政府的中心工作和总体部署、要求，坚持"服务、保障、管理"的工作主线，开展好机关后勤的各项服务保障工作。

单位名称：北京市门头沟区机关后勤服务中心
地　　址：北京市门头沟区新桥大街36号
电　　话：69829929
邮　　编：102300

（炼宇晴）

【车辆管理工作】 年初，区机关后勤服务中心完善中心内负责的机关执法车辆15辆、事业单位用车30辆维修保养协议。

（炼宇晴）

【垃圾分类工作】 6月，区机关后勤服务中心完成政府大院内垃圾分类桶站、智能回收小屋等基础设施建设。

（炼宇晴）

【消防安全】 9月，区机关后勤服务中心对政府院内消防标识进行更换，对全部灭火器进行压力检测并更换部分老旧灭火器。12月，开展消防、防恐演练。年内，开展2次消防知识讲座培训。

（炼宇晴）

【环境建设】 年内，区机关后勤服务中心对政府院内景观灯、喷泉池进行维修维护。年内，对政府院内公共区域开展灭鼠、灭蟑消杀。

（炼宇晴）

【节约型机关创建工作】 年内，区机关后勤服务中心完成节约型机关创建评分细则的制定；并对相关单位开展实地检查督导。

（炼宇晴）

【办公环境内疫情防控】 年内，区机关后勤服务中心按照要求对政府大院公共区域每天进行消杀；对办公人员及食堂、保安、保洁等社会化用工开展体温检测和动态监管，落实"日报告"制度；对出入口及各办公楼口开展体温检测；食堂门口设置红外体温检测仪，食堂餐厅内设置取餐"一米线"、就餐桌椅同向摆放间隔安全距离；响应并落实"千人战役"专项行动，支援社区疫情防控工作。

（炼宇晴）

政协北京市门头沟区委员会

1月6日，政协北京市门头沟区第十届委员会第四次会议召开（区融媒体中心　供图）

【概况】 2020年，区政协落实区委确定的践行“两山”理论、打造“红色门头沟”党建品牌和“绿水青山门头沟”城市品牌等部署，紧扣“打造‘门头沟小院+’”开展广泛调研，召开议政性常委会议深入协商，为构建全区“一园四区一小院”经济发展新格局提供四方面25条意见建议；区委常委会专题研究《关于打造“门头沟小院+”强力推进乡村振兴》协商意见，对采纳的相关建议形成任务清单进行推进。围绕“毛泽东同志黄安坨批示的历史贡献与现实意义”“如何为农民提供优质高效成本合理的技术服务”开展深入调研，向区委、区政府报送“将‘门头沟小院+’纳入政府会务采购目录”“提升‘门头沟小院’接待标准，实现服务统一”等社情民意信息。围绕《北京市生态涵养区生态保护与绿色发展条例》草案试拟稿开展座谈研讨，为把绿水青山蕴含的生态价值、京西特色历史蕴含的文化价值转化为金山银山提出30条具体建议。开展“关于打造大台木城涧文旅康养休闲区”专题协商，助推“一线四矿”文旅区建设。开展“利用我区地域优势打造研学基地”界别协商，为破解旅游“淡旺季困局”立论建言。深化“同心创城•同步践行”主题实践活动，围绕“创城攻坚工作”进行专题协商。各联合调研组围绕政协2020年协商工作计划和政协2020年协商工作安排开展调研；发挥政协智库作用，聘请专家参与协商工作全过程。编辑出版《门头沟文史》第二十九辑；落向非工联合党支部红色书屋捐助文史书籍50余种400余册；多名区政协文史专家受邀在北京电视台、北京广播电台，门头沟融媒讲述京西六大文化。坚持新型政党制度，与区委统战部联合组织召开“打造门头沟小院+”专题议政性常委会会议。坚持秘书长会议制度，积极支持参加政协各党派深入开展“8+1”行动。在春节、教师节等重要时间节点，开展慰问、走访等活动。加强党的领导，区政协党的建设实践——《抓党建固根本 聚合力促履职》被选为北京市政协系统典型范例。优化专委会设置，增设农业和农村委员会。研究制定《关于加强委员联系群众工作的实施意见》，逐步在街镇党群活动中心、市委统战部“8+1”活动实践教育基地、“科技小院”“同心卫生室”“名医工作室”建立委员联系群众工作室、工作站。研究制定《优秀提案评选暂行办法》，修订完善《关于开展政协协商的基本规程》《政协委员履职工作简则》等制度。加强党风廉政建设，支持区纪委、区监委联合派驻纪检监察组开展工作。

年内，区政协累计提出政协提案115件，办复率100%。召开政协常委会会议6次，其中召开议政性常委会会议3次，开展专题协商、对口协商、界别协商、提案办理协商15项，组织视察考察50余次，形成协商意见6篇、调研报告6篇、大会发言42篇、社情民意信息17篇，编发政协信息59期，领导指示批示28次。

单位名称：中国人民政治协商会议北京市门头沟区委员会

地　　址：北京市门头沟区新桥大街36号

电　　话：69843038

邮　　编：102300

（李乐乐）

【政协活动】 1月16日，区政协组织全体机关干部到大峪街道峪园社区参加创城社会动员高潮日活动暨迎新春卫生大扫除活动。4月18日，区政协领导分别到联系点参加“爱国卫生月”环境整治活动。5月22日，启动生活垃圾分类专项民主监督活动。会上，部署《门头沟区政协围绕生活垃圾管理条例实施开展专项民主监督工作方案》，区城管委负责人通报区垃圾分类工作推进情况。5月29日，组织机关“门头沟热心人”志愿服务队到新桥大街包干路段开展环境卫生大扫除活动，用实际行动为创城助力。7月2日，区政协机关党支部组织党员干部在线收看《京西战“疫”党旗红》党员教育专题片。8月14日，区政协驻会主席召开“贯彻落实党的十九届四中全会精神”研讨交流会。9月1日，区政协组织开展“委员网络读书班”活动。此次活动为期一个月，以专委会为单元、以专委会联系界别为依托，采取建立读书群、线下读书、线上交流、靶向建言等方式，组织委员开展灵活多样的网络读书活动。9月25日，区政协机关党支部组织开展“我以我眼观美景 我以我行创文明”文明实践活动。年内，共举办12期学习微课堂活动，开展9期马克思主义读书会。

（李乐乐）

【参政议政】 4月13日，区政协就《北京市生态涵养区生态保护与绿色发展条例》（草案试拟稿）开展研讨，提出意见建议30条。5月7日，围绕市政协关于组织开展“五千委员齐参与、助力分类新时尚”专题民主监督活动，召开垃圾分类专题民主监督工作协商会。5月15日，邀请部分文化界委员和区内文史专家围绕门头沟新城行政区划调整部分街道需更名事项，召开专题协商会。5月18日，区政府、区政协召开第一季度区情通报会。通报区政府第一季度重点工作情况。5月21日、28日，召开“围绕田园综合体建设 深入打造民宿+”专题协商系列座谈会。8月14日，环境与人口资源委员会围绕“落实垃圾分类 助力创城攻坚”专题协商议题，通报区政协组织开展垃圾分类专项民主监督活动委员参与情况，介绍全区创城工作进展情况，明确课题研讨方向和要求。8月14日，召开区检验检测机构整合座谈会，听取区委编办“关于整合门头沟区检测机构提案”的办理情况通报。各检验检测机构负责人介绍人员编制、实际履职、检测场所、设备资产、业务运行、财务收支等情况。区财政局汇报区检验检测机构财政支出情况。与会人员围绕区检验检测机构的整合工作开展研讨。8月26日，召开“利用我区地域资源优势打造研学旅行基地”界别协商专题研讨会。10月13日、15日，区政协社会法制与民族宗教委员会召开协商议题研讨会。分别围绕“我区公益诉讼实施情况”“北京市物业管理条例实施情况”的调研报告进行再研讨。10月21日，召开“推进垃圾分类助力创城攻坚”专题协商会。区城管委负责人通报全区垃圾分类工作情况，与会委员和民主党派代表对进一步推进垃圾分类工作提出意见建议。10月28日，围绕加大门头沟区摩托车、电瓶车违法违规整治力度召开重点提案现场考察暨提案办理协商会。11月5日，围绕提升家庭医生签约率工作召开提案办理协商会。11月6日，召开“我区《北京市物业管理条例》实施情况”专题协商会。11月10日，邀请区发展改革委主管领导通报制定《门头沟区国民经济和社会发展第十四个五年规划纲要》的相关情况。

（李乐乐）

【全体委员会议】 1月5日至8日，召开十届四次全体委员会议。会上，听取并审议常务委员会工作报告、提案工作报告；听取区属各民主党派、工商联和无党派人士代表大会发言；列席区第十六届人民代表大会第六次会议开幕会，听取并讨论区长付兆庚所作的政府工作报告；通报优秀提案；通过十届四次会议期间政治决议、工作报告决议和提案审查情况报告。

（李乐乐）

【常务委员会会议】 2月19日，召开十届委员会第十八次会议。会上，传达学习习近平总书记关于疫情防控工作系列重要讲话精神及北京市“两会”精神，通报区委办印发的《区政协年度协商工作计划》，审议通过《再接再厉同心协力坚决打赢疫情防控阻击战倡议书》《区政协年度工作要点》《区政协 年度协商工作安排》。4月13日，采取“不见面”“远程议事”形式召开十届委员会第十九次会议。会上，审议通过《关于组建门头沟区政协农业和农村委员会的决定》和《筑牢“五个之心”聚焦“五个之城”落实“五个之行”——门头沟区政协纪念“五一口号”发布72周年倡议》。7月30日，召开十届委员会第二十次会议。会上，传达学习北京市委十二届十四次全会精神和区委书记张力兵关于学习贯彻全会精神的讲话要求，审议通过《政协门头沟区委员会关于加强委员联系群众工作的实施意见》《政协门头沟区委员会关于在区政协开展民主协商活动的基本规程》，协商决定人事事项。10月23日，召开区政府前三季度重点工作情况通报会暨区十届政协第二十一次常委会会议暨第十一次议政会会议。会上，通报全区前三季度重点工作开展情况，书面通报区重点工程进展情况案办理情况，听取区委办关于提案办理情况的通报；与会人员进行议政建言，政府相关部门负责人进行回应；协商决定人事事项。12月9日，召开十届委员会第二十二次会议。会上，传达学习中共中央十九届五中全会精神和中共北京市委十二届十五次全会精神，审议通过《政协门头沟区第十届委员会委员履职工作简则》，协商决定召开十届五次全会程序文件及有关事项，听取各专委会工作报告，协商决定了人事事项。12月23日，召开十届委员会第二十三次会议暨第十二次议政会。会上，传达学习中共门头沟区委十二届十一次全会精神，听取全区纪检监察情况通报，围绕政府工作报告进行议政发言，协商决定人事事项。

（李乐乐）

【秘书长会议】 3月30日，区政协召开第一季度秘书长会议。通报《区政协年度协商工作安排》，区属各民主党派、工商联汇报工作思路、调研课题及大会发言准备情况。8月6日，召开第二季度秘书长会议。传达学习中共门头沟区委十二届十次全会精神，并就大会发言典型案例、调研重点进行说明；区属各民主党派、工商联汇报调研课题进展情况以及大会发言准备情况，并就调研中存在的问题与困难进行交流。10月29日，召开第三季度秘书长会议。通报政协十届五次全会大会发言筹备情况，各民主党派、工商联重点交流大会发言内容。12月23日，区政协召开第四季度秘书长会议。秘书长付军利就各民主党派、工商联大会发言修改情况进行说明，就明年协商议题进行探讨交流。

（李乐乐）

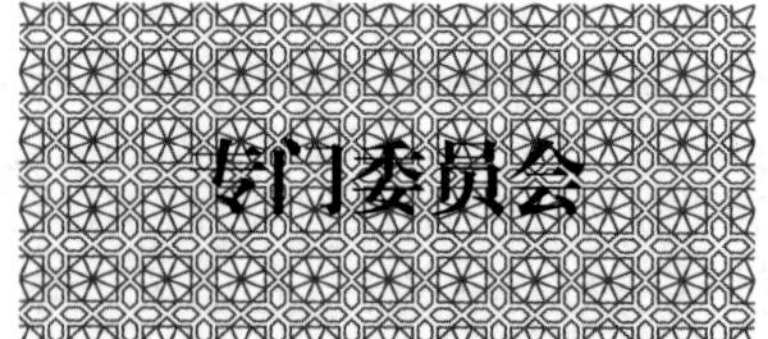

专门委员会

【提案委员会】 年内，提案委员会聚焦推动思想引领、城市建设、文化旅游、垃圾分类等方面提出“打造‘门头沟模式’垃圾分类首都样板”“弘扬门头沟精神讲好门头沟故事”“变绿水青山为金山银山高质量推进门头沟山地旅游发展”等9件提案，政协各界别通过专题调研、视察考察提出“志愿组织更好参与创建全国文明城区”“充分发挥门头沟‘六大文化’优势 深耕细作民宿品牌”等6件提案，广大委员提出了“加大对门头沟区摩托车、电瓶车违法违规整治力度”“提升重点人群家庭医生签约率”“疫情防控工作中规避潜在风险”等100件提案。截至10月底，115件提案全部办复，办复率达到100%。克服新冠肺炎疫情影响，利用网上提案系统、学习APP、手机工作群等线上工作平台，多维度，全视角开展提案服务工作，加强与提案委员、两办及重点承办单位的沟通与联系，及时洞悉委员诉求，了解办理进程；在疫情防控形势下，简化交办程序，畅通办理渠道，将涉及疫情防控的平时提案及时交办；进一步规范了评选表彰优秀提案程序，多方征询意见和建议，加大了提案办理实效在优秀提案评选中的权重，充分发挥好优秀提案的示范引领作用；实施网络优化提案工作流程，逐步推进提案撰写、提交、审查、交办、答复、督办、反馈、查询、统计等全过程网上运行；以重点提案办理协商、优秀提案评比表彰为切入点，广泛接受群众监督，促进提案工作交流学习。

（李乐乐）

【经济科技委员会、环境与人口资源委员会】 年内，围绕创建“全国文明城区”工作，以“推进垃圾分类，助力创城攻坚”为主题，开展协商议政；由环境与人口资源委员会牵总，民建区委、工商联界、科技经济界、工会青年界、文体界委员代表共同参与，通过座谈调研、考察视察、适时召开推进会、听取政府主管部门的情况通报，组织召开专题协商会进行协商讨论，达成一致意见，形成协商报告；持续关注“全区低收入村和低收入农户精准帮扶”工作，由经济科技委员会组织民进、致公党、农业界委员组成课题组，围绕监督性协商议题，开展不同形式、不同范围的座谈调研、考察活动；配合市政协农业农村委，开展“加强生态涵养区建设，推进城乡融合发展，率先实现农业农村现代化”和“准确把握京郊人口变化趋势，科学推进新型城镇化建设”两项专题调研工作，在全区9镇9村开展协商议政专题问卷调查活动，协调区农业农村局、规自局、发展改革委、财政局、生态环境局等政府相关部门共同参与调研；协调相关镇村、精品民宿户开展前期踩点、连线、文稿准备等工作，助推“门头沟小院”品牌宣传，为市政协议政会基础准备工作提供保障服务。落实市政协“五千委员齐参与，助力分类新时尚”活动倡议，组织开展了以“全体委员齐参与，一岗四责聚合力”为主题的垃圾分类专项民主监督活动。结对帮扶潭柘寺镇桑峪村，发挥联系政协界别委员优势，组织民主党派开展暑期下乡活动，坚持走访慰问贫困户，持续开展“献爱心、送温暖”特困帮扶活动。新冠肺炎疫情防控时期，在主管主席带领下到清水镇杜家庄检查站、双大路张家庄进京路口检查岗了解进京车辆、人员检测排查情况，先后9次到清水镇各村检查疫情防控、村出入口管理、公共空间管控、志愿者值守在岗情况；随主管主席先后3次到清水镇梁家庄村、九仙草农业科技发展有限公司就农业项目开发开展前期调研，深入深山采摘植物样本，与研发人员就农业新项目可行性开发进行探讨。针对疫情防控需要，发挥分党组群、委员学习群、界别群、专委会工作群作用，传播党和政府政策信息，开展网上交流学习，加强与委员的沟通联络。创城迎检期间，对大峪街道5个社区开展创城工作督导巡回检查，查看社区环境设施、楼道卫生、垃圾分类情况，现场反馈了检查中发现并需要整改的问题；积极参与下沉社区疫情防控值守、创城路段包干巡查、公共文明劝导值守，指导居民垃圾分类投放，组织党员干部走上街头捡拾垃圾活动；积极参加“战疫情，促发展，门头沟区政协在行动”征文活动；在网上开展文明实践员的自学培训，主动与联系村文明实践员联系，脱贫帮扶与文明实践齐推动。

（李乐乐）

【学习与文史委员会】 年内，学习与文史委员会通过小鱼易连、门头沟融媒直播等方式开展学习，用“十届政协委员微信群”对政协委员参与学习的情况进行统计分析，专门成立组织保障“市政协学习报告厅门头沟分会场”运行的2个专项工作组，组织委员线上听取7类8场重要资讯报告会。年内，加强对史料的研究和辨析，对《门头沟文史29辑》逐篇进行严格审查，全年共征集文史稿件125篇、73余万字，采用61篇、34万余字；配合市政协开展《与祖国同行》《委员一日》文史资料征编工作，《与祖国同行》一书收录3篇区政协委员的感人事迹，《委员一日》一书收录4篇门头沟区政协委员与民主党派组织的先进典型事迹；大力推介文史撰稿员的编研成果，《不该忘却的鬏髻山战役》一文刊发在全国政协主办的《纵横》2020年第六期“地方专栏”中。多名区政协本土文史专家受邀在北京电视台、北京广播电台，门头沟融媒讲述京西六大文化，用实际行动擦亮京西文化名片；落实区委在企业建设红色书屋的指示要求，向北京利德衡绿创空间非工联合党支部红色书屋捐助门头沟文史书籍50余种400余册；同时政协相关委室应部分政协委员的要求，向所在企业赠送文史书籍200余册。开展调研协商工作。围绕行政区划调整后部分街道更名工作开展调研协商，专门成立由学习与文史委员会并邀请文化界政协委员、政协文史撰稿员队伍中的本土文化专家组成的课题组，形成意见建议稿件8篇，累计1.3万余字；在区委十二届十次全会报告提出构建“一园四区一小院”经济发展新格局，调研组进一步聚焦“打造大台木城涧文旅康养休闲区”相关问题，先后6次到大台木城涧地区进行实地考察调研，取得了大量一手珍贵资料。10月23日，召开“推动文化旅游康养产业发展暨打造大台木城涧文旅体验康养休闲区”专题协商会，课题组提交综合调研报告一篇、个人调研报告与建议6篇累计6万余字。

（李乐乐）

【社会法制与民族宗教委员会】 年内，区政协社会法制与民族宗教委员会确定“我区《北京市物业管理条例》实施情况”作为专委会的专题协商议题，成立课题组，通过座谈、视察、研讨等多种形式开展调研活动；邀请区委组织部、区住建委、区委社会工委、区民政局、相关镇街、村居、业委会、物管会、物业公司等相关单位进行专题协商讨论，并到大峪街道德露苑社区、永定镇信园社区实地考察及座谈，共归纳6个方面系统性建议；召开专题协商会议，形成了协商意见报区委、区政府供决策参考。对口协商议题——“我区实施公益诉讼情况调研工作”，成立民盟民建界委员、相关提案人组成的课题组，在深入调研、搜集资料的基础上，调研报告进行3轮研讨，最后形成加大宣传力度，营造公益诉讼的良好社会氛围等4方面11条意见建议。民主监督工作——“七五”普法持续跟踪监督协商议题，采取3+1”监督小组的方式，组织委员灵活开展调研活动，参加区法院的听证会，参与司法局组织的普法宣传，参加区内的普法工作会。开展专委会活动。开展网上办公，建立专委会工作群、界别组长工作群、协商议题课题组工作群等，网上进行专委会年度工作计划、界别工作计划、大会发言题目、协商议题调研工作计划等的研讨和修改工作；组织开展《北京市物业管理条例》《关于加强北京市物业管理工作提升物业服务水平三年行动计划（2020—2022年）》《公益诉讼概念》和公益诉讼典型案例等进行网上学习。

（李乐乐）

【教文卫体委员会】 年内，区政协教文卫体委员会打造“门头沟小院+”、推进精品民宿发展专题协商是区委关注的重点课题。专委会聘请专家进行指导，形成正式协商意见，以《政协党组报告》的形式报送区委。落实《北京市街道办事处条例》情况对口协商课题组，在进行实地调研的基础上，与政府相关主管部门开展对口协商，并对落实《条例》提出了加强社区信息化建设，提升服务居民水平。“两节”期间，组织政协医药卫生界、文体界联合深入清水镇上清水村和下清水村，开展“政协委员进深山送健康送文化”主题活动。完成“我和我的祖国”庆祝中华人民共和国成立70周年和人民政协成立70周年门头沟区、涿鹿县、武川县、察右后旗四地政协书画摄影联展画册编辑制作和发送工作；协助市教委做好2020年北京市教育工作满意度调查相关工作；组织开展关于景山学校京西实验学校运行管理机制工作调研活动；完成第三十四届卢沟桥醒狮杯云上跑相关组织工作。

（李乐乐）

纪检监察

3月4日，中共北京市门头沟区第十二届纪律检查委员会第七次全体会议召开（区纪律检查委员会、区监察委员会　供图）

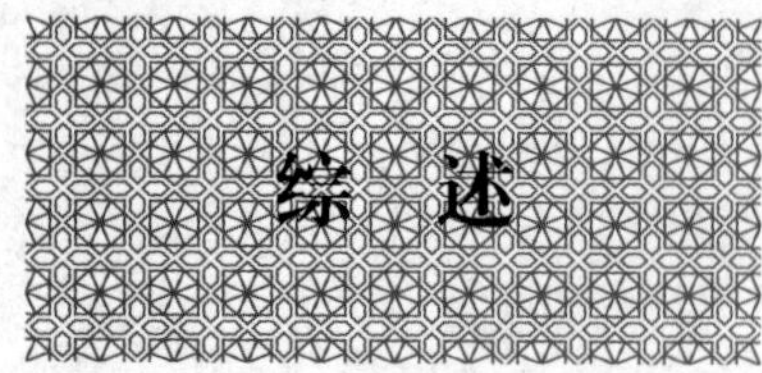

【概况】 2020年，全区各级纪检监察组织忠实履行党章和宪法赋予的职责，充分发挥监督保障执行、促进完善发展作用，扎实推进区委全面从严治党“六六工程”落地落实，为推动“绿水青山门头沟”建设提供坚强保障。

年内，区纪委区监委开展对村和社区“两委”换届工作监督，严格落实候选人资格联审制度，坚决守住“廉洁关”。对3134人次进行审查，提出否定性意见11人，营造风清气正的换届环境。及时制定新冠肺炎疫情防控监督检查工作方案，做到疫情防控部署到哪里，监督检查就跟进到哪里。围绕院感防控，中高考疫情防控，集中隔离点、冷链食品监管，重点场所、重点人群防控等重点监督，及时纠治公共场所管控措施执行不严、村居卡口管理薄弱、医院防护措施落实不到位等问题。全年共开展专项监督9885次，发现问题650个；受理检举控告44件，问责3件。

年内，制定《门头沟区关于深化全面从严治党“六六工程”的实施意见》，确保全面从严治党主体责任压实到“最后一公里”。协助区四大部门领导班子及27名市管干部梳理个性化责任清单，督促81个区委二级班子和457名区管干部及时完善本级责任清单；协助区委开展全面从严治党（党建）工作考核，实现镇街和区属部门考核全覆盖，督促抓好8方面304个问题整改。完成3轮对15家党组织的常规巡察和对230个村（社区）的延伸巡察，实现村（社区）延伸巡察全覆盖。以巡察实践推动全面从严治党向基层延伸，持续提炼、总结、细化对区属单位和村（社区）党组织的监督重点，发现党的领导弱化、党的建设缺失、全面从严治党不力等问题2472个，提出整改建议506条，移交问题线索23个，转立案3件，给予党纪政务处分3人。研究制定《关于建立健全区委巡察机构与区纪委区监委有关部门协作配合机制构建闭环监督体系的意见》。

年内，开展对低收入帮扶、对口协作、社会救助等工作的“全覆盖”监督检查。全年共受理扶贫领域腐败和作风问题线索36件，办结26件。紧盯六城联创、“接诉即办”“吹哨报到”等重点工作，坚决整治惠民惠农、农村集体“三资”、住房与城乡建设、城市管理、社会保障、教育、卫生健康等领域突出问题，共立案查处漠视侵害群众利益案件7件，处分7人。查处涉黑涉恶腐败和“保护伞”，共处置涉黑涉恶腐败和“保护伞”问题线索156件，查处涉黑涉恶腐败和“保护伞”案件6件，完成“双清零”任务目标，得到市纪委市监委领导的充分肯定。紧盯电子红包、私车公养等隐形变异问题，强化执纪问责，防止“四风”反弹。全年共查处违反中央八项规定精神案件4起，处分4人。以“零容忍”态度严肃查处党员干部、公职人员酒驾、醉驾问题，全年共查处酒驾、醉驾案件14件，处分14人。紧盯村（社区）职责和工作任务计划清单，加大对社区表格、责任书、责任状的清理治理规范力度，切实减轻基层负担。开展纪检监察信访举报处理工作中形式主义、官僚主义问题专项整治，建立重点督办件专项管理台账，加强督查督办，办结“三多”重点督办件115件次，办结率达到100%。年内，制定区纪委区监委派驻机构改革实施意见和推进区管企业纪检监察体制改革实施办法，强化对派驻机构直接领导和统一管理。健全基层监督制度，制定《关于推动监督向村居延伸的实施意见》及指导手册，提出基层监督“五大工程”，实现清单化赋权、制度化加压、专业化撑腰。围绕“接诉即办”、创城、国道109新线高速公路建设、中央环保督察反馈问题整改等区委区政府中心工作和重点任务，强化日常监督和专项检查。紧盯19个大项34个分项开展专项监督，开展监督15931次，发现问题1106个。建立“接诉即办”“五个亲自”“五个到位”工作机制，核查“接诉即办”工单3068件，处理54人。制发廉洁自律警示宣传教育材料1422份。全年共运用“四种形态”批评教育帮助和处理575人次。其中，第一、二种形态550人次，占95.65%；第三、四种形态25人次，占4.35%。坚持失责必问，实施精准问责，全年启动问责调查8起，问责党员干部8人。

年内，共受理检举控告503件，接待来访群众210批次305人次，接听群众来电1572次，处理网络举报601件。加大对资源规划建设、工程招标投标、农村“三资”管理等重点领域，以及领导机关、领导干部“关键少数”违纪违法行为的查处力度。全年共处置问题线索483件，立案66件，结案93件，给予党纪政务处分82人。开展2017年遗留问题线索清理工作，全年共清理问题线索36件，办结24件。完善“一案四查”明法纪、“三会两书”促整改工作体系，督促受处理处分党员干部所在单位及时开展专题民主生活会、组织生活会，推动办案、整改、治理贯通融合。全年共制发纪律检查建议书、监察建议书9份，督促有关部门整改问题。制作警示教育片《欲望不归路》，加强典型案件通报曝光力度，全年共在区廉政网上曝光典型案件23件。

年内，选派28批次352人次机关干部下沉村（社区）助力抗“疫”。深入学习《中华人民共和国公职人员政务处分法》《纪检监察机关处理检举控告工作规则》等党内法规和法律法规，跟进学习中央纪委国家监委专业培训课程。全年共举办培训班、大讲堂19期，参训1815人次。完善内控机制建设，制定机关内部审计制度和案件档案规范化管理工作方案，加强内部管理。全年共处理纪检监察干部问题线索17件，立案1件，提醒谈话2人次，给予警告处分1人次。

单位名称：中共门头沟区纪律检查委员会 门头沟区监察委员会
地　　址：北京市门头沟区新桥大街36号
电　　话：69843066
邮　　编：102300

（吴大春）

【区委巡察】 6月3日，区委书记、区委巡察工作领导小组组长张力兵主持召开十二届区委巡察工作领导小组第十二次会议暨区委书记专题会。会上，传达全国巡视工作会会议精神及市委有关精神；听取审议区委5个巡察组关于第九轮巡察区科技和信息化局、区科协、区委老干部局、区体育局、区总工会、区应急管理局的情况报告和延伸巡察大峪街道、城子街道、东辛房街道、龙泉镇等所辖87个村（社区）党组织的综合情况报告；研究讨论关于建立区委巡察工作协作机制的意见、关于建立区委巡察机构与区纪委区监委有关部门协作配合机制构建闭环监督体系的意见和区委第十轮巡察工作方案有关事宜。7月1日，召开十二届门头沟区委第十轮巡察工作动员部署会，部署十二届区委第十轮对区市场监管局、区棚改中心、区审计局、区财政局、区城市管理综合行政执法局、区政务服务局、区国资委、区工商联等8家单位的常规巡察工作安排，宣布十二届区委第十轮巡察授权任命及任务分工的决定。9月21日，张力兵主持召开十二届区委巡察工作领导小组第十三次会议暨区委书记专题会。会上，传达全市巡察工作推进会的有关精神，听取审议区委6个巡察组关于第十轮巡察区市场监管局、区棚改中心、区审计局、区财政局、区城市管理综合行政执法局、区政务服务局、区国资委、区工商联等8家单位党组织的综合情况报告，审议通过了《十二届区委第十一轮巡察工作方案》。10月12日，召开十二届门头沟区委第十一轮巡察工作动员部署会，部署十二届区委第十一轮对区农业农村局的常规巡察和对潭柘寺镇、永定镇、妙峰山镇、王平镇、雁翅镇、斋堂镇、清水镇、大台街道143个村（社区）党组织的延伸巡察工作安排，宣布了十二届区委第十一轮巡察授权任命及任务分工的决定。

（王云飞）

【执纪审查】 年内，区纪委区监委共处置问题线索483件，同比下降41.60%。按处置方式来看，谈话函询64件，占13.25%；初步核实388件，占80.33%；暂存待查2件，占0.41%；予以了结29件，占6.00%。按线索来源来看，信访举报369件，占76.40%；上级交办66件，占13.66%；公检法机关移送15件，占3.11%；监督检查2件，占0.41%；审查调查中发现5件，占1.04%；巡视巡察12件，占2.48%；审计中发现10件，占2.07%；其他4件，占0.83%。按反映级别来看，反映处级干部124件，占25.67%；科级干部54件，占11.18%；一般干部21件，占4.35%；村居干部213件，占44.10%；企业人员14件，占2.90%；其他人员57件，占11.80%。全年，全区各级纪检监察组织立案查处各类违纪违法案件66件，同比下降44.07%，其中监督检查室立案8件、审查调查室立案24件、派驻组立案9件、镇街立案17件、干监室立案1件、刑转件7件。涉及党员领导干部66人，其中处级干部11人、科级干部10人、一般干部8人、村居干部10人、村居党员17人、企业人员10人。结案93件，给予党纪政务处分82人，其中给予党内警告处分45人、党内严重警告10人、留党察看一年1人、开除党籍15人、政务警告3人、记过1人、开除公职1人、开除党籍并开除公职6人、组织处理8人（免于处分3人、批评教育并责令检查3人、责令检查1人、取消预备党员资格1人），移送司法机关6人，移送其他纪检监察机关处理1人。年内，健全党风廉政意见回复工作机制，建立信访、案管、党风、监督检查室、审查调查室、联合派驻组等25个部门联审制度，全年对79批991人次严审严查严回复。在换届工作中，区纪委已对2020年村和社区“两委”干部资格联审8轮3134人次。区纪委区监委案管室制定和编制《门头沟区纪委区监委执纪审查调查工作业务指导手册》是年度内“全面提升执纪审查调查工作水平”的一项重要核心工作。年内，完成区纪检监察专网建设工作，总投资817.4万元。完成区纪检监察专网；完成区纪检监察专网涉密机房，铺设专网信息点232个，部署8大类25小类专网设备共计1600余件，实现区级专网在全区14个派驻纪检监察组及13个镇街纪（工）委的覆盖。对专网数据流动进行严格管理，终端安装打印审计和光盘刻录审计系统，对从专网导出数据进行记录、管控；在服务器上，安装“三合一”保密安全管理系统，强化中心数据防护能力。在管理上，出台区纪检监察专网终端安全管理制度、专网数字证书管理制度、数据导出管理制度等文件，明确专网管理的规范性要求，层层签订安全保密责任书，不断提升专网安全管理水平；建立专业人员队伍，严格落实选拔、政审、培训、考核、上岗、教育等各环节要求，形成一支可靠、高效的运维队伍。基本形成区纪检监察专网“技术＋人员＋管理”的多层次安全防护体系。制定《门头沟区纪检监察系统网上审批试运行工作方案》。为机关纪检干部制作电子签章，确立线上线下相统一的双轨制运行模式。实现信访举报，线索管理，监督检查，审查调查，案件审理和案件监督管理的网上全流程闭环化管理。充分发挥信息核查便捷准确的工作优势，依托大数据平台开展信息核查工作，极大地方便案件承办人的操作流程，降低外出查询的安全风险。

（贾　彤）

【宣传教育】 年内，区纪委区监委坚持用好“清风门头沟”微信公众号和门头沟廉政网宣传平台，宣传疫情防护知识和政策解读。增设“抗击疫情 众志成城”微信公众号专题，及时报道全区各级纪检监察组织疫情防控和跟进疫情期间的专项监督检查工作情况，畅通委内各部门与镇街、委办局信息交流渠道，共报道《监督检查不停步 坚决打赢疫情防控阻击战》《村居纪检委员成为战“疫”监督一线主力》《区纪委监委“零点督查组”做好疫情防控后半夜监督》等疫情期间监督检查工作信息31篇；采取图文、音频相结合方式推送纪检监察干部诗歌题材文章《星·火——致纪检监察人》《战“疫”！纪检人嘹亮的号响》2篇，在市属专业媒体推送疫情防控工作信息40篇。疫情防控期间，在“清风门头沟”公众号共推送信息298篇，“门头沟廉政网”发布信息和各类报道220篇。8月，区纪委区监委印发《关于开展“读家书 传家训 正家风”活动的通知》，号召全区各单位“读家书悟初心、传家训共成长、正家风树清廉”。11月，以区纪委区监委近两年查办的区内2家医院财务人员违纪违法案为素材，拍摄制作警示教育片《欲望不归路》，充分发挥身边反面案例的警示教育作用。12月，区纪检监察网增加“信息公开”栏目，增加调整8个对应的子栏目，确保及时、完整、准确、安全发布相关工作信息。

（胡海鸥）

重要会议

【全区纪委监委会议】 2月8日，区委领导组织召开全区纪委监委会议。会上，传达市纪委常委会会议精神，并提出具体要求。

（胡海鸥）

【警示教育大会召开】 8月20日，召开全区“以案为鉴、以案促改”警示教育大会。各部门主要领导、村居书记主任、区属国有企业负责人以视频形式参加会议。会上，集体观看警示教育片《欲望不归路》和《正义之剑——北京市扫黑除恶专项斗争腐败警示录》；区委领导传达全市警示教育大会精神，通报2020年执纪审查工作情况；区领导张力兵深入剖析门头沟区全面从严治党存在的6个方面问题并提出具体要求。

（胡海鸥）

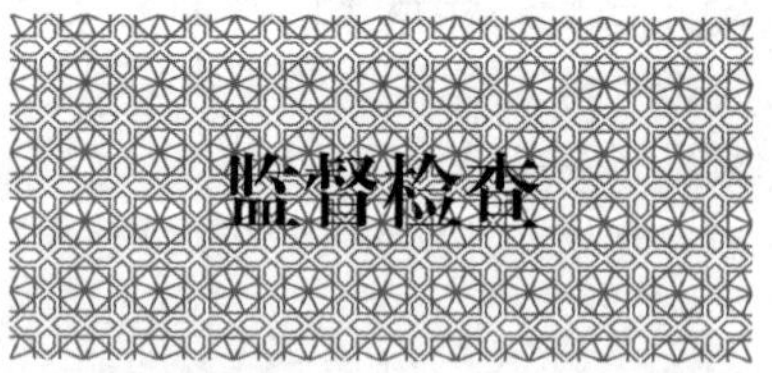

监督检查

【疫情防控监督检查】 2月5日，市纪委市监委有关领导到区听取区纪委区监委开展疫情防控监督检查工作的情况汇报，率督察组先后到绿岛家园社区、双峪农副产品批发市场实地查看疫情防控工作落实情况。2月9日，区委领导带队到社区（村）进行夜查。实地走访查看石门营三区、石门营五区、丽景长安、润西山和德露苑社区，详细询问社区机关下沉干部和社区在职党员值班值守情况，重点了解应对大人流返京的方案和疫情防控措施。4月3日，区纪委区监委研究制定《区纪委区监委疫情防控工作大检查工作方案》，由区纪委监委班子成员及区委巡察办主任分别带队，选派25名业务骨干、组建8个监督检查组，明确“党员干部不作为、乱作为、慢作为情况”“小区出入口管理情况”“公共空间管控情况”等8个方面的监督检查重点，采取“四不两直”的形式，深入社区（村）对干部履职、道路封闭、进（返）京人员管理等情况进行实地检查，特别是对“三无”小区的监督检查。按照“问题整改不过夜”的原则，及时反馈相关镇街进行立行立改，切实补强防疫工作中的薄弱环节。

（吴大春）

【复学复课监督检查】 4月23日至5月26日，区纪委区监委与区教委对大峪中学、八中永定实验学校、首师大附中永定分校、八中京西校区4所高中学校、区内12所初中学校初三年级和18所小学六年级试开学疫情防控情况开展专项监督检查，督促复学复课各项疫情管控措施落实。5月26日，全区高三、初三年级全面复课。为确保学校正常教学活动和学生的健康安全，区纪委监委会同区教委研究制定《门头沟区2020年春季试开学工作方案》，对区内已开学的4所高中、12初中及准备开学的小学和幼儿园进行复课前实地检查学校疫情防控方案和工作流程，教室、食堂、卫生间、隔离间、宿舍等场所专项监督检查，确保开学工作有序进行。

（吴大春）

【“两会”期间督察督办】 5月19日，区纪委区监委成立疫情防控常态化和全国“两会”期间来访接待联动工作组，制定《门头沟区纪委监委关于做好疫情防控常态化和全国“两会”期间来访接待工作方案》。加强与区委政法委、区公安分局、区信访办等单位的沟通协调，做到应收必收、应收尽收，坚持第一时间受理、处置、告知。依托“12345”接诉即办平台，与区城市管委建立联动机制，主动靠前监督，通过筛查工单，对群众反映强烈的问题进行督察督办，针对可能存在违纪违法的问题提前介入、快查快办，及时将问题化解在萌芽状态。提升信访举报处置效能，避免小问题拖成大问题，一般性问题演变成信访突出问题，切实防止矛盾上行。

（吴大春）

【社会救助专项监督】 5月22日，区纪委区监委与区社会工委区民政局建立联系沟通及会商机制，及时查找出社会救助5个廉政风险点，并督促区、镇（街）两级民政部门将社会救助专项治理纳入年度重点工作安排，完善工作措施。通过对居民经济状况核对报告，发现个别申请低保人名下有超过限额存款或有小汽车等不符合享受低保条件的人员，督促区救助中心及时联系相关镇街进行复核。开展基层核查3轮次，入户调查11户，针对生活保障资金是否按时足额发放、上级拨付资金是否专款专用等苗头性、倾向性问题，提醒谈话相关部门负责人10人次；对存在问题的镇街提出整改建议12条，全部整改完毕。

（吴大春）

【明察暗访】 5月27日，区纪委区监委对部分景区有序开放进行明察暗访，检查人员分流护栏、“一米线”等人流管控及引导设施设置情况。6月18日，由区纪委区监委班子成员带队组建6个专项监督检查组和1个综合组，通过现场检查、暗访抽查等形式，到医院、社区卫生服务中心、核酸检测点，紧盯医院门诊及发热门诊就诊、核酸检测、佩戴口罩和“一米线”执行等重点环节监督检查。建立24小时反馈机制，坚持每日会商、每日分析、每日汇报、每日反馈和每日督整改，确保各项防控措施落实到位。同时，建立“疫情防控监督”信访举报专项管理台账和紧急处置快速通道，坚决纠正和查处不作为、慢作为等形式主义、官僚主义问题。强化涉疫问题线索全面提级、提速办理，对落实医院防控措施不到位、履职不力的快查快办、严肃处理。

（吴大春）

【幼儿园专项监督检查】 6月1日至2日，区纪委区监委对第一幼儿园、第二幼儿园、第三幼儿园等区内6所幼儿园试开园疫情防控情况开展专项监督检查。

（吴大春）

【企业复工专项监督】 6月3日，区纪委区监委联合区发展改革委、石龙管委先后对利德衡、德山、洪源等孵化器大厦的多家企业进行现场检查。强化21处商务楼宇、34家规上工程工地、21家规上企业、10家规上商超27

家复工率均达100%，规上餐饮复工25家复工率92.6%。

（吴大春）

【疫情隔离专项监督检查】 6月22日，区纪委区监委成立2个疫情隔离专项监督检查组，由区委常委领导带队开展专项检查。

（吴大春）

【医疗卫生机构监督检查】 7月1日，区纪委区监委召开动员部署会，邀请专家对院感防控工作的重点、难点等问题进行专门授课，探索“监督室＋派驻组＋镇街纪（工）委＋院感专家”监督模式。协调区卫健委选派4名院感工作专家参与到一线监督检查，成立“6个专项监督组+1个综合工作组”，对辖区内所有医疗卫生机构开展专项检查。主要领导带队，先后到区医院、中医院、京煤总医院、妙峰山卫生院等医疗机构检查院感防控工作，严格落实疫情防控16条措施，切实堵住防控漏洞。同时，以明察暗访的形式，对全区39家医疗卫生机构进行专项监督检查，共出动78人次，发现门诊就诊环节对患者流行病学史询问不全面、工作人员对住院患者探视管理规定不熟等5大类32个问题。及时现场约谈医院相关领导督促立即整改，确保主体责任整改落实到位。

（吴大春）

【高考工作落实情况检查评估】 7月2日，区纪委区监委会同区教委、区卫健委有关部门，对区内2020年高考大峪中学考点、北京八中永定实验学校备用考点高考前准备工作落实情况进行检查评估。对疫情防控工作和高考保障工作进行全方位监督，实地查看普通考场、备用考场、考务组、控制室、保密室等重点场所设置情况。

（吴大春）

【防汛监督检查】 8月11日，区纪委区监委到区应急管理局检查防汛工作调度情况。详细检查全区防汛预案、联动监测机制、预警响应机制设置和防汛值守电台运行情况，并通过视频检查各镇街防汛分指人员值守情况，并对应急值守、后勤保障、危房险户转移安置、干部防汛值守等进行监督检查，确保各类突发情况得到及时处置。

（吴大春）

【“接诉即办”集中监督月】 11月，区纪委区监委开展“接诉即办”集中监督月。第一周全区纪检监察组织共筛查工单424件，针对“五个到位”落实问题，进行约谈、诫勉15人。

（吴大春）

【执纪审查调查工作】 11月2日，区纪委区监委搭建“一书三会”执纪审查调查工作体系。编制《门头沟区纪委区监委执纪审查调查工作业务指导手册》；把问题线索排查会、问题线索专题会和执纪审查专题会贯穿执纪审查调查工作全过程，通过问题线索排查会和问题线索专题会处置问题线索420余件，通过执纪审查专题会审结问题线索200余件，立案60余件。

（吴大春）

民主党派

8 月 21 日，九三学社门头沟支社为清水镇黄安坨村及附近村民开展民宿经营管理培训（九三学社门头沟支社 供图）

中国民主同盟北京市门头沟区工作委员会

【概况】 2020年，中国民主同盟门头沟区工作委员会（简称民盟门头沟区工委）现有在册盟员124人。年内，民盟组织发展新盟员8名，发展速度7%。新盟员中教育工作者4名，医务人员1名，政府、机关、事业单位工作3名。另有多名积极分子在培养中。全体盟员中市政协委员及民盟市委委员1人，区人大代表3人，区政协委员8人。

年内，在新冠肺炎疫情肆虐的背景下，盟工委积极配合门头沟区委、区政府疫情防控工作，带领广大盟员捐款捐物，并根据各自的工作性质和特点各司其职，积极参加到疫情防控工作中。年内，盟工委班子成员、盟内政协委员、人大代表带领广大普通盟员通过市政协、民盟市委、区委统战部、区政协和民盟工委的视频会议，云端课堂、微信等平台，采用多种形式、多渠道组织统战理论学习和讨论活动等20余次。盟员参与率在90%以上。年内，盟工委组织盟员围绕门头沟区“创建全国文明城市”工作、“西山永定河文化带建设”“长城文化带建设”“8+1精准扶贫济困活动”“门头沟区营商环境状况”“脱贫攻坚”“农村经济和文化建设”等持续开展调研考察工作，撰写调研报告，参与盟市委“8+1”精准帮扶龙王村、梁家庄脱贫攻坚攻，盟工委中的医务工作者们持续深入农村，送医送药、送健康活动。参与主办第四届“东胡林人论坛”，助推门头沟区历史文化与旅游业的发展。盟员中的人大代表和市、区政协委员围绕门头沟区中心工作，在区人大和市、区政协平台上积极工作，认真履职，建言献策，积极发挥着正能量。年内，民盟门头沟区工委基层4个支部完成换届工作，新的支部班子成员12月1日正式履职开始工作。

单位名称：中国民主同盟北京市门头沟区工作委员会
地　　址：中国共产党北京市门头沟区统一战线工作部
电　　话：69842327
邮　　编：102300

（张金明　张　焱）

【参政议政】 1月5日至8日，民盟门头沟区工委8位盟员政协委员出席门头沟区政协十届四次会议。3位人大代表出席区人大十六届六次会议。盟员代表在政协大会上作“关于优化营商环境的建议”的大会发言。盟员教师代表作关于“通过汇聚人才，实施科教兴区战略，提升创城竞争力的建议”的书面发言。副主委在第二联组会议上作“拆违后的土地科学规划与合法开发的点滴思考”发言。2位盟员在第一联组会上代表区工商联、教育界别发言。盟员代表撰写上交个人提案10余篇。3月至6月，盟员发挥医务人员的特点，积极参加抗击疫情的同时，针对疫情防控的难点重点问题建言献策，提交“关于新型冠状病毒肺炎临床工作的建议”等7篇社情民意。开展清水镇天文小镇、山区脱低情况的思考、东胡林人与粟的起源、农村绿色发展等课题调研。开展课外教育及老年人挂号难等问题调研，形成文字材料的有门头沟区山区精准脱低的思考，关于对校外教育机构管理的合理化建议得到区委常委、统战部长的批示。5月22日，民盟门头沟区工委积极做好“8+1”的服务协调工作，区工委联合盟市委、民盟中国农业科学院委员会到清水镇梁家庄村进行考察调研及帮扶落实“8+1”行动计划。对村内特色产品“芦笋”的种植及销售给与指导。5月至9月，民盟门头沟区工委助力斋堂镇的东胡林人论坛、教委的中医讲座及诵读中医经典、协助市委做好“科学探索·圆梦行动”的落地工作。同时承接冬季潭柘寺卫生院的门诊出诊。12月8日，盟内政协委员参与“门头沟区年内重点工程实地考察活动”。

（张金明　丁　莹）

【组织建设】 1月17日，民盟门头沟区工委在北斗星会议大厅召开民盟区工委2019年工作总结表彰暨2020年工作部署大会。盟市委副主委、组织部副部长出席会议并作重要讲话。区工委主委做工作报告，表彰先进盟员30余人。6月6日，民盟门头沟区工委组织盟员到妙峰山镇涧沟村“平西情报联络站纪念馆——北京首个公开展出的以情报战线为主题的展览馆”参观学习，接受爱国主义教育。12月1日，在晨光饭店四层会议室召开盟工委扩大会议。会上，就支部换届事宜进行总结，各支部组成人员正式上岗；就区政协、人大会议提案问题和社情民意问题、大会发言问题进行布置；集中学习中共中央、民盟中央、北京市委、民盟北京市委、门头沟区委近期的系列会议精神。

（张　焱　张金明）

【防疫捐赠】 2月至3月，面

对“新冠肺炎”疫情，广大盟员响应盟市委和门头沟区统战部号召，自发为抗疫一线医护人员捐款1.2万元，分别捐赠给驻区京煤集团总医院、门头沟区医院、门头沟区中医医院、门头沟区疾病控制中心4家单位。广大盟员捐款捐物，为区内三家医院及区疾控共捐资1.32万元，为城子社区捐赠手消凝胶，盟员为三家店社区防控的民警及社区工作者捐赠保温杯、为小汤山及门头沟福利院等单位捐赠饮用开水器65台，并对园区租户实行房租减免，捐赠及房租减免的成本估值84万余元。

（张金明　丁　莹）

【防疫值守】　3月至6月，卫生支部26名盟员坚守岗位，执甲逆行者，并发挥专业优势，参与市政协的委员讲堂直播，为群众科学抗疫做宣传。教育战线的老师也始终坚守岗位，2位老师参与大峪中学新疆班的300余名同学隔离期的学习和生活管理。盟员主动参与社区一线防疫，参与207人次，涉及16个社区，日均4小时。并按照区统战部的安排，点对点支持城子街道。

（张金明　丁　莹）

【义诊与讲座】　4月至5月，民盟门头沟区工委组织到龙山四区、一区，为志愿者提供一对一的咨询及耳穴治疗。到民生、城子、上悦居、军庄中学、社区学院等社区及学校义诊及讲座，服务各界群众近千人次。5月15日开始，民盟门头沟区工委把慢病防控及疫情防控的科普转移到线上，开展“心在云端”的科普项目，充分发挥医卫专家的作用，提高百姓的的健康意识及疫情防控知识，取得很好的效果，开展活动9次。9月17日，民盟门头沟区工委卫生支部到城子五区开展义诊，为群众送去健康。

（张金明　丁　莹）

【助力创城】　5月10日开始，民盟门头沟区工委助力门头沟创城，发挥盟内教育文化盟员的优势，帮扶永定镇的家风教育及宣讲工作，助力门头沟创城的软实力提升。

（张金明　丁　莹）

【消费扶贫活动】　7月至8月，民盟门头沟区工委参与湖北消费扶贫活动，为帮助低收入村，与石景山工委一起建立消费帮扶群，帮助消化山区的农特产品，扶助湖北等地区的农特产品销售5000余元。

（张金明　丁　莹）

【普法宣传】　7月至9月，民盟门头沟区工委通过拍摄情节剧《遗嘱风波》等3部情景剧，开展宣传普及民法知识。

（张金明　丁　莹）

【获得荣誉】　年内，民盟门头沟区工委张淼获民盟中央思想政治建设和宣传工作先进个人，获市委表彰；综合支部被评为暖心支部，卫生支部被评为社会服务先进集体，盟员殷文静被评为社会服务先进个人。

（张金明）

中国民主建国会北京市门头沟区工作委员会

【概况】　2020年，中国民主建国会北京市门头沟区工作委员会（简称民建门头沟区工委）共有会员226人，下设8个支部。正高级职称4人，副高级职称18人，高级职称22人，中级职称51人，初级职称14人，博士学历9人，硕士研究生学历38人，本科学历136人，全国政协委员1名，北京市人大代表2名，区政协副主席1名，区政协常委1名，区政协副秘书长1名，区政协委员11名。区政协各专委会副主任1名，北京市新联会理事2名，门头沟区新联会副会长3名，秘书长1名，区妇联代表5名，青联委员4名，区各部门特邀监督员16名。年内，工委完成工委第三届基层支部换届选举工作，发展24名新会员，推荐后备干部人才储备23名，新成立联络专委会和民营企业专委会。采用组织建设与作风建设相结合的工作模式，加强监督委员会的会内监督职责力度；在全工委开展“我是合格民建会员吗？”的自检自查活动；工委班子与基层单位一起，共同开展批评和自我批评。顾慈阳获全国优秀会员光荣称号，工委和第四支部获抗击新冠肺炎疫情先进集体，李志辉、覃迅云获民建中央抗击新冠肺炎疫情先进个人，李志辉获中共北京市抗击新冠肺炎疫情先进个人，李志辉、覃迅云、杨希望、杨旭、邹刚获民建北京市委抗击新冠肺炎疫情先进个人，刘翀获2020年度市委网站工作优秀通讯员称号，李志辉增补为政协门头沟区委员。

单位名称：中国民主建国会北京市门头沟区工作委员会
地　　址：北京市门头沟区滨河大厦632房间
电　　话：69822562-8010
邮　　编：102300

（李　涛　李　彤）

【打好防疫阻击战】 年内，民建门头沟区工委提出“打好防疫阻击战，凝心聚力有民建”的行动口号，建立线上办公体系，成立网上“会员之家”。工委参加下沉社区参加防疫防控，疫情最严重时，工委共参与下沉工作123人，1489人次出勤。为门头沟区及一线防疫单位协调口罩50余万只，捐赠防疫物资近千余万元，协调民建北京市委为门头沟区捐赠负压救护车1辆。1名同志获国务院感谢信。

（李 涛 李 彤）

【参政议政】 年内，民建门头沟区工委提交多份建议、提案，其中《关于把垃圾分类门头沟模式打造成首都样板的建议》《关于探索和推进12345未诉先办新模式的建议》《关于全面落实物业管理条例，进一步提升我区老旧小区物业管理水平的建议》等3篇获政协门头沟区第十届委员会2020年度优秀提案。《关于顺势打造互联网工作生活新环境的建议》以单篇的形式上报全国政协提案，《关于通过党员干部报到形式参与所居社区疫情防控工作的建议》在门头沟区得以实施，《关于《中华人民共和国公职人员政务处分法（草案）》相关建议》被全国政协采用。完成《落实生活垃圾分类管理条例助力创城攻坚课题推进会》调研课题。《科技引领垃圾分类 美丽乡村赋能品质提升》在人民政协网刊登。

（李 涛 李 彤）

【精准扶贫】 年内，民建门头沟区工委多次到清水镇台上村、雁翅镇房良村、潭柘寺镇、门头沟区医院送抗疫物资及蔬菜。助力“8+1行动”，“名誉户主”在各个节日都履行职责，送去慰问品，慰问金，购买名誉户主的核桃，消费扶贫。工委委员带领瑶医专家团队亲征武汉疫区，全部免费为感染患者治疗，会员在河北丰宁投资6000余万元建立“丰宁商城”，会员为雁翅镇房良村嫁接价值2万余万元的紫金核桃；会员对口帮扶武川县，每年600余万元农副产品销售额。

（李 涛 李 彤）

【信息宣传】 年内，民建门头沟区工委撰写多篇优质信息、文章，其中民建中央刊登25篇，民建北京市委刊登45篇，人民政协网1篇，门头沟区统战24篇。社情民意建议方面，全国政协采用2篇，民建北京市委采用2篇，门头沟区政协采用4篇。结合作风建设，工委提出“我是合格民建人吗？”主题讨论，各支部上交讨论文章共76篇。疫情期间，各支部上报防疫抗疫感人事迹信息59篇；统计有关疫情的各种报表60余份。撰写的《一封来自国务院的感谢信》获民建民建市委优秀通讯稿件。

（李 涛 李 彤）

【会员服务社会】 年内，受疫情影响，会员企业遭受极大的冲击，为尽快帮助会员企业复工复产，区工委领导班子一同走访会员企业进行调研了解遇到实际问题。为方便会员之间沟通，更好地服务社会，建立网上“星五沙龙”视频会议体系，打造《战疫后的战役》《企业战疫进化论》系列讲座，全面助力中小微企业复工复产。依托会员企业，为区内多个单位和社区捐赠11台热成像人脸识别测温仪，有力地支持复工复产。

（李 涛 李 彤）

中国民主促进会北京市门头沟区工作委员会

【概况】 2020年，中国民主促进会北京市门头沟区工作委员会（简称民进门头沟区工委）现有会员96人，分设中等职业学校支部、进修学校支部、新桥路中学支部、永定支部。会员中有北京市政协委员1人，区政协委员9人。在新冠肺炎疫情肆虐的时期，民进区工委坚持为执政党助力、为国家尽责、为人民服务的工作总原则，把思想政治建设放在首位，把增强组织凝聚力、行动力作为主要抓手。年内，民进门头沟区工委公众号制作66期宣传内容，其中制作“众志成城，民进人的真情义举”抗疫专辑11期，“书香民进，悦读人生”图书分享专辑28期，“我和门头沟民进”老会员口述历史专辑13期，很好地拓展对内对外宣传途径。在纪念北京市民进组织成立70周年大会上，民进门头沟区工委被评为抗“疫”先进组织；教师进修学校支部被评为优秀支部；4人被评为优秀会员。

单位名称： 中国民主促进会北京市门头沟区工作委员会
地　　址： 中国共产党北京市门头沟区统一战线工作部
电　　话： 69842327
邮　　编： 102300

（郑华军）

【工作年会暨春节慰问活动】 1月4日，民进门头沟区工委举办

2019年度工作年会暨春节慰问活动。会上，宣布民进市委关于区工委届中调整的批复并作出说明；作2019年工作总结报告；对2019年度优秀会员进行表彰。慰问活动中，会员们展示、品尝自制菜肴并以支部为单位现场包饺子，几位书画家会员还为会员们画年画、写春联、送祝“福”。

（郑华军）

【区政协十届四次全会履职】 1月5日至8日，区政协十届四次全会召开。民进门头沟区工委作《精神铸魂引领思想 文化助力绿色发展》大会发言。大会期间，区工委以党派名义提出《关于弘扬门头沟精神 讲好门头沟故事的建议》和《关于让绿水青山变成金山银山的建议》2件集体提案。

（郑华军）

【捐款捐物】 2月1日，民进门头沟区工委向全体会员发出《抗击新冠肺炎爱心捐款倡议书》，共收到66名会员捐款2.22万余元。

（郑华军）

【疫情防控贡献力量】 自2月26日开始，民进门头沟区工委有29位会员进驻东辛房街道石门营七区社区参加社区值守工作。截至3月27日，累计完成为期31天累计651小时社区疫情防控任务。根据社区居民的需求，工委聘请3位专业理发师，共为175位社区居民理发。疫情期间，民进门头沟区工委会员以战“疫”系列书画作品、诗歌散文、舞蹈微视频《2020我们在一起》，原创歌曲《因为有你》《美丽天使》《美丽寄语》等形式，以文艺工作者的勇气与担当为疫情防控贡献自己的一份力量。

（郑华军）

【“书香民进 悦读人生”图书分享活动】 4月23日，民进门头沟区工委举办“书香民进 悦读人生”民进会员读书交流分享活动。会员们选购自己喜爱的图书，通过读书、撰写读后感、录制音、视频，讲自己的读书故事、推荐自己最喜欢的作家和作品，朗诵自己热爱的经典诗歌等形式在区工委微信公众号交流分享28期。9月26日，工委组织会员开展读书活动线下分享会，会员们交流读书心得、畅谈人生感悟，就感兴趣的图书进行交换。

（郑华军）

【创城有我 绿色阳台活动】 4月29日，民进门头沟区工委开展阳台蔬菜种植培训活动，请专业人士教授会员蔬菜种植技术，自己动手用绿色点缀阳台，创造更好的城市空间。区工委为区儿童福利院送去阳台蔬菜种植专用盆40个及专用肥料土、蔬菜种子和专用工具，让孩子们在疫情防控期间也能自己动手种植阳台蔬菜。

（郑华军）

【会章、会史、会务学习及竞赛活动】 6月初，民进门头沟区工委开展会章、会史、会务知识学习竞赛活动。因受疫情影响，培训学习采取线下自学、线上培训、分组竞赛的方式进行，工委为参赛会员购买统一战线方面的学习资料。7月25日，区工委在民进北京市委举办的“正道笃行 首善致远”会史会章会务知识竞赛北京市复赛中以小组第一名晋级决赛。在决赛中获第三名。

（郑华军）

【区属基层组织换届】 7月，民进门头沟区工委启动基层组织换届的相关工作。后备人选经民进市委条件核查和征求区委统战部的意见，确定各支部班子人选。9月25日，区工委4个支部分别完成支部内部的选举程序，完成基层组织换届工作。

（郑华军）

【老会员口述历史活动】 7月，民进门头沟区工委开展“我和门头沟民进”老会员口述历史活动。14位老会员通过撰写回忆文章、整理老照片、录制视频的形式回望自己经历过的民进人、民进事，表达自己在社会服务及参政议政中的经历和感悟。口述历史资料作为宝贵的历史资料建档留存，通过民进区工委的微信公众号进行推荐展示。

（郑华军）

【界别协商】 8月26日，民进门头沟区工委“利用我区地域资源优势打造研学旅行基地”课题组邀请北京市教育学会课程发展专业委员会常务理事兼副秘书长作专题报告，向区教委、区文旅局征求意见。通过调研，形成“关于加强文旅教融合发展 打造研学旅行基地的建议”的大会发言材料，为发展区内旅游经济、解决旅游淡旺季困局提出新的方案。

（郑华军）

【与民进景山学校支部开展交流活动】 10月31日，民进景山学校支部一行10余名会员到炭厂村“首都多党合作实践教育基地---民进北京市委分基地”进行参观学习，就党派的组织建设、参政议政、社会服务等各项工作进行座谈交流。座谈会后，会员们先后到炭厂村村史馆、爱国主义红色教育基地、景山学校京西实验学校建设工地等地参观学习。

（郑华军）

【参政议政工作会】 12月19日，民进门头沟区工委召开2020年参政议政工作会。会上，组织与会会员认真学习十九届五中全会会议精神，通报区工委近年来参政议政工作情况。与会人员围绕区委区政府中心工作和百姓身边事、烦心事、操心事、揪心事提出建设性意见。就创新垃圾分类的手段、老旧小区升级改造、政府购买服务的管理、重塑中华文化优良传统等热点问题展开热烈讨论。

（郑华军）

【为香港黄大仙区疫情捐款】 12月21日，民进门头沟区工委会员中的企业家为香港黄大仙区疫情捐款1万元，以解燃眉之急。

（郑华军）

【为疫情防控建言献策】 年内，民进门头沟区工委会员撰写“关于基层社区（村）落实防疫的几点建议”“建议减免出租车司机承包费的建议”等社情民意信息9篇。提出的“关于不要让在职教师到疫情防控一线开展服务的建议”被市政协采纳。

（郑华军）

中国国民党革命委员会门头沟支部

【概况】 2020年，民革共有党员26人，党员中有门头沟区政协委员2人，门头沟区青联委员3人。年内，民革门头沟区支部以积极抗疫为主题，组织党员捐款捐物、参与抗疫活动，引领党员提升参政意识，积极履职，加强调研，依托区政协和统战平台，履职参政职能得到充分发挥。

单位名称：民革门头沟区支部
地　　址：中国共产党北京市门头沟区统一战线工作部
电　　话：69842327
邮　　编：102300

（张水宁）

【捐赠物资】 2月，新冠肺炎疫情防控战“疫”中，民革捐款捐物，支部党员企业——北京京西昊霖集团捐赠一次性医用口罩5000个。

（张水宁）

【社会服务】 9月，为进一步推进市、区两级脱贫攻坚对口帮扶工作，支部党员企业北京京西昊霖集团为内蒙古察右后旗土牧尔台小学的师生送去了价值2万余元的图书及一批学生用品，受到全校师生热烈欢迎。

（张水宁）

【防疫值守】 年内，面对疫情，民革广大党员迅速响应，有的坚守本职岗位，有的利用休息时间积极参加志愿服务，深入村居值守，上门摸排居民情况等。疫情期间，民革一半党员在完成本职工作的同时还积极参与单位、社区的防疫值守工作，有的退休党员还发挥余热，长期主动参与社区疫情值守。

（张水宁）

【参政议政】 年内，民革门头沟区支部向区政协四次会议提交《关于在双峪路修建人行过街天桥的建议》的报告，做《迎冬奥助创城扮靓“京西会客厅”》大会发言。

（张水宁）

中国农工民主党北京市门头沟区工作委员会

【概况】 2020年，中国农工民主党北京市门头沟区工作委员会（简称农工党区工委）围绕区委、区政府、区政协和农工市委会的中心工作，立足界别特色，积极组织农工党员参与疫情防控，参加社会调研、反映社情民意、开展社会服务，切实履行各项职能。规范换届工作程序，注重优化班子结构，征求中共党委及广大党员意见，完成支部换届工作。

单位名称：中国农工民主党北京市门头沟区工作委员会
地　　址：北京市门头沟区新桥大街36号
电　　话：69842327
邮　　编：102300

（师建熙）

【参政议政】 1月5日至8日，门头沟区政协十届四次会议在门头沟区龙泉宾馆召开，党派集体提案《关于加强山区医疗卫生机构建设的建议》评为年度优秀集体提案，党员个人提案《关于建设美丽乡村》评为优秀个人提案。会上，1名党员做题为《关于加快构建我区公共文化服务体系的建议》的发言。

（师建熙）

【敬老慰问活动】 1月15日，农工党区工委以支部为单位开展春节慰问活动，班子成员和青年党员分组慰问离任老主委和退休老党员。工委副主委到妙峰山镇敬老院开展对口帮扶慰问活动；到石景山区隆恩颐晖养老服务中心慰问生病老党员。

（师建熙）

【助力抗疫、捐赠抗疫物资】 2月24日，农工党区工委副主委到雁翅镇青白口村捐赠防疫物资。25日，区工委对龙泉镇开展结对帮扶，工委副主委参加对口帮扶龙泉镇倚山嘉园社区防控值守，并向倚山嘉园社区捐赠一次性口罩300只。3月27日，区工委向雁翅镇青白口村捐赠一次性口罩300只。29日，区工委组织党员开展抗疫捐款，通过区妇联、工商联、红十字会等多渠道累计捐款4.29万元。

（师建熙）

【帮扶活动】 6月11日，农工党区工委组织农工党员医疗专家到雁翅镇青白口村开展“2020年环境与健康宣传周”义诊咨询活动，服务73人次。区工委开展制度自信专题教育活动，组织党员参观京西第一党支部，接受爱国主义教育。9月16日，农工党区工委援蒙党员代表区工委向内蒙古武川县西乌不浪学校学生捐赠书包32个及学习用品，个人捐赠人民币1000元资助5位贫困学生。11月6日，区工委组织党员订购对口帮扶村雁翅镇青白口村苹果67箱，共计1310斤。同时，区工委组织党员购买门头沟区对口帮扶地区的农副产品，助力涿鹿、武川、察右后旗地区脱贫攻坚。

（师建熙）

【农工之家揭牌】 9月4日，农工党区工委在区党派楼举行“农工党党员之家”揭牌仪式。市委主委和区工委主委共同为区工委“农工党党员之家”揭牌，并召开交流座谈会。会后，市领导一行到山区调研区内精品民宿发展，并就企业家农工党员的在建民宿现场提出指导意见。

（师建熙）

【支部换届大会】 10月28日至29日，农工党区工委一支部、二支部和三支部分别召开支部换届大会，区工委完成基层组织换届工作，并将支部换届新支部成员情况表、换届登记表报区委统战部备案。

（师建熙）

【抗疫捐款活动】 12月21日农工党区工委组织党员为香港黄大仙区抗议捐款8000元，获得捐赠证书。

（师建熙）

【社会调研和参政议政】 年内，农工党区工委党员在创建全国文明城区工作中，围绕养犬、规范停车、垃圾分类和加强社区自治等方面提出意见建议，提交社情民意信息15篇。向农工市委、区政协、区委统战部报送信息13篇。

（师建熙）

中国致公党北京市门头沟区支部委员会

【概况】 2020年，中国致公党北京市门头沟区支部委员会（简称致公党门头沟区支部）党员发挥自身优势，在参加政协组织的调查研究、考察中积极发挥作用，围绕门头沟区委、区政府的中心工作，建言献策，发挥民主党派的优势，履行参政议政和民主监督的职能。

单位名称：中国致公党北京市门头沟区支部委员会
地　　址：北京市门头沟区新桥大街36号
电　　话：69826638
邮　　编：102300

（柴华林）

【抗击疫情捐款捐物】 年内，致公党门头沟支部在新冠疫情期间向全体党员发出号召和倡议，党员主动捐款捐物为抗击疫情献爱心，共收到60位党员11450元捐款。经致公党北京市委协调，采购40台红外体外测温枪，价值8400元；采购25桶共250公斤84消毒液，价值3050元，支援门头沟区教委。

（柴华林）

【向海外捐赠“致公爱心小包裹”】 年内，致公党门头沟支部34名党员捐资2.2万元，通过中国宋庆龄基金会网络捐赠，购置“致公爱心小包裹，每份包裹包含各种防疫物资，通过海外侨团向致公党所联系群众寄发，表达对海外侨胞的关心和爱护。

（柴华林）

【参政议政 建言献策】 年内，致公党门头沟支部成立2个课题调研组，到门头沟区农村开展实地调研活动，并撰写《加快解决乡村民宿发展中区域性消防基础设施建设难题，促进乡村民宿健康发展》和《北京农村土地流转问题的调研》2篇调研报告，报送致公市委并参加优秀课题评选。同时根据调研成果形成门头沟区政协党派书面发言《关于门头沟区编制美丽乡村规划的建议》和《关于门头沟小院＋的建议》。

（柴华林）

【调研课题撰写】 年内，致公党门头沟支部参加区政协“我区实施《北京市物业管理条例》相关情况”调研工作课题组，对区内实施《北京市物业管理条例》相关情况通过座谈、视察、研讨等多种形式进行专题调研。撰写《关于我区实施〈北京市物业管理条例〉相关情况》的调研报告，并根据区政协专题协商情况撰写区政协党派大会发言《关于门头沟老旧小区物业管理的建议》。

（柴华林）

【发挥党派优势，开展社会服务】 年内，致公党门头沟支部联合北派修脚爱心团队和京西杂谈志愿者，到龙泉镇水闸西路社区、蓝龙家园社区、城子村等村居，开展志愿者服务活动；支部为践行“守望初心 真情奉献”精神，走进门头沟区儿童福利院开展慰问活动，关爱区内福利院儿童并送去爱心捐赠物资。

（柴华林）

九三学社门头沟支社

【概况】 2020年，九三学社门头沟支社发展社员5人，转出2人，截至年底共有社员76人。门头沟区政协副主席1人、常委1人、委员5人，北京市政协委员1人，北京市人大代表1人，门头沟区工商联副会长1人、会员2人，门头沟区青联委员3人。

单位名称：九三学社门头沟支社
地　　址：中国共产党北京市门头沟区统一战线工作部
电　　话：69842327
邮　　编：102300

（安长生）

【发展“8+1”行动推进会】 7月21日，九三学社门头沟支社持续推进新一轮“8+1”工作的开展，在清水镇召开民主党派重点支持门头沟区发展“8+1”行动推进会，支社社员企业中建文化旅游发展有限公司与清水镇黄安坨村签订“中建百花山社”二期项目意向书，与会人员实地考察“8+1”行动重点项目水镇黄安坨村“中建·百花山社”精品民宿。

（李跃华）

【第一个民主党派界别委员工作室成立】 8月21日，九三学社北京市委员会建立的北京市第一个民主党派界别委员工作室在中建百花山社精品民宿成立，这是九三学社践行政治协商制度与乡村建设相结合的一次探索实践，也是北京市海拔最高的一个委员工作室。工作室组织农业专家累计开展科技专家科技助农培训服务6次，开展民宿培训6次累计帮扶推广销售20余次，免费为农产品进行文创设计包装累计6类，多种形式拓宽农产品销售渠道，助力农民脱低增收。

【“社区医生项目”开展】 9月9日，九三学社门头沟支社充分发挥优势资源，并与东辛房街道主动对接，开展“社区医生项目”。联合区医院党委在石门营四区建立医疗服务站，九三学社门头沟支社携手门头沟区医院在东辛房街道石门营四区活动小广场内为社区百姓提供便捷的医疗服务，为居民测量血糖和血压。区医院还安排骨科、心内科、妇产科等十几个不同科室的专职医生为大家进行免费检查和诊疗。此次义诊活动受益人群达202人次，九三学社门头沟支社在“义诊结束后，每周三向公众开放，免费为社区居民提供医疗服务，继续深入开展更多社区医生服务项目。9月16日，九三社员、肿瘤科骨干医生组成的团队，为东辛房街道石门营四区的居民提供外科和内科为东辛房街道石门营四区的居民提供外科和内科方面的诊疗服务，以及必要的转诊绿色通道，老百姓足不出户就能享受医疗服务。

（李跃华）

【组织建设】 10月31日、11月1日、11月14日，九三学社门头沟基层委员会（筹）所属门头沟综合支社、科技支社、医药卫生支社分别在门头沟召开成立大会，选举产生新一届支社委员会委员。组织社员积极参加九三市委、区政协、区委统战部组织的学习培训，学习习近平总书记系列讲话、十九大精神、党史党建、社史、参观红色教育基地。

（安长生）

【疫情期间社会服务活动】 年内，九三学社门头沟基层委员会（筹）在疫情期间开展线上社会服务活动，通过不同的形式为社会各群体提供服务。支社社员开展网络授课讲解《疫情下的心理防护》，建立眼科交流群，为眼病患者提供线上诊疗服务，通过微信平台组织开展题为《疫情防控期间劳动关系法律问题》的线上公益讲座，帮助用人单位和个人合理合法的保障自身权益，助力复产复工。支社与东辛房街道合作开展社区医生服务项目，建立医疗服务站，每周三为东辛房街道辖区居民提供集预防、保健、康复、健康管理为一体的优质、综合的医疗资源。在疫情期间，支社社员向妙峰山镇及妙峰山卫生院，捐赠疫情保障物资共12090元，向黄安坨村捐赠保障物资共2870元。支社组织社员捐款7000元，用于购买防疫口罩，捐赠给门头沟区医院。向北京市慈善协会捐款1000元。

（李跃华）

【疫情防控】 年内，在抗击疫情阻击战中，社区是疫情防控的主战场之一，支社共有14名社员，深入到18个社区，参与到社区疫情防控工作中，平均值守120小时以上。中建百花山社在北京民宿中率先发起一项公益计划，尽己所能，推出民宿免费住活动，为抗“疫”一线的医护人员及家属免费提供休养服务。支社组织社员及区医院等专家开展“暖辛防疫，安心接种”新冠疫苗接种知识讲座和健康义诊活动，同时与居民面对面进行新冠疫苗接种宣传，受益人群达600余人次，用实际行动助力新冠疫苗接种工作顺利进行。

（李跃华）

【参政议政】 年内，九三学社门头沟支社向区委统战部、区政协及九三市委报送信息14篇，向统战部报送社情民意信息4篇。在北京市政协第十三届四次会议中，支社市政协委员提交《关于在生态涵养区开展乡村集体建设用地实施规划的提案》《关于创新门头沟区矿山生态修复治理新路径的提案》等5篇个人提案。在门头沟区政协第十届四次会议中，支社9名政协委员参加大会，提交8篇个人提案及1篇党派提案。在协商民主工作中，2020年九三学社门头沟基层委员会（筹）深入开展调研基础上完成《关于整合门头沟区检测机构的建议》（被评为优秀提案）、《关于在京西地区创新打造“无人机产业集群”+低空科创科普项目》《弘扬京西医药文化助力康养产业发展》（九三参与）等议题的调研协商工作。年内，在协商议政会议上围绕“打造门头沟小院+，推进精品民宿发展”支社社员作为课题组专家汇报课题组前期调研情况和调研成果。

（李跃华）

人民团体

11月6日，门头沟区第十一次妇女代表大会召开（区妇联　供图）

◆| 6月4日，私营个体经济发展工作调研会召开（区工商业联合会　供图）

◆| 12月，区总工会举办门头沟区第三届技能大赛，图为厨艺比赛现场（《京西时报》 供图）

总工会

【概况】 2020年，门头沟区总工会围绕区委中心工作，持续抓好主责主业，助力新冠肺炎疫情防控和复工复产，有效推进扶贫协作和低收入帮扶，特别是开展垃圾分类督导，完成全年各项工作任务。

单位名称：北京市门头沟区总工会
地　　址：北京市门头沟区新桥大街34号
电　　话：69843871
邮　　编：102300

（王　丹）

【慰问干部职工和抗疫一线人员】 1月15日，区总工会2020年“两节”送温暖活动正式启动，走访慰问一线职工3200人、困难职工96户、劳模144人、首都劳动奖章和工匠获得者36人、公益性就业组织1009人，发放慰问金共计148.27万元。7月8日，区总工会启动“夏季送清凉”慰问活动。7月15日，区总工会为隔离点的抗疫一线人员送去茶叶等防暑物资；慰问创城一线的232名文明交通引导员，为他们送去菊花茶、蒲公英等防暑物资。“夏季送清凉”慰问活动共走访慰问25家基层单位，发放茶叶等防暑慰问品3800余份，投入资金40余万元。

（王　丹）

【新冠肺炎疫情防控和复工复产】 1月23日，区总工会召开党组会，第一时间专题传达市疫情防控工作会议精神，部署相关疫情防控工作安排。2月5日，区总工会职工文化艺术协会举办“抗击疫情 工会在行动”网络文艺演出。2月6日，区总工会领导到军庄镇西杨坨村调研疫情防控工作，慰问下沉一线的机关干部。2月7日，区总工会向全区各级工会组织发出抗击疫情倡议书，深入有效做好防控工作，打赢重大疫情防控这场阻击战。截至2月11日，区总工会向区卫健委和京煤集团总医院慰问资金13万元，向各镇街、石龙开发区发放2.5万顶保暖帽共38万元，慰问资金53万元。截至2月20日，区总工会号召全区各基层工会组织，共筹捐资金69.9万元，向区卫健委及3家区属公立医院、各镇街、石龙开发区、各直属基层单位，慰问资金218.8万元，向所有奋战在抗击疫情一线的工作人员发放慰问品50328份，开展疫情特殊时期的网络文艺汇演18期，34名机关党员干部全部下沉到各社区、指定村（居）进行入口管理、防疫宣传等疫情防控协助工作。4月2日，区总工会领导到军庄镇西杨坨村指导清明期间疫情防控工作，慰问下沉一线的干部。截至4月9日，区总工会向17家基层工会拨付30万元专项资金助力复工复产企业，指导直属基层工会为职工采购疫情防控物资、防护物品等，制定疫情期间临时困难职工家庭帮扶方案，共补贴582名职工家庭34.92万元。4月27日，区总工会主办“致敬最美劳动者 讴歌天使战时艰”2020年门头沟区“庆五一 战疫情”线上慰问演出活动。6月9日，区总工会领导到大峪街道新自建社区对接调研指导三级响应下疫情防控工作。6月16日，区总工会全面应战北京疫情，下发了关于加强疫情防控工作的最新要求。6月19日，区总工会机关召开疫情防控工作会。截至6月29日，新发地疫情爆发以来，区总工会慰问参与疫情防控的社区一线人员，涉及2个镇街、29个社区、共计2590名，助力资金10万元。7月21日，区总工会领导到龙泉镇中北街社区进行对接调研指导疫情防控工作。8月20日，区总工会领导到龙泉镇中北街社区指导疫情防控工作，开展夏季送清凉慰问活动。年内，为7家小微企业申请首都职工创业小额贷款项目，为3家企业发放免息贷款100万元，用实际行动支持门头沟区疫情防控和企业复工复产。

（王　丹）

【扶贫协作和低收入帮扶】 6月11日，区总工会召开低收入帮扶工作会。7月22日，区总工会机关党支部组织主题党日活动，到清水镇杜家庄村走访结对帮扶的低收入边缘户。年内，从受援地直采及区双创中心购买31.6万元扶贫产品，全部用于慰问职工和服务职工项目；发动劳模、社会组织消费扶贫8.1万元；超额完成办理北京消费扶贫爱心卡任务，共办理10537张。

（王　丹）

【普法宣传】 7月14日至22日，区总工会到民生社区、城子西街社区、东七棵树社区开展“工会普法伴您行 职工创城齐行动”为主题的法律宣传活动。9月8日，区总工会到工地现场，开展“尊法守法 携手筑梦”服务农民工为主题的普法宣传活动。9月25日，区总工会在国信好望物业公司开展“工会普法伴您行 职工创城齐行动”为主题的法律宣传活动。12月1日，区总工会在新桥大街开展普法宣传活动。

（王　丹）

【互助保障】　8月，区总工会获中国职工保险互助会颁发的2019年度基层职工互助保障工作考核优秀单位荣誉称号。年内，二次报销惠及1.3万人次，总计128.2万元。互助保障7.6万人次投保412.3万元，赔付1624人次总计194.4万元。

（王　丹）

【劳模工作】　9月22日，区总工会在妙峰山镇炭厂村开展“劳模宣讲试讲会”暨第四期劳模大讲堂活动。9月30日，区总工会开展慰问劳模和先进人物活动。11月24日，区总工会举办门头沟区劳模及工匠创新工作室揭牌仪式，分别命名谢永强劳模创新工作室、寇红艳劳模创新工作室、王惠芳工匠创新工作室、王中伟工匠创新工作室。11月24日，2020年全国劳动模范和先进工作者表彰大会在北京人民大会堂举行，门头沟1人获全国劳动模范、1人获全国先进工作者。11月25日，区总工会召开学习贯彻全国劳动模范和先进工作者表彰大会精神暨载誉归来劳模座谈会。12月3日，区总工会组织开展2020年度劳模及先进人物健康体检活动，共107人参加。年内，共慰问劳模、首都劳动奖章、门头沟区工匠223人55.9万元，为185名劳模发放慰问品价值9.2万元。

（王　丹）

【第三届技能大赛】　10月23日、12月3日区总工会举办以“发扬工匠精神 争做首善先锋”为主题的门头沟区第三届技能大赛。共300余人报名参赛，4个比赛项目共产生一等奖4个、二等奖8个、三等奖12个。12月17日，区总工会举办技能大赛闭幕式。

（王　丹）

【服务会员】　年内，区总工会面向全区工会会员开展领取米面油、杂粮等服务职工活动项目62个，服务职工17.3万人次，共投入294万元。免医事服务费就医项目惠及11.6万人次，投入资金45.6万元。

（王　丹）

【职工之家和暖心驿站】　年内，职工之家和职工暖心驿站共验收合格220家。其中被市总工会评为“北京市工会职工书屋示范点”3家、“便利型职工阅读站点”1家、“劳模书架”1人，给予9家职工书屋23万元资金支持。

（王　丹）

【概况】　2020年，中国共产主义青年团北京市门头沟区委员会（简称团区委）把做好新冠肺炎疫情防控工作作为助推共青团改革再出发的强大动力和重要抓手，深化对青年的思想政治引领，不断提升共青团组织力、引领力、服务力和服务大局的贡献度，团结带领全区广大团员青年为门头沟区发展贡献青春力量。

单位名称：中国共产主义青年团北京市门头沟区委员会
地　　址：北京市门头沟区新桥大街36号
电　　话：69842938
邮　　编：102300

（韩　瑜　曹　琛）

【社区青年汇慰问】　1月，团区委对门头沟区9家社区青年汇开展慰问调研。向社工送去慰问品和节日的问候，并与社工、居委会主任、总干事就社区青年汇年度工作计划进行座谈交流。

（韩　瑜　曹　琛）

【困境青少年“两节”慰问】　1月，团区委对40名在册困境青少年开展“两节”送温暖慰问活动，每人发放500元慰问金，共计发放慰问金2万元。

（韩　瑜　曹　琛）

【“五星志愿者”申报】　1月，团区委推荐81名志愿者申报成为第六批北京市“五星志愿者”。

（韩　瑜　曹　琛）

【社区防疫志愿服务项目】　4月25日，团区委组织13支志愿服务队，在全区34个社区（村）的97个卡口开展“守护社区 共同战‘疫’”社区防疫志愿服务项目。

（韩　瑜　曹　琛）

【防疫一线人员子女陪护志愿服务项目】　4月25日至5月17日，团区委联合区卫健委、北京林业大学团委，组织高校志愿者为门头沟区防疫一线医护人员子女提供涵盖趣味知识、环保科普、艺术文化、运动健康4大类内容的网络兴趣课程。

（韩　瑜　曹　琛）

【线上纪念“五四”运动101周

年】 4月30日，门头沟区纪念“五四”运动101周年主题活动在线上举行。全区各行各业团员青年代表，全区各直属单位团组织青年等200余人参加活动。

（韩 瑜 曹 琛）

【示范引导垃圾分类】 5月至10月，9家社区青年汇设立10个垃圾分类示范引导站，开展两期“分小萌”垃圾分类示范引导站项目。开展丰富多彩的垃圾分类宣传活动，并组织志愿者在倒垃圾早高峰时段守在社区垃圾桶旁进行桶前值守，指导社区居民正确垃圾分类。

（韩 瑜 曹 琛）

【“蓝立方”常态化志愿服务项目】 6月起，团区委在“蓝立方”志愿岗亭发起常态化志愿服务项目。项目共运行187天，主要提供特色宣传、旅游咨询、便民服务和志愿文化推广等志愿服务。

（韩 瑜 曹 琛）

【开展线上主题“云课堂”2场】 6月2日至23日，社区青年汇分别以“垃圾分类”和“普法禁毒”为主题开展“新青年政策说——云课堂”线上讲座活动2场，全区100多名青年参加。

（韩 瑜 曹 琛）

【“门头沟垃圾分类青年宣讲团”宣讲】 7月起，团区委组建“门头沟垃圾分类青年宣讲团”并进行宣讲。组织来自镇街、社区、机关和志愿组织的21名青年在全区开展23场线上宣讲，累计覆盖团员青年600余人。

（韩 瑜 曹 琛）

【年度市级青年文明号创建工作】 7月7日，团区委开展2020—2021年度北京市青年文明号创建工作。向团市委推荐的北京市门头沟区军庄镇便民服务中心等10个集体申报创建“北京市青年文明号”。

（韩 瑜 曹 琛）

【向新疆和田中小学生捐赠图书】 7月，团区委动员团员青年、青联委员及社会各界爱心人士为新疆和田地区中小学生捐赠图书。共筹集书籍超1.3万余册。

（韩 瑜 曹 琛）

【“轻松暑期行”线上讲座】 7月27日至8月16日，门头沟区9家社区青年汇围绕亲职教育、亲子关系培养、自护能力技能培养、疏解疫情焦虑情绪等主题开展4期“轻松暑期行”线上系列讲座。共吸引300余名家长和青少年参加。

（韩 瑜 曹 琛）

【交通路口文明引导树新风志愿服务】 7月至10月，团区委组织9支志愿服务队开展“礼让人人赞 文明天天见”交通路口文明引导树新风志愿服务项目，向过往行人进行交通安全引导。

（韩 瑜 曹 琛）

【“双零社区”创建工作】 7月至12月，团区委充分调动区公安分局、区检察院、区法院、区司法局等单位力量，并引入北京青少年法律与心理咨询服务中心等机构，在大峪街道绿岛家园社区等5个社区开展“法治教育进社区‘双零’创建护成长”主题活动。共开设讲座10余场，发放宣传资料千余份。

（韩 瑜 曹 琛）

【线上云交友活动】 8月21日，社区青年汇组织100余名单身青年，线上开展“团聚七夕 云遇良缘”线上云交友活动。

（韩 瑜 曹 琛）

【“垃圾分类我先行”志愿服务活动】 8月22日至23日，团区委组织10支志愿服务队的100余名志愿者到10个社区开展“垃圾分类我先行”志愿服务活动。

（韩 瑜 曹 琛）

【云游故宫线上活动】 8月29日，社区青年汇组织150余名青年参加新青年城市体验营之“首都文化之旅”云游故宫线上活动。

（韩 瑜 曹 琛）

【激情冰雪——相约冬奥主题活动】 9月2日至12日，社区青年汇组织40余名青少年到陈露冰上中心，开展激情冰雪——相约冬奥主题活动。

（韩 瑜 曹 琛）

【寻找消失的“万园之园”活动】 9月12日，社区青年汇开展“传承传统文化 感悟悠久历史”——走进圆明园寻找消失的“万园之园”活动，100余名青年参加。

（韩 瑜 曹 琛）

【门头沟区少工委一届二次全会】 9月22日，门头沟区少工委一届二次全会召开。会上，审议通过《少先队辅导员培养三年规划》《少先队“红领巾”奖章实施方案》等文件。

（韩 瑜 曹 琛）

【线上培训团干部170余名】 9月23日至25日，团区委举办门头沟区2020年团干部线上培训班。全区各直属团组织，以及来自武川县、涿鹿县、堆龙德庆对口帮扶地区的170余名团干部参加培训。

（韩 瑜 曹 琛）

【“送医下乡”志愿服务活动】 9月至10月，团区委开展2020年“送医下乡”志愿服务活动。到雁翅镇、斋堂镇、清水镇6个低收入村开展义诊、讲座、宣传活动等。

（韩 瑜 曹 琛）

【美育素质培训项目】 9月至11月，门头沟区9家社区青年汇开展美育素质培训项目。通过直播、录播等形式，在线开展油画、书法和素描等美育课程，100余名青年参加培训。

（韩 瑜 曹 琛）

【困境青少年帮扶项目】 9月至12月，团区委委托北京儒源社会工作事务所开展低保重残青少年服务调研工作。对低保重残青少年进行摸排走访，并为40名低保重残青少年提供社会融入、能力提升和心理介入等服务。

（韩 瑜 曹 琛）

【基层团组织低收入帮扶】 10月13日至15日，团区委组织60余名青联委员、基层团干部开展对口帮扶工作。到清水镇、斋堂镇和雁翅镇的45个低收入村开展帮扶工作。

（韩 瑜 曹 琛）

【户外素质拓展活动】 10月17日，社区青年汇组织60名青年到滨河世纪广场开展户外素质拓展活动。

（韩 瑜 曹 琛）

【“共青团与人大代表、政协委员面对面”活动】 10月22日，团区委开展“共青团与人大代表、政协委员面对面”活动。就“基于防疫视角，门头沟区青年参与社区治理状况调研”主题进行座谈，区人大代表、政协委员及参与防疫的青年代表参加座谈。

（韩 瑜 曹 琛）

【开展青少年法制工作培训】 11月11日，团区委召开2020年度法治副校长暨合适成年人工作培训会，邀请专家以《〈未成年保护法〉解读》和《走进学生的内心世界》为主题开展培训，全区公安、检察院、法院、司法局的法治副校长和教委、妇联等单位的合适成年人共40余名青少年法治工作者参加培训。

（韩 瑜 曹 琛）

【消防月宣传活动】 11月，团区委组织10余名青年志愿者走进社区开展消防知识讲座。依托社区青年汇开展防火减灾主题活动，并在“蓝立方”志愿服务岗亭开展消防宣传活动，努力营造“关注消防安全、共创文明城区”的良好氛围。

（韩 瑜 曹 琛）

【“践行光盘行动”系列主题活动】 11月至12月，团区委动员各单位青年志愿服务队、各社会志愿服务团体和社区青年汇开展“践行光盘行动”系列主题活动。

（韩 瑜 曹 琛）

【青年工作联席会议第一次全体会议】 12月8日，门头沟区青年工作联席会议召开第一次全体会议。会上，传达市青年工作联席会第一次全体会精神，并介绍《中长期青年发展规划》十大发展领域和重点项目牵头成员单位及团区委主责部门分工情况。

（韩 瑜 曹 琛）

妇女联合会

【概况】 2020年，门头沟区妇女联合会区妇联结合新形势，发挥“枢纽型”组织作用，坚持红色门头沟党建引领，弘扬“讲奉献、争第一”的门头沟精神，坚持服务大局、服务妇女的宗旨，突出重点，推进全区妇女儿童事业的健康发展。年内，通过新冠肺炎疫情防控、创建全国文明城区、社区家长学校等工作，为打造红色门头沟党建品牌和绿水青山门头沟城市品牌贡献之力。

单位名称：北京市门头沟区妇女联合会
地　　址：北京市门头沟区新桥大街36号
电　　话：69842568
邮　　编：102300

（刘 静 靳 冉）

【“妇字号”基地复工复产】 2月至3月，门头沟“妇字号”基地积极响应市区号召，在条件允许下开展复工复产工作。北京黄芩仙谷旅游开发有限公司基地组织农户为果树剪枝、施肥、整地；北京紫墨林溪种植专业合作社基地组织村民给樱桃沟树剪枝；北京益农缘生态养殖专业合作社基地做产品宣传和推广，组织农户春耕，讲解防控疫情知识，捐赠口罩和消毒用品，关心关爱村里贫困妇女；北京妙峰振明观光采摘园组织花农给玫瑰花苗剪枝，保障花农利益；北京灵芝秀生态农业专业合作社基地组织农民种植、剪枝等工作，社员工资和保险；北京阿芳嫂黄芩种植专业合作社种植产业基地组织农民在村外劳作；北京布韵传奇手工编织专业合作社通过电话、视频，开展“春暖花开战疫情，巧娘在家学京绣”线上刺绣培训，线下服务巧娘上门送货、收活，确保防疫期间不误工误产。

（蒋　玫）

【春风送暖农家女主题活动】　3月6日，区妇联联手北京市科委在雁翅镇大村北京灵之秀农业园举办“同心打赢疫情防控阻击战 科技助力门头沟巾帼奔小康——春风送暖农家女主题活动”。市科委农村发展中心有关领导为全区35个“妇字号”基地送来价值5万元药食两用的蔬菜种子及科普图书，并利用信息化手段开展“北京科特派行动系列活动——京科惠农“12396热线网络大讲堂”线上科技服务、农业技术直播微课堂。

（蒋　玫）

【“恒爱行动”】　4月30日，门头沟区妇联开展的“恒爱行动——百万家庭亲情一线牵”手工编织爱心毛衣活动完成。来自大峪街道、永定镇、龙泉镇和潭柘寺镇的80名爱心妈妈为新疆和田地区儿童编织毛衣。

（郑美娜）

【实地调研农村妇女创新创业情况】　5月11日至13日，区妇联领导到雁翅镇、龙泉镇、斋堂镇、清水镇、妙峰山镇等地，对北京市诺亚盛典文化发展有限公司、北京灵岳山庄、北京花露蝴蝶养殖专业合作等6个“妇字号”基地进行实地调研，对基地实际情况以及承办2020年度“北京农村妇女创新创业项目”实施的具体内容进行详细了解。要求承办项目单位一定要按照评估机构提出的要求严格执行，确保资金使用规范，注重项目的实际绩效，带动更多妇女从业就业，促增收，助脱贫。

（蒋　玫）

【社区家长学校项目】　5月20日，社区家长学校项目在全区启动。区妇联联合蒙恩关爱家庭服务中心、康馨社会工作事务所、北京市门头沟区爱眼协会、北京智慧橙子文化艺术有限公司、东辛房华久社会工作服务中心5家社会组织合作，设计适合家长和孩子们参与的家庭教育讲座和家庭亲子活动。教育讲座类课程包括“培养孩子的爱心，做智慧父母”“如何教养家有二胎的孩子”“家长不应该对孩子说的话”“您知道为什么青少年会逆反吗？——谈青少年身心发展”等36种课程，家庭亲子活动包括“绿植盆栽”“编织中国结”“垃圾分类我先行”“垃圾大投篮”等50种体验课程。年内，开展家庭教育讲座242场，家庭亲子活动242场。

（郑美娜）

【创城妇女维权法治宣传】　6月11日，区妇联到妙峰山镇大沟村开展“文明共筑 法治同行”主题党日活动，同时将法治宣传与社区家长学校活动相结合，通过网络开展法治宣传。6月19日，到城子街道华新建、西宁路、新老宿舍3个社区开展法治宣传。发放《法治宣传伴您行 巾帼创城齐行动——致全区妇女姐妹一封信》《北京市文明行为促进条例》《中华人民共和国反家庭暴力法》《中华人民共和国妇女权益保障法》《妇女维权宣传手册》、禁毒宣传材料等3000余份，助力决战全国文明城区的提名，提升群众知晓率和参与率。

（蒋　玫）

【婚检婚登孕优全程服务站启用】　6月18日，门头沟区婚检、婚登、孕优全程服务站正式建成并投入使用，实现婚登婚检及孕优“一站式服务”。新人在服务站进行婚前检查、婚姻登记、免费孕前优生健康检查等多项服务，既能避免重复检查、节省行政资源，又能有效降低出生缺陷，最大限度地为准新婚夫妇提供便利、快捷、全面的婚前检查及领证服务。

（白　平）

【禁毒宣传与创城法治宣传】　6月，区妇联将禁毒宣传与创城法治宣传相结合，开展“绿色无毒、阳光生活”主题禁毒宣传活动、线上“6·26国际禁毒日微信有奖答题”、传唱“禁毒歌曲”活动。区音乐家协会主席张建民亲自传唱“禁毒歌曲”——《擦亮你的眼睛》。各级妇联组织聚焦疫情防控相关政策及相关法律法规，为建设绿色无毒健康家园贡献力量。

（蒋　玫）

【市妇女代表参观调研精品民宿】　9月4日，区妇联组织市妇女代表门头沟团调研参观门头沟区精品民宿，并围绕“履行代表职能 助力绿水青山门头沟建设”主题进行座谈。

（白 平）

【三级妇联干部“云端课堂”培训班】 9月16日至17日，区妇联举办三级妇联干部“云端课堂”培训班。区、镇街、村居的320余名妇联干部参加。培训内容涵盖习近平新时代中国特色社会主义思想概论、《民法典》视野下的新时代妇女权益保护制度、心理调适与压力疏导等多个方面。

（白 平）

【市、区两级最美家庭参观】 9月26日，区妇联组织首都最美家庭、区级最美家庭到妙峰山镇炭厂村开展“观红色文化村落 书清廉治家格言”主题实践活动，50户家庭参与。通过观浮雕墙，了解炭厂村村民积极抗战的故事；通过参观村史馆，了解炭厂村在历经3次产业转型，走上生态旅游发展的道路，并开发一批民俗旅游项目；通过手书清廉治家格言，推动好家风的实践养成和自觉传承，体现“最美家庭”崇德向善、崇俭尚廉家风，传承廉洁好家风的示范带头作用，在全区形成注重家庭、注重家教、注重家风的良好氛围。

（郑美娜）

【第十一次妇女代表大会】 11月6日，门头沟区召开第十一次妇女代表大会，全区各条战线的200余名妇女代表参会。会议期间，选举产生区妇联第十一届执行委员会和区妇联新一届领导班子，31人当选门头沟区妇联第十一届执行委员会委员。

（白 平）

【“鹊桥工程”技能培训】 11月26日，区妇联携手区便民服务业协会在门头沟区三家店北斗星酒店举办“同心牵手 比翼致富”素质提升技能培训活动。门头沟区文旅局有关领导讲解《门头沟旅游文化与巾帼民宿》，首都巾帼科技汇女精英思享会CEO讲解《直播带货的方法》。全区7个镇1个街道的妇联干部、基地负责人50余人参加培训活动。

（蒋 玫）

【妇女儿童工作会】 12月1日，门头沟区召开2020年妇女儿童工作会。会上，总结2019年以来全区落实“十三五”妇女儿童发展规划情况，部署“十三五”妇女儿童规划终期评估工作。区卫健委、区人力社保局作了交流发言。

（白 平）

【巾帼志愿服务活动】 12月4日，区妇联在大峪街道绿岛家园社区开展“汇聚志愿之光 点亮美好生活”——巾帼志愿服务活动，为居民发放垃圾分类倡议书、垃圾袋、女性维权宣传品。全区各志愿服务队的60余名巾帼志愿者为社区居民提供义务理发、刀具打磨、配钥匙等生活服务，京门医院的医务志愿者还为居民开展血压、血糖、口腔检查和视力测试等义诊活动。

（郑美娜）

【表彰5名“最美军嫂”】 12月7日，门头沟区召开全国双拥模范城总结表彰暨“五连冠”创建动员大会。会上，公布“最美军嫂”名单，并对5名军嫂进行表彰。

（郑美娜）

【造出448户“门头沟区最美家庭”】 12月25日，由区妇联主办的2020年“门头沟区最美家庭”揭晓暨2021年寻找最美家庭启动活动在大峪街道文化中心举办。2020年度共评选出448户“门头沟区最美家庭”。

（郑美娜）

【14户家庭分获全国和市级最美家庭】 12月30日，门头沟区刘宇航家庭、曹原家庭获评2020“抗疫全国最美家庭”，刘宇航家庭获评全国五好文明家庭，李信缔家庭获评“全国最美家庭”；刘美丽等11户家庭获评“首都最美家庭家庭”。

（郑美娜）

【巧娘项目促进妇女就业】 年内，区妇联委托北京市门头沟区蒙恩关爱家庭中心以“打包”的形式申报2020年度北京巧娘素质提升培训项目。区内北京市妙峰山中慧苑手工布艺专业合作社、北京诺亚盛典文化发展有限公司、北京布韵传奇手工编织专业合作社、北京益农缘生态农业专业合作社4个巧娘工作室成功申报项目合计5万元。积极开展项目培训，带动更多辖区妇女学习技艺。

（蒋 玫）

【组织非遗传承人精准帮扶】 截至年底，门头沟区妇联携手京绣非遗传承人，到区妇联对口帮扶的河北省涿鹿县妇联，开展手工技艺传承，并在河南镇邓家峪村、河东镇河东村及矾山镇肖家堡村成立3个巧娘工作室。7月至9月，“王惠芳精准帮扶团队”带着销售订单，到河北省涿鹿县传授贫困妇女手工技艺，帮扶当地150余名人员弹性居家就业，并订单式销售手工编织作品。

（蒋　玫）

【8名个人和6个集体获市级三八红旗表彰】 年内，门头沟推荐的8名先进个人、北京市第八中学京西附属小学等6个先进集体，被北京市妇女联合会、北京市人力资源和社会保障局、北京市总工会授予北京市三八红旗奖章、北京市三八红旗集体称号。

（白　平）

【开展关爱女性活动】 截至年底，区妇联携手蒙恩关爱家庭中心连续3年向北京妇儿基金会申请“关爱女性 绽放心灵 暖流行动”项目资金累计18万元。开展形式多样的活动，辖区内近百名患“两癌”的姐妹受益。9月起，先后开展3次活动，累计120余人参加活动。在“国庆”“中秋”节期间，开展“关爱女性身心健康”活动，走访慰问社区70岁以上患“两癌”妇女累计22名。10月15日，开展“丝带伴你 舞动金秋”心理减压培训活动。10月22日，组织DIY手工制作手工艺品活动。

（蒋　玫）

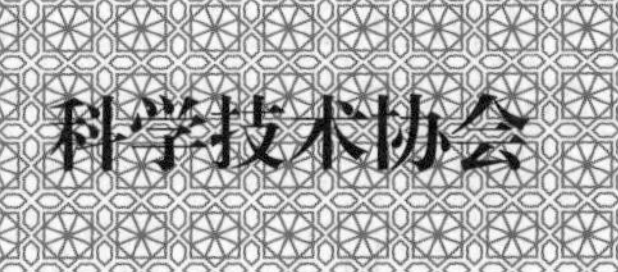

科学技术协会

【概况】 2020年，门头沟区科学技术协会（简称区科协）以深入《北京市全民科学素质行动计划纲要》为核心，结合门头沟区“十三五”规划，以普及科学知识为切入点，组织开展“科技周”“全国科技工作者日”“科普日”“科普之春”等科普品牌活动。同时，针对不同人群需求，结合新冠肺炎疫情防控，开展科普系列活动，加大科技知识在全社会的宣传覆盖面，提高公众参与率，有效提升全区公众科学素质，完成全年各项工作任务。

单位名称：北京市门头沟区科学技术协会
地　　址：北京市门头沟区新桥大街40号
电　　话：69843535
邮　　编：102300

（李兆琳）

【科普展览】 1月，区科技馆举办“普及冬奥文化 助力文明创建”主题展览。通过此展，弘扬奥运精神，传播冬奥文化，普及冬奥知识，激发公众喜迎奥运、参与冬奥的热情，进一步营造区内文明创建的浓厚氛围。

（李兆琳）

【组织中小学生参加科学幻想绘画比赛】 2月，区科协组织区内中小学生参与线上“少年同行，共抗疫情”科学幻想画作品比赛。共获42个奖项，其中一等奖8项、二等奖14项、三等奖20项。

（王　榕）

【向基层发放科学防疫科普海报】 2月，区科协向基层发放科学防疫知识问答宣传海报，并在社区和村显著位置进行张贴，为基层防疫工作提供科学的方法和知识。

（常艳红）

【网上培训促进企业复工复产】 4月，区科协同民建北京市门头沟区工委、中关村门头沟科技园，邀请多名资深专家，以在线直播的形式联合推出《企业“战役”进化论》讲座4场，为企业复工复产提供科技助力。

（侯　越）

【疫情防控社区行】 4月，区科技馆到下沉社区开展工作融合，进社区宣传防疫知识，并在为民服务窗口增加科学防控新内容，进一步加大疫情防控宣传力度。5月，龙泉务村居委会领导向区科协赠送“疫情防控忠职守，不惧危险勇担当”的锦旗。

（李兆琳）

【企业“战役”进化论专家系列网上知识讲座】 4月至6月，联合中国民主建国会门头沟区工作委员会及北京西山九圆企业管理有限公司共同举办企业“战役”进化论专家系列网上知识讲座5场。

（侯　越）

【“全国科技工作者日”宣传活动】 5月，区科协在龙泉务社区举办主题为“科技为民，抗疫有我”全国科技工作者日宣传活动。通过知识答题、发放宣传资料、科普展览等形式，为基层居民提供科普咨询、科普服务和科学知识普及，进一步推动崇尚科学、热爱科学、学习科学良好风尚的形成。

（常艳红）

【科普调研工作】 7月至8月，区科协领导带队到13个镇街及4个重点委办局开展调研，与各单位一把手进行沟通和交流。同时，区科协还印制《新时代公民科学素质指标十问》和宣传海报，下发到13个镇街和重点窗口单位，向公众广泛宣传，努力做到公民知晓科学素质调查全覆盖。

（常艳红）

【建立科技工作者信息库】 7月至8月，区科协在全区范围内对科技工作者情况进行一次全面的摸底调查和信息采集工作，准确详实的掌握科技工作者的基本情况，初步建立全区科技人才库。通过前期信息采集工作，共统计3914名科技工作者，为今后服务科技工作者奠定基础。

（常艳红）

【科普互动进社区活动】 7月至9月，区科协组织开展科普互动进社区活动20场，活动涵盖科普知识互动抢答、人体健康监测、科普种植体验、科普DIY手绘体验、科普展览等。通过不同的科普互动体验，将科技与健康相结合，把科学理念传达给社区居民，引导居民用科学服务生活，进一步提高了社区居民的科学素质和生活质量。

（常艳红）

【科普互动进山村活动】 7月至9月，在科技周期间，区科协联合科技公司，走进深山区，组织开展20场“科普互动进农村”宣传服务活动。活动内容丰富多彩，贴近百姓实际生活，得到村民广泛参与。

（常艳红）

【科技工作者站点调查】 7月至11月，区科协开展科技工作者站点调查工作2次，完成科技工作者问卷60份。通过对区建委、区医院、区科委、区农业农村局、中关村门头沟区科技园区的科技人员问卷调查，征集区内科技工作者建议。

（侯 越）

【科普征文】 8月，区科技馆面向全区举办“绿水青山门头沟”有奖征文活动，百余名公众参加活动。

（李兆琳）

【科技下乡宣传服务活动】 8月，区科协与西城区科协联合到清水镇黄安坨村，以“科协手拉手，党建促发展”为主题，开展科技下乡宣传服务活动。通过设立科普宣传展台、科普展览，赠送科普活动用品，发放科普宣传手册、宣传品，组织开展“科普知识竞答”，专家免费义诊咨询等形式，让村民不出村就能享受到医疗服务、学到科学知识。10月，区科协、区创城办、区委宣传部等单位在大台街道黄土台社区联合开展“余热生辉 奉献最美”老年志愿者社区服务大集活动，区科协在活动现场专门设立咨询台，采取发放科普宣传资料和与推广公民科学素质大赛网上答题的方式，向社区居民进行宣传科普与创城知识，引导社区居民众参与。

（常艳红）

【科技工作者建言献策活动】 8月至9月，区科协组织开展科技工作者建言献策活动。活动主要围绕对区内经济社会发展具有战略性、基础性、前瞻性、关键性作用的课题和部门、行业发展中存在的热点、难点问题，提出具有针对性、可操作性的对策、建议。共征集建言献策41条。其中涉及垃圾分类的15条，疫情防控的5条，加快提升全民科学素质的9条，创城建议4条，助力门头沟经济发展2条，门头沟绿色发展建议1条，社区养老医疗1条，社区环境整治1条，健康大讲堂1条，深山种植中草药建议1条，农村枯树排查、备案、处置的建议1条。

（常艳红）

【2019年度科普工作表彰活动】 8月至10月，区科协向区20家基层单位授予“特色科普活动优秀组织奖”，向18人授予“科普之夏”活动优秀参与奖、10人授予“全国科普日”活动优秀参与奖，向23名科普宣传员授予“优秀科普宣传员”荣誉称号。

（常艳红）

【“创城改变生活”摄影比赛】 8月至12月，区科协组织开展“创城改变生活”摄影比赛活动。共征集摄影作品700余幅，评选出一等奖3名、二等奖6名、三等奖12名，优秀奖80名。

（常艳红）

【全国科普日宣传和志愿服务活动】 9月，区科协围绕“决胜全面小康，践行科技为民”主题，开展“全国科普日”高潮日宣传暨“创建全国文明城区，科普知识伴你行”志愿服务活动。活动以“文明城区创建”与“全国科普日”活动相结合的形式，向区内市民普及科普知识和创城知识，现场科普宣传资料发放、公民科学素质大赛扫描、科普展板宣传等方式吸引广大市民积极参与，让更多人在科普中了解创城、参与创城，进而促进区内公民科学素质的提升。

（常艳红）

【科技活动进校园】 10月，区

科技馆与北京第二实验小学永定分校共同开展“快乐实践 乐享创造”为主题的科技实践活动。以学生动手实践为主旨，提升学生技术素养，增强体验式快乐学习。10月至11月，区科协同市科协、区教委联合开展主题为“创新、提升、协同、普惠——北京流动科学中心进校园”活动。

（李兆琳）

【基站和科技小院需求调查】 10月，区科协对区内科技套餐工作基站和已经建设5个科技小院以及拟建设的科技小院进行摸底调查，收集需求，主动与食品学会等市属学会对接，签定三方协议。

（侯 越）

【科普冬令营】 11月，区科技馆携手东辛房小学开启科普冬令营之北京天文馆探秘之旅。激发小学生对探索宇宙的好奇心，启迪孩子们的科学思想、科学方法和科学精神，在潜移默化中提升学生们的科学素养。

（李兆琳）

【农村科普之春活动】 年内，在区内9个镇开展农村科技需求调查工作，根据农村需求有针对性地组织开展实用技术培训。全年开展农村科技培训12次，受益农民280人次。

（侯 越）

【发挥农业示范基站和专家工作站作用】 年内，在瓜草地生态观光园建设都市型现代农业示范基站工作，发挥基站辐射作用，提升农民农业管理水平和科学素质。建设专家工作站，开展好科技对接服务，做好新品种和新技术的引进和推广工作。

（侯 越）

【金桥工程种子资金申报工作】 年内，区科协在全区范围内组织开展“北京市科协金桥工程种子资金”申报工作。通过申报、查验、审核以及公示等流程，最终将符合条件的4家单位推荐上报到市科协。市科协通过综合评审，区内北京纳斯特克纳米科技有限公司获得C类资助项目，获得资助经费2万元。

（常艳红）

【基层科普行动计划项目申报工作】 年内，区科协组织开展2020年“基层科普行动计划”申报工作。通过申报、审核、公示等程序，区科协将符合要求的科普品牌活动支持计划项目1个、社区科普益民计划项目4个上报到市科协。市科协通过初审、答辩、综合评审等环节，区内最终获得基层科普品牌活动支持计划项目1个、社区科普益民计划项目2个，共获得项目资助经费大约50万元。

（常艳红）

【网络客户端推送科普知识】 年内，区科协利用“门头沟区科普微信平台”和“科普中国APP”客户端、村居“数字科普图书馆”、户外全媒体科普视窗等网络客户端向市民推送科技含量广泛、内容丰富的科普知识，实现资源共享，扩大群众获取权威科普知识的渠道，增加公民的科普教育受众面，提高区内广大公众科普信息化水平。

（常艳红）

工商业联合会

【概况】 2020年，门头沟区工商业联合会（简称工商联）围绕区委、区政府中心工作，团结带领广大民营经济、民营经济代表人士及所属商协会凝心聚力、履职尽责、奋勇争先，在做好新冠肺炎疫情防控、促进企业复工复产、打赢脱贫攻坚战、促进地区经济发展等方面，贡献民营企业的智慧和力量。年内，区工商联起草《门头沟区关于建立民营企业产权保护社会化服务体系的实施方案》，并由区委统战工作领导小组印发；起草《门头沟区关于加强新时代民营经济统战工作的实施意见》，并由区两办印发。两个文件为门头沟区民营经济健康发展提供政策保障。

单位名称：北京市门头沟区工商业联合会
地　　址：北京市门头沟区新桥大街36号
电　　话：69842495
邮　　编：102300

（安 鑫）

【抗击疫情倡议】 2月，区工商联向全体会员企业发出倡议，号召会员企业发挥自身优势，积极履行社会责任，为抗击新冠肺炎疫情做出贡献。

（安 鑫）

法 治

5月22日，门头沟区召开"七五"普法总结验收暨"谁执法谁普法"普法责任制检查汇报会（区司法局　供图）

3月4日，区法院利用北京“云法庭”系统开庭审理案件（《京西时报》供图）

9月8日，公安局门头沟分局反恐怖和特巡警支队特警参加射击训练（公安局门头沟分局 供图）

政法委与综治

【概况】 2020年，中国共产党北京市门头沟区委政法委员会（简称区委政法委）统筹做好新冠肺炎疫情防控和政法工作，全区未发生涉疫突发安全事件，群众安全感满意度测评全年保持在99.5%高位，“安全稳定的社会环境”和“公平正义的法治环境”在“全国文明城区”创建第二轮模拟测评中得分率98.93%和96.74%，位列全区第一、第三，1名机关干部获北京市抗击新冠肺炎疫情先进个人荣誉称号。年内，区委政法委起草并提请区委常委会审议在全市率先出台《中共北京市门头沟区委贯彻〈中国共产党政法工作条例〉实施细则》，研究制定《中共北京市门头沟区委政法委员会全体会议工作规则》。推动镇街政法委员制度落实，在全市率先制定出台《中共北京市门头沟区委政法委员会关于镇街政法委员制度的实施办法（试行）》，全区13个镇（街）党（工）委全部配备政法委员。建立完善政法单位党委（党组）向区委述职和区政法委员、镇街政法委员述职制度。举办2020年门头沟区政法系统学习贯彻十九届五中全会精神暨政治轮训班。指导督促政法单位党委（党组）压实党建主体责任，总结政法系统党建工作经验创建政法党建品牌。加强政法队伍建设管理，严格执行干部选拔任用备案制度，加大协管政法系统领导干部工作力度，组织10名优秀政法干警跨单位开展实岗锻炼。在全区政法系统开展“以案为鉴、以案促改”专项警示教育（整顿）工作。完成《北京市法治建设年度报告（2019）》（门头沟部分）。加强区法学会建设，组织会员参加“首都城市治理”“建设法治中国首善之区”等征文活动，提交论文15篇，其中1篇入选《首都城市治理优秀论文集》。承办北京市法学会法治文化基层行进门头沟活动。畅通与区城指中心、公安分局、区信访办等部门的预警通报和联动处置，对特殊群体落实社会心理服务体系和危机干预机制，积极妥善化解涉众型群体访，组织实施全区信访矛盾纠纷“大排查”专项行动，强化人民调解机制作用，实现信访总量较大幅度下降，未发生到重点地区集体访。加强重大决策社会稳定风险评估工作，累计出具风险评估报备意见42份。做好“国道109新线高速公路项目”等全区重大行动、重大项目服务保障工作。举办反邪防邪、反诈防骗、反毒拒毒、扫黑除恶系列主题法治宣传教育活动，累计群众参与人次突破125万。制作网络安全日宣传短视频3部，被《北京日报》客户端转发，点击量突破200万人次。制作反映门头沟区政法战线抗击新冠肺炎疫情纪实片《新冠疫情阻击战——门头沟政法在行动》。组织参加“五个一百”网络正能量作品评选、第四届社会主义核心价值观主题微电影微视频征集、全国第五届平安中国“三微”比赛等活动，累计报送作品12部，其中原创音乐MV《我和我的祖国》获全国第五届平安中国“三微”比赛“优秀原创音乐MV”奖。

单位名称：中国共产党北京市门头沟区委政法委员会
地　　址：北京市门头沟区新桥大街46号
电　　话：69843158
邮　　编：102300

（孟　锋）

【社会稳定组疫情防控工作会】 2月5日，区委政法委召开社会稳定组疫情防控工作会议。要求进一步完善社会治安巡逻防控机制，提高社会面见警率，强化社会面防控工作，保障社会面平稳可控，对房屋出租情况全面排查摸清底数。

（陈得华）

【涉疫情维稳工作会】 2月7日，区委政法委召开区委政法委机关全体会，传达中央、市委政法委关于疫情防控稳定工作要求，部署涉疫情维稳工作。

（李根谛）

【出租房屋管理检查指导工作】 2月11日，区委政法委到梨园地区检查疫情防控期间出租房屋管理工作，实地查看龙泉镇梨园地区出租房屋管理工作及月季园路、新桥南大街路沿街商户，详细了解出租房屋和流动人口现状，对相关工作提出进一步要求。

（陈得华）

【镇街政法委员配备】 3月6日，区委政法委召开宣布镇（街）党（工）委政法委员任免事项视频会议，宣布潭柘寺镇、大峪街道等12个镇街政法委员的任命。

（徐　彬）

【全国“两会”维稳安保工作部署会】 5月19日，区委政法委召开区委政法委机关全体会，阶段性总结区委政法委疫情防控工作，部署全国“两会”维稳安保工作。

（李根谛）

【组织召开“三长会”】 9月7日，区委政法委组织召开政法系统“三长会”，研究政法队伍实岗锻炼、主题演讲比赛活动、重点工作法治保障专班等事项。

（李根谛）

【扫黑除恶推进暨落实特派督导部署会】 9月9日，区委政法委召开门头沟区扫黑除恶专项斗争推进会暨落实全市扫黑除恶特派督导工作动员部署会，传达全市扫黑除恶特派督导工作要求，部署特派督导相关准备工作。区扫黑除恶专项斗争领导小组成员单位主要领导参加会议。

（马 力）

【政法系统实岗锻炼工作部署会】 9月11日，区委政法委召开区政法系统实岗锻炼工作部署会，部署区政法系统10名干部跨单位实岗锻炼工作。

（徐 彬）

【市扫黑除恶特派督导组特派督导】 9月14日，区委政法委召开市扫黑除恶特派督导动员部署暨工作汇报会，区领导张力兵汇报全区扫黑除恶专项斗争工作情况。区扫黑除恶专项斗争领导小组成员单位主要领导参加。会后至17日，市扫黑除恶特派督导组对门头沟区开展扫黑除恶特派督导。10月13日，召开北京市扫黑除恶第二特派督导组督导门头沟区工作反馈会。会上，通报督导门头沟区工作情况，张力兵代表门头沟区作表态发言。

（马 力）

【政法系统实岗锻炼人员座谈会】 9月25日，区委政法委召开区政法系统实岗锻炼人员座谈会。区委政法委领导班子成员、区政法各单位主管领导以及实岗锻炼人员参加座谈。

（徐 彬）

【政法系统主题演讲比赛】 9月25日，区委政法委在区检察院举办门头沟区政法系统第一届“忠诚·为民·担当”主题演讲比赛，共120余人观看比赛。

（徐 彬）

【政法系统专项警示教育】 9月至12月，区委政法委组织开展全区政法系统“以案为鉴、以案促改”专项警示教育。

（徐 彬）

【区委政法委员会第一次全体会议】 10月16日，区委政法委召开中共门头沟区委政法委员会第一次全体会议，研究审议《中共门头沟区委政法委员会全体会议工作规则》和其他有关事项。

（徐 彬）

【政法系统十九届五中全会精神培训】 11月13日至12月4日，区委政法委举办2020年门头沟区政法系统学习贯彻十九届五中全会精神暨政治轮训班。培训班共安排《习近平谈治国理政（第三卷）》《民法典讲座》《门头沟区“十四五”规划纲要研究阶段性成果分享》3个专题，邀请首都师范大学、中国社会科学院法学研究所专家学者和区发展改革委有关领导进行辅导授课。全区政法系统共205人参加培训。

（徐 彬）

【疫情防控】 年内，区委政法委研究制定《门头沟区新发病例信息发布社会稳定工作方案》，成立以区委政法委书记任组长的工作专班，统筹推动督导全区新发病例信息发布社会稳定工作。研究制定《门头沟区“中高风险地区”疫情防控期间维护社会安全稳定工作方案》，第一时间严格涉疫区域封闭管理，并加强重点部位秩序维护，打赢北京新发地市场聚集性疫情阻击战。研究制定《门头沟区新冠肺炎核酸检测集中采样点位安全保卫工作方案》，并组织落实，实现14.5万人核酸检测工作集中采样现场安全有序。会同区委组织部组建门头沟区首都机场入境旅客分流转运工作专班，并组织8名机关党员领导干部参战，做好122名入境人员接收、转运、安置、隔离等服务保障工作。动员机关和政法系统党员干部参加全区“千人战役”专项行动，下沉基层社区参与一线抗疫斗争。服务复工复产，召开复工复产矛盾纠纷化解工作推进会，研究制定《关于应对返京大人流强化疫情防控维护社会稳定的实施方案》，服务保障101389名来（返）京人员安全。

（孟 锋）

【平安建设】 年内，区委政法委健全完善平安建设运行机制，召开工作推进会，建立由分管区领导牵头、行业主管部门统筹负责、相关部门配合的重点行业平安建设协调机制。推进“平安医院”“平安校园”建设和平安景区创建。推动社会面安全稳定工作，在疫情防控、全国“两会”“服贸会”和十九届五中全会期间，梳理确定社会面重点防控点位1115处，发动群防群治队伍55.2万人次参与服务保障工作，排查化解基层纠纷98件，消除安全隐患109处。加强重点地区综合整治工作，成立区委政法委书记和常务副区长为召集人的重点地区综合整治联席会议制度，统筹推进1处重点挂牌督办整治地区、8处城乡结合部重点整治地区、1处市级挂账社会治安重点地区和1处“回天利剑”地区综合整治，重点挂牌督办地区成功摘牌，其他地区整治效果明显。强化铁路护路联防措施，排查消除安全隐患25处，3处历史遗留安全隐患全部销账。组织开展公共安全隐患集中排查整治行动，检查各类生产经营单位1147家次，查处各类安全生产隐患763项。推进“雪亮工程”2020年国家重点支持区建设，整合150套党政机关等单位图像资源，区域视频图像资源联网率达到100%，实现全程可控，全时调用。

（孟　锋）

【扫黑除恶专项斗争】　年内，区委政法委持续推动“六清”行动。组织相关主责单位办理线索644条，办结561条。打掉恶势力团伙2个，破获涉黑涉恶因素案件82起，打掉犯罪团伙21个，刑事拘留191人。开展重点行业领域乱点乱相问题专项整治，打掉“黑窝点”“黑作坊”“黑开采”“黑中介”等“八黑”40个，刑事拘留66人，行政拘留116人。

（孟　锋）

【法治建设领域改革推进】　年内，区委政法委推进法治建设领域改革，制定《门头沟区法治建设领域改革分工方案》，围绕年度十大改革任务攻坚，实现北京市政法办案智能管理系统（BJCM系统）试点运行，制定实施《门头沟区关于政法机关优化法治营商环境的工作措施》，涉民营企业诉讼量下降10%以上。

（孟　锋）

法治政府建设

【概况】　2020年，门头沟区基层司法所13个，管理体制调整为属地管理。11月23日，区委机构编制委员会批准成立区政府社区矫正工作办公室，在区司法局加挂牌子，负责社区矫正工作的具体实施。

年内，区司法局制定《门头沟区司法局党组落实全面从严治党主体责任实施办法》《门头沟区司法局抓基层党建工作责任清单》，组织签订《2020年度区司法局深化落实全面从严治党主体责任清单》等；开展“初心引航·司法为民”党建品牌创建活动。组织“共产党员献爱心”，开展“读家书 传家训 正家风”等系列活动。开展“以案为鉴、以案促改”专项警示教育（整顿），梳理汇总全局问题共22项，重点单位问题9项，全部完成整改；梳理巡察反馈问题台账，并全部完成整改，新建立制度政策7项，规范和完善制度政策3项。完成全区律师法律顾问统一续聘工作。全年审核区政府重大决策及规范性文件并出具法律意见24件，提出具体意见建议72条，审核区政府依申请公开答复82件，向市政府备案行政规范性文件7件，反馈各部门意见征求55件。组织各部门开展涉及民法典规范性文件专项清理，审查以区政府、区政府办名义印发的规范性文件69件，以区政府部门印发的规范性文件200件，废止文件18件。组织行政执法制度、案卷评查等镇街法治培训讲座3次，开展镇街法制人员法制审核轮训，举办镇街案卷评查工作会。区属执法部门人均执法量达到281.43件，执法效能大幅提升。年内，开展送法下乡、疫情防控、创城、民法典等主题宣传活动，累计150余场次。开展13场基层法治文艺巡演，开展法治动漫微视频征集活动，制作《“宪”在生活》公益宣传广告片，区司法局获全市优秀组织奖；利用门头沟普法微信公众号、门头沟法治专栏等新媒体平台累计发布有关疫情防控、扫黑除恶信息1100余条，投放动漫宣传片、公益广告等29部，推送以案释法典型案例181个。

单位名称：北京市门头沟区司法局
地　　址：北京市门头沟区增产路大街46号
电　　话：69842353
邮　　编：102300

（张云洁）

【法治文艺演出】　1月8日，区司法局联合区教委、区曲艺家协会开展“同心共筑中国梦 法治文艺京西行”法治文艺演出暨“法律进校园”活动，优秀法治文艺骨干为区中等职业技术学校师生带来融入宪法、扫黑除恶、交通安全等法律知识的相声、古彩戏法、川剧变脸、杂技等法治节目，在寓教于乐中普及法律知识、传播法治理念。

（张云洁）

【“送法下乡”活动】 1月9日，区司法局在龙泉镇南坡二区开展“送法下乡”活动。活动采取法治讲座、法治灯谜有奖竞猜、法律咨询等形式，围绕老年人权益保障、财产继承、预防诈骗、消费维权等群众法律需求热点展开法治宣传，并将普法年历、法律知识折页等“法治年货”送到百姓家门口。活动共发放各类宣传资料400余份，解答法律咨询3人次。

（张云洁）

【公共法律服务】 1月13日，门头沟区公共法律服务中心启用，标志着区内“区有中心、镇街有工作站、村居有工作室”的公共法律服务网络基本形成。区公共法律服务中心位于新桥大街60号，区法律援助中心、北京市华夏公证处、区人民调解协会入驻。设有法律咨询、法律援助、人民调解、公证等服务窗口，为市民提供综合性、一站式、标准化的公共法律服务。年内，区公共法律服务中心和镇街工作站共接待群众现场法律咨询12134件，12348咨询热线接听法律咨询5748件；华夏公证处办理公证案件1557件；全区各级人民调解组织共调解纠纷2660件，调解成功2654件，成功率99.77%。

（张云洁）

【签订社区矫正遵规守纪承诺书】 2月20日，区司法局在所管社区矫正对象中开展疫情防控践行践诺活动。与所管人员逐一签订《门头沟区司法局新冠肺炎疫情防控期间社区矫正对象遵规守纪承诺书》。

（张云洁）

【律师行业重点问题专项整治行动】 3月起，区司法局围绕律师行业涉嫌行贿受贿、虚假诉讼、涉黑涉恶、严重违规收费四类重点违法违规行为开展专项整治，将问题查处与年度考核挂钩，以案卷抽查、随机检查、重点谈话、走访当事人、梳理举报材料等方式进行全面排查。

（张云洁）

【“两类”人员困难子女救助活动】 3月24日，区司法局联合团区委，向10名生活状况困难的“两类”人员未成年子女，发放爱心人士何女士通过团区委转达的捐款。

（张云洁）

【区委全面依法治区委员会会议】 4月1日，门头沟区召开区委全面依法治区委员会2020年第一次会议。区委书记、区委全面依法治区委员会主任张力兵主持，全区32个部门主要领导通过视频会议系统参会。会议传达学习市委全面依法治市委员会第三次会议精神，审议通过《门头沟区委全面依法治区委员会2019年工作报告》《门头沟区委全面依法治区委员会2020年工作要点》等内容，并对2020年依法治区重点任务进行部署。

（张云洁）

【复工复产公共法律服务走访调查】 4月8日至30日，区司法局制发《门头沟区关于开展复工复产公共法律服务“百千万”走访调查活动的实施方案》。发挥公共法律服务实体平台各项服务职能。企业复工复产期间，接待咨询157件，电话咨询135件，现场咨询22件；局领导班子、中层干部及律师走访复工复产民营企业52家，现场解答涉法问题9件。

（张云洁）

【首例京外监狱送交人员衔接安置】 4月20日，区司法局办理首例疫情防控期间京外监狱释放人员衔接安置，通过提前谋划、制定预案、严格把关、规范交接等举措，确保所管人员无新冠肺炎感染情况发生。

（张云洁）

【律师优化营商环境专题培训】 4月26日，区司法局联合区法院，组织40余名律师参与区法院开展的优化营商环境迎评推介会暨京法巡回云讲堂之线上诉讼培训。

（张云洁）

【设计创作《社区矫正法》手机报】 4月29日，区司法局首期自主设计创作《社区矫正法》手机报在门头沟普法微信公众号进行推送。

（张云洁）

【案卷评查工作】 4月30日，区法律援助中心抽取7本法律援助刑事案卷参与司法部法律援助中心刑事案件质量评估，结果全部合格。

（张云洁）

【拟涉恶类案件旁听庭审】 5月11日，区司法局对一起拟涉恶类案件进行旁听庭审。对代理律师进行风险提示谈话，庭中对辩护律师的庭审活动进行现场监督，并从出庭准备、庭审表现和庭审礼仪等方面开展庭审考核评分，引导律师规范做好案件辩护代理工作。

（张云洁）

【城乡结合部地区安全隐患问题综合整治工作方案制发】 5月23日，区司法局制发《门头沟区司法局2020年度城乡结合部地区安全隐患问题综合整治工作实施方案》。方案明确工作目标、组织领导、重点任务和工作要求，保障城乡结合部地区安全隐患综合整治工作扎实有序开展。

（张云洁）

【镇街行政执法培训】 5月25日，区司法局、区城管执法局、区财政局联合举办镇街行政执法培训。围绕推进落实向街道办事处和镇人民政府下放部分行政执法职权工作，重点就行政执法公示、执法全过程记录、重大执法决定法制审核、重大案件集体讨论、罚缴分离等行政执法各项制度，以及罚没款账户和票据管理、固定资产核查及移交管理等行政执法职权下放涉及的财务相关事项进行讲解。

（张云洁）

【律师事务所检查考核部署培训会】 5月27日，区司法局举办2020年度律师事务所检查考核部署培训会，对年检考核工作进行部署，并围绕考核标准、考核程序等内容对区内律所进行现场培训。

（张云洁）

【打击整治枪爆违法犯罪专项行动方案制发】 5月30日，区司法局制发《门头沟区司法局深化打击整治枪爆违法犯罪专项行动工作方案》。方案明确任务目标、组织领导、工作措施和工作要求开展为期三年的打击整治枪爆违法犯罪专项行动。

（张云洁）

【律师事务所年度考核】 6月1日至7月15日，区司法局对区内律师事务所及全体律师包括公职公司律师开展年度检查考核，其中9家律师事务所考核合格，62名社会律师和11名公职律师考核为称职。

（张云洁）

【区委全面依法治区委员会办公室会议】 7月22日，门头沟区召开区委全面依法治区委员会办公室2020年第一次会议，研究并审议通过《门头沟区法治工作重要决定和方案备案工作办法》等制度文件及《区委全面依法治区委员会2020年工作任务台账》。

（张云洁）

【律师业务卷宗集中检查】 7月24日，区司法局联合区律师协会组成专门检查组，对照标准，对各所提供的80余本卷宗逐卷评价，现场进行打分。

（张云洁）

【惠农公益法律服务项目签约】 7月28日，区司法局举行惠农公益法律服务项目签约仪式，区司法局领导、北京市法律援助基金会秘书长、天元律师事务所合伙人出席签约仪式，签署项目合作执行协议书，举行捐款仪式，颁发捐赠书。

（张云洁）

【公共法律服务宣传活动】 7月29日，区司法局到驻区部队开展“公共法律服务 关爱军人军属”主题活动。邀请专职律师针对《民法典》出台的相关背景、意义以及热点、重点法条结合现实案例进行解读。

（张云洁）

【新兵入伍前法治教育】 8月20日至24日，区司法局联合区武装部入户到区内新兵家中进行家访，宣传《中华人民共和国兵役法》和《军人军属法律援助实施办法》，增强新兵法治观念。

（张云洁）

【骨干人民调解培训班】 8月21日和11月11日、13日、19日，区司法局举办门头沟区骨干人民调解员系列培训。培训内容包括《人民调解技术讲解》《在线调解的运用和技巧》《民法典时代下：物业公司、业主、业委会的关系》《基层矛盾的接访与调解要领》。

（张云洁）

【法治文艺基层巡演】 9月，区司法局组织法治文艺益民服务队在13个镇街开展“宪法进镇街”法治文艺演出活动。以相声、快板、魔术等艺术形式，普及《宪法》、《北京市文明促进条例》、《北京市生活垃圾管理条例》、扫黑除恶等法律知识。

（张云洁）

【全区案卷评查质量抽验】 9月18日，区司法局依托北京市行政执法信息服务平台随机抽取区城管执法局、区人力社保局等21个行政执法部门的行政处罚卷案38卷，评查人员14名，开展集中督查工作。评查结果优秀卷24卷，无不合格卷。

（张云洁）

【加强领导干部依法行政培训】 9月17日至30日、10月19日至21日，区司法局围绕习近平法治思想、建设法治国家、民法典等内容，组织依法行政网络专题研讨班两期，培训全区领导干部

120余人次。

（张云洁）

【人民陪审员任命】 9月22日，区司法局开展门头沟区人民陪审员任命工作，确定30名拟任命人民陪审员人选；12月15日，确定270名拟任命人民陪审员人选；由区人民法院提请，区人大常委会予以任命。

（张云洁）

【镇街法制审核和案卷评查工作培训】 9月27、28日，区司法局组织各司法所13人就法制审核和案卷评查进行培训。围绕行政处罚案卷制作规范与评查、审核工作要点、重大执法决定法制审核、北京市城管执法行政处罚裁量基准等内容进行讲解，组织参训人员对70本行政处罚案卷进行评查实操并作经验交流。

（张云洁）

【法律援助服务机构签约】 9月29日，区司法局与10家入选律所举行法律援助服务机构签约仪式。

（张云洁）

【妥善办理小客车指标亲属关系公证】 10月1日起，区司法局针对北京市新增2万个新能源小客车指标，入围的家庭申请人亲属关系未通过市公安和民政部门核查的，需要办理公证的案件，规范办证流程，开展案件流程监控。全年妥善办理小客车指标亲属关系公证3件。

（张云洁）

【镇街行政执法工作考评督促会】 10月30日，区司法局、区城管执法局联合召开镇街行政执法工作考评督促会。各镇街考核工作主管领导、执法队队长、司法所负责人参加会议。会议就镇街行政执法考核指标进行讲解，对职权下沉以来各镇街行政执法情况进行通报，并就特殊职权梳理、执法系统填报、执法案卷评查等工作进行督促落实。

（张云洁）

【公共租赁住房摇号公证】 11月12日，北京市华夏公证处为门头沟区2020年公共租赁住房摇号进行公证。当天摇出65户大套型优先顺序号，220户大套型普通顺序号、203户小套型优先顺序号，364户小套型普通顺序号。

（张云洁）

【镇街执法案卷互评工作会】 11月20日，区司法局、区城管执法局联合召开镇街执法案卷互评工作会。各镇街综合行政执法队法制员、司法所法制工作人员参加会议。会议通报镇街行政执法案卷评查中发现的主要问题，组织参会人员现场开展案卷互评互查并进行交流研讨。

（张云洁）

【国家宪法日宣传活动】 12月1日，区司法局启动全区2020年“12·4”国家宪法日宪法宣传周系列宣传活动。全区40个普法责任制单位在区体育馆主会场和影剧院、新桥大街、滨河路等分会场开展法治宣传活动。区机关单位在主会场宣传并向群众发放宣传材料。各镇街在宪法宣传周期间设立活动分站有序开展国家宪法日主题系列宣传活动。

（张云洁）

【区第二届律师代表大会第四次会议】 12月26日，门头沟区召开第二届律师代表大会第四次会议。区司法局领导，区律师协会会长等出席会议，全区80名律师（包括公职律师）代表参加会议。会上，审议通过门头沟区律师协会年度理事会工作报告、监事会工作报告和财务工作报告。

（张云洁）

【行政复议应诉】 年内，区司法局共收到行政复议申请24件，受理24件，受理率100%。全区共收到行政应诉一审案件97件（不含公安、公安交管部门）。其中，区政府作为单独被告29件，共同被告14件；区政府作为共同被告案件中，与区属委办局、镇街作为共同被告11件（经复议维持作为共同被告4件，未经复议直接被法院列为共同被告7件），区政府与市政府为共同被告3件；委办局及各镇街为被告54件。区政府作为被告的一审案件43件分别为：不服信息公开答复9件，行政强制12件，行政征收8件，行政不作为5件，行政赔偿5件，行政复议共同被告4件。区政府一审为被告的案件中，原告为法人5件，自然人38件；审结37件，未结6件。审结一审案件中，裁定驳回起诉22件，判决驳回诉讼请求9件，判决撤销2件，判决确认行政行为违法1件，裁定准予撤诉2件，裁定按撤诉处理1件。

（张云洁）

【社区矫正和安置帮教】 年内，区司法局管理社区矫正对象151人，接收社区矫正对象59人，解除社区矫正对象78人，开展居住地核实17件，开展矫前社会调查40件。开展各类线上教育指导22期130人次，推送教育信息117条；发布就业招聘信息271条；开展职业技能需求调查76人次。完成对社区矫正对象118人次重新违法犯罪危险性心理评估，新接收、矫中和解矫前三阶段覆盖率达到100%，对于存在心理问题的社区矫正对象干预率达到100%。核查入监所服刑人员132人次，刑满释放人员材料核实、转递177人次，指导司法所完成视频会见3例。

（张云洁）

【人民调解工作】 年内，区司法局举办区级骨干人民调解员培训。2020年新建区级人民调解委员会2个，全区各级人民调解组织开展矛盾纠纷排查活动35474次，调解纠纷2654件（含口头协议622件，书面协议2032件），协议涉及金额13907.57万元。完成300名人民陪审员选任工作。

（张云洁）

【法律服务监督管理】 年内，区司法局推动开展公证行业“坚持党的领导履行公证职能使命”专题学习教育活动，通过微信学堂、腾讯会议等线上平台开展线上培训10余场、线上线下座谈5场。开展律师行业重点问题专项整治行动，共开展行政执法检查513次。成立门头沟区律师抗击疫情法律服务小分队、中小微企业法律服务团，为区内中小微企业提供咨询、代理等相关法律服务。制发《防控新型冠状病毒肺炎疫情简明法律知识二十问》等宣传材料。全区各律所（律师）捐赠款物12万余元。创刊《门头沟区律师公证抗击疫情工作快报》。围绕区委、区政府中心工作，为区内企业复工复产提供法律护航，服务区域经济社会发展。加强公职、公司律师队伍建设，逐步推进公职、公司律师制度在区内落地。落实北京市民营企业开展公司律师试点工作要求，助力助企惠民春季行动。有序开展村居公益法律服务活动，助力基层法治环境建设。

（张云洁）

【获奖情况】 年内，华夏公证处、区司法局办公室、区司法局基层建设和矫正帮教科被市司法局评为“在疫情防控工作中表现突出的集体”，区司法局政工科评为“北京市老干部工作先进集体”，龙泉司法所评为北京市“人民满意的公务员集体”，区内律师行业党支部获“先进区律师行业党组织”。1人获“门头沟区最美退役军人”，6人被北京市司法局评为“在疫情防控工作中表现突出的个人”，1人获“首都拥军优属拥政爱民模范个人”。区内1个基层组织、2名调解员、1篇征文获市人民调解协会表彰。大台街道落坡岭社区党支部被评为“调解工作示范型党组织”；妙峰山镇人民调解委员会1人、行政复议应诉科1人被评为“抗疫先锋调解员”；基层建设和矫正帮教科1人撰写的《调解助力疫情防控》，被评为抗疫主题征文“优秀作品”。龙泉镇人民调解委员会1人被授予“全国模范人民调解员”称号。

（张云洁）

公安

【概况】 2020年，门头沟分局在应对新冠肺炎疫情等复杂严峻形势的挑战中，忠诚践行“训词”精神，全力推进“抗疫情、防风险、保安全、护稳定、促发展、惠民生”各项安保工作，确保辖区社会治安大局持续稳定。坚持疫情防控冲锋在前，主动融入疫情防控整体工作，组建数据支撑工作专班，筛查、流转来京人员信息10万余条，摸排登记重点在京流动人口2000余名；在134个社区启动“敲门行动”，对辖区发热门诊、核酸检测点、隔离观察点，10处人员密集点位、54个重点社区实施24小时看控；持续启动高等级社会面防控，各级领导分片包干，走上街头、沉入社区，开展定点设卡、巡控核录，全体民警加班加点，忠诚履职，处置涉疫警情511件，查处违法犯罪嫌疑人33人，处置网络舆情920件；依托三区三线防控机制，全面扎紧进京通道，外围“两站两口”共盘查核录车辆31.9万辆、人员63.3万人，劝返579人，查获违法人员15人、各类违禁品164件。高标准落实内部疫情防控措施，优化监所勤务运行模式，狠抓隐患排查，实现了监所“零感染”“零事故”。坚持深化反恐维稳工作，严格落实“六住”措施，盯牢反恐重点目标点位和关注群体，适用《反恐法》开展行政处罚6起；紧盯“枪爆剧刀放”和“低慢小”航空器管理，在重大安保期间启动全区37家危险物品单位“四停一封”超常规管控措施，实现全区重点部位、物品、人员“零漏管”“零失控”；坚持情行一体，关口前移，措施前置，全力保障109国道新线高速重点工程顺利施工；密切关注敏感群体，依法查处涉嫌个人极端行为，全区群体访批次、人次降至3年来最低。坚持打整管控重拳出击，纵深推进扫黑除恶、“云剑”等专项行动，破获刑事案件1404起，同比上升18.7%，抓获违法犯罪嫌疑人928人；命案连续8年100%侦破；瞄准影响群众安全感的盗抢骗案件，专案经营，破获诈骗、扒窃、盗窃案件数量同比分别上升223.3%、121.1%和21.6%。将“平安行动”贯穿全年，坚持瞄准乱点，盯住重点，专项打整，共清查出租房屋18万户，消除安全隐患768件，收缴危险物品76件，非法烟花爆竹198箱，抓获涉嫌黄赌人员224人，涉黄涉赌警情同比下降25.7%；集中组织开展摩托车违法、养犬管理、静态停车三大秩序类问题专项治理，查处摩托车违法1266起；收置流浪犬1864只；推动相关部门开辟地下停车场2个、停车楼1个，增设地面停车位1400个。坚持治理模式提档升级，全面优化升级分局大数据中心，综合运用物联网视频图像等4个平台，完善人脸、车辆、智慧社区等7类64个功能模块，全力打造“人房物事路网”六大实战体系，实现打防管控精细化、精准化，年内搜集情报线索1586条，落地查控预警重点人507人；初步完成首批62个智慧平安小区（村）建设，实现全区重点公共区域和重点行业领域视频监控覆盖率、高清率“两个100%”；持续深化派出所“两队一室”建设，依托110专项工作，完成14个派出所综合指挥室改造升级，基层警务效能显著提升；发挥15支社区警务队91名“穿警服”副书记作用，借力疫情防控、“七普”等基础工作，累计采集人员信息21.2万条，实现社区基础信息核查“清仓见底”、重点人员“精准管控”。坚持夯实警务服务保障基础，持续深化“执法办案管理中心+”体系建设，健全执法监督例会、“三审三指”、“案审包所指导”、每日调度等机制，推动案管组标准化、规范化运作，严密执法源头管控，推进行政案件快速办理，累计发现整改执法问题3125个，全年快办率达到25%，高于市公安局平均水平；加强和改进“接诉即办”工作，共办结事项1742件，“三率”排名全市前列。持续深化公安“放管服”改革，推出便民服务举措8项，办理户政业务10.4万件、出入境业务4485件、车管业务10.1万件，群众满意度达到99.9%。坚持治警强警齐头并进，严格落实党风廉政建设责任制，开展“以案为鉴、以案促改”等系列警示教育活动，自行组织开展涉酒、涉毒、违反“三个规定”问题等10个专项整治，分局受理信访举报件、查办问题线索及被追责问责人数实现“三连降”。坚持典型引领，组织开展“学讲话、学先进、比贡献”主题活动，通过动员，张贴海报，组织宣讲，为特定年限民警举办荣誉仪式、颁发荣誉纪念章，增强民警职业荣誉感，先后涌现出“全国抗击疫情先进个人”、“全国公安系统抗击疫情先进个人”、“全警实战大练兵公安部标兵”等先进个人；原创作品MV《108公里》获中央政法委第五届“平安中国”三微大赛原创音乐MV优秀作品奖；突出政治关爱、工作关怀和生活关心有机统一，开展走访慰问2000余人次；维护民警执法权威，为民警维权正名48件，依法处理违法人员53人。

单位名称：北京市公安局门头沟分局
地　　址：北京市门头沟区新桥大街45号
电　　话：69842494、69820788
邮　　编：102300

（赵秋来）

【“110”集中宣传活动】 1月10日，门头沟分局在区体育馆门前开展“110”集中宣传活动。宣传“110”在打击违法犯罪、保护群众合法权益、打击“黄赌毒”，以及在应急联动等方面的突出成效。共出动警力30余人次，发放材料8000余份，解答咨询200余人次，征求意见建议30余条。

（赵秋来）

【除夕夜烟花爆竹禁放工作检查】 1月24日，门头沟分局对门头沟区中医院，新桥大街、石担路沿线、永定楼等重点地区和敏感部位烟花爆竹禁放进行实地检查，重点听取相关派出所领导及各点位负责人关于落实禁放看护措施等情况汇报，就进一步加强春节安保期间社会面防控工作提出具体要求。

（赵秋来）

【疫情隔离观察点秩序维护工作检查】 2月18日，门头沟分局到嘉福饭店、区教职工培训中心、盘龙山庄3个疫情隔离观察点检查指导工作，实地察看疫情隔离观察点外围秩序维护情况，隔离观察点日常运行情况和被隔离观察人员动态，听取相关点位负责人和属地派出所领导工作落实情况汇报，并对下步疫情防控和隔离观察工作提出要求。

（赵秋来）

【看守所新冠病毒核酸检测】 3月3日，门头沟分局与区相关部门沟通协调，对看守所在岗民警、辅警、医务、工勤和新进在押人员共58人进行新冠病毒核酸检测。

（赵秋来）

【首批复工旅馆业场所检查】 4月29日，门头沟分局对辖区首批复工的利达、金涛缘酒店等旅馆业场所开展检查，重点检查旅客情况调查表、健康宝、核酸证明采集等措施落实情况，对从业人员疫情期间旅客进店登记流程，相关情况上报等情况进行现场提问，就落实好相关数据统计上报工作进行现场对接。

（赵秋来）

【新发地疫情防控区封控勤务】 6月13日3时至15日24时，门头沟分局累计抽调警力400人，分4批次（每批100人）到丰台区新发地疫情防控区执行外围封控勤务。

（赵秋来）

【疫情发生工地封控】 6月14日晚，门头沟分局每天部署30名民警、50名保安员，配合区住建委、区卫健委和属地政府对该工地实施封控，并协助开展人员核酸检测工作。

（赵秋来）

【核酸检测现场秩序维护】 6月16日至17日，门头沟分局组织40名警力和70名保安员在核酸检测现场拉设警戒线，设置一米线，维护现场秩序，配合政府相关部门工作人员向参与检测人员不间断开展安全防护宣传和心理疏导，确保检测工作顺利完成。

（赵秋来）

【高考安保】 7月7日至10日，门头沟分局出动警力176人次，警车64辆次，保安员56人次，内部保卫人员48人次；清理无照摊贩3个次、黑车11辆次；为考生及家长提供便民服务90余次，完成考点秩序维护工作。

（赵秋来）

【打击整治摩托车违法百日行动】 8月1日至11月10日，门头沟分局在“消声净路”整治工作中，抓住摩托车聚集占路、互相追逐、噪音扰民等突出问题，集中开展打击整治摩托车违法百日行动，实现挂账乱点治理达标，摩托车负面舆情基本清零的目标。期间，共出动警力8900余人次，检查摩托车1.58万余辆；处罚交通违法496起，查处涉牌涉证82起、非法改装46起、“闯禁行”8起，暂扣违法车辆54辆，刑事拘留1人、行政拘留1人。

（赵秋来）

【强降雨期间交通疏导】 8月12日，门头沟分局针对辖区出现长时间、大范围最强降雨，迅速启动一级应急保障方案，快速集结民警、辅警、协管力量，全力开展应急交通疏导，确保全区交通秩序平稳有序。共出动警力190余人次、辅警协管160余人次，处理事故警情27起、反映类警情24起，处置塌方、倒树等13起，救助被困车辆10辆。

（赵秋来）

【打掉一个跨国电信诈骗犯罪团伙】 8月24日，门头沟分局与越南警方密切协作，打掉一个设在越南老街省内“杀猪盘”电信网络诈骗犯罪团伙，抓获犯罪嫌疑人24名，破获电信诈骗案件200余起。这是全国第一起由中国警方提供线索指引，打掉的跨国电信诈骗团伙。

（赵秋来）

【社会面集中清查整治】 8月31日至9月2日，门头沟分局围绕“服贸会”、秋季开学等安保工作，对辖区行业场所、重点基础设施、医院、校园、金融网点、加油站等领域开展“三清三个一批”社会面集中清查整治工作。共出动警力398人次；检查场所150家次，重点基础设施、场所56家次；发现各类风险隐患18件，其中当场整改8件，限期整改4件，处罚6件，罚款2500元；发放反诈宣传材料1000余份、展板132块。

（赵秋来）

【指导特警训练】 9月8日，门头沟分局邀请自由搏击世界冠军张伟丽、射击世界冠军夏峰到现场指导特警训练，从理论知识、实战动作等进行讲解，为特警讲述训练动作要领，为提升特警整体训练水平奠定基础。在市公安局总队抽考抽测中，4名特警综合体能测试全部优秀，攀登下滑测试3人优秀，达到优秀率不低于25%的要求。

（赵秋来）

【分局训练基地揭牌】 9月17日，门头沟分局在位于门头沟区潭柘寺镇的公安部特勤局培训中心射击馆，举行“北京市公安局门头沟分局训练基地”揭牌仪式。公安部特勤局和门头沟分局领导共同为“北京市公安局门头沟分局训练基地”揭牌。潭柘寺基地承担多项军事训练及培训交流任务，是公安部特勤局培训中心的重要基地之一。公安部特勤局、特勤局培训中心，分局领导及局属各单位领导、民警代表共40余人参加仪式。

（赵秋来）

【反恐演练宣传进校园活动】 9月25日，门头沟分局在北京第八中学京西附属小学举行反恐综合演练暨反恐宣传进校园活动。向学生代表发放反恐宣传品，观看反恐动漫宣传片，参观警用装备和消防救援器材，观摩反恐综合演练。市反恐办督察专员、反恐怖和特警总队，区反恐怖工作领导小组领导，以及区反恐怖工相关成员单位代表、学校师生代表共200余人参加活动。

（赵秋来）

【集体缅怀祭奠烈士活动】 9月30日，门头沟分局组织民警代表20余人到八宝山革命公墓烈士纪念园集体缅怀祭奠唐成文烈士。唐成文烈士生前战友，2名派出所民警代表先后作发言；分局团委向广大青年民警发出倡议。局属各单位分别以举行集体肃立默哀纪念、缅怀祭奠主题党日教育等仪式，同步组织开展纪念活动。

（赵秋来）

【国庆和中秋“两节”安保任务】 10月1日至8日，门头沟分局针对国庆、中秋安保历时时间长、路面管控任务重的实际，紧扣防事故、控拥堵“两大重点”，通过强化点线结合，打整结合等举措，全面加强社会面交通管控，完成“两节”安保任务。共出动警力910余人次，警辅力量730余人次；疏导车辆4.31万余辆次，游人7.39万余人次；处置各类警情552起，其中事故291起、拥堵47起、反映214起。

（赵秋来）

【寄递企业安全检查】 10月29日，门头沟分局对辖区韵达快递、京东快递、圆通快递等企业开展安全检查，明确要求寄递企业负责人严格落实开箱验视、实名登记、可疑情况报告等制度，督促企业强化反恐防恐措施，确保十九届五中全会安保期间寄递业不出现问题。期间，共出动警力20人次，检查寄递企业25家，整改隐患问题3件。

（赵秋来）

【医院突发事件应急演练】 11月6日，门头沟分局在门头沟区医院组织开展突发事件应急演练。区医院班子成员以及分局治安支队、城子派出所主管领导、区医院院警参加演练。演练过程中，以医院急诊室发生极端人员持刀挥砍医务人员为场景，从一键报警触发，院警、院保卫部、保安员迅速到场处置、现场正确使用盾牌将极端人员控制等环节开展全流程演练工作。演练结束后，分局与院领导就进一步发挥医警联动作用进行座谈。

（赵秋来）

【专项工作督办考核北京现场会】 11月16日，公安部四局在门头沟分局举办专项工作督办考核北京现场会，听取市公安局，门头沟和房山分局专项工作情况汇报，对专项工作督导相关工作提出要求。

（赵秋来）

【“12.4宪法日”宣传活动】 12月1日，门头沟分局在区体育馆前组织开展“12.4宪法日”宣传活动。活动通过展板展示、宪法宣讲、普法咨询、发放宣传单、释法说理、解答群众咨询等方式，向社会群众开展宪法教育宣传。分局领导，指挥、治安、交通、反特巡、刑侦、法制等部门负责人及民警代表参加活动。

（赵秋来）

【外围设卡查控】 12月4日，门头沟分局组织反特巡支队，联勤联动杜家庄、芹峪口“两站”，雁翅、清水、斋堂“三所”，共同开展外围设卡查控工作。共出动警力19人，检查车辆75辆，核录人员115人；查获非法运输、储存箱烟花爆竹案件3起，收缴烟花爆竹52箱，治安拘留违法嫌疑人5人。

（赵秋来）

【森林公安大队揭牌】 12月30日，门头沟分局在森林公安大队会议室举行森林公安大队揭牌仪式。分局党委主要领导，相关党委委员，以及指挥处、政治处、警保处、森林公安大队领导参会。会议宣读市公安局关于成立森林公安大队的通知，以及分局党委关于森林公安大队领导干部任免职决定，并为森林公安大队揭牌；

（赵秋来）

【疫情防控处置】 年内，门头沟分局制定1总14分方案体系，搭建“七组”工作架构，连续启动一级勤务202天、二级勤务164天，依托三区三线防控机制，持续落实芹峪口、杜家庄、双大路、白虎头“两站两口”最高等级查控勤务，严格进京车辆人员全天候登记、核录；每日同一时间派出巡逻车组29个，开展街面巡控、设卡、核录，重点加强对辖区3家发热门诊、3家核酸检测点、5处集中隔离观察点和人员密集点位、重点社区的治安管控；处理负面涉疫网络信息920条，溯源倒查157件，约谈存在问题的网站和信息系统50家，警示教育网民48名，实现区委、区政府提出的“西部无战事”目标。

（赵秋来）

【反邪反渗透工作】 年内，门头沟分局共破获邪教案件28起；妥善处置造谣传谣线索87条，处罚13人，分局多项工作经验被公安部全国推广。

（赵秋来）

【重点涉访人员管控】 年内，门头沟分局会同区相关部门，全面推进涉访重点人员基础档案建设，落实滚动清查，严管严控，实现了问题隐患“清零”，情报动态100%掌握、情况信息100%预警。针对涉众型经济利益受损群体和敏感群体行动性信息，及时开展落地核查、依法处置；稳妥处置涉访敏感舆情29件，守住了不发生规模性聚集、不出现挑头扛旗人物、不形成重大负面舆情“三条底线”。

（赵秋来）

【扫黑除恶专项斗争】 年内，门头沟分局对市区两级挂账69件重点线索开展“回头看”工作，办结市公安局督转线索25条、督导组下发线索47条，办结率均达到100%；持续开展深挖彻查，打财断血，破获涉黑涉恶因素类案件12起，打掉团伙3个，刑事拘留26人，对18.4万元隐性“暗财”做到应缴尽缴。

（赵秋来）

【派出所指挥室规范化建设】 年内，门头沟分局制定完善《派出所指挥室岗位职责》等多个规范性文件；完成14个派出所“一分一合”指挥室功能调整和硬件增配工作；完成58名指挥调度岗位专职辅警招录工作，并通过紧盯接警、出警、处置、反馈等环节，分局平均出警用时由原来的10分钟以上缩短至7分钟；派出所警情反馈合格率从原来的96%提升至99%。

（赵秋来）

【内部单位安保主体责任】 年内，门头沟分局夯实内部单位安保主体责任，同步加强校警、院警室建设，辖区二级以上医院警务室覆盖率达80%。深入开展涉医、涉校矛盾纠纷排查化解和应急处突演练，先后组织开展医院、校园安全检查630余次，化解隐患矛盾纠纷53起。

（赵秋来）

【基础设施和装备保障工作】 年内，门头沟分局统筹推进城子派出所、三家店派出所、清水派出所改造等9个基础建设项目，为民警配发警用装备10187件、换发移动警务终端802台，采购用于侦察、勘验、检验等装备39件套，协调采购疫情防护物资270余万元，为基层配发疫情防护装备20余万件，为全年警务工作完成提供建设派出所后勤保障。

（赵秋来）

【科技信息化建设】 年内，门头沟分局统筹谋划，全力推动警务科技信息化项目建设，逐步实现以图搜图、智能比对、轨迹分析、落脚点分析、伴随分析、同行分析、时空分析、布控预警等功能，为一线实战提供了强有力的科技支撑。共搜集各类线索1586条，落地查控预警重点人员507人，配合案（事）件侦查83起，协助抓获违法犯罪嫌疑人103名。

（赵秋来）

【开发建设远程收案审批系统】 年内，门头沟分局自主开发建设“门头沟分局远程收案审批系统”并投入使用，累计开展远程提讯315人次、远程审讯指挥164人次，律师远程会见5次。

（赵秋来）

【岗位实战“大练兵”】 年内，门头沟分局开展岗位实战“大练兵”活动，累计开展各类培训1252次，培训民警1.8万余人次；召开推进会30余次，选聘兼职教官70名，制作练兵教材、视频课件9种，制作大练兵宣传手册2000册。分局法制支队民警代表市公安局参加全国公安民警法律知识竞赛，与队友获团体二等奖，并获全国优秀个人奖。

（赵秋来）

【爱警暖警工作】 年内，门头沟分局组织开展“快乐过小年”“庙会进警营”等趣味活动和球类、徒步健走等休闲活动，联合市、区单位组织开展联谊活动，为单身青年搭建交友平台，为民警职工办理住院保障、重大疾病、意外等多项互助保障保险。

（赵秋来）

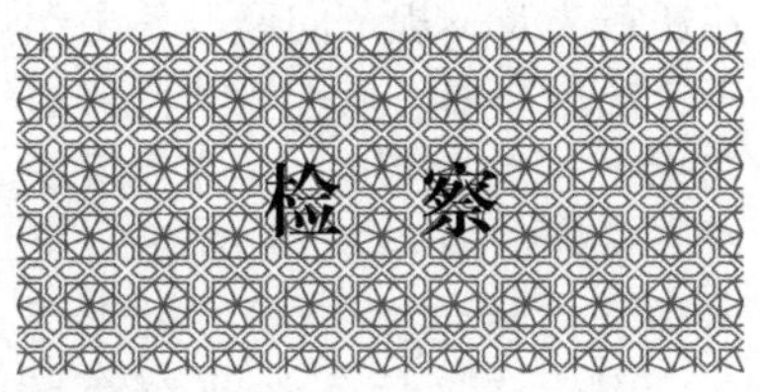

检察

【概况】 2020年，门头沟区人民检察院共受理审查逮捕案件121件174人，批准逮捕154

人，无捕后无罪判决案件。受理审查起诉案件206件242人，审结206件242人，结案率连续五年达100%、位居全市第一。“案-件比”为1∶1.17，位居全市第一。对提起公诉案件均提出量刑建议，量刑建议采纳率100%、位居全市第一；确定刑量刑建议采纳率100%，位居全市第一。捕前引导侦查案件21件，捕后诉前引导侦查90件，将严格的证据标准传导至侦查机关，促进案件高质高效办理。自行补充侦查案件30件，获取关键定罪量刑证据，完善证据链，追诉漏罪，确保案件质量。羁押必要性审查提出建议采纳率为12.68%，位居全市第一。对强制措施备案同步审查纠正率0.57%，位居全市第一。公益诉讼检察工作品牌持续发力，立案行政公益诉讼案件23件，制发诉前检察建议20份、位居全市第一，检察官人均办案数连续四年位居全市第一。

年内，编制涵盖小初高12个年级，涉及防范校园欺凌、自我保护、网络文明等7大领域未成年人法治课程，打造区域法治宣传新范本。办理监察体制改革后全国首例通过国际刑事司法协助获取境外关键证据案件。针对公安机关扣押物品未办理扣押手续、对机关事业单位人员采取强制措施后未通知所在单位导致出现“带薪羁押”问题等侦查活动违法行为及不规范问题，发出纠正违法通知书、侦查活动监督通知书及检察建议共23份。组织召开案件听证会7次。制发社会治理类检察建议30份，推动建立《门头沟区落实学前教育督查巡查的工作办法》等制度16项，堵塞管理漏洞，提升区域综合治理水平。开展普法宣传“十进”活动70余次，发放宣传材料1万余册，受众人群2万人。检察长带头担任的法治副校长22人走进校园宣讲47次，以小品等形式向6000余名在校学生开展安全自护、校园欺凌等主题普法。区人民检察院获最高检“法治进校园”全国巡讲活动表现突出单位。

单位名称：北京市门头沟区人民检察院
地　　址：北京市门头沟区滨河路21号
电　　话：59908182
邮　　编：102300

（岳启杰）

【专项检查】 1月29日，区人民检察院派驻检察室对区看守所疫情防控工作开展系列专项检查，并提出针对性意见建议。

（岳启杰）

【2020年政治工作会议】 4月26日，区人民检察院召开2020年政治工作会议。党组书记、检察长，党组成员，检委会专职委员及全体干警参加会议。会议总结区检察院五年来的检察政治工作，并就落实好“1435”工程建设体系，打造“四个铁一般”的京西检察铁军提出具体要求。

（岳启杰）

【保护知识产权案件入选典型案例】 4月26日，最高人民检察院发布《2019年度检察机关保护知识产权典型案例》，区检察院办理的田某某侵犯商业秘密案成功入选。该案的商业秘密权利人是国家火炬计划重点高新技术企业、中国机械工业百强企业、北京市百强民营企业，也是国内数控雕刻机床制造行业的龙头企业，在职员工5000余人，年产值达40亿元，在发现内部员工盗窃商业秘密后，陷入维权困境。权利人通过“检企绿色通道”求助区检察院，区检察院依法提供专业帮助，引导公安侦查取证，固定证据取得案件突破，最终田某某被判处有期徒刑一年十个月，并处罚金人民币10万元。

（岳启杰）

【2020年检察工作会议】 5月12日，区人民检察院召开2020年检察工作会议。检察长、检委会专职委员及全体检察人员参加会议。会议总结区人民检察院2019年检察工作取得的成效，并对2020年全院工作提出具体要求。

（岳启杰）

【法治宣传活动】 5月14日，区人民检察院到燕保龙泉家园社区和桥东街社区，开展“垃圾分类助环保，公益检察在行动”主题法治宣传活动。15日，区人民检察院到中化学建设投资集团有限公司开展“明新时代反腐形势 做明规守纪国企人”普法活动。活动采用现场会加视频会的方式进行，北京主会场、广东、安徽等分会场200余人参加活动。

（岳启杰）

【获奖情况】 5月，市妇联、市人力社保局、市总工会授予区检察院第一检察部“北京市三八红旗集体”荣誉称号。6月28日，在北京市离退休干部纪念中国共产党成立99周年座谈会暨“双先”表彰会上，区检察院离退休干部党支部获北京市离退休干部先进集体称号。7月，最高人民检察院通报表彰检察机关“法治进校园”全国巡讲活动表现突出单位和个人，区检察院获“全国巡讲活动突出单位”荣誉称号。10月27日，北京市第三次检察官大会暨北京市检察官协会第六届会员代表大会第三次会议在北京市人民检察院举行，为北京市检察机关2019年度“三优一百”代表进行颁奖。区检察院第一检察部主任获“优秀检察官”，第五检察部检察官办案组织获“优秀办案组织”，田献印侵犯商业秘密案获“优秀精品案件”。11月23日，第二届“新时代检察工作论坛”在福建省福州市召开，检察日报社对2020年度全国检察宣传先进单位进行表彰，区检察院获“2020年度全国检察宣传先进单位”。12月，首届中国法治微电影展获奖名单揭晓，区检察院根据办理的田某某侵犯商业秘密制作的微电影《民之山》获“十佳剧情片”奖。

（岳启杰）

【公众开放日活动】 5月31日，区人民检察院举办未成年人检察工作“检察保护手拉手，呵护成长心连心”主题公众开放日活动。邀请团区委，区人大代表，新桥社区、龙泉花园社区、增产路社区、向阳东里社区工作者及20余名小学生到院互动交流。10月30日，区人民检察院联合门头沟区工商业联合会举办“服务‘六稳’‘六保’护航民企发展”公众开放日活动，邀请市人大代表、区政协委员、民营企业代表12人到区人民检察院。区政协、区工商联领导，区检察院检察长，部分党组成员，相关部门负责人及部分青年干警参加活动。12月4日，区人民检察院举办“学习习近平法治思想、强化新时代法律监督”主题公众开放日活动。区政协委员、区医疗行业代表等20余人参加活动。

（岳启杰）

【主题宣传活动】 6月12日，区人民检察院到蓝龙家园社区开展“民有所呼、我有所应”主题宣传活动。通过有奖问答的形式增强群众对检察机关接诉即办工作的认知。社区居委会书记、主任、社区工作者及居民40余人参加活动。

（岳启杰）

【首例司法救助】 7月23日，区检察院依法向姜某某及其法定代理人送达《国家司法救助决定书》，决定发放司法救助金1.72万元。该案系区检察院办理的首例司法救助案件，并入选2020年度全国十大法律监督案例。

（岳启杰）

【讲授法治课】 9月14日，区检察院检察长作为法治副校长走进北京市大峪中学，为学生们讲授“青春路上、法治相伴”法治课。区教工委、区教委、团区委领导，北京市大峪中学校长以及200余名师生参加活动。

（岳启杰）

【区政法系统第一届主题演讲比赛】 9月25日，门头沟区政法系统第一届“忠诚·为民·担当”主题演讲比赛在区人民检察院举办。区委政法委、区公安分局、区法院、区检察院、区司法局等单位领导，区政法各单位班子成员、内设机构负责人及优秀干警代表150余人参加活动。区人民检察院选手获一等奖。

（岳启杰）

【签订《提升刑事办案质效座谈纪要》】 10月27日，区人民检察院第一检察部与区公安分局法制支队签订《提升刑事办案质效座谈纪要》。纪要明确每周定期通报刑事立案等案件信息情况，对重大、疑难、复杂案件提前介入引导侦查等内容。

（岳启杰）

【首次不公开听证会】 10月30日，区人民检察院就一起虐待被看护人案件召开不公开听证会。此次听证会是区检察院在《人民检察院审查案件听证工作规定》发布后召开的首次听证会。

（岳启杰）

【普法宣传进景区】 11月1日至2日，区人民检察院第五检察部干警到爨底下、黄岭西以及潭柘寺景区开展公益诉讼主题法治宣传活动。

（岳启杰）

【宣告送达行政公益诉讼前检察建议】 11月6日，区检察院就部分服刑人员违规领取基本养老保金问题，与区人力社保局开展座谈，并公开宣告送达行政公益诉讼诉前检察建议。区人民检察院区人力社保局、社保支付中心领导参加宣告送达。区人民检察院就及时追回服刑人员违规领取的基本养老金，全面加强社保基金的监管提出建议和要求，确保流失的国有财产及时追回。

（岳启杰）

【2020年公检法联合培训】 11月16日，区人民检察院以“筑牢证据基础，提升办案质效”为主题，联合区公安分局、区法院举办公检法联合培训。区委、政法

委、区法院、区检察院、区公安分局领导参加开班仪式。公检法机关主管领导及干警100余人参加培训。

（岳启杰）

【首次涉民营企业案件公开听证会】 11月27日，区人民检察院就一起破坏生产经营罪拟不起诉案件召开公开听证会，听证会邀请人大代表、政协委员作为听证员。区人民检察院检察长主持听证会，并对犯罪嫌疑人进行法治教育。犯罪嫌疑人认罪悔罪并现场向被害人赔礼道歉。被害单位向区人民检察院赠送“执法如山正气扬，秉公办案民心畅”锦旗。此次听证会是首次召开的涉民营企业案件公开听证会。

（岳启杰）

【案件入选妇女儿童维权十大典型案例】 11月27日，市人民检察院、市高法、市司法局、市人力社保局、市妇联联合发布近2年来全市妇女儿童维权的10件典型案例，区人民检察院办理的保护校园未成年人免受烟草侵害行政公益诉讼案件入选。

（岳启杰）

【提请抗诉案件获市检一分院支持】 年内，区人民检察院在办理王某某不服张某等人非法拘禁案刑事申诉一案中发现，该案有新证据证明法院原审判决认定的量刑事实有遗漏，应予纠正，故依照审判监督程序提请上级院抗诉。北京市人民检察院第一分院经审查后支持区检察院提请意见，并于7月23日向北京市第一中级人民法院提出抗诉。

（岳启杰）

法院

【概况】 2020年，区法院新收案件9139件，办结9141件，同比分别下降26.0%、26.0%。区法院聚焦执法办案第一要务，依法审结刑事案件198件、妥善调处民商事纠纷4908件、审结行政案件135件，执结案件3496件，执行到位金额3.6亿元，全面提升审判质效；主动融入发展大局，深入扫黑除恶专项斗争，积极参与基层社会治理，全面推动优化营商环境，服务保障辖区经济社会发展；深化司法体制综合配套改革，落实民事诉讼程序繁简分流改革试点要求，建立“三维五向”重大敏感案件管控机制，推行网上立案、在线审判，持续深化司法公开，增强人民群众司法获得感；加强队伍建设，坚持理论武装“培元气”、深入基层“接地气”、通学专研“炼才气”、廉洁自律“树正气”，推进队伍革命化、正规化、专业化、职业化建设。

单位名称：北京市门头沟区人民法院
地　　址：北京市门头沟区滨河路74号
电　　话：61868000
邮　　编：102300

（孙冬冬）

【推进“多元调解＋速裁”工作】 1月8日，区法院《“三个突出”创新“多元调解＋速裁”机制》在北京法院首届司法改革“微创新”案例评选活动中荣获“最佳示范案例”。4月20日，民事诉讼程序繁简分流改革试点工作推进会召开。6月，市高院召开“多元调解＋速裁”工作现场推进会，区法院立案庭（诉讼服务中心）速裁团队殷文辉团队荣获“2019年度十佳调解速裁团队”，田裴团队荣获“2019年度先进调解速裁团队”，一名人民调解员荣获“2019年度十佳特邀调解员”，一名人民调解员获“2019年度优秀特邀调解员”。年内，推进一站式多元解纷和诉讼服务体系建设，推行移动微法院网上立案、网上调解、跨域立案，吸纳24名人民调解员和5家特邀调解组织参与纠纷多元化解；推动小额诉讼程序等改革事项“当用则用、能用尽用”，小额诉讼案件平均审理期限为19.67天。

（孙冬冬）

【提升案件审判质效】 1月10日，4篇裁判文书在“北京法院优秀裁判文书网上互评”活动中获奖。2月，召开专业法官会议，研究讨论31件疑难复杂案件推进方案。4月14日，召开2020年第一季度重点考核指标评析会以及2020年度案件质量评查会第一次会议。4月，探索建立“三维五向”重大敏感案件管理机制，构建“院级纵向监管—庭级横向联动—内外双向沟通”的“三维”管理格局。7月6日，召开立审执工作协调会。7月10日，召开下半年工作推进会。8月17日，召开防范虚假诉讼工作推进会，研究部署防范虚假诉讼四项机制。9月23日，最高人民法院《司法改革动态》刊发区法院重大敏感案件管控经验。10月16日，召开全面提升审判质效工作会。11月27日，召开2020年民商事案件质量讲评会。

（孙冬冬）

【强化法院工作宣传】 1月10日，《法制日报》头版头条以《打造无讼村居 服务基层治理——北京门头沟法院服务乡村振兴纪实》为题，对区法院服务乡村振兴工作举措成效进行报道。2月19日，《法治日报》以《法官与村干部携手，教老人疫情期间解疙瘩》为题报道斋堂法庭疫情期间“云”模式化解纠纷做法。24日，《人民法院报》以《审执不减速 服务不打折》为题报道区法院疫情防控期间审执工作纪实。4月9日，召开“共享员工”用工模式下法律风险与防范新闻发布会。5月8日，召开涉预付费合同案件执行情况及典型案例新闻通报会。6月18日，线上召开涉未成年人人身权益保护典型案例新闻通报会。8月5日，召开涉暑期山区出游安全事故典型案例新闻通报会。26日，召开涉公证债权文书案件执行情况及典型案例新闻通报会。9月，北京电视台《法治进行时》栏目，以《糖果乐园跑路 法院并案调查》为题，报道区法院线上多案并审早教机构关门跑路案；北京电视台、北京青年报、北京晚报报道区法院审理的女子疫情期间偷拿快递获刑案。11月5日，在石龙阳光大厦创客学院召开涉经营性房屋租赁合同纠纷典型案例新闻通报会。12月23日，召开乡村排除妨碍执行案件情况及典型案例新闻通报会。年内，发布各类文章500余篇，制作短视频36条，点击量超百万次。

（孙冬冬）

【扫黑除恶专项斗争】 1月13日，召开2020年扫黑除恶专项斗争工作推进会。2月13日，召开党组会研究部署配合做好全市扫黑除恶专项斗争执法办案规范化督查落实举措。4月，召开专题会议研究谋划第二、三季度扫黑办重点任务举措。6月17日，刑庭公开宣判被告人柳某义、金某、王某寻衅滋事案、被告人金某寻衅滋事案，顺利审结我区首起涉恶案件。7月7日，执行局妥善执结两起涉黑涉恶案件，13万元罚金全部执行到位。9月3日，制发《建立全域全程全员式社会治理推进扫黑除恶专项斗争常治长效的法律建议书》，区领导张力兵、付兆庚等的批示肯定。9月，市高院党组成员批示肯定区法院推进扫黑除恶专项斗争工作。11月4日，区法院扫黑办以扫黑除恶案例分析与综合治理为主题，为村“两委”后备干部示范培训班开展“云端课堂”授课。

（孙冬冬）

【获”全国模范法院”称号】 1月18日，在全国高级法院院长会上，区法院被最高人民法院和人力社保部联合授予“全国模范法院”称号。

（孙冬冬）

【开展代表联络工作】 2月12日，发送《致门头沟区全体人大代表的一封信》，主动汇报区法院疫情防控和审执工作。2月，区领导批示肯定区法院疫情期间代表联络工作。5月25日，审议通过《代表联络工作实施细则》，推动代表联络工作规范化、科学化、精准化。9月23日，召开“接受人大监督 推进司法公开”主题联络活动。10月13日，到妙峰山镇水峪嘴村走访市人大代表、水峪嘴村党支部书记兼主任，就人民法庭服务保障乡村振兴工作落实情况进行实地调研。12月22日，市高法、市检察院在区法院联合召开征求市人大代表门头沟团意见建议座谈会。年内，区法院主要领导走访市、区代表委员92人次，开展联络活动19场。

（孙冬冬）

【服务保障“六稳”“六保 ”】 2月，区法院执行局推出非接触式办案手段。3月25日，区法院民二庭召开线上新闻发布会，“云发布”《关于辖区企业应对疫情防控相关法律问题的指导手册》。3月25日，区法院民一庭运用互联网法庭开庭审理11起涉农民工劳务合同纠纷。5月，区法院执行局妥善推进18起商品房预售合同纠纷执行案件，保障公司正常生产经营和员工权益。11月，区法院行政审判庭妥善化解一起涉疫情行政纠纷。年内，开通涉中小微企业纠纷立案绿色通道，妥善处置辖区内涉健身房“跑路”、线上教育机构违约、黑中介携租户定金逃跑等系列群体性纠纷。

（孙冬冬）

【推行线上庭审】 2月，区法院出台《线上开庭流程指引和注意事项》《审判执行工作“抗疫”期间应急工作方案》。3月8日，区法院综合办公室建成开通区法院第一个“互联网法庭”。3月9日，组织开展“互联网法庭”应用培训工作会。4月24日，立案庭（诉讼服务中心）开展“京法巡回讲堂——网上立案与邮寄立案指引”活动，以腾讯会议方式对30余名律师进行培训交流。年内，推行网上庭审、线上调解等办案模式，最大化降低疫情对审执活动的影响，线上庭审率达63.4%，居全市法院第一。

（孙冬冬）

【加强司法能力建设】 3月13日，区法院召开涉宅基地民事案件裁判思路培训交流会。3月25日至4月25日，组织开展“百案云庭”专项业务技能比赛。4月8日，组织召开第32届学术讨论会动员部署会。8月，区法院执行局受国家法官学院邀请，在地方法院执行业务专题研讨班上交流建立执行工作长效机制的工作经验。12月22日，斋堂法庭1人获评“北京市先进工作者”、北京市“人民满意的公务员”称号。年内，组织240余名干警参加《民法典》培训，4名干警被评为北京法院第五届司法业务标兵，8名干警在全国法院学术讨论会获奖。

（孙冬冬）

【巡回普法活动】 3月25日，区法院执行局举办“创城普法活动”，到社区张贴普法海报、以案释法。5月26日，区法院民一庭开展线上“京法巡回讲堂”引导学生谨防网络诈骗。7月15日，区法院民一庭到中关村门头沟科技园京西创客工场开展巡回审判和京法巡回讲堂活动。8月，斋堂人民法庭前往斋堂镇爨柏景区管理中心开展京法巡回讲堂活动，为50余名景区旅游管理人员授课，同时在旅游案件巡回审判点开展驻点办公。12月4日，王平村法庭通过线上方式以“中国宪法的发展史”为主题在龙泉大地幼儿园开展京法巡回讲堂。年内，共开展法治副校长进校园普法活动31次。

（孙冬冬）

【做好疫情防控】 3月27日，通过远程视频系统公开开庭审理辖区首例妨害疫情防控刑事案件。4月29日，召开疫情防控期间有序扩大线下庭审工作部署推进会。5月，召开线下庭审工作调度会，重点部署线下庭审疫情防控工作及相关情况处置解决方案。

（孙冬冬）

【强化司法便民利民举措】 3月，区法院诉讼服务办公室被全国妇联授予“全国巾帼文明岗”荣誉称号。5月18日，区法院立案庭（诉讼服务中心）向诉讼群众提供网上立案流程表。12月7日，印发《“接诉即答”“接单即办”联系法官工作机制的实施办法》，联系法官到位率和反映事项办结率均达100%。年内，开通劳动争议案件快速受理、快速审理、快速执行绿色服务通道，按规定办结27件群众来信、611件政法民声热线，为884名当事人减免缓交诉讼费。

（孙冬冬）

【优化营商法治环境】 4月24日，区法院立案庭（诉讼服务中心）、民二庭、执行局联合召开优化营商环境迎评推介会并对辖区40余名律师进行线上诉讼培训。6月3日，区法院民一庭、立案庭（诉讼服务中心）与区劳动人事争议仲裁委员会就统一涉群体劳动争议案件裁判尺度开展交流研讨。7月28日，区法院民二庭党支部前往区工商联开展联合党日活动，建立优化营商环境合作交流机制。11月23日，与区文旅局召开联席会议，就推进建立服务保障民宿产业发展工作机制进行协商。12月11日，与区文旅局签署《建立服务保障民宿产业发展工作机制合作协议》，并发布《民宿产业法律风险防控指南》。12月17日，挂牌成立驻中关村科技园门头沟园法官联络室，向园区企业点对点提供司法服务。

（孙冬冬）

【深化诉源治理】 4月28日，区法院向区人大常委会专题汇报区法院服务保障乡村振兴和参与基层社会治理工作情况。29日，王平村法庭与王平镇政府有关单位就诉源治理工作、美丽乡村建设和支部共建进行座谈。8月，为万方天润系列案件85名申请人共计发放案款1800万余元，顺利执结85起涉门头沟区“理旧账”工程案件。10月30日，潭柘寺法庭向潭柘寺镇党委副书记、政法委员叶荣德汇报镇域涉诉民事案件审判情况。10月，斋堂法庭向雁翅镇镇政府通报涉诉情况。年内，会同区体育局、区司法局成功化解因信鸽竞赛奖金支付产生、涉及400余名群众的潜在纠纷；以“无讼示范村居”创建为中心，在炭厂等地新设3个巡回法官工作室；就基层社会治理问题提出40条法律建议，推动辖区党委政府出台6项制度文件规范基层管理。

（孙冬冬）

【创新推出“一统领三嵌入”党建工作机制】 5月15日，区委主要领导对区法院“一统领三嵌入”党建工作经验作出批示，要求区各级党委、党组参阅学习。6月29日、7月26日，该机制先后被市委政法委《北京政法信息》、中央政法委《政法动态》刊载推介。7月17日，召开“一统领三嵌入”党建工作机制推进会。年内，在“一统领三嵌入”党建工作机制引领下，各党支部分别对接辖区机关、镇街以及村居基层党组织，调研司法需求，发送涉诉情况白皮书，辅助化解矛盾纠纷、排查风险隐患。

（孙冬冬）

【服务保障法治政府建设】 5月，区领导批示肯定区法院2019年度《行政案件司法审查年度报告》。6月，向辖区行政机关发放《行政机关负责人出庭应诉法律指南》。7月7日，促成市规划自然资源委负责人首次站在基层法院出庭应诉，区委全面依法治区委员会组织全区行政机关负责人在线观摩旁听。12月4日，行政审判庭（综合审判庭）在“国家宪法日”组织“以案释法”观摩庭，部分行政机关工作人员现场或远程旁听行政诉讼。年内，与10余家单位联合开展“京法巡回讲堂”进机关活动，推动28名主要负责人出庭应诉，行政机关败诉率同比下降18.3%。

（孙冬冬）

【保障“疏整促”专项行动】 7月14至16日，区法院配合区政府完成涉门头沟区采空棚户区房屋整体征收项目房屋的强制执行工作。11月18日至19日，参与协助区“滞留户清零”专项整治活动。

（孙冬冬）

【推动执行工作创新发展】 年内，创新构建“四权四责三规范”集成式制约监督机制，市高院以专刊形式在全市法院推广学习。

（孙冬冬）

军　事

9月9日，门头沟区民兵分队举行授旗仪式（区人民武装部　供图）

人民武装部

【概况】 2020年，中国人民解放军北京市门头沟区人民武装部（简称区武装部）完成政治教育、民兵整组、军事训练、民兵执勤、年度征兵等各项工作任务，单位全面建设不断得到加强和巩固。

单位名称：中国人民解放军北京市门头沟区人民武装部
地　　址：北京市门头沟区中门寺街18号
电　　话：61892300
邮　　编：102300

（门韶兴　温　博）

【冬季适应性训练】 1月2日至8日，区武装部组织冬季适应性训练，其中1月4至8日在房山、涞水地域进行野外拉练，提高严寒条件下"走、打、吃、住、藏、通、供、修、救、管"等综合保障能力。

（门韶兴）

【兵役登记工作启动】 1月10日，区征兵办下发关于做好兵役登记工作的通知，传达兵役登记有关政策规定，推进兵役登记工作高标准高质量落实。

（门韶兴）

【组织全国"两会"民兵安保执勤】 5月19日8时至28日24时，区武装部组织清水镇、斋堂镇和雁翅镇3个镇民兵，担负芹峪口检查站、杜家庄检查站、田庄村口、付珠路付家台村口、白虎头和双大路口共6个哨位、卡点的执勤盘查任务，确保"两会"期间政治稳定和治安稳定。

（门韶兴）

【荣誉室升级改造】 6月至10月，区武装部对荣誉室进行升级改造，对全部7个板块内容进行更新调整，补充部分陈列展示物品，进一步展示区武装部的光荣历史。

（温　博）

【区领导过"军事日"活动】 7月31日，区武装部组织区"四套班子"领导过军事日活动。区领导在公安部特勤局潭柘寺训练基地召开军地座谈会，观摩3D模拟实战场景射击演示并组织实弹体验射击，在室外进行轻武器射击科目训练。

（温　博）

【民兵分队授旗仪式】 9月9日，在区政府举行民兵分队授旗仪式，区领导为民兵连以上分队授旗。授旗仪式上，宣布民兵干部任职命令、组织民兵宣誓并进行业务集训。

（温　博）

【预定新兵役前培训】 9月4日至12日，区征兵办在潭柘寺镇公安部特勤局培训基地，组织预定新兵进行役前教育，把好新兵入口关，为部队输送优质兵员。

（门韶兴）

【民兵实弹射击】 10月13日至14日，区武装部在军庄镇学兵训练队，组织镇街、及相关委办局编组民兵进行实弹射击训练。

（门韶兴）

【民兵群众性练兵比武】 10月13日至11月5日，区武装部开展群众性练兵比武竞赛活动。13支民兵应急分队120余名队员围绕防汛、防火、应急处突等9项训练课目展开激烈角逐，设立应急应战训练"龙虎榜"，妙峰山镇、城子街道、东辛房街道斩获团体总分前三名

（门韶兴）

【基层人武部绩效考核】 12月21日至25日，区武装部对基层人武部工各项工作进行绩效考核，围绕党管武装、兵员征集、民兵建设、基础设施、国防教育5个方面进行考核打分。

（温　博）

【军地疫情联防联控】 年内，区武装部成立部队协调组，建立军地联防联控机制，压实"四方责任"，各驻军单位和潭柘寺、永定、龙泉、军庄、妙峰山、斋堂、大峪7个镇街，军地联合筑起抗击新冠肺炎疫情的铜墙铁壁。区物资保障组、区卫健委、区退役军人事务局等部门，支援部队防疫物资、发放抗疫香囊、进行核酸检测，为每个义务兵家庭配发口罩、消毒液"战疫5件套"。驻区部队官兵闻令而动，营区实行封闭管理，管住现役官兵、管好家属、管牢营区服务人员，向有关部门支援军用帐篷、动员民兵争当疫情防控志愿者，做到全区部队"零疫情"。

（温　博）

人民防空

【概况】 2020年，人民防空工作坚持创新发展理念，落实第

七次全国人防工作会议精神，着眼人防事业创新发展，围绕“抓作风，强素质，求突破，促发展”的工作思路，改进作风，敢于担当，狠抓落实，争先创优，完成各项工作任务。年内，开展“3.1 国际民防日”“5.12 防灾减灾日”“12.4 宪法宣传日”宣传活动。

单位名称：北京市门头沟区人民防空办公室
地 址：北京市门头沟区新桥大街36号
电 话：69842578
邮 编：102300

（张国庆）

【应急指挥通讯保障】 4月3日，区人防办参加2020年度森林火灾应急处置演练活动的通讯保障工作。区人防办调派应急指挥通信车将参演现场画面通过卫星传回政府办会议楼，并保障此次演练的现场汇报工作。24日，区人防办应急指挥通讯车与市应急委会议系统进行视频会议联通和音视频对话，完成技术测试工作。通过测试，检验设备的正常工作状态，提升通讯人员的现场保障能力。5月29日，区人防办参加门头沟区2020年防汛桌面推演的通讯保障工作。区人防办调派应急指挥通信车将现场的演练画面通过卫星传回区政府应急指挥中心，并进行音视频对话，完成防汛演练的保障任务。7月29日，组织开展全市防汛综合演练。区人防办指挥车到斋堂镇沿河口村开展卫星通信保障工作，指挥车到达指定位置后，工作人员迅速开展卫星联调与市应急局建立音视频通话，将沿河口村演练现场画面实时传输给市防汛抗旱指挥中心，完成视频保障任务。

（罗 强 张国庆）

【人防执法检查】 “五一”期间，区人防办对人防工程进行安全督导检查工作，重点对消防设备设施是否完好有效、人防工程出入口和应急疏散通道是否畅通、人防工程内是否停放电动自行车、是否存放易燃易爆品等情况进行检查。要求各人防工程管理使用单位要切实提高政治站位、强化主体安全意识、落实安全生产主体责任和各项安全措施、克服和消除麻痹思想、加强安全遗患自查和及时发现整改各类安全隐患，确保“五一”期间人防工程安全生产形势稳定。8月12日，区人防办对人防工程开展雨中检查，重点检查各管理使用单位防汛预案落实情况，防汛物资准备情况，人员在岗在位等情况。要求各管理使用单位加强雨中巡查，重点做好低洼处人防工程口部挡水设施防护，防止发生雨水倒灌情况，确保人防工程安全度汛。

（解英鹏 张国庆）

【人防系统腐败问题专项部署会】 5月20日，区人防办召开2020年人防系统腐败问题专项治理工作专题部署会。重点对制定的方案进行责任划分，对人防办落实全面从严治党主体责任深化人防系统专项治理工作清单进行解读。

（张国庆）

【人防业务培训】 7月31日，区人防局在指挥所举办应急救援技能训练演练。训练老师就垃圾分类、疫情防控工作结合自我防范及应急救援技能进行讲解、实操。

（杨文华 张国庆）

【人防工程检查】 12月30日，区人防办对长安天街商场、西山燕庐等多处人员密集场所重点在用人防工程进行全方位安全生产专项检查工作，确保2021年元旦期间全区人防工程安全稳定，进一步落实人防工程安全监管责任。

（艾建顺 张国庆）

【防空警报器试鸣】 年内，门头沟区结合疫情防控实际情况，通过社会、京西时报等宣传方式，面向全区广大公众发布、张贴北京市人民政府关于在市内部分区域试鸣防空警报的通告。10:00，全区警报全部鸣响，依次试鸣预先警报、空袭警报、解除警报。全区警报鸣响率100%

（杨文华 张国庆）

经济管理

9月27日，区市场监督管理局在某超市检查中秋节、国庆节市场供应情况（区市场监督管理局　供图）

经济社会发展与综合调控

【概况】 2020年，门头沟区发展和改革委员会（简称发展改革委）充分发挥部门职能作用，高质量完成各项任务。强化复工疫控，做好保供稳价，出台助企政策，重点领域复工率达100%。精准调度纾困，实现固定资产投资、建安投资“双正增”。出台中小微企业扶持细则，积极落实房租减免，为中小微企业提供放贷、续贷业务支持。统筹平台工作，做好“疏整促”专项行动，着力优化营商环境，完成涵养区首例远程异地开评标。强化对口帮扶，助力受援地区完成脱贫攻坚任务。深化协作共建，与西城、石景山区协作，牵头推动与清华战略合作。擎实机遇，谋划开局，出台民宿政策2.0版本，编制京西产业转型升级示范区工作要点，编制门头沟区“十四五”规划纲要。

单位名称：北京市门头沟区发展和改革委员会
地　　址：北京市门头沟区新桥南大街甲28号
电　　话：69842187
邮　　编：102300

（李沁豫）

【疫情期间价格监测工作】 疫情期间，加大对蔬菜、副食品及生活必需品的价格监测工作。在前期价格监测物美（新隆店）日上报的基础上，增加双峪市场、鑫源市场、雨润发超市、京客隆超市等8点位31种蔬菜价格日监测日上报工作，同时特别增加3个重点住宅区周边小型便民超市、菜站的蔬菜、水果价格的日监测日上报。制定《门头沟区发展改革委疫情期间生活必需品市场价格监测工作方案》，成立委内价格监测工作领导小组，建立区商务局、市场监管局、农村农业局等部门畅通联动预警机制，做到24小时提前发现，及早预警，及早应对工作方案，确保疫情期间货源价格基本稳定。年内，对各点位蔬菜价格监测实地出勤人员共1536人次，上报相关信息共512条。

（曲泽琛）

【投资领域“双正增”】 年内，完成固定资产投资150.9亿元，同比增长11.8%；建安投资完成88.1亿元，同比增长1.7%，均超额完成市级下达任务，实现疫情冲击下投资领域“双正增”。

（胡晓颖）

【复工复产工作】 年内，区发展改革委成立复工复产防控工作组，制定工作方案，协调12个工作专班、24个成员单位、13个属地镇街制定各专项领域工作方案和行业指引，率先提出商务楼宇“五长六帐三书一证九查”等经验，获得市复工复产防控组肯定。深入走访解决企业难题，聚焦落实营商环境服务管家制度、专题研究、专项部署，提出针对性服务措施，逐一配备“一对一”服务管家，协调解决企业实际困难。政策赋能助推企业复工，立足市政府核心政策措施，贴合区域发展实际，出台区级配套措施，逐条细化狠抓落实，解决企业复工痛点，实现园区实地企业、商务楼宇、规上工地、规上企业、规上商超复工率“五个100%”。

（福蒙蒙）

【精准帮扶中小微企业】 年内，区发展改革委出台中小微企业扶持细则，协调区内4类经营主体为719家企业减免房租3100余万元，落实财政补贴870余万元。搭建门头沟区中小微企业金融综合服务平台，协调12家银行搭建平台推送金融产品33个，为268家中小微企业提供贷款6.6亿元。

（胡晓颖）

【精品民宿2.0版本出台】 年内，区发展改革委对精品民宿1.0版本政策已集成的6个部门23项政策进行更新、增补，梳理、汇总现有6家金融机构的民宿金融产品，在保证政策稳定、持续的前提下，通过“新增奖补机制、创新贷款模式、跟进市级新政、外展支持范围”四种方式对支持政策进行优化升级，对（《门头沟区乡村振兴绿色产业发展专项资金管理暂行办法》《门头沟区乡村振兴绿色产业发展专项资金贷款利息及担保费补贴实施细则》）2个文件9个条款进行修订，推出《精品民宿发展服务手册》2.0版本。

（唐忠华）

【疏解整治促提升专项行动】 年内，区发展改革委落实“疏解整治促提升”工作领导小组办公室工作职责，梳理全区任务台账，实现市、区、牵头部门及各镇街一个口径、一本台账。制定《门头沟区“疏解整治促提升”专项行动2020年工作计划》，明确各牵头部门专项行动任务。全年市级上账任务中涉及门头沟区6类12小项，其中，4项任务超进度完成，6项任务提前完成，2项任务持续动态清零。

（王晓娜）

【优化营商环境】 年内，区发展改革委建立“一企一策”服务包，为49家企业送出服务包92个；组织全区40个单位、13个镇街审批人员、窗口人员新政策综合知识学习培训12525人次，累计开展“每周一测”活动405场；通过区政府网站、服务大厅、新媒体、京西时报、电视台优化营商环境专题、专栏区内500余家企业推送“门十条”等政策文件及解读、“一图读懂”等宣传素材60余篇；开设全市首个24小时“政务无人超市”，完成全市首例集体建设用地简易低风险项目全流程案例、“全程网办”规划许可和施工许可合并办理案例，实现“三级政务服务”1700余事项在线咨询帮办服务全覆盖。环保审批“零接触”等典型经验做法获市领导认可，在全市推广宣传。

（于艺培）

【门头沟区“十四五”规划纲要】 年内，区发展改革委制定《门头沟区“十四五”规划编制工作实施方案》，明确规划纲要加16个专项规划的区级“十四五”规划编制体系。全面总结“十三五”时期取得成就，深入践行“两山”理论，瞄准“五个之城”建设，全面推进地区各项事业发展，完成“十三五”规划主要目标任务。科学谋划“十四五”发展目标，围绕生态涵养区功能定位，深化打造“红色门头沟”党建品牌和“绿水青山门头沟”城市品牌，着力构建“一园四区一小院”绿色发展新格局。坚持问题导向，研提问题清单涵盖全区当前发展面临的7个领域102个问题，对应梳理政策清单覆盖国家-市-区三级210项政策，任务举措清单涵盖166项任务313项举措，项目清单储备479个储备项目。

（王晓娜）

【扶贫协作和支援合作工作】 年内，门头沟区召开区委常委会、区长办公会、专题推进会等13次重要会议研究部署扶贫支援工作。区主要领导带队到河北、内蒙古、西藏等受援地区实地调研对接4次，与结对旗县主要领导通过视频连线对接3次，受援地区党政代表团来访8次，双方共同研究推动携手奔小康工作。制定实施《2020年门头沟区扶贫协作和支援合作工作要点》《2020年门头沟区扶贫协作和支援合作项目资金管理办法》《门头沟区助力决战决胜脱贫攻坚整改方案》《门头沟区2020年消费扶贫行动方案》，与4个受援地区签署《携手奔小康结对帮扶协议》。领导小组各成员单位、共向河北涿鹿县、内蒙古武川县和察右后旗、西藏堆龙德庆区、湖北神农架林区援助区级财政资金1305万元，动员社会力量捐赠款物1651万元，选派挂职干部15人、专业技术人才71人，动员社会各界购买受援地扶贫产品1.28亿元，推动9镇4街、17个村社区、24所学校、7所医院、16家企业、19家社会组织与受援地区36个乡镇（苏木）、37个贫困村、24所学校、14所医院务实开展结对帮扶，各项帮扶措施共惠及6.4万名建档立卡贫困群众，助力受援地区圆满完成脱贫攻坚任务。

（赵　振）

【北京竞业达数码科技股份有限公司上市】 年内，区信息化公司北京竞业达数码科技股份有限公司（股票名称：竞业达；股票代码：003005）在深圳证券交易所登陆中小板，每股发行价为31.83元，共发行2650万股，占总股本25%，共募集资金8.43亿元，开启资本市场新征程。区领导付兆庚、北京交通大学校长、深圳证券交易所领导出席参加上市敲钟仪式。

（鄢泽照）

【京西产业转型升级示范区建设工作】 年内，区发展改革委开展北京京西产业转型升级示范区申报工作，加快推动石龙产业孵化中心三期工程建设（2020年产业转型升级示范区和重点园区建设中央预算内投资支持项目），协调争取中央资金下达2420万元专项用于工程建设，有力助推园区构建“高精尖”产业体系。深化与京能集团和京煤集团合作发展，立足助推转型示范区发展建设，研究编制“门头沟区与京能集团成立推进京西产业转型升级示范区建设小组及专班”（简称“一组六专班”）组建方案及工作机制，并报区编办组建印发。

（安　宁）

【保障公共资源交易平台平稳运行】 年内，区发展改革委规范平台业务流程和服务标准，保障交易系统平稳运行，推进公共资源项目入场交易，推进公共资源交易全流程电子化建设。年内，平台完成交易项目321个，项目交易金额33.96亿元，合同金额31.82亿元，节约资金2.14亿元。

（索　镜）

【“一线四矿”文旅康养休闲区建设】 年内，区发展改革委梳理形成“一线四矿”（一线是门大线，四矿是王平煤矿、木城涧煤矿、大台煤矿、千军台煤矿）文旅康养休闲区“四清单一汇编一台账”，加快推进前期手续办理。

（赵凯蒂）

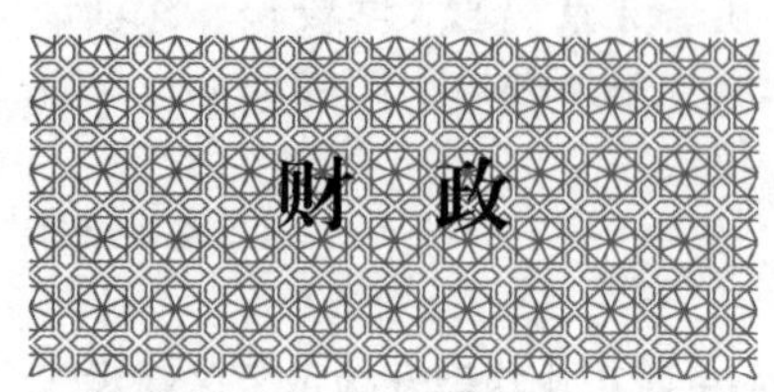

财　政

【概况】　2020年，门头沟区财政工作围绕区委全会工作部署，坚持稳中求进工作总基调，以“红色门头沟”党建为引领，推进积极的财政政策，提质增效、涵养财源、优化财政支出结构，为打赢疫情防控阻击战、建设“绿水青山门头沟”提供坚强支撑。年内，门头沟区级一般公共预算收入32.06亿元，同比下降4.72%，一般公共预算支出106.89亿元，同比下降3.62%。

单位名称：北京市门头沟区财政局

地　　址：北京市门头沟区滨河路56号

电　　话：69844680

邮　　编：102300

（孙　庞）

【肺炎疫情防控经费保障】　年初，区财政局成立以主要领导牵头的疫情防控资金保障领导小组，制定防控经费保障工作方案，积极做好同卫生健康、医院管理、药监等部门的对接，主动了解防控经费需求，按照特事特办原则，全力保障防疫工作。切实保障经费，启动应急保障机制，建立资金使用绿色通道，简化资金审批程序，主动协调区内各银行网点，确保资金及时拨付。做好防控物资购置、收治确诊和疑似患者的定点医院负压病房建设、负压救护车和相关医疗设备、器材购置等资金保障工作。积极落实区委区政府决策部署和市财政局防控政策，及时传达并贯彻中央和北京市《关于新型冠状病毒感染的肺炎防控经费保障政策的通知》《关于做好新型冠状病毒感染的肺炎疫情医疗保障的通知》等文件要求，确保患者不因费用问题影响救治，并对医务人员和防疫工作者给予临时工作补助。

（王亚杰）

【资金支出管理】　年内，区财政局加强资金支出管理，优化资金使用方向。全力压缩一般性支出，严控“三公”经费支出，出台《关于树立“过紧日子”思想压缩一般性支出的通知》，最大限度节约财政成本，2019年部门决算一般性支出较上年压减13.0%，完成全年压减任务，2020年部门预算一般性支出及非重点支出较上年预算压减10%以上；不断加大资金盘活力度，全面清理收回各部门实有账户结余及财政代管资金结余，收回后统筹用于“三保”、区级重点事项等刚性支出。探索镇街存量资金统筹新模式，全面清理盘活村居财政性结余资金，激发镇街盘活存量的积极性和主动性，促进沉淀资金发挥最大使用效益；2020年，通过压减收回年初预算、暂缓保障重大支出项目、收回部门实有账户及财政代管资金账户结余结转、积极争取市级资金、动用预备费等方式，全力保障新增疫情防控支出需求，兜底“三保”刚性支出，护航全区经济社会平稳发展。同时，面对土地市场低迷、刚性支出膨胀等多重因素造成的政府基金平衡风险，密切关注经济政策和土地市场走势，积极协调相关部门，全力推动土地上市，建立部门联动机制和时间表，密切关注市场动态，及时研究对策，力保年度土地上市计划如期实现、政府性基金收支平衡。

（梁媛媛）

【财源建设】　年内，区财政局制定《门头沟区财源建设实施方案》《门头沟区财源建设工作评估办法》等5项政策文件；细化企业外迁管控流程，协调税务、工商等部门设置“两道防线”，7月8日以后再未出现迁出京外企业，跨区迁移企业，基本为零税或者微税；各属地不断加大招商引资力度，优化营商环境，引入多家重点企业。如中铁京西北京高速公路发展有限公司、云投基础设施建设有限公司、运途云科技（北京）有限公司等。

（拾　强）

【政府采购向中小微企业进一步倾斜】　年内，门头沟区财政局落实政府采购向中小微企业进一步倾斜政策，在区政府采购管理系统中标注中小微企业，鼓励预算单位优先选择中小微企业供应商；要求预算单位预留本部门年度政府采购项目预算总额的30%以上专门面向中小微企业采购，其中预留给小型和微型企业的比例不低于60%；针对非专门面向中小微企业的项目，要求采购人或采购代理机构在采购文件中对小型和微型企业产品价格给予10%的扣除，以扣除后的价格参与评审；鼓励采购人在与中小微企业签订政府采购合同时，减免履约保证金、适当提高预付款比例，并在收到发票后30日内足额支付采购资金，缩短付款期限；鼓励大中型企业和其他自然人、法人或者其他组织与小型、微型企业组成联合体共同参加非专门面向中小微企业的政府采购活动。

（李　超）

【中小微企业房租减免政策】　年内，门头沟区财政局全力配合落实中小微企业房租减免政策，根据区相关主管部门审核汇总，区属国有企业、其他经营用房企业等产权单位2020年2月至4月共为全区667家中小微企业减免房租3071.45万元。根据区政府关于应对新冠肺炎疫情影响减免中小微企业房租成本若干措施的相关文件，区财政局筹措资金876.96万元，对积极落实房租减免政策的有关产权单位进行补贴。

（陈超琪）

【推动预算信息高质量公开】　年内，门头沟区财政局积极推动预算信息高质量公开。针对机构改革造成区内部分单位新增、整合的问题，积极沟通指导涉改部门，除2家涉密单位外，将改革后的62家部门全部纳入公开范围，并完整反映部门预算资金的安排情况，实现公开工作与机构改革有序衔接。同时要求9个镇参照区级部门预算公开模板做好公开准备，待镇级人大会议召开后完成公开工作；首次公开《政府采购项目明细表》《政府购买服务项目明细表》《绩效目标明细表》，公开报表数量由原来的10张调整优化为13张，便于公众对预算公开信息的全面掌握和理解；政府预算方面，首次公开2020年全区大额重点项目的绩效目标；部门预算方面，除涉密信息外，2020年各部门绩效目标公开范围实现从部门重点项目拓展到部门全部项目，并设置明细目录，方便公众查询。

（杨　璐）

【疫情防控期间非税收入收缴工作】　年内，门头沟区财政局抓好疫情防控期间非税收入收缴工作。缴入财政专户的非税收入资金直接缴入国库；加强与相关部门的沟通。一方面通过电话、短信及微信等途径与软件公司联系，及时解决非税系统所遇临时问题，另一方面积极协调非税代理行与执收单位，保障非税收入及时缴库；严格执行收缴办法，规范收缴流程。确保在5个工作日内完成非税收入缴库工作，截至12月底，已缴非税收入14790万元，其中停车占道费373万元。

（张　蕊）

【创城保障工作】　年内，门头沟区财政局多次主动沟通深入了解核实创城项目，及时核定项目资金。在本年财政资金压力较大的情况下，积极统筹调度资金，在原有年度预算安排的基础上追加项目经费795.34万元，助力全区“公益广告景观小品”“门头沟热心人”“文明天天见”等系列主题活动，为创城工作保驾护航。

（闫玮琳）

【落实向镇街下放行政执法职权工作】　年内，门头沟区财政局“三个统一”落实向镇街下放行政执法职权工作，一是统一罚没收入收缴管理。罚没收入属于政府非税收入，下放职权后，各镇街作为执收单位全部纳入区内非税收缴管理系统，征收的罚没收入实行集中汇缴，专户管理。二是统一财政票据申领管理。严格执行区内现行的财政票据领用、发放等相关规定，收集、统计各镇街财政票据需求用量，做好发放工作。三是统一固定资产核查及移交管理。以“物随事转”“物随人转”为原则，严格执行行政事业单位国有资产管理的有关规定，规范履行固定资产调拨流程，防止国有资产流失，确保国有资产安全完整。

（刘益铭）

【支持全区防汛工作】　年内，门头沟区财政局第一时间安排防汛专项资金1514.01万元用于修复因暴雨而损坏的河道护砌和高边坡护砌、维护防汛监控指挥系统、维修通讯、监测、预警设备以及防汛物资的购置、管养。提升辖区沟道行洪能力，保障指挥系统正常运转、通讯设备畅通、防汛物资储备充裕，确保安全度汛。

（来秀英）

【助力疫情下区域产业价值提升】　年内，门头沟区财政局及时安排资金2亿元，用于培育产业格局，主要包括企业科技创新、落实房租减免等，帮助一批深耕于门头沟、科技含量高、环境友善型的企业应对疫情，共渡难关；累计投入1.31亿元用于支持政务服务大厅建设、实现“一窗受理、全程办结”、支持石龙园区内地块进行规划编制、跟踪评价等工作。

（陈　杰）

【财政重点绩效评价工作】　年内，门头沟区财政局对区属部门及单位、乡镇，在部门整体支出、转移支付项目、政府购买服务项目、重点民生项目等多种类型方面进行评价，年度财政重点评价金额 4.6 亿元。

（董大鹏）

【预算执行动态监控管理】 年内，门头沟区财政局动态监控预警疑似信息 889 条，资金量 4.32 亿元，占监控资金总额的 3.57%，预警信息条数比上年同期减少 30.6%，保持平稳下降良好态势。预算单位使用公务卡结算 6051 笔，结算资金 2543 万元，比上年同期增长 2.63%，公务支出进一步规范。

（王广伟）

【流通领域物资储备工作】 年内，门头沟区财政局多措并举保障流通领域物资储备工作，应对突发疫情，累计安排 152 万元紧急购置消毒酒精、口罩等防疫物资，第一时间投放商超、企事业单位，及时缓解群众恐慌性抢购情绪；疫情初期安排 38.73 万元用于增加区级生活必需品储备，主要为：蔬菜 230 余吨、方便面等速食品 13 万余袋（桶）、鸡蛋近 13 吨、婴幼儿奶粉 0.9 吨、食用盐 50 吨等，有效防止流通领域周期性危机；支付粮食风险基金 23.16 万元用于支持疫情期间区级储备成品粮轮换工作，确保粮食安全和持续供给能力；安排 9.98 万元落实中央及北京市商务部门粮油市场监测及消费市场和批发业运行监测任务，将流通领域安全保障工作前置，维护区内正常生产生活秩序；安排 431 万元用于支持小业态连锁商户提升改造，切实落实保护市场主体任务，帮助流通领域小微企业共渡疫情难关。

（陈　杰）

【支持一体化平台建设】 年内，门头沟区财政局筹措资金 261 万元支持政务服务“一网通办”一体化平台建设，推动区内政务服务从“网上可办、网上深办”向“全程网办、全程通办”较多，实现市、区两级依申请政务服务事项网上办理深度全部达到四级以上，区级 70% 依申请政务服务事项全程网上办结，有效提升政务服务质量。

（姚　爽）

【促消费资金助力市场回暖】 年内，门头沟区财政局全力保障促消费资金助力市场回暖，6 月 6 日，全市启动促进新消费工作，按照市委、市政府促进新消费工作整体部署，面向全体在京消费者发放消费券所需财政资金由市、区按照 1:1 比例分担。截至 12 月，门头沟区合计负担 457.89 万元，已分 4 批拨付至京东、小米、国美、苏宁四大平台，2 批拨付至美团、饿了么平台，推动复工复产复商复市，提振消费信心，切实促进市场回暖和消费回补。

（高雪梅）

【村镇供水保障工程】 年内，门头沟区财政局发力村镇供水工程，力争补齐农村饮水设施短板，每年安排 600 余万元用于王平、斋堂 2 个联村水厂运行和全区消毒设备运维。2020 年，筹集资金 4200 余万元推动村镇供水保障工程。

（来秀英）

【中央直达资金市级支出任务完成】 年内，门头沟区财政局完成中央直达资金市级支出任务，在联合政府督查室每日督办的基础上，协调督促相关部门加快支出进度，同时调整年底前确定无法形成实际支出的资金。自 2020 年 6 月至 12 月，门头沟区累计接收中央直达资金共 5.56 亿元，其中抗疫特别国债资金共下达 4.01 亿元。12 月 24 日，直达资金全部支出完毕，落实到市场主体和民生上。

（苏　然）

【投资评审工作】 年内，门头沟区财政局完成工程备案项目 89 个。其中工程结算项目 19 项，报审金额 36891.26 万元，审减 1408.07 万元，审减率 3.82%；编制工程量清单及招标控制价 55 项，招标控制价总额 13713.33 万元；工程量清单及招标控制价复核 15 项，报审金额 25118.28 万元，审减 6607.14 万元，审减率 26.3%。完成非工程项目 28 个，报审金额 15898.6 万元，审减 796.4 万元，审减率 5.01%。

（赵玉花）

【住房保障相关工作】 年内，门头沟区财政局助力区内住房保障相关工作，2020 年门头沟区共发放保障性住房租赁补贴 4603 万元，有效缓解中低收入家庭住房的实际困难；。2018 年至 2020 年区内改造户数共 409 户，已完工并通过验收，共发放补贴资金 2700 万元。

（李　青）

税　务

【概况】 截至 2020 年年底，门头沟区税务局共有在编干部职工 521 人，共有 31 个单位，其中

15个内设机构，另设机关党委办公室和老干部科，1个纪检组，2个事业单位，11个派出机构。所辖税务登记企业共计37862户。

2020年，门头沟区税务局加强党建引领，坚决打赢疫情防控阻击战，聚焦主业主线，全力组织各项税费收入，落实减税降费政策，持续优化税务营商环境，战疫情、促发展、减负担、强征管，完成各项工作任务。全年累计组织各项税费收入（含社会保险基金收入）94亿元。其中，税收收入完成79.11亿元；一般公共预算收入48.68亿元，完成市局下达年度税收收入预期目标的100.4%；区级地方公共财政预算收入完成25.46亿元。

单位名称：国家税务总局北京市门头沟区税务局
地　　址：北京市门头沟区石龙工业区龙园路4号
电　　话：69865090
邮　　编：102300

（钟智纲）

【教育培训】 1月7日，区税务局开展农产品核定扣除备案工作，组织税源管理所和纳税人参加业务培训。3月29日，区税务局组织基层税务所开展企业所得税汇算清缴专题培训会。8月14日，区税务局组织开展保密U盘安全使用培训会。8月27日，区税务局组织税收征管业务知识大比武。9月4日，区税务局组织行政管理专业知识大比武。10月30日，区税务局对全体税务干部进行社会保险费征管职责划转培训。11月18日，区税务局对业务骨干进行学习培训。

（王子明）

【市、区领导走访指导】 1月7日，北京市税务局党委委员、纪检组组长到区税务局调研并指导工作。1月9日，区税务局局长带队到江泰保险走访北京市政协委员、江泰保险经纪股份有限公司董事长。同日，区税务局局领导走访北京柏士宜体育文化传播有限公司，了解企业经营和发展状况。1月15日，北京市税务局局领导到区税务局大峪税务所询问了解基层税务所减税降费等政策的落实情况和工会活动开展情况。2月19日，区领导付兆庚等到区税务局了解税收工作完成情况。3月20日，北京市税务局二级巡视员到区税务局了解疫情防控、下沉社区防疫值守及职务与职级并行等工作情况。5月27日，区税务局局领导带队走访办税服务厅和基层税务所，对个税汇算工作进行调研督导，听取各部门意见，并对申报大厅个税专窗和12366小呼中心等人员开展问卷调查。5月29日，北京市税务局二级巡视员带队到区税务局调研指导政府采购工作，听取工作汇报。7月13日，区领导付兆庚等领导到区税务局了解组收工作进展情况。7月28日，北京市税务局二级巡视员到区税务局督导职务与职级并行工作。8月5日，北京市税务局局长到区税务局听取了工作情况汇报，并与区税务局全体班子成员交流座谈。9月15日，国家税务总局机关党委副书记、纪委书记，北京市税务局党委委员、纪检组组长等领导到区税务局参观调研北京市税务局廉政教育基地。11月9日，区税务局局长带队到斋堂税务所，慰问基层税务干部。11月10日，区税务局局长带队到社保大厅，走访缴费人。12月3日，北京市税务局二级巡视员到区税务局调研，了解组收任务完成情况、队伍建设及转虚人员安置等工作情况。12月15日，区纪委领导带队到区税务局指导工作。

（王子明）

【重大会议】 1月9日，区税务局组织召开2020年度领导班子和领导干部考核大会。1月13日，区税务局组织召开党委理论学习中心组学习（扩大）会议，学习习近平总书记在“不忘初心、牢记使命”主题教育总结大会上的讲话。1月20日，区税务局召开“不忘初心、牢记使命”主题教育总结会。4月15日，区税务局召开社会保险费和非税收入工作专题会。5月7日，区税务局召开全面从严治党工作会，局领导班子全体成员，各党支部书记、党员代表参加会议。7月6日，区税务局召开职务与职级并行工作启动动员会。11月27日，区税务局召开理论学习中心组学习扩大会议。

（王子明）

【税务文化】 1月17日，区税务局举行迎春节游艺活动，组织丰富多样的比赛项目，迎接春节到来。1月19日，区税务局局长到龙泉税务所慰问基层税务干部。1月21日，区总工会到区税务局慰问办税服务厅一线税务干部。1月22日，区税务局局长带队慰问斋堂税务所干部。2月6日，区税务局组织干部清理积雪、开展机关办公区消毒和大扫除活动。7月1日至3日，区税务局开展“重温一次入党誓词、开展一次线上党课、深读一本历史好书”的“三个一”系列活动。7月30日，区税务局开展“庆八一”主题座谈活动，激励军转干部坚定理想信念，继续发扬不惧艰险、担当奉献的精神，为新时期税收事业贡献力量。8月21日，区税务局税务干部到清水村、吕家村开展扶贫慰问、入户帮扶活动。9月11日，区税务局开展爱国卫生日周末清洁活动。12月24日，区税务局召开座谈会，欢迎新入职税务干部，局长出席并讲话。

（王子明）

【疫情防控】　1月28日，区税务局召开党委班子成员和各部门主要负责人防控疫情专题会议，成立疫情防控工作领导小组，研究新冠肺炎疫情的防控措施，制定《门头沟区税务局防控新型冠状病毒感染的肺炎疫情实施方案》。2月1日，北京市税务局党委委员、副局长到区税务局调研疫情防控工作。2月3日，区税务局局长检查单位宿舍防控疫情工作落实情况。同日，区税务局局领导督导防控疫情物资筹备工作落实情况。2月4日，区税务局局领导检查北京市税务局档案馆办公区防控疫情工作落实情况。同日，区税务局局长检查办税服务厅防控疫情工作落实情况。2月12日，区领导到侯庄子永安小区检查区税务局干部下沉社区疫情防控工作。2月18日，区税务局局领导检查局机关办公区、办税服务厅出入管理的疫情防控工作。4月2日，区税务局收到北京瑜景房地产开发有限公司锦旗一面，“不忘初心为企业、众志成城抗疫情”，对税务局的工作表示感谢。4月21日，区税务局收到永定镇迎晖北苑居委会赠送锦旗一面，“疫情无情人有情，真情帮扶为人民”，对税务干部下沉社区疫情防控、保障居民安全健康给予感谢和表扬。4月24日，区税务局收到梧桐苑社区锦旗两面，感谢龙泉税务所、大峪税务所下沉税务干部协助社区防疫。5月7日，区税务局收到冯村社区赠送锦旗一面，感谢税务干部协助社区下沉防疫。6月12日，区税务局收到梧桐苑党支部赠送锦旗一面，表扬石龙税务所干部在下沉值守期间为社区防疫做出的贡献。10月29日，区税务局持续强化疫情防控工作，坚决落实主体责任，科学部署局内疫情防控工作。

（王子明）

【优化纳税服务】　3月11日，区税务局在办税服务厅咨询台和自助办税区配置外网计算机设备，便利纳税人自助申报。4月9日，区税务局税务干部走进区政府，为区人大、区政协、区政府办、区纪律检查委员会和区后勤服务中心等部门进行个税汇算实地辅导培训。6月22日，区税务局组建电子税务局业务运维专班，持续推进“非接触式”办税，不断提升纳税人获得感和满意度。6月30日，区税务局在个人所得税汇算期最后一天，提示提醒纳税人按时完成申报。7月15日，区税务局举办纳税人云课堂，通过“钉钉—京税通”网络直播的形式讲解电子税务局实名办税操作步骤，线上解答纳税人涉税问题。8月27日，区税务局提升服务质效，选派专人常驻办税服务厅自助办税区，辅导纳税人进行电子税务局等网上业务操作。10月23日，区税务局全面开展企业所得税汇算清缴退税工作，逐户通知企业办理退税手续。10月26日，区税务局局领导及业务骨干解答企业涉税咨询。

（王子明）

【优化营商环境】　3月19日，区税务局和区工商联召开服务民营企业专题座谈会，就支持中小微企业发展建立合作机制。4月8日，区税务局备战营商环境“千人千题”考试，开展知识普及性培训并对掌握情况进行测试。5月8日，区税务局召开助力企业复工复产工作进度汇报会，帮助企业克服疫情影响、恢复生产经营。5月25日，区税务局联合建设银行门头沟支行，通过“银税互动”合作机制，推出银税互动产品，解决企业融资难的问题，助力企业复工复产。7月23日，北京市税务局纳税服务处领导带队到区税务局调研，了解优化营商环境、便民办税春风、“非接触式”办税缴费、减税降费等工作落实情况。9月27日，区税务局召开2020营商环境评估部署培训会，局领导参加并讲话。9月29日，区税务局召开优化营商环境“千人千题”考试总结座谈会，局领导出席并讲话。10月14日，区政务服务管理局局长带队到区税务局调研营商环境，区税务局主管局领导和相关部门负责人陪同调研。10月22日，区税务局落实减税降费政策，持续优化“非接触式”办税缴费服务举措，营造良好税务营商环境。

（钟智纲）

【征管改革】　3月20日，区税务局联合区发改委、规自委、住建委召开联合会议，共同筹划开展城市建设维护费收缴工作。8月14日，区税务局加强企业所得税预缴申报管理，开展企业所得税收入分析。9月10日，区税务局扎实落实研发费用加计扣除政策，开展数据统计分析，监控政策落实情况，“一对一”进行政策辅导，助力园区创新研发项目落地。9月28日，区税务局召开社会保险费征收职责划转工作会议，成立工作领导小组，统筹推进社保费征收职责划转工作。10月12日，区税务局开展“打虚打骗”行动，组建风险应对团队，运用税收大数据对税收风险进行分析，防范和排除风险，提升税收风险管理工作质效。10月21日，区税务局联合区医保局就社保费征管职责划转事项进行沟通交流。10月29日，区税务局参加北京市税务局视频培训会，区医保局、区人社局共同参加，会后就社保费划转工作开展交流座谈。11月2日，区税务局邀请区人社局、区医保局共同商议社保费划转工作事项。同日，区税务局局领导到区社保大厅督导工作。11月20日，区税务局持续强化税源建设，与区属各相关部门开展沟通协调和数据共享交换，加大协税护税的共管力度。12月22日，区税务局局长主持召开所得税清欠工作专题会。

（钟智纲）

【税收宣传】 4月23日，区税务局配合公安部门面向企业开展交通安全法规宣传活动。8月19日，区税务局选派业务骨干在精品民宿发展论坛和推介会上宣讲税收政策，助力区域经济社会发展，服务好“六稳”、“六保”大局。10月27日，区税务局做好房产税、城镇土地使用税和印花税综合申报的服务保障工作，通过网站、微信公众号等平台专题讲解“五税合一”税种综合申报功能。11月13日，区税务局积极落实税收优惠政策，开展税收优惠政策宣传，支持“精品民宿”发展，助力脱贫攻坚战。

（王子明）

【税收法治建设】 7月22日，区税务局扎实推进“三项制度”运转常态化、规范化，对标对表全面完成各阶段任务。11月25日，北京市税务局调研工作组到区税务局就社会保险费征收职责划转工作开展督导。11月27日，区税务局处级领导面对宪法宣誓，重温宪法誓词。12月1日，区税务局与区属相关部门联合开展“12·4”国家宪法日宣传活动。

（王子明）

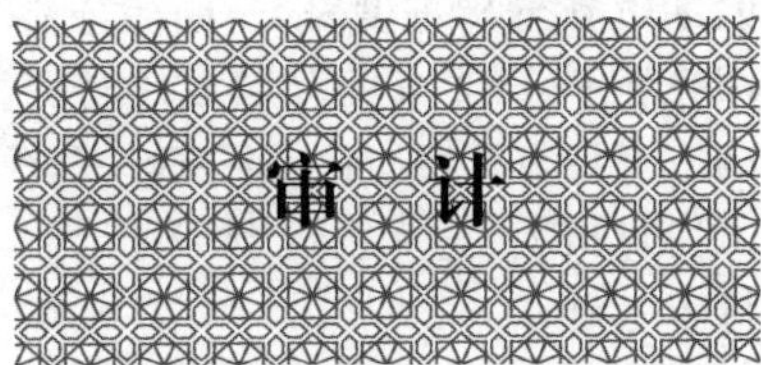

审计

【概况】 2020年，区审计局开展审计项目27项，全部完成，提出审计建议150条，发现问题金额约54亿元，报告得到区政府领导的批示5次，投资审计审减节约财政资金约3亿元。年内，审计署投资审计大数据推广应用试点落户门头沟。在审计工作上，区审计局突出民生资金绩效审计主题，在各单位预算执行审计中重点关注美丽乡村建设、公厕提升改造、森林防火等民生领域专项资金情况，关注低收入发展、农村垃圾分类等为民办实事项目绩效情况，及时揭示民生资金在分配、使用和绩效管理方面存在的问题。强化经济责任审计计划管理，优化经济责任审计结构，不断提升任中审计比例，有效发挥任中审计预警作用。坚持做好重点工程审计，促进投资项目顺利实施。在防疫工作中，认真落实区内疫情防控工作要求，疫情防控期间，下沉社区一线参与疫情防控42人，累计值守时长6000余小时，支援京浪岛核酸检测现场10人次，为做好疫情防控贡献审计力量。要求全体干部进行核酸检测，紧盯疫情防控责任落实，建立24小时应急值守制度，严格实行日报告、零报告制度。

单位名称： 北京市门头沟区审计局

地　　址： 北京市门头沟区滨河路72号

电　　话： 69842121

邮　　编： 102300

（李　瑾）

【第一次经济责任工作联席会议】 3月13日，门头沟区经济责任审计工作联席会议第一次全体会议在区审计局召开。会上，学习新修订印发的《规定》，通报2019年经济责任审计工作开展情况，审议通过《北京市门头沟区经济责任审计工作联席会议议事规则》《北京市门头沟区经济责任审计工作联席会议办公室工作规则》2项制度，对2020年经济责任审计工作进行了讨论。

（郭兆瑞）

【重大政策措施落实情况跟踪审计】 3月，区审计局开展2020年第一季度重大政策措施落实情况跟踪审计工作。在疫情防控特殊时期，以政策跟踪审计为统揽，坚持“专项审”和“结合审”并行，充分利用大数据审计成果，与预算执行审计、疫情防控资金和捐赠款物跟踪审计统筹推进。重点突出对着力推动减税降费、全面强化稳就业举措、切实保障民生等方面政策措施落实情况的审计。

（刘雪融）

【自然资源资产离任审计】 6

月，区审计局成立审计组，对军庄镇开展自然资源资产离任审计工作，审计组通过自然资源评价考核指标完成情况、生态系统治理情况、开发利用情况确保完成审计目标，发挥审计效应。

（李　瑾）

【精准帮扶阳光行动】　9月，区审计局开展精准帮扶阳光行动，区审计局采了80本儿童书籍和学习用品送到桑峪村孩子们的手中。

（王　力）

【研究制定“审计指南”】　9月15日，区审计局研究制定《门头沟区党政主要领导干部经济责任审计指南》（以下简称《指南》）。新增谈话听取意见、召开审计结果反馈会等审计流程，细化审计调查、审计实施方法等内容，从审计准备阶段到审计整改阶段对经济责任审计工作进行全过程的工作指导；新增需提供的资料清单、进点会及反馈会会议议程等参考文书，并对已有的调查了解记录文书、复核审理文书等进行修订，确保现行审计文书符合审计工作新形势；结合经济责任审计新规定相关要求，对需要重点审计的6个方面进行明确，并提供详细的审计应对措施，为审计人员开展经济责任审计工作提供明确的思路。

（刘雪融）

【国家宪法日宣传活动】　12月1日，区审计局设立宣传点，面向社会广大群众，开展宪法宣传咨询活动。区审计局普法人员以展示讲解“知法懂法”展板，向过往群众发放《北京市审计条例》宣传手册等形式普及法律知识，积极引导人民群众增强学法用法遵法守法意识。

（杜芯蕊）

【防疫期间各项审计工作】　年内，区审计局强化大数据审计思维，成立数据分析审计小组，及时开展数据获取、整理、分发工作，向各项目组分发预算、指标、集中支付等财政财务数据。制定《预算执行审计前期资料分析工作安排》，对防疫期间预算执行审计前期工作进行了分工部署。此外，各项目组长每日报送《预算执行前期资料分析进度表》，局综合科根据报送的疑点汇总形成《门头沟区审计局2020年预算执行审计工作日报》，为后续现场审计工作打牢基础。

（刘雪融）

【防疫专项资金审计】　年内，区审计局成立应对新冠肺炎疫情专项审计工作领导小组，根据年度审计项目计划安排，结合实际情况，将疫情防控审计工作融入到预算执行审计中去，提高审计工作效率。同时将现场审计与非现场审计结合，尽量减少人员流动，缩短现场审计时间，减少对基层防控工作的影响。重点关注疫情防控专项资金、社会捐赠款物、重点保障企业贴息贷款的管理使用情况。

（于晓童）

【造林资金专项审计】　年内，区审计局开展区园林绿化局造林资金专项审计，实现部门预算执行与造林资金专项审计统筹开展、同步推进；全区一级预算单位大数据分析审计与部门预算执行审计统筹开展、成果共享。做到“一审多项”“一审多果”“一审多用”；充分利用信息化手段，加大非现场数据分析力度；探索利用地理信息系统开展造林工程项目专项审计，充分利用数据分析成果提升审计效率、增强拓展审计项目的覆盖面。

（郭　冬）

【土地成本审计】　年内，区审计局完成棚改项目地块上市成本审计工作，作为当前政府投资审计的重点任务来抓，组织骨干力量，迅速开展土地开发成本审核。坚持依法依规，在审计过程中，以客观公正的审计原则，对拆迁补偿款等费用，严格按照法律法规的标准尺度全面严格审计；严格落实新冠肺炎疫情防控主体责任，及时调整土地成本审计组织方式，充分运用信息化手段，加大非现场数据分析力度，拓展数据分析的广度和深度，实施有条件的送达审计，最大限度降低疫情对审计工作的影响。

（王　力）

【雪亮工程审计】　年内，区审计局开展雪亮工程阶段跟踪审计，对接雪亮工程建设单位，采取现场查勘、咨询相关人员、财务数据分析等多种方式，详细了解项目工作任务部署、实施进度、项目运作、投资规模、资金使用、资产管理等情况，为完成审计项目做足充分准备。

（张钊铭）

【强化垃圾分类审计监督】　年内，区审计局将门头沟区镇（街）垃圾分类专项资金使用情况纳入年度内预算执行审计中。通过关注资金支出的合规性、执行监管情况、绩效目标是否有效实现等方面问题进行审计，揭示垃圾分类工作在工作推进、管理机制、资金使用管理等方面取得的成效及不足，积极提出审计建议，助力垃圾分类工作取得实效。

（王　宇）

【大数据分析审计】 年内，区审计局继续加强大数据分析审计工作，对全区一级预算单位预算执行数据进行审计全覆盖。采取现场审计与非现场审计融合开展的方式进行，运用“总体分析、发现疑点、分散核查、系统研究”的数字化审计方式，实现对一级预算单位预算执行数据开展全覆盖审计；创新工作方式方法，利用Python编程语言对财务数据进行提取和汇总，不断强化大数据分析思维，运用SQL语言技术对指标数据、国库集中支付数据等进行分析并建立数据模型，促进审计工作提质增效；注重数据安全。数据分析人员不断加强数据保密管理，强化审计电子数据在传输、使用、存储等各环节的管理，确保数据安全。同时，在与数据提供单位间进行信息交换和采集过程中，进一步加强对数据的校验，确保数据准确性和完整性。

（范丹阳）

【筹划国有企业审计】 年内，区审计局启动国有企业资产专项审计和两家国有企业财务收支情况审计，推动国有企业资产提质增效，促进国有资本保值增值。

（张雅萌）

【2020年预算执行审计工作完成】 年内，区审计局充分利用大数据手段，大力推进审计监督全覆盖，完成2020年预算执行审计工作。

（郭兆瑞）

【督促审计整改落实】 年内，区审计局通过审计整改促进1.07亿元问题金额得到落实。

（范丹阳）

【内审工作】 年内，区审计局推动内审工作高质量发展，要求各单位建立健全内部审计制度，明确单位主要负责人分管本单位内审工作，安排专职、兼职内部审计人员，确保内审工作在全区全面推进；发将各单位内审工作开展情况及整改情况纳入年度综合考评、预算执行审计、领导干部经济责任审计等，促进全区内审工作规范化、常态化开展；制定《门头沟区审计局内部审计工作操作指南》，及时研究分析自身内部审计发现的问题，共享内审工作建议等信息资源，努力提升全区各单位内部审计工作成效。

（王珊婷）

【基层治理预算资金绩效审计】 年内，区审计局在全区13个镇街，以及大峪、城子、东辛房街道办事处的6个社区开展审计，对项目申请、审批、使用、评价考核全过程进行审计。推动基层预算体制进一步完善，促进提高财政资金使用绩效。

（郭　冬　杨术杰）

【垃圾分类和疫情防控专项行动】 年内，区审计局在国庆八天假期开展垃圾分类“桶前值守”及常态化疫情防控专项行动，共组织审计干部下沉社区16人次，值守时长59小时，充分发挥了红色审计铁军作用。

（王　宇）

【“接诉即办”纳入审计监督重点】 年内，区审计局为强化“接诉即办”工作审计监督，运用审计结果为被审计单位做好“接诉即办”工作提供依据和参考，推动“接诉即办”向“未诉先办”积极转变。将被审计单位“接诉即办”原始响应率、满意率、解决率等指标执行情况纳入审计范围，将群众反映强烈、多次反映的问题作为审计线索，给予重点关注。将“接诉即办”工作作为领导干部经济责任审计重要评价指标，推动被审计单位“五个亲自”和“一把手抓、抓一把手”等有关工作制度落实。充分发挥审计“经济体检”功能，加强对历史案件类型、群众共性诉求、投入的相关资金总体情况等信息分析，对资金使用的合理性、合法性、效益性给予监督和评价。

（刘皓楠　王珊婷）

【区卫健委经济责任审计】 年内，区审计局以推进区域卫生健康事业发展，关注民生领域问题为出发点，在对区卫健委经济责任审计中做到聚焦“十三五”规划、区折子工程落实情况、聚焦基层医疗体系建设情况、聚焦重大卫生健康项目实施情况，提升审计质量。

（田　纯）

【督促推进各单位审计问题整改】 年内，区审计局工作人员到潭柘寺人民政府、区公共工程服务中心和区公安局等单位督促推进审计问题整改工作。区审计局向相关单位逐一审查审计问题整改情况，对各个问题的整改提出了相关建议，要求落实审计整改主体责任，加快推进仍在整改问题的工作进度，逐一明确整改措施及期限，确保审计问题逐条逐项整改到位。

（张钊铭）

【审计整改工作】 年内，区审计局推进审计整改工作，通过整改促进资金拨付、盘活存量资金、完善相关制度，取得明显成效。截至11月底，门头沟区2019年度区级预算执行和其他财政收支审计查出的问题超过90%已完成整改；未整改完毕问题均制定整改计划，明确整改期限。

（朱 莎）

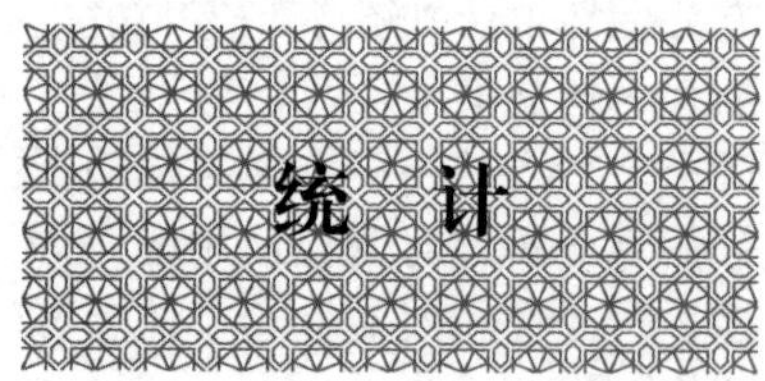

统 计

【概况】 2020年，区统计局响应门头沟区疫情防控“千人战役”的号召，班子成员先后参与下沉值守和督查检查156人次，局队派出统计干部3062人次，24小时参与军庄镇军庄村和永定镇梧桐苑社区卡口防控，检测人员体温，检查居民出入证，防控志愿工作得到村、社区的高度评价，社区对局队防疫志愿服务工作赠予锦旗。根据常态化防疫要求，抽调6名统计干部到大峪街道向阳社区和增产路社区，指导社区常态化疫情防控工作。节假日期间，累计派出统计干部191人次下沉社区一线，在增产路社区黑山北小街11号院、4号院、增产路21号院开展常态化疫情防控专项行动。选调统计业务骨干进入全区疫情防控领导小组社区（村）防控组，开展数据统计上报、社区防控管理、重点人核查等工作。自2020年1月15日以来，周末无休，累计排查登记重点人员11.2万人，编写社区（村）防控信息300余篇，在地区疫情防控关键时间、关键点位，发挥了统计的关键作用。

坚守统计数据质量生命线，以实事求是为原则查实情、报真数。年内，修订数据质量管理相关制度，为数据质量管理提供基本遵循。修订《门头沟区统计质量全过程管理办法》《门头沟区统计数据质量审核评估办法》，加强对数据质量审核评估过程的管理和监督，为数据质量控制提供制度保障。打破以往业务指导方式，在疫情防控期间建立与企业、调查户等调查对象的线上联络渠道，利用微信群及时解答调查对象问题，通过视频会议、视频培训加强业务指导，充分发挥线上实时沟通优势，对报表中反应的变化及时跟进开展线上调研，全力保障源头数据质量。开展复工复产行业动态监测。持续关注经济数据变动与变化趋势，开展中小微企业生产经营情况调查，了解企业复工达产情况，系统评估企业受疫情影响程度。开展各行业动态监测，注意数据横纵两个层面的对比，特别关注固定资产投资、房地产开工项目、商业设施建设、消费市场情况、旅游业发展状况等受疫情影响严重的重点指标，在动态监测的基础上，开展随机抽查调研，做好区域经济运行的预警、预判。

年内，完成执法检查任务312家，其中常规执法检查60家，专项执法检查250家，催报2家。作出行政处罚单位9家，其中简易程序8家，一般程序1家。年内，推进门头沟区第七次全国人口普查。第七次全国人口普查是中国特色社会主义进入新时代开展的重要国情国力调查，为完善地区人口发展战略，客观反映人口发展状况，推动地区高质量发展提供详实准确的统计信息支持。区普办累计23周停休，登记期间24小时在岗。克服疫情期间入户难等一系列问题，落实经费与物资保障，广泛开展普查宣传动员，选聘380名普查指导员和2364名普查员，分级分批进行25场普查培训，历时8个月，完成了对全区所有居民的普查登记工作。经北京市人普办事后质量抽查，门头沟区普查数据质量全市前茅。

年内，开展第四次全国经济普查资料开发。编印《门头沟区第四次全国经济普查主要数据公报》《门头沟区第四次全国经济普查数据摘要》，汇总形成《门头沟区第四次全国经济普查年鉴》，充分利用普查成果服务地区发展。围绕门头沟区医药健康产业、文旅体验产业、消费市场升级等地区发展中心工作，完成10项经普立项课题。加强部门联动，建立部门间数据共享机制。局队以规范部门统计报表制度为抓手，加快完善统计数据综合管理平台，在数据资源整合上取得较大突破。明确局队存储工作统一归集整理要求，建立《数据发布制度》，完善部门数据共享制度，对统计数据和统计资料的上报、提供和发布全方位管理，全年累计发布统计数据18283笔。四是创新统计科研产品，展现统计服务新活力。制定并完成全年统计重点研究课题23项，撰写全年政务及经济形势分析信息309篇次，撰写《把握经济复苏节奏 聚焦潜在问题矛盾——门头沟区前三季度经济形势分析及发展建议》《“减法”中实现“加法”：如何推动产业“提优转型”——门头沟区经济转型升级成效及潜力分析》等5篇分析报告进入北京市优秀统计分析报告评比终评阶段。局队派出青年干部参加2020年度全市统计建模大赛，从22支代表队中脱颖而出，最终获得优胜奖，连续两届蝉联建模大赛前三名。

单位名称：北京市门头沟区统计局、北京市门头沟区经济社会调查队
地　　址：北京市门头沟区中门寺街16号东楼6-8层
电　　话：69843287
邮　　编：102300

（高　莹）

【统计调查与研究】　1月3日，门头沟局队开展S1线对居民出行影响调查。3月12日，门头沟局队开展疫情期间电子商务调查。3月12日，门头沟局队开展疫情期间小微企业生产经营情况调查。3月16日，门头沟局队启动低收入农户监测调研工作。3月20日，门头沟局队开展重点企业复工情况“调研周”活动。5月13日，门头沟局队开展商业可持续性发展研究。5月19日，门头沟局队开展中小微企业房租减免政策落实情况专题调研。5月26日，门头沟局队完成疫情期间民办幼儿园发展状况专题调研。6月5日，门头沟局队开展复工复学公共机构能源统计工作。6月5日，门头沟局队启动“京范儿消费季之嗨购门头沟”动态监测工作。6月15日，门头沟局队开展国家价格统计调查基期轮换调研。8月24日，门头沟局队开展“创建国家森林城市满意度”调查。8月28日，门头沟局队完成非公有制企业人才资源调查工作。11月13日，门头沟局队谋划“4+2”工程推进“十四五”时期统计发展。12月15日，门头沟区局队开展居民长距离出行调查。

（高　莹）

【统计监测】　1月7日，门头沟局队启动春节期间食品价格监测。1月20日，门头沟局队启动春节假日旅游监测。1月23日，门头沟局队部署疫情防控期间居民消费价格调查监测工作。2月11日，门头沟局队派出专项工作组参与门头沟区疫情防控数据分析。2月12日，门头沟局队启动消费品市场监测工作。4月20日，门头沟局队启动住宿餐饮业复工复产情况监测。6月16日，门头沟局队启动蔬菜价格应急日监测工作。7月10日，门头沟局队启动“疫情＋汛期”旅游市场统计监测。11月5日，门头沟局队启动冬季供暖能耗统计监测。

（高　莹）

【统计服务】　3月11日，门头沟局队完成新一轮限额以下商业样本轮换工作。8月7日，门头沟局队新增4条街道统计所统计专网线路。8月24日，门头沟局队举行“统计诚信单位”授牌仪式。

（高　莹）

【第七次人口普查】　4月16日，门头沟区第七次全国人口普查领导小组召开第一次全体会议。7月27日，门头沟区领导付兆庚对第七次全国人口普查经费保障工作提出要求。9月23日，门头沟区召开第七次全国人口普查部门协调推进会。10月11日至30日，门头沟区组织开展人口普查摸底工作。10月20日，北京市统计局总经济师到门头沟区调研人口普查摸底工作。10月31日，门头沟区人普办组织开展人口普查“零点行动”。

（高　莹）

【统计法治建设】　4月30日，门头沟局队积极备战《调查单位基本情况（101表）》专项执法检查。5月27日，门头沟局队完成101表专项执法检查工作。10月30日，门头沟局队完成全年执法检查任务。11月25日，门头沟区局队完成2020年案卷后期处理工作。12月2日，门头沟局队开展“12·4”统计法治宣传活动。

（高　莹）

市场监督管理

【概况】　2020年，门头沟区市场监管局304名党员干部职工在疫情期间向组织递交请战书，273名党员主动捐款2.48万元；同时按照区委“千人战疫”专项行动要求，党员干部累计下沉社区2136人次，累计时长1.9万小时，先后3个社区送来锦旗表达谢意。

年内，落实非住宅类注册、压缩企业办事时间、直接审核和简易注销等工作，并全力做好千人千题的备考工作，截至2020年12月31日，门头沟区实有市场主体49907户，同比增长11.18%。年内，推动实现应报尽报，2019年度内资企业年报率96.13%；外资企业年报率94.39%；个体工商户年报率85.39%；对未开展年报公示的市场主体与税务部门联合核定其经营状态，对符合吊销条件的予以吊销，已清理市场主体1034户。

年内，对食品、食用农产品、常用药品、医疗器械和化妆品等38大类与群众生活密切相关的食品药品抽检监测全覆盖，区级食品药品抽检任务已全部按时完成，不合格产品按照法律规定进行核查处置。年内，区市场监管局共办理食品类行政处罚案件20件，其中简易程序8件，一般程序12件，罚没款共计475632.1元。开展网络交易诉求突出问题、大气污染防治、蓝天保卫战、“扫黑除恶”、保健食品、食用油专项、固体饮料等45类专项执法行动；累计出动15326人次，检查市场生产经营主体26172户次，查处违法案件185件，罚没款合计475.75万元，与去年同期相比增长269.06万元，同比增长130.17%。年内，汇总餐饮、流通、药械、市场、物价等领域疫情防控检查内容，整合成17条检查要点，制成《疫情防控工作检查表》；加大对产品价格的执法力度。价格类立案31件，罚没款96.5万元；疫情二次爆发以来，紧急组织开展了餐饮、农贸市场、食品流通、美容美发、食品生产等专项排查工作，共排查相关企业3182家，核酸检测从业人员12302人，检测结果均为阴性；与区卫健委、商务局建立联动机制，强化冰鲜冷冻食品疫情防控，每周对大型超市、餐饮、食品生产等重点企业的冷库进行二次核酸抽样检测。年内，区市场监管局被评为北京市抗击新冠肺炎疫情先进集体。区消协被中国消费者协会授予“2018-2019年度全国消协组织先进集体”荣誉称号。年内，中心充分发挥妇女同志的中流砥柱作用，争当新时代女性楷模，获“北京市三八红旗集”称号。

单位名称：北京市门头沟区市场监督管理局
地　　址：北京市门头沟区滨河路70号
电　　话：69869749
邮　　编：102300

（刘淑伍　张付凯）

【严惩重处涉“疫”价格违法行为】　自疫情发生以来至2月19日，区市场监督管理局共立案查处疫情防控案件17件，已办结11件，罚没款合计616360元，吊销营业执照1户。已办结11起案件全部为价格违法案件，其中哄抬价格案3件，罚没款合计60万元，吊销营业执照1户。

（刘淑伍　张付凯）

【元宵节食品安全保卫战】　元宵节，区市场监督管理局50余名干部职工在岗在位，确保节日期间村居防控一线不脱节，共检查元宵节销售经营者273户次，检查计量器具30余台，开展快检18批次，消除食品安全隐患6起。

（刘淑伍　张付凯）

【清明节期间市场运行平稳有序】　清明节期间，区市场监管局继续巩固疫情防控成果，全面做好节日期间监督执法，共出动执法人员56人次，检查主体90余户次，受理投诉举报16件，以实际行动筑牢疫情防护网。

（刘淑伍　张付凯）

【“世界认可日”宣传活动】　6月5日，区市场监督管理局执法人员到18家主要企业和检测机构，面向工作人员发放宣传手册15份，粘贴宣传海报18份，解答企业疫情防控期间遇到的难题。6月9日，组织全体执法人员观看第十三个“世界认可日”主题宣传活动，集中学习最新法律法规知识，尤其是疫情防控常态化条件下认证认可新规定，提高服务企业的能力。

（刘淑伍　张付凯）

【美发美容行业完成全员核酸检测】　6月28日，全区300余名从业人员先后来到位于门头沟区京浪岛的核酸检测点位，执法人员按照台账和人员到达情况进行分组，做到“先来先测、先测先走”，全区美容美发行业首轮大排查完成全员核酸检测。

（刘淑伍　张付凯）

【“黎明行动”价格检查】　6月29日，区市场监督管理局执法人员到鑫源聚鑫丰农副产品市场（以下简称鑫源市场），开展价格检查“黎明行动”，经查，西红柿、黄瓜、茄子、土豆、苹果、西瓜等家常蔬菜水果品种齐全，供应充足，价格平稳，进口果蔬产品稀缺。

（刘淑伍　张付凯）

【无证无照经营整治点位完成区级验收】　7月16日、8月11日、8月14日，区联席办组织相关部门开展验收，17户无证无照经营整治计划点位验收完毕，并提交市联席办审核。

（刘淑伍　张付凯）

【13个镇街市场监管所全部挂牌成立】　7月31日至8月4日，门头沟区市场监管局大峪所、城子所、龙泉所、永定所、东辛房所、王平所、大台所、雁翅所、斋堂所、清水所、军庄所、妙峰山所、潭柘寺所等13个基层所先后挂牌，至此，全区所有镇街市场监管所正式成立。

（刘淑伍　张付凯）

【新添一家“放心肉菜示范超市”】 8月27日，北京物美京门商贸有限公司新桥大街店被正式授予“放心肉菜示范超市”称号。

（刘淑伍　张付凯）

【北京市冷链食品追溯平台推广应用】 11月1日，北京市冷链食品追溯平台正式推广应用，执法人员结合冷链食品的特殊性，通过查平台、查文件、查防护、查分区等措施，切实做好人物共防；门头沟区已在平台注册的各类生产经营企业共计66家，涉及肉类水产品进出口企业25家，收发货累计101批次，共计9.3吨。

（刘淑伍　张付凯）

【排查不合格及假冒化妆品】 年内，区市场监督管理局以化妆品专卖店、商超、美容院、理发店等化妆品经营使用单位为重点，随机抽查在售的染发膏（霜）和修护面膜产品，共检查经营企业43户次，排查各类化妆品300余批次，未发现通告中涉及到的产品，摸排过程中发现并取缔一家“黑美容院”。

（刘淑伍　张付凯）

【“年夜饭”专项检查】 年内，区市场监督管理局制发《关于做好2020年餐饮服务环节“元旦”“春节”期间监管工作的通知》，对蔬菜、水果、食用油、鲜蛋等40批次重点食品进行抽样检测，采取峰时执法、错时检查，查细节、查隐患；督促“年夜饭”承接单位及时备案，落实进货查验、索证索票、食品留样等管理制度，密切关注充值返利、预交押金、套餐价格等情况，严防哄抬物价、价格欺诈及不合理收费。

（刘淑伍　张付凯）

【2019年度成品油抽检】 年内，区市场监督管理局对在售商品进行抽检。共完成成品油抽检40组，包括92号汽油、95号汽油、-10号柴油及-20号柴油等重点品种，监测结果全部合格，合格率达到100%。

（刘淑伍　张付凯）

【“网剑”行动】 年内，区市场监督管理局梳理网络主体数据8000余条，对301户网络经营者开展双随机抽查，发现违法数量28条、纠正违法数量28条；排查网站1502个，责令整改网站11个，自行监测互联网广告6903条次，查处涉网案件67件，罚没款34.13万元；对接诉即办涉网企业建立台帐，开展行政指导27次、行政约谈11次。

（刘淑伍　张付凯）

【妥善解决“年夜饭”退费难题】 年内，区市场监督管理局通过对群众诉求的逐一登记、列表比对，属地监管所积极与辖区承接“年夜饭”的主要餐饮经营单位深入沟通，总结归纳出商户可接受且消费者认同的退餐、退定金的问题解决方式，全局收到“年夜饭”相关投诉举报150件，监管人员不断摸索，总结提炼出行之有效的“菜单工作法”，成功解决且市民满意140件。

（刘淑伍　张付凯）

【药械资质容缺办理开设绿色通道】 年内，16家物美超市网点因集团在全市均进行申报，书面材料短时间内无法全部提供，区市场监督管理局综合衡量企业日常经营状况、投诉举报数量、违法违规情况及风险分级结果，特别为物美开设绿色通道，仅收取一份承诺书和必要的录入数据信息材料，16家物美网点的二类医疗器械经营资质均办结完毕。

（刘淑伍　张付凯）

【规范“3·15”期间市场秩序】 年内，区市场监督管理局线上发布北京市、门头沟区消费者权益保护工作状况和主要数据，公布2020年度“诚信服务承诺单位”名单，播放主题公益宣传广告和消费知识讲堂；线下投放130个“凝聚你我力量”“3·15”主题宣传展板。出台《关于进一步开展公平竞争审查工作的通知》，组织4次业务学习，共收到各成员单位关键咨询34件，做到严格把关。

（刘淑伍　张付凯）

【查处哄抬口罩价格行为】 年内，区市场监督管理局接群众举报，某公司自动售卖机中销售的“3M”一次性口罩价格涨幅过高，涉嫌哄抬物价。经查，该公司将进货价3.5/个、平时售价12元/个的“3M”一次性口罩，先后以25.00元/个和30.00元/个的单价对外进行销售，涨幅达108.3%和150%，已构成哄抬价格的违法行为，区局依法责令当事人立即改正，罚款10万元，罚款缴纳完毕。

（刘淑伍　张付凯）

【推动注销便利化改革落地落实】 年内，区市场监督管理局面向全体业务受理人员开展理论知识培训，组织代理机构、银行及相关部门，执法人员走进工业园区和主要商圈开展送法上门活动，结合日常检查和企业年报等工作，广泛宣传改革措施；在实际办理过程中，专门制作企业告知书，实行“一窗办理、内部流转、显示办结”，推动企业注销“一网服务”。门头沟区共办理注销1847户，其中简易注销852户，全程电子化注销23户，有近一半的企业享受到注销便利化政策。

（刘淑伍　张付凯）

【知识产权周宣传】　年内，区市场监督管理局在8个大型商超、市场张贴海报120张，宣传展板40块，利用龙湖天街电子屏滚动播放知识产权周宣传片。4月21日，特邀“雅特”商标权利人，重点对消毒日用品开展检查，发现1户存在销售侵权商品行为，执法人员立案调查，扣押侵权消毒液16瓶。实地走访园区企业10户，发放《北京市企业知识产权服务指引》100册；深入机关，开展2场商标侵权执法培训活动，培训成员单位和执法干部40余人次。

（刘淑伍　张付凯）

【“世界计量日”系列宣传活动】　年内，区市场监督管理局围绕“北京市生活垃圾管理条例”，在京客隆等大型商超开展限制商品过度包装的宣传，向百姓发放过度包装的宣传彩页、可循环利用的购物布袋，现场讲解相关法律法规常识，活动期间共发放宣传彩页700余份，接待群众咨询20余人次。

（刘淑伍　张付凯）

【排查“3·15”晚会曝光的问题食品】　年内，区市场监管局发动重点餐饮单位开展自查自纠，立即暂停销售和使用标识产地为“山东即墨”“山东蓬莱”“福建霞浦”的海参食品并进行封存。经查，门头沟区有1家“汉堡王”门店，不涉及“3·15”晚会曝光问题，共检查食品流通企业和餐饮单位110余家，暂未发现相关问题海参产品销售和使用。

（刘淑伍　张付凯）

【“五进农村”对接帮扶】　年内，区市场监督管理局党员与重点户对接114户次，为帮扶村投入资金7000余元。

（刘淑伍　张付凯）

【推进企业注销便利化解决“注销难”】　年内，区市场监督管理局通过网站、微博及办事窗口广泛告知企业注销便利化改革举措，继续完善企业简易注销登记制度，试点将非上市股份有限公司和农民专业合作社纳入简易注销适用范围、将公告时间由45天压缩至20天、建立容错机制等举措，对于被终止简易注销登记的企业，允许其符合条件后再次依程序申请简易注销。已有1321户企业通过简易注销程序发布简易注销公告，完成企业注销。

（刘淑伍　张付凯）

【打击销售长江流域非法捕捞渔获物】　年内，区市场监督管理局印发《北京市门头沟区市场监督管理局开展打击市场销售长江流域非法捕捞渔获物专项行动》和《关于禁止经营长江鱼野生鱼承诺书》；坚持问题导向，清理水产经营企业、餐饮单位、广告宣传用语，禁止一切媒介发布出售、购买、利用野生动物及其制品的违法广告；出动执法人员237人次，检查餐饮单位、商场超市、农贸市场共121家、监测广告889条次，暂未发现经营涉及长江流域非法捕捞渔获物的违法行为。

（刘淑伍　张付凯）

【冷库及从业人员排查“回头看”】　年内，区市场监督管理局执法人员重点检查冷库温控监测管理，防止脱冷和食品变质，查看冷库温度监测设备的运行状态，确保定期测定并记录冷冻冷藏食品温度，查阅企业索取并保存的动物检疫合格证明、肉品品质检验合格证明及进口冷链食品核酸检测证明，督促落实冷库及从业人员清洁、消毒、通风、个人防护等卫生防疫措施。共排查相关企业46家，冷库55间，从业人员178人。

（刘淑伍　张付凯）

【支持中小微企业高质量发展】　年内，区市场监督管理局激活优惠政策叠加效应，整合减税降费、信贷融资、知识产权保险试点、失信企业完成信用修复等优惠政策“服务包”，累计减税降费2.67亿元；激活多方服务带动效应，通过视频会议、实地走访、问卷调查等方式，开展计量需求、知识产权保护、资金链和产业链现状等专项调研，主动纾困解难；激活金融信贷赋能效应，推出“小微快贷”“云义贷”等优质信贷产品，累计为500余家企业发放贷款4.49亿元，激活优势产业集群效应，建立研发创新项目专项资金、标准化试点，支持大企业集团化、规模化、集约化，带动中小微企业发展。

（刘淑伍　张付凯）

【有机宣传周系列活动】　年内，区市场监督管理局在主要街道和重点企业设立宣传平台，向过往市民发放宣传材料，普及有机认证的概念、内涵及相关消费知识；向经营者宣传有机认证法律法规，引导规范企业按照《有机认证管理办法》合法开展生产经营活动，共发放宣传材料40余份。

（刘淑伍　张付凯）

【接诉即办】 年内，区市场监督管理局共收到“接诉即办”3340件，比去年同期增长285.24%，“三率”成绩较去年同期相比，解决率、满意率均提高10%，呈现“增量升率”的势头。

（刘淑伍　张付凯）

【双打“铁拳”行动战果突出】 年内，区市场监督管理局聚焦侵权假冒高发频发的重点市场、重点领域、关系人民群众健康安全的重点商品和北京冬奥会涉奥商品，前三季度，共出动429人次，检查辖区重点实体市场37个次，查处商标侵权、商标代理、假冒专利及其他专利等各类案件共计29件，罚没款合计115.8万元。

（刘淑伍　张付凯）

【食品安全工作】 年内，区市场监督管理局完成15个基层市场所挂牌组建，组织执法人员参加外出培训、上级调训、专职培训和局内业务培训共10余次，全面提升问题发现能力；区委、区政府连续多年列入为民办实事重要任务，并纳入重要议事日程，多次召开会议专题研究食品安全党政同责等重点工作；完成区级食品抽检任务1250件，发放“保健食品消费提示”海报300张；打击市场销售长江流域非法捕捞渔获物专项行动以来，发放禁止捕捞、加工生产经营、食用野生长江鱼海报800张，发放《关于禁止经营长江鱼野生鱼承诺书》200份。

（刘淑伍　张付凯）

【企业注销提速 新陈代谢平稳】 年内，全区注销企业1718户，吊销1007户，注吊销市场主体共2725户，同比增加24.26%。其中内资非私企业239户，同比增长10.65%；私营企业1825户，同比增长17.14%；外商投资企业5户，同比减少44.44%；农民专业合作社21户，同比增长162.50%；外国企业常驻代表机构1户；个体工商户634户，同比增长57.71%。

（刘淑伍　张付凯）

【过期疫苗集中销毁】 年内，区市场监督管理局集中销毁过期疫苗2000余支.待销毁疫苗来自辖区19家预防接种单位，是自2017年至今超温或超过有效期的疫苗，疫苗产品涉及麻腮风联合减毒活疫苗、流感疫苗、脊髓灰质炎灭活疫苗等30余种，2835支。执法人员严格按照程序，核实疫苗产品的生产厂家、产品批号、疫苗效期、报废数量等信息资料，由三方签字确认登记，交由专业环保技术有限责任公司无害化处理。

（刘淑伍　张付凯）

【供暖锅炉运行检查】 年内，全区共有供暖锅炉70台，实际投入运行的有60台。

（刘淑伍　张付凯）

【防疫执法全覆盖检查】 年内，区市场监督管理局对照《秋冬季疫情防控重点检查清单》，着重检查市场主体环境卫生、顾客管理、从业人员防护、场所及工具消杀、场所通风、冷链食品管理、制度建设、宣传教育等八大类33小项，共检查“五类”（商务楼宇、商场超市、餐馆、工业企业、建筑工程参建单位）之外市场主体449户，发现不戴口罩进店、未严格扫码入店、聚集扎堆、环境消杀不及时等问题要求商户立即进行整改。

（刘淑伍　张付凯）

国有资产监督管理

【概况】 2020年，北京市门头沟区人民政府国有资产监督管理委员会（简称区国资委）召开国资委系统党建暨国资国企工作会，总结2019年工作，部署2020年重点任务。制定国资委2020年目标管理任务书，确定70项工作任务，其中重点工作30项。召开党委会26次，研究“三重一大”决策事项216个。制定《门头沟区国资委系统2020年全面从严治党（党建）工作要点》，召开国资委系统党建工作会。研究制定《关于以红色门头沟党建为引领进一步加强国有企业党组织建设的实施意见》，推动8家区属国有企业落实“党建进公司章程”。认真落实《门头沟区国资委党委意识形态工作责任制实施办法（试行）》，年内，上报舆情信息15篇。

年内，新发展党员18人。研究优化企业领导班子配备，选任国企领导班子成员及董事会、监事会成员16人。加强后备人才培养，做好党政机关8名科级干部到8家国有企业挂职工作。培训经营管理人才、党组书记等5期760人次。强化各级党组织书记抓党建工作的第一责任，召开系统党组织书记抓基层党建工作述职会，开展16家基层党组织党建述职。积极用好考核评价机制，把党的建设纳入企业领导班子经营业绩考核体系。对4家国有企业巡察问题进行督办，督促企业自查自纠。

单位名称：北京市门头沟区人民政府国有资产监督管理委员会
地　　址：北京市门头沟区新桥大街36号
电　　话：69854234
邮　　编：102300

（李　建）

【发展五大领域】　年内，区国资委指导京门商投公司进一步明确华远商业和中骏商业项目还建方案。强化灵山绿产品牌和扶贫双创分中心运营，推动300余种“灵山绿产”进景区、进民宿、进低收入村，销售受援地农副产品3000余万元。门城基础公司推进22项重点工程，文体中心项目和政务中心项目完成主体结构封顶。租赁房一期和二期项目有序推进。指导京西置地公司有序推进市级重点项目——三家店土地整理、石门营商办综合地块项目。指导山水旅游公司节支降本，压减费用。完成“两寺一山”景区2019年财务决算工作。开展斋堂、灵水2个子公司的兼并重组。指导鑫融投资公司回购石龙公司股权和思源总部基地项目。收回鸿远公司投资收益近千万元，增加2020年国有资本收益金额。指导保障房投资公司做好732户保障房租户的租金收缴及物业服务，完成257套保障房房源的装修。指导京门国资中心协调解决拆迁补偿和历史遗留问题。指导康奇物业公司做好国资系统47万平方米老旧小区的物业管理和垃圾分类工作。

（李　建）

【国资国企改革】　年内，区国资委打造区属国有资本运营平台，完成区属国有企业优质经营性资产梳理工作，与工商行、建行等5家金融机构对接，制定《门头沟区国有资本投资运营公司组建方案》，完成公司域名，组建工作专班。做好门城基础公司小股东退出，与4家小股东协商确定减资方案。理顺6家国企出资关系。投资成立精雕智创中心和109国道渣土项目公司。推进7200余名区属国有企业退休人员社会化管理工作，复函取得率和档案数字化移交率均为100%。完成4家企业的注销及兼并重组。制定《门头沟区全民所有制企业公司制改革工作方案》。推动区属国有企业做好华远、中骏项目等10万平方米商业设施接收运营。

（李　建）

【国有产权管理】　年内，区国资委减免416家中小微企业2月至4月房租783万元。拨付3家区属国企减免房租补贴329万元。对6家市属国有企业出租的152家中小微企业结合首都功能定位和疏解整治促提升进行梳理核对；对48家央企出租房产情况进行摸底。为10家企业办理产权登记和资产处置。完成轮胎厂清产核资和保障房公司实物增资的资产评估。完成2020年度国有资本收益1456万元。安排2020年国有资本经营预算支出827.4万元。编制2021年国有资本经营预算。做好2家国企部分国有资本收益充实社保基金工作。

（李　建）

【国有资产统计】　年内，区国资委监管企业资产总额87.7亿元，同比增长5.2%；负债总额36.5亿元，同比增长16.3%；所有者权益51.2亿元，同比降低1.5%；资产负债率41.7%，同比增加4个百分点。营业收入120496.3万元，同比降低0.9%；利润总额4158.3万元，同比减少1217.2万元；净利润3385.6万元，同比增长8.9%；上缴税金7079.1万元，同比降低9.8%。做好6家国企负责人经营业绩考核工作，按照百分标准对企业4方面16项指标完成情况进行综合评分，根据考核结果兑现2019年度企业负责人薪酬。制定2020年企业负责人经营业绩考核任务书，明确7家国企考核标准。完成2019年企业财务决算和2020年企业财务预算编制。制定《门头沟区国资委监管国有企业负责人履职待遇、业务支出管理实施细则》。

（李　建）

【国资监督管理】　年内，区国资委开展6家一级国有企业及16家分公司2019年企业年终决算审计，审计资产总额24.58亿元。完成2019年各企业内部审计工作报告。做好董事会和监事会工作，召开6家企业的董事会报告会和监事会汇报会。积极与相关部门和各企业沟通协调，做好市审计、国有企业资产管理专项审计、财务审计等工作，提供30余批审计资料并整改落实。制定《门头沟区国有企业违规经营投资责任追究暂行办法》。向区人大报告2019年度企业国有资产管理情况。

（李　建）

【国企疫情防控】　年内，区国资委成立疫情防控领导小组，制定《国资委疫情防控工作实施方案》。建立国有企业疫情防控联络群，及时传达市区疫情防控工作会精神。购置6.6万只口罩、体温计等防疫物资，保障系统企业复工复产。指导京门商投公司做好居民生活必需品储备工作。按照“四不两直”的方式，检查永辉超市、鑫源市场等20余处场所的疫情防控工作。增建国有企业专班，对18家央、市、区属国企的楼宇、经营场所开展指导检查。研究制定区属企业大人流开复工、物业管理、复工复产后疫情防控3个文件，针对国资系统自管小区物业及企业复工复产工作提出细化要求和举措。严格落实相关要求，做好秋冬季疫情防控工作。

（李　建）

【综合协调服务】 年内，区国资委落实对口帮扶任务，区属国企出资110万元对西藏堆龙德庆、内蒙古察右后旗和武川、河北涿鹿4个地区进行产业、劳务和健康帮扶。加大区级27个重点督办事项和党委会216个决策事项的跟踪督办力度。落实机关防疫工作，制定工作方案，做好出返京人员的登记跟踪并及时上报。协调解决国资系统自管老旧小区房屋的修缮除险等国企历史遗留问题30项。

（李　建）

【安保维稳和垃圾分类】 年内，区国资委解决59个信访件和“12345”热线转办件191件，做好全国“两会”等重点时期安保维稳工作。制定《“两会”期间安全生产保障工作方案》等6项方案下发企业，开展安全检查96次，检查178家次生产经营单位。贯彻落实《北京市生活垃圾管理条例》，开展宣讲活动15次，培训300余人次，发放宣传资料500余份；检查指导64家企事业单位垃圾分类情况。

（李　建）

【创城爱心服务】 年内，区国资委开展“千人战疫”专项行动，积极选派机关、事业单位干部244人次，完成27批次的下沉值守任务；组织系统451名在职党员到社区报到，参与社区服务5129人次；系统576名党员为抗击疫情，捐款54676元。持续开展“文明我先行 党员做先锋”主题实践活动，提升文明党员、文明党支部、文明党委的先进典型带动作用，通过59块宣传展板、43处宣传栏、10个横幅、5处电子屏、86份海报、发放300余份防疫宣传材料、设立7个宣传点位营造创城氛围，成立国资委机关、京门商投公司、区邮政公司、3支“门头沟热心人”志愿服务队，组织475名志愿者开展223次志愿服务活动。“两节”和疫情期间慰问抗疫一线职工、困难党员、困难职工、离退休干部、劳模等506人次。

（李　建）

农业农村

9月22日，王平镇举办农村丰收节暨京白梨"赶秋"大会（王平镇 供图）

◆| 10月，雁翅镇芹峪村村民修剪花椒树（《京西时报》 供图）

◆| 12月10日，清水镇椴木沟村举办险村搬迁新房分房仪式（清水镇　供图）

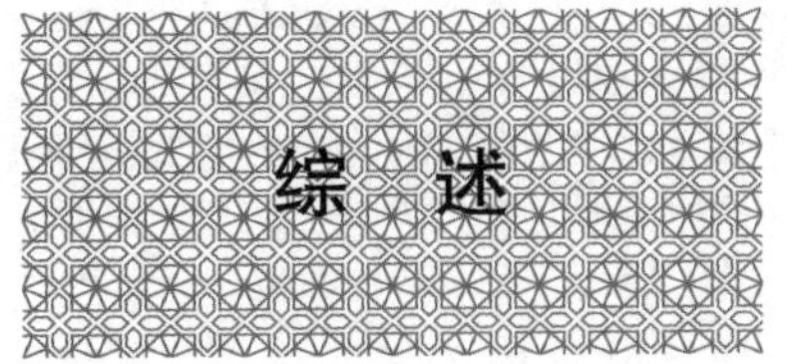

综　述

【概况】　2020年，区农业农村局加快落实乡村振兴战略，扎实抓好美丽乡村建设、低收入帮扶、险村搬迁、煤改清洁能源等各项工作，“国家农产品质量县”创建通过市级验收。全区低收入农户人均可支配收入18015元，同比增长17.9%，高于全市平均增速1.1个百分点，全市排名第二。全区4414户、7848人低收入农户，45个市级标准低收入村、29个区级标准低收入村全部脱低摘帽。年内，全区粮食播种面积6531.9亩，粮食产量89.88万公斤；蔬菜播种面积3261亩，蔬菜产量118.31万公斤。完成6块撂荒耕地恢复种植工作，种植面积100.19亩，同时在“留白增绿”专项行动中完成0.069293公顷15个地块土地复垦工作。

单位名称：中共北京市门头沟区委农村工作委员会
北京市门头沟区农业农村局
地　　址：北京市门头沟区石龙北路33号农林大厦
电　　话：69843144
邮　　编：102300

（赵　竹）

【农村工作会议】　5月15日，门头沟区深入推进文明农村人居环境、文明社区建设和“疏解整治促提升”专项行动暨2020年农村工作会议召开。会上，提出统筹做好新冠肺炎疫情防控和农村改革发展，坚决打赢低收入帮扶攻坚战，高质量完成美丽乡村建设三年行动计划，坚持“四个着力”（着力发展壮大农村集体经济、着力推动民宿发展、着力加大农村土地统筹规划和利用、着力打造精品农业）推动民富村兴，夯实农业农村发展基础，切实加强党对“三农”工作的领导。

（赵　竹）

【乡村大舞台展演】　9月29日，第三届中国农民丰收节暨第31届北京农民艺术节“梦圆小康礼赞丰收”乡村大舞台门头沟区专场展演活动在雁翅镇大村村举办。活动由市委农工委宣教中心、北京文化艺术活动中心、门头沟区委宣传部、区委农工委、区农业农村局、区文化和旅游局主办，雁翅镇党委、雁翅镇政府、区文化馆承办，全区相关部门、18家企业（合作社）和部分村民代表300余人参加。

（赵　竹）

【村“两委”负责人培训班】　10月28日，门头沟区2020村“两委”负责人培训班暨村“两委”后备干部示范培训班开班。培训班为期10天，采用“线上”+“线下分段教学”的方式进行专题培训，围绕“思想政治建设”“基层党组织建设”“城乡社会治理”及“发展绿色经济能力提升”等4个方面内容进行培训，共450余人参加培训。

（赵　竹）

【高素质农民培训班】　11月30日，门头沟区2020年高素质农民培训班开班。培训班分3期15天，以“门头沟小院+”三个一元素为主题，分别开展“门头沟小院+”美丽主人、“门头沟小院+”金牌厨娘和“门头沟小院+”绿领管家三类民宿实用技术培训。来自创艺乡居、百花山社、灵山木屋、隐北半山、诗雨麗舍等民宿的60名学员参加培训。

（赵　竹）

【禁养区重新划定】　年内，区农业农村局会同区生态环境局制定《门头沟区畜禽禁养区划定方案》，重新划定禁养区范围。

（赵　竹）

美丽乡村建设

【概况】　2020年，美丽农村建设坚持“村址不变、宅基地不变、胡同肌理不变、文物树木不变、一户一宅不变、老宅院不变”的“六不变”原则，在全市率先完成138个美丽乡村村庄规划（村庄规划简本）及实施方案编制工作。其中133个美丽乡村规划完成批复，138个美丽乡村创建村实施方案除永定镇卧龙岗村、斋堂镇吕家村外的136个村的实施方案通过区政府审批。分类实施农村地区“厕所革命”，累计改造完成农村公厕486座，基本实现公厕达标改造全覆盖。累计改造农村户厕4465户，基本全面消除旱厕，2020年农村户厕改造任务386户，全部完工。第一批58个村全部通过市级美丽乡村建设考核验收，其中15个示范村均通过“百村示范”村创建评定考核。138个美丽乡村创建村中，有131个村生活垃圾实现定时定点上门收集，“垃圾不落地”收运。

（赵　竹）

【农民丰收节举行】　9月22日，

王平镇在西马樱桃风情园举行“农民丰收节”开幕式，活动展示王平镇特色农产品品牌以及生态旅游资源。活动中，南港村、西马各庄休闲农场分别与相关企业就民宿、农业等板块签订村企合作框架协议。

（王　蕊）

【低收入农户分布】　年内，门头沟区持续监测的市级标准低收入村45个，区级标准低收入村29个，低收入农户4414户、7848人，分布在8个镇，115个村。其中，深山区清水、斋堂、雁翅3镇3582户，占比81.15%；浅山区潭柘寺、军庄、妙峰山、王平4镇818户，占比18.55%；门城地区龙泉镇14户，占比0.3%。永定镇无低收入农户。

（赵　竹）

【低收入村分布】　年内，门头沟区共有市级标准低收入村45个，其中潭柘寺镇2个村、雁翅镇13个村、斋堂镇10个村、清水镇20个村，深山区低收入村占比95.56%。区级标准低入村29个，其中清水镇9个村、斋堂镇10个村、雁翅镇1个村、妙峰山镇4个村、军庄镇3个村、王平镇1个村、潭柘寺镇1个村，深山区低收入村占比68.97%。

（赵　竹）

【低收入产业帮扶】　年内，区农业农村局安排低收入资金2940万元，推进实施低收入产业项目52个，全部完工。2016至2020年，累计投入产业帮扶资金1.77亿元，实施完成低收入产业项目199个，60%初见成效。

（赵　竹）

【低收入劳动力就业】　年内，全区共有低收入劳动力2670人，2592人就业，就业率97.1%。

（赵　竹）

【低收入帮扶基金救助】　年内，低收入帮扶基金助医、助学、体检、保险、特殊案例“一事一议”等5个项目对低收入农户开展救助，累计救助金额819.47万元，1.71万人次。

（赵　竹）

【险村险户搬迁】　年内，门头沟区累计完成5个镇29个村的险村险户搬迁工作。王平镇：西王平、东王平、韭园、东落坡、西落坡、桥耳涧、东马各庄、南涧。雁翅镇：珠窝、田庄、河南台、房良村。斋堂镇：柏峪、法城、龙门口。清水镇：黄安、八亩堰、黄安坨、洪水口、塔河、李家庄、江水河、椴木沟、黄塔、洪水峪。妙峰山镇：水峪嘴、炭厂、禅房、岭角。

（赵　竹）

【农村人居环境整治】　年内，门头沟区在138个村继续推进村庄清洁行动，重点创新文明农村人居环境整治综合考评机制，强化考核奖励，推动131个村生活垃圾实现定时定点上门收集，实现“垃圾不落地”收运。2019年至2020年，门头沟区138个村在市级6次农村人居环境全面核查中，验收通过率100%，综合排名全市第一，全面完成农村人居环境整治三年行动任务，获“2019年全国村庄清洁行动先进县”“2019年度农村人居环境整治成效明显的激励县”。

（赵　竹）

农业业态

【农村农业保险情况】　年内，门头沟区开设政策性农业保险、蜂业气象指数保险、农村房屋保险、乡村干部责任保险等4大类36个险种。试行的核桃保险、密植园果树树体保险、陆地花卉保险正式纳入北京市政策性农业保险统颁条款。全年农业保费收入不降反增，保额首次突破亿元大关，完成投保金额12401.13万元，比上年增长30.44%，连续五年增长超30%；投保农户1099户，比上年增加134户；保费收入825.43万元，比上年增长31.53%。主要投保险种包括苹果2637亩、梨2106亩、樱桃1668亩、杏1559亩、核桃1045亩，果树树体5501亩、露地花卉5093亩、密植果树树体1019亩、密植园果品种植险1309亩。年末，赔付农户数806户次，赔付金额776.03万元。农村房屋保险投保6093户，保费61.5万元；乡村干部责任保险投保1101人，保费17.62万元。

（赵　竹）

【农产品质量安全检测】　年内，区农业农村局完成1万份定性检测及320份定量检测任务，合格率100%。

（赵　竹）

【生态沟域建设】　年内，门头沟区在雁翅镇苇子水村、松树村、淤白村、田庄村打造田庄沟域，在潭柘寺镇草甸水村打造禅意悦心谷沟域。

（赵　竹）

【煤改清洁能源】 年内，王平镇西石古岩村、色树坟村、河北村，斋堂镇张家村，清水镇江水河村、黄安坨村、八亩堰村，龙泉镇大峪村坡头地区完成冬季煤改清洁能源工作。

（赵 竹）

【重大动植物疫病防控】 年内，门头沟区开展禽流感、口蹄疫、小反刍兽疫和鸡新城疫共16次集中免疫，累计发放疫苗69.44万羽、只、头。区疫情控制中心开展口蹄疫、高致病禽流感、鸡新城疫的抗体监测工作，共采集动物血液等样品2302份，累计开展实验室血清学和病原学快速检测等共6464份次，与村级防疫员共开展流调1125次。强化注册犬狂犬病免疫工作联动机制，加大犬狂犬病免疫宣传力度，发放狂犬病疫苗9450头份，犬免疫标识9450个。年内，强化疫情监控及督导工作，疫控中心出勤586人次，累计现场出诊11车次、41人次，累计排查疑似动物疫情6起。

（赵 竹）

农村经济经营管理

【概况】 2020年，门头沟区农村合作经济经营管理站（以下简称区经管站）坚持以党建引领为中心，坚持主题教育常态化制度化，推进“新三起来”工程，强化农村集体“三资”监管，调查研究全区低收入农户收入构成并提出帮扶举措，开展“三资”管理、农村产权交易工作、信息化、农村土地纠纷调解仲裁工作等各类培训班6期，在181个村开展村干部任期和离任经济责任审计，检查26个村村级财务公开情况，完成92项目标管理任务以及四级网络巡检与农村管理信息化动态维护。

单位名称：北京市门头沟区农村合作经济经营管理站
地 址：北京市门头沟区石龙北路33号农林大厦
电 话：69844255
邮 编：102300

（胡乐林）

【土地承包经营权确权登记】 年内，区经管站在4个镇83个村发放土地承包经营权证书，打印证书6128本，实际发6077本，发放率达到99.7%，基本完成发证工作目标，全市排名第三。

（胡乐林）

【经济合同管理】 年内，区经管站清理整改荒山荒滩合同312份，整改完成1047份农村家庭承包合同未兑现收益问题，整理1568份农村涉地经济合同并排查整改245份存在问题合同。

（胡乐林）

【经济监测】 年内，全区农村集体经济总收入10.8亿元，同比减少12.1%；全区农民人均所得实现25143元，比去年增加1046元，同比增长4.3%；农村集体经济总资产147亿元，同比持平；全区低收入农户收入全部脱低，低收入农户人均可支配收入实现25275元，同比增加6243元，同比增长32.8%。

（胡乐林）

【产权交易】 年内，区经管站组织实施农村产权交易18个项目，保底收益1.7亿元，涵盖8个镇17个村。项目种类涵盖土地类、实物资产类、经济事项类，其中土地类涉及土地面积230.74亩，实物资产类涉及房屋面积19935.26平方米，经济事项类项目涉及建设用地5.3万平方米。

（胡乐林）

【“三资”监管】 年内，区经管站完成9个镇91个村的农村集体“三资”监管定期检查工作，重点检查农村集体“三资”管理制度落实执行情况、财务票据管理以及相关农村重大事项民主程序履行情况。年内，区经管站累计查看191个村次26242笔账目，发出预警4次，涉及金额3061.5万余元。

（胡乐林）

【农民负担执法检查】 年内，区经管站完成农民负担执法检查，全区各项涉农收费减免政策均落实到位，未发现增加农民负担等违法违规现象。

（胡乐林）

工业信息化

4月，北京精雕科技集团生产车间（《京西时报》 供图）

综 述

【概况】 2020年，区科学技术和信息化局完成新冠肺炎疫情防控组网络环境搭建、“千人战疫”专项行动移动端建设，基于人口信令数据综合分析为疫情防控提供数据，做好科普宣传和“健康宝”推广，检查企业疫情防控工作1338家次，推荐精雕科技、量子金舟申报疫情防控重点保障企业，积极寻求防护物资供应渠道，筹集口罩、消毒液等；完成普惠政策宣贯活动8次，通过走访企业、电话沟通、惠普政策宣贯等形式，充分了解驻区企业现状并针对惠企政策落实存在问题提出建议。年内，门头沟区高新技术企业保有量达479家，高新企业申报252家，认定区级众创空间1家；技术合同登记124项，技术交易成交额31.2亿元，同比增长83.3%；卖方输出技术合同106项，技术交易成交额19.3亿元；获“创客北京2020”优秀分赛区，3家企业进入“创客北京”150强，刘华兴团队进入“创客中国”200强。

单位名称：北京市门头沟区科学技术和信息化局
地 址：北京市门头沟区新桥大街40号
电 话：69864977
邮 编：102300

（苏宇声）

【安全生产检查】 1月，区科学技术和信息化局安全生产领导小组到灵山基地、王平科技开发实验基地、韭园展示园开展春节前安全生产大检查，重点检查园区消防器材、用电安全、水电线路的防冻保温措施等内容。

（苏宇声）

【新冠肺炎疫情防控】 1月，区科学技术和信息化局启动应急保障机制，完成区新冠肺炎疫情防控工作领导小组办公室网络环境搭建工作，重点做好全区网络设备运行状况监控，针对突发公共卫生事件可能导致的网络故障问题及全区IP网、交换网、业务平台和传输网进行巡检和隐患排查，确保新冠肺炎疫情防控期间网络通信畅通。2月，为区卫健委提供应急通讯设备保障内部通讯畅通，协助区委组织部网络平台提供技术支撑，协调各运营商对覆盖区卫生医疗、应急管理等重点单位的通信基站进行重点监控、优化，确保疫情防控期间网络通信畅通，为雁翅中小学素质教育基地开通有线电视62端，安装机顶盒51台，保障新冠肺炎隔离定点按时启用。年内，为保障区科技项目工作在新冠肺炎疫情防控期间顺利开展，区科信局做好项目开展准备工作，推行“不见面”方式管理，全力保障项目实施条件。

（苏宇声）

【双拥工作】 7月，区科学技术和信息化局主要领导看望慰问驻地官兵，并开展以“科普进军营”为主题的特色双拥活动，把科学知识、科学精神、科学思想、科学方法带给部队官兵。

（苏宇声）

【创建全国文明城区】 年内，区科学技术和信息化局围绕创建全国文明城区工作指标要求，加强对辖区移动、联通、电信等运营商营业厅的实地检查，严格检查标准和力度，丰富检查形式与内容，完善与各运营商的常态化工作沟通机制。

（苏宇声）

工 业

【2019年高新技术企业认定情况】 截至2019年年底，门头沟区高新技术企业总数达477家，同比增幅69%。2019年当年新认定（不含证书到期需重新认定企业）企业203家，增幅133%。477家高新技术企业领域分布情况为电子信息267家，占比56%；高技术服务79家，占比16.6%；先进制造与自动化57家，占比11.9%；资源与环境25家，占比5.2%；生物与新医药21家，占比4.4%；新能源与节能17家，占比3.6%；新材料9家，占比1.9%；航空航天2家，占比0.4%。

（苏宇声）

【企业复工复产服务】 2月17日，门头沟区29家规模以上工业企业中20家企业恢复生产，复产率69%。2月，区科信局建立抗击新冠肺炎疫情企业开复工工作群，形成与企业之间的高效沟通机制，对北京精雕科技集团有限公司、北京双吉制药有限公司、北京南丁格尔科技发展有限公司等已复产企业进行调研，指导企业科学合理制定防疫工作方案、严格落实防疫各项措施，同时及时掌握企业复产存在的困难和问题，并针对性地开展服务工作。6月，通过短信、微信等形式向全区制造业企业、高新技术企业、服务包企业以及移动、联通、电信、歌华等4个运营商等470家次企业发送《关于做好近期复工复产疫情防控工作的通告》。7月27日，首都科技条件平台门头沟工作站到熙容智能科技有限公司进行服务走访，精准挖掘企业科技需求，利用首都科技创新券助力企业复工复产。8月5日，区科信局在线解读首都科技创新券新政策，17家企业参会。13日，举办政策微讲堂，向20余家企业介绍首都科技条件平台能为小微企业和创业团队提供科技服务的658家重点实验室，33家专业服务机构的基本概况。

（苏宇声）

【企业对接科研院校】 5月20日，北京九仙草农业科技发展有限公司就名贵中药材有效成分提取的检验检测、中药材新品种引进及良种选育等技术难题和北方工业大学教授通过腾讯视频进行科技需求对接。6月11日，首都科技条件平台门头沟工作站以腾讯会议形式举办2020年“百家重点实验室进千家企业”对接会，20多家企业参会，初步达成合作意向4项。12月16日，首都科技条件平台门头沟工作站在石龙创新大厦举办2021年“百家重点实验室进千家企业”对接会，15家企业参会。

（苏宇声）

【创新创业大赛门头沟赛区赛事】 7月7日，2020年“创客中国”北京市中小企业创新创业大赛暨“创客北京2020”创新创业大赛门头沟赛区启动，赛事设窗口平台、区级两类。8月19日，“创客中国”北京市中小企业创新创业大赛暨“创客北京2020”创新创业大赛门头沟赛区复赛及颁奖仪式在德山大厦举行，10个项目进入复赛，涵盖人工智能、大健康、绿色节能、文化创意、集成电路等高精尖产业领域，最终8个项目获得推荐参加北京市决赛。9月11日，2020年“创客中国”北京市中小企业创新创业大赛暨“创客北京2020”创新创业大赛150强项目产生，中科视语（北京）科技有限公司（项目名称：Mars—全息智能化城市解决方案）和北京瑞途科技有限公司（项目名称：智能巡检机器人）进入企业组100强，刘华兴团队（项目名称：北斗三期四模5G十一频卫星导航SOC芯片产业化项目）进入创客组50强与“创客中国”中小企业创新创业大赛200强。

（苏宇声）

【高新技术企业报送情况】 年内，区科信局收到报送高新技术企业252家，其中首次申报企业160家，占63.49%。报送企业中，电子信息109家，占43.25%；高技术服务71家，占28.17%；先进制造与自动化28家，占11.11%；资源与环境17家，占6.75%；新能源与节能15家，占5.95%；生物与新医药7家，占2.78%；新材料3家，占1.19%；航空航天2家，占0.79%。

（苏宇声）

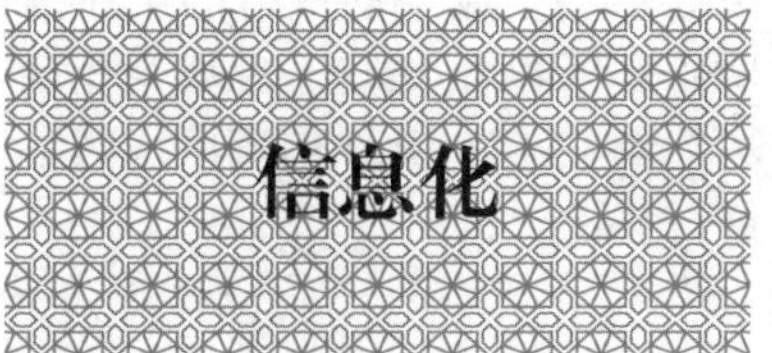

信息化

【基于北斗景区项目通过验收】 年内，基于北斗景区安全及配套设施关键技术研究与示范项目通过验收。课题投入900万科技资金，基于智慧旅游和创建国家可持续发展议程创新示范区研究指标。课题完成智慧旅游调研方案、景区安全配套设施建设方案、实验区优化路径研究报告、智慧旅游发展模式及对策建议研究报告等工作内容，发表科技论文2篇，著作1部；开发一套北斗智慧景区监管系统，形成两种终端设备，终端定位精度、终端通信传输距离和基站通讯距离半径均达到任务书指标要求；制定景区应急事件实时动态预警推送和应急救援处理方案，研制优化预制装配式铝合金临时设施并在示范区示范300平方米。

（苏宇声）

【推进5G网络建设】 年内，共计划建设5G基站324个，截至12月底，完成全部建设任务。5G网络现已覆盖门头沟区城区主干路、六环路军庄镇至卧龙岗桥沿线、长安街西延长线沿线、S1地铁沿线等主要道路，龙湖长安天街、365PLUS购物中心、冯村商业街等重点商圈以及石龙工业园区、潭柘寺景区等重点园区及景点。完成石龙工业园区京西人工智能产业园5G人工智能试点工作。

（苏宇声）

【大数据相关工作】 年内，区科信局汇总编制《门头沟区2020年度公共数据开放计划》，完成18家单位共46条记录的汇总；完成对全区52家相关单位社会数据需求的调研工作，汇总门头沟区社会数据需求共计13条；完成区政务信息资源共享管理办法、数据标准及接口规范（《门头沟区政务信息资源共享申请和使用流程管理办法》《门头沟区大数据平台数据标准规范（征求意见稿）》《门头沟区大数据平台数据交换规范》）等文件的前期编制工作。配合区政服务局、区卫生健康委完成市、区两级数据交换工作。

（苏宇声）

【传统基础设施赋能】 截至2020年年底，区信息中心作为牵头部门完成城子大街、新桥大街、新桥南大街、河滩路、双峪路、石担路、石龙北路等17条城区主干道，道路里程约22KM的物联网平台建设，共改造灯杆1020基，敷设光纤约92公里，安装无线AP 345个，实现AP信号覆盖范围内的免费上网；完成60套小型气象站建设，实现温湿度、风力风向及天空图像监测；建设完成智慧井盖监测设施30套，完成基于智慧灯杆的照明管理系统1套；配合雪亮工程完成70个点位共140个摄像头的安装并投入使用。

（苏宇声）

【政务云业务量持续增长】 年内，政务云平台现有应用系统达到37个，内存使用量3700G，硬盘使用量34T，所有入云系统均高效、稳定运行。

（苏宇声）

【支撑全区各单位疫情防控】 年内，区信息中心充分发挥各运营商大数据优势，基于人口信令数据综合分析，向区委组织部、各镇街等单位提供武汉返京人员实时数量、人员属性、年龄等信息并持续性输出报告。同时，为区内提供整体防控宣传等通知类信息的推送服务，为各单位疫情防控提供了有力支撑。

（苏宇声）

【政务网络安全得到有效保障】 年内，区信息中心完成门头沟区网络与信息系统安全风险和隐患排查，在自查和检查工作的基础上，进一步完善信息安全体系制度和措施，不断提升信息安全防护能力，加强信息系统等级保护工作。

（苏宇声）

【规范网站页面设计】 3月27日，区政府门户网站改版上线。此次改版已完成优化栏目设置和功能布局，规范统一页面框架、头尾标识、颜色搭配，实现与首都之窗整体协调、风格一致，展示首都一体化网上政府形象。

（苏宇声）

【诚信建设万里行活动】 11月，区科学技术和信息化局发放《北京市社会信用立法和“十四五”规划建言献策问卷》，发放范围为门头沟区的46个区社会信用体系建设联席会议成员单位，共发放问卷不少于200份并上报市经信局。

【信用修复培训】 12月17日，区科学技术和信息化局组织区级信用修复培训暨信用进企业活动，引导参会企业主动进行的企业信用修复承诺书42份，完成企业现场约谈13家，并在信用门户网站进行公示。

（苏宇声）

【持续推进重点领域政务诚信建设】 年内，区科学技术和信息化局开展重点领域失信问题治理，2020年门头沟区无政府失信案例。

（苏宇声）

【“诚信企业”“诚信人物”评选】 年内，区科学技术和信息化局组织开展2020年门头沟区“诚信企业”“诚信人物”评选活动。评选出“诚信个人”10名，“诚信企业”10家。

（苏宇声）

【信用（门头沟）网站升级改造】 年内，区科学技术和信息化局在2020年完成“信用中国（北京门头沟）”门户网站三期升级改造，建成公共信用数据库（一期），完善信用承诺、信用公示、信用修复和异议处理等功能模板，归集约4.7万条“双公示”数据信息，公示信用承诺信息129条，发布信用资讯动态信息1000余条。

（苏宇声）

【软件正版化工作】 年内，区科学技术和信息化局制定2020年软件正版化工作方案，组织召开培训会，检查单位共计73家，总人数6118人；共有计算机5889台、其中台式机5376台，便携机365台、服务器148台。

（苏宇声）

石龙经济开发区

【概况】 2020年，中关村科技园区门头沟园4.08平方公里，投入运营总部大厦建筑面积27.23

万平方米，建成暂未投入使用大厦建筑面积6.4万平方米，在建总部大厦建筑规模33.09万平方米。园区驻地企业249家，注册企业11164家，拥有高新技术企业333家，其中规模以上高新企业75家。年内，园区企业实现三级税收30.23亿元，占全区税收的38.44%；完成区级财政留成9.17亿元，同比增长25.67%。园区共新招引企业359家，其中央企子公司10家、国企1家、高新企业14家，拥有专利企业36家。新招引企业实现区级财政留成978万元。园区已建设科技企业孵化器11个，总面积12.2余万平方米，其中国家级众创空间1个、市级众创空间2个、中关村创新型孵化器4个、中关村硬科技孵化器1个、门头沟园双创示范基地9个。园区共有从业人员7700人，引进倪光南、李亚栋、Steve Furber等科学家。园区共有竞业达、立思辰科技、光环新网等上市企业3家，新三板企业12家。

单位名称：北京市门头沟区石龙经济开发区服务中心
地　　址：北京市门头沟区石龙经济开发区永安路20号
电　　话：69803404
邮　　编：102308

（亢　建）

【区文化创意产业协会成立】 1月15日，北京市门头沟区文化创意产业协会在中关村（京西）人工智能科技园·智能文创园揭牌成立，中关村京西发展公司董事长当选第一届会长，48家文创企业入会，是门头沟区文创领域唯一的综合性公共服务平台。

（亢　建）

【江泰保险提供COVID-19疫情保额】 1月，中关村科技园区门头沟园企业江泰保险经纪股份有限公司为参加医责险统保的医疗机构参与疫情防控的医务人员免费扩展增加新型冠状病毒感染的肺炎感染保障和死亡伤残保障，为医护人员提供超7000亿元保额。在武汉江泰保险的医责险客户有湖北省第三人民医院、金银潭医院、中南医院等10家医疗机构。公司安排专门人员进行对接服务，为武汉地区超1.8万名医务工作者提供超1亿元的保额。

（亢　建）

【减免入驻企业租金】 2月14日，德山M-Lab孵化器减免入驻企业2020年2月房租租金的50%，帮助企业共渡难关。

（亢　建）

【全自动飞行时间质谱系统】 2月25日，东西分析自主研发生产的Ebio ReaderTM 3700全自动飞行时间质谱系统（MALDI-TOF）入选中国医学装备协会推荐的《新冠肺炎疫情防治急需医学装备目录（第三批）》。MALDI-TOF平台筛查COVID-19新冠病毒应用方案具有快速、准确、安全、简便和灵敏度高的特点，采样时只需采集血液，无需采集呼吸道标本，不仅有效保护医护人员的安全，而且避免不同感染阶段采样部位可能出现病毒量的不足而导致的假阴性结果。

（亢　建）

【《新英雄儿女》MV】 3月11日，国家广播电视总局将园区企业北京英田影视文化股份有限公司出品的《新英雄儿女》原创MV列入“精彩短视频，礼赞新中国”主题宣传项目，并作为抗“疫”MV向新浪微博、爱奇艺、优酷、腾讯、百度、抖音、快手、搜狐、新浪等主流媒体推出。

（亢　建）

【隆恩智慧智能巡查车交付使用】 4月11日，北京隆恩智慧科技有限公司在中关村科技园区门头沟园阳光大厦广场举办多功能通用智能巡查车交付仪式。交付给北京路桥瑞通养护中心15台多功能通用智能巡查车，其可用于高速公路数据采集、日常巡检等工作。

（亢　建）

【德山科技获评国家级众创空间】 4月23日，国家科技部印发《关于2020年度国家级众创空间备案通知》，北京德山科技有限公司成为中关村科技园区门头沟园首家国家级众创空间。

（亢　建）

【招商引资大会】 4月24日，门头沟区招商引资大会在门头沟园石龙创新大厦创客艺术中心召开。会上发布《门头沟区进一步构建高精尖产业结构促进高质量绿色发展的若干措施》（简称“门十条”）。“门十条”围绕精准招商、产业培育、精准服务三大类，对初创期、发展期和成熟期3个阶段企业分别进行不同层面的支持。

（亢　建）

【自动消毒机器人投入使用】 6月，中关村科技园区门头沟园企业北京瑞途科技有限公司针对新冠肺炎疫情防控需要，快速开发出地铁车厢自动消毒机器人，其具备自主导航、一键启动、自动喷洒、远程监控、数据记录等特点，可以大大增加地铁列车的消毒频次、节省人工、保障公众乘客安全，率先在北京燕房线地铁投入使用。

（亢　建）

【核酸检测筛查】 6月22日，石龙经济开发区服务中心对园区内对重点行业、重点领域、重点人员开展核酸检测，确保园区广大职工健康入厂、平安生产，并对企业复工后各项疫情防控措施给予专业技术指导，保障企业安全复工复产。

（亢　建）

【中关村金种子企业路演】 9月，由中关村管委会主办，中关村科技园区门头沟园协办，中关村门头沟园智源创芯硬科技孵化器承办的“中关村金种子企业路演——门头沟区·智源创芯硬科技孵化器分会场”活动举行。活动中，7家企业先后进行路演汇报，路演评审专家分别从技术先进程度、知识产权能力、协同创新能力、合作伙伴及企业成长性、团队构建情况、企业及个人获奖情况、参与抗疫情况等7个维度对参赛企业进行打分，并针对企业项目进行专业点评，提出指导性建议。

（亢　建）

【园区企业荣誉】 9月16日，东西分析在2020第十四届中国科学仪器发展年会（ACCSI 2020）上获“2019年度科学仪器行业售后服务十佳厂商”荣誉称号。18日，北京精雕科技集团入选2019年中国机械工业百强。10月10日，在2020北京民营企业百强发布会上，北京利德衡环保工程有限公司分别获北京民营企业中小企业百强第14位、民营企业社会责任百强第81位。15日，在科技创业带动高质量就业行动专场活动中，德山M-Lab孵化器获“2020中国百家特色载体”，成为门头沟首家入选孵化载体。11月30日，在“新基建、新网安、新产业”2020中国网络安全产业高峰论坛上，北京智慧云测设备技术有限公司（DPLSLab）“人工智能及物联网安全检测公共服务平台”获工业和信息化部2020年网络安全技术应用试点示范项目。12月24日，工业和信息化部公示第二批专精特新“小巨人”企业名单，芯盾时代被认定为新“小巨人”企业。

（亢　建）

【竞业达登陆深圳中小板A股市场】 9月22日，中关村科技园门头沟园注册企业北京竞业达数码科技股份有限公司登陆深圳证券交易所中小板，成为园区首家中小板A股市场企业。竞业达股票名称为“竞业达”，股票代码为003005，每股发行价为31.83元，共计发行2650万股，募集资金8.43亿元。

（亢　建）

【中关村精雕智造科技创新中心成立】 10月14日，中关村精雕智造科技创新中心在中关村门头沟园正式成立。中关村精雕智造科技创新中心由北京精雕与京西鑫融公司共同成立，依托北京精雕丰富的全产业链制造资源，以零件快速制造为抓手，实现机加、铸造、表面处理、微电子加工等全链条制造服务。

（亢　建）

【“1+4”百强企业榜单】 11月13日，在2020北京民营企业百强发布会上，门头沟区的北京光环新网科技股份有限公司、北京精雕科技集团有限公司、北京利德衡环保工程有限公司、北京零点有数数据科技股份有限公司、北京冠华盛嘉传媒文化有限公司等6家企业入围“1+4”百强企业名单。

（亢　建）

【驻园区法官联络室成立】 12月17日，驻园区法官联络室成立，推出“法治管家”专项服务，定点定人为园区企业开展法律咨询、诉前调解、诉源治理等工作，通过多种形式建立常态沟通交流机制。

（亢　建）

【招商引资服务站成立】 12月30日，中关村科技园门头沟园招商引资服务站成立，其是园区招商人员在城六区对接洽谈企业、走访存量企业、进行招商等活动的工作场所。

（亢　建）

【老旧厂房改造升级】 年内，中关村科技园门头沟园共有老旧厂房26家，用地面积27.68万平方米，建筑面积41.13万平方米，18家老旧厂房升级改造。其中，北京安普新材料发展有限公司改造项目是北京市首例协议转让工业研发用地政府优先回购、工业用地企业股权北交所转让项目。

（亢　建）

【产业及项目准入退出管理办法】 年内，中关村科技园门头沟园制定实施《中关村门头沟科技园产业及项目准入退出管理办法》，集约高效配置好、利用好现有优质资源，充分发挥财政资金使用效益。严把入园企业的出、入口关。

（亢　建）

【园区企业创新成效】　年内，中关村科技园门头沟园企业北京东西分析仪器有限公司创建了针对新冠病毒检测的专用系统——蛋白指纹图谱质谱技术；他山科技有限公司与英国曼彻斯特大学成立人工智能电容触感实验室，拥有“非接触式人机交互系统”核心技术；北京瑞途科技有限公司针对防疫需要快速开发出地铁车厢自动消毒机器人；北京精雕科技集团有限公司创新性研发的“在机测量与智能修正”技术，被评为“中国智能制造十大科技进展”；智慧云测信息技术有限公司建成可提供全系列商用具有自主知识产权的物联网芯片安全攻击测试设备的研发实验室。

（亢　建）

【中小微企业房租减免】　年内，中关村科技园门头沟园为183家企业减免房租352万元；推荐5家企业入选市级防疫再贷款减息白名单，贷款资金共8900万元；搭建投融资对接平台，协助为40家企业成功获得4.28亿元银行贷款资金；协助97家企业申报市级各类政策资金共计3334.35万元。

（亢　建）

【企业服务管家】　年内，中关村科技园门头沟园设立48位企业服务管家，配合区领导为纳税50万以上的600余家重点企业提供“一对一”服务，建立走访台账记录，全年联络企业1000余次，为企业提供124项需求服务，共协调解决人才引进、用地、税收、资金、用电、环保、企业上市等问题50余项。助推北京竞业达数码科技股份有限公司成功在深圳证券交易所登陆中小板；协助光环新网、利德衡等7家企业入围2020北京民营企业百强榜单。年内，园区制度《服务管家年度百分制考核制度》，发挥激励问责“指挥棒”的作用，激励服务管家担当作为。

（亢　建）

【疫情防控与复工复产】　年内，园区坚持疫情防控与复工复产两手抓，建立覆盖268家实地经营企业及8000余名员工的网格化立体防控体系统，成立37支以非公党组织为主体的“复产防控红色先锋队”，推动实现园区实体企业全部及时复工。年内，园区用组织领导到位、跟踪监测到位、防控动员到位、保障服务到位、帮扶解难到位等“五个到位”推进企业复工复产，确保疫情防控和复工复产两不误。园区抽调40名工作人员成立11个防控小组人员下沉到68个孵化器楼宇、企业报到，针对园区285家实体企业，明确各部门包保区域和包保责任，累计走进企业检查2000余次，采用电话追踪方式拨打电话9000余个，为园区驻地企业、孵化器及工作人员免费发放医用红外测温仪50把，口罩800只，消毒液800斤，制作出门卡1000张。

（亢　建）

商贸服务业

9月2日，门头沟区对口帮扶地区特色产品在长安天街商场展销（《京西时报》供图）

【概况】 2020年，门头沟区商务局全力推进社零额、生活性服务业品质提升、粮食安全区长责任制等市级绩效考核任务，全力保障商务行业安全运行，行业发展稳中提质。全区实现社会消费品零售额101.2亿元，同比下降7.6%，高于全市平均水平，增速全市排名第三；实际利用外资4220万美元，同比增长21.9%；全区进出口额38.3亿元，同比增长34.4%，其中出口23.6亿元，同比增长53.9%，进口14.7亿元，同比增长11.7%。年内，完成社会消费品零售额101.23亿元，同比下降7.6%，增速全市排名第三。完成新建和规范提升各类商业便民网点78个。完成粮食区长责任制考核工作。全年共出动工作人员629人次，督导企业300家次，发现各类安全隐患31处，均已整改。

单位名称：北京市门头沟区商务局
地　　址：北京市门头沟区双峪路39-1
电　　话：69842571
邮　　编：102300

（王　倩　杨　楠　穆　頔）

【消费扶贫】 1月15日，区商务局在西城区顺天府超市府右街店开展“灵山绿产走进西城大拜年”活动，展示销售扶贫受援地区特色产品。9月2日至6日，在龙湖北京长安天街开展为期5天的门头沟区“助扶贫”特色产品市集活动。9月19日与20日，在永定镇、龙泉镇、潭柘寺镇、大峪街道、东辛房街道等镇街开展22场次消费扶贫进社区、进商超活动。

（杨　楠）

【商业从业人员核酸检测】 6月18日与20日，区商务局分别组织全区规模以上超市从业人员、快递行业从业人员到京浪岛参加集中核酸筛查工作，完成规上超市从业人员1537人，快递从业人员949人核酸筛查。

（穆　頔）

【世界粮食日宣传】 10月，区商务局会同区科信局围绕“端牢中国饭碗 共筑全球粮安”的主题，以线上科普、线下互动的模式，开展2020年世界粮食日及全国粮食安全宣传周系列活动，营造“科普先行、企业支持、百姓关心、专家助力”的粮食安全宣传浓厚氛围。

（王　欢）

【信息监测报送】 年内，区商务局完成商务部商贸流通业统计监测系统报送工作，报送率达到100%；完成年度监测样本企业信息员补助发放工作；组织全区2020年度商贸流通业统计监测体系的26个优秀样本企业申请市级资金补助82800元。

（王　倩）

【新消费和消费季工作】 年内，区商务局协调组织大型活动8次，鼓励区内商业企业开展140余场促消费活动，举办10余场直播活动，制作10余期网红打卡地活动，发动60余家餐饮购物企业参与政企联发消费券。全区消费券核销财政资金915.8万元，实现社零额近1.3亿元。

（王　倩）

【繁荣夜间经济】 年内，区商务局组织掌灯人、专班成员召开繁荣夜间经济工作部署推进会，重点打造以长安天街为中心的南部夜间经济商圈和以中昂时代广场为中心的北部夜间经济商圈。

（王　倩）

【无障碍环境建设】 年内，区商务局对全区42家规模以上商务行业单位无障碍环境建设情况摸底排查，完善企业无障碍环境建设信息台账，组织商场、超市、餐厅张贴无障碍标识。

（王　倩）

【节能补贴销售数据监测】 年内，门头沟区节能减排商品销售额达到6378.83万元，其中大中5054万元、苏宁1266.96万元、史密斯57.87万元；销售商品数量16812台，其中大中13240台、苏宁3473台、史密斯99台；补贴金额726.66万元，其中大中571.72万元、苏宁149.32万元、史密斯5.62万元。

（王　倩）

【中昂时代广场升级改造】 年内，中昂时代广场优化基础服务设施和环境，增设休闲座椅、安装氛围灯、摆放绿植等；引进USPOLO、314轮滑、好伦哥等商业品牌，增设小火车、木马等儿童娱乐设施。

（王　倩）

【便民商业网点提升】 年内，门头沟区新建和规范提升各类商业便民网点78个，其中19个蔬菜零售、19个便利店、12个早餐、10个理发、3个洗染、15个末端配送，包含搭载服务功能网点数21个。完成年度任务的141.8%。

（杨 楠）

【利用腾退空间补齐便民设施】 年内，推动利用腾退空间，完善便民服务功能，累计建设提升基本便民商业网点78个。

（杨 楠）

【便民网点功能覆盖率提高】 年内，区商务局加速商业服务设施布局，落实《门头沟区生活性服务业配置规划》，加快城镇社区基本便民商业网点建设，城镇社区便民服务功能覆盖率达到100%。

（杨 楠）

【便民服务进农村、进社区】 年内，区商务局累计开展便民服务进农村、进社区活动17次，其中进山区4次、进社区13次。

（杨 楠）

【疫情防控期间房租补贴或减免】 年内，区商务局为龙湖天街、中昂时代广场和华润PLUS365购物中心3家企业争取疫情防控期间房租补贴资金34万元。年内，门头沟区4家申报主体239个商户享受门头沟区应对新冠肺炎疫情影响减免中小微企业房租成本政策，涉及金额1584.9万元，拨付补贴资金448.97万元。

（杨 楠）

【固定资产投资补助】 年内，顺天府万通生活馆和国瑾杨庄便民综合体2个项目获得市政府固定资产投资补助共计172.3万元。

（杨 楠）

【区域生活性服务业发展】 年内，区商务局完成2018年度、2019年度生活性服务业品质提升网点项目的前期征集、申报、第三方公司评审和公示。2018年度13个项目获得资金支持，拨付第一期、第二期补助资金409.41万元；2019年度18个项目获得资金支持，拨付第一期补助资金246.71万元。

（杨 楠）

【消费扶贫】 年内，区商务局牵头制定《门头沟区2020年消费扶贫行动方案》，共涉及8个方面31项任务。搭建产销对接平台，落实消费扶贫任务指标，累计采购对口帮扶地区产品12750.92万元，其中武川1447.86万元、察右后旗2904.28万元、涿鹿8398.78万元，共带动建档立卡户6300人，其中武川1388人、察右后旗1162万元、涿鹿3750人。单位预算资金30%采购份额，全年累计采购金额667.43万元，超额完成预定目标的140%。办理北京消费扶贫爱心卡17345张，超额完成1万张目标任务。超额完成130台智能扶贫柜布设安装，实际完成140台，完成30万元和田鸭采购任务。

（杨 楠）

【设立消费扶贫专区】 年内，区商务局免费设置20个消费扶贫销售专区，通过建立长效机制，持续促进对口帮扶地区产品在京销售。

（杨 楠）

【结对地区扶贫产品交通及物流补助】 年内，区级财政安排50万元专项资金用于结对地区扶贫产品交通及物流补助，通过政策激励，带动建档立卡户增收脱贫。

（杨 楠）

【生活必需品与应急物资供应】 年内，区商务局完成日常、节假日、“两会”和疫情防控期间的生活必需品市场销售及供应数据的报送和分析，重点对蔬菜、肉蛋奶及粮油的价格采集和监测。制定区级生活必需品储备方案、点对点补货保障方案、区级生活必需品市场供需平衡方案和存在问题清单。新冠肺炎疫情防控期间，建立区级生活必需品储备库，存储蔬菜237.1吨、方便面13.6万袋、鸡蛋12.7吨、婴幼儿奶粉0.9吨、食盐50吨。

（杨 楠）

【接诉即办】 年内，区商务局参与“吹哨报到”工作1次。解决城子街道龙门三区理发店执照办理问题，办结为民服务平台投诉案件34件、回复舆情办理意见2件、“接诉即办”领导包案回复1件。

（杨 楠）

【外贸企业备案】 年内，区商务局办理对外贸易经营者备案109件，其中新增80件，变更29件。

（马 洁）

【社会粮油供需平衡调查】 年内，区商务局完成2019年度社会粮油供需平衡调查。门头沟区粮油消费量呈减少态势，其中城镇居民口粮（油）消费明显减少，乡村居民口粮增加。

（王 欢）

【疫情防控物资调拨】 年内，区商务局完成防疫物资调拨出库帐篷343顶、棉大衣60件、口罩279870只、消毒液1100桶、手套33.6万只、洗手液316箱、额温枪40个、防护服7000套及其他生活物资2602箱。

（王 欢）

【提供防护口罩保障复工复产】 年内，区商务局引入铜牛民用防护口罩向区内复工复产企业、社区一线防控等人员销售，制定《门头沟区民用防护口罩统筹销售管理办法》，规范购买及销售行为。组织完成铜牛防护口罩销售1366070只。

（王 欢）

【成品油流通企业管理】 年内，区商务局出动96人次，对全区12家成品油流通企业安全管理工作进行督导，完成全区加油站成品油零售经营企业经营资格证年检及换证工作。

（王 欢）

【区储备成品粮增储】 年内，区商务局完成区储备成品粮面粉100吨、大米238.8吨。

（王 欢）

【商场超市疫情防控】 年内，区商务局通过分组划片、专人盯守、每日督导等措施，对全区重点商场超市等人员密集型场所开展宣传教育、通风消毒等防控措施落实情况进行督促检查，引导商场超市建立防控制度，帮助协调解决相关问题。全年共出动工作人员572人次，督导企业286家次，帮助企业排查整改各类问题100余处。

（穆 頔）

【垃圾分类督导】 年内，区商务局向商超、餐饮企业发送有关垃圾分类的规定要求，宣传《北京市生活垃圾管理条例》，发送有关垃圾分类的宣传视频，印制发放宣传海报300份。对企业开展垃圾分类督导，全年共出动人员602人次，开展企业督导298家次。

（穆 頔）

【“光盘行动”督导】 年内，区商务局在行业内开展“制止餐饮浪费 践行光盘行动”工作，发放张贴海报及桌贴1000余份，制定印发《门头沟区商务行业落实“制止餐饮浪费 践行光盘行动”实施方案》，在就餐高峰时段深入重点餐饮企业进行现场督导。全年共出动工作人员355人次，督导餐饮企业176家次。

（穆 頔）

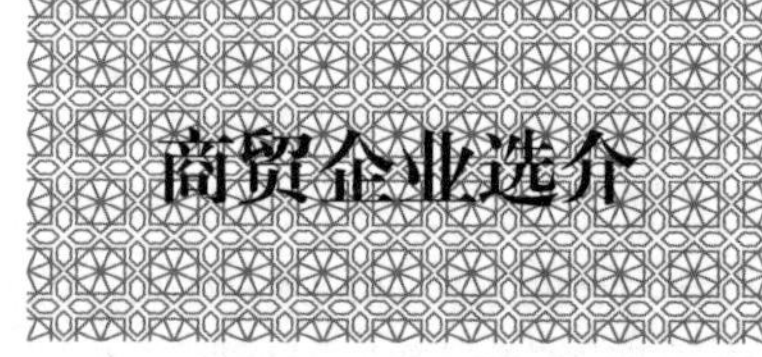

京门良实

【概况】 2020年，北京京门良实国有资产经营管理有限公司（以下简称京门良实公司）资产总额45796万元，实现营业收入9.6亿元，实现利润2007万元。储备粮存储总量29万吨，安全储粮率达到100%。军粮供应实现销售415万元，实现利润21万元。退耕还林补助粮食供应完成349吨。年内，京门良实公司做好应急保障成品粮的集并和增储工作，完成13500吨应急储备粮集并移库。

单位名称：北京京门良实国有资产经营管理有限公司
地　　址：北京市门头沟区滨河南路3号
电　　话：69842491
邮　　编：102308

（张希瑶）

【新冠肺炎疫情防控】 1月27日，京门良实公司领导班子成员、各单位及部室负责人召开疫情防控工作紧急会议，严格贯彻落实首农食品集团关于疫情预防控制工作的部署，成立疫情防控工作领导小组，组织落实疫情防控工作。2月26日，京门良实公司疫情防控领导小组采取“四不两直”的方式，到斋堂粮库检查疫情防控工作。6月15日，京门良实公司召开专题视频会议，传达首农食品集团疫情防控紧急部署会议精神，对疫情防控工作进行再部署、再安排。

（张希瑶）

【成品粮检查】 2月3日，京门良实公司领导到三家店粮库和石门营粮库检查疫情防控期间成品粮供应保障工作。检查确认存储市区两级应急成品粮4500吨，其中大米1100吨、面粉3400吨。10日，北京市粮食物资与储备局领导到三家店粮库和石门营粮库检查成品粮应急保障工作。21日，北京市发展和改革委员会领导到三家店粮库和本乡良实面业有限公司检查区级储备成品粮增储完成情况，检查核实成品粮货位专卡、增储数量与质量。经检查，三家店粮库和本乡良实面业有限公司增储区级储备成品粮共计338.8吨，其中大米238.8吨，面粮100吨，能够保证随时调用，确保疫情防控期间粮油市场供应和价格稳定。26日，北京市生活必需品供应保障专班到三家店粮库、石门营粮库核查市区两级成品粮应急保障供应和疫情防控工作。4月29日，门头沟区粮食和物资储备局到三家店粮库进行成品粮检查。11月6日，郑州联勤保障中心、武警总队后勤管理中心、北京市军粮管理中心和北京首农食品集团有限公司组成军地联合检查组对北京宏远利军粮油供应有限责任公司开展军地联合检查。

（张希瑶）

【复工复产】 2月10日，京门良实公司逐步复产复工，机关全员复岗，各基层单位陆续恢复正常工作，实现新冠肺炎疫情防控与生产经营两手抓、两不误。

（张希瑶）

【物业“封闭式”管理排查】 2月20日，京门良实公司开展物业管理项目封闭管理工作排查。经排查，出租户33户，租赁面积2.88万平方米；独立院落2.52万平方米，全部停业，实行封闭管理。门店面积0.36万平方米，停业关闭的门店面积0.23万平方米，开业的门店共8家0.13万平方米。

（张希瑶）

【防汛工作】 5月25日，京门良实公司召开2020年防汛工作视频会议，部署2020年防汛工作。6月18日与19日，斋堂粮库和杨坨粮库分别组织防汛演练。

（张希瑶）

【商户租金减免】 6月上旬，京门良实公司完成2020年2月至4月中小微企业和个体工商户租金减免16家，减免租金66万元。

（张希瑶）

【智能化粮库建设】 6月中旬，斋堂粮库、三家店粮库、杨坨粮库、京门良实米业公司的储粮智能化系统全部上线运行，粮库所有基本业务均已整合智能化系统，实现科学储粮、智慧储粮。

（张希瑶）

【斋堂粮库地仓改扩建工程通过验收】 10月28日，京门良实公司所属斋堂粮库地仓改扩建工程通过五方责任主体及质量监督站联合验收。斋堂粮库地下仓改扩建工程建设平房仓1栋，建筑面积4200平方米，长度120米、跨度35米、高度20米，平堆装粮高度16米，共分5个廒间，粮仓总仓容设计5.2万余吨，为北京市装粮线最高的平房仓。

（张希瑶）

【机动车检测】 年内，机动车检测场全年共检验车辆82357辆，实现营业收入2552万元，实现利润866万元。

（张希瑶）

【盛隆公司粮食贸易】 年内，盛隆公司完成粮食销售38.7万吨，实现营业收入8.8亿元，实现利润158万元。

（张希瑶）

供销合作社

【概况】 2020年，门头沟区供销合作社（以下简称区供销社）包括1个基层联社和2个直属单位，制定实施《门头沟区供销社财务管理制度》《门头沟区供销社内部审计监督制度》《门头沟区供销社物品采购出入库管理制度》等相关制度。年内，完成营业总收入788.1万元，同比增加79.2万元，增幅11.2%；投资收益138.9万元，同比减少25.1万元，减幅15.3%；营业外收入净额306.1万元，同比减少349.6万元，减幅53.3%，报表体现净利润-324.9万元。

单位名称：北京市门头沟区供销合作社
地　　址：北京市门头沟区新桥大街2号
电　　话：69842992
邮　　编：102300

（田　云）

【再生资源回收进社区】 年初，回收公司帮助门头沟区各社区清理纸板等杂物2.6吨。

（田　云）

【培育壮大工程】 4月，区供销社制定实施《门头沟区供销合作社培育壮大工程实施方案》，新建基层社2个，创建标杆基层社1个，改造升级薄弱基层社1个，新增基层社社员数800人，新增农村综合服务社10个，新建农业生产服务中心1个，新建连锁网点20个。

（田　云）

金 融

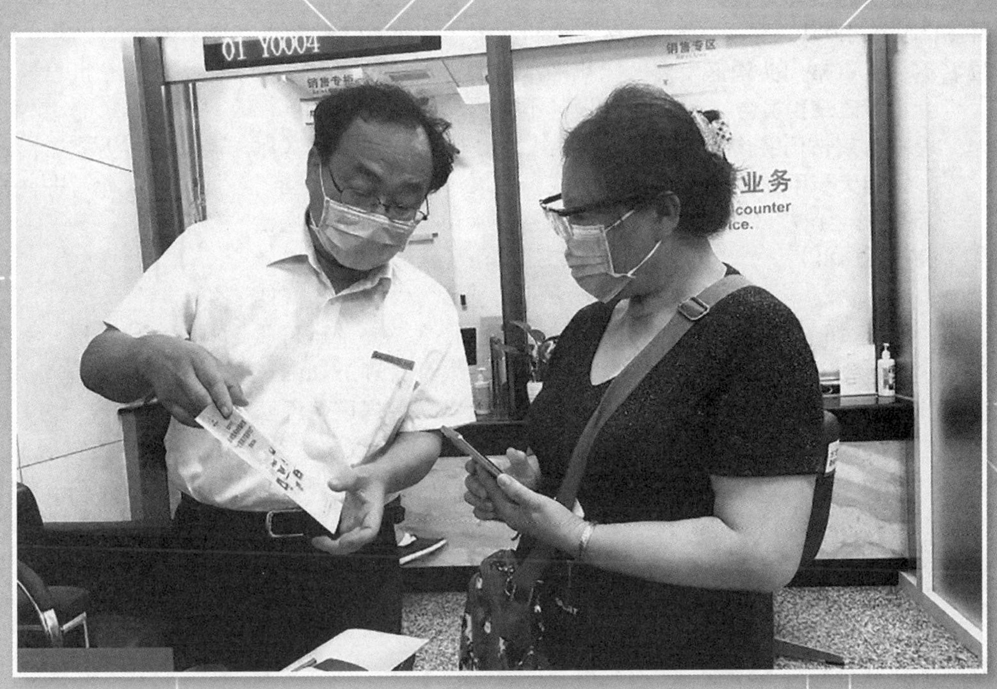

7月3日，工商银行三家店支行开展防范非法集资宣传活动（中国工商银行股份有限公司门头沟支行　供图）

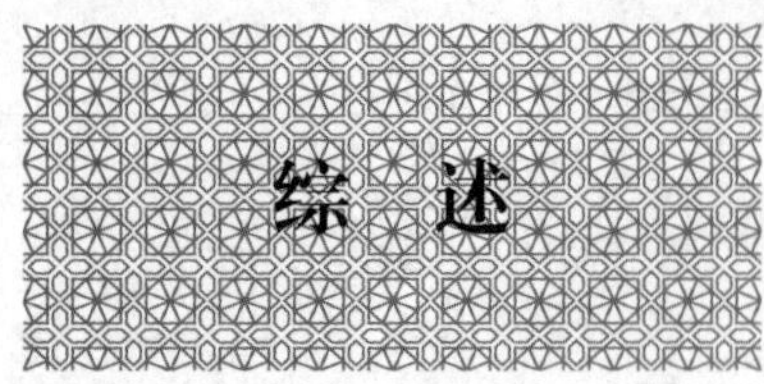

综述

【概况】 2020年，门头沟区发展和改革委员会金融办主要任务一是积极防范和化解金融风险，确保门头沟区金融市场的稳定；二是服务首都北京建设国家金融管理中心的各项部署，落实统筹推进金融高质量发展的工作要求，支持实体经济发展。在防范和化解金融风险上：一是强行业监管，促进合法、合规经营；二是加强非法金融活动的线索收集，及时化解风险；三是加大对网贷平台谈力度，避免涉众型群体事件的出现。在金融扶持实体经济上：一是鼓励企业加入中小微服务平台，拓宽融资渠道；二是召开银企对接会，为小微企业排忧解难；三是为企业上市做好服务，促成北京竞业达数码科技有限公司成功登陆深交所。

单位名称：北京市门头沟区发展和改革委员会
地　　址：北京市门头沟区新桥南大街甲28号
电　　话：69842187
邮　　编：102300

（鄢泽照）

【防范化解金融风险】 年内，区发展改革委通过约谈等方式督促全区网贷平台清退网贷逾期业务。2020年平台催收回款1301.64万元，完成13次兑付，平台存量业务下降至6273.36万元，出借人数减少至408人，减少153人。落实部门常态化联动机制，强化线上线下综合防控，将线上大数据监测与线下“扫楼清街”相结合，及时预警和处置金融风险。2020年共开展金融领域联合会商4次、综合执法5次、联合约谈8次，开展金融知识宣传300余次，全年未发现中高风险（冒烟指数40分以上）企业。

（鄢泽照）

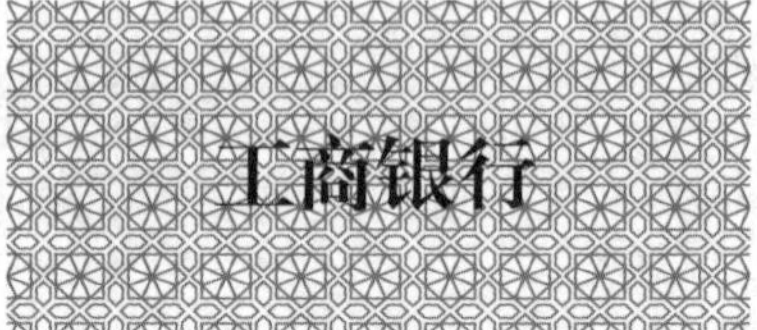

工商银行

【概况】 2020年，中国工商银行股份有限公司门头沟支行结合区域特点和支行实际，坚持党建引领，落实“48字”工作思路，做好“三个统筹”，强化“五个意识”，支行全年实现本外币拨备前利润4.5亿元，实现中间业务收入8405万元，实现经营稳健发展。支行积极优化结构均衡发展，完善机制夯实管理，储蓄存款突破100亿元整数关，法人贷款首次实现同业第一。加强渠道建设，深化网点转型，推进网点群落化管理，不断提升网点竞争力。深入落实“暖心行动”，坚持机关服务一线，开展“痛点整治行动”，推动服务体验短板问题的深层治理。加强队伍建设，提升人力效能，激发人员活力，优化人岗匹配。加强案防管理，提升运行质量，做好宣传教育管理，加强风险防控意识，树立合规审慎经营理念。统筹疫情防控和安全生产，抓牢责任落实，加强防疫物资储备发放，部门网点消杀管理，客户健康登记排查，确保有序经营。不断夯实党建基础，细化党建工作，引导党员充分发挥先锋模范作用，丰富党建工作形式“机关+基层”“网点+企业”结对共建日趋常态化、制度化，推进党建与经营的融合。发挥好工会、团委等组织的作用，将员工关爱落到实处，在支行内形成和谐的家园文化氛围，促进支行各项工作的全面发展。

单位名称：中国工商银行股份有限公司门头沟支行
地　　址：北京市门头沟区新桥大街16号
电　　话：69838898
邮　　编：102300

（杨来凤）

【员工关怀】 1月，工商银行门头沟支行举办“瑞鼠纳福，喜乐新春”新春联谊会。全行员工共迎新春。8月，团委举办“纪念日贺卡”创意大赛展示特色活动。9月，工会开展羽毛球比赛、“健步长征 绿色出行”活动。

（杨来凤）

【宣教活动】 3月，工商银行门头沟支行开展“315消费者权益保护在行动”主题宣教活动。4月，开展“世界卫生日”活动；9月，开展“金融知识普及月，金融知识进万家”活动。12月，开展“防范化解非法集资风险”宣传活动。

（杨来凤）

【公益活动】 4月，工商银行门头沟支行团委组织“抗疫N+志愿者”活动。7月，开展“垃圾分类，从我做起”宣传工作。8月，组织“好书伴成长”图书募捐活动。11月，举行"首善有爱、环境无碍"无障碍推动日活动。截至12月底，累计扶贫销售额248万元

（杨来凤）

【员工培育】 9月，工商银行

门头沟支行开展针对新入职员工的业务知识培训。11月，开展消防实训实操考核培训。12月，开展“反腐倡廉 警钟长鸣”警示教育培训。

（杨来凤）

建设银行

【概况】 2020年，中国建设银行股份有限公司北京门头沟支行（简称建行门头沟支行）中长期劳动合同人员141人，平均年龄38岁，其中本科及以上学历人员108人，党员71人；下设9个部室（含营业部），5个营业中心，1个个人金融中心。本外币全口径存款时点余额154.93亿元；本外币各项贷款时点余额44.89亿元。

单位名称：中国建设银行股份有限公司北京门头沟支行

地　　址：北京市门头沟区双峪路22号

电　　话：69835874

邮　　编：102300

（曹飞鸿）

【疫情防控】 年内，建行门头沟支行共召开疫情防控工作领导小组会议18次，为员工配发口罩、手套、消毒液等各类防疫物资5万余件。同时，将建行防疫宣传材料及防疫科普知识通过劳动者港湾、客户经理云工作室、“裕农通”点主微信群和村内大喇叭广播等各种渠道传播到每位客户、每个村民，向社会积极传递正面抗疫信息。此外，通过搭平台设通道，在疫情期间坚持提供坚实服务保障，配合区商务局成立外资企业服务群，为50家外资企业提供金融服务，并在物资紧张的疫情初期，协助客户在境外采购15万只口罩捐赠到国内医疗机构；为门头沟区应急管理局上线全市首家区级“应急物资管理平台”，积极满足抗击疫情及未来政府应急管理需求；为区内220家企业、22个社区 、127个村合计370个单位上线智慧社区管理系统，协助政府部门对疫情实时监控。累计为区内一线医护人员627人、区环境卫生服务中心全辖952人及区内各类社区人员、各乡镇400人免费办理“战疫爱心保险”，为抗疫前线人员暖心；全体员工通过中组部、工会、社会渠道等共计捐款约6万元。

（曹飞鸿）

【支持复工复产】 年内，建行门头沟支行集中为区内47家中小企业开展期限调整、做好征信保护。另一方面加大信贷投放，带头将总分行支持实体经济、扶持小微企业的举措落到实处，满足企业复工复产金融需求，累计新投放普惠金融贷款5.55亿，支持小微企业395户。

（曹飞鸿）

【助力脱贫攻坚】 年内，建行门头沟支行在做好支行定点帮扶马栏村工作外，与团区委一起，到门头沟区对口帮扶地区——河北涿鹿进行对口帮扶活动，现场捐赠办公设备及学习用品价值逾3万元。与分行办公室一起，到桑峪村开展帮扶活动，慰问建国前老党员。年内，贡献扶贫消费额29万元，支持区政府完成消费扶贫任务。

（曹飞鸿）

【上线银医平台】 年内，建行门头沟支行为区中医院首家上线使用智慧医疗便民服务平台，该项目后续将陆续覆盖区内全部14家医疗机构，为区内居民挂号、就医等再添便利。

（曹飞鸿）

农村商业银行

【概况】 2020年，北京农商银行门头沟支行实现各项存款余额151.4亿元，贷款余额41.2亿元，经济利润0.47亿元，不良贷款率0.032%。门头沟支行对外营业网点14家，建立乡村便利店72家、简易助农取款点42家、投放ATM 62台，实现门头沟乡镇全覆盖。

单位名称：北京农商银行门头沟支行

地　　址：北京市门头沟区滨河路115号滨河大厦一层、十二层

电　　话：69835548

邮　　编：102300

（王　茉）

【检查指导疫情防控和复工复产工作】 3月12日，门头沟支行领导以“四不两直”方式检查指导门头沟支行疫情防控和复工复产工作，就员工防护用具佩戴、分流引导客户办理业务、测温登记、营业时间安排及信息公示、营业厅及自助区域消毒等工作进行指导，对防疫措施落实情况和复工复产以及业务发展有序推进给予肯定。

（王　茉）

【为中小企业提供金融帮扶】 4月24日，门头沟支行协同区工商联与区内中小企业进行座谈，联合成立帮扶企业协调小组，为重点企业在转型升级的生产技术难题及战略方向中有关金融政策、银行贷款业务提供咨询服务，建立信息互通平台，解决资金周转困难问题，助力企业发展，加大对中小企业的金融服务力度，助推区内经济金融健康发展。

（王 茉）

【纪念“五四”运动101周年活动】 4月30日，由门头沟团区委主办、北京农商银行门头沟支行协办的“红色京西薪火相传守护家园战疫有我”线上主题活动举行，门头沟区委常委、各直属团组织团员青年、志愿者代表及支行团员代表600余人共同参加线上活动。

（王 茉）

【征信专题宣传活动】 6月19日，门头沟支行组织开展2020年“征信服务助力小微企业融资发展”征信专题宣传活动，发挥征信对客户服务支持作用，宣传征信服务在支持小微企业融资发展方面发挥的积极作用，普及征信知识，提高征信信息安全意识，保护消费者权益，营造“用征信、助融资、促发展”的良好信用环境，优化营商环境，服务实体经济发展。

（王 茉）

【个人客户资产总量突破100亿元】 截至2020年6月末，个人客户资产总量突破100亿元，个人客户规模迈上新的台阶。

（王 茉）

【“金融支持稳企业保就业”工作】 年内，普惠小微企业贷款余额净增1.07亿元，普惠涉农贷款余额净增1443.25万元，普惠小微贷款户数净增（法人）11户，普惠小微贷款户数净增（个人）17户，完成“稳企业保就业”各项指标任务。

（王 茉）

【精品民宿行业精准扶贫】 年内，门头沟支行积极为精品民宿的发展提供全方位金融解决方案，并成功落地区内首笔精品民宿项目贷款，大力支持梁家庄村精品民宿龙头企业——北京梁家庄创艺乡居文化有限公司，将精准帮扶与服务“三农”助力乡村振兴深入融合，将区内低收入农户增收和低收入村发展作为精准帮扶的目标，推动门头沟区经济建设取得新成效。

（王 茉）

【智能化网点建设】 年内，门头沟支行将网点智能化建设工作由内城区扩展到浅山区以及深山区，14家营业网点完成网点智能化建设。

（王 茉）

【概况】 2020年，人保财险门头沟支公司主要涉及业务有车险及商业非车险，其中商业非车险包括财产险、农险、安责险、诉讼保全保险、船货险等。公司设有总经理室、财务/综合部、运营支持部、车险中介业务部、农业农村保险部、永定营销服务部。公司一直本着守土有责，服务好门头沟区经济建设的原则，始终坚持有效益的发展。

单位名称：人保门头沟支公司
地　　址：北京市门头沟新桥大街18号
电　　话：69843284
邮　　编：102300

（高 娜）

【业务经营指标】 截至12月31日，实现保费收入9749.68万元，较去年增长0.68%。其中，农险实现保费收入815.74万元。全年农险累计赔款495.86万元。农房保险累计赔款73.26万元。

（高 娜）

【温暖工程】 年内，人保门头沟支公司开展“温暖工程”，从承保、销售、客服等多方面征集工作举措及意见建议，并确定首期项目实施清单。切实做到聚焦客户服务，找差距、查问题、补短板，确保将“温暖工程”落到实处、做出成效。

（高 娜）

人寿保险

【概况】 2020年，中国人寿完成各项预算目标，年度考核为A类。其中，大个险渠道共实现新单标准保费收入1992万元，达成率96.9%，位列渠道第三位；十年期交保费2282万元，达成率107%，位列渠道第七位；保障型产品 1403 万元，达成率 87.4%，位列渠道第九位。收展渠道共实现新单标准保费收入 946 万元，达成率 163.1%，位列渠道第一位；十年期交保费 1119 万元，达成率 164.6%，位列渠道第二位；保障型产品 640 万元，达成率 191.1%，位列渠道第二位。团险实现老年人意外伤害保险总保费 126.68 万元，其中老年人意外伤害保险业务承保 28752 人，保费 64.92 万元；自主出资老年人意外伤害保险 12352 人次投保，总保费 61.76 万元，较 2019 年同期增幅 148.1%。计划生育家庭总保费 201.34 万元，同比增长 13.5%。其中，计划生育家庭意外伤害保险保费 66.34 万元，同比增长 9.6%；女性两癌保险 80.98 万元，同比增长 10.8%；男性 11 癌保费 41.24 万元，同比下降 5.4%；新增未成年人意外伤害保障，保费 12.78 万元。学平险业务保费 52.34 万元，同比增长 12%。农委精准帮扶低收入人群意外险承保 7878 人，保费 35.45 万元。银保首年期交已达成 276 万元，达成率 69%，五年期达成 40 万元，达成率 44%，短期险达成 1 万元，达成率 7%。公司被首都文明委授予“首都文明单位”称号。

单位名称：中国人寿保险股份有限公司北京市门头沟支公司
地　　址：北京市门头沟区滨河路64号
电　　话：69866673
邮　　编：102300

（刘　瑜）

【经营情况】 年内，大个险渠道实现年度有效人力 346 人，预算达成率 130%；年度月均星级人力 59 人，预算达成率 146%；年度举绩率 215 人，预算达成率 97.7%。收展渠道实现年度有效人力 175 人，预算达成率 166%；年度月均星级人力 24 人，预算达成率 156%；年度举绩率 110 人，预算达成率 138%。银保，客经实动目标 3 人，已达成 2 人，达成率 75%，非广发举绩目标 5 个，已达成 3 个，达成率 60%。

（刘　瑜）

【新网点建设】 年内，个险渠道在全年各阶段的考核排名均位居前列，申请建立石景山第一营销服务部。新网点运行两个月以来，队伍、业务发展态势良好，增员率保持快速增长，实动人力增长 20%。有效人力在逐步攀升。十年期产品承保 73 万，占比达到收展渠道的 33.5%，业务开展在苹果园地区初见成效。

（刘　瑜）

【团险政保业务深度覆盖】 年内，老年险突破百万，成为渠道又一支柱渠道业务。在全国首创承保全区现役军人父母健康保障项目之后，又成功中标区民政局“全区 70 岁以上老年人意外保险”项目，为全区 3 万老年人提供保障。

（刘　瑜）

交通　邮电

8月，109国道大修现场，图为施工方在进行路面摊铺作业（《京西时报》 供图）

◆| 8月27日，北京联通在清水镇天河水村举办宽带扶贫签约仪式（清水镇　供图）

◆| 11月23日，双大路二期道路工程现场调研会召开（区公路分局　供图）

【概况】　2020年，门头沟区公路总里程982.273公里，公路密度67.71公里/百平方公里，按行政等级分，国道里程178.862公里，省道73.133公里，县道254.779公里，乡道237.297公里，村道157.273公里，专用公路80.929公里；按技术等级分，一级公路40.599公里，二级公路228.657公里，三级公路289.843公里，四级公路404.344公里。全区普通公路桥梁203座（9385.62延米），按行政等级分，国道桥梁62座（5216.98延米），省道桥梁22座（1310.20延米），县道桥梁62座（2858.44延米），乡、村、专道桥梁57座（1948.4延米）；按技术状态分，一类桥梁24座，二类桥梁161座，三类桥梁3座，未评定等级桥梁15座。全区普通隧道11座（4997延米），按行政等级分，国道隧道8座（3497延米），县道隧道3座（1500延米）；按技术状态分，一类隧道2座，二类隧道9座。全年累计完成普通公路建设养护投资4.3741亿元，其中新改建工程1项17.9公里，大修工程2项1.67公里，公路预防性养护工程19项42.6公里，地灾防治、绿化、公路生命安全防护工程7项79.13公里，乡村公路改造5项9.86公里。年内，北京市交通委员会门头沟公路分局（以下简称区公路分局）实施普通公路行政许可5件，行政处罚22件。

单位名称：北京市交通委员会门头沟公路分局

地　　址：北京市门头沟区龙泉花园1号楼

电　　话：69828999

邮　　编：102300

（黄鑫嫣）

【行政执法检查】　1月7日至9日，区公路分局联合有关部门在石门营高速口及潭柘寺镇区域开展流动治超联合执法行动。1月20日与21日，开展辖区内公路桥下空间安全检查。4月13日至17日，在大灰厂路口处开展流动治超联合夜查行动。4月28日，对许可在施工程工地及周边进行安全检查。5月，对18辆涉嫌违法超限车辆开展入户执法，询问13家车辆企业所属负责人。8月11日，在芹峪口检查站开展超限超载、道路遗撒、尾气超标专项执法行动。9月7日至11日，开展为期一周的治超联合执法行动，重点查处高速入口货车闯卡逃检、货车非法改装和从事非法运输等违法行为。9月30日，开展辖区内公路桥下空间节前安全检查。11月16日，检查109新线高速道路开口情况。12月1日，对许可在施工程工地及周边进行安全检查。

（黄鑫嫣）

【安全生产检查】　1月15日，区公路分局到双大路二期道路工程第一合同段进行春节前安全专项检查。4月26日，到双大路二期（柏峪—斋幽路）道路工程第二、三标段施工现场进行劳动节节前安全生产监督检查。5月21日与22日，对双大路二期道路工程、G234大修工程、G109大修工程进行全国“两会”前安全检查。5月27日，对东方红隧道提质升级改造工程进行安全监督检查。6月9日，到双大路二期道路工程第一合同段及109国道大修工程施工现场进行安全生产监督检查。7月23日，到双大路二期道路工程第一合同段施工现场进行安全生产监督检查。9月10日，检查109国道军响段挡墙开挖和人工浆砌作业现场，重点监督混凝土拌、场地环保和安全工作，对现场存在的施工隐患要求监理下达整改指令。11日，到双大路二期工程现场开展安全生产和施工环保专项检查。12月16日，对双大路二期道路工程进行质量安全检查。22日，对双大路二期道路工程进行元旦前安全检查暨安全生产督查。

（黄鑫嫣）

【路网运维管理】　1月19日，区公路分局召开路网运维管理工作会。20日，开展路网设施和隧道机电设施安全检查。4月29日，开展路网系统和隧道机电设施安全检查。7月24日，到门头沟区普通公路隧道提质升级改造工程项目部及总监办开展行业安全督查考核。9月22日，完成松树岭隧道照明设施建设。27日，开展路网系统设施、隧道机电设施和隧道提质升级改造工程安全检查。30日，完成隧道监控中心迁移改造。12月30日，召开门头沟区普通公路隧道提质升级改造工程、2020年门头沟区公路路网交通信息采集与发布设施建设工程交（竣）工验收会。

（黄鑫嫣）

【道路养护】　1月21日，区公路分局开展春节节前道路养护检查。4月23日，开展“五一”节前道路养护检查。4月，开展春季绿化养护工作。5月28日，组织养护作业单位第八公路工程处开展以路面塌方处置、桥下积水点备勤抽排为主题的应急演练，在市道三温路K4+550处模拟山体塌方影响车辆通行场景。6月11日，办理完成妙峰山镇水韭路坑槽修复案件。11月4日，更新国、省道交调标志。12月22日，开展道班运维专项检查。

（黄鑫嫣）

【新冠肺炎疫情防控】 2月，区公路分局组织施工、监理单位制定《工地疫情防控和安全管理工作方案》和应急预案，积极筹备新冠肺炎疫情防控物资，增设隔离观察区域。6月17日，到双大路二期道路工程第三合同段、下苇甸养护道班、斋北路大修工程现场及食堂监督检查新冠肺炎疫情防控工作。23日，到国道109新线高速公路（西六环路—市界段）项目三工区、四工区检查新冠肺炎疫情防控工作。6月，门头沟杜家庄、芹峪口两座综合检查站将作为交通防疫站点进行改造使用。12月29日与30日，区公路分局开展国道109高速项目疫情防控工作检查，检查涉及全线11个工区单位，包括项目部驻地、施工民工驻地等。

（黄鑫嫣）

【G234（高芹路）大修工程】 5月12日，G234（高芹路）大修工程开工，8月30日完工，10月21日完成交（竣）工验收。G234大修工程设计桩号为K281+100-K296+230，全长15.13公里，主要工程内容包括铣刨旧路、病害处理、重新铺筑路面结构、道路边坡防护、交通工程、排水工程及其附属工程等。6月与7月，北京电视台、《北京日报》等市级媒体对工程进行报道。

（黄鑫嫣）

【G109门头沟段大修工程】 5月18日，国道G109门头沟段大修工程开工，8月30日完工，10月21日完成交（竣）工验收。国道G109门头沟大修范围设计桩号为K42+750-K55+450、K56+450-K66+000，大修路段全长22.3公里，途经妙峰山镇、王平镇、雁翅镇，工程内容包括铣刨罩面、病害处理、交通工程、附属工程等。6月与7月，北京电视台、《北京日报》等市级媒体对工程进行报道。

（黄鑫嫣）

【乡村公路大修工程】 8月6日，斋北路大修工程沥青路面施工完成。10月4日，沿刘路大修工程主体完工。12月1日，区公路分局召开2019年、2020年乡村公路工程项目交（竣）工验收会。

（黄鑫嫣）

运输管理

【概况】 2020年，门头沟区共有市属公交企业1家，公交场站18处，五级客运站34处，公交线路92条，配车1276部，日均发车班次5000余车次，日均运送乘客50万人次。出租汽车企业1家61辆车，个体出租车19辆，从业人员86人。货物运输企业189户，总车数590辆，货运量139万吨、周转量9939万吨公里。危险化学品运输企业4户，车辆39辆。机动车维修企业29家，其中一类汽车维修企业5家，二类汽车维修企业5家，三类汽车维修企业19家。驾培机构1家，教练车147辆，其中20个三轮摩托车、12个两轮摩托车、20辆自动挡教练车、95辆手动挡教练车。教练员143人，训练场地总面积16.65万平方米，其中训练场地面积5.7万平方米。监管铁路道口9个，安全迎送列车58665列次，其中客车9722列次、货车48943列次。

单位名称：北京市门头沟区交通局
地　　址：北京市门头沟区滨河路60号
电　　话：69842840
邮　　编：102300

（刘天通）

【运通公交线路线路号变更】 1月1日，运通公交线路正式纳入北京市公交集团统一管理，运营服务途经门头沟区域的运通101路调整为921路，单向增设“南坞”北行站；运通112路调整为932路，“史各庄”站更名为“史各庄公交场站”，史各庄公交场站发至城子方向增设“香山”站；运通116路调整为876路。

（刘天通）

【公交停驶】 1月6日，受降雪影响，门头沟区共40条线路停驶，区间运营4条，M2、M3、M4、M5、M6、M7、M8、M9、M10、M12、M13、M14、M15、M16、M17、M18、M19、M20、M21、M22、M23、M28、M29、M32、M33、M34、M38、M39、M11、M44、929、892、948、931、M26、M31、M35、M36、M37、M40。M30路河滩至樱桃

沟改发河滩至担礼区间，891路和平西街围战，M1与M27改发西杨坨至紫金路南口区间。

（刘天通）

【执法检查】 1月20日，区交通局采取“四不两直”暗查暗访方式，对北京山谷龙泉汽车服务有限公司、客八分公司第十二车队、门头沟区液化气站进行实地检查，重点检查汽车维修企业、公交场站、货运企业的机修车间、停车场地、危险化学品运输车辆等部位。1月24日至28日，区交通局检查化危企业3户次、检查客运场站19户次、检查铁路道口4处次、检查汽车维修企业1户次。1月31日，区交通局检查客运公交场站9个，公交车36辆，S1线车站2个，重点检查公交场站、公交车辆消毒情况、司乘等工作人员佩戴口罩上岗情况、S1线站台开展乘客测温进站情况。3月中旬至4月7日，区交通局在108国道沿线和六环路石门营出入口处开展大货车治理专项执法行动，检查车辆1652台次，暂扣违法运输车辆29台，处罚违法运输行为21起，罚款12.1万元。4月28日，区交通局采取“四不两直”暗查暗访方式，对S1线石厂站、冯村车队进行检查，重点检查节日安全维稳、公交客运运力保障工作。

（刘天通）

【新冠肺炎疫情防控】 1月29日，区交通局召开疫情防控专题会议，决定成立检查组，重点对辖区公交场站、公交车辆开展疫情防控督查检查；指定专人对辖区S1线站点疫情防控督查检查；督促辖区出租企业和个体出租经营者做好疫情防控工作。年内，面对突如其来的新冠肺炎疫情，区交通局围绕“五个强化”“一个突出”，聚力打赢疫情防控阻击战。其中，“五个强化”指强化组织领导、强化领导干部示范表率、强化内部防控、强化党建引领、强化督促检查，“一个突出”指突出行业重点。

（刘天通）

【春节期间交通运力保障】 春节期间，门头沟区每日运营公交线路78条，配车共980部，日均运营车次共3700次。公交集团备勤20辆，其中潭柘寺备勤8辆。

（刘天通）

【百日专项治超联合执法行动】 5月14日，区交通局落实《北京市“一防三保”百日专项治超行动方案》，在门城地区主要路段开展联合执法突击夜查行动，现场查扣涉嫌违法运输大货车9辆。

（刘天通）

【公交站优化调整】 7月27日，门头沟区增设杜家庄西口公交站，优化调整M29路碣石村站站位。12月10日，在西苑路北端双向增设“永安小区路口南”公交站，经停线路有M24、891、941路。

（刘天通）

【快速直达专线135路开通】 7月27日，快速直达专线135路开通，其由三家店火车站至金安桥东，共12站，发车时间早7：00、7:30，节假日停驶。

（刘天通）

【快速直达专线221、222路开通】 12月10日，快速直达专线221路开通，其由城子至金安桥东，共6站，发车时间6:30、7:30，节假日停驶。快速直达专线222路开通，其由冯村西里至石景山古城共13站，发车时间6:30、7:30，节假日停驶，现金票价5元，刷卡票价3元，免费乘车证件无效，无人售票。

（刘天通）

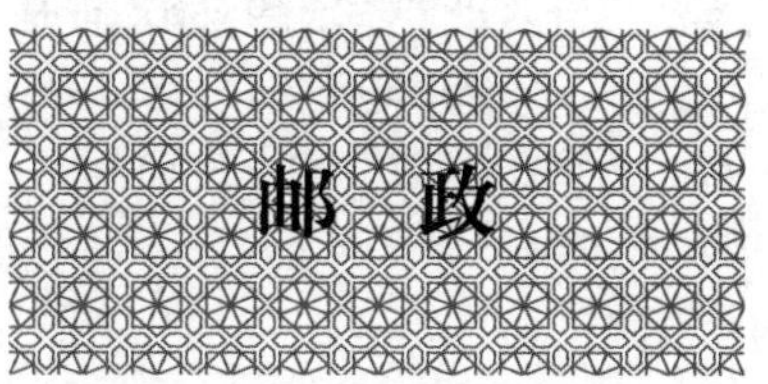

邮　政

【概况】 2020年，中国邮政集团公司北京市门头沟区分公司（以下简称邮政门头沟区分公司）设置党委党建工作部、市场经营部、服务质量部、金融业务部、集邮与文化传媒部、渠道平台部、运营管理部、寄递事业部和财务部与综合办公室，下辖3个邮政支局17个邮政所。门头沟区邮政分公司共有职工398人，其中正式工173人，劳务用工134人，劳务承揽91人。门头沟区邮政分公司设有投递道段83条，普邮道段38条，其中城区27条、农村地区11条，快递包裹专段45条。日投递总里程为1671.3公里。邮运趟车邮路6条，日里程为714.8公里。年内，实现收入1.1亿元，完成全年预算目标的104%，同比增幅24%；利润总额累计实现649万元，超预算目标432万元，完成预算目标的298.84%。年内，金融业务实现收入6871万元，完成预算目标的115.45%；寄递业务实现收入2011.76万元，完成全年预算目标的101.60%；集邮业务实现收入958.28万元，完成全年预算目标的97.78%；函件业务实现收入120万元，完成全年预算目标的76.4%；发行业务实现收入368.5万元，完成全年预算目标的100.1%；分销业务实现收入429.73万元，完成全年预算目标的115.83%。年内，门头沟区邮政分公司获北京市交通安全先进单位。

单位名称：中国邮政集团公司北京市门头沟区分公司
地　　址：北京市门头沟区河滩路2号
电　　话：69842560
邮　　编：102300

（刘　超）

【网点建设】 年内，邮政门头沟区分公司完成与华远华中心、四季怡园两处配套用房开发商的对接工作，完成所属17个网点、8个揽投部的微整治工作，有效改善了生产营收场地工作环境，提升客户用邮体验。完成三家店邮政所装修改造工程，有效改善网点环境，提升企业形象。

（刘　超）

【普遍服务提质达标】 年内，邮政门头沟区分公司营业服务达标率100%、建制村直接通邮率100%、普服邮件全程时限达标率100%、《人民日报》当日见报率100%、普服满意度96分（高于79分标准）、邮政服务申诉处理满意率100%（高于97%标准）。开展窗口服务大提升专项及“治理信实不符、提升客户体验”百日专项整治活动，共检查34人次，完成整改问题11项。

（刘　超）

【专业协同发展】 年内，邮政门头沟区分公司各专业参与协同开发共26次。支局、支行参与7次，以进社区宣传获客为主；专业联动开发19次，其中寄递部、金融部以年底报刊大收订为契机，走访63个客户，成功签约寄递协议客户10户。惠农项目锁定山区市场，加快“极速鲜”业务推进。寄递部协同市场部走访27个市级农民合作社，与6家合作社签订寄递协议。政务服务项目实现寄递业务收入65万元，开发万元以上客户3户，聚焦政务市场，重点拓展司法、交管、政务服务大厅、医药和公安行业发展。商企市场实现收入2076万元。

（刘　超）

【“中国一重”经验学习】 年内，邮政门头沟区分公司学习“中国一重”经验，各专业找问题、定措施、补短板，推动创新发展。金融部开展金融蓄客农村市场“大走访”活动，以“邮储送福”为主题，发放“邮储送福礼品券”、业务宣传折页，逐村走访，挂图作战，共走访33个行政村800余户，收集价值信息534条，蓄客资金135万余元。寄递部增加2名专职客户经理，对中关村商圈进行全面摸排，新开客户数量均有所增长。文传部全员参与走访，深入政府机关、街道、社区上门服务，收订党报党刊流转额400余万元。

（刘　超）

【安全管理】 年内，门头沟区邮政分公司建立安全生产工作领导责任制，成立安全生产委员会，制定《区分公司安全生产专项整治三年行动实施方案》。建立健全定期检查和日常防范相结合的各项安全管理制度，在重要节假日及重大活动期间对各网点进行夜间巡查，对发现的安全隐患及时整改落实。加强安全教育培训，每月召开安全例会，以支局为单位组织开展防抢、防火、防爆演练，确保车辆、资金、人身、消防安全等不出现任何问题。

（刘　超）

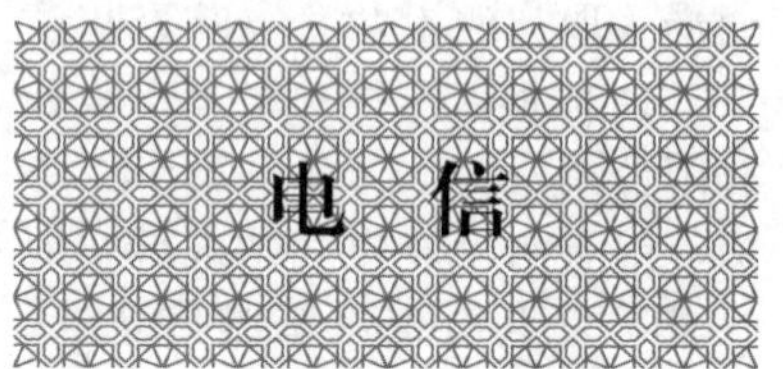

【概况】 2020年，中国联合网络通信有限公司北京市门头沟区分公司（以下简称联通门头沟分公司）围绕“提价值、谋发展、重基础、有激情”工作要求，制定实施《门头沟区分公司2020年度党建规定动作清单》，深入推进数字化转型，抢抓5G新时代发展机遇，深化价值经营，强化创新突破、增收增效，科学统筹新冠肺炎疫情防控和改革发展工作，取得疫情防控与改革发展“双胜利”。

单位名称：中国联合网络通信有限公司北京市门头沟区分公司
地　　址：北京市门头沟区新桥大街4、6、8、10号
电　　话：69828848
邮　　编：102300

（马君楠）

【移动网络信号质量提升】 年内，联通门头沟分公司宽梳理区域盲点，推进传送网及千兆宽带设备建设；建设入网5G基站138个；新建入网千兆设备端口数624个；完成13个住宅小区宽带接入建设，新增FTTH端口2960个，覆盖用户6876户；配合完成华为POTN网一期网元的安装、调测，为在全区范围内发展10G EPON及大颗粒专线专网业务打下坚实基础；完成 IPRAN 网络 400G 扩容改造和多台 5G 传输设备的汇聚，9 个主要汇聚局所均已具备 5G 发展对汇聚能力的需求。

（马君楠）

【网格划小改革】　年内，联通门头沟分公司深化综合网格和营业厅网格划小改革，通过划小双选，政企线新增人员 9 名，充实创新业务团队；网络线划分两个网格，构建“建维优”一体定位，完成小 CEO 选聘，以增量收益分享为核心的分配机制渗透到各个专业领域。

（马君楠）

【客户感知和企业形象双提升】
年内，联通门头沟分公司以投申诉总量压降为目标，强抓触点服务水平，强抓专业线管控，推进服务前置，开展“全员服务在行动”“我让用户十分满意”“装维质量提升攻坚”等专项活动，实施正负向激励，营业厅服务回访好评率由年初的 93.55% 提升至年末的 97.37，入户服务回访好评率由年初的 97.05% 提升至年末的 98.74%，全年投诉总量同比下降 22.1%，升越级投诉同比下降 5.2%，重复投诉大幅减少。

（马君楠）

【安全生产】　年内，联通门头沟分公司优化完善安全管理、值班值守，组织常规安全学习 12 次、“一警六员”专题培训演练 2 次、防火疏散演练 2 次，实现生产安全“零事故”。年内，落实新冠肺炎疫情防控要求，累计购买口罩 5 万余个，一次性手套 9000 副，消毒液、酒精、护目镜、测温仪等准备充足。

（马君楠）

生态环境

12月23日，永定河王平镇安家庄段见国家一级保护动物黑鹳（区融媒体中心　供图）

9月，区生态环境局在六环石门营出口检测重型柴油车（《京西时报》供图）

11月，门头沟区获“国家生态文明建设示范区”称号（区生态环境局　供图）

环境保护

【概况】 2020年，门头沟区细颗粒物（PM2.5）年均浓度为32微克/立方米，比2016年下降52.9%；可吸入颗粒物（PM10）、二氧化硫、二氧化氮年均浓度分别为55微克/立方米、3微克/立方米、24微克/立方米，比2016年下降15.4%、25%、20%。全年优良天数279天，占比76.2%，比2016年增加73天；重污染日7天，占比1.9%，比2016年减少26天。斋堂水库断面全年达到Ⅰ类水体要求，三家店断面全年达到Ⅲ类水体要求，沿河城断面因上游来水视为达标，中门寺侯庄子断面达到Ⅲ类水体要求。无受污染耕地，土地安全利用率为100%，污染地块安全利用率100%。森林覆盖率、林木绿化率分别达到47.8%和71.2%。

单位名称：北京市门头沟区生态环境局
地　　址：北京市门头沟区石龙北路20号
电　　话：69842681
邮　　编：102300

（孙秀扬）

【医疗废物处理检查】 1月31日，区生态环境局到门头沟区医院、京煤集团医院2家定点医院以及门头沟区中医院、妇幼保健院2家设有发烧门诊的医疗单位，对医疗废物收集、贮存、转移、处置等环节以及医疗单位污水处理设施运行情况进行现场检查，并采取水样带回检测。

（孙秀扬）

【秋冬季污染防治攻坚战】 1月，门头沟区生态环境局（以下简称区生态环境局）制定《门头沟区污染防治攻坚战2020年行动计划》，加强对重型柴油车、企业等各类污染源头监管，累计出动执法人员1108人次，检查固定源点位305家次，检查重型柴油车2713辆，处罚违法行为85起。

（孙秀扬）

【“三线一单”成果对接】 6月9日，北京市区域空间生态环境评价工作项目门头沟区成果深入对接会召开。会上，北京市生态环境局评估中心介绍区域空间生态环境评价工作背景、目的和意义以及北京市区域空间生态环境评价工作开展情况，编制单位北京师范大学介绍北京市“三线一单”（“三线一单”，指生态保护红线、环境质量底线、资源利用上线和生态环境准入清单），编制成果中有关门头沟区部分内容，以及反馈意见的修改采纳情况。门头沟区生态环境局介绍门头沟区“三线一单”相关工作内容，并组织区发展改革委、市规自委门头沟分局、区科信局、中关村科技园区门头沟园、清水镇等14家单位参会，讨论门头沟区区域空间生态环境评价工作成果。

（孙秀扬）

【京冀行政区域边界联合执法】 7月22日，区生态环境局会同河北省张家口市怀来县环保局对京冀行政区域边界地带开展联合执法检查，重点检查永定河流域上游斋幽路（斋堂镇沿河口村至怀来县幽州村）京冀交界处周边各类违法排污情况。共巡查交界处河道14公里，现场发现疑似问题2处，均出现在河北省张家口市怀来县“农家乐”性质的观光园内。通过走访村民实地检查，发现2处观光园存在排污设施不完善，垃圾转运流程不健全，负责人环保意识淡薄等问题。

（孙秀扬）

【危险废物规范化管理培训】 8月14日，区生态环境局召开危险废物规范化管理培训会，全区30余家重点产废单位主要负责人参加。会上，邀请专家讲解《中华人民共和国固体废物污染环境防治法》和《北京市危险废物污染环境防治条例》。

（孙秀扬）

【危险废物经营专项检查】 8月17日，区生态环境局对门头沟区危险废物经营单位开展专项检查，主要包括现场贮存场的“四防”措施、标识制度执行情况、环保设施运行情况和台账记录。9月8日，区生态环境局对危险废物规范化考核检查中存在问题的3家产废单位进行约谈，对企业存在的相关问题提出具体要求。

（孙秀扬）

【污水专项检查】 8月19日，区生态环境局会同市环境执法总队、监测中心进行污水专项检查。现场检查门头沟第二再生水厂、西老店村级污水处理站运行情况以及黑河沟水环境质量状况，同时查看2家企业在北京市企事业单位环境信息公开平台的相关信息，并对污水排放方式和去向进行询问。

（孙秀扬）

【“绿盾”点位巡查】 8月25日，区生态环境局联合清水镇、百花山管理处等相关部门对百花山自然保护地国家和市级“绿盾”点位进行巡查，共巡查点位20余处，发现并督促整改垃圾堆放、堆物堆料等问题。

（孙秀扬）

【区委生态文明建设委员会第三次会议】 9月21日，门头沟区召开区委生态文明建设委员会第三次会议。会议强调，要坚定政治站位，在践行使命抓落实上向前一步，持续补短板、强弱项、促提升，发挥“红色门头沟”党建引领作用，持续加大生态文明建设力度，擦亮“绿水青山门头沟”新城市名片。要坚定首善标准，在突出重点抓落实上向前一步，针对中央生态环境保护督察转办的、涉及环境污染的信访件，要举一反三，强化分类施策，建立长效管理机制，保证污染防治措施的精准落实。

（孙秀扬）

【水污染防治帮扶】 10月30日，北京市生态环境局水生态环境处对门头沟区水污染防治工作开展帮扶工作，实地察看门城湖、龙泉湾、黑河沟和中门寺沟侯庄子断面水环境治理情况，并就门头沟区水污染防治工作开展帮扶指导。

（孙秀扬）

【突发环境事件应急演练】 11月20日，区生态环境局联合区第二再生水厂开展突发环境事件应急演练。演练以区第二再生水厂外围供电发生故障，设备停运、污水溢流、引发水体污染为背景。演练内容包括信息接报、先期处置、现场调查、应急监测和应急终止等场景，并现场模拟“空间换时间”的水污染应急处置方案。

（孙秀扬）

【扬尘管控专题工作会】 11月27日，区生态环境局召开扬尘管控专题工作会。会上，通报门头沟区各镇、街大气环境质量情况、降尘量情况以及降尘点位选址情况，并介绍降尘杆安装技术及周边注意事项。

（孙秀扬）

百花山国家级自然保护区

【概况】 2020年，百花山管理处围绕创建国家公园为主体的自然保护地体系的发展目标，立足生态涵养区功能定位，按照“绿色发展、生态富民、弘扬文化、文明首善、团结稳定”的区域发展总原则，充分发挥生态环境优势，以“讲奉献、争第一”的门头沟精神，全面履行“守护好首都生态屏障”的职责和使命，争当生态文明建设及“两山”理论实践的首都样板。

单位名称： 北京市门头沟区百花山管理处
地　　址： 北京市门头沟区清水镇百花山张家铺路102号
电　　话： 69836484
邮　　编： 102300

（赵　菁）

【野生动物保护科普宣传】 3月3日，百花山管理处开展“世界野生动植物日”宣传活动。4月15日，开展“爱鸟周”宣传活动。5月22日，开展“国际生物多样性日”宣传活动。10月4日，开展“世界动物日”宣传活动。12月1日，开展“依法保护野生动物、依法打击非法捕猎”宣传活动。

（赵　菁）

【蓄水池修建】 7月，马栏管理站修建一座50立方米蓄水池，解决了生产生活用水的问题。

（赵　菁）

【友好协作关系】 年内，百花山管理处与河北小五台山国家级自然保护区建立合作关系，旨在资源保护、科研监测、科普宣教与管理等领域加强交流和合作，互相借鉴先进经验和做法，提升保护区的管理能力，促进保护区间可持续发展。

（赵　菁）

【“绿盾”专项行动】 年内，百花山管理处落实“绿盾”点位核查工作。2019年至2020年下发遥感监测点位187个。年内，累计开展600余次野外巡护，专项排查7次，开展联合检查4次。保护区未出现违法违规及生态破坏的现象，所有点位全部整改完成并销号。

（赵　菁）

【生物多样性保护】 年内，百花山国家级自然保护区内植物种类较2008年增长280余种。6月至7月，北京市仅发现的2株野外百花山葡萄中的1株在百花山国家级自然保护区首次开花结果；7月，国家林业和草原局将其列为国家Ⅰ级保护植物，填补北京市国家Ⅰ级保护野生植物的空白。

（赵　菁）

【生态环境监测】 年内，百花山国家级自然保护区收集整理监测视频照片资料2000余份，有效资料500余份，多次监测到褐马鸡、勺鸡、豹猫、狍子、火狐、野猪等10余种动物的活动轨迹以及人为活动2次。小龙门大垭口至南沟梁上1.2公里处褐马鸡分布较为集中，拍摄到由10余只组成的褐马鸡种群活动视频。

（赵 菁）

【研究生实践基地建设】 年内，百花山管理处与中国农业大学植物保护学院、清华大学建筑学院共同建设研究生培养实践基地，旨在充分发挥百花山国家级自然保护区科研教学实习基地功能的同时，为研究生科研项目提供优良的研究场所，构建双方在研究生培养、科技成果转化等方面的资源共享机制和合作平台，创建共赢的合作局面。

（赵 菁）

【森林防火】 年内，百花山管理处召开2020年度至2021年度森林防火工作部署会，印发《百花山管理处2020-2021年度森林防火工作方案和应急预案》《百花山管理处2020年全国两会期间森林防灭火安全保障工作方案》，签订2020年度至2021年度森林防火责任书，与斋堂镇、清水镇、史家营乡、霞云岭乡、河北小五台自然保护区等友邻单位签订联防协议5份，各站与周边友邻村签订22份，与第三方签订防火责任书4份，各站成立4支半专业扑火队伍。11月10日，百花山管理处开展2020年度至2021年度森林防灭火消防知识培训。

（赵 菁）

【防汛工作】 年内，百花山管理处制定印发《2020年百花山管理处防汛应急预案》，签订年度防汛责任书，明确防汛职责。转发门头沟区气象局大风、强降雨等极端天气预警信息13条。7月15日，百花山管理处组织处全体职工开展防汛应急演练。汛期，百花山管理处督查、检查安全隐患排查整改情况12次。

（赵 菁）

【陆生野生动物疫源疫病监测】 年内，百花山管理处共采集鸟类粪便样本182份，样本送至中科院动物研究所野生动物疫病中心进行检测，以用于北京市陆生野生动物疫源疫病的动态监测。

（赵 菁）

【野生动物巡查巡护和种群监测】 年内，百花山管理处巡护1级路线159次，巡护2级路线27次，手机直报京津冀野生动物资源监测数据共1650条，收取红外监测仪有价值照片2100余张、有价值视频1300段，监测到国家级保护动物及珍稀野生动物共25种，其中包括国家Ⅰ级保护动物1种（褐马鸡）、国家Ⅱ级保护动物2种（勺鸡、斑羚）。

（赵 菁）

城乡规划与建设

11 月 10 日，区住建委在 3751 中建七局项目施工现场开展质量观摩活动（《京西时报》 供图）

规划和自然资源管理

【概况】 2020年，北京市规划和自然资源委门头沟分局（以下简称市规划和自然资源委门头沟分局）完成全部138个村庄规划的联合审查，其中131个村庄规划完成区政府批复。编制《2019年度门头沟区城市体检报告》《门头沟区乡村振兴集体产业用地实施规划》（原“点状供地”规划），有力破解山区乡村发展的用地难题；组织开展《京西“一线四矿”及周边区域概念规划任务书》研究工作；开展北京市2020年度开发区土地集约利用评价工作，完成142批次批后监管现场踏勘工作，拍摄576张照片，收集项目施工许可证、竣工备案表、交地确认单等相关材料75份。年内，市规划自然资源委门头沟分局组织开展第三十个全国土地日宣传；开展《关于社会投资简易低风险工程建设项目审批的初步研究》《门头沟区规划实施单元划定研究》等5个调查研究并形成调研成果；办理信访投诉请求42件，同比下降50%；受理依申请信息公开196件，主要涉及征地、土地登记、规划审批等信息。

单位名称：北京市规划和自然委员会门头沟分局
地　　址：北京市门头沟区新桥大街48号
电　　话：21724290
邮　　编：102300

（索　晶　刘婷婷　宋　雨　聂燕杰）

【规划编制审批】 年内，市规划和自然资源委门头沟分局通过综合窗口核发的行政许可及技术服务类事项共153件，同比减少31%，其中选址意见书及用地预审合并办理8件、建设工程规划许可证（含临时）49件、社会投资简易低风险工程规划许可证25件、规划核验意见44件、“一会三函”审改试点项目设计方案函1件、地名及建筑物名称核准12件、划拨决定书4件、征地结案8件、临时用地土地批复2件。

（杜文君）

【规划实施监督】 年内，市规划和自然资源委门头沟分局开展2019年度城市体检评估工作，形成门头沟区2019年度城市体检工作报告；召开责任规划师工作启动暨培训会，为13支责任规划师团队的成员代表颁发聘书，推进责任规划师制度落地。

（索　晶）

【城市设计】 年内，市规划自然资源委门头沟分局组织完成分区规划《城市设计》专项研究，工作成果完善到《分区规划》“城市设计专题”；开展永定河博物馆新馆前期研究；征集规划展览馆设计方案。

（索　晶）

【建设项目管理】 年内，门头沟区商品住宅用地计划指标19公顷，年度入库任务44公顷，实际完成28公顷商品住宅用地供应，完成率147%，完成46公顷的土地入库任务，完成率104%，实现全区商品住宅用地供应及入库指标双完成。商品住宅完成比例在全市排名第三，在生态涵养区中位列第一。门头沟区完成9.36公顷定向安置房用地（含棚户区改造用地）供地，分别为门头沟区三家店粮库棚改定向安置房项目4.38公顷、MC00-0015-6055项目3.19公顷和MC00-0015-6023项目1.79公顷。核发划拨决定书4项，涉及土地面积4.1公顷，分别为龙泉镇西公交场站工程2.55公顷，北京市门头沟区永定镇MC00-0016-0055、0056、0066地块A334基础教育用地、F1住宅混合公建用地、F2公建混合住宅用地项目（基础教育用地）0.47公顷，门头沟档案馆新馆建设项目0.9公顷和门头沟区城子派出所建设工程0.18公顷。

（李春雪　刘婷婷）

【自然资源调查监测】 门头沟区位于北京市西部，坐标为北纬39° 48’—40° 10’，东经115° 25’—116° 10’。东临海淀区和石景山区，南接房山区和丰台区，西部及西北部与河北省的涞水县、涿鹿县以及怀来县接壤，北与昌平区为邻。辖区设13个街道办事处（镇）。根据门头沟区第三次国土调查数据，全区土地总面积现为1448.25平方公里，所有统计数据为平面统计面积，以国家下发的平差后椭球面积为准。土调查地类结构详见表。

【自然资源确权】 年内，市规划和自然资源委门头沟分局受理完成不动产登记24694件，收取登记费5960350元，收取土地出让金10725333.25元；完成不动产登记档案数字化26668卷、文书档案2041件、专业档案24688页、林权登记资料22652页；接待查询3814卷，3266人次，自

门头沟区第三次国土调查地类结构一览表（一级地类）

工作分类	面积（公顷）	占总调查面积比例
湿地	8.92	0.01%
耕地	686.06	0.47%
种植园用地	4626.29	3.19%
林地	129034.66	89.09%
草地	1059.48	0.73%
商业服务业用地	528.81	0.37%
工矿用地	580.26	0.40%
住宅用地	2141.75	1.48%
公共管理与公共服务用地	638.19	0.44%
特殊用地	811.17	0.56%
交通运输用地	2225.51	1.54%
水域及水利设施用地	1561.79	1.08%
其他土地	922.10	0.64%

（刘丹丹）

助查询机累计登陆2598次，打印1621次。

（周美雪）

【耕地保护】 年内，市规划和自然资源委门头沟分局开展区—镇、镇—村耕地保护目标管理责任书签订工作，共涉及3个乡镇、17个村庄；完成109高速临时便道、八工区项目驻地和九工区项目驻地等项目临时用地复垦方案评审；完成长安街西延（三石路—古城大街）道路工程临时用地复垦验收工作；完成潭柘寺镇中心区E地块土地一级开发项目占用耕地耕作层土壤剥离利用实施验收工作。

（金明丽）

【矿产资源管理】 年内，市规划和自然资源委门头沟分局组织对大台木城涧煤矿、鲁家山石灰石矿、赵家台叶腊石矿和中宝饮用水、中门清泉矿泉水、天合聚能（北京）饮料公司进行矿山储量动态检测工作，完成《矿山储量年报》；监督管理鲁家山石灰石和潭柘寺叶蜡石等2家矿山企业，实现在2020年12月7日采矿证到期前提前关停；组织矿业权人勘查开采信息公示，对4家固体矿山和3家矿泉水厂在网上进行矿业权人勘查开采信息公示。

（屈晓霞）

【地籍地名管理】 年内，市规划和自然资源委门头沟分局核发地名及建筑物名称共12件，其中建筑物名称核准7件、道路命名5件。

（杜文君）

【图斑整改】 年内，门头沟区120宗限期整改类图斑全部按期整改到位，到位率100%（2宗公共公益类已沟通市规划自然资源总督察办公室转为持续整改类图斑继续推进），剩余持续整改类图斑共325宗，整改到位93宗，其余232宗图斑均为重点工程、公共公益、一户一宅等类型，整改处于有序推进中。市规划自然资源委门头沟分局积极研究探索公共公益类、一户一宅类、重点工程类等未到位图斑的实施路径，研究制定《门头沟区2019年度自然资源督察暂未整改到位图斑处置方案》。

（杜文君）

【概况】 2020年，北京市门头沟区公共工程服务中心负责实施蓝皮书重点工程7项，总建筑面积17万平方米，总投资13亿元。

单位名称：北京市门头沟区公共工程服务中心
地　　址：北京市门头沟区新桥大街51号
电　　话：69867334
　　　　　69850512
邮　　编：102300

（李玉梅）

【区教师进修学校综合教学楼改造】 年内，门头沟区教师进修学校综合教学楼改造工程项目前期手续齐全，主体工程完工。

（李玉梅）

【北京景山学校门头沟校区新建工程】 年内，北京景山学校门头沟校区新建工程项目前期手续齐全，中学部主体结构完成，小学部基本完成京西建设集团清退工作与招标工程量清单及控制价编制工作。

（李玉梅）

【新城20街区机构养老设施工程】 年内，门头沟新城20街区MC00-0020-0024机构养老设施工程项目前期手续齐全，进入基础施工阶段。

（李玉梅）

【区档案馆新馆建设工程】 年内，门头沟区档案馆新馆建设工程项目取得选址意见书、立项批复和“多规合一”方案复审意见、初步设计概算、建设工程规划许可证，进入施工、监理招投标阶段。

（李玉梅）

【城子派出所工程】 年内，城子派出所建设工程项目取得立项批复及“多规合一”协同平台复审意见、初步设计概算批复以及建设工程规划许可证，进入施工图审查阶段。

（李玉梅）

【清水派出所工程】 年内，清水派出所建设工程项目取得立项批复及“多规合一”协同平台复审意见、初步设计概算、建设工程规划许可证，进入办理征地手续阶段。

（李玉梅）

【龙泉医院迁建】 年内，龙泉医院迁建工程项目取得“多规合一”初审意见，完成项目用地范围调整与项目建议书初稿。

（李玉梅）

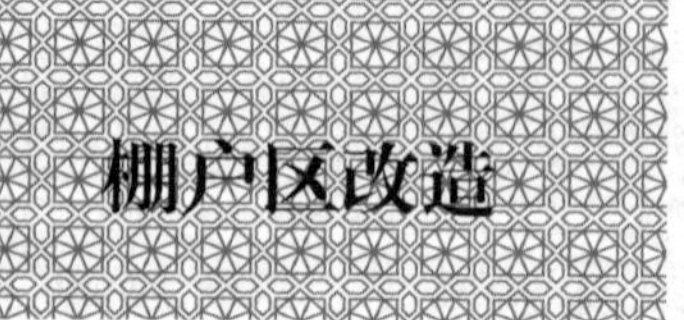

棚户区改造

【概况】 2020年，区采空棚户区改造建设中心（以下简称区棚改中心）全力推进安置房建设，交付安置房项目5个，其中2个自建项目可提供安置房3817套，3个收购项目可提供安置房2534套。老200万平方米安置房项目及新增100万平方米安置房项目社区居民委员会、社区服务中心、文体活动中心及室外文体活动中心、警务工作室、社区卫生服务站等配套用房移交相关单位；完成建安投资3.37亿元，其中城子C地块0.63亿元，曹各庄北侧地块1.08亿元，石门营A地块1.66亿元。

单位名称：北京市门头沟区采空棚户区改造建设中心
地　　址：北京市门头沟区门头沟路10号南楼
电　　话：69820206
邮　　编：102300

（李文朝）

【安置房自建项目】 年内，区棚改中心自建的3817套安置房交付使用，其中城子C地块可提供安置房286套，城子D地块可提供安置房3531套。

（李文朝）

【公租房转安置房项目】 年内，区棚改中心收购龙泉镇公租房转棚改安置房，可提供安置房共797套。

（李文朝）

住房保障

【概况】 2020年，门头沟区住房和城乡建设委员会（以下简称区住房城乡建设委）受理办结开发企业资质69项，全区注册的房地产开发企业共87家；受理建设工程招投标项目22项，投资金额22.54亿元，建设规模34.89万平方米，道路及管线里程67.89千米；受新冠肺炎疫情影响，全区开复工面积408.04万平方米，在施工程面积344.17万平方米，同比减少18.34%，竣工面积83.78万平方米，同比减少21.23%；保障性住房开工建设5417套，竣工11534套；新申请公共租赁房791户，保障性住房开工建设2633套，竣工（基本建成）11215套；新申请公共租赁房799户，公共租赁住房补贴备案170户，市场租赁补贴备案746户，西山燕庐、华宸雅苑公租房项目开展摇号配租；向符合条件的公租房、人才公租房和市场租赁住房三类补贴金共4603.41万元；公租房项目运营管理采用人脸识别设备系统与门禁系统相结合，运用信息技术手段提升使用监管水平。年内，全区主动完成棚户区改造11户，完成净地项目1个；房屋交易共办理预售许可初审6件，受理商品房投诉1069件，存量房网签2376件，出售新建商品房1347套，均价50373元/平方米；做出行政处罚230起；受理来信来访163件，信息公开54件次，办结为民服务中心转办案件4372件。

单位名称：北京市门头沟区住房和城乡建设委员会
地　　址：北京市门头沟区滨河路18号
电　　话：69842655
邮　　编：102308

（陈　琢）

【工程安全质量监管】 年内，区住房城乡建设委开展安全质量检查5985次，出动安全质量检查人员11970人次，查出隐患1054条，下发责令改正通知书24份，处罚93起，罚款65.27万元。

（李 兵）

【建筑市场管理】 年内，区住房城乡建设委受理建设工程招投标项目22项，投资金额22.54亿元，建设规模34.89万平方米，道路及管线里程67.89千米。其中政府投资项目12项，投资金额10.78亿元，建设规模16.72万平方米，道路及管线里程61.59公里；国有非政府投资项目10项，投资金额11.76亿元，建设规模18.18万平方米，道路及管线里程6.3公里。截至12月31日，门头沟区建设工程领域负面清单共列管26家施工、5家监理单位与31名项目经理，禁止其在列管期内进入门头沟区有形建筑市场承揽工程。

（李 冰）

【房屋安全鉴定】 年内，区住房城乡建设委受理房屋安全鉴定申请12件，总建筑面积为361平方米。其中危险房屋安全鉴定3件，建筑面积为86平方米；廉租房房屋安全鉴定9件，建筑面积为275平方米。鉴定工作群众满意率100%。

（池宝全）

【保障性住房建设】 年内，门头沟区保障性住房开工建设2633套，其中三家店粮库安置房项目1457套，潭柘寺二期定向安置房项目1176套；保障性住房竣工（基本建成）11215套，其中龙泉镇MC00-0003-0026等地块B1商业用地、F1住宅混合公建用地及A33基础教育用地（原城子大街国有资源整合改造升级地块）797套，采空棚户区改造城子村委会周边地块定向安置房项目1256套，黑山地块定向安置房项目2600套，永定镇苛罗坨、秋坡、石佛村土地一级开发定向安置房610套，采空棚户区改造曹各庄北侧地块定向安置房项目1788套，采空棚户区改造小园4、5号地块定向安置房项目2427套，液压支架厂项目1122套，水煤浆厂项目615套。

（王 鹏）

【保障性住房管理】 年内，区住房城乡建设委受理新申请公共租赁房799户，公共租赁住房补贴备案170户，市场租赁补贴备案746户；对符合条件的公租房、人才公租房和市场租赁住房三类申请人群发放补贴金共4603.41万元；强化公租房常态双随机入户抽查，公租房项目运营管理采用人脸识别设备系统与门禁系统相结合，运用信息技术手段提升使用监管水平。

（魏英慧 殷国雄）

【配套设施管理】 年内，区住房城乡建设委召开新建居住项目配套设施审查会3次，推动规划与新建各类配套设施256053.48平方米；实施“一个协议、四个确认单”工作机制，签订建设移交协议3例，开具建设情况确认单6例、验收情况确认单12例、移交情况确认单52例；推动西山燕庐、西山天璟、润西山、华宸雅苑、燕保·龙泉家园和惠通新苑等居住项目移交公共服务设施16处，共16980.54平方米；推动4所配套幼儿园产权移交。

（杜 凯）

【房屋市场管理】 年内，区住房城乡建设委办理预售许可初审6件，存量房网签1958件，受理投诉1813件；出售新建商品房915套，均价49717元/平方米，新建商品房销售（含预售商品房和现售商品房）价格较2018年下降9.8%。全区在册房地产经纪机构（含分支机构）、住房租赁企业共130家，其中区住建委备案的房地产经纪机构（含分支机构）、住房租赁企业80家。

（李拥涛 李 萌）

【房地产业执法检查】 年内，区住房城乡建设委开展房地产开发企业在售项目销售现场执法检查40次，房地产经纪机构执法检查443次，住房租赁企业执法检查111次；在北京市“疏解整治促提升”综合调度信息平台（群租房治理）累计审核销账共计174处；开展房地产经纪机构行政处罚3起，处罚金额9万元；开展住房租赁企业行政处罚1起，处罚金额3万元；开展房地产开发企业行政处罚1起，处罚金额3万元。

（李拥涛 李 萌）

【房产测绘成果审核】 年内，区住房城乡建设委受理房产测绘成果审核业务64件，建筑面积2577553.63平方米，办结64件。其中实测绘成果审核项目40件，建筑面积178621.37平方米；实测绘成果变更审核项目2件，建筑面积6405.58平方米；实预测数据对应审核项目22件，建筑面积792562.28平方米。

（康小淇 王景海）

【房屋安全检查】 年内，区住房城乡建设委检查房屋1170.16万平方米，涉及9个乡镇、4个街道办事处、22个自管房单位、22个物业企业。其中楼房1637栋，1146.54万平方米；平房8341间，23.62万平方米。

（韩少伟）

【普通地下室安全检查】 年内，区住房城乡建设委出动检查人员900人次，检查291处普通地下室，发现隐患133个，立即整改133个，未发现散租住人现象。

（韩少伟）

【汛期房屋安全管理】 年内，区住房城乡建设委组织抢险队共集结上岗值班39次390人次，出动雨中、雨后查房人员680人次，巡查平房6942间次，楼房1764幢次，抽排水1处39余次，清通水道3处，修复漏雨平房10处、楼房8处。

（韩少伟 王 志）

【物业行业管理】 年内，门头沟区从事经营服务的物业服务企业共61家，管理的小区或服务项目共121个，其中住宅项目96个、非住宅项目29个，共1137.79万平方米，从业人员3400余人；区住建委对全区群众反映问题较多的项目现场检查364次，约谈物业服务企业53次。

（谭 笑）

【企业资质与人员管理】 年内，区住房城乡建设委累计审批建筑业企业资质2845家，其中办理新设立建筑业企业资质证书951家，资质证书变更1894家；累计办理二级建造师执业资格注册4850人，其中初始注册432人，重新注册1064人，增项注册45人，延期注册432人，变更注册1557人，注销注册1320人。

（杨冰瑶）

【建筑节能监管】 年内，门头沟区新开工装配式建筑工程5项，总建筑面积59.85万平方米，采用装配式建筑实施的新建项目总建筑规模占全部新建项目比例达到31%；72家施工单位对在施工程进行建设工程材料采购备案164个。

（刘 静）

【竣工工程】 年内，门头沟区龙泉镇MC00-0003-0026等地块B1商业用地及A33基础教育用地（原门头沟区城子大街国有资源整合改造升级地块）项目，永定镇苛罗坨、秋坡、石佛村土地一级开发定向安置房项目，水煤浆厂项目，液压支架厂项目，采空棚户区改造城子村委会周边地块定向安置房项目，黑山地块定向安置房项目，采空棚户区改造曹各庄北侧地块定向安置房项目，采空棚户区改造小园4号、5号地块定向安置房项目竣工。

（朱晓霞）

房屋管理

【概况】 2020年，区房屋征收事务中心受区房屋征收办的委托，落实本区房屋拆迁、安置及房产证办理工作，安置房地块、征收项目选房安置工作的组织实施和业务指导，协助有关部门落实安置房小区相关工作。针对6103户未安置居民（含棚户区项目及重点项目）按时发放周转补助费。根据被安置居民的回购需求，积极主动的完成9套安置房的回购工作，其中现房3套、期房6套。

单位名称：北京市门头沟区房屋征收事务中心
地　　址：北京市门头沟区门头沟路10号南楼
电　　话：61895933
邮　　编：102300

（李晓军）

【安置房项目交付】 2020年12月，区采空棚户区改造建设中心交接区房屋征收事务中心城子C、D项目共3817套安置房。

（李晓军）

【安置房项目入住】 2020年12月27日，区房屋征收事务中心对城子C、D项目办理入住工作，共计2737户3513套。

（李晓军）

城乡管理

9 月 28 日，国网北京市电力公司门头沟供电公司在妙峰山镇炭厂村村民家中检查用电设施情况（杨天明　摄）

◆| 4 月 10 日，门头沟区在永定镇何各庄代征绿地地块开展全民义务植树活动（区委宣传部　供图）

◆| 8 月，黑河沟教堂桥区段河道改善后景象（《京西时报》 供图）

城管执法

【概况】　2020年，门头沟区城市管理综合行政执法局（以下简称区城管执法局）围绕“三类场所”疫情防控、占道经营整治、大气污染防治、垃圾分类检查等重点任务，以“突出重点、强化专项、提升服务”为依托，共出动执法人员17.7万人次，执法车辆4.2万车次，立案处罚2600起，罚款7584760元，受理市长热线举报19件，未发生群众投诉、集体上访及群体性聚集等不稳定事件，着力为门头沟生态涵养区功能建设提供有力环境保障。

单位名称：北京市门头沟区城市管理综合行政执法局
地　　址：北京市门头沟区龙泉花园D座1单元
电　　话：69861597
邮　　编：102300

（刘雪莹）

【占道经营整治】　年内，区城管执法局累计处罚占道经营类违法行为1096起，罚款19.37万元，13个镇街完成占道经营违法行为“动态清零”年度目标，7处市级上账点位全部完成平台销账任务。

（刘雪莹）

【大气污染防治攻坚行动】　年内，区城管执法局加大对施工现场日常执法检查力度，充分利用施工工地在线远程监控系统进行巡检，累计处罚大气污染类违法行为510起，罚款440.70万元。

（刘雪莹）

【违法建设治理】　年内，门头沟区无手续类存量建筑处理率达到95%以上，实现“基本无违法建设区”创建工作目标。全年，区城管执法局完成违法建筑拆除销账148处，总建筑面积29607.77平方米，拆违腾退土地面积33433.58平方米。

（刘雪莹）

【垃圾分类专项执法】　年内，区城管执法局垃圾分类专项检查累计检查社会单位7988个、居住小区4832个，检查发现存在问题单位201家，发现问题384处，立案545起，警告42起，处罚422.11万元。

（刘雪莹）

【“三类场所”疫情防控监督检查】　年内，门头沟区“三类场所”台账共1582家，其中商务楼宇21家，商场超市39家，餐馆食堂1522家。疫情防控期间，区城管执法局会同相关行业部门指导属地镇街全面推进“三类场所”疫情防控监督检查工作。

（刘雪莹）

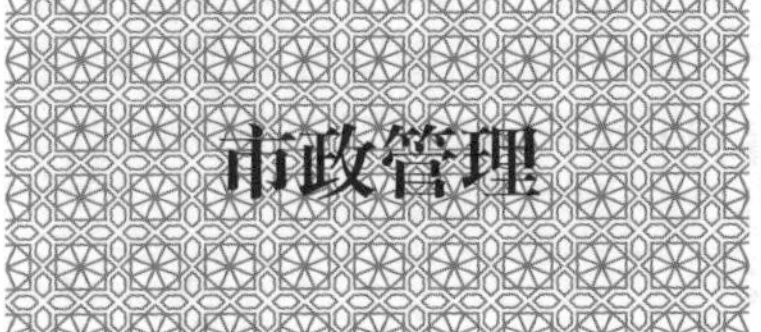

【概况】　2020年，门头沟区城市管理委员会（以下简称区城市管理委）承担区级蓝皮书重点工程33项，完成建安投资7.05亿元，总投资8.2亿元；集中开展黄土露天（撤绿网）等专项整治行动；完成S1线门头沟段景观提升工程和9条背街小巷市级验收。开展路侧停车改革，门头沟区道路停车电子收费收缴率和停车入位率均位于全市三类区第一位。扎实推进垃圾分类工作，推广“分类驿站+流动收集”模式，山区实现垃圾不出镇，家庭厨余垃圾分出率由0.61%上升到21%，生活垃圾减量25%，生活垃圾回收利用率达到35%。全区供热面积1450万平方米，居民供热面积1280万平方米，配送型煤约1.5万吨，并持续开展送气下乡工作。制定印发《门头沟区“接诉即办”工作机制汇编》，组建区级网格巡查监督员队伍，完成门头沟区城市运行智慧管理系统项目的初验工作。开展《门头沟区“十四五”时期城市管理及交通发展专项规划》规划编制，完成美丽乡村村庄规划及回复11项，涉及134个村

单位名称：北京市门头沟区城市管理委员会
地　　址：北京市门头沟区双峪路39-1号
电　　话：69854076
邮　　编：102300

（孟文静　解　森）

【脏乱区域环境整治】　年内，区城市管理委建立城乡环境整治滚动台账，明确牵头单位、责任单位、整改时限，留存前后对比照片。市、区脏乱点上账2347处均按时限完成整治，下发督办单142单，整治环境脏乱区域2000余处，其中693处市级台账保持100%整改率。

（陈利英）

【环境建设管理监督和考核评价】　年内，区城市管理委进一步完善“周检查、周排名、月曝光、月考评、月通报”检查工作机制，建立环境问题曝光制度，在门头沟区电视台、《京西时报》

每周对环境脏乱点进行曝光；从月专项检查、台账整改、迎检成果等方面每月进行考核排名，每季度进行群众满意度评价；每月在区政府常务会上通报考核结果，在区政府院内及《京西时报》进行公示，对连续排名靠后的属地主要负责人由区领导进行约谈，并把年度综合考核结果纳入区政府绩效考核。

（陈利英）

【环境建设市民满意度评价】 年内，门头沟区居民环境建设满意度稳中有升，平均满意度得分为80.6分，达到“比较满意”水平，其中秩序环境、设施环境达到“比较满意”水平。调查中发现的诸如公厕卫生打扫不及时、垃圾桶周边有异味、道路清扫保洁和小广告多清理不及时、废品回收站点摆放杂乱等问题都及时得到解决。

（陈利英）

【城市道路公共服务设施规范管理】 年内，区城市管理委开展公共服务设施集中治理行动，针对设施现状及存在的突出问题，特别是对门城主要大街、重点区域、达标道路等重点道路，以及道路交叉口、公园、过街天桥等人流密集地区等重点区域，对报刊亭、护栏等城市道路公共服务设施进行整治。对双峪路进行“多杆合一”试点规划，进一步优化市容环境，规范街面秩序。

（陈利英）

【城市夜景照明管理】 年内，区城市管理委以《门头沟区门城地区夜景照明控制性详细规划》为夜景照明方案审批的专业性评审依据，完成远洋地产、融悦广场的景观照明方案行政审批工作；按照《门头沟区门城地区夜景照明控制性详细规划》完成西长安街沿线、六环路可视范围等重点区域建（构）筑物亮化工程，门城湖公园景观照明及喷泉工程；完成重大节日期间城市照明保障工作，全区景观照明设施全部按照时间节点要求开启。

（王　洋）

【户外广告安全管理】 年内，区城市管理委制定《关于门头沟区户外广告设施查处协调配合的实施方案》，开展户外广告安全自查和抽查工作，组织各镇街及相关部门对抽查不合格的户外广告进行督查整改，加强日常巡查工作，及时查处非法设置的户外广告，减少户外广告对人民群众生命和财产安全的威胁，完成市级台账61处、区级台账159处整改任务。

（史宝倩）

【重点工程项目储备】 年内，门头沟区20项重点储备项目办理前期手续，西苑路等13项完成设计方案，门头沟迎宾大街（龙林路—华兴路）道路工程等5项完成项目建议书编制，军温路综合管线工程等2项取得立项批复。

（解　森）

【固定资产投资完成情况】 年内，区城市管理委列入区级重点工程蓝皮书项目共33项，其中S1线门头沟段城市景观提升工程由区城市管理委负责组织实施，潭柘寺、斋堂、清水3项输变电工程、10项工程“三供一业”工程、2019年国网北京门头沟供电公司八亩堰等村农村煤改电工程及集中控制应急抢修指挥中心建设工程由国网电力公司负责组织实施，其余17项工程由门城公司负责代建。

（孟文静）

【基础设施承载能力建设】 年内，门头沟区道路交通工程通过验收并开放7个项目，17条道路，总里程14060米，包括九龙路道路工程、黑山大街北延二标、高家园市政配套、冯村何A市政配套，雅安路西延、曹C一期道路工程及曹各庄A地块市政配套工程项目。

（孙佳美）

【市政道路工程征地】 年内，门头沟区市政道路工程征地涉及滨河路南延二期、苛园路道路改造工程、黑山大街二期道路工程、曹各庄A地块市政配套工程、金沙街道路工程等5项工程，涉及征地面积285.95亩，农转非178人，基本具备上报条件。滨河路南延一期、东辛房东街等2个项目涉及划拨工作，完成所有产权单位同意划拨盖章工作，其中东辛房东街上报规自分局进行预审。拆迁拆改工作完成石门营、葡萄嘴环岛拆改工程及长安街西延道路工程部分项目结算审计工作，完成石龙路、金沙街等项目部分地上物拆迁补偿工作。征地项目申报1亿征地资金，完成支付6059.24978万元，完成支付比例约60%。拆迁拆改项目申报1000万元，支付739.171678万元，完成支付比例约74%。

（张　帆）

【重大节日景观布置和环境保障】 年内，区城市管理委采取悬挂灯笼、中国结、主要节点景观布置、装饰小品、盆景插花等形式，打造主次分明、布局合理、气氛热烈的景观布置效果，完成春节、国庆节环境保障任务，累计布置灯带735米、灯串13300米、造型树65颗、灯饰小挂件3万余个，开启发光中国结448套、发光灯笼453套，设立景观立体花坛10余处，安装保险开关1580个。

（姜 浩）

【背街小巷整治提升】 年内，门头沟区制定实施《2020年门头沟区背街小巷整治提升工作实施方案》，投资80余万元开展9条背街小巷整治提升工作，治理机动车乱停放点位53处，施划车位95个，安装阻车桩75组，修缮破损墙面660余延米，修缮护栏50余米，清理占道经营20余处，清理卫生死角101处，清除垃圾2.2吨，维修照明灯15盏。

（姜 浩）

【重点景观提升工程】 年内，门头沟区完成长安街西延门头沟段、S1线门头沟段环境整治提升。长安街西延门头沟段景观提升工程累计绿化8.57万平方米，道路及广场铺装3.9万平方米，种植乔灌木8025棵，地被铺设8.1万平方米，园路石材铺装15720平方米，安装廊架11座，安装雕塑6处，安装特色座椅34个、防腐木坐凳466米、整石坐凳3411米，景石安装183块。S1线门头沟段景观提升工程累计绿化11.7万平方米，种植乔灌木10659棵，地被铺设103208平方米，铺装5455平方米，庭院灯、照树灯累计安装822盏。实施市重点工程六环路门头沟段沿线景观提升一期工程，主要包含10个点位，涉及六环路沿线绿化美化与补植、道路沿线围墙挡墙改造、多功能生态场地及公园绿地等内容。

（姜 浩）

【生活垃圾处理】 年内，门头沟区生活垃圾清运量99597.96吨，厨余垃圾清运量7154.61吨，粪便清运量91026.18吨，餐厨垃圾7805.39吨，无害化处理率100%。全区有生活垃圾处理设施4座，其中垃圾转运站1座、焚烧厂1座、垃圾卫生填埋场2座。

（杨 博）

【厕所革命】 年内，门头沟区开展厕所革命，实现农村地区三类以下公厕全部达标的市级目标。

（李彦姣）

【垃圾分类】 年内，区城市管理委制定实施《门头沟区生活垃圾日常运行管理检查考核办法》，将垃圾分类第三方检查评比结果纳入区环境办检查考评体系；制定实施《门头沟区生活垃圾分类工作行动方案》，并建立门头沟区生活垃圾分类推进联席会议制度。年内，全区桶（站）由3447组减少至1253组，减量64%；推广“分类驿站＋流动收集”模式，建设改造分类驿站139座，设置再生资源固定交投点134处，211个社区（村）实现再生资源流动收集，3处中转站投入使用，回收企业基本实现全覆盖；21个市级、36个区级垃圾分类示范小区（村）创建成功；131个行政村采取上门收集，占全部行政村的95%；家庭厨余垃圾分出率由0.61%上升至21%，生活垃圾减量25%，生活垃圾回收利用率达到35%。

（杨 阳 董 谦）

【集中供暖】 年内，门头沟区共14家供热单位，39座锅炉房，全部为燃气和燃电锅炉，冬季供热面积1450万平方米，居民供热面积1280万平方米。全区供热夏季检修共投入维修资金4500万元，设施设备更新38处，设施设备维修669处，井室井盖检修12539处，检修管道302公里，均在9月底前按时完成。门头沟区门城地区88%供热面积由热力集团门头沟分公司承担，引进热力集团“96069”热线服务平台，12345热线与96069热线共同解决居民供热诉求。

（贾妙帅）

【燃气供应】 年内，门头沟区共6家燃气供应企业，有液化石油气用户5.2万户，管道天然气居民用户12万余户，锅炉供暖用户38户，工业用户4户，其他公共服务用户290户；天然气管网356.9公里，其中高压管道0.2公里，次高压管线25.1公里，中压管线126.6公里，低压管线205公里；生产基地1座，潭柘寺分输站1座。全年管道天然气销售气量1.41亿立方米，液化气销售量3096吨。

（肖金辉）

【型煤配送】 年内，门头沟区对未进行“煤改清洁能源”的村庄、社区、农村地区农业设施开展优质燃煤替代工作，公开招标确定北京西宝惠民型煤有限公司负责采购、生产，并按照优惠价格配送到各镇街。全区型煤供应点设在潭柘寺镇、永定镇、龙泉镇、军庄镇、雁翅镇、斋堂镇、清水镇、王平镇、大台街道。全年型煤配送约1.5万吨，其中门城地区配送39个村配送量约

9724吨。

（肖金辉）

【废弃线杆及检查井治理】 年内，区城市管理委联合区水务局、区城管执法局等部门启动废弃线杆及检查井专项治理工作，处理检查井日常维护及回填修复47处，拆除无法确定产权废弃线杆224处。

（宋 浩）

【路侧停车电子收费】 年内，门头沟区13条支路以上等级道路共1251个停车泊位全部采用高位视频实施电子收费。

（宋 浩）

【机动车停车治理】 年内，区城市管理委组织京门静态公司对园林、水务共10个停车场、1100个进行车位的管理权移交统一管理，对可利用停车资源进行全面调查，进一步提升停车场使用效率。梧桐苑东白地块静态交通综合治理工程施划205个路侧停车位、禁停标线、安装道路停车泊位标志和禁停标志，开放泷悦长安停车场113个车位，增设闯红灯抓拍设备41处、违停抓拍20处、全方位监控7处；石门营片区地下停车场扩大开放，增加泊位1500余个；石泉砖厂片区完成道路停车泊位设计和施划工作。强化重点区域进行停车秩序治理，3月至11月共粘贴正式罚单29915张。

（宋 浩）

【非机动车停车位施划】 年内，区城市管理委在50余处重点区域施划230个非机动车停车位，非机动车停车秩序明显改善。

（宋 浩）

【网格管理】 年内，门头沟区通过政府购买服务形式，委托第三方公司组建40人的区级专职网格监督员队伍，巡查监督范围覆盖全区13个镇街；建立网格工作月例会制度，搭建交流平台，促进提升网格巡查监督工作能力水平；推动镇街级网格化城市管理工作体系建设，各镇、街初步确定网格工作管理机构并开始组建城市协管员（网格巡查员）队伍；全年共上报办结网格案件17.9万件。

（石 鑫）

【门头沟区城市运行管理智慧平台建成】 年内，门头沟区城市运行管理智慧平台建成，其汇集门头沟区“接诉即办”、城市管理网格化、市政工程、井盖监测、地下管线、设施巡管养、照明、停车、餐厨、建筑垃圾（渣土）、生活垃圾、环卫、扬尘监测、燃气、电力、热力相关领域共16项城市管理数据，同时整合包括路侧停车、工地扬尘、部分雪亮工程的视频监控管理。

（马 达）

【政务服务热线】 年内，门头沟区政务服务热线共受理各类求助事项102009件，同比增加71.53%，其中涉及疫情诉求11126件、生活垃圾管理类诉求1711件。诉求事项中，市中心直派镇街66803件，同比增长1.82倍；分中心转派35206件，同比增长68.97%；微博、微信等网络受理渠道10183件，同比增长超11倍。群众诉求来电反映的前10类是住房类问题、市容环卫类问题、公共安全类问题、物业管理类问题、市政类问题、城乡建设类问题、公共服务类问题、交通管理类问题、农村管理类问题、环境保护类问题。

（薛 鑫 陈 莹）

【“接诉即办”机制建设】 年内，区城市管理委修订形成《门头沟区“接诉即办”工作机制汇编》；在年度群众诉求“接诉即办”工作考评细则内容中纳入系统退单、领导包诉、落实“五个亲自”情况、承办质量、考评排名等重点内容等考核任务，从办理质量入手，全程跟踪承办单位各项工作落实情况；探索“三率”预警新模式，由每周预警转变为每日预警提醒；将原有“编辑月报当周不出周报”的工作调整为“每周出周报，月报不减量”的工作模式，实现每周周报不断档，周数据信息不断档，月报数据完整连贯。全年共报送信息专报35期，同比增长2.1倍。

（薛 鑫 陈 莹）

【疫情诉求督办】 年内，自新冠肺炎疫情发生以来，设置专人专岗，按照市中心疫情诉求分级形成针对疫情相关诉求的督办，以电话、微信联系与发送督办单相结合的方式督办各单位按时、按要求及时办理及回复，督办疫情诉求共3211件，涉疫诉求100%按时办结；针对即将超时诉求事项及因诉求牵扯多个单位、责任划分不清晰等原因不接诉情况进行电话督办；对超时未回复或未按承诺时间回复诉求，电话沟通后不接诉的单位发送督办单，要求其按时、按要求办理及回复系统内容，督办重点诉求153件。

（薛 鑫 陈 莹）

园林绿化

【概况】 2020年，门头沟区林地面积13.705万公顷，森林覆盖率48.08%，林木绿化率72.75%；绿化覆盖面积2153.3公顷，园林绿地面积2194.86公顷，绿地率51.66%，绿化覆盖率50.68%，人均绿地面积63.8平方米，人均公园绿地面积为30.03平方米。年内，区园林绿化局完成创建首都绿色村庄4个、花园式单位3个、花园式社区2个、首都森林城镇1个。

单位名称：北京市门头沟区园林绿化局
地　　址：北京市门头沟区石龙北路33号农林大厦
电　　话：69842575
邮　　编：102300

（杨　超）

【义务植树】 4月10日，门头沟区在永定镇何各庄代征绿地地块开展以“创建国家森林城市履行义务植树责任”为主题的全民义务植树活动，活动栽植银红槭、白皮松、榆叶梅、白蜡等树木100余株。

（杨　超）

【文明游园宣传活动】 6月11日，区园林绿化局联合有关部门举办文明游园宣传活动，发放宣传彩页2000余张，小扇子、手提袋等各种宣传品1000余份，接受群众咨询并解答群众各类问题10人次。

（杨　超）

【绿海运动公园开园】 6月12日，门头沟区绿海运动公园开园迎客。公园位于门头沟新城区，北至中门寺地区，南至冯村沟堤坝，是在一个大型砂石坑的基础上绿化建成。公园栽植圆柏、油松等高大乡土乔木，辅以草坪和花灌木共5.2万株，形成立体植被生态体系；设有雨洪收集利用体系，充分利用再生水，通过沟道的互联互通，为公园打通水脉；设有塑胶跑道和仿木质步道，使绿色与运动相结合，拉近人与自然的距离，为周边5万居民提供休闲游憩的新去处。

（杨　超）

【长安街西延南侧景观绿化工程】 6月23日，长安街西延南侧景观绿化工程竣工验收。该工程位于永定镇，北至长安街西延线，南至泰安路，西至金沙街（规划道路），东至冯村沟，总面积约2万平方米，2019年8月21日开工，主要实施内容为绿化工程、庭院工程和灌溉工程。

（杨　超）

【新一轮百万亩造林】 年内，区园林绿化局完成新一轮百万亩造林绿化任务0.99万亩。截至年底，门头沟区完成新一轮百万亩造林绿化工程9.76万亩，完成战略留白523亩。

（杨　超）

【“留白增绿”】 年内，门头沟区总投资435万元，在清水镇、雁翅镇、龙泉镇开展“留白增绿”82.17亩，是市园林绿化局任务指标的1.7倍。

（杨　超）

【公园无障碍建设】 年内，区园林绿化局下属26个公园共更新无障碍设施导示图22套，安装无障碍设施立柱指示牌29套，标识牌38套，厕所方位贴标4个，无障碍入口坡道整改1处，无障碍入口栏杆改造2处。

（杨　超）

【京津风沙源治理二期工程】 年内，区园林绿化局完成2020年京津风沙源治理二期工程。5月13日，工程开工，总投资2250.7329万元。

（杨　超）

【森林健康经营林木抚育】 年内，区园林绿化局完成门头沟区2020年森林健康经营林木抚育项目，项目总建设任务8.7万亩，投资3815.24万元，含斋堂镇40560亩以及2处综合示范区共5675亩。

（杨　超）

【国家级公益林管护】 年内，区园林绿化局完成2020年度国家级公益林管护项目建设任务，抚育中幼林1.6万亩，涉及斋堂镇、雁翅镇和龙泉镇。

（杨　超）

【园林绿化系统疫情防控】 年内，区园林绿化局扎实做好公园、林场等公共开放区域的新冠肺炎病毒疫情防控，制作宣传横幅20条、提示标识贴400张，强化每日消毒消杀，严格落实“一米线”和测温制度，加强野生动植物及其制品的执法检查，切实抓好复工复产领域的疫情防控工作。

（杨　超）

【森林防火工作】 年内，区园林绿化局发送森林防火短信150

万条；组织84人次下沉指导各镇、有林单位森林防火工作32次；清理防火隔离带7.8万延米，清理可燃物845公顷，林下可燃物40亩。重点时期开展防火巡查956次，出动警力2160人次，处理违法用火案件4起，处理违法人员4人，林业行政罚款1500元。

（杨　超）

【森林病虫害测报治理】 年内，区园林绿化局优化完善市区级测报人员229名、市区级测报点470个，测报虫种27种，监测面积164.77万亩；对全区44个苗圃进行产地检疫，签发产地检疫合格证9份，产地检疫率100%；签发植物检疫要求书850份，抽检调入苗木进行，签发植物检疫证书（出省）1份；全面防治减灾面积3.53万亩，防治率100%，无公害防治率99.16%。

（杨　超）

【古树保护】 年内，区园林绿化局完成复壮古树共489株。截至2020年年底，门头沟区区有古树1687株，"十三五"期间累计投入古树复壮资金1024万余元。

（杨　超）

【野生动物保护】 年内，区园林绿化局发放野生动物保护宣传材料2000余份，全区野生动物监测防控部门累计出动车辆4000余次，出动人员3万余人次。

（杨　超）

【垃圾分类点设置】 年内，区园林绿化局统筹安排设置13个垃圾分类投放点，购置240升分类垃圾桶135个，制作垃圾分类硬质宣传横幅8块、展板9块、宣传橱窗4个。

（杨　超）

水务

【概况】 2020年，门头沟水务工作围绕"安全、洁净、生态、优美、为民"目标，坚持"抗疫情、保运行"两手抓，对水源地、取水口等重点部位每日必巡必检必清并定期消毒，形成"源头防护—过程监管—出水管控"供水闭环；门城水厂主体工程完工，提升8个镇农村供水能力，138个村配备运行供水消毒设施；完成210平方公里流域治理，建设城市景观提升水环境保障一期工程，永定河山峡段40年来首次实现长流水；整治水环境问题2000余个，完成全区550眼机井核查建档，停征188家中小微企业污水处理费共232.43万元，水政监察检查1400余次。年内，门头沟区获评节水型社会建设达标区，黑河沟被评为市级优美河湖，河湖管护中心被评为"北京市水务工作先进集体"。

单位名称：北京市门头沟区水务局
地　　址：北京市门头沟区永定镇石龙北路33号
电　　话：69842049
邮　　编：102308

（董　博）

【水利安全生产专项整治】 8月，区水务局印发《安全生产专项整治三年行动实施方案》。11月，对永定镇卧龙岗村污水改造工程开展安全风险评估。年内，区水务局完成市委、市政府安全生产督查5个反馈问题整改；检查水务在建工程及日常运维单位212家次，出动检查人员400余人次，发现并消除各类安全隐患238项，行政处罚8起，处罚8000元；完成安全生产监督备案9个。

（董　博）

【清水花谷供配水管道工程竣工】 9月17日，清水花谷灌溉配套建设供配水管道工程竣工。该工程2019年10月24日开工，总投资803.51万元，属于门头沟区2018年度——2019年度大中型水库移民后期扶持中央结余资金项目。

（董　博）

【斋堂镇河道整治与灌溉管线建设工程】 12月2日，斋堂镇完成灵水村、牛战村河道疏挖整治以及火村灌溉管线建设。该工程8月10日开工，总投资284.74万元，属于门头沟区2019年度大中型水库移民后期扶持中央结余资金项目。

（董　博）

【农村生活污水治理】 年内，区水务局实施卧龙岗村雨污合流改造工程，超额完成污水管线建设，污水处理率达到90.88%，评全市唯一一个全国农村生活污水治理示范区。

（董　博）

【水利工程质量检查】 年内，区水务局对在建水利工程实体质量及质量行为开展专项监督检查和实体检查210余次，内业检查130余次，下发整改通知10余份。监督检查对涉及结构安全和工程使用的主要原材料、中间产品进行抽样检测，抽样覆盖率100%；委托检测机构专业抽样检测220余次，其中钢筋原材抽检60余组，水泥原材抽检50余组，混凝土抗压、抗冻、抗渗试块抽检60余组，混凝土回弹检测20余次。

（董　博）

【清管行动】　年内，区水务局开展清管行动，疏通淤堵管线17.34公里，全面清理新城地区雨水篦、井。

（董　博）

【用水总量管理】　年内，全区总用水量4887万立方米，其中新水用量4134万立方米，再生水用量753万立方米。区水务局严控用水总量，制定全区年度用水计划，落实“单月预警、双月考核”及非居民用水超计划累进加价制度。

（董　博）

【用水户调查】　年内，门头沟区有用水户640家，其中机关、企、事业单位313家，社区、村庄278家，学校及幼儿园49家。

（董　博）

【节水创建】　年内，门头沟区“两田一园”高效节水灌溉工程（一期）竣工，创建节水型单位50家，节水型社区2个，节水型村居2个，累计换装节水器具4922套（件）。

（董　博）

【节水管理】　年内，区水务局办结节水“三同时”行政审批事项22项，其中节水设计方案审查9项，总建筑面积89.38万平方米，临时用水9项，审批临时用水指标89.45万立方米，验收竣工4项，核定长期用水指标157.28万立方米；多次联合有关部门重点检查辖区园林绿地、建筑工地、洗车、洗浴、游泳健身等行业用水情况；以“世界水日”“中国水周”“全国城市节水宣传周”等时间节点为契机，开展节水宣传活动，以云课堂形式举办“节水大讲堂”活动。

（董　博）

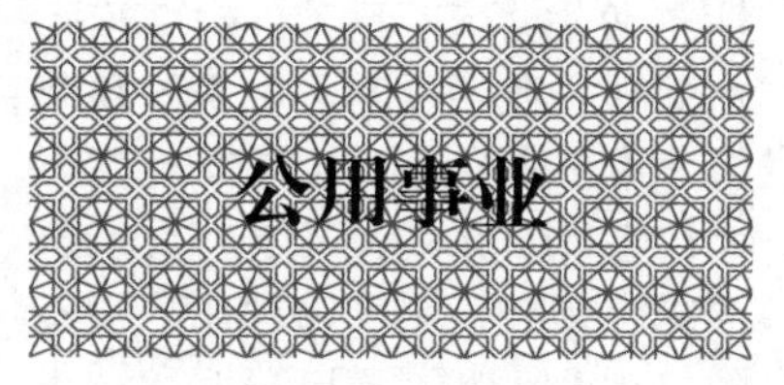

公用事业

供　电

【概况】　2020年，国网北京市电力公司门头沟供电公司（以下简称区供电公司）承担门头沟地区1455平方公里范围内的电网规划建设、运行管理、电力销售和22.26万客户的供电服务工作，拥有110千伏变电站8座、变压器16台、变电容量763兆伏安，35千伏变电站5座、变压器10台、变电容量140兆伏安，110千伏线路总长度64.68公里、35千伏线路总长度169.69公里、10千伏配电线路总长度1779.64公里，持续10年保持“全国文明单位”称号。年内，龙泉供电所获“首都文明单位标兵”称号。

单位名称：国网北京市电力公司门头沟供电公司
地　　址：门头沟区滨河路66号
电　　话：010-69844354
邮　　编：102300

（姜冰倩）

【安全供电】　1月14日，门头沟区领导带队到区供电公司110千伏城子变电站检查春节供电保障工作，重点了解春节期间应急抢修、“煤改电”客户供电服务保障措施。19日，区领导带队到区供电公司营业厅、调控中心检查春节供电保障情况，看望慰问一线员工。5月27日，区供电公司联合有关部门在京浪岛体育文化公园风筝放飞区开展反外力破坏、电力设施保护宣传活动。7月14日，区领导到区供电公司调研迎峰度夏、电网规划建设工作。15日，区领导检查重点水利枢纽防汛供电保障工作，并调研区供电公司度夏、中考保电与新冠肺炎疫情防控等重点任务推进情况。8月27日，区领导带队到潭柘寺110千伏输变电工程现场督导检查工程建设进度、安全生产工作。9月30日，区领导带队到区供电公司110千伏冯村变电站检查国庆、中秋“两节”供电保障工作。

（姜冰倩）

【抗击新冠肺炎疫情供电保障】　2月7日，门头沟区领导到公司调研新冠肺炎疫情防控期间客户服务、电网运行和山区“煤改电”等供电保障情况。22日，区供电公司经过近48小时的施工作业，提前完成位于白瀑寺内备用医学隔离点的紧急处缺任务。3月9日，区城管委等部门检查潭柘寺110千伏输变电工程复工隔离点新冠肺炎疫情管控措施和防疫物资储备情况。6月16日，区供电公司紧急调配1台应急发电车和9台应急照明设备，用3小时快速为在京浪岛文化体育公园设置的户外核酸检测点接通临时电源。23日，为龙泉医院建设方舱PCR检测实验室用电提供延伸服务，制定耗时最短的方舱接电施工方案。

（姜冰倩）

【电力规划建设战略合作协议签署】　8月28日，区供电公司与门头沟区政府签署《“十四五”电力规划建设战略合作协议》，开展“门头沟小院+”电力专项规划，服务“门头沟小院+”田园综合体体系建设及配套产业发展，推进坚强可靠智能电网建设，打造营商环境新高地，推动国家电网公司战略目标落地。

（姜冰倩）

【专项供电服务】　11月5日，国道109新线高速公路三工区下苇甸大桥涉及10千伏电力迁改工程顺利发电。16日，区供电公司完成城子C、D地块保障房项目送电。年内，区供电公司稳妥应对门头沟区5月21日强降雨天气和5月26日3.6级地震突发事件，完成中高考、服贸会、十九届五中全会等各类保电任务25项，保电天数77天。

（姜冰倩）

【防汛度夏供电保障】　年内，区供电公司召开度夏电网运行方式分析会，梳理地区电网薄弱环节，综合检修9条线路；结合永定河补水，提前排查水库、小塘坝周边区域线杆及设备隐患；排查防汛重点用户及老旧小区用电设备隐患，提供用电延伸服务。

（姜冰倩）

【迎峰度冬供电保障】　年内，区供电公司编制完成电网度冬事故处置预案，稳妥应对连续8次地区电网最大负荷；修订完善“煤改电”线路、村庄应急保障“一线一案”“一村一案”；落实社区客户经理职责，与客户及采暖设备维修网点建立联络机制，为“煤改电”客户提供高效协同保障服务。

（姜冰倩）

【电力营商环境优化】　年内，区供电公司累计完成居民及小微企业接电2736项，平均办电时长5.2天；对6455户企业实行阶段性电费优惠5%政策，对2户污水处理企业实行基本电费减免政策，为企业节约用电成本2123万元；对1200余户高压客户开展全面隐患排查，协助治理用户设备隐患；结合地区客户特点和诉求情况，建成永定智能营业厅、雁翅自助服务厅、清水深山中心厅；打造33个无12345热线工单村。

（姜冰倩）

供　水

【概况】　2020年，北京市自来水集团有限责任公司门头沟分公司（以下简称自来水门头沟分公司）设计生产能力8.64万立方米/日，厂外补压井设计生产能力2.2万立方米/日，总供水能力10.84万立方米/日。自来水门头沟分公司采用树状独立管网，管网总长度451.03千米，27座加压泵站，17眼补压井，主要供水区域包括门城镇地区及石景山区的广宁、麻峪、五里坨、黑石头地区。“南水”通过颐和园团城湖经三级泵站运输到自来水门头沟分公司，三家店水库为备用水源。年内，自来水门头沟分公司总供水量2498.8万立方米。

单位名称：北京市自来水集团有限责任公司门头沟分公司
地　　址：北京市门头沟区城子大街128号
电　　话：69842649
邮　　编：102300

（张雯珺）

【接诉即办】　年内，自来水门头沟分公司受理12345热线工单641件。主要涉及水压问题、水表故障问题等。

（张雯珺）

【“五零”服务改革】　年内，自来水门头沟分公司落实“五零”（零上门、零审批、零投资、零环节、零时间）服务改革政策，完成21项小微工程。

（张雯珺）

【中小微企业污水处理费停征】　年内，自来水门头沟分公司发放停征中小微企业污水处理费告知书570份，停征企业182家，停征水量68.34万立方米，停征污水处理费205.02万元。

（张雯珺）

气　象

【概况】　2020年，门头沟区气象局共发布暴雨预警11次；针对区域内沟峪创新开展“精细化分区域预警”，坚守防灾减灾第一道防线；联合中国气象局卫星中心，制作门头沟山洪联防气象指挥图，以此为蓝本为区政府防汛决策提供技术支撑，在8月12日、8月23日、8月27日强降水过程中发挥良好效益；打通全区沟域联防站网数据共享通道，实现131个站点的数据融合，建立12条山洪沟上下游地理特征、土地使用等信息数据库。区气象局建立气象与镇街的“点对点”汛期气象服务机制，建立汛情、雨情、灾情、舆情等信息响应制度，实现灾情信息的交换和共享；持续开展气象信息员培训，做好气象预报预警服务；深入推进“放管服”改革，创新气象法制监管方式。年内，区气象局继续保持首都文明单位标兵称号，区气象台获北京市气象服务先进集体，1人获北京市气象服务先进个人，门头沟局获评“全国文明单位”，2人获得省部级奖励。

单位名称：北京市门头沟区气象局
地　　址：北京市门头沟区滨河路22号
电　　话：69804766
邮　　编：102300

（李　栋）

【气象日科普活动】　3月16日至23日，区气象局开展为期一周的“3.23”世界气象日科普宣传系列活动，通过气象新媒体等方式开展气象知识和防灾减灾科普活动，累计受众2000余人。

（李　栋）

【年度气候评价】　年内，门头沟区平均气温13.5℃，比历年平均值（12.5℃）偏高1.0℃。年极端最高气温为37.1℃，出现在6月8日；年极端最低气温为-13.1℃，出现在12月30日。年内降水总量为522.2毫米，比常年降水量（568.0毫米）偏少45.8毫米，降水主要集中在7-9月，降水量为380.2毫米，一日最大降水量为81.9毫米，出现在8月13日。年日照时数为2480.0小时，比常年（2274.8小时）偏多205.2小时。年内，出现大风24次、扬沙3天、浮尘2天、大雾7天。时间分布特点为：7月、12月平均气温较常年偏低，10月平均气温与常年持平，其余各月平均气温较常年值均有不同程度的偏高。其中偏高最多的是3月，平均气温高于常年值2.5℃。年降水总量比常年偏少约8%，主汛期（6月至8月）的降水量为378.8毫米，比常年（408.6毫米）偏少7.3%。故本年度气候综合评价为：气温偏高、降水偏少，日照时数偏多。

（曹久才）

环境卫生

【概况】　2020年，门头沟区环境卫生服务中心（以下简称区环卫中心）统筹做好新冠肺炎疫情防控与市容环境卫生工作，完成门城新城、石龙工业区、斋堂小城镇的道路清扫保洁和门头沟区垃圾收集、清运、转运工作，以及对全区公厕的保洁和粪便的清运、消纳处理工作。区环卫中心下设6个专业作业单位，分别为环卫中心一队、环卫中心二队、环卫中心三队、门头沟区生活垃圾转运站、门头沟区斋堂环卫所、门头沟区粪便无害化处理厂（委托北京隆润公司管理）。

单位名称：北京市门头沟区环境卫生服务中心
地　　址：北京市门头沟区冯村西里
电　　话：69843036
邮　　编：102308

（任雪竹）

【接诉即办】　年内，区环卫中心成立党组成员带队专项检查组，以党建引领为抓手，探索完善“接诉即办”长效机制，着力解决群众身边操心事、烦心事、揪心事，提升为民服务品质；多次召开“接诉即办”工作专题调度会，及时通报解决相关问题；针对道路扬尘频发问题，制定联合保洁冲刷治理方案，增加洒水、压尘、抑尘保洁频次，推进快速巡回保洁、小广告清理、果皮箱清掏养护、护栏清洗等工作，形成对车轮带泥、道路遗撒监督上报机制。

（任雪竹）

【垃圾分类收集管理】　年内，区环卫中心规范设置垃圾收集容器，建设分类投放、分类收集、分类运输、分类处理体系，启动“内外”监督检查机制，采用密闭式分类收集模式，实现桶车精准对接，全程密闭无二次污染，严格执行“未分类、不收运”；对未密闭分类、混装混运的现象予以告知、拒收并挂账上报，形成长效机制。

（任雪竹）

【京浪岛公园发泡式环保公厕】年内，京浪岛公园公厕改造成为发泡式环保公厕。改造工程重新布线公厕水电线路，安装钢制玻璃门，加装发泡设备解决供水不足问题，增设无障碍卫生间、坡道与扶手等无障碍设施。

（任雪竹）

应急管理

3 月，森林消防局机动勤务中队开展森林防火巡查（《京西时报》 供图）

◆| 7月29日，门头沟区参加北京市山区险村防汛应急演练（区应急管理局　供图）

◆| 9月8日，区应急救援大队在妙峰山镇开展野外搜救演练（区应急管理局　供图）

【概况】 2020年，门头沟区应急管理局（简称应急局）以深化全区应急管理体系和能力建设为出发点，着力提升应急处置能力、着力做好风险防范化解、着力强化应急救援力量建设、着力夯实基层基础，统筹做好应急管理工作，妥善处置各类突发事件和突出情况，为维护人民群众生命财产安全提供保障。健全责任体系，落实《北京市党政领导干部安全生产责任制实施细则》，区委、区政府将履行安全生产工作责任情况列入领导班子及其成员年度考核述职内容。督促各镇街分管安全生产工作领导必须由担任本级党（工）委委员行政副职领导担任。4月16日，经中共北京市门头沟区第十届委员会常委会第134次会议研究决定，设立中共北京市门头沟区应急管理局党委，撤销中共北京市门头沟区应急管理局党组。年内，检查各类生产经营单位1318家次，人均检查量为87.86家次。落实安全监管责任，印发《北京市门头沟区安全生产专项整治三年行动》，在全区组织安全生产专项整治三年行动，累计检查单位1000余家，督导问题867处；运用第四次经济普查结果，对全区普查出的2.5万家生产经营单位开展第二次安全生产条件普查，筛查生产经营单位实际生产经营状态，核实全区各类生产经营单位数量和分布，排查出符合安全条件普查要求生产经营单位3691家；在道路交通、旅游景区、体育健身、水利工程和商业综合体五大领域40家生产经营单位及2800家小微企业开展安全风险辨识评估，通过风险云服务系统上报风险源信息13715处；完成全区55家企业标准化创建，其中三级达标创建企业40家、小微达标创建企业15家；组织全区有关部门、各镇、办事处开展为期三年的专项整治；按照“年初排查、全年整改、年底销账”隐患滚动治理模式，将隐患治理三年行动与各重点行业领域和专项治理紧密结合，截至年底全区累计挂账1121处，按时完成销账。应急管理制度进一步，制定《北京市门头沟区公共安全形势分析工作管理办法》，进一步加强全区公共安全形势分析工作；健全完善“衔接紧密、定位清晰、责任明确、运转高效”的应急值守工作体系，建立应急值守抽查检查、综合评价和情况通报制度，理顺重要敏感情况和突发情况信息收集汇总、筛查核实、审核报告的工作机制。应急预案体系进一步完善，按照“党委领导、政府主导，部门联动，条块结合，社会参与”应急工作格局，开展应急预案体系建设调查，截至年底全区制定1个总体预案，35个专项预案，80个部门预案，178个镇街专项预案。应急演练计划进一步推进，编制《门头沟区2020年区级应急演练工作规划》，开展森林防灭火、防汛抢险、野外救援、应急疏散等突发事件综合演练。宣教培训工作进一步深化，建立常态化社会公众应急科普宣教机制，开展多种形式的科普活动；依托门头沟电视台、京西时报、局公众号等载体，采开展故事化、情景式报道，普及防灾避险、自救互救的基本常识。应急处置能力进一步提升，坚持快速响应和统筹调度，妥善应对各类突发事件和突出情况；对全区应急视频会议系统进行升级改造，配备高清终端等设备；配备45个应急移动单兵，实现应急移动单兵的市、区、镇街、村四级覆盖，截至年底，全区城市运行平稳有序，未发生重大及以上突发事件。推进自然灾害综合风险普查工作，成立门头沟区第一次全国自然灾害综合风险普查领导小组及办公室，明确10家任务牵头部门和31家参与部门任务分工。开展森林防灭火工作，针对森林高火险期及重点时段森林防灭火工作进行专题部署和调度，区长办公会每周专题听取森林防灭火工作汇报；区森林防火指挥部办公室对全区的森林防灭火工作进行重点部署，明确各部门、各镇街和各有林单位具体工作；将全区各沟道、路口、片区管护人员4006人，值守点位及联系方式逐一登记在册；持续推进森林火灾风险隐患排查整治，坚持每日巡查和不定期抽查相结合；在森林防火期各重要防火节点、法定节假日、双休日，通过移动和联通通信公司向本区居民和进入门头沟区的市民发送森林防火提示短信。做好防汛抗旱工作，将防汛抗旱指挥体系调整为“1+10+13+N”，实现防汛指挥机构和责任制体系全覆盖；更新《防汛应急值守手册》，确保全区6座水库、45条泥石流沟道、62座塘坝截流20个A级旅游景区等防汛重点部位值守责任落实到单位、到个人；开展汛前隐患排查整改，对80项在建工程进行汛前隐患排查并建立台账；优化防汛预警响应机制，建立镇街防汛预报响应联动机制；与河北交界处3个县建立汛期联动监测机制。落实避难场所建设和地震灾害工作，联合市应急管理局、市地震局召开“5·26”地震复盘会；对全区8个地震应急避难场所进行全面检查。加强应急队伍建设和管理水平，组建区应急管理事务中心，逐步拓宽应急救援领域，相应承担汛期洪涝、地质灾害和其它事故灾难应急救援任务。加强应急物资储备和管理水平，对全区现有7个应急物资库进行扩容整合，制定救灾物资储备库管理制度，规范救灾物资入库、出库、物品保管及安全防范等工作；各主要专业部门应急物资品种齐全，数量充足，初步具备保障处置一般或较大突发事件应对工作能力。加强京冀跨区域应急协同联动，与河北省接壤三县建立县-乡-村三级综合应急联动机制；与河北省张家口市达成区域协作框架协议，深化应急指挥机制、救灾物资协同保障等方面协同合作。在党的十九大、全国“两会”、国庆70周年庆祝活动等重大活动和敏感事件期间，重要节日和各类敏感时期，全面启动应急机制；制作应急值守手册并下发全区各单位，执行处级和值班员两级24小时在岗带班、专人值班制度；健全完善值守应急、信息报送和突发事件处置等工作监督检查机制，有效保障城市运行总体安全和社会秩序正常平稳。

单位名称： 北京市门头沟区应急管理局

单位地址： 门头沟区新桥大街36号

联系电话： 69842130

邮政编码： 102300

（解　磊）

【门头沟区应急救援大队转隶】 1月1日起，门头沟区应急救援大队由区园林绿化局划转至区应急管理局，为区应急管理局下属全额事业单位。编制7人，实有7人。

（解　磊）

【企业复工复产防控防疫检查】 3月5日至12日，区应急局对区国资委复工复产防控台账26家企业进行逐一检查。重点对出入口人员登记测温、相关制度制定落实、食堂用餐和员工住宿、员工体温监测记录等情况进行检查。经查，各单位均能较好落实相关防控防疫规章制度，严格人员管控，未发现明显问题。

（陈观刚）

【应急管理工作大会】 3月27日，门头沟区召开2020年应急管理工作大会。会上，通报市区安全生产综合考核情况、对2020年应急管理重点工作进行部署，区长付兆庚讲话。区住房城乡建设委、区园林绿化局、永定镇进行发言。

（李荣强）

【应急管理培训班】 10月27日，区应急局举办2020年度应急管理培训班。全区各委办局、乡镇街道80余人参加培训，课程分为教学和实操演练。课程教学中，邀请市应急地标专家方文林以《救援救灾各个环节重点内容》为题，讲解遇到突发事件制定现场应急处置方案和职责分工，并提出科学应对措施。实操演练中，区应急办对使用应急移动单兵系统进行培训，包括日常运用、参加应急视频会议、接收指挥调度和应急值守等内容。

（朴新宇）

【疫情防控物资保障】 年内，区应急局紧急向各镇街、相关部门调拨应急救灾棉帐篷、防寒大衣等应急物资，做好极端天气下社区、村疫情防控卡口值守和疫情防控隔离值守保障；落实物资出库、发放、使用、回收专人专账全过程管理，杜绝挪用、截留、挤占疫情防控物资等行为发生。为区医疗机构、社区、村值守人员、疫情防控集中隔离单位、首都机场执勤工作人员、祭扫服务单位、各中小学校等调拨帐篷、棉衣等应急救灾物资27批次3071件（套）。

（原素芬）

【编织疫情防控“四张网”】 年内，区应急局结合新冠疫情防控工作，筑牢“四张网”。织密疫情防控责任网，区应急管理局成立以主要领导为组长的新型状病毒肺炎疫情防控工作领导小组，印发疫情防控实施意见，落实值班制度、强化防护意识、严格制度管理；加强全局人员个人防护，购置防护用品，为应急救援大队配备84消毒液50公斤；定期组织单位内部进行消毒，加强对机关各类人员教育管理，配合社区（村）疫情防控工作开展。织牢企业复工复产安全网，2月22日起，区应急管理局开展对工业企业复工复产疫情防控监督检查；通过数据筛查，建立工业企业防控工作台账，按照防疫检查“十六条”与安全生产重点检查“十六条”对企业复工复产进行检查；做到疫情防控与安全生产同时检查、同时监督、同时指导；截至3月19日完成两轮工业企业复工复产防控情况全覆盖检查，累计检查430家次，其中规模以上企业检查148家次，规模以下企业检查282家次，发现存在问题22项，均整改完毕；印制《北京市工业和软件信息服务企业防控疫情指引第三版》宣传海报、《致全区工业企业一封信》，向企业发放宣传材料500余份。织实社区防疫服务网，区应急管理局响应区委区政府号召，组织本单位人员协助社区，做好社区环境消毒、疫情防控知识宣传、出入人员测温、返京人员和车辆排查登记、重点人员看护等疫情防控工作，截至3月底，下沉社区一线参与疫情防控48天，223人次，党员报到40人次，期间为社区配送25公斤84消毒液，并对垃圾池、公共场所等地进行消杀灭菌。织严物资供应保障网，疫情防控期间，区应急管理局与相关部门配合，根据疫情发展和天气变化，了解各镇街和相关部门对应急物资需求，及时向各部门发放应急物资，截至年底，累计调拨棉帐篷285顶，其中向区内医疗机构调拨30顶应急棉帐篷，用于预检分诊地点前置工作，降低门诊大厅感染风险。其余调拨至社区一线，改善基层一线防疫值守条件。

（母　涛）

【疫情防控宣传】 年内，区应急局采取多种渠道、多种方式，从机关、企业、公众3个方向发力，开展疫情防控宣传工作。开展机关防疫宣传，通过分批次向各科室、各下属单位传达会议精神和工作要求，张贴防疫宣传海报。边检查边宣传，将日常执法检查与疫情防控相结合，向各企业发放北京“健康宝”宣传画及宣传折页等材料280余份，宣传疫情防控工作要点知识。利用微信公众号开展宣传，发布疫情防控安全提示、健康科普、企业复产复工安全提示等18余篇文章，开展疫情防控及普法宣传。

（母　涛）

安全生产监督管理

【区“两会”驻地安全保障执法检查】 1月3日，门头沟区应急局会同区文化旅游委、龙泉镇对区“两会”会议驻地龙泉宾馆开展联合执法检查。下发限期整改指令书1份，查出安全隐患3项。经复查，隐患整改完毕。

（刘艳峰）

【安全防范工作检查】 1月14日，区领导带队，对晨光饭店、区妇幼保健院、戒台寺景区、潭柘寺景区等重点单位进行检查，并出席潭柘寺景区2020年春节安全工作协调会。区应急管理局、区卫生健康委、区文化旅游局、区消防支队等部门参加检查。

（母　涛）

【安全生产工作检查】 1月14日，区领导带队，对城子变电站、黑山供热站、景山学校新建项目、城子C地块安置房项目、诺德彩园项目等8家单位进行节前安全检查。区应急管理局、区住房城乡建设委、区城市管理委、区交通局、区消防支队、区供电公司等部门参加检查。1月19日，区领导张力兵到区液化气站，实地查看安全现状及节日期间值守安排、安全管理制度落实、应急预案准备等情况；到区公安分局永定派出所、区消防救援支队，慰问一线民警、消防指战员。同日，区领导实地检查龙泉镇敬老院、区老年福利中心和石门营养老照料中心，对检查发现的龙泉镇敬老院燃气间屋顶不符合规范、石门营养老照料中心食品留样不规范等问题要求立即整改。1月20日，区领导带队对三家店东老店兴顺市场和新河小区液化气站进行安全检查。区应急管理局、区消防救援支队、区城市管理委等部门参加检查。检查发现用电线路不规范、距易燃物较近、消防栓被遮挡等问题要求限期整改。

（母　涛）

【安全生产集中整治工作督查】 1月16日，市安全生产集中整治抽查组第三小组到门头沟区督查安全生产集中整治工作。区应急管理局就安全生产集中整治及2019年全区重点安全生产情况进行汇报。

（李荣强）

【对重点企业进行检查】 2月，区应急局对全区加油站、非煤矿山、制药企业、使用危险化学品企业等重点企业进行集中检查。对企业安全生产管理措施落实、疫情防控措施落实等情况进行检查，发现问题提出整改意见。检查各类企业13家，发现各类安全隐患5项，均整改完成。

（李荣强）

【建筑工地检查】 3月31日，区领导付兆庚采取“四不两直”方式，正到中骏天峰项目、诺德彩园项目和合景领汇长安项目检查疫情防控、开复工及安全生产情况，询问工地复工、人员到岗及疫情防控措施落实情况，抽查体温检测登记表，检查消防设施、现场苫盖、配电箱管理和员工宿舍食堂等情况，并提出具体要求。

（母　涛）

【恶劣天气建筑施工工地安全检查】　4月21日，门头沟区发布大风黄色预警，为做好恶劣天气建筑施工工地安全监管工作，区应急管理局联合永定镇政府，对部分工地进行突击检查，主要检查塔吊吊装作业、高空临边作业、动火作业等。针对西山梧桐项目大风黄色预警期间进行吊装作业安全隐患，进行立案处罚。经复查，已整改完毕。

（陈观刚）

【校园安全生产及疫情防控联合检查】　4月至5月，区应急局会同区教委、区公安分局、区市场监管局、区消防救援支队、区卫生监督所、区疾控中心等部门，对全区春季开学前重点学校及幼儿园安全及疫情防控工作进行联合检查。检查内容包括观摩学校全流程演练、重点场所检查及查阅档案材料。检查组检查学校及幼儿园24家，消除各类安全隐患18项，主要存在防控物资间未制定安全管理制度、食堂燃气间内存放杂物、安全生产培训记录不健全、无有限空间辨识台账等问题。区应急管理局要求相关单位严格按期整改。

（白　璐）

【《公共安全分析管理办法》宣传贯彻会】　6月5日，区应急办召开《北京市公共安全形势分析工作管理办法》宣传贯彻会，区应急委成员单位参加会议。会上，对《北京市公共安全形势分析工作管理办法》进行学习传达；围绕工作职责进行交流。

（朴新宇）

【建筑工地复工复产检查】　7月3日至17日，区应急局联合区住房城乡建设委、区消防支队、区卫生健康委、区城市管理局等10个部门，在施工单位自查自改基础上，对全区建筑工地抽查检查，合格后方可复工。检查19家施工单位，下达限期整改指令书10份，发现安全隐患18项，经复查全部整改完毕。

（陈观刚）

【高考中考安全生产服务保障工作】　7月，区应急局对全区高考、中考考点周边200米范围内生产经营单位开展全覆盖安全检查。向有关镇、街下发《关于做好北京市2020年高考、中考期间安全生产服务保障工作的通知》。出动检查人员236人次，检查考点周边200米范围内生产经营单位112家次，下达责令限期整改指令书15份，消除各类安全隐患24项，立案处罚1起，罚款0.5万元。存在消防栓被遮挡、配电室内存放杂物、应急预案中责任分工不明确、特种作业人员管理档案未及时更新、有限空间作业场所未设置安全警示标志等问题。区应急管理局督促相关生产经营单位按期完成整改。

（白　璐）

【工业企业有限空间检查】　7月至9月，门头沟区开展工业企业有限空间作业“双防一推进”专项执法检查。区安委会办公室印发《门头沟区开展有限空间执法检查专项行动工作方案》。专项执法检查以“防止违规作业、防止盲目施救，推进企业落实主体责任”为重点。区应急管理局出动执法人员52人次、检查企业40家次、下达责令整改指令书22份、查处隐患45项、隐患整改率100%、立案处罚6起、罚款4万元。

（白　璐）

【安全生产工作督察】　8月24日，市委、市政府安全生产第一督察组在门头沟区召开安全生产督察工作动员会。督察组组长作动员讲话，副组长通报安全生产督察安排。区领导付兆庚进行表态发言。8月31日至9月3日，第一督察组分为3个组，由组长及2位副组长分别带队对门头沟区12个部门及镇街进行延伸督察。听取被督察单位汇报，与主要领导及主管领导进行座谈，并对各单位所管行业或所辖区域部分企业进行抽查。重点检查各生产经营单位安全生产责任落实、现场安全管理、有限空间安全管理、应急措施落实等情况。9月11日，第一督察组完成对门头沟区安全生产驻地督察，反馈安全生产督察意见并对下一步整改落实提出要求。

（母　涛　李荣强）

【“应急响应第一人”培训会】　8月25日至28日，门头沟区召开2期“应急响应第一人”专题培训会，安全生产巡查员、灾害信息员和村居工作人员200余人参加培训。市应急管理局进行开班动员。聘请国家地震紧急救援训练基地、中国地震应急搜救中心等单位专家学者授课，采取“线下授课、学考结合”形式，从灾害形势评估、灾害现场危险识别与管理、紧急医疗急救和灾害信息报送等方面进行讲解。

（朴新宇）

【安全普法进工地活动】　9月8

日，区应急局联合区总工会，开展安全普法进工地活动，以“遵法守法 携手筑梦”为主题，为冯村安置房项目、西山梧桐项目等工地施工人员讲解相关法律知识，并发放宣传册、发放标有普法内容购物袋、毛巾等200余份。

（陈观刚）

【有限空间安全管理培训】 9月15日，区应急局参加北京国信嘉业房地产开发有限公司“迎国庆”安全培训工作会，就做好有限空间安全管理进行专题培训。区应急管理局通报全国近期安全生产事故情况，传达市、区安全生产有关会议和文件精神。针对近期有限空间事故频发形势，分析两起有限空间事故案例特点，播放有限空间事故警示教育片，对企业建立有限空间辨识管理台账、设置安全警示标志和加强承发包管理等方面进行讲解。

（白 璐）

【城市安全发展评价工作】 9月25日，市安办第三评价组对门头沟区国家安全发展示范城市创建工作开展情况进行评价。评价组到绿岛家园社区、永定消防站、长安龙湖天街、华油燃气生产基地和翡翠长安二期工地进行实地检查，对照《北京市城市安全发展评价细则》中38项工作进行查看。听取各单位日常安全管理汇报，查阅文件资料，询问工作责任落实、重点行业重点部位日常安全监管及工作中存在问题等，并就发现问题提出整改措施。

（母 涛）

【非煤矿山企业检查】 10月14日，北京煤矿安全监察局副局长、市应急管理局副局长带队到门头沟区非煤矿山企业北京潭龙鑫磊矿业有限公司进行检查。检查组重点检查企业安全生产责任制落实、应急演练、应急值守、人员定位系统使用、作业面安全管理等情况，对发现安全隐患提出整改要求。

（李荣强）

【国道109新线高速公路工程安全部署会】 10月20日，门头沟区召开国道109新线高速公路工程安全防范工作部署会。区应急管理局、区城市管理委、区公安分局治安支队、区公路分局、区消防支队、109高速指挥部、军庄、妙峰山等相关镇、京西高速公司等相关单位参加会议。京西高速公司介绍109高速工程基本情况、施工进展、安全管理机构组建及安全措施情况；各职能部门及相关属地依据自身职责，从生活区管理、道路施工、爆破作业、人员管控、安全教育、森林防火、应急演练处置、事故案例通报等方面，对109高速参建各方提出安全防范要求。

（陈观刚）

【处级领导干部安全生产培训】 10月23日至12月20日，区安委会办公室联合区委组织部，举办2020年门头沟区处级领导干部安全生产培训班，全区54家单位分管应急管理、安全生产、防灾减灾工作主管领导参加学习。培训内容包括习近平总书记安全生产、应对突发事件论述，城市安全风险防范经验介绍，突发事件后心理援助、舆论引导等工作技能。截至12月20日，培训班学员完成11门课程、40学时学习。

（母 涛）

【有限空间作业安全专题会】 11月13日，区应急局召开全区有限空间作业安全专题会。区住房城乡建设委、区城市管理委、区水务局等15个行业部门及重点企业安全生产负责人参加会议。会上要求各行业部门要履行“管行业必须管安全”职责，强化日常巡查检查，加大执法处罚力度。

（白 璐）

【区级安全生产督察启动】 11月23日，经门头沟区委区政府批准，由区委组织部抽调领导干部及区应急局、区消防救援支队14人，组成门头沟区安全生产第一督察组，进驻军庄镇，开展5个工作日安全生产督查，标志全区2020年度区级安全生产督察工作启动。

（母 涛）

【燃气安全隐患专项整治行动】 11月25日，雁翅镇北京雁翅海涛餐厅发生一起燃气泄漏引发爆炸事故，导致房屋倒塌、2人在爆炸中受伤。事故发生后，门头沟区成立“11·25”事故调查组，查明事故原因，严肃追究相关人员责任。26日起，强化开展为期一个月专项整治，严厉打击非法违法经营、使用液化气行为，遏制重特大事故发生。

（李荣强）

【安全生产暨瓶装液化石油气整治协调会】 11月28日，门头沟区召开安全生产暨瓶装液化石油气安全专项整治专项协调会。区城市管理委、区市场监管局、区城管执法局、区消防救援支队、区文化旅游局等9个部门汇报专项行动开展情况，区安委会办公室就专项行动下一步工作提出要求。

（李荣强）

【加强非煤矿山安全监管】 12月6日，区应急局对全区2家非煤矿山企业近期安全工作进行部署。鉴于2家非煤矿山企业均已停工、停产，要求企业严格落实值班值守制度，保持信息畅通。区应急管理局配合市应急管理局完成2家企业安全生产许可证暂扣工作，并对企业值班值守工作进行检查。

（李荣强）

【施工工地安全执法检查】 年内，区应急局检查施工工地354家次，下发责令改正指令书146份，查出各企业存在隐患311项。对所有隐患进行复查，已整改完毕。进一步加大行政处罚力度，对查出违反安全生产法和不符合行业安全标准的深圳市映东劳务有限公司、北京吉顺杰瑞建筑工程有限公司、北京乐飞盈建筑工程有限公司等21家生产经营单位违法行为依法给予行政处罚，立案21起，罚款14.8万元。按照“有报必查、有报速查”要求，区应急管理局做好建筑行业举报案件处理工作，全年累计接报建筑行业举报案件3起，调查处理3起，办结率100%，举报人满意率100%。

（陈观刚）

【城乡结合部重点地区安全生产检查】 年内，门头沟区制定《城乡结合部重点地区安全生产专项整治工作方案》；建立城乡结合部地区287家生产经营单位企业台账；区应急管理局专题研究专项检查工作，发挥镇街安全员作用，做到单位检查全覆盖，共检查各类生产经营单位558家次，下发整改指令书130份，发现并消除安全隐患178项；对城乡结合部重点地区建筑施工、有限空间作业等高危行业安全检查，开展联合检查8次，检查经营单位47家，下发整改15份，发现并消除安全隐患33项。立案3起，罚款2.5万元。

（刘艳峰）

【全区生产经营性安全生产事故】 年内，门头沟区发生6起生产经营性安全生产事故。与2019年同期相比，事故起数、亡人数分别减少1起、1人，同比下降14%。其中，发生生产安全事故4起、亡4人，与2019年同期相比，事故起数、亡人数分别增加2起、2人，同比上升100%；发生生产经营性道路交通事故2起、亡2人，与2019年同期相比，事故起数、亡人数分别减少3起、3人，同比均下降60%；未发生生产经营性火灾事故、农业机械事故、铁路交通事故，与2019年同期相比事故起数、亡人数均持平。

（李荣强）

【执法检查】 年内，门头沟区检查各类生产经营单位1318家次，人均检查量为87.86家次，下达责令限期整改指令书373份，查处各类安全隐患867项，行政处罚立案82起，罚款309.67万元，其中事故处罚13起，罚款277.87万元。

（李荣强）

危险化学品安全监管

【综合医院危化品储存情况检查】 3月，区应急局对全区2家综合医院酒精等危险化学品储存情况进行检查。重点对2家综合医院危化品储存、使用等环节安全管理措施落实情况进行指导，对发现问题提出整改意见。

（李荣强）

【危化品安全监管督查】 9月24日，市应急局对门头沟区落实《关于全面加强危险化学品安全生产工作的意见》、危险化学品安全专项整治三年行动实施方案及2020年危险化学品重点工作进行督查。区应急管理局就落实《关于全面加强危险化学品安全生产工作的意见》、危险督查组查看相关资料，并实地检查北京万辉双鹤制化学品安全专项整治三年行动及2020年危险化学品重点工作进行汇报。

（李荣强）

【化工医药制造企业专项整治行动】 年内，区应急局组织全区3家制药企业、1家型煤制造企业，开展化工医药专项整治行动。印发《关于印发<北京市门头沟区化工、医药制造企业危险化学品安全专项整治工作方案>的通知》，要求各企业进行自查、自纠。7月29日，区应急管理局聘请专家对3家制药企业进行指导，发现现场处置方案未张贴、实验室门向内开启、警示标识不全等10项问题，执法人员要求各企业按照整治内容进行自查、自纠。

（李荣强）

烟花爆竹安全管理

【烟花爆竹零售点检查】 1月19日，区应急局会同区公安分局治安支队、区消防救援支队对烟花爆竹零售点（北京斋堂罗正官商店）进行检查。重点对零售点各项安全管理措施落实、实名制销售、消防设施、应急值守等情况进行检查。发现灭火器被遮挡、零售点门口堆放杂物等安全隐患，要求零售点立即整改。

（李荣强）

【烟花爆竹安全监管】 年内，区应急局成立烟花爆竹销售（储存）安全生产工作领导小组。印发《2020年春节烟花爆竹销售（储存）安全管理工作方案》。区应急管理局会同相关部门按照《北京市烟花爆竹安全管理规定》，对斋堂1家申请商户进行现场安全条件审核，2019年12月30日，按照《烟花爆竹经营许可实施办法》，依法颁发《烟花爆竹经营（零售）许可证》。区应急管理局督促烟花爆竹零售点申办单位修订应急预案，并将应急预案进行备案。对全区烟花爆竹零售点从业人员进行全员培训考核，统一制发上岗证，保障烟花爆竹零售点从业人员持证上岗，并督促烟花爆竹零售点投保烟花爆竹企业安全生产责任保险。做好烟花爆竹零售点视频监控工作，全区1家烟花爆竹点继续安装音视频监控系统，使用无线信号传输，区应急管理局汇总监控，提高执法检查工作效率，保障烟花爆竹零售点安全稳定。

（李荣强）

应急救援

【应急救援队伍管理与建设研讨会】 1月6日，门头沟区应急局就应急救援大队管理与建设工作召开专题研讨会。围绕应急救援大队队伍建设、业务训练及后勤保障等工作进行交流。区应急管理局局长刘振林要求，充分认识应急救援工作重要性；加强队伍建设，进一步完善管理机制；加强日常训练，提升队伍战斗力；做好春节期间巡防和值守工作。

（王学娟）

【两节期间森林防灭火工作会】 1月14日，门头沟区召开全区2020年两节期间森林防灭火工作会。区应急管理局、区园林绿化局、9镇4街、4个有林单位参加会议。各单位分别汇报森林防灭火力量、物资储备及“两节”期间森林防灭火工作部署情况。区森防办主任、区应急管理局局长刘振林要求，要进一步明确责任，严格火源管控，强化应急值守，加强督导检查。

（王学娟）

【实地检查区应急救援大队】 1月29日，区应急管理局局长带队到应急救援大队第一中队和第二中队进行检查。重点查看春节值守、备勤、巡逻、训练和生活情况，并提出具体要求。

（王学娟）

【应急救援队伍防疫物资保障】 1月31日至2月1日，区应急局为应急管理部森林消防局机动支队机动勤务中队、区应急救援大队配备医疗消毒用品，保证人员生活密集地防疫安全。

（王学娟）

【森林防火检查】 3月16日，市应急局采取“四不两直”方式，对门头沟区戒台寺、潭柘寺及周边区域进行森林防火检查。到戒台寺、潭柘寺及周边区域询问人员上岗值守、线路供电设备和森林消防工具配备等情况，并检查戒台寺、潭柘寺视频监控系统。要求一手抓疫情防控、一手抓森林防火，落实好各项防御措施，做到统筹兼顾。25日，市森防办综合检查组二组由市园林绿化局副局长带队，对门头沟区万佛华侨陵园、潭柘寺公园、应急救援大队一中队、九龙山靠前驻防机动勤务中队和龙泉镇城子村（散坟）等处森林防灭火工作进行检查，并听取工作汇报。4月3日，区领导付兆庚到军庄镇西杨坨村和九龙路沿线各上山路口，检查森林防火工作，并提出具体要求。

（王学娟）

【森林防火督查】 4月2日，国家森林防火指挥部联合督查组对门头沟森林防灭火工作进行督查，听取区领导付兆庚全区森防工作态势简要汇报。督查组先后到永定镇石门营村、王村和潭柘寺镇东村散坟祭扫集中点进行实地查看，详细问询护林人员初期森林火情扑救措施和基本程序，对门头沟区散坟祭扫无明火，点位值守人员携带灭火工具全程看护陪同祭扫群众，直至祭扫结束后安全离开等做法给予肯定。

（王学娟）

【春季森林防灭火演练】 4月3日，区应急局开展2020年度门头沟区春季森林防灭火演练。演练以迅速判断起火位置，确定着火点所在区域风向、风速及植被等情况为主要内容，强化森林火灾应急处置能力，提高森林火灾应急处置效率。参演人员紧张有序，基本达到演练既定目标。

（朴新宇）

【防火科技化学习交流会】 4月9日，区应急局邀请市应急管理局防火处举行防火科技化学习交流会。市应急管理局介绍正在研发的“一张图”系统、山区无信号区域临时组网、通信中继等技术手段，以及正在编制的“十四五规划”中重大风险源管理问题。

（朴新宇）

【科技化与信息共享座谈会】 4月10日，区应急局与应急管理部森林消防局机动支队机动勤务中队，开展科技化与信息共享座谈会。机动支队机动勤务中队介绍正在研发的“防火通”系统和日常使用的奥维地图情况。区应急管理局表达积极配合“防火通”系统在门头沟区精准化测试试用。双方表示，尽快建立“防火指挥群”并定期召开指挥人员座谈会。

（朴新宇）

【应急避难场所检查】 4月16日，区应急局对位于城区的应急避难场所进行检查。主要对城区应急避难场所供电、供水、消防点位、指示标识、医疗救护用品、广播系统和应急设备维修记录等进行摸排。通过检查，城区应急避难场所供电、供水、广播设施可随时投入使用；医疗救护用品齐全；避难疏散区标识清晰明显。检查组对应急避难场所日常工作提出具体要求。28日，区应急管理局联合区园林绿化局对城区应急避难场所开展联合检查。检查针对应急药品、指示标识、供水及供电等基础设施。检查发现，城区应急避难场所应急供电、供水、消防、广播、医疗救护功能完善，避难疏散区标识清晰明显，达到Ⅱ、Ⅲ级应急避难场所要求。

（王学娟）

【“四项措施”推进防汛工作】 4月29日，门头沟区做好2020年汛前准备，“四项措施”并举推进防汛工作，第一项在2019年基础上修改完善预案，确定防汛指挥体系为1+10+13+N。第二项下发《门头沟区防汛抗旱工作要点》《汛前准备工作的通知》，明确各专项分指、各镇街专指汛前工作及要求。第三项依托区防汛涉及的153条野山野沟、62座小塘坝、45条泥石流沟道和188个地质隐患点等隐患部位值守人员，开展隐患排查，完善防汛隐患台账。第四项对防汛硬件设备进行检修，委托专业单位对分布在全区各点位的46部电台，144个村、居无线预警广播设备和涉及12个点位的固定式卫星电话终端设备进行检测检修。

（王学娟）

【区防汛工作督导】 5月21日，市城市管理委二级巡视员带队，就门头沟区汛前准备进行检查，查看石担路泵站、三家店拦河闸和下苇甸村。区应急管理局、区城市管理委、区水务局、公路分局、规划自然资源分局参加检查。在妙峰山镇下苇甸村听取区防汛办主任、区应急管理局局长汛前准备工作汇报。检查组对门头沟区汛前准备工作给予肯定。

（王学娟）

【地震灾害情况调研】 5月26日0时54分，门头沟区发生3.6级地震，震源深度18千米。当天上午，区领导张力兵到震中心附近的上苇甸村塘坝、炭厂村、苇甸沟水库进行震后调研，查看山体、水库堤坝震后情况，询问村民人身安全、房屋和路面受损程度等情况。张力兵提出具体要求。

（王学娟）

【防汛桌面推演】 5月29日，门头沟区开展防汛桌面推演。区防汛抗旱指挥部总指挥、区长付兆庚，区防汛抗旱指挥部常务副总指挥、常务副区长等参加推演。区防汛办、区防汛抗旱指挥部各专项分指、镇街分指和成员单位以规范的防汛分级指挥体系和流程，模拟各级预警响应、道路积水排除、水库放水调洪及沿岸群众避险转移、山区地质灾害应对、预警解除与善后救灾七个场景。推演区防汛抗旱总指挥部与各专项分指，镇街分指和相关成员单位之间信息互通、协调联动。推演结束后，区领导对桌面推演进行点评。

（王学娟）

【防汛动员大会】 5月29日，门头沟区召开2020年防汛动员大会。区防汛抗旱指挥部总指挥、区长付兆庚，区防汛抗旱指挥部常务副总指挥、常务副区长等参加会议。区气象局汇报全区汛期气候趋势预测情况；区防汛抗旱指挥部执行副总指挥、副区长对防汛工作进行部署；区应急管理局、区水务局、龙泉镇和大台街道进行发言。付兆庚宣读2020年上汛令并提出具体要求。

（王学娟）

【“5·12”防灾减灾日宣传活动】 5月，门头沟区开展线上“5·12”防灾减灾宣传教育活动。组织线上活动前期宣传，制作以“提升基层应急能力，筑牢防灾减灾救灾的人民防线”为主题的防灾减灾日线上宣传H5推广链接，开展“防灾减灾·全民行动”线上H5答题活动，答题内容涉及防灾减灾、自救互救知识等。组织观看“防灾减灾日”主题大讲堂，邀请防汛、消防、地震方面专家进行防灾减灾主题大讲堂直播，讲解公众在面临灾难自救小知识。

（朴新宇）

【地震应急复盘会】 6月5日，市应急局副局长主持召开门头沟区3.6级地震应急复盘会，梳理地震应急处置响应动作，总结经验查找漏洞。市地震局副局长介绍地震基本情况、响应动作、信息报送、存在不足及工作建议。区领导对震情中门头沟区“六个快速”应急处置情况及下一步做好地震应急管理“五个建设”工作进行汇报。市城市管理委、市规划自然资源委、市水务局、市地震局、市消防救援总队、市指挥中心分别就震情作工作汇报，并进行交流讨论。

（王学娟）

【防汛物资库集中检查】 6月12日，区防汛办对门城地区2处区级防汛物资库进行检查。运管单位结合水务安全运行重点和防汛保障范围，完成排水单元、应急照明单元等20余种物资保养维护，提高防汛应急抢险能力。检查中，以上点位各类防汛物资码放整齐，物资库巡检记录登记清晰，物资管护单位重视物资管护工作，执行《门头沟区防汛物资管护制度》。

（王学娟）

【防汛准备工作情况检查】 7月11日，区领导付兆庚带队，对全区防汛准备工作进行检查。到清水镇艾峪村检查避险转移安置点及地质灾害隐患点情况，赴黄塔沟小西湖塘坝检查水毁工程修复及运行管理情况；到斋堂水库查看溢洪道闸室并听取水库运行及日常管理汇报；到斋堂镇川底下村检查景区汛期防汛避险措施及预警后应对准备情况；到大台街道木城涧社区检查人员转移避险安置点设置及物资储备等情况；到王平镇西王平村检查泥石流险村隐患点改造建设情况；到应急抢险二中队驻地了解队伍建设、训练等情况并慰问队员。

（王学娟）

【《市应急值守工作管理规范》学习会】 7月22日，区应急办召开《北京市应急值守工作管理规范》宣传贯彻会，区应急委成员单位参加会议。区应急办对《北京市应急值守工作管理规范》进行学习传达并提出具体要求。

（朴新宇）

【参与北京市防汛综合演练】 7月29日，市防指举行2020年北京市防汛综合演练。门头沟区参与并完成各项演练任务。副区长、区防汛抗旱指挥部执行副总指挥，区应急管理局、区水务局等相关单位，在分会场通过视频系统观摩演练。区应急管理局与斋堂镇政府配合，在火村、柏峪村、沿河口村和向阳口村等4个市级防汛险村同时展开防汛演练。演练以群众避险转移为主线，包含使用卫星电话寻求救援、使用防汛手摇报警器和对休克群众进行心肺复苏救助等环节。在斋堂镇政府防汛工作人员和4个市级防汛险村两委班子成员协作下，4个险村232户、受灾群众433人转移到各村防汛安置点。在全市防汛综合演练中，门头沟区完成群众避险转移和应急救援任务。

（王学娟）

【灾害信息员骨干培训班】 8月27日，区应急局举办门头沟区灾害信息员骨干培训班。全区13个镇街灾害信息员44人和区级灾害信息员3人参加培训。培训内容包括自然灾害识别与预警、自然灾害灾情统计制度、自然灾害救助基本理论等，提升灾害信息员在灾情统计报送、台账管理及评估核查、灾害隐患排查、灾害监测预警、险情信息报送等方面业务水平。

（原素芬）

【区级救灾物资数据上线】 8月，区应急局对区内所有储备库物资进行全面清查，将清查物资进行统计和整理分类，账目核查。9月20日，完成平台数据录入，推动区级救灾物资数据上线，实现现有库房储备物资可视化、数字化和信息化，完成物资调拨流程精准化，打造“一事一令”“一事一策”全平台救灾物资调拨程序，使区应急物资保障管理工作迈上新台阶。

（原素芬）

【野外搜救演练】 9月8日，区应急局组织区应急救援大队，在妙峰山镇开展野外搜救演练。演练涉及接报、响应、组织、搜救等应急处置环节。包括接到驴友求救后，区应急办启动应急响应，组织区应急救援大队就近出动，将救援队伍分为5个搜救小组，每小组4人，穿戴专业搜救设备及救援工具，分别从不同上山道路展开搜救，搜救中随时保持通信畅通，5分钟与现场指挥通过手台报送小组实时位置及队员情况。演练检查应对驴友走失类突发事件时所需应急队伍、物资、装备、技术等方面情况，提高应急处置能力。

（朴新宇）

【野外水域演练】 9月18日，门头沟区组织应急救援大队在雁翅镇青白口附近水域开展野外水域演练。涉及接报、响应、组织、搜救等应急处置环节。接到群众求救后，区应急办启动应急响应，组织区应急救援大队携带冲锋舟就近出动，将救援队伍分为陆地保障小组和水面救援小组，其中陆地保障小组6人，水面救援小组3人，穿戴专业搜救设备及救援工具，水面搜救小组驾驶冲锋舟进入指定水域进行救援。救援过程中，搜救小组随时与现场指挥人员保持通信畅通，及时汇报被困人员情况及救援进展。

（朴新宇）

【灾害信息员线上专题培训班】 9月，区应急局组织全区社区村灾害信息员292人开展灾情管理线上培训班，从快速识别灾情、组织群众开展灾害自救和互救、灾情报送流程3个方面，对一线灾害信息员进行有针对性的线上实操培训，培训考试考核率达100%。

（原素芬）

【区应急救援大队进行秋季集训】 10月10日，区应急救援大队在雁翅大队部，召开秋季集训动员部署会，启动为期22天的秋季集训。区应急管理局和区应急救援大队相关负责人出席会议。集训包含军事训练、机具操作、战术配合、理论学习、自救常识讲座和水泵灭火训练等科目，采取单项训练、集中演练等方式，对参训应急救援队员220人进行从理论到实战、从基础到专业的锻炼。30日，区应急救援大队在雁翅镇，举行秋季集训汇报展演。市应急管理局副局长，区领导出席活动。区应急救援大队6个中队队员240人以分列式形式入场，进行列队操演。展演风力灭火机使用、高压细水雾操作、水枪使用、分队灭火战术配合、水泵灭火等项目。

（毋 涛）

【国际减灾日集中宣传系列活动】 10月13日，由区应急局牵头，在龙泉镇中门寺南坡社区开展“提高灾害风险治理能力”第31个“国际减灾日”主题宣传教育活动。同日，各镇街也围绕“国际减灾日”主题，深入属地社区、医院、学校等，开展相应集中宣传活动，全区3000余人参加活动，发放各类宣传资料和物品1.2万余份。

（原素芬）

【共筑京西“防火墙”】 10月19日，区应急局邀请河北省涿鹿县应急管理局到门头沟区进行座谈。与会人员集体观摩正在进行秋季集训的应急救援大队训练，询问门头沟区应急救援大队新招录的河北涿鹿籍队员30余人生活情况，鼓励队员们珍惜机会、认真训练，做合格的森林卫士。涿鹿县应急管理局党领导介绍机构改革以来森林（草原）防火工作分工情况，今冬明春防火工作部署及涿鹿县森防队伍建设和力量分布情况，并明确表示，做好地缘交界处防灭火工作，确保不让火源入京。区应急管理局领导对涿鹿县长期以来在森林防灭火工作中的合作贡献表示感谢，表示在下一步应急演练、联防联动中进一步加强合作交流，共同做好森林火情应对处置工作，携手筑牢京西森林“防火墙”。

（王学娟）

【森林防灭火工作会】 10月29日，门头沟区召开2020-2021年度森林防灭火工作会。区森林防火指挥部总指挥、区长付兆庚到会并讲话。区应急管理局总结2019年至2020年度全区森林防灭火工作，部署2020年至2021年度森林防灭火任务，汇报区应急救援队伍建设情况。区园林绿化局、永定镇、华林中心分别发言，付兆庚与永定镇、百花山管理处等防火责任单位签订森林防火责任书。

（王学娟）

【区级救灾物资储备管理办法制定】 年内，区应急管理局、区粮食和物资储备局、区财政局联合制定《门头沟区救灾物资储备管理办法》，从物资购置、经费保障、储备管理、调拨管理、使用和回收、报废管理等方面，进一步理清三方职责，构建起统一指挥、分类管理、反应灵敏、协调有序、运转高效的救灾物资保障体系。

（原素芬）

【年度减灾示范社区创建及复评完成】 年内，门头沟区城子街道、军庄镇、王平镇参与全市综合减灾示范社区创建及复评。王平镇东落坡村、西落坡村、桥耳涧村、韭园村、军庄镇惠通新苑社区、西杨坨村6个新申报社区村获北京市综合减灾示范社区称号。城子街道龙门三区、龙门四区、军庄镇杨坨社区参与市级综合减灾示范社区复评并通过。

（原素芬）

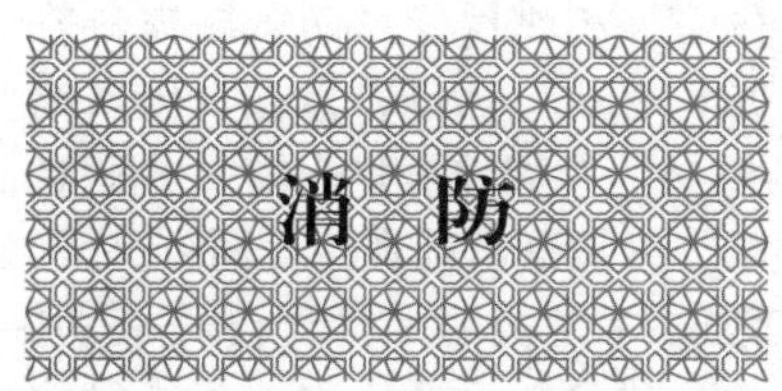

消防

【概况】 2020年，门头沟区消防救援支队（以下简称区消防救援支队）完成全国“两会”和“国庆”等重要节点安保任务，持续开展“践行训词精神，担当神圣使命”“坚持五个不动摇”主题教育，以及岗位技能大练兵和消防安全专项整治三年专项行动，实现队伍思想再凝聚、业务技能再提升、隐患整改见成效、后勤保障再强化的工作目标。年内，区消防支队共接报警695起，其中火警303起（成灾44起），抢险救援217起，社会救助175起，未发生亡人火灾事故，火灾形势持续平稳；共检查单位5610家，发现火灾隐患或违法行为5521处，下发临时查封决定书110份，责令“三停”单位66家，罚款173.08万元。年内，区委书记张力兵对全区消防工作作出批示强调“加强专项监督检查”，区长付兆庚作出批示强调，“目前，我区防火形势依然严峻，各单位各部门千万不可掉以轻心，要用百分之一百二的努力去应对百分之一可能发生的火情”。

单位名称：门头沟区消防救援支队（区防火安全委员会办公室）
地　　址：北京市门头沟区新桥南街44号
电　　话：618650845094
传　　真：61865241
邮　　编：102300

（肖　马）

【消防安全检查】 1月14日，门头沟区领导组织开展春节前消防安全检查。16日，北京市安全生产集中整治检查第三小组督导检查门头沟区安全生产工作。19日，区领导带队到区液化气站开展春节节前消防安全检查。29日，区领导带队检查医疗单位消防安全；清明节期间，门头沟区人大常委会主任带队检查天山陵园、万佛华侨陵园、殡仪馆等祭扫单位消防安全工作。3月30日，区政法委领导带队检查新冠肺炎疫情隔离点消防安全工作。31日，区领导采取“四不两直”方式检查复工工地消防安全工作。5月1日，北京市政府领导到潭柘寺检查“五一”期间重点旅游景区安全工作。22日，区领导带队检查三家店地区“七小”便民场所消防安全。7月9日，区领导带队检查高层住宅小区消防安全。中秋、国庆节前夕，区领导以”四不两直”方式对辖区重点商市场、施工现场、公交场站、学校、医院、养老院、五供单位等重点单位开展消防安全工作检查。10月8日，区领导到潭柘寺、戒台寺景区检查消防安全工作。11月7日，区领导到市政供暖系统和社区开展安全大检查。12月4日，区领导以“四不两直”方式检查门城地区部分餐饮企业燃气安全工作。

（周鹏飞　孙博文）

【“火焰蓝杯”短视频大赛】 4月14日，区消防救援支队举行首届“火焰蓝杯”短视频大赛颁奖暨获奖作品展播，市消防救援总队等领导为获奖作品指战员颁奖，区消防救援支队全体指战员分别在主会场和分会场参加活动。

（杨龙普）

【汛期安全保障】 7月14日，市消防救援总队领导检查指导防汛抢险救援工作，并采用“四不两直”方式到门头沟支队潭柘寺消防站检查指导汛期营房安全工作。

（李战坤）

【消防基本技能实操实训工作部署会】 10月27日，门头沟区政府组织召开全面推进“一警六员”消防基本技能实操实训工作部署会，落实市消防救援总队10月21日会议精神，推动全区“一警六员”工作深入开展。

（杨龙普）

【消防安全突出问题整治】 10月27日，门头沟区召开老旧居民小区和平房院落消防安全突出问题综合整治推进会。会上要求落实《老旧居民小区和平房院落消防安全突出问题综合整治工作方案》，推进消防安全专项整治三年行动，进一步改善和提高全区消防安全环境。12月22日，门头沟区召开梨园地区整治工作协调会，推动解决该地区包括消防安全在内的突出问题。

（康　龙　苏思元　张澜昕）

【第三十届消防宣传月系列活动】　11月2日，门头沟区举行第三十届“119”消防宣传月系列活动之“火焰蓝杯”短视频大赛，践行习近平总书记授旗训词精神，推进“一警六员”消防基本技能实操实训工作，普及消防安全知识，督促单位履行消防安全职责，展示消防救援队伍精神风貌。9日，门头沟区在潭柘寺景区举行第三十届“119”消防宣传月主题活动。

（杨龙普）

防震减灾

【概况】　2020年，区地震局坚持以防为主、防抗救相结合的方针，切实提升地震监测预报、地震风险防范能力。5月26日，妙峰山镇附近3.6级地震发生后，区地震局第一时间启动地震应急响应，及时电话联系妙峰山镇政府主要领导通报有关情况，及时启动灾情速报网并向镇、街、村、居助理员通报情况，及时与市地震局沟通并做好地震现场核查准备，及时向区政府调度会通报最新情况。

单位名称：北京市门头沟区地震局
地　　址：北京市门头沟区滨河路22号
电　　话：69842450
邮　　编：102300

（杨　芸）

【震情处置】　5月26日，妙峰山镇附近发生3.6级地震灾害后，区地震局落实震感核查工作，通过灾情速报网收集情况，全区214名助理员均报告有震感无灾情；积极做好正面宣传引导，努力消除舆论影响。区地震局落实现场核查工作，5月26日凌晨2时左右到达震中，对震中炭厂村及周边上苇甸村、下苇甸村进行调查，未发现灾情与群众情绪不稳定情况。

（杨　芸）

【区内震情】　年内，经观察，门头沟辖区内共发生地震次数43次，最大为5月26日00时54分，东经115° 95′，北纬40° 04′，发生3.6级地震，震源深度18公里。

（杨　芸）

【地震监测预报】　年内，区地震局形成年中北京圈地震趋势研究报告，共向市地震局报送数据4380条、会商意见151期；加强监测设施运行维护及观测环境保护，实行线上督导与线下检查36次，及时处理仪器检定与故障4次，完成沿河城台仪器标定工作，确保各系统高效可靠运行；严格落实生态涵养区管控政策，及时撤销妙峰山镇斜河涧台站，不断优化宏观网站布局；严格执行宏观观测零报告制度，全区12个宏观观测站共进行周报送1150次；巩固群防群测网络建设，完成助理员更新备案；利用电话、网络等多种渠道，保障灾情速报网络畅通；举办地震观测知识云讲座，借助微信群开展全区灾情速报工作，强化地震安全教育培训与灾情速报效率。

（杨　芸）

【地震风险防范意识教育】　年内，区地震局依托“5.12防灾减灾日”开展地震安全防范教育活动，更新《防震减灾简明手册》内容，组织线上“防震减灾科普知识答题”活动，悬挂宣传条幅49条，开展地震科普知识讲座11场，组织观看地震科普网络讲座、地震科普场馆手机直播等活动，累计受众1万余人次，累计发放地震知识读本、光盘等科普材料1万余份。

（杨　芸）

【应急避难场所应急标识检查更新】　年内，区地震局配合相关部门完成地震应急避难场所日常管理与检查工作，检查更新全区9个应急避难场所应急标识，更换损坏标识14块。

（杨　芸）

教 育

7月7日，考生排队步入高考大峪中学考点（《京西时报》 供图）

◆| 5月，妙峰山民族学校学生在食堂用餐（《京西时报》 供图）

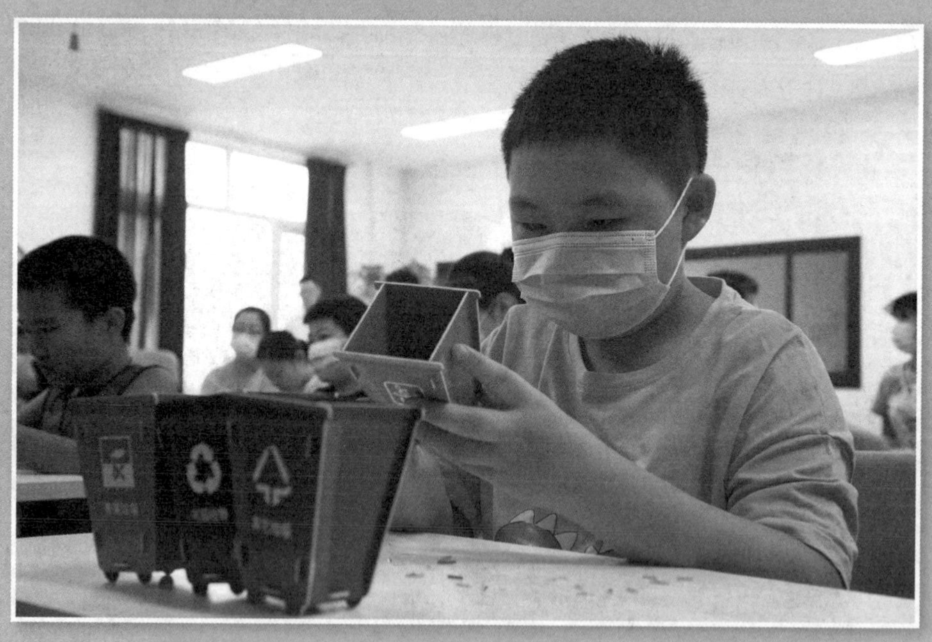

◆| 8月19日，龙泉镇中门寺南坡一区组织学生开展DIY垃圾桶制作活动（《京西时报》 供图）

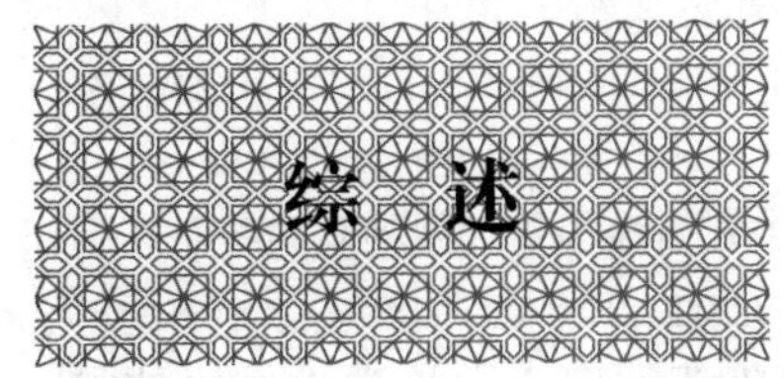

综 述

【概况】 2020年，门头沟区教委辖属教育单位97个，其中幼儿园42所（教育部门办园25所、地方企业办园1所、民办园16所），小学23所（教育部门办校23所），初级中学9所（教育部门办校9所），完全中学4所（教育部门办校4所），九年一贯制学校2所（教育部门办校2所），十二年一贯制学校1所（教育部门办校1所），特殊教育学校2所，中等职业学校1所，其他法人单位13个。教职工中高级职称963人、中级职称1591人；北京市特级教师7人、北京市骨干教师45人、北京市学科教学带头人6人。全年教育总投入193995.78万元。年内，区教委坚持各类培训“书记首课制”。召开党建工作会、党组织书记抓基层党建述职评议视频会，党风廉政建设大会等，紧扣教书育人新使命，责任再强化。落实党风廉政建设责任制，层层签订《深化落实全面从严治党主体责任清单》。开展师德师风建设月活动，严守底线。进一步完善义务教育学校绩效工资分配制度，调整绩效工资水平，以绩效考核为核心，建立科学、规范的收入分配机制。年内，开展线上教学，“云端”学习，实现“停课不停教、停课不停学”，稳妥推进返校复课、各类考试等，抓好教育教学工作。开展“垃圾分类 党员先行”等品牌活动。以红色党建为统领，推进“红色+”党建品牌矩阵的建设。推出“重温平西抗战历史 传承红色基因”精品党课，开展“新时代中小学校党的建设质量提升”的课题研究。创新培训形式，通过线上开展预备党员培训、党员轮训等。发挥党员先锋岗、党员双报到等机制的作用，党员踊跃报名无偿献血、捐款、下沉社区等活动。3000余名党员群众参与桶站值守，支持推进垃圾分类工作。发挥党组织、团队作用，教育系统共建立热心人志愿服务队62支，营造教育系统人人争当热心人的良好氛围。围绕践行社会主义核心价值观，选树100名新时代好少年，开展线上发布会，分20期推送好少年事迹，营造良好的宣传学习氛围。开展“小手拉大手+”创建活动，在文明交通、垃圾分类、楼道文化、疫情防控等方面，通过致家长一封信、赠送文明相伴礼物等方式，不断完善家校社共同育人。组建教育系统宣讲队伍，三家店小学田俊晓代表门头沟区参加北京市宣讲。开展“新童谣征集与传唱”“变废炫宝”等专项活动，北京八中京西附属小学博雅舞蹈团代表门头沟区参加第三届礼让斑马线广场舞比赛全市巡演。大峪第二小学、进修学校未成年人心理辅导站获门头沟区未成年人思想道德建设优秀案例，其中心理辅导站案例获2020年首都地区未成年人思想道德建设工作创新案例提名奖。北京八中京西附属小学校长刘亚丽被中央文明办评为全国未成年人思想道德建设先进个人。深入开展文明校园创建活动，大峪中学等15所中小学通过首都文明校园验收。

单位名称： 北京市门头沟区教育委员会
地　　址： 北京市门头沟区新桥大街65号
电　　话： 69842564
邮　　编： 102300

（李　执）

【疫情防控】 1月22日，门头沟区教委召开新型冠状病毒感染的肺炎疫情防控工作会。会上，要求各单位做好人员管理、数据统计、物资储备、健康教育等疫情相关防控工作。2月17日至6月27日，132天的战“疫”直播期，直播平台访问量累计达4568万人次，在线观看人数169万人次，视频播放流量13余万GB，开通直播间24773间，直播间时长230余万分钟，有效进入直播间100余万人次，惠及全区1年级至8年级近1.6万余名学生。5月4日，门头沟区团教工委开展“青春心向党 战‘疫’有担当”特别主题云团日活动。以疫情为教材，组织4000余名青年同上《让青春在“战”疫中绽放绚丽之花》云团课。9日，教育系统新冠肺炎防控知识与技能培训会召开，保健所和疾控中心的专业人员对14所初中校的主管主任和校医卫生老师等28人进行新冠肺炎防控知识与技能培训。24日，区教委组织全区39所幼儿园的园长和主管干部90余人到第一幼儿园，开展门头沟区幼儿园复园实地观摩培训会。6月12日，北京市教委学前教育处处长，市教委调研员、市级学前教育督查员到门头沟区实地检查幼儿园复园工作，先后走进幸福天使幼儿园和第一幼儿园，全面检查疫情防控及复园工作的落实情况。24日，组织教委机关、各中小学校、直属单位及大峪中学内高班共2860名教职员工和338名学生在少年宫、大峪中学进行核酸检测。前期，还完成幼儿园1768教职员工和全系统食堂员工518人检测。结果全部为阴性。12月，引导全区学生学习《“疫”起学法 安全防护》相关法治课程。全年共有10家校外培训机构对12所中小学进行防疫物资捐赠活动，捐赠物资包括口罩12500个、手套17500只、消毒液21箱、59桶、洗手液11箱、免洗手消毒凝胶10桶，捐赠价值约人民币11万元。

（陈润泽）

【教育协同发展框架协议签署】 1月，门头沟区教育委员会与石景山区教育委员会签署《教育协同发展框架协议》。充分发挥双方教育资源优势，提高教育资源的共享程度，在教育科研、师资培训、学生社会实践等方面加强交流与合作，并通过“线上线下”方式，发挥“互联网+”作用，依托信息化技术，开展教育交流活动，促进两区教育共同发展。

（裴福珍）

【参加中华经典诵写讲大赛】 5月，区教委、区语委在全区范围内动员部署参与教育部、国家语委第二届中华经典诵写讲大赛，大赛共分为“诵读中国”“诗教中国”“笔墨中国”“印记中国”等4项赛事。区内各中小学通过线上的方式参赛，累计提交作品超过200件，共有102项获市级奖项，包括一等奖20项，二等奖31项，三等奖26项，优秀奖25项。在全国总决赛中，王朋飞、诸葛敬霖9名选手获国家级奖项。

（张博文）

【全国爱眼日活动】 6月3日至6日全国爱眼日期间，区教委保健所联合区疾控中心、门头沟区爱眼协会共同举办线上爱眼护眼知识有奖竞赛，参与人数6115人，其中853人中奖，对学生进行爱眼护眼知识的宣传普及。

（陈润泽）

【筹建潭柘寺学校协议签署】 6月10日，门头沟区政府与清华附中正式签署《门头沟区人民政府 清华大学附属中学合作筹建潭柘寺学校协议》，合作筹建潭柘寺学校。

（裴福珍）

【教育帮扶合作项目意向书签订】 7月21日，2020年“8+1”行动推进会在门头沟区召开，市委统战部及各民主党派市委主要领导参会。参会人员实地考察“8+1”行动重点项目“景山学校京西实验学校”施工现场后，分别来到清水镇主会场及各分会场参加“8+1”行动推进会，区教委设立分会场。民进北京市委将在景山学校优质资源建设、大峪中学“垂衣裳”科学艺术实验班、中学英语水平提升等6个项目开展帮扶支持。台盟北京市委将在“助梦起航”、图书捐赠、中华优秀传统文化教育等6个项目提供支持。除现场签约项目外，区教委还将与致公党、九三学社、民盟、民革、民建等民主党派在学前教育、中小学生素养提升等方面进行项目合作。

（李　执）

【配备专职安全管理干部】 自9月起，区教委为46所中小学幼儿园全部配备专职安全管理干部58人，根据教育系统特点，印发《关于规范专职安全管理干部任职条件及岗位职责的实施意见》，按照学校安全管理工作的8大体系，明确门头沟区安全专职管理干部的任职条件、9大岗位职责及工作待遇等。

（王冬冬）

【儿童青少年近视肥胖防控】 10月12日至11月20日，区教委完成辖区中小学校学生健康体检，应体检学生21225人，实际体检学生21152人，体检率99.66%。中小学生近视率为55.82%，肥胖率为26.57%（依据“6岁-18岁学龄儿童青少年BMI筛查超重与肥胖界值”为评价标准），相较2019年学生近视率上升2.28个百分点，肥胖率上升4.17个百分点。

（董立雪）

【“平安校园建设”市级验收】 10月16日，北京八中永定实验学校、北京第二实验小学永定分校、门头沟区第一幼儿园龙山分园、门头沟区龙泉大地幼儿园4所学校代表门头沟区率先通过北京市中小学幼儿园平安校园验收。“平安校园”区级验收通过率为97.2%，率先超标准完成市级任务目标。

（王冬冬）

【参加北京榜样大型主题活动】 10月21日，少年宫小百花合唱团二次受邀参加北京榜样大型主题活动——“秋意昂扬 致敬榜样”暨2020年有声阅读特别活动。在活动中，为现场北京榜样人物及观众们演唱《丹青千里》。

（吴　段）

【优质教育人才数量稳步提升】 10月，经北京市特级教师评选委员会评审通过，门头沟区3名教师被评为北京市特级教师，至此门头沟区有特级教师22人。12月，经市级评委会和市教委审定，6名教师被评为北京市幼儿园、中小学、中等职业学校学科教学带头人，45名教师被评为北京市幼儿园、中小学、中等职业学校学科骨干教师，8名教师被评为北京市中小学骨干班主任。

（邓　浩）

【门头沟区未来教育家培育基地签约】　11月16日，门头沟区未来教育家培育基地签约仪式在门头沟区炭厂村举行。在民进北京市委的积极推动下，北京师范大学教师教育研究中心和门头沟区教委共同创建基地。

（李　执）

【全区教育乱收费摸查工作】　11月27日至12月15日，区教委在全区教育系统开展教育乱收费摸查工作。区委教工委、区教委领导专题研究区内教育收费管理工作，区教委以视频方式召开门头沟区教育系统治理教育乱收费摸查工作布置会，按照自查内容，全区81所中小学和幼儿园对单位内2020年以来发生的教育收费行为逐条进行自查，发现并纠正存在的问题，改进工作中存在的不足，自查率达到100%，此次摸查，全区发现属于教育收费公示管理不规范类问题3个，全部进行整改。

（邓建民）

【中小学校卫生防病“十三五”终期评估】　12月22日，市教委和市卫生健康委5名专家对门头沟区《北京中小学校卫生防病工作规划（2016-2020年）》进行终期评估。区教委、区卫健委、区保健所、疾控中心、卫生监督所、牙防所等部门相关领导和负责人共20人参加验收。京师实验中学和中国人民大学附属小学京西分校校长分别汇报各自学校卫生防病相关工作情况。

（陈润泽）

【教育对口帮扶干部教师培训】　年内，区教工委区教委、教师进修学校组织2020年教育对口帮扶干部教师培训。西藏自治区堆龙德庆区、内蒙古自治区乌兰察布市察右后旗、呼和浩特市武川县、河北省张家口市涿鹿县118名干部、206名教师参加培训。6月11日至23日，教师培训以网络直播的形式开展。围绕“课堂教学改革”“教育科研”“信息技术与课堂教学的融合”等主题，采用“集中＋分学段＋集中”的形式，开展系列培训。10月13日至23日，干部培训以参与式在线培训开展。培训课程分为3天的在线同步直播课程和7天的网络异步录播课程。聘请资深教育专家为直播课主讲教师做政策、理论与实践方面的直播讲座。异步录播课程安排政策理论与党性教育、学校建设与管理实务、课程建设与干部素养3个主题的内容，分为必修课和选修课。

（康丽红）

【执法检查】　年内，区教委对坚持每月进行“双随机、一公开”检查，涵盖区域全部公办和民办教育，各类行政检查1600余次，高标准完成行政行政执法量指标；A类执法岗设置为7人达到设置要求，A岗人均执法量193件，高标准完成A岗参与执法量与率；职权总数31项实际纳入并实施过的检查的数量28项，违法行为纳入率90.3%，超指标完成任务；参与执法资格考试人员12人通过11人，达到考试合格率要求，区政府下达的年度执法考核目标全部达标。

（张进凯）

学前教育

【概况】　2020年，门头沟区有各类幼儿园40所，其中教育部门办园24所，含6所独立园和18所小学附属幼儿园；普惠性民办园16所。在园幼儿9729人，其中公办园在园4516人，普惠性民办园在园5213人。比上年增长1428人，同比增长15%。3岁至6岁入园率98.8%。全区各级各类幼儿园招生4220人，毕业2206人。在校教职工1568人，比上年增加200人，同比增长13%。其中，专任教师932人，比上年增加185人，同比增长20%。

（李　执）

【“燃梦”青年教师工作室成立】　1月3日，一幼教育集团“燃梦”青年教师工作室正式成立，旨在促进青年教师在教育教学理论和教学实践、教学研究等方面更快成长，提升园所办园质量。启动式上解读工作方案，为工作室特聘专家颁发证书，举行揭牌和师徒结对仪式。区教育领导，进修学校校长、教委学前科及学前研修中心相关老师共32人出席启动仪式。

（李文丽）

【家园共育经典案例集出版】　12月，《3-6岁儿童养育全计划——家园共育经典案例集》正式出版。该书是由区教委、教师进修学校、父母必读杂志社联合出版的幼儿园家园共育优秀案例评选活动的成果集，所选案例均来自门头沟区幼儿园的老师。全书共15万字，涉及健康领域、语言、社会及解决家园综合问题优秀案例4个方面内容。包括详实篇、精编篇两种案例类型，其中精编篇52篇，由区教师进修学校学前研修中心指导修改，详实篇39篇，由中科院心理研究所、中国人民大学、北京师范大学、中央教科所、北京市家庭教育研究会、父母必读杂志社专家组成的专家委员会进行点评分析。

（李文丽）

【督导评估】 年内，区教委高度重视北京市幼儿园办园质量督导评估工作，制定《门头沟区幼儿园质量督导评估奖惩方案（试行）》，充分调动园所积极性。邀请市级专家进行北京市幼儿园办园质量督导评估标准培训，并深入园所指导，区级研修员进行跟踪推进式视导，为园所督导评估工作提供持续专业支持。11月18日、19日，由北京市市级专家、门头沟区区级专家共8人组成的督导验收小组对育园小学附属幼儿园、第一幼儿园进行督导评估。按照评估标准从人员条件、空间与设施、机构管理、保育教育、办园成效五大方面进行检查；通过家长问卷调查、园长汇报、档案资料查阅、教师访谈等形式进行全方位的评估幼儿园办园成效。最终区育园小学附属幼儿园、第一幼儿园以915分和925分通过办园质量督导评估A级验收。2020年门头沟区15所幼儿园质量督导评估评级皆达到B级及以上，

（李文丽）

【学前教育普惠率达100%】 年内，门头沟区严格落实《北京市教育委员会 北京市财政局关于新冠肺炎疫情期间支持民办幼儿园稳定发展的通知》要求，足额拨付学前教育事业发展补助资金，鼓励民办非普惠性幼儿园主动转普惠，并给与优惠政策。4月，门头沟区世纪之星幼儿园自愿申请转为普惠性幼儿园，全区幼儿园普惠率达100%，位列全市第一。

（李　执）

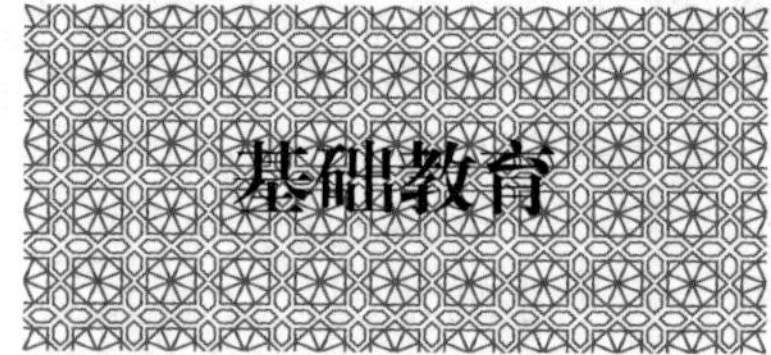

基础教育

【概况】 2020年，门头沟区有小学23所，初级中学9所，完全中学4所，九年一贯制学校2所，十二年一贯制学校1所，特殊教育学校2所。招生9640人，其中小学2739人、初中1723人、普通高中950人；毕业6364人，其中小学1900人、初中1440人、普通高中800人；在校生30990人，其中小学13841人、初中4732人、普通高中2642人、特殊教育学校81人。教职工总数3834人，其中小学1308人、中学1200人、特殊教育30人。中小学固定资产总值300915.41万元。

（李　执）

【教育教学工作会】 1月15日，区教委基教一科和基教二科联合召开主题为“不忘教改初心 勇担育人使命”教育教学工作会。全国小学教育专业委员会副理事长、区教委主任领导、教委相关业务科室、教师进修学校负责人，以及全区各中小学校长、教育教学干部200余人参加此次会议。会上，举办“不辱使命，做新时代的好校长”的全员培训，德育教学共设9个分论坛，校长、教育教学干部对重要教育教学问题进行研讨。

（裴　军）

【春、秋季开学工作】 1月25日至4月4日，区教委发布《门头沟区教委2020年春季学期中小学幼儿园延期开学工作方案》《门头沟区教委2020年春季学期中小学幼儿园延期开学第二阶段工作方案》《门头沟区教育委员会关于统筹推进2020年春季学期教育教学工作方案》等，科学指导全区基础教育各学段做好居家学习工作。5月19日，区教委发布《关于做好门头沟区2020年春季学期基础教育各学段学生有序返校工作方案》，科学指导全区基础教育各学段做好返校复课各项准备工作，确保返校复课平稳有序。6月1日，全区6500余名初一、初二、高一、高二与小学六年级学生复课。8日，全区3800余名小学四、五年级学生复课。8月11日，区教委发布《关于做好门头沟区各级各类学校2020-2021学年秋季学期开学工作的方案》，切实做好2020-2021学年秋季学期各级各类学校开学准备工作。8月29日，全区中小学校2020-2021学年秋季学期错峰开学，小学一年级、初一、初三、高一、高二、高三等6个年级8140人首批返校。

（王　曦）

【门头沟区融合教育推行委员会成立】 6月，区教委、区特教中心启动融合教育推行委员会及专

家委员会成立及运行的调研工作。12月4日，经区委教育工委审议通过，出台《门头沟区融合教育推行委员会建设方案》，委员会由区级领导小组、学校融合教育推行委员会和区级特殊教育专家委员会共同构成。委员会主要承担对全区普通中小学随班就读儿童在校教育教育、学生资助、康复服务等方面的协调、保障工作，其中集合特殊教育、社会工作、心理咨询、医疗康复等各领域专家委员15位。

（张博文）

【初中综合素质评价典型案例获奖】 上半年，举办"北京市中小学生综合素质评价典型案例评选"活动，门头沟区共43篇案例获奖。其中教师案例19篇，学生案例获奖17篇，学校案例获先进单位奖7篇，总获奖率高达78%。

（王 曦）

【农村未成年人航天科普志愿服务行动】 9月29日，民盟北京市委在门头沟区少年宫启动"科学探索•圆梦行动"农村未成年人航天科普志愿服务行动全国主场活动。民盟北京市委、中国航天科技国际交流中心与北京市三家店铁路中学等项目承接方签署合作协议书。同年11月，三家店铁路中学1名教师、5名学生到太原卫星发射中心实地观摩火箭发射并开展航天科普活动。

（李 执）

【中学生心理健康体检】 9月，区教委组织初高中全体学生开展心理健康测评，形成班级、校级、区级三级学生心理健康档案。同时，指导各中小学对心理健康预警学生进行个案帮扶和教育管理，建立心理健康预警学生"一生一案"管理机制。

（王 曦）

【门头沟区"励耘"工作站启动】 10月23日，北京市"紫禁杯"优秀班主任工作室门头沟区"励耘"工作站启动。工作站聘请北京教育科学研究院班主任研究中心研究员、北京市"紫禁杯"教育奖励基金管理委员会理事长和北京教科院期刊部书记为特聘专家；聘任门头沟区教师进修学校德育研修员为"励耘"工作站站长；聘请26名北京市"紫禁杯"优秀班主任及门头沟区骨干班主任为工作站成员。

（王 曦）

【山区科技嘉年华活动】 10月29日，门头沟区第四届山区学校科技教育博览活动在大台中心小学举行。此届活动为山区孩子们设计以"绿水青山 最美门头沟"为主题的STEM+智能彩车创意挑战赛、科技与未来主题游园活动及科学表演秀等项目。其中，STEM+智能彩车创意挑战赛吸引了来自14所山区中小学校的28支参赛队。所有参赛队队员和大台中心小学全体学生还参加科技与未来主题游园活动，亲身体验VR模拟滑雪、脑电波、人工智能、未来创客工坊等项目。

（李 执）

【第三批义教学校管理标准化验收】 10月，区教委通过组织相关科室下校视导调研及查看学校电子版材料的方式，对11所中小学开展第三批义教学校管理标准化达标验收工作，同时完成市级对第三批示范校的抽检工作。全区义务教育学校通过三年的标准化建设工作全部达标。

（王 曦）

【空中课堂（秋季）录制工作】 年内，门头沟区承担2020年北京市空中课堂（秋季）京版教材部分课程录制任务。8月11日至10月27日，共录制69节数学课，包括北京版初中数学49节和北京版小学数学20节。授课教师来自石景山区和门头沟区的一线教师，门头沟区教育宣传中心提供录制场地并参与录制工作。

（徐 荧）

【奥林匹克教育】 年内，区教委组织门头沟区中小学生冬奥知识竞赛，18所学校的100名学生积极参与，大峪一小、大峪中学作为区级冠军，分别代表门头沟区中小学参加北京市各组别竞赛，其中大峪一小获小学组第六名。开展2020年门头沟区中小学生奥林匹克艺术品征集活动，收到全区中小学生400余幅书法、海报、摄影等各类作品，选送60幅优秀作品参加市里评选。

（邵 华）

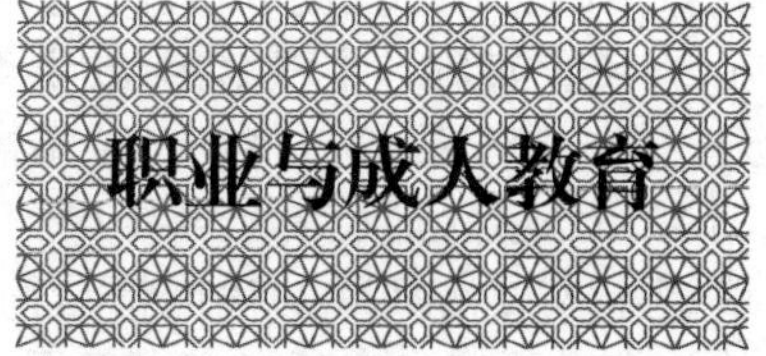

职业与成人教育

【概况】 2020年，中等职业学校1所，教职工120人，在校生70人。年内，招生8人，毕业18人。开放大学门头沟分校开放教育本专科在校生1070人，秋季共计招生239人，其中开放教育206人（专科87人，本科119人），奥鹏网络教育33人（专科5人，本科28人）。社区学院因疫情暂停招生，通过送课形式开展果树栽培、家庭面点烘焙及新媒体运营等培训。

（李　执）

【门头沟区第十六届全民终身学习活动周】　年内，区教委开展主题为“全民智学促治理，素质提升增效能—品牌引领助创城”的门头沟区第十六届全民终身学习活动周。活动周期间教育系统开展各类活动参与5万人次，相关委办局、镇街村居等1.7万人次。在全区范围开展“首都市民学习之星”评选，7人获第十一批市级“首都市民学习之星”称号。结合门头沟区学习型城市建设工作实际，在全区范围内开展“2020年度终身学习品牌项目”的培育和评选工作，北京英冠艺德文化发展中心的“京剧传承，扮靓京西”培训项目获市、区两级2020年终身学习品牌项目。

（王　坤）

【开展社区老年教育】　年内，区教委与区老干部局合作，以打造“e路红旗 筑梦银龄”终身学习品牌为切入点，开展社区老年教育活动。开办国画、书法、手工、声乐等8门课程12个教学班，266名学员参与培训，共培训1330人次。通过线上学习，排解老年人疫情期间的忧虑情绪，使他们足不出户安享充实、幸福的“云端”生活。

（王　坤）

【社区学院持续帮扶炭厂村】　9月15日，社区学院组织炭厂村中专班学员和民俗旅游从业人员到北京市农广校怀柔区分校的实训基地“老A农场”和“峪园精品民宿”参观学习。10月27日，社区学院组织炭厂村13个民俗旅游从业人员到房山区黄山店村姥姥家精品民宿和快活林民宿参观学习。11月25日，社区学院组织炭厂村17名旅游从业者开展家庭厨艺培训，培训教师是来自怀柔区的农广校外聘教师王立军师徒二人，培训的重点是铁锅炖菜。

（王晓民）

【烘焙制作培训】　9月16日，社区学院特邀高级面点师到军庄镇开展“巧手做月饼，欢喜迎中秋”月饼制作培训活动，来自各村居的20余名村民参加此次活动。王老师从原料的选购，配比，糖浆的熬制，月饼包制的手法等进行讲解。10月29日，社区学院聘请高级面点师到爨柏景区进行桃酥烘焙培训。培训中王老师边示范边讲解制作方法和注意事项。11月28日，社区学院在永定镇西山燕庐社区开展“亲子烘焙活动”

（王晓民）

【概况】　截至2020年年底，门头沟区共有民办学校40所，其中民办幼儿园16所、民办非学历培训学校24所。

（张进凯）

【民办学校年检】　6月，区教委完成35所民办学校年检审核工作，通过率100%。合格学校统一换发《民办学校办学许可证》。

（张进凯）

【民办教育工作总结会】　12月30日，区教委召开2020年民办教育工作总结会。会上，区教委对办学行为规范、疫情防控工作突出、创建文明城区做出贡献、接诉即办群众满意度高以及日常管理优秀的10家民办教育单位进行表彰。全区16所民办幼儿园和24家校外培训机构负责人参加会议。

（张进凯）

督导评估

【概况】　2020年，门头沟区配备专职督学17名，其中中小学、幼儿园挂牌责任督学13名，退休兼职督学5名。现有中小学、幼儿园共有79个单位，分成6个督学责任区，由13名挂牌责任督学负责，每名责任督学负责5至7个单位。为了更加科学、便利、高效工作，将全区6个督学责任区所负责的学校和挂牌责任督学进行重新调整，让责任督学在校际间流动，全面了解区域整体发展情况，不断提升教育督导能力水平，促进督学管理的科学化、规范化、专业化。

（鲁燕明）

【国家义务教育质量监测】　9月28日，完成2020年国家义务教育质量监测任务。全区应参测学生586人，实际参测579人，缺测7人。186名教师参加网络问卷调查。经教育部基础教育质量监测中心抽样，区内13所小学、初中8所做为样本校参加。

（鲁燕明）

【幼儿园办园质量督导评估】 10月20日至11月4日，区教委、区教育督导室组织10名区级专家分2个评估小组对申报督导评估等级为B级的13所幼儿园办园质量进行综合督导评估。11月18日、19日，组织3名区级专家和5名市级专家对申报督导评估等级为A级的2所幼儿园办园质量进行综合督导评估。

（鲁燕明）

第一幼儿园

【概况】 2020年，北京市门头沟区第一幼儿园（以下简称第一幼儿园）开设教学班16个，毕业生156人、新招生156人、在校生442人；教职工74人，其中高级职称9人、中级职称24人，专任教师71人，北京市骨干教师1人；固定资产总值3244.05万元；全年教育经费投入2804.69万元。学校信息化经费投入23.95万元，拥有计算机61台，校园网出口总带宽1000Mbps，数字资源量1024GB。年内，围绕“以生态滋养幼苗，让五育绽放光彩”办园理念，以五彩生态课程的实施为载体，加强园所保教管理，强化队伍建设，提高课程的实施能力，提升日常保教质量，促进教师、幼儿共同发展，获A级园资格与“2020年全国足球特色幼儿园”称号。

（杨　薇）

【线上教学】 3月至6月，面对突如其来的新冠肺炎病毒疫情，第一幼儿园组织线上教研活动、讲座培训40余次，通过微信公众号向家长与幼儿推送居家游戏、防疫知识等内容共38篇。

（杨　薇）

【复园工作】 5月21日，门头沟区委副书记、区长到第一幼儿园检查幼儿园复园准备工作。24日，区教委组织全区39所幼儿园园长和干部到第一幼儿园开展复园实地观摩活动。6月11日，第一幼儿园复园。

（杨　薇）

【支教活动】 9月21日，第一幼儿园一行4人到察右后旗幼儿园开启为期一周的支教生活，针对察右后旗幼儿园实际需求，从保教质量的提升、教研活动的组织与实施、主题活动的开展等方面，通过示范课、研讨会、专题讲座等形式推动教育资源共享、优势互补、共同提高。

（杨　薇）

【文化乐趣节】 12月，第一幼儿园文化乐趣节举行。乐趣节期间，全园有400余名幼儿参加，共开展主题活动16个，开办艺彩飞扬演出3场，大班才艺展示活动6次，新年庙会2场。

（杨　薇）

幼师实验幼儿园

【概况】 2020年，北京市门头沟区幼师实验幼儿园开设教学班9个，毕业65人、招生141人、在园272人；教职工46人，其中中级职称2人，专任教师20人；图书馆藏书2100余册，电子图书80余册；信息化经费投入22871.91万元，拥有计算机19台，笔记本电脑2台，网络多媒体教室1个，校园网出口总带宽200Mbps。年内，幼师实验幼儿园严格执行“平安校园”各项要求及标准，安装了智慧树打卡机，家长每日持卡、刷卡接送幼儿，幼儿入园、离园进行实时监控；利用腾讯会议软件，以线上形式召开家长会，积极与家长进行沟通与交流，各班利用微信群和智慧树软件平台及时向家长传递幼儿在园活动信息；修订招生工作计划，重点利用微信平台推送、易企秀转发朋友圈、家长口碑介绍、线上参观园所等形式扩大幼儿园招生知名度。

（王国红）

【教师线上教研与培训】 年内，幼师实验幼儿园制定实施延期开学期间线上“云”教研方案，借助腾讯会议网络平台，隔周一次云端相聚，以“特殊”儿童教育案例分析、“特殊”儿童问题行为背后的家长因素、与“特殊”儿童家长沟通的技巧等3个方面开展研讨分析，帮助教师梳理科学、合理的教育策略，增强教师与家长有效沟通的艺术性，助力教师专业成长；开展《疫情下如何做好园所开园消毒工作》线上专题培训，提升教师对园所卫生消毒工作的专业知识和实操能力。

（周雅军）

【复园评估迎检】 6月4日，幼师实验幼儿园接受门头沟区春季复园督导评估、检查验收与指导工作，评估推动幼师实验幼儿园进一步完善流程，细化和落实复园前各项准备工作，确保疫情防控工作做细、做实、做到位。

（王国红）

【线上新生家长会】 9月6日，幼师实验幼儿园召开秋季线上新生家长会。此次“云端”家长会为幼儿园、教师和家长之间搭建交流沟通平台，拉近家长与幼儿园的距离，促进家园之间的交流与合作。

（周雅军）

【重阳节主题系列活动】 10月23日，幼师实验幼儿园开展“孝满京城，德润人心”重阳节主题系列活动，各班结合幼儿年龄特点，开展了手工制作“重阳节礼物”，语言表达“我想对您说”，爱的行动“从身边小事做起”等活动，让幼儿从小感受传统“孝”文化的魅力，从优秀传统文化的熏陶中汲取精神营养。

（周雅军）

【我为祖国献礼系列活动】 10月，幼师实验幼儿园开展“我为祖国献礼”国庆节主题系列活动，各班根据幼儿年龄特点开展“祖国，我爱你”主题活动，并为幼儿准备10米长画布。幼儿在画布尽情挥洒缤纷的色彩和对伟大祖国的祝福。

（张　洋）

【家委会成员集体教研活动】 11月20日，幼师实验幼儿园邀请家委会委员共同参加“我感恩，我快乐”感恩节集体教研活动。活动按照小、中、大班进行分组，根据幼儿年龄特点和实际发展水平进行研讨、设计感恩节主题系列活动。

（王　婷）

【幼儿冬季运动会】 11月26日，幼师实验幼儿园举办幼儿冬季运动会。运动会分成小班组和中、大班组，由入场检阅、队列展示、操节展示、代表致辞、自选趣味游戏活动区、班级合影等环节组成。

（庞秀娟）

【美术领域展示活动】 12月3日，幼师实验幼儿园组织开展为期2天的美术领域展示活动，展示作品涉及水粉画、线描画、粘贴画、拓印画等，大二班的《我们的地球》活动被评为美术活动优质课。

（周雅军）

【教师读书会活动】 12月7日，幼师实验幼儿园举办教师读书会分享活动，参加活动的老师回顾自己读书旅程，与大家一同分享阅读书籍的过程中为自己带来思考和启示的句子、段落，从不同角度畅谈自己的读后感想。

（杨　琛）

大峪第一小学

【概况】 2020年，北京市门头沟区大峪第一小学（以下简称大峪第一小学）开设教学班29个，毕业205人，招生247人，在校生1126人；教职工89人，其中高级职称23人、中级职称43人，专任教师75人，包括特级教师1人、北京市骨干教师1人；普通教室38个，专用教室18个；固定资产总值18755万元，全年教育经费投入3633万元，其中国家拨款3632万元；图书馆（室）藏书40.26万册，包括电子图书36万册；学校信息化经费投入393.75万元，拥有计算机312台，多媒体教室座位2200个，校园网出口总带宽1000Mbps，数字资源量2000GB，“信息技术”课程2课时每周。附属幼儿园开设教学班16个，其中小班7个、中班6个、大班3个，幼儿在园人数457人；教职工62人，其中高级职称5人、中级职称23人，专任教师51人、保健员4人；普通教室18个，专用教室7个；全年教育经费投入2422万元，固定资产总值3905万元。年内，大峪第一小学聚焦“构建主动、互动、灵动的3D课堂”研究，围绕课堂“倾听、参与、交流、思维、乐学”五种状态研究，以“创设探究式学习活动”作为研究突破点，采取“学校课题引领—教研组子课题跟进—主题教研推进”的教科研一体化研究方式将“3D”课堂研究向纵深推进；依托“和之家”讲堂，以网络会议形式，开办家长夜校，对家庭教育给予指导，提升家校协同育人效果。

（吕建华）

【云端3D课堂实践活动】 5月，大峪第一小学以线上教学为研究新常态，分学科分阶段开展云端“3D”课堂实践与研究、云端3D课堂智汇云论坛活动。10月，学校以“3D课堂研究—创设探究式学习活动”为主题，采取“本学科必听—跨学科选听—新教师全听”的听课学习形式，开展高级教师示范课活动，展示15节示范课。年内，大峪第一小学13位教师参加区“三杯”比赛，获教学设计一等奖4人、二等奖8人、三等奖1人，12人经过筛选进入说课比赛，其中一等奖5人、二等奖6人，综合奖一等奖2人、二等奖6人、三等奖1人。

（王消冰）

【新生入学课程】 8月29日至31日，大峪第一小学开设一年级入学课程，通过家长线上培训，让家长明晰新学期各项要求，组织学生适应训练以熟悉小学生活。

（陈 宇）

【做日新少年经典诵读活动】 11月，大峪第一小学以“诵读经典传承国学——做日新少年”为主题，开展经典诵读展示活动，并选出优秀作品参加区级比赛。《千年诵经典 忠孝家国魂》《汉字中华魂》获区级一等奖，《弟子规诵读》获区级二等奖，其中《千年诵经典 忠孝家国魂》《汉字中华魂》参加“门头沟小学语文戏剧节”展演。

（王消冰）

【疫情防控机制建设】 年内，大峪第一小学成立工作专班，建立健康上报、检查监督、防病宣传、学习培训常态化疫情防控工作机制，实现健康上报流程清晰，防控措施落实严格，防病宣传形式多样，学习培训人人参与的效果。全年采取线上线下结合的方式召开疫情防控专项会12次，工作会60余次，教师专项操作培训6次，完成疫情关联人员数据统计17次，涉及学生19159人次。学校公众号推送疫情防控知识20次，录制防控微课8节，总时长2小时10分钟。

（马 栋）

【家长云夜校】 年内，大峪第一小学依托“和之家”讲堂，围绕幼小衔接、心理健康、家庭教育、法治安全等主题，开设家长云端夜校5讲，家长参与2249人次，学生参与1127人次，教师参与172人次。

（李雅丽）

北京市第八中学京西附属小学

【概况】 2020年，北京市第八中学京西附属小学开设教学班38个，招生324人，在校生1431人，随班就读学生2人；教职工91人，包括高级职称9人、中级职称18人，专任教师80人，包括北京市骨干教师1人；图书馆（室）藏书27450册。固定资产总值13407.57万元，全年教育经费投入5456.8万元。学校信息化经费投入307.1万元，拥有计算机425台，网络多媒体教室53个，校园网出口总带宽100Mbps，数字资源量254GB，“信息技术”课程2课时/周。年内，学校推进博雅课程内涵改革，初步建成自然教育与社会教育并重的立德树人落位机制，通过文理通达、身心通达、内外通达“三通达”实现核心素养有效落位，设计形成“阅”课程、“行”课程和“思”课程；探索、构建学生养成教育体系和评价体系，举办入学仪式、入队仪式、成长仪式和毕业仪式，让学生在仪式活动中学会知礼、懂礼、行礼；博雅舞蹈团、民乐团、管乐团组建完毕，学生参加“黑池舞蹈节”中国（区域赛）获拉丁舞少儿7岁—10岁组全国一等奖，原创舞蹈作品《垃圾分类等你来》登上门头沟区电视台，1年级至4年级舞蹈社团参加《成长的力量——一间舞室舞蹈汇报展演》，二年级至五年级书法社团形成合理梯队，6人在奥林匹克艺术作品征集比赛中获一等奖。年内，学校获北京市冰雪特色校、北京市篮球特色校、北京市奥林匹克特色校。在中国科学院附属实验学校举办的第三届北京青少年创客国际交流初评活动中，学校2件礼品获北京市三等奖，1件礼品获北京市一等奖并入围迭代；1件作品入围终评，作品《神奇的宠物海盗龙》获北京市一等奖并获专项奖金。

（李全来 安知博）

【民间协会艺术家进校园】 7月9日，门头沟区民间协会艺术家、老北京毛猴区级非遗传承人王魏将亲手制作的40件毛猴艺术作品捐赠给北京市第八中学京西附属小学。

（安知博）

【反恐进校园活动】 9月25日，北京市第八中学京西附属小学举办反恐综合演练暨反恐宣传进校园活动，全校100余名师生代表参加。

（安知博）

【校际间交流】 10月23日，北京市第八中学京西附属小学由12人组成的干部教师团队到河北省涿鹿县武家沟寄宿制学校，开展学校管理、课程建设、课堂教学交流与研讨。

（刘 军）

【礼让斑马线展演】 10月29日，北京市第八中学京西附属小学博雅舞蹈团参加首都文明办、市直机关工委、市交通委、市交管局和北京广播电视台联合举办的北京市第三届礼让斑马线广场舞比赛，以文明礼让的场景展现了司机、行人、斑马线的内在联系与含义。

（杨正红）

【科技进校园活动】 11月26日，北京市科学技术协会、北京科学中心、门头沟区教委、门头沟区科协联合举办2020年流动科学中心进校园活动走进北京市第八中学京西附属小学。活动以“展教结合，以教为主”为理念，秉持“人人参与，全员参与”的原则，先由北京科学中心对学校科技教师及五年级40名学生科技志愿者进行展教培训，后续再由这40名学生给全校其他学生分时段讲解，确保人人参与。

（安知博）

城子小学

【概况】 2020年，北京市门头沟区城子小学（以下简称城子小学）暂借门头沟区中等职业学校校址办学，开设教学班24个，毕业138人，招生151人，在校生总人数911人，其中随班就读学生1人；教职工63人，其中高级职称12人、中级职称32人，专任教师50人，北京市骨干教师1人；普通教室24个、专用教室1个；图书室藏书4.9万册，固定资产总值801万元，全年教育经费投入2577万元；信息化经费投入49.7万元，拥有计算机167台，多媒体教室座位960个，校园网出口总带宽1000Mbps，数字资源量210GB，三、四年级每班每周“信息技术”课程1课时每周。年内，城子小学活动育人以修德为目标，开展以感恩身边的人为内容的传统美德教育，包括尊重生命教育、爱国教育、公民教育；课程育人以修学为目标，建设尊重学生生命成长过程的课堂教学价值观，建设欣赏＋尊重的课堂文化，关注学生课堂学习过程中享受的生命成长的过程；运动育人以修体为目标，通过加大教育供给促进学生健康全面发展，以学生社团活动为载体积极增加运动类校本选修课程，满足学生发展需要；艺术育人以修艺为目标，开展《童趣》艺术社团活动，通过学生校园艺术展示、各级艺术竞赛等形式为学生搭建生动活泼、主动发展的舞台。

（苏文刚）

【统筹推进春季学期教育教学】 年内，面对突如其来的新冠肺炎疫情，城子小学制定实施《城子小学2020年春季学期延期开学工作方案》《北京市门头沟区城子小学统筹推进2020年春季学期教育教学工作方案》《城子小学在线学习作息时间安排》《城子小学复课学习作息时间安排》。2月17日，组织学生线上复习。4月13日，开始线上教学。6月1日，六年级返校复课。8日，四、五年级返校复课。17日，再次改为线上教学。

（赵玉芝）

【北京市空中课堂录制】 3月至6月，城子小学老师陈琢参加“北京数字学校”市级空中课堂录制工作，为一年级学生录制英语课，讲授第六单元“I’m sorry I’m late”。

（赵玉芝）

【帮扶支教活动】 9月20日，城子小学9名干部教师到拉萨市堆龙德庆区乃琼镇中心小学开展为期6天的送课支教活动，活动送课5节，其中语文课3节、数学课2节，并开展教学交流研讨活动4次。12月15日，西藏拉萨市堆龙德庆区乃琼镇中心小学干部、教师一行10人到城子小学参加为期10天的跟岗学习研修活动，跟岗听科学实验课3节、语文课4节、数学课6节、英语课4节、美术课2节、主题班会1节。

（赵玉芝　张玉环　姜玉玲）

【少先队建设】 10月13日，城子小学召开庆祝中国少年先锋队建队71周年大队会。会上，成立中国少年先锋队学校工作委员会，组织二年级第一批40名少先队员入队。12月21日，城子小学和琉璃渠小学联合开展“争当新时代好队员”二年级第二批入队仪式。学校支部书记校长、手拉手学校党支部书记校长以及2个学校的大队辅导员、2个学校的二年级全体师生、六年级的全体队员参加入队仪式，并举行少先队知识竞赛。23日，城子小学少先队大队辅导员以“展望未来 共筑百年梦想”为题给六年级队员开展少先队活动课，指导六年级队员提前做好自己的未来规划。

（赵欣颖）

【“拒绝浪费 节约光荣”主题教育活动】 年内，城子小学开展“拒绝浪费 节约光荣”主题教育活动，通过各种形式教育学生从我做起节约粮食，312名学生获“光盘小标兵”荣誉称号，6个班级获“光盘优秀班集体”光荣称号。

（付春琴）

大台中心小学

【概况】 2020年，北京市门头沟区大台中心小学分三址办学，分别为大台小学、灰地小学和唐家坟小学。学校在校生103人，毕业21人、招生12人；教职工39人，其中高级职称14人、中级职称17人，专任教师29人；固定资产总值1414.03万元，全年教育经费投入2605.6284万元；拥有计算机83台，网络多媒体教室36个，校园网出口总带宽1000Mbps，“信息技术”课程2课时每周。年内，以关爱文化建设为核心引领学校整体工作，以提升队伍建设、课程建设、课堂教学、班级文化、协同教育工作为着力点，不断完善丰富关爱行为文化，切实提升学校办学质量；依托“关爱筑魂”党建品牌，给教师事业上搭台，使青年教师快速成长。大台中心小学附属幼儿园活动室3个、睡眠室3个，开设3个班，在园幼儿33人，教职工13人，其中高级职称1人、中级职称4人，专任教师11人。年内，办园质量评估获B级。

（郝玉金　施凤霞）

【网络平台教学】 年初，大台中心小学教师利用各自熟悉的网络平台开展线上教育教学，向家长普及新冠肺炎病毒疫情防疫知识、健康知识、辅导孩子的方法，对学生进行心理辅导、开展防疫宣传，帮助学生制订作息时间，安排学生的体育活动。2月至5月，大台中心小学开展“病毒无情 台小有爱——争做防疫小先锋”线上主题实践活动，收集防疫手抄报32份，防疫故事48篇，防疫加油视频103个，防疫知识宣讲视频21个，学生参与率100%。

（郝玉金　张金明）

【春季学期开学第一课】 6月1日，大台中心小学六年级20名学生复课，在班级中召开主题为“抗击疫情我助力 垃圾分类我践行”开学第一课暨“六一”儿童节主题活动，共同观看区级宣传片《我在校园等你》，领取学校发放的儿童节礼物——“‘疫’路有你 关爱同行”关爱健康包。学校其他年级56名少先队员在线上参加活动。

（温　婧）

【灰地小学、唐家坟小学撤并】 9月1日，大台中心小学原完全小学——灰地小学和唐家坟小学撤并到中心校，学生和教师都安排到中心校。唐家坟小学和灰地小学生源主要是木城涧煤矿、大台煤矿职工子女，受有关煤矿转型退出影响，唐家坟小学和灰地小学近年生源锐减，故而撤校合并。

（郝玉金）

【教育帮扶活动】 10月16日，大台中心小学一行4人到河北省涿鹿县东兴小学开展“手拉手 共成长”送教帮扶活动，看望在东兴小学支教老师赵堂艳。帮扶活动中，大台中心小学教师讲授《网络新世界》《制作太阳能自划船》等课程，并就有关教学问题与东兴小学老师们进行交流。22日与23日，大台中心小学一行4人到内蒙古自治区白音察干第二小学开展帮扶助教并慰问支教教师，大台中心小学教师为白音察干第二小学六年级学生讲授文言文《书戴嵩画牛》。

（温　婧　张桂香）

【经典诵读活动】 10月19日，大台中心小学开展经典诵读活动，全校101名学生和23名教师参加活动。各年级学生诵读主题分别是一年级《西游记》，二年级《弟子规》，三年级《笠翁对韵》，四年级《沁园春·国庆》，五年级《送别》，六年级《我骄傲 我是中国人》。

（张金鹏）

【第四届科技嘉年华】 10月29日，大台中心小学承办门头沟区第四届科技嘉年华活动，山区14所学校387名师生参加活动。活动共分为新科技体验馆、未来创客工坊、趣味科学以及科技制作等4个模块，15个体验项目。

（温　婧）

军庄中心小学

【概况】 2020年，北京市门头沟区军庄中心小学及附属幼儿园分三址办学，分别为军庄中心小学校区、附属幼儿园西杨坨园区和附属幼儿园灰峪园区。开设教学班22个，其中毕业92人、招生166人、在校生561人；教职工78人，其中高级职称11人、中级职称38人，专任教师60人；固定资产总值1600万元，全年教育经费投入110万元；学校信息化经费投入10万元，拥有计算机110台，网络多媒体教室23个，校园网出口总宽带100Mbps，数字资源量57320GB，“信息技术”课程4课时每周。年内，军庄中心小学深化“进退”课堂文化，逐渐把学生放在学习的正中央；优化教学反思手段，每名教师围绕自己最有研究价值的一节课写一份教学设计和反思，围绕骨干引路课撰写磨课心得，形成“一师一优课”；15名教师参加“国培计划”名校长名师领航工程“疫情防控背景下的实践创新和理性思考”主题论坛活动，其中4名教师论文获奖；以习惯培养为抓手，以教育活动、专题课程为途径，落实立德树人根本任务，开展养成教育多元培养工作；5名教师参加门头沟区第八届“三杯”教学基本功培训与展示活动，3人获教学设计一等奖，2人获说课比赛二等奖，2人获综合奖二等奖，学校获优秀组织奖。军庄中心小学附属幼儿园完成北京市办园质量督导评估和卫生保健综合评价报告两项验收，开展“关注幼儿全面发展，做好立德树人根本任务”师德建设活动，组织开展“积木游戏的组织与指导”主题讲座。

（李国萍）

【厨房实验实践课程开发与实施】 4月，军庄中心小学组织任课教师面向全体学生共同开发“疫情背景下厨房实验实践课程”，半个月内完成课程实施。该课程作为优秀课程建设成果被区教委推荐到市课程中心参加第十届课程建设成果评选，获三等奖。

（朱玉芳）

【垃圾分类宣传教育】 5月起，军庄中心小学举行“践行垃圾分类 绿色低碳生活”系列活动，全校师生通过学习垃圾分类知识、参与家庭垃圾分类、社区垃圾桶值守、学校垃圾分类摄影、知识竞赛、吉祥物征集等活动提升分类意识，形成垃圾分类习惯。

（李　琳）

【线上教学】 上半年，军庄中心小学通过3个阶段开展春季线上教学。第一阶段围绕劳动教育、新冠肺炎疫情防疫知识，开展健康教育、致敬逆行者德育教育等课程或实践活动；第二阶段采用教师讲授和看市级资源相结合的方式进行网络授课；第三阶段线上线下相结合混合式教学。

（李国萍）

【节粮系列活动】 11月，军庄中心小学开展“节粮从我做起 文明离我最近”节粮系列活动。第一阶段，各班结合实际情况制作和编写本班节粮宣传海报和班级节粮公约；第二阶段，各班根据公约开展节粮光盘标兵评选活动推选出26名节粮标兵；第三阶段，开展废旧物品DIY粮食造型服装设计与展示表演。

（李　琳）

【第三届教育教学年会】 12月，军庄中心小学开展“养学生习惯 做智和教师”第三届教育教学年会汇报会，内容包括教研组研讨、课程研究、课堂和班级实践。

（李　琳）

龙泉雾小学

【概况】 2020年，北京市门头沟区龙泉雾小学开设教学班6个，毕业19人、招生17人、在校生117人；教职工24人，其中高级职称3人、中级职称17人，专任教师20人；固定资产总值1459.23万元，全年教育经费投入1527万元；拥有计算机122台，网络多媒体教室10个，校园网出口总带宽1000Mbps，数字资源量200GB，“信息技术”课程2课时每周。龙泉雾小学附属幼儿园教学班3个，小班、中班与大班各1个，教职工12人，包括中级职称7人，专任教师10人。年内，龙泉雾小学围绕“育有灵气的学生、做有底蕴的教师、办有温度的教育”理念，以立德树人为根本任务，夯实学校教育教学常规性管理，提升蕴灵课堂质量，提升学生综合素养；发挥家庭、学校、社会合力育人作用，让家庭公约发挥约束和引领作用，保障家长、教师、学生在新冠肺炎疫情防控期间进行有效沟通；为家长举行亲子沟通的心理讲座，从家长责任意识到沟通技巧进行有针对性指导；发挥师带徒团队作用助力新教师成长；建设“蕴灵”课程，结合学校传统文化教育特色，研发学校行走课程体系，组织师生参观体验百工坊博物馆和天桥印象博物馆，走进孔庙和国子监感受儒家文化；以“1对1”智慧化教学为主题开展校内课堂教学评优活动，教师石增玲主讲《雾在哪里》、王堃主讲《陀螺》参加联盟校说课比赛并分别获一等奖和二等奖。

（邓小燕　王昳梅　刘军艳　董建忠　李光辉　丁丽华　谷燕春）

【六一主题活动】 5月28日，龙泉雾小学开展“红领巾与文明同行 争做新时代好队员”六一主题活动。通过“红领巾争做文明先锋”“好队员传承红色基因”“好少年传唱文明童谣”“小达人弘扬时代新风”4个专题，引导新时代少先队员传承红色基因，践行文明行为，引领文明新风。

（王昳梅）

【秋季开学典礼】 9月1日，龙泉雾小学以线上线下相结合的方式召开主题为“丹桂飘香如期归 积蓄能量再启航”秋季开学典礼。

（徐欣然）

【“我和我的祖国”主题演讲】 9月28日，龙泉雾小学开展“我和我的祖国”主题演讲，增强学生民族自豪感和责任感。

（王昳梅）

【建队日主题活动】 10月13日，龙泉雾小学开展“点亮星星火炬 争做新时代好队员”建队日主题活动。活动分为“红领巾你好”新队员入队仪式、“榜样你好”新一届大队委授牌仪式与学校少工委成立仪式、“祖国你好”诗歌唱诵会等篇章。

（王昳梅）

【庆元旦线上直播活动】 12月31日，龙泉雾小学附属幼儿园举行“国泰民安逢盛世，风调雨顺颂华年”元旦欢庆活动，幼儿通过演唱、舞蹈、诗朗诵、故事表演等感恩父母养育之恩、老师传授之情，家长们线上为孩子们送上新年祝福。

（刘金霞）

【疫情防控与复课复学统筹工作】 年内，龙泉雾小学和附属幼儿园采用线上线下相结合的方式召开新冠肺炎疫情防疫工作专题会30余次，科学防疫宣传教育活动50余次，抗疫主题教育教学活动80余次，师生家长谈心活动150余次，抗疫诗歌朗诵会2次，开展清明节主题活动讴歌时代抗疫英雄，组织师生创作弘扬抗疫精神手抄报80余幅，创编抗疫歌曲作品2首、自编舞蹈作品1支。

（王昳梅）

斋堂中心小学

【概况】 2020年，北京市门头沟区斋堂中心小学开设教学班6个，毕业23人、招生14人，在校生106人，包括寄宿生39人；教职工41人，包括高级职称5人、中级职称24人，专任教师34人，北京市骨干教师1人；固定资产总值3159万元，全年教育经费投入78万元；学校信息化经费投入3.82万元，拥有计算机120台，网络多媒体教室1个，校园网出口总带宽1000Mbps，数字资源量200GB，“信息技术”课程2课时/周。年内，学校践行“学知求真、传古求新”的核心价值理念，学习落实《关于进一步加强和改进新时代师德师风建设的若干措施》，召开“爱与责任——我们一直在路上”师德与安全教育主题工作会，培育爱国情推动红色教育再出发，践行价值观推动文明行为再促进，优化课程设置提高教学质量。

（张 辉 谭天柱 吕艳伟 何 鑫 梁晨颖 王禹彤）

【建队日入队仪式】 10月12日，斋堂中心小学举办“传承红色基因 争做新时代好队员”建队日新队员入队仪式。9名学生加入少先队，并组成二（1）中队。

（王禹彤）

【重阳节主题活动】 10月25日，斋堂中心小学及附属园开展以“传承家风，孝满校园”为主题的重阳节主题活动，活动包括国旗下展示、经典诵读、绘制手抄报、为长辈做一件事等内容。

（王禹彤）

【“星光自护”心理健康讲座】 11月12日，斋堂中心小学邀请北京青少年“星光自护”专家以“守护心灵之光 梦想扬帆起航”为题作心理健康专题报告，全校中、高年级50余人参加讲座。

（王禹彤）

【新冠肺炎病毒与诺如病毒防控】 年内，斋堂中心小学制定《防控新型冠状病毒感染肺炎工作应急预案》《隔离室管理制度》，设立隔离观察室1个，投资3.7万元配备6000个一次性口罩、6个医用防护镜、800双一次性橡胶手套、2个紫外线消毒灯、60瓶免洗手消毒液、25个测温枪、20个水银温度计、280升84消毒液、1个废弃口罩收集箱，完成对学校食堂工作人员诺如病毒采样检测，组织教职工进行核酸检测及疫苗接种，多次对全体教师开展新冠肺炎病毒和诺如病毒防疫处理培训；每月末组织全体教职工开展爱国卫生运动，清扫环境卫生。

（张 辉 谭天柱 吕艳伟 何 鑫 梁晨颖）

清水中心小学

【概况】 2020年，北京市门头沟区清水中心小学开设教学班6个，在校生89人，毕业18人、招生12人，教职工（含附属幼儿园32人），其中高级职称3人、中级职称16人，专任教师25人；固定资产总值2115.2万元，全年国家拨款教育经费投入1614.94万元；学校信息化经费投入100万元，拥有计算机90台，多媒体教室座位40个，校园网出口总带宽100Mbps，“信息技术”课程2课时每周。年内，学校坚持“立德树人”办学思想，贯彻“清正人和水滴石穿”办学理念，开展“学规范、正行为、养习惯”德育教育，“清水花谷”学科实践活动，与妙峰山民族学校和东交民巷小学成为友好拉手学校，依托“乡村校本教研”、“乡村送教”和“山鹰工作坊”项目提升教育质量。清水中心小学附属幼儿园开设教学班3个，在园39人，新入园19人、离园14人。

（王　力）

【读书周系列活动】 3月，清水中心小学启动“停课不停学，读书不止步”读书周系列活动。活动内容包括“经典诵读”“我的读书计划”“我与父母共读一本好书”“我的读书笔记”“我的读书小报”“我的读书随笔”征集、“我的好书推荐”等。

（王　力）

【疫情防控主题教育】 4月20日，清水中心小学开展“防控新冠肺炎，我们在行动”主题教育活动。活动中组织学生与父母共同观看“新冠肺炎疫情防控”宣传视频，学习《个人预防新型冠状病毒全知道预防指南》，学生以“预防新型冠状病毒我知道”为主题绘制手抄报并参加“预防新型冠状病毒我献策”活动。

（王　力）

【垃圾分类主题教育活动】 6月8日，清水中心小学开展“垃圾分类，从我做起”主题教育活动，各班级召开垃圾分类主题班会，同时把垃圾分类教育、道德与法治课程教学有机结合，在学科教学中融入垃圾分类教育。

（王　力）

【师德师风工作会】 9月15日，清水中心小学召开“校兴我荣、校衰我耻”师德师风工作会，开展“读家书、传家训、正家风”主题教育活动，引导教师争做新时代“四有”好老师和“四个引路人”。会上，全体教职工签订师德承诺书，并进行了师德誓词庄严宣誓。

（王　力）

【学科实践活动】 9月17日，清水中心小学到“清水花谷”开展学科实践活动，科学教师带领学生了解葫芦、丝瓜两种蔬菜，邀请当地农民介绍传统农作物谷子，学生体验做母鸡饲养员。

（王　力）

【“山鹰工作坊”教研基地校建成】 10月16日，清水中心小学成为门头沟区“山鹰工作坊”教研基地校。12月3日，门头沟教师进修学校“山鹰工作坊”全体成员50人在清水中心小学开展学科教学指导活动，包括听课、评课、专家讲座等内容。

（王　力）

【班主任微论坛】 11月24日，清水中心小学举办班主任工作微论坛活动，二年级班主任董士学老师担当主讲人，参会教师就班级管理和育人艺术经进行交流。

（王　力）

大峪中学

【概况】 2020年，北京市大峪中学包括北京市大峪中学本部校区和门头沟外国语学校（原西校区），开设教学班61个，其中初中30个、高中31个；在校生2211人，其中初中1125人、高中1086人，寄宿生273人，随班就读学生1人，毕业698人，其中初中356人、高中342人，招生704人，其中初中359人、高中345人；高中门头沟区录取分数线533分，应届高考本科上线率95.60%；教职工265人，其中高级职称111人、中级职称86人，专任教师216人，特级教师7人、北京市骨干教师5人；固定资产总值26631.220131万元，全年教育经费投入2131.226976万元；学校信息化经费投入136.89736万元，拥有计算机839台，网络多媒体教室94个，校园网出口总带宽1024Mbps，“信息技术”课程1课时每周。年内，大峪中学以提高教育教学质量、培养学生良好习惯养成、坚持防疫常态化为重点，积极研究探索线上线下“全域式”和“个性化”教育教学规律，打造空中课堂；完善生涯教育课程体系，加强红色教育，深化科普教育；严格落实新冠肺炎疫情防控各项举措，疫情防控期间停课不停学，在避免人员聚集的前提下开展室内课间操，艺术组教师组织学生线上献艺以助力疫情防控。

（于君雅）

【新疆部学生封闭式管理】 3月至4月，大峪中学受新冠肺炎疫情影响延期开学，新疆部329名学生接受封闭式管理，行政领导干部、特级教师、骨干教师等成立防疫小分队，分批次进驻校园参与封闭管理，为学生提供封闭期间学习和生活管理服务。

（于君雅）

【文献教学活动】 9月至12月，大峪中学开展以“文献教学”为主题的琢磨节活动，活动目的是拓宽学生学术视野，促进学生提高学业成就。“文献教学”课堂上，各学科教师坚持以学生为主体，构建科学话语体系，呈现多种课堂形式。

（于君雅）

【第五届山谷杯足球赛】 10月至11月，第五届山谷杯足球赛在大峪中学举行，6个年级40多支球队参加108场次比赛，比赛分组循环进行，最终决出各年级前三名。

（于君雅）

【少先队建队仪式】 10月23日，北京市大峪中学初一年级少先队员在斋堂爱国主义教育基地举行“争做新时代好队员”少先队建队仪式。建队仪式上，学生们重温入队誓词，为英雄雕像敬献花篮，参观革命展室。

（于君雅）

【校园模拟招聘会】 11月9日，北京市大峪中学为高三学生举办主题为“生涯教育系列活动”的校园模拟招聘会，开展职业规划早期教育。活动分为学力测试、体能测试、面试3个环节，并组织学生从“面试成功的因素”“面试不成功的因素”“未成功的心态调节”“思考”等4个方面分组讨论总结。

（于君雅）

【研究性学习活动】 11月24日，北京市大峪中学1+3学部师生到门头沟区潭柘寺开展题为“翠嶂丹泉潭柘寺”研究性学习。通过实地考察、访谈、行前资料查阅与现场专家答疑解惑，学生了解潭柘文化，激发学生探究兴趣，推动学生开阔视野，掌握研究方法，提高综合能力，培养必备品格。

（于君雅）

新桥路中学

【概况】 2020年，北京市新桥路中学开设初中教学班30个，在校生690人，毕业220人、招生285人，随班就读学生6人；教职工125人，其中高级职称53人、中级职称50人，专任教师100人，北京市特级教师1人；学校固定资产总值6802.08万元，全年教育经费投入998.84万元；信息化经费投入160.89万元，拥有计算机1037台，网络多媒体教室57个，校园网出口总带宽1000Mbps，数字资源量50GB，“信息技术”课程初一年级2课时每周。年内，围绕培养“尚理、尚学、尚美、尚体、尚劳”的阳光学生育人目标，以主题升旗、艺术节、主题讲座等活动为契机，全面抓好爱国主义教育；团结家校走在门头沟区创城、创卫工作前列，并以此为抓手全面提升学生的文明行为；举办“践行垃圾分类，守护绿水青山”主题教育活动，深入社区开展垃圾分类值守工作，引领广大师生践行垃圾分类，守护好绿水青山；备案设置专职安全管理干部，全面加强校园内外安全工作，加强法制教育和应急演练，确保校园安全；开展多种形式活动加强师德师风建设，引导教职工树德育人；继续围绕“问题解决—主体互动”的课堂学习方式，深化课堂教学方式改革，向课堂要质量；依托特级教师工作室和学科骨干工作坊、“班主任工作坊”，通过师带徒等形式进行教师专业化培训；完成北京市学生金帆艺术团三年验收工作。年内，新桥路中学教师赵芳获北京市三八红旗奖章称号，刘飞获北京市第32届“紫禁杯”优秀班主任一等奖，李甜甜、吴小霞、刘秀春在门头沟区首届青年教师教学设计大赛中获一等奖。初二年级2班学生宫续非在“2020复星保德信青少年社区志愿奖”中获“优秀志愿者”称号，初二年级部分学生表演的英语剧《简爱》获门头沟区“品戏剧之美展青春之我”第三届初中英语学科课程成果展示暨英语戏剧节展演一等奖。

（王业霞）

【对口帮扶和交流】 10月10日，新桥路中学一行10人第三次到内蒙古自治区察右后旗第三中学开展对口帮扶和交流活动，考察察右后旗第三中学校园文化并开展不同形式交流。

（王业霞）

【特级教师工作室成立】 11月13日，新桥路中学特级教师安淑娥工作室正式成立，来自新桥路中学、王平中学的9位教师成为工作室首批成员。

（王业霞）

【优秀班主任“砺行”工作坊成立】 11月20日，新桥路中学召开班主任研修共同体工作会。会上，成立新桥路中学优秀班主任“砺行”工作坊。工作坊主要承担骨干班主任师带徒工作，为全体班主任开展《如何通过综合素质评价促进班级建设》专题培训。

（王业霞）

三家店铁路中学

【概况】 2020年，北京市三家店铁路中学开设教学班20个，其中小学12个、初中8个，毕业89人，其中小学38人、初中51人，招生109人，其中小学63人、初中46人，在校生526人，其中小学397人、初中129人，寄宿生28人；教职工78人，其中高级职称20人、中级职称37人，专任教师60人，特级教师1人；固定资产总值4307.1万元，全年教育经费投入99.9万元；学校信息化经费投入38.7万元，拥有计算机386台，网络多媒体教室20个，校园网出口总带宽2000Mbps，“信息技术”课程每班4课时每周。年内，三家店铁路中学秉承“让每一位铁中人和谐健康发展”的办学目标，打造“三龢文化”，在全面实现“最美铁中人”的根本任务引导下，积极应对新冠肺炎疫情，完成“停课不停学”、试开学复课各项工作，做好疫情防控常态化下教育教学工作；在科技教育环境营造、硬件设施配置等方面取得较大进展，40余名师生参加中国民主同盟举办的“科学探索·圆梦行动”——农村未成年人航天科普志愿服务行动全国主场活动启动仪式和主题报告会，部分师生到山西太原卫星发射基地参加“科学探索·圆梦行动”航天科普项目，观摩“太原号”科普卫星发射；关注“课堂三要素”（课堂目标可量化、课堂学生有变化和课后检测反馈）提高课堂有效性，探索分层教学、六年级英语走班制、初三年级导师制等教学组织形式。年内，三家店铁路中学13名学生参加北京市青少年U系列国际式摔跤冠军赛并取得1金6铜的成绩。

（李 挚）

【停课不停学】 上半年，在新冠肺炎疫情防控期间，三家店铁路中学切实保障“停课不停学”，各学科教师加强针对学生的时事政治教育、防疫宣传教育、心理健康疏导、居家体育锻炼和家庭劳动教育、经典阅读和兴趣特长拓展培养等方面的学习活动设计，突出德、智、体、美、劳全面发展；学校微信公众号推送市、区、校“停课不停学”相关信息报道累计200余篇，点击量1.5万次。在初三试开学、六年级至八年级复课、四年级五年级返校的复课阶段，学校合理安排复课后的各项日程，充分利用学生的在校时间，既落实防疫要求，又不松懈课堂教学。

（李 挚）

【趣味运动会】 10月26日，三家店铁路中学学校工会面向全体职工举办“战疫情 保健康”趣味运动会，包括沙包掷准、定点投篮、赶羊、足球射门等个人项目。

（李 挚）

【第二届“三龢杯”足球联赛】 11月2日至6日，三家店铁路中学举办第二届“三龢杯”足球联赛。本届联赛中，26支球队222名学生运动员进行26场比赛。

（李 挚）

【主题研讨会】 12月10日，2020年门头沟区“线上线下混合式学习方式的思考与实践”主题研讨会在三家店铁路中学召开，三家店铁路中学语文、数学、物理、道德与法治、历史学科教师分别进行课例展示。

（李 挚）

【初三年级师生手拉手活动】 12月21日，三家店铁路中学举行“科学助力 精准对接 有效帮扶”——九年级手拉手启动仪式，初三年级学生与学校领导、任课教师举行拜师仪式并签订师徒协议，从而推动提高学校初三年级教学质量。

（李 挚）

【航天模型创新文化建设项目竣工】 12月，三家店铁路中学航天模型创新文化建设项目竣工，包括航天科技知识长廊、航天模型专业场地，以及切割机、3D打印机等设备。

（李 挚）

【跨区域办学协同合作体建设】 年内，三家店铁路中学与遵化市小厂乡洪山口学校协同发展，在乡村学校办学等方面建立长期协同合作；与大峪中学进行科技教育战略合作，向大峪中学高中部输送科技人才；与门头沟区教师进修学校进行小学英语教学改革战略合作，聘请研修员指导学校英语教学改革。

（李 挚）

妙峰山民族学校

【概况】 2020年，妙峰山民族学校开设教学班18个，其中小学12个、初中6个，毕业69人，其中小学36人、初中33人，招生73人，其中小学37人、初中36人，在校生334人，其中小学231人、初中103人，寄宿生30人，少数民族52人，外省市借读生92人；教职工102人，其中高级职称19人、中级职称39人，专任教师72人，少数民族教师4人；固定资产总值1748.58万元，教育经费投入4424.90万元；学校信息化经费投入16.19万元，拥有计算机246台，网络多媒体教室2个，校园网出口总带宽1000Mbps，数字资源量60GB，“信息技术”课程8课时每周；妙峰山民族学校附属幼儿园开设教学班6个，幼儿新入园62人、离园56人、在园162人，教职工25人，其中教师20人，固定资产240.93万元，教育经费投入36.98万元，拥有专用教室2个、普通教室6个。年内，妙峰山民族学校以“赏文之妙 识人之长 登学之峰”为核心价值追求，培养“仁义礼智、勤静雅诚”的教师团队，《幼儿园民族体育游戏开发的实践研究》成功申报北京市教育规划办一般课题；围绕“知礼、启智、赏美、健体”的育人目标，以“关注儿童发展”为核心深入推进“赏美”课程，从“学科+节日课程”“实践课程”和“研究课程”3个维度构建具有学校特色的《节日》主题课程体系。

（马 焕）

【植树节“云”活动】 3月12日，妙峰山民族学校附属幼儿园组织幼儿参加播种种子、树立环保理念的“云”活动。活动中，老师通过美篇图文介绍有关植树节的知识，号召幼儿和家人一起种下种子，种下希望。

（于德彦）

【国家安全教育日主题教育活动】 4月15日，妙峰山民族学校开展国家安全教育日主题教育活动，全校师生完成线上反恐知识答题和普法网知识竞答，一年级至九年级学生与家长参加“致敬 国家安全”线上主题升旗仪式。

（张金燕）

【云团日活动】 4月30日，妙峰山民族学校团委召开“青春心向党 战‘疫’有担当”特别主题云团日活动，以“忆初心，青年团员心向党”为主题，开展学习身边榜样、重温入团誓词、线上团课分享等活动，组织全体团员青年和入团积极分子观看《让青春在“战”疫中绽放绚丽之花》主题团课，自学最美逆行者的事迹和相关报道，撰写思想汇报和学习感受，围绕“讴歌逆行英雄，感恩伟大祖国”创作诗歌和征文、绘制书画作品和手抄报、制作手工作品、录制短视频和原创歌曲。

（张金燕）

【垃圾分类教育活动】 5月1月至22日，妙峰山民族学校开展以学生的“小手”拉起家庭和社会的“大手”主题教育活动，结合日常工作实际向全校师生宣传垃圾分类标准、关键环节。

（张金燕）

【庆“六一”活动】 5月至6月，妙峰山民族学校开展以“与文明同行 争做新时代好队员”为主题的庆“六一”系列活动。活动以理想信念教育为主线，以弘扬新时代文明风尚为目标，丰富学生校园文化生活。

（张金燕）

【教师中考试题测试】 9月8日，妙峰山民族学校组织全校教职工开展2020年中考试题测试活动，通过答试卷、相互研讨培养教师的课程前移意识，提升多界面、多层次和跨学科教学水平。

（张金燕）

【爱牙日活动】 9月20日，在第32个全国“爱牙日”，妙峰山民族学校开展“均衡饮食限糖减酸、洁白牙齿灿烂微笑”爱牙活动，引导学生多吃瓜果蔬菜，远离甜食，少喝碳酸饮料，坚持早晚刷牙。

（于德彦）

【厉行节约，制止浪费主题活动】 10月15日，妙峰山民族学校以“厉行勤俭节约 制止餐饮浪费”为主题开展系列主题教育活动，内容包括“光盘赢笑脸”活动、“节约小标兵”“节约之星”的评选，形式包括绘画、手抄报、主题课程，推动全校师生共同树立“爱惜粮食、节约粮食”的意识。

（张金燕）

【小学语文经典诵读主题活动】 10月19日，妙峰山民族学校以“诵读展书香，经典永流传”为主题开展经典诵读展演活动。活动中，学生们通过经典诗文诵读、经典故事表演、诗朗诵等多种形式汲取中华民族优秀文化丰富营养。

（张金燕）

【国家宪法日暨宪法宣传周活动】　11月30日，妙峰山民族学校开展“学宪法，尊宪法，宪法连着你我他”——12·4国家宪法日暨宪法宣传周系列教育活动，举行“宪法宣传周”启动仪式，向全体师生发放《法治与校园——生活中的法律》杂志，利用诵读活动推动学宪法。在第五届“学宪法 讲宪法”活动中，全校共93人获得“宪法小卫士”称号。

（张金燕）

【“滚雪球跑”冬季阳光体育运动竞赛】　12月14日，妙峰山民族学校举行“滚雪球跑”冬季阳光体育运动竞赛项目活动，全校三年级至八年级学生参加竞赛。

（张金燕）

【分区域单元管理防控疫情】　下半年，随着新冠肺炎疫情防控进入常态化阶段，妙峰山民族学校以年级、班级、宿舍为单位实行分区域单元管理，错时错峰安排学生在校生活。全校学生按照七八九年级、五六年级、三四年级、一二年级、幼儿园的标准分为5个单元，每个单元在一个相对独立的楼层执行单独的作息时间，规定各自的行进路线和活动范围，使5个单元的学生在进校门、上课、课间、体育活动、午餐、放学等所有时间段完全没有交叉，实现学生校园生活轨迹全过程可追溯，有效避免各单元之间可能的交叉感染。

（马　焕）

中等职业学校

【概况】　2020年，北京市门头沟中等职业学校开设教学班21个；教职工120人，其中高级职称34人、中级职称35人，专任教师44人，北京市骨干教师1人；固定资产总值12165万元，教育经费投入496.83万元；拥有计算机929台，多媒体教室15间，校园网出口总带宽2000MB，上网课程2门，数字资源量900GB，信息技术课程2节每周。年内，学校以“容融相映”的办学理念为引领，普通高中班招生人数较2019年翻倍，双师教师比例提高至81%，3名教师参加京郊职成教联盟首届教师信息化教学设计（说课）比赛并获二等奖，47个作品在第十五届北京市中等职业学校文明风采活动中获奖。毕业生初次就业率100%，起薪2500元每月，就业后一年平均月薪4500元；毕业生升学率72.2%，自主招生录取率为84.6%，成考高考本科录取率94%。

（吕让华　彭　利　冯丽伟　李东华）

【停课不停学】　上半年，面对突如其来的新冠肺炎疫情，门头沟中等职业学校制定实施《门头沟区中等职业学校新冠肺炎疫情防控指导手册》，设置“疫情监控岗”和“疫情观察哨”，落实“自主学习+结合疫情+专业实操”，专业课老师在没场地、没工具、没材料的情况下引导学生围绕“疫情下的专业学习”进行居家创作和学习，用“每日一学 修德行”“每日一研 长智慧”“每日一练 强体魄”“每日一创 发现美”实现“停课不停学”。6月11日，学校普通高中班共29名学生返校复课。

（冯丽伟　吕让华　彭　利）

【教学交流活动】　9月5日，门头沟中等职业学校8名老师到内蒙古自治区呼和浩特市武川县第二中学扶贫交流，进行公开课展示并捐赠学习用品和书籍活动。

（任晓霏）

【首次跨界职业体验活动】　11月18日，门头沟中等职业学校举行第一次跨专业体验活动，活动开设17个专业课程，学生通过流动体验及跨界实践拓展职业视野。

（杜春梅）

【汽修专业教学创新】　11月26日，门头沟中等职业学校汽修专业以《胡格教学法在汽修专业教学中的应用与研究》为课题，开展学生组内协作和组间竞争，由一位老师先进行汽车凸轮机构的应用和工作讲解，然后另一位老师带领学生拆卸、测量、判定和安装，最后学生组进行评比。

（王冬冬）

【第三届诵读者比赛】　12月16日，门头沟中等职业学校德育处以“歌颂祖国”为主题开展第三届“诵读者”比赛，20人参加比赛。

（赵春霞）

特殊教育学校

【概况】　2020年，门头沟区特殊教育学校开设教学班9个，其中小学阶段6个、初中阶段3个；毕业16人，其中小学阶段9人、初中阶段7人，招生20人，其中小学阶段11人、初中阶段9人，在校生81人，其中小学阶段50人，初中阶段31人，在校生中肢体残疾1人、智力残疾34人、精神残疾11人、多重残疾35人；教职工30人，其中高级职称6人、中级职称15人，专任教师24人；固定资产总值1970.47万元，全年教育经费投入1319.314946万元；学校信息化经费投入12.915万元，拥有计算机107台，网络多媒体教室17个，校园网出口总带宽2048Mbps，“信息技术”课程4课时每周。年内，学校严格落实新冠肺炎疫情防控要求，为北京市特殊教育资源网制作延期开学教学资源包；与北京市盲人学校、海淀区健翔学校沟通，积极打通学生未来发展的升学通道；充分发挥家长教师协会的作用，为家长与教师搭建沟通交流的平台。12月，2位随班就读学生家长向特教中心及康复师赠送锦旗以表感谢。

（魏宏亮）

【特殊教育资源网资源包制作】 2月，特殊教育学校2位老师参加北京特殊教育研究指导中心组织的延期开学资源制作，录制微视频并发布在北京市特殊教育资源网上。8月至11月，特殊教育学校10位教师参与北京市特殊教育指导中心组织的北京市培智学校线上资源开发工作，完成6个教学资源包制作，9个视频录制，全部上传到北京市特殊教育资源网。

（陈海凤）

【线上康复训练】 3月起，特殊教育学校组建“门头沟康复云使用平台”群，在线为学生开展康复知识专题介绍，组织精细动作训练互动活动。8月，特殊教育学校根据学生参与情况及线上展示作品，评选出飞跃之星、踊跃之星、进步之星、闪烁之星，促进学生居家学习与康复。

（陈海凤）

【学生升学渠道拓展】 6月，特殊教育学校两位应届毕业生通过中考分别进入北京市盲人学校、海淀区健翔学校，为学校毕业生打通新的升学渠道。

（魏宏亮）

【融合教育培训暨巡回指导工作布置会】 11月23日，门头沟区2020年融合教育培训暨巡回指导工作布置会召开。会上，开展《个别化教育计划制定》主题讲座，解读随班就读备案管理要求、程序以及相关学生资助、毕业升学等优惠与保障政策，区特教中心介绍其所承担的随班就读备案、融合教育支持指导以及咨询功能。

（陈海凤）

文 化

9月6日，门头沟区在2020年中国国际服务贸易交易会的展位（区文化和旅游局 供图）

10月12日，汉服文化旅游节举行（区文化和旅游局　供图）

北京市门头沟区档案局 主管
北京市门头沟区档案史志馆 主办

门头沟档案
MENTOUGOU ARCHIVES

2020年
增刊

门头沟区抗击新冠肺炎疫情大事记
（2020年1月20日至10月19日）

2020年，《门头沟档案》以增刊形式刊发《门头沟区抗击新冠肺炎疫情大事记（2020年1月20日至10月19日）》，图为增刊封面（区档案史志馆　供图）

综 述

【概况】 2020年，门头沟区成功入选第二批国家全域旅游示范区名单，门头沟区文化和旅游局（以下简称区文化和旅游局）深入推进优化提升景区品质、建设精品民宿、提升文化旅游公共服务、保护传承历史文脉、促进文创产业，着力打造优质文旅资源。年内，区文旅局持续加强文物保护传承工作力度；以精品民宿为核心，培育壮大精品旅游体系，编制多件精品民宿发展政策文件；开展“门头沟小院”系列推广活动，启动“门头沟小院＋影视艺术”战略合作项目、“门头沟小院”评星创优擂台赛、2020“门头沟小院”设计大赛活动；整合数字资源，改版“文化京西”公众号与“门头沟公共文化云”小程序，开通区文旅局抖音官方账号，免费向公众提供抗击新冠肺炎疫情公益课；创新开展永定河文化品牌活动；举办第十四届永定河文化节、金秋音乐精品演出季、非遗购物系列活动；创建国家级公共文化服务体系示范项目——门头沟区公共文化服务配送机制研究通过专家组答辩验收。年内，2020北京文创大赛门头沟·智能文创园赛区获最具成就奖，红色文创主题赛区获最具特色奖；在2020“美丽中国”微电影盛典颁奖典礼上，门头沟区企业英田影视参与制作的《怎能没有你》获微视频类最佳影片奖，《让我看看你的脸庞》获微电影盛典微视频好作品奖，《生态富民决胜小康一当好“两山”理论守护人》获微电影盛典纪录片好作品奖；门头沟文创企业红色马栏、中国古法手工结绳品牌—结绳记获“江苏银行北京分行杯·2020中国文创新品牌榜「文创100」暨文化产业隐形冠军企业遴选活动100强入围品牌（企业）”2020中国文创新品牌100强称号；马栏旅游景区获首批北京市文化旅游体验基地称号。

单位名称：北京市门头沟区文化和旅游局
地　　址：北京市门头沟区门头沟路8号
电　　话：69843315
邮　　编：102300

（杜福星　郭亭亭）

【基层党组织书记述职评议】 4月24日至5月7日，区文化和旅游局机关党委开展2019年度党组织书记抓基层党建述职评议考核工作。9个基层党支部进行书面述职，发放收回测评表135张，区文旅局机关、区文化市场综合执法大队、区图书馆、区文促中心、永定河文化博物馆5个党支部综合评价为好，区文化馆、区影剧院、区旅发中心、区文管所4个党支部综合评价为较好。

（王　静）

【五进农村帮扶】 年内，区文化和旅游局建立帮扶户党员对接台账，机关34名党员与小龙门村、下马岭村22户低收入户（边缘户）开展对接帮扶，全年对接15次，重点户对接10人次，党员帮扶61人次，为帮扶村解决困难3个。截至年底，小龙门、下马岭2个帮扶村99户167人全部脱低。

（王　静）

【消费扶贫】 年内，区文化和旅游局积极参与消费扶贫工作。认购武川土豆2040斤3672元，认购清水芦笋135斤2125元，认购和田鸭131只3144元，认购下马岭苹果64箱5480元，购买涿鹿葡萄140箱4200元；区文旅局机关及下属事业单位办理消费扶贫卡123张，党员干部消费扶贫88894.30元。

（王　静）

【北京市青年骨干项目立项】 年内，《北方传统村落山地民居类文物古建修缮技艺研究——以门头沟民居类文物古建为例》作为北京市优秀人才培养资助青年骨干个人项目由北京市人才局审定、立项。

（陆文洋）

非遗保护与传承

【概况】 2020年，门头沟区非遗工作以新思维、新技术为导向，搭建非遗购物节、非遗旅游季等多种传承展示的线上线下平台，让人们共同参与非遗保护、共享非遗保护成果；28个项目进入区级非遗名录，积累了一批优质文化资源；加大传承人、非遗项目保护单位的认定和评审工作，调动传承人群体的积极性，着力提高保护传承水平，推动非遗工作的持续发展。

（黄文静）

【京西太平鼓获金奖】 1月，门头沟区京西太平鼓团表演的《亘鼓》获得第30届北京农民艺术节“乡村大舞台”决赛汇报演出金奖。

（黄文静）

【非遗日主题活动】 6月13日，门头沟非物质文化遗产日主题活动举行。活动分为展演、展示、直播、非遗PLUS论坛四部分，营造“非遗旅游季”和“非遗购物节”的氛围，让受众在“云游非遗、嗨购非遗”中共同参与非遗保护、共享非遗保护成果，输出门头沟非遗特色产品，推动非遗融入当代生活。

（郭亭亭）

【市级非遗代表性项目申报】 8月4日、8日、11日，区文旅局组织专家对自愿申报的区级非物质文化遗产项目进行遴选和初步评审，京白梨栽培技术、裴氏正筋疗法、京西山茶加工技艺、爨底下酱肉制作技艺、孟氏刺络疗法5个项目推荐申报第五批市级非物质文化遗产代表性项目名录，样式雷烫样技艺作为备选项目。

（黄文静）

【琉璃烧制技艺生产性保护】 9月9日，故宫博物院院长调研门头沟区琉璃产业情况，从考古挖掘、技艺保护、文化传承、人才培养等角度进行破题，探讨国家级非遗琉璃烧制技艺生产性保护工作。

（黄文静）

【畅游古村 嗨购非遗】 9月30日至10月3日，举办“畅游古村 嗨购非遗”永定河农耕文化节暨非遗购物季系列活动。活动分为五大板块、29个非遗活动场地，每个活动场地以“非遗雅集”“非遗表演”“非遗体验互动”“非遗美食与扶贫产品售卖”“汉服展演”及其他农耕体验活动进行组合。

（黄文静）

【第七批区级非遗目录公布】 年内，区文旅局组织召开门头沟区第七批非物质文化遗产代表性项目专家评审会，永定河传说、京西古道传说、白杏栽培技术、京西三月三习俗等28个项目通过评审，区政府批准后公布。

（黄文静）

【区级非遗代表性传承人认定】 年内，区文旅局组织召开区级非物质文化遗产项目代表性传承人评审会，对提交的59位候选人的材料进行审议，其中56位传承人列入区级非物质文化遗产项目代表性传承人名单。

（黄文静）

【区级非遗代表性项目保护单位认定】 年内，区文旅局组织开展区级非物质文化遗产代表性项目保护单位检查和调整工作，对区级63个非遗项目的保护单位进行认定。

（黄文静）

文化活动

【概况】 年内，区文旅局征集书法、绘画、歌曲、戏曲、曲艺、摄影等抗击新冠肺炎疫情原创作品1000余个，通过门头沟融媒、文化京西等平台或公众号发布推广，累计在文化京西公众号发布“战疫原创文艺作品”专题90期。“八一”前后，门头沟区举办“八一”双拥系列文化活动，通过送演出、送图书、送电影，发扬“拥军优属、拥政爱民”光荣传统，传承革命老区红色基因，丰富部队官兵的业余文化生活。

（连春杨）

【中国国际服务贸易交易会参展】 9月5日至9日，门头沟区参加在北京国家会议中心举办的2020年中国国际服务贸易交易会。以“红色门头沟，绿水青山门头沟”为主题，突出展示门头沟区文旅融合成果，宣传展示辖区优质A级旅游景区和旅游商品，围绕精品民宿宣传推介“门头沟小院”精品民宿品牌，借助“线上线下”结合办展搭建全球展示交流平台，为各文化旅游企业搭建业务交流、商洽合作平台，加强横向互动交流；引导景区、企业、民宿进行线上“云上服贸会”宣传、参加现场直播带货。门头沟区北京中关村京西建设发展有限公司（智能文创园）、北京精雕科技集团有限公司、北京潭柘紫石砚有限公司（非遗）；非遗项目京西太平鼓、非遗项目琉璃烧制技艺；手工艺项目风车、手工艺项目泥塑等企业和项目参展。

（连春杨 闫亚男）

【汉服文化旅游节】 10月12日，京西门头沟汉服文化旅游节在潭柘寺镇紫旸山庄开幕。此届汉服文化旅游节由门头沟区文化创意产业促进中心主办，门头沟区文化创意产业协会协办。活动以弘扬汉文化为核心，根植于中国传统文化，以门头沟绚丽斑斓的秋景作为依托，以汉服及汉文化展示为媒，以精品民宿门头沟小院为介，以“礼乐中华、盛世霓裳，着汉服、游景区、享民宿”

为主题，旨在打造门头沟“汉服+旅游”特色创意全域深度游新形式。

（闫亚男）

【第十四届中国北京永定河文化节】 11月11日，第十四届中国北京永定河文化节开幕。本届文化节推出“永定河红色文化之旅”和“京西古道绿色之旅”2条门头沟经典文化旅行线路，以线上云直播的形式，通过北京电视台主持人和体验者团队的直播镜头，实地体验京西古道景区、妙峰山、潭柘寺、马致远故居、特色精品民宿“门头沟小院儿”、永定河生态示范区等文化景区与绿色生态景区；依托门头沟红色文化教育基地，介绍田庄村京西山区第一党支部、马栏村冀热察挺进军司令部旧址、涧沟村平西情报站等红色党建基地。此次直播活动在“北京时间”“今日头条”“央视新闻+”“百度”“抖音”等多家媒体播出，全网总观看量超过130万次。

（连春杨）

【金秋特色文化演出季】 11月12日至15日，门头沟区举办以“红色文化之旅”和“绿色古道之旅”为主题的金秋特色文化演出季，在区影剧院、爨柏景区特色民宿和戒台寺分别上演《红色经典》《绿水青山·非音未来》和《枫韵妙音·戒台秋思》3场音乐会。

（连春杨）

【业余星火团队原创节目展演】 12月25日，2020年门头沟区业余星火团队原创节目展演举办，全区各镇街选送的34支业余星火团队参加节目展演。

（连春杨）

文物保护与利用

【概况】 2020年，区文旅局优先对存在严重安全隐患的不可移动文物实施抢险修缮；利用门头沟区重要红色文化资源进行有效延伸、整合，重点实施冀热察挺进军司令部旧址陈列馆提升项目。年内，开展文物安全巡视40余次。区文旅局与市文文研所联合实地考察与长城相关的碑刻与摩崖石刻。区文旅局对12段古道线路进行踏勘，考察后树立保护标志碑、文字说明碑以及语音感应提示杆地点。

（杜 莹 顾大勇）

【文物安全检查】 4月1日起，区文旅局加大对门头沟区国家级、市级文物保护单位安全检查力度，对区级和未定级文物保护单位采用抽查方式进行安全检查。检查要求文物保护单位密切注意防火、防盗、防破坏及用电的安全；要求文物协管员加强巡视，对文物点及外围安全进行监督，及时反馈相关情况。年内，开展文物安全巡视40余次，对巡视中发现的问题，及时报有关部门处理，保障文物的安全。

（孟一楠 张 旭）

【不可移动文物认定】 5月26日，经专家考察论证与价值评估，门头沟区马栏村红色革命文物建筑群（含14处旧址）被认定为不可移动文物并向社会公布。

（杜 莹）

【文物保护与利用】 年内，区文旅局优先对存在严重安全隐患的不可移动文物实施抢险修缮，启动实施潭柘寺大悲坛、宝峰寺、东斋堂村天仙庙等11项文物保护修缮工程；充分利用门头沟区重要红色文化资源进行有效延伸、整合，重点实施冀热察挺进军司令部旧址陈列馆提升项目，在展馆建设、展陈方式、旅游服务设施等方面进行整体提升，以更为先进的技术手段，增强红色旅游的互动感、参与性。年内，冀热察挺进军司令部旧址陈列馆成功入选第三批国家级抗战纪念设施、遗址名录。

（杜 莹）

【应急保护项目】 年内，区文旅局利用2020年区级专项资金实施完成京西古道标示说明碑制作安装工程、京西古道电子语音宣传杆制作安装工程、京西古道沿线重点蹄窝段及石刻文物抢救性资料提取等3项应急保护项目。

（杜 莹）

【文物修缮工程】 年内，区文旅局在施项目共10项，包括潭柘寺大悲坛修缮工程、戒台寺大悲殿修缮工程、戒台寺戒坛殿修缮工程、宝峰寺修缮工程、天仙庙修缮工程、灵岳寺消防工程、妙峰山安防、消防工程、东斋堂戏台抢险修缮工程、大台玉皇庙修缮工程；完成竣工项目7项，包括灵岳寺安防工程、马王庙修缮项目、张家铺修缮工程、灵岳寺修缮工程、东辛房关帝庙修缮工程、京西古道保护性设施电子语言宣传杆以及制作安装项目标示说明碑等。

（张 旭）

文化市场管理

【概况】 2020年，区文旅局围绕春节、服贸会、全国两会、国庆等重大活动、重要会议和重要旅游假期安全服务保障任务，开展综合执法检查行动，完成全年重要时期文化和旅游行业的服务接待和安全保障工作。文化市场执法检查共出动执法人员959人次，车辆454台次，检查各类场所1820家次。共接收举报6起，立案4起，撤案3起，行政处罚1起，罚款200元。配合区扫黄办，执行《门头沟区扫黄打非·净网2020年”专项行动实施方案》《门头沟区扫黄打非·护苗2020年”专项行动实施方案》《门头沟区扫黄打非·护苗2020年”专项行动实施方案》《门头沟区扫黄打非·清源2020年”专项行动实施方案》《门头沟区扫黄打非·秋风2020年”专项行动实施方案》《门头沟区扫黄打非·固边2020年”专项行动实施方案》等具体工作，开展门头沟区绿书签专项活动。

（张　鹤　郭京洪）

【文化产业政策服务包培训】 1月8日，门头沟区文促中心组织召开文化产业“政策服务包”培训会，邀请北京投资顾问有限公司、北京市文创金融服务网络平台市场部为企业解答政策与疑惑，搭建政府与企业之间沟通的桥梁，了解企业在政策理解及执行方面的疑惑。

（闫亚男）

【文化娱乐场所停业检查】 1月24日，区文旅局为抗击新冠肺炎疫情，通知区内所有文化娱乐场所暂停营业。27日，进行抽查，确定各场所均已暂停营业。2月3日，区领导带队抽查文化娱乐场所落实暂停营业的情况，抽查场所均已暂停营业；25日，联合区其他单位针对大型商业综合体开展联合防疫专项检查，帮助企业安全复工复产。26日，联合区其他单位针对新桥大街沿街商铺、企业等开展联合防疫专项检查。4月17日，区文旅局联合北京市文化行政执法总队联合执法，开展复工复产巡查，抽查场所处于暂停营业状态。全国“两会”期间，区文旅局联合区公安分局排查各场所安全隐患，加强人员值班值守，检查的场所均暂停营业。接到群众举报某歌舞娱乐场所疑似擅自营业后，区文旅局立即开展调查，发现该场所处于音响调试等复工复产准备阶段并没有恢复营业，又对该场所开展2次突击夜查，仍暂时停业状态。

（王　成）

【“12318专项行动”宣传】 3月18日，门头沟区文化市场综合执法大队举办“12318专项行动”宣传。在新冠肺炎疫情防控期间，要求文化场所负责人变被动为主动，完善场所各项制度，增加安全意识，加强对员工的在线教育培训。

（王　成）

【扫黄打非】 8月25日，门头沟区召开2020年度“扫黄打非”工作进基层成员单位会。会上，总结上半年“扫黄打非”工作，部署下半年重点工作以及“护苗2020开学季行动”；向区教委、各镇街发放了宣传品；展示提请报市级“扫黄打非”进基层示范点申报材料。年内，开展绿书签专项活动，包括净网、护苗、清源、秋风、固边等扫黄打非专项行动。

（张　鹤　郭京洪）

【吹哨报到解决广场舞扰民问题】 9月23日，区文旅局接到东辛房街道办事处“吹哨”后，会同区有关部门对东辛房地区存在的街头广场舞扰民现象进行规劝引导，指导其尽量降低音量，避免产生不必要的噪音影响周边居民日常生活。此次专项联合执法行动共出动6车次、22人次。

（王　成）

【联合执法检查】 10月8日，门头沟区文化市场综合执法大队会同北京市文化市场行政执法总队开展联合检查。共出动2车次、12人次，检查互联网上网服务场所3家次，歌舞娱乐场所1家次。

（王　成）

【文化市场监督员管理使用权下沉】 四季度，区文旅局配合区民政局将文化市场监督员的管理与使用权下沉到各镇街。

（张　鹤）

【突发事件应急处置】 年内，区文旅局以完善提升全行业应急管理体系和应急处置能力为主线，督促、指导文化和旅游企业修订完善防汛、防火等应急预案，专门会同区卫健委指导企业制定新冠肺炎疫情防控处置预案，组织全行业开展防火、防汛、防恐等培训、演练，重点企业与消防救援支队、海事局开展实战演练。

（荣红旗）

文化创意产业

【概况】 2020年1月15日，门头沟区文化创意产业协会在京西智能文创园举行揭牌仪式。门头沟区文化创意产业协会是门头沟区文创产业领域唯一的综合性公共服务平台，48家文创企业成为首批会员单位。2月，为贯彻落实北京市政府提出的促进中小微企业发展“十六条”措施，全面支持打赢新冠肺炎疫情防控阻击战，强化优质金融供给、提供坚实金融保障，门头沟区文促中心、文创协会、北京银行门头沟支行联合推出“门诚贷——门头沟文旅产业专项金融服务方案”，为受困行业和企业制定专项融资方案。

（郭亭亭）

【抗击疫情海报制作】 2月19日，门头沟区文化创意产业协会会员企业英田影视及《里波星球》剧组推出“众志成城 抗击疫情为中国加油”系列海报。

（闫亚男）

【抗击疫情MV制作】 2月，门头沟文创世熙传媒制作《奉献》与《祝你平安》等关于抗击疫情的MV。2月至3月，门头沟文创协会会员企业光韵文化公司联合中国永定河诗词大会组委会以及永定河流域五省市文联举办“太行昂首栉风雪，大河扬波迎旭日”线上诗词朗诵会，20位朗诵艺术家参与录制23部朗诵作品。3月，门头沟文创协会成员企业英田影视制作抗疫原创MV《新英雄儿女》与《怎能没有你》，被国家广电总局列入“精彩短视频，礼赞新中国”主题宣传项目，在全网进行宣传推广。7月9日，门头沟区文化创意产业协会、北京英田影视文化有限公司共同制作，王睿卓作词、简弘亦作曲并演唱的《守护生命的美丽》MV在国家卫生健康委卫生健康文化推广平台正式上线。

（闫亚男）

【线上政策宣讲会】 3月11日，智能文创园文创金服工作站和北京市文创金融服务网平台联合主办的首场线上政策宣讲会（门头沟专场）举办，北京文创金服的大咖讲师直播授课，吸引70余家企业共142人在线观看学习。

（郭亭亭）

【云招商活动】 7月16日，中关村（京西）人工智能科技园·智能文创园主办以“点燃京西发展新引擎”为主题“云招商”活动，同时举行门头沟文创市集、门头沟文创金服工作站、全球AI文创大赛专家工作站挂牌仪式。

（郭亭亭）

【文化创意大赛】 7月31日，2020北京文化创意大赛门头沟·智能文创园赛区与2020北京文化创意大赛红色文化主题赛区同时举办大赛启动仪式。8月10日，第四届北京文化创意大赛（门头沟分赛场）决赛举行。25日，首届“红色马栏杯”文创大赛决赛举行。此次大赛以“绿水青山门头沟 智能文创创未来”作为活动主题，聚焦智能文创，以征集“文旅体验”“科创智能”“医药健康”三大产业为方向，以竞赛模式征集包括科技AI、文化创意、非遗IP保护、永定河文化、红色文化等各方面的优秀文化创意项目。

（闫亚男）

【全球AI文创大赛决赛暨颁奖典礼】 9月23日，“2019-2020全球AI文创大赛（GAAC)决赛暨颁奖典礼”在门头沟区中关村（京西）人工智能科技园智能文创园举办。此次大赛由清华大学文化创意发展研究院、清华大学人工智能研究院、清华大学艺术与科技创新基地、艺评网、英诺天使基金主办，北京中关村京西建设发展有限公司联合主办。

（郭亭亭）

公共文化设施

【概况】 2020年，门头沟区成功创建国家级公共文化服务体系示范项目。10月至12月，创建国家级公共文化服务体系示范项目——门头沟区公共文化服务配送机制研究通过专家组的答辩验收工作。区文旅局开展为基层送演出、送图书、送电影等为民办实事活动。年内，区文旅局高标准组织改造区内公共服务设施，提升旅游公共服务。

（连春杨）

【公共文化服务为民办实事项目】 9月至11月，区文旅局开展为基层送演出、送图书、送电影等为民办实事活动，完成周末场演出80场，星火工程演出534场，下乡下基层演出38场，图书更新2万册，电影放映8000余场。为7个镇街文化中心安装朗读亭，为30个村居户外配备灯光音响。

（连春杨）

图书馆

【概况】 2020年，门头沟区图书馆（以下简称区图书馆）馆藏书籍129万册，服务面积1200平方米，举办“书香门头沟阅读永定河”系列全民读书活动，推进红领巾读书活动、西山讲堂、门头沟书市、亲子绘本阅读、青少年诵读讲座等门头沟全民阅读文化品牌建设。

（王 筝）

【亲子绘本阅读活动】 1月，区图书馆主办、悠贝亲子图书馆门头沟分馆协办“年味”主题阅读活动4场，分别在中门花园社区、东龙门社区、龙山一区、剧场东街社区举办。此次阅读活动通过春节习俗介绍，手工制作窗花、小灯笼，激发儿童阅读热情，培养孩子的阅读兴趣，增强孩子沟通和分享的能力。

（王 筝）

【文化进基层】 1月，区图书馆分别走访区体育文化中心工程项目工地、区应急救援大队和森林消防局机动勤务中队，为战斗在一线的工作者送去春联、文具、糖果、书籍等物资。5月25日，区图书馆党支部书记带队与对口帮扶单位小龙门村进行对接，协助村级完善“新农人学堂”项目，为村民谋福利、添福祉。“八一”前夕，区图书馆开展“迎八一送书进军营”文化活动。

（王 筝）

【“清明祭英烈”主题诵读】 4月5日，区图书馆举办“清明祭英烈”主题诵读活动。读者线下录制诵读视频、音频报送到区图书馆，并由区图书馆推选优秀作品到首都图书馆进行参选，于中秋和赵京梅分别获个人组和家庭组一等奖。

（王 筝）

【世界阅读日系列活动】 4月23日，区图书馆与东城区第二图书馆、天津市河西区图书馆、红桥区图书馆、河北省秦皇岛市图书馆、邢台市图书馆6家公共图书馆共同举办“京津冀——书香战‘疫’阅读活动”；与优谷朗读亭共同发起“我见证，中国力量！”世界读书日主题系列活动；联合晟（胜）坤合书店开展“疫情下的阅读人”主题沙龙活动；与龙源集团联合推出“中国人文名刊荐读”有奖问答活动。

（王 筝）

【公共图书馆三级服务网络建成】 年内，门头沟公共图书馆三级服务网络区图书馆（总馆）—镇街图书馆（分馆）—村（居）图书室基本建成；镇街分馆全部实现社会化运营，社会效益显著；村居图书馆（室）实现行政村全覆盖；区图书馆定期对镇街、村居图书馆进行业务培训、图书更新及阅读指导，并举办报告会、讲座、读书征文、图片展览等活动。

（王 筝）

【线上主题活动】 年内，区图书馆在官方微信公众号上开展以劳动精神为主旋律，以“实干兴邦劳动全国——全国劳动模范先进事迹选”为主题的线上展览；发挥线上直播无地点限制的优势，开展“书香飘北京 阅读颂小康”主题线上文化讲座，通过微信公众号发布信息，组织读者观看北京阅读季举办的线上文化讲座直播4场。

（王 筝）

【阅读空间建设】 年内，区图书馆依托镇街图书馆分馆开辟红色阅读区，内容涵盖《习近平谈治国理政》、红色故事、门头沟特色红色书籍等；结合全区大力发展旅游民宿行业，协助斋堂镇马栏村建设红色记忆书屋，将红色文化和红色旅游相结合，创建红色品牌旅游景区，通过各类红色空间打造，成为传播革命精神，弘扬爱国主义主旋律，传承红色基因教育的重要平台。

（王 筝）

【图书采购配备】 年内，区图书馆分别为雁翅镇文化中心分馆、军庄镇文化中心分馆、清水镇文化中心分馆、妙峰山镇文化中心分馆、潭柘寺平原村以及应急局、桃园部队、区市政管委配备共50418册图书，并组织人员分类上架。

（王 筝）

博物馆

【概况】 2020年，永定河文化博物馆继续做好《从历史走来的门头沟》和《平西抗日斗争史展》2个基本陈列的展示开放，与中国政法大学、门头沟区文联联合推出《利济生民水利碑刻拓片展》与《共享小康社会 奋斗绿水青山——门头沟区书画摄影暨第九届书法篆刻临帖展》；征集在门头沟区战斗和工作过的革命者资料，获捐赠文稿86份、照片1873张、视频148个、音频19个。年内，接待中国政法大学、昊华能源、京师实验小学等15家社会单位5000余人次参观。11月4日，永定河文化博物馆获首都拥军优属、拥政爱民模范单位称号。年内，推进永定河文化博物馆建设，新馆选址长安街西延线。

（贺 洋）

【冀热察挺进军司令部陈列馆改陈项目】 5月至10月，永定河文化博物馆帮扶斋堂镇马栏村完成冀热察挺进军司令部旧址陈列馆展览提升改造工程，新增史料、文字图片、展陈实物、灯光影像、主题雕塑。

（贺 洋）

【水利碑刻拓片展】 8月15日，永定河文化博物馆举办《利济生民：水利碑刻拓片展》专家观摩交流研讨会，17位文史专家和碑刻专家参观拓片展并座谈研讨。9月4日至10月底，永定河文化博物馆与中国政法大学联合主办《利济生民：水利碑刻拓片展》，展览内容聚焦永定河流域、黄河流域及长江和大运河水利碑刻，总计展出唐宋以来有代表性的水利碑刻拓片92件，江河流域地图长卷6件、水利文献6组，总计展品104件，同时展览推出VR线上看展，线上点击量达到32万人次。

（贺 洋）

【烈士家属红色故事会】 8月27日，永定河文化博物馆举办烈士家属红色故事会，曾任宛平县八区区委书记、昌宛房联合县县委书记杜存训之女杜红讲述父辈带领门头沟区人民坚持抗战的故事并捐赠200余本红色书籍。

（贺 洋）

【抗美援朝出国作战70周年座谈会】 9月15日，永定河文化博物馆召开“纪念中国人民志愿军抗美援朝出国作战70周年”座谈会，曾雍雅将军之女曾莹、宋文中将军之子宋小军、贾纵云老前辈之子贾斌等20余人参加。

（贺 洋）

【革命文物捐赠仪式】 10月27日，永定河文化博物馆举办抗战离休干部魏元勋革命文物捐赠仪式，魏元勋后代魏黎晶向永定河文化博物馆捐赠革命文物30件。

（贺 洋）

【门头沟区书画摄影展】 11月18日，《共享小康社会 奋斗绿水青山——门头沟区书画摄影暨第九届书法篆刻临帖展》在永定河文化博物馆开幕，展览由中共门头沟区委宣传部、门头沟区文学艺术界联合会、永定河文化博物馆共同举办，展出书法作品77幅，美术22幅，摄影作品35幅。

（贺 洋）

文化馆

【春节送“福”下乡志愿服务】 1月15日，门头沟区文化馆组织书法家文化志愿者到雁翅镇下马岭村开展“文化下乡，温暖送福”主题活动。

（蔺 珊 张 赛）

【抗击疫情原创作品宣传活动】 2月6日，门头沟区文化馆公众号开始推送抗击疫情原创作品。作品由馆业务干部以及门头沟区文化志愿者创作，重点书写抗击新冠肺炎疫情的英雄壮举，反映抗击疫情的感人事迹，发挥文艺轻骑兵的作用。至3月30日，累计推送抗击疫情原创作品20期。

（李 伟）

【清明节系列文化活动】 4月3日，门头沟区文化馆利用公众号举办“首都市民系列文化活动‘忆满京城 情思华夏’——2020门头沟区清明节系列文化活动”，以线上文艺作品展演和云平台线上英烈祭扫的方式，缅怀革命先烈和抗疫英雄。

（李 伟）

【双拥共建线上文艺辅导鉴赏】 8月10日至23日，门头沟区文化馆利用门头沟区文化馆公众号为部队官兵及广大群众开展同庆建军佳节，共叙鱼水情深——门头沟区2020年“庆八一”线上双拥共建文艺辅导鉴赏线上文艺辅导鉴赏活动，活动共分4期。

（朱玉儿）

【门头沟区文化馆恢复开馆】 9月14日，根据区委区政府关于做好常态化疫情防控工作的部署安排，门头沟区文化馆恢复开馆。

（刘鸿鹤）

【下基层辅导演出调研会】 9月16日，门头沟区文化馆召开2020年度门头沟区文化馆下基层辅导演出调研会。会上，了解各镇街文化中心开展文化活动时的防疫要求以及所具备的防疫条件等情况，布置开展各镇街文化中心文化普及月活动资料统计工作，向各镇街下发《开展2020年度下基层辅导演出工作的通知》，下发基层辅导、演出调研问卷，收集各镇街的文化需求。

（朱玉儿）

【北京农民艺术节门头沟区专场展演】 9月29日，由市委农工委宣教中心、北京文化艺术活动中心、门头沟区委宣传部、门头沟区委农工委、区农业农村局、区文化和旅游局主办，由中共门头沟区雁翅镇党委、雁翅镇人民政府、门头沟区文化馆协办的第31届北京农民艺术节“梦圆小康 礼赞丰收”乡村大舞台门头沟区专场展演活动在雁翅镇大村村举办。此次展演活动以“梦圆小康，礼赞丰收”为主题。

（刘 海 朱玉儿）

【基层文化工作者培训】 10月18日，门头沟区文化馆在门头沟区北斗星会议中心举办基层文化技能培训工作。培训共分为3期，第一期为合唱指挥培训班；第二、第三期为山乡传统戏曲提升培训班。

（王立卓）

【门头沟区文化馆理事会成立】 12月29日，门头沟区文化馆理事会成立大会召开，并召开理事会第一次会议。会上，审议并通过《北京市门头沟区文化馆理事会章程》等事项。

（朱玉儿）

融媒体建设

【概况】 2020年，区融媒体中心扎实推进区融媒体中心、新时代文明实践中心、政务服务中心“三个中心”贯通工作，强化基层宣传舆论阵地建设，夯实党的意识形态工作根基，不断推动媒体深度融合，取得北京市互联网信息办公室颁发的《互联网新闻信息服务许可证》，通过市委宣传部组织的验收评估并在全市各区中处于第三梯队；围绕新冠肺炎疫情防控、创建全国文明城区迎检、打造“红色门头沟”党建品牌和“绿水青山门头沟”城市品牌、推进“三四三六”工程、脱贫攻坚、精品民宿、优化营商环境、接诉即办等重点工作，以动态报道、专题报道、政策解读等形式，开设专栏、专版，利用多媒体平台全方位、多角度进行宣传，发布新闻稿件3818篇，APP推送稿件2808篇，抖音推送279条，微博发布913条，公众号推送1227条；首次参加中国国际服务贸易交易会，在“媒体融合发展新进展”专题展区展示区融媒体中心建设成果。年内，门头沟区融媒体中心被北京市安全生产委员会办公室和北京市突发事件应急委员会办公室评为2020年北京市“应急宣传进万家”工作优秀新闻报道单位；记者闫吉获北京市抗击新冠肺炎疫情先进个人，记者耿伟获首都拥军优属拥政爱民模范个人。

单位名称：北京市门头沟区融媒体中心
地　　址：北京市门头沟区新桥大街36号
电　　话：69843348
邮　　编：102300

（高艳蕊）

【新冠肺炎疫情防控宣传】 1月28日，区融媒体中心在全市区级媒体中第一家并机直播北京电视台科教频道《众志成城 抗击疫情》特别节目，同时利用“一台一报两微一端”等多媒体宣传平台开设“讲奉献 争第一 众志成城抗击疫情”“讲奉献 争第一 坚决打赢抗击疫情阻击战”“战疫有我 统一战线的故事”等专栏专版，推送门头沟区疫情防控新闻3000余条，在北京广播电视台、北京日报客户端、学习强国主平台、光明网、《前线》杂志、北京人民广播电台、首都广播电视等中央、市属媒体刊播800余条稿件。

（高艳蕊）

【融媒体宣传格局构建】 4月20日，“门头沟融媒”官方微博正式开通，包括门头沟电视台、《京西时报》、“门头沟融媒”微信公众号、“门头沟融媒”官方微博、“门头沟融媒”APP在内的“一台一报两微一端”的多媒体宣传平台正式形成。同时，区融媒体中心开发抖音、今日头条等官方公众号，扩大“门头沟融媒”品牌影响力和知名度。年内，充分利用学习强国北京平台、北京日报客户端、前线客户端、光明网客户端等新媒体平台，打造优势互补、聚合共振的主流媒体，成为全市第一家接入“北京云.融媒体”平台的区级融媒。以“门头沟融媒”APP为平台，接入新时代文明实践中心，开设“自主点单”“镇街分餐”“区级送单”“百姓点评”功能。

（高艳蕊）

【网络直播】 6月6日，“门头沟融媒”APP首次通过5G网络传输对“北京消费季·嗨购门头沟”活动启动仪式进行全程直播。年内，“门头沟融媒”APP推送24场直播，内容涉及门头沟区“两会”、滞销农产品推广、复工复产复游、精品民宿推介、法律知识、档案知识、文化活动等多个方面。

（高艳蕊）

【获奖作品】　年内，区融媒体中心自制公益广告《传承红色基因》获北京市广播电视局主办的2020年北京市广播电视公益广告扶持项目电视作品三类；社教主题节目《精工匠心》和专题节目《门头沟视点——打造精品民宿"宿"说门头沟》被评选为北京市广播影视协会2019年度优秀广播电视节目；法治公益广告《"宪"在生活》在"2020年北京市法治动漫微视频作品征集活动"中被评为宪法主题公益广告类微视频一等奖；专题报道《共同的信仰》被北京市广播电视局评为2020年第三季度北京市优秀广播电视新闻作品。

（高艳蕊）

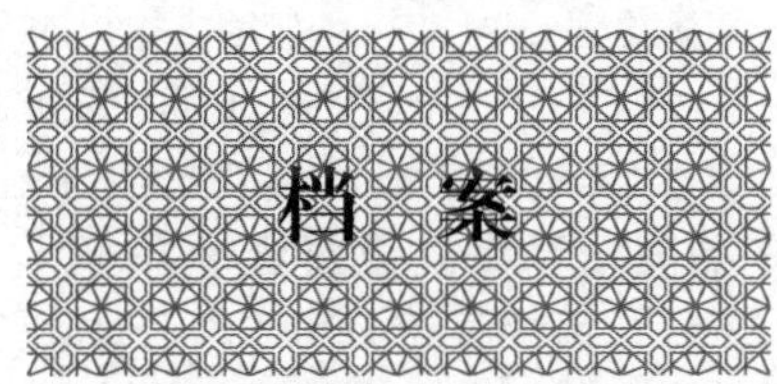

档案

【概况】　2020年，区档案史志馆持续推进并完成《门头沟区"十三五"时期档案史志事业发展规划》各项工作任务，档案史志工作写入《2020年区政府工作报告》，档案馆新馆建设纳入区重点工作（折子工程），已取得选址意见书、立项批复、"多规合一"方案复审意见、初步设计概算批复及建设工程规划许可证。年内，完成3项市级重点工程档案、13家单位、41个项目的重点工程登记备案。开展新冠疫情防控档案管理工作。强化对垃圾分类、创城等重大活动档案管理监督指导。协助对全区40家立档单位开展档案行政执法检查工作。指导开展农村、社区以及两新组织档案规范化管理试点工作。抽取18家立档单位开展汛期档案安全专项检查。年内，完成8家单位档案专业培训，141人次参加，业务上门指导25次，在线解答各类档案业务问题267人次。年内，共接收33家单位文书档案37615件、367卷、会计档案188卷、照片908张、实物25件、918件疫情防控档案。截至2020年底馆藏档案91806卷、300987件，排架长度1293米。共接待档案查阅3970人，出具证明3970份。开放9164件档案，完成164卷到期档案鉴定工作。完成2019年档案统计年报及2019年馆藏档案异地备份。数字化扫描档案60个全宗18607卷，17436件，共317万页，完成"十二五"时期末馆藏档案的100%。举办"国际档案日"系列活动。年内，编辑出版《门头沟档案》12期，以增刊形式出版《门头沟区抗击新冠肺炎疫情大事记》。在媒体上推出"图说疫情防控实物档案"、"图说脱贫攻坚"。完成库房环境清理、防震抗震自查和保密自查工作，全年开展安全检查6次。

单位名称：北京市门头沟区档案史志馆
地　　址：北京市门头沟区石龙北路31号
电　　话：60804795
邮　　编：102308

（王　焕）

【档案培训和指导工作】　1月3日，区档案史志馆赴门头沟区委"不忘初心、牢记使命"主题教育领导小组办公室开展主题教育材料归档业务指导工作。同天，到门头沟区医疗保障局开展文书档案专题培训，相关科室共有8人参加。年内，对北京京门商业投资发展有限公司、军庄镇等8家单位开展了档案专业培训，141人次参加。业务上门指导25次，在线解答各类档案业务问题267人次。

（陈文思　赵雅馨）

【档案接收（征集）工作】　1月16日，下发《门头沟区档案史志馆2020年接收移交档案的通知》，年内，共接收33家立档单位的文书档案37615件、367卷、会计档案188卷、照片908张、实物25件。年内，接收九镇四街新冠疫情防控实物档案918件，并向北京市档案馆移交451件。年内共征集荣誉证书、光盘、图书等11件，疫情防控照片1400余张，以脱贫攻坚为主题的照片1200余张。"十三五"期间接收各类档案2685卷、181640件，累计馆藏档案达到91806卷、300987件，较"十二五"时期末分别增长3%、152.19%。

（果　蕾　赵　阳　康　健）

【新冠肺炎疫情防控档案工作】　2月19日，协助区疫情防控领导小组办公室拟定《关于做好门头沟区新型冠状病毒感染的肺炎疫情防控档案工作的通知》。3月23日，协助区疫情防控领导小组办公室拟定《关于做好门头沟区新型冠状病毒肺炎疫情防控实物档案资料收集工作的紧急通知》。4月13日，门头沟区档案史志馆赴各镇、街对征集到的新冠疫情实物资料进行初步筛选，并深入村、居一线走访，确保全区疫情防控实物资料收集工作做到全面系统、应收尽收。初步接收全区九镇四街移交实物档案共918件。4月21日至4月

24 日，档案史志馆及区防控组成员对上述初步接收的实物档案进行进一步甄别，对其中疫情防控宣传资料、消毒用品等代表性强、保存价值高的共 451 件实物档案向北京市档案馆移交。

（赵　阳）

【档案数字化工作】　4 月 1 日复工以来，区档案史志馆按期完成数字化信息合同，完成 60 个全宗 18607 卷，17436 件，共 317 万页数字化任务，数字化率达到“十二五”时期末馆藏档案的 100%，完成区档案史志馆“十三五”规划任务。

（高　莹）

【协助开展档案行政执法工作】　4 月 10 日，区档案局、区档案史志馆联合下发《门头沟区 2020 年档案行政执法检查通知》，推动全区各立档单位全面开展自查。8 月 18 日至 10 月 14 日对全区 38 家立档单位进行实地检查，并在行政执法检查的同时，对相关单位进行了档案安全的专项检查。

（赵　阳）

【“国际档案日”活动】　6 月 9 日，区档案史志馆以“档案见证小康路 聚焦扶贫决胜期”为主题开展 2020 年“国际档案日”活动，开展档案主题征文、档案法律、业务知识问卷答题、红色书籍“进学校、进社区、进农村、进机关、进军营”赠送活动。开放 1986-1989 年形成的反映全区在乡镇建设、企业改革、百姓生活等方面发展的 9164 件档案。联合区融媒体中心推出“走进档案馆”网络直播。

（杨　晴　康　健　张　爽）

【“走进档案馆”网络直播活动】　6 月 9 日，门头沟区档案史志馆与门头沟区融媒中心联合开展“走进档案馆”网络直播活动。通过实地直播参观“翰墨兰台——门头沟区区情展”、“换了人间——纪念门头沟解放 70 周年”、“京西撷珍”，用 60 多分钟网络直播的方式推出档案展览，展示馆藏珍品，“国际档案日”期间共 1000 余人次线上参观展览。

（康　健）

【档案法治宣传活动开展】　6 月 9 日至 6 月 12 日，开展门头沟区 2020 年“国际档案日”暨北京市第十二届“档案馆日”活动期间，开展线上有奖答题活动，共 30 人获奖。12 月 1 日，区档案史志馆协同区档案局在区科技馆前开展“12•4”国家宪法日法制宣传活动。活动现场向市民发放档案法制宣传海报、新修订《中华人民共和国档案法》宣传单、折页及购物袋等宣传品一千余份，为新《档案法》的实施营造了良好氛围。

（赵雅馨）

【重点工程档案管理】　6 月 29 日，区档案局、区档案史志馆联合制发《关于加强门头沟区政府投资建设项目档案管理登记的通知》，共有 13 家单位、41 个项目的重点工程登记备案。年内，持续跟踪指导市级重点工程——门头沟区体育文化中心项目、门头沟区滨水森林公园项目和潭柘寺 110Kv 变电工程的归档及登记系统的填报工作。

（陈文思）

【档案行政执法检查】　7 月 30 日，市委办公厅（市档案局）检查组检查指导门头沟区档案行政执法工作。检查组听取区档案局、区档案史志馆以及区园林绿化局 2018-2020 年档案工作开展情况工作汇报，查阅各类印证材料，实地查看区档案史志馆档案库房以及区园林绿化局档案室，询问档案馆新馆建设进展情况。现场反馈了检查意见为合格，对门头沟区档案工作给予充分肯定：区委、区政府支持重视档案工作，为新馆建设和区档案事业科学发展给予保障；区档案行政管理力度逐渐强化，依法行政能力不断增强，监督指导工作成效明显；区档案馆不断夯实各项基础业务工作，档案馆“五位一体”功能得到有效发挥。提出继续重视支持档案工作、扎实做好档案管理各项业务工作、全力推进区档案馆新馆建设的三点建议。区档案局、区档案史志馆相关负责同志进行了表态发言。

（张　爽）

【档案馆新馆建设督查】　8 月 21 日，市档案馆与市委办公厅组成联合督查组督查指导门头沟区档案馆新馆建设工作。市联合督查组实地勘察了档案馆新馆建设用地，听取区档案史志馆的新馆建设情况汇报，并与区委领导、区公共工程服务中心领导等开展交流座谈。区领导表示，区委区政府高度重视档案馆新馆建设工作，新馆建设取得实质性进展，将全力保障资金投入，确保新馆建设项目按进度完成。市档案馆馆长强调要将门头沟区档案馆新馆建设列入区域“十四五”规划重点项目，新馆建设工作相关单位要形成工作合力，统筹推进，及时汇报进度、多沟通，争取市级部门支持。精心谋划、合理布局、加强沟通，高质量建设新馆项目。

（张　爽）

【创建“红色宣讲”特色品牌】　年内，区档案史志馆创建“红色宣讲”党建品牌，主要依托“3+N”工作模式开展活动：一个“红色讲解员志愿队”——机关党员干部组成红色讲解员志愿队伍，依托馆藏资源和陈列展览，为参观者讲述门头沟原汁原味的红色文化；一个“红色宣讲团”——邀请党史专家组建“红色宣讲团”，以门头沟区革命历史时期（1919-1949年）涌现出的人物及其先进事迹为主开展红色故事宣讲；一个“红色志愿服务站”——以全区创建全国文明城区为契机，在馆一层大厅设置志愿服务站，由机关党员干部作为志愿者为查档、参观等来馆群众提供引路答疑、政策宣传、信息咨询、展览讲解等便民利民服务；“N个活动载体”——即通过线上线下各类载体开展活动。年内，区档案史志馆组织了红色书籍“五进一上”赠送、党员诵读京西“战疫”故事、红色故事宣讲等一系列活动。

（张　爽）

【政务服务】　年内，协助区档案局完成对7项政务服务事项进驻政务服务大厅统一办理情况的自查工作，无“厅外有厅、体外循环”情况。在“互联网＋监管”系统创建系统工作门户账户，并组织试用。并将相关行政执法信息进行网上公示。

（赵雅馨）

【档案利用工作】　年内，区档案史志馆共接待档案查阅3970人，出具证明3970份。“十三五”期间，累计接待利用者18856人，调阅17306卷（件），复印51349页，出具证明10264份。

（果　蕾）

【档案开放鉴定工作】　年内，区档案史志馆审理43个全宗1986—1990年46065件，经鉴定开放档案9404件，开放率22.67%。年内，完成1970年164卷到期档案鉴定，建议销毁131卷，19卷改为永久保存，14卷延长50年。

（果　蕾）

【档案安全工作】　年内，档案史志馆进行全馆范围内安全检查6次，对库房及办公区域的安全检查12次。完成2019年馆藏档案异地备份。

（果　蕾　王　焕）

【档案编研】　年内，区档案史志馆编辑出版《门头沟档案》12期，刊登信息剪辑236篇，档案史志类文章55篇，动态报道类52篇。以增刊形式出版《门头沟区抗击新冠肺炎疫情大事记》，内容涵盖门头沟区1月20日至10月19日主要疫情防控部署与落实等情况，全文包括正文与名词解释两个部分，约3万字。

（康　健　冯智逵）

地方志

【概况】　2020年，门头沟区地方志工作发挥以史鉴今、资政育人的作用。门头沟区档案史志馆地方志科坚持一年一鉴，出版《北京门头沟年鉴》第18卷。跟踪记录门头沟区新冠肺炎疫情防控大事，推进《北京市门头沟区地名志》以及《燕家台村志》《张家庄村志》编纂工作。为《北京年鉴（2020）》撰写门头沟区情概况，征集2019年门头沟区地情资料并完成《地情资料档案管理研究》调研课题。取消地方志区级政务服务事项中的行政许可、行政确认事项，完善剩余事项基础信息。

单位名称：北京市门头沟区地方志编纂委员会办公室
地　　址：北京市门头沟区石龙北路31号
电　　话：60800473
邮　　编：102308

（冯智逵）

【门头沟年鉴编纂出版】　4月，《北京门头沟年鉴（2019）》由中共党史出版社出版，包括27个一级栏目、58张专题图片、1幅行政区划图。12月30日，中共北京市委党史研究室、北京市地方志编纂委员会办公室印发《关于对北京市第三届年鉴综合质量评审的通报表扬》，通报表扬《北京门头沟年鉴（2019）》获评区级综合年鉴三等年鉴。12月，《北京门头沟年鉴（2020）》由团结出版社出版，包括29个一级栏目、64张专题图片、1幅行政区划图，在书后首次配备索引检索系统。

（冯智逵）

【区地方志编纂委员会组成人员调整】　8月12日，《门头沟区地方志编纂委员会办公室关于印发区地方志编纂委员会组成人员名单的通知》制发。调整后的区地方志编纂委员会由区委书记任顾问，区委副书记、区长任主任，设副主任5人，委员78人。区地方志编纂委员会下设办公室，办公地点设在门头沟区档案史志馆。

（冯智逵）

【市级传统村落志送审稿评议会】 10月14日至15日，《张家庄村志》与《燕家台村志》送审稿评议会先后召开，评议会听取村干部与村民代表的审读意见，推动两部市级传统村落志形成复审稿。

（冯智逵）

【《北京市门头沟区地名志》征求意见】 10月，《北京市门头沟区地名志（征求意见稿）》向承编单位征求意见，推动形成《北京市门头沟区地名志（复审稿）》。

（冯智逵）

【地情资料档案管理调研】 年内，区档案史志馆馆长牵头完成《地情资料档案管理研究》调研，课题从资料工作现状、问题形成分析、解决对策措施等三个部分研究门头沟区地情资料档案管理工作，提出“坚持问题导向，不懈完善资料馆藏”、“立足基本原则，健全资料管理规则”、“基于信息组织，开发地情资料资源”等工作对策。

（冯智逵）

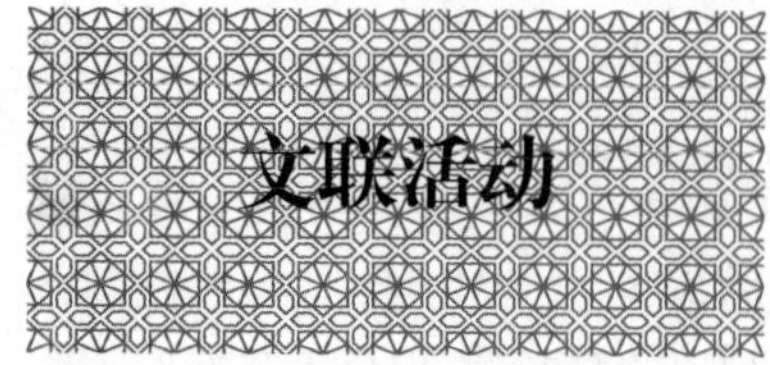

文联活动

【概况】 2020年，北京市门头沟区文学艺术界联合会（以下简称区文联）所属协会13个，各协会会员1300余人。年内，区文联围绕“决胜全面建成小康社会”开展主题系列活动；为坚决打赢新冠肺炎疫情防疫阻击战以艺抗“疫”，开展“网络文联在行动”系列活动。围绕门头沟区争创全国文明城区工作，开展“我们的中国梦”文化进万家写春联送祝福系列活动、传统节日主题文艺活动、文艺志愿服务、文艺点评指导活动。围绕门头沟区“六大文化”开展系列主题采风创作活动。编辑印刷《百花山》文艺期刊6期与抗击新冠肺炎纪实文学作品增刊1期。区文联成员创作原创曲艺作品《隔离前后》《特殊派送员》，推出原创歌曲《飘扬的党旗》与《绿水青山门头沟》，创作团体舞蹈《天使出征》，国画《新环保的钟楼旁街》入选“京城之脊·一脉绵延”北京中轴线申遗主题创作活动作品线上展览，《抗疫纪实》系列毛猴手工艺作品受邀参加吉林卫视《高手在民间》节目，戏曲《创城之歌》荣获“不忘初心一路相伴”2020年北京市文联团体会员单位展演优秀节目，区舞协代表队参加“国门大兴 炫舞京华”第八届北京国标标准舞大赛并获亚军1对，区作家协会主席、《百花山》执行主编马淑琴获得由中国作家出版集团、全国文学报刊联盟评选的“内刊文学编辑奖”。

单位名称：北京市门头沟区文学艺术界联合会
地　　址：北京市门头沟区剧场东街12号
电　　话：69824090
邮　　编：102300

（白　雪）

【写春联送祝福活动】 元旦、春节期间，区文联开展“我们的中国梦”文化进万家——写春联送祝福系列活动，派出27支书法、民间艺术家小分队，艺术家168人次，送春联8950余幅，“福”字1.01万余张，赠送图书1480本，现场创作书法作品106幅，剪窗花470张，受益人群8600余人，覆盖门头沟区31个村（居）。

（白　雪）

【传统节日主题文艺活动】 春节前，区文联组织3支小分队，百余名艺术家开展迎新春文艺演出活动。清明节期间，区书法家协会28名书法家举办“传承红色基因，讴歌抗疫英雄”网络书法展，展出书法作品28幅。端午节期间，区文联举办“传承端午文化，培育创城风尚”主题网络诗歌朗诵会和网络书法展。七夕期间，举办“爱满京城，相约幸福”“七夕佳节话乞巧”民间艺术作品创作点评主题活动。国庆、中秋节期间，区文联与中共石龙开发区服务中心党组联合举办“迎双节、战疫情”——美丽门头沟美术作品展，展出71幅主题美术作品。区音乐家协会、区曲艺家协会分别在东辛房街道办事处文化中心举办“月圆京城，情系中华”文艺演出、“迎国庆 庆中秋”传统曲艺文艺演出之魔幻专场活动，2场演出受益群众400余人。重阳节期间，区音乐家协会在蓝龙家园社区开展“孝满京城，德润人心”文艺展演活动，百余名社区老人观看演出。

（白　雪）

【文艺志愿服务】 年内，区文联及区美术家协会3名艺术家在门头沟区医院举办“水墨丹青颂英雄”美术作品慰问活动，为门头沟区医院医护人员创作并赠送美术作品100幅；区民间艺术家协会、老北京毛猴区级非遗传承人王魏将40件毛猴艺术作品捐赠给北京八中京西附小。区文联向利德衡大厦红色书屋捐赠多种不同题材的文化书籍180余本。组织4名书画家联合北京陈半丁艺术研究会在西马各庄开展书画艺术创作志愿服务活动，赠送文化书籍30余本。

（白 雪）

【文艺点评指导】 年内，区文联邀请17位名家对区书协、作协、摄协、美协、硬协、民间艺术家等协会开展8次文艺名家评论创作活动，为门头沟区文艺家进行点评、指导、讲座，受益艺术家250余人。

（白 雪）

【决胜全面建成小康社会主题系列活动】 年内，区文联举办“共享小康社会，奋斗绿水青山”门头沟区书画摄影暨第九届书法篆刻临帖展，展出书法、美术、摄影等各类作品共134幅。组织百余名艺术家分别到大峪街道、龙泉镇高家园新区社区和城子村市场街社区开展以“共享小康社会，奋斗绿水青山”“奋斗绿水青山，建设美丽家园”“传承红色基因，共守绿水青山”为主题的文艺展演活动。

（白 雪）

【“以艺抗疫”网络文联系列活动】 年内，门头沟区作协、书协、美协、音协、曲协、戏协、摄协、舞协、硬协、民间艺术家协会、古道创意工作室等11个协会及1个民非组织创作各类文艺作品1800余件，其中很多作品被《中国艺术报》《东方少年》《学习强国》《文艺报》等媒体刊登；区作协深入抗疫一线采写纪实文学29篇12万字，马淑琴纪实文学《举起生命之重》获北京文联抗疫主题优秀作品奖。诗歌《没有一个冬天不可逾越，没有一个春天不会到达》被“学习强国”APP采选发布，《新英雄儿女》等多部原创作品被列入国家广播电视总局战疫主题宣传项目。开展“网络教学授课”志愿活动，区文联硬笔书法家协会开设《网络公益大讲堂》硬笔书法教程活动，区音协开设《京乐美琴行为战疫出一份力》古筝网络线上课程。区书协为有关单位捐赠书法作品90余幅，并联络爱心企业东方毅集团为门头沟区委老干部局、东辛房办事处石门营六区、军响村、大峪办事处承泽苑社区、城子办事处桥东街社区、区光荣院等多家单位捐赠防疫物品；区摄协会员、北京中创华拓科技发展有限公司董事长为东辛房街道办事处石门营六区、门头沟育园小学等5家单位捐赠5台智能疫情健康管理系统，价值人民币10万元。区文联硬笔书法家协会开展“聚力战疫战贫，争当红色先锋”——庆祝中国共产党成立九十九周年硬笔书协网络书法展，14位区硬笔协会书法家创作并展出书法作品26幅。

（白 雪）

【军响村文化帮扶】 年内，区文联组织2名民间艺术家、5名书法家为斋堂镇军响村村民书写春联500幅，福字500张，赠送图书100本，受益人群500人。联合致公党门头沟区支部为军响村5户线上边缘户赠送米、面、油。开展“五进农村”，帮扶对接斋堂镇军响村9户家庭。编印书籍《京西历史村落军响村文化资料选编》。开展“制止餐饮浪费，践行光盘行动”新时代文明实践推动日主题活动与垃圾分类知识讲座。

（白 雪）

【文化交流】 年内，区文联联合武川县文联、察右后旗文联、涿鹿县文联举办“笔抒大爱，墨注深情”四地文联“同心抗疫”书画作品网络展，展览展出四地书画家的书法、美术作品80幅；特邀涿鹿县文联、察右后旗文联、武川县文联的8位书画家的作品共同参加“共享小康社会，奋斗绿水青山”门头沟区书画摄影暨第九届书法篆刻临帖展；联合内蒙古乌兰察布市文联、河北省张家口市文联、山西省大同市文联、天津市宝坻区文联，永定河流域五省市文联，开展“太行昂首栉风雪，大河扬波迎旭日”——抗击疫情讴歌英雄线上诗词朗诵会，活动征集诗词原创作品400余首。区文联书协，天津市静海区书协，河北省宣化市书协等10个协会通过网络举办“翰墨传情 抗疫有我”——京津冀十区市县主题书法篆刻网络展，展出书法作品110幅，其中门头沟区书法作品10幅。年内，区文联先后组织摄协、曲协、作协、作协楹联专委会、美协、书协艺术家116人次到4镇、21个村（居）、2个工地开展主题采风创作活动。

（白 雪）

【文艺助力创城】 年内，区文联与区创城办、区教委联合开展第二届“童画文明城·书写新时代”门头沟区青少年书画创作大赛暨青少年“文明创城”书画作品展活动，区美协、书协5名老师从征集的800余幅书画作品中评审出获奖作品120幅。与区创城办联合举办以“节约新‘食’尚，文明天天见”为主题的“书画倡节约”网络展，区书协、美协、民间等协会艺术家创作书画、剪纸作品14幅。与雁翅镇共同开展“节约新食尚，文明天天见”书画创作活动，以“节约粮食、文明用餐”为主题，创作书画作品30余幅。组织30名书画家到清水镇台上村和台下村、斋堂镇军响村、军庄镇新村、潭柘寺镇赵家台村开展“低碳文明在心中，节能减排见行动”“促文明，奔小康”“文明行为伴我行”“全面建成小康社会”等书画下基层主题创作活动，累计创作书画作品200余幅。与区公安分局禁毒办、区教委共同举办第三届“绿色无毒、阳光生活”主题青少年禁毒书画作品评审活动，活动征集中小学生美术作品65幅，书法作品82幅。向各协会发出《创城倡议书》，区书协推出三期“尽笔情墨韵，歌抗疫创城”书法作品网络展，展出书法作品86幅。区戏协、区音协创作录制完成京歌《创城之歌》视频版和京东大鼓《文明养犬讲公德》2部作品。区文联联系爱心企业北京京西昊霖文化公司向军响村、大峪街道南路一社区捐赠《图解中华人民共和国婚姻法》《图解中华人民共和国环境保护法》《图解中华人民共和国旅游法》等法治宣传图书1400余本。区摄影家协会6名人员到应急管理部森林消防局机动支队机动勤务中队开展“八一”慰问活动，送去60箱矿泉水，拍下队员们训练的精彩瞬间。区书法家协会开展“歌军民厚谊，颂鱼水深情”和“歌声嘹亮庆八一”网络书法展活动，39名艺术家创作书法作品39幅。区音乐家协会举办“歌军民厚谊，颂鱼水深情”——门头沟区文联音协双拥原创作品展，推出双拥主题作品京东大鼓《中国人民解放军占领南京》，歌曲《兵妹妹》《百姓心中的好儿郎》等7个节目。区戏剧家协会举办“歌军民厚谊，颂鱼水深情”——门头沟区文联戏协双拥作品网络展，推出现代京剧《智取威虎山》选段《誓把反动派一扫光》和《共产党员》。

（白　雪）

【文艺助力乡村旅游发展】 年内，区文联助力2020柏峪村燕歌戏文化艺术节，区戏剧家协会特别邀请国家一级演员胡文阁、张树群、吴霜等梨园名家参加演出活动，带来京剧、豫剧、越剧、蹦蹦戏、评剧等剧种精彩选段。期间，区文联与涿鹿县委宣传部、涿鹿县文联共同考察斋堂镇黄岭西、清水镇黄安坨等村的精品民宿，开展两地文化艺术交流活动。

（白　雪）

【文艺人才培养】 年内，区文联推荐9位作家参加北京老舍文学院主办的基层作家小说培训班。推荐5名艺术家作为北京书法家协会第六次会员代表大会代表建议人选。推荐3名艺术家作为第六次会员代表大会理事候选人建议人选。

（白　雪）

旅 游

2020 年，门头沟区旅游全域全景图（区文化和旅游局　供图）

6月9日，清水镇小龙门村举办“门头沟小院”精品民宿揭牌活动（清水镇　供图）

文化和旅游部文件

文旅资源发〔2020〕83号

文化和旅游部关于公布第二批国家全域旅游示范区名单的通知

各省、自治区、直辖市文化和旅游厅（局），新疆生产建设兵团文化体育广电和旅游局：

为贯彻落实《中共中央 国务院关于完善促进消费体制机制进一步激发居民消费潜力的若干意见》《国务院关于印发“十三五”旅游业发展规划的通知》《国务院办公厅关于促进全域旅游发展的指导意见》关于开展全域旅游示范区创建工作的有关要求，依据《国家全域旅游示范区验收、认定和管理实施办法（试行）》《国家全域旅游示范区验收标准（试行）》，文化和旅游部组织开展了第二批国家全域旅游示范区验收认定工作。在各地初审验收的基础上，综合会议评审、现场检查结果，并经公示，决定

—1—

附件

第二批国家全域旅游示范区名单

北京市
昌平区
门头沟区
天津市
中新天津生态城
和平区
河北省
邯郸市武安市
石家庄市平山县
秦皇岛市山海关区
唐山市迁西县
山西省
晋城市泽州县
长治市壶关县
运城市永济市
长治市武乡县
内蒙古自治区
鄂尔多斯市康巴什区
锡林郭勒盟二连浩特市

—3—

12月，文化和旅游部认定门头沟区为全域旅游示范区的文件节选（区文化和旅游局　供图）

【概况】 2020年，门头沟区成功入选第二批国家全域旅游示范区。年内，门头沟区完成市级产业发展引导资金1827万元项目投资，重点对清水镇梁家庄村、黄安坨村，斋堂镇马栏村、军响村，王平镇西马各庄村旅游基础设施及配套设施和雁翅镇、潭柘寺镇乡村精品酒店进行提升改造。启动“一线四矿”文旅康养休闲区建设，纳入全市宏观战略引领项目。持续推进精品旅游村建设，清水镇江水河村完工。运用数字技术打造第十四届永定河文化节，与北京电视台合作策划推出“一红一绿”两条经典文化旅游线路。在首都文明委2018年度——2020年度首都精神文明创建活动中，门头沟区文化和旅游局、区图书馆、区文化馆、潭柘寺景区、戒台寺景区、妙峰山景区、爨柏景区、双龙峡景区、百花山景区、定都峰景区、神泉峡景区、京西古道景区、京西十八潭景区、八奇洞景区等14家单位（企业）获首都文明单位称号。

（李东霖　周　莹）

【文化和旅游资源发展规划编制】 年内，区文旅局委托专业机构启动《门头沟区十四五期间文化和旅游发展规划》《潭柘寺镇桑峪村田园综合体策划及总体规划》《永定镇北岭—瓜草地—东马各庄村田园综合体策划及总体规划》《雁翅镇田庄村—淤白村田园综合体策划及总体规划》《清水镇梁家庄—李家庄农业田园综合体策划及总体规划》《“一线四矿”及周边文旅资源规划》等编制工作。

（李一鸣）

【旅游企业扶持】 年内，区文旅局针对受新型冠状病毒肺炎疫情影响经营遇到困难的旅游企业，编制实施《门头沟区文化和旅游局支持旅游企业共渡难关工作方案》。发放补贴239.3276万元，其中冬季开放旅游景区类9家111.8276万元，冰雪旅游项目2家6万元，民宿旅游企业8家16.5万元，旅行社17家45万元，星级宾馆3家20万元，区政府抗疫征用的社会宾馆4家40万元。

（李一鸣）

旅游设施建设

【旅游景区建设】 4月28日，谷山村景区、京西古道景区恢复开放，实行“实名预约”“限量开放”。“五一”期间，谷山村景区、京西古道景区以及6家开放民宿、业态单位共接待游客4000余人次、收入20余万元。5月10日，妙峰山景区有序恢复开放。23日，北京电视台为樱桃沟村果品拍摄推广视频。7月15日，成功解救爬山走失人员。8月25日，2020北京西城全民健身徒步大会活动在涧沟村举行，徒步路线为妙峰山森林公园13千米初心不忘路线，400余人参加。10月14日，水峪嘴村举办“冰雪嘉年华”活动。21日，中央电视台以《山区秋景美如画 秋染西山惹人醉》为题报道妙峰山镇旅游工作。年内，“全国公路科普教育基地”在水峪嘴村京西古道景区挂牌。

（王译霄）

【旅游公共服务设施改造】 年内，区文旅局改造区内旅游固定厕所4座，购置环保厕所81厕位，提升改造游客接待中心3处，标识标牌升级改造539.24平方米。

（连春杨）

精品民宿

【北京精品民宿发展论坛集中采访】 7月29日，区委宣传部组织中央及市属10余家主流媒体参加由北京市文化和旅游局、门头沟区人民政府共同主办“2020北京精品民宿发展论坛暨门头沟小院推介会”。报道门头沟区对外发布《“门头沟小院+”田园综合体实施方案》和《精品民宿扶持办法》等精品民宿扶持政策，启动“门头沟小院”品牌系列推广活动。

（张　雯）

【“门头沟小院”推介活动】 7月29日，2020年北京精品民宿发展论坛暨“门头沟小院”推介活动举办。推介会解读《北京乡村民宿发展指导意见》，介绍门头沟区点状供地试点工作推进情况，推介“门头沟小院+”田园综合体开发建设经验，举行村企合作签约仪式。11月27日，2020北京精品民宿发展论坛暨“门头沟小院”推介活动第二季举办。活动通过“一线四矿”路演展示，

“门头沟小院”政策宣传和成果展示，以及与同仁堂、北京演艺集团签约战略合作协议等方式推介“门头沟小院”。

（马春雨）

【民盟小院建成】 12月9日，民盟小院位于南辛房村，面积200平方米，客房4间。民盟小院依托9月29日揭牌的“首都多党合作实践教育基地民盟北京市委分基地”优势兴建而成，是潭柘寺镇厚植“门头沟小院+”精品民宿品牌建设的重要举措。

（段洋洋）

【精品民宿产业】 年内，雁翅镇精品民宿产业覆盖山神庙村、淤白村、青白口村等8个村，盘活闲置院落80余处，营业民宿5家17个院落，完成19个院落主体建设，试运营9个院落，在建民宿5处，实现民宿经营收入74万元。

（刘圣然）

【精品民宿建设】 6月9日，“门头沟小院”精品民宿揭牌活动在小龙门村举行，活动展示小龙门村朗诗乡居精品民宿建设情况、发展理念及未来规划。7月28日，北京经济技术开发区领导到清水镇调研慰问，参观黄安坨村“中建·百花山舍”精品民宿、梁家庄村“创艺乡居”精品民宿，在黄塔村慰问第一书记并召开座谈会。9月23日，平谷区人大一行27人调研清水镇精品民宿项目建设情况，参观梁家庄村创艺乡居和齐家庄村瓦窑精品民宿项目。年内，清水镇明确以四条主要沟域为核心的“四沟多点”精品民宿旅游产业布局，建成创艺乡居、朗诗乡居、百花山社、瓦窑民宿等6个项目58套精品民宿，促成9个村与社会企业达成合作意向，全镇精品民宿产业实现经济收入336.4万元，辐射带动6个村140余户村民增收，户均年增收超7400元。

（刘浩洋）

卫生健康

5月，区医院举行庆祝护士节活动（《京西时报》 供图）

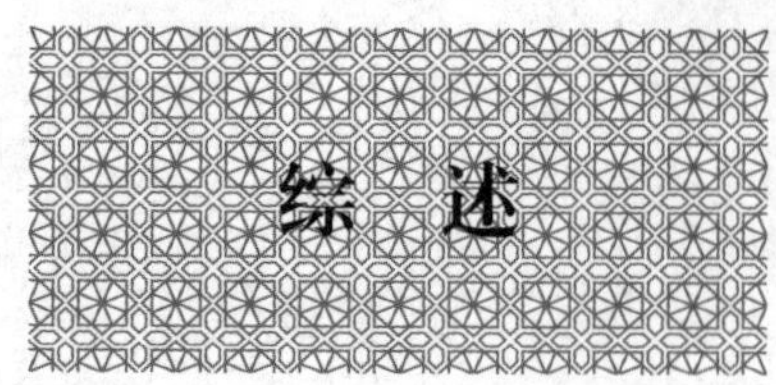

【概况】　2020年，门头沟区卫生健康委员会（以下简称区卫生健康委）在新冠肺炎疫情防控期间，组建新型冠状病毒感染的肺炎疫情防控领导小组，下设综合指挥组、疫情防控组、医疗救治组等7个工作组，确定门头沟区医院、京煤集团总医院为新冠肺炎感染患者定点医疗机构，切实做好院感防控，加强发热门诊与集中隔离点管理，严格做好活禽和野生动物销售检查以及建筑工地复工复产疫情防控检查，始终将人民群众生命安全和身体健康放在第一位，以“红色门头沟”党建为引领，把疫情防控与创建全国文明城区、生活垃圾分类和卫生健康中心工作相结合，抓基层、打基础、夯基石，推动疫情防控常态化和卫生健康事业发展两手抓、两不误，持续推进“健康门头沟”建设。区卫健委表彰2019年度优质服务奖17人，医学论文奖8人，在山区工作满30年的专业人员5人。位于区医院的区中心血库取得执业许可证，区中医药健康文化体验馆建成，东辛房社区卫生服务中心被确定为北京市老年健康示范基地，永定120急救工作站达到A级急救工作站标准化建设目标。

单位名称：北京市门头沟区卫生健康委员会
地　　址：北京门头沟区石龙北路10号
电　　话：60801936
邮　　编：102300

（白仲杰　张　莹）

【卫生健康系统传染病防控工作部署会】　1月14日，区卫生健康委主要领导主持召开卫生健康系统传染病防控工作部署会。会上，提出按照“防输入、防扩散、保安全，确保西部无战事”的工作要求，落实各单位责任，切实把传染病防控工作当成保障首都公共卫生安全的首要任务，充分做好思想、组织、技术准备工作，强化各项工作措施落实。

（张贵竹　曹卫斌）

【控烟工作】　1月15日，市卫生健康委到门头沟区督导冬季控烟工作。5月30日，门头沟区以“保护青少年远离传统烟草产品和电子烟”为主题，利用社区、医院传统宣传平台以及新媒体开展世界无烟日主题宣传倡导活动。

（曹卫斌）

【新冠肺炎感染患者救治】　1月22日，门头沟区医院、京煤集团总医院确定为新冠肺炎患者定点医疗机构。1月28日，门头沟区第一例新冠肺炎患者确诊，转入北京佑安医院治疗，该患者2月9日出院。2月2日，门头沟区第二例新冠肺炎患者确诊，转入门头沟区医院治疗，该患者2月11日出院。2月3日，西城区复兴医院聚集疫情涉及门头沟区确诊病例1人，该患者3月9日出院。6月13日，门头沟区发现第一例新发地市场关联人员新冠病毒核酸检测阳性结果。6月15日，门头沟区发现第一例新发地市场关联确诊病例，同日该病例密切接触者确诊，门头沟区新增新冠肺炎确诊病例2例。6月17日，海淀区疾控中心报告门头沟区永兴商城一工作人员新冠肺炎核酸检测阳性。7月13日，门头沟区在院新冠肺炎感染患者清零。7月22日，门头沟区在管密切接触者清零。

（张贵竹）

【“平安医院”建设】　2月2日，区卫生健康委分别与京煤集团总医院、区医院、公安部门三方对接，研判新冠肺炎疫情防控期间维护医疗秩序、确保医务人员安全等工作。7月21日，与区公安分局联合制定印发《推进落实〈北京市医院安全秩序管理规定〉工作方案》，监督指导医院从严从实从细落实《北京市医院安全秩序管理规定》。8月25日，区政府办公室印发《门头沟区推进“平安医院”建设 依法维护医疗秩序工作实施方案》，建立职责清晰、高效联动的工作协调机制。9月14日至15日，区卫健委与区公安分局治安支队联合排查清理在医疗机构门诊、急诊等重点区域留宿过夜人员。11月5日，联合区公安分局组织辖区医疗机构和属地派出所开展医疗机构突发事件应急处置培训会。11月24日，联合区公安分局治安支队召开专题会，对《北京市医院安全秩序管理规定》进行再部署、再推进。

（王　杰）

【集中隔离医学观察点管理】　2月5日，门头沟区第一集中隔离医学观察点在雁翅中小学素质教育基地建成并启用。3月11日，第一批境外返京人员入住第一集中隔离医学观察点。14日，门头沟区境外人员回京集中隔离医学观察点在龙泉宾馆建成并启用。27日，门头沟区接收第一批离鄂来（返）区人员，并统一安置在第一集中隔离医学观察点集中隔离观察。4月8日，第一批武汉集中来（返）区人员共7人抵达龙泉宾馆。11日，门头沟区境外入京集中隔离人员累计107人全部从龙泉宾馆集中隔离点解除医学观察。6月30日，雁翅镇第一集中隔离医学观察点密切接触者清零。

（张贵竹）

【中医药预防处方调配】 2月16日，门头沟区中医医院承担全区境外及外地返京人员、密切接触人员、集中隔离人员、各社区卫生服务中心职工等人员的中药预防处方药品调配工作。

（张贵竹）

【康复者血浆捐献】 3月4日，门头沟区首例新冠肺炎患者捐献血浆200毫升。16日，门头沟区治愈的首例新冠肺炎患者姜女士捐献血浆200毫升。4月7日，姜女士第二次捐献恢复期血浆200毫升。

（张贵竹）

【医疗废物转运】 3月25日，区卫生健康委制定印发《门头沟区医疗机构医疗废物“小箱进大箱”转运处置方案（试行）》，确定京煤集团总医院、区医院、区中医医院、斋堂医院等4个医疗废物集中暂存点，实现全区医疗废物48小时内转运。

（张　博）

【新冠肺炎病毒核酸检测】 3月26日，门头沟区对在管居家隔离入境人员40人开展采样核酸检测，皆为阴性。5月21日，京煤集团总医院开始进行新冠病毒核酸检测工作。6月12日，门头沟区医院开始进行新冠病毒核酸检测工作。6月16日，京浪岛被确定为全区户外核酸采集点并启用。7月20日，门头沟区中医院开始进行新冠病毒核酸检测工作。7月24日，区妇幼保健院、龙泉医院开始进行新冠病毒核酸检测工作。8月10日，区中医医院方舱实验室投入使用。

（张贵竹　吕小娟　徐　丽）

【病媒生物消杀】 4月3日，门头沟区开展春季统一灭鼠活动，向各镇街与相关单位发放灭鼠药品320箱4800公斤。6月9日，开展统一灭蚊蝇活动。11月，开展冬季统一灭鼠活动，向各镇街与相关单位发放灭鼠药品156箱2340公斤。

（曹卫斌）

【体检服务恢复】 4月17日，全区设立体检服务的医疗机构在落实落细新冠肺炎疫情防控措施的基础上，分类、有序恢复体检服务。

（张贵竹）

【健康促进宣传】 6月1日至6日，门头沟区开展2020年“健康北京周”主题宣传活动，医疗卫生机构利用闭路电视、电子屏、宣传栏等设施在门诊等候区、住院病房等区域播放健康北京行动系列宣传片和新冠肺炎疫情防控健康科普宣传片。9月，开展“健康提素——2020年北京市城乡居民健康素养线上竞答活动”，组织广大市民学习掌握《首都市民卫生健康公约》。

（曹卫斌）

【婚检婚登一站式服务】 6月，门头沟区“婚检婚登孕优全程服务站”建成并投入使用，实现“婚检、婚登、孕优”一站式服务。同月，门头沟区婚检率由5月的4.49%上升至62.39%。

（刘艳莉）

【职业性尘肺病患者服务】 6月，区卫生健康委配合市卫健委开展职业性尘肺病随访与回顾性调查，核查完成门头沟区2006年至2019年16899例尘肺病例的尘肺病数据。8月，通过北京市矿山、冶金、化工等行业领域尘毒危害专项治理评估验收。10月，依托大台医院推进尘肺病康复站建设，转移支付专项经费80万元，加强专业康复设备配备、人员培训，提供专业康复治疗服务，提升尘肺病患者生命质量。

（张　博）

【卫生系统职称结构比例调整优化】 8月，门头沟区18家医疗卫生机构和公共卫生机构调整优化职称结构比例，其中第二类比例单位9家，分别为4个二级医院、4个区属公共卫生机构和斋堂医院，第三类比例单位8家，分别为8个社区卫生服务中心，疾病预防控制机构共1家，调整后高级职称结构比例均有一定程度的提升，缓解高级职称专技人员晋升空间不足问题。

（胡晓静）

【儿童青少年近视调查】 10月，门头沟区8所中小学校、托幼机构2201名6岁至18岁学生儿童参加近视抽样调查。经调查，视力不良检出人数1458人，视力不良检出率为66.24%；筛查出近视的人数1145人，佩戴角膜塑形镜的人数26人，近视率为53.20%。全区2020年儿童青少年近视率同比上升0.46个百分点，较2018年下降1.2个百分点。

（季晓明）

【公共卫生应急管理体系建设】 11月2日，区委办、区政府办联合印发《门头沟区加强公共卫生应急管理体系建设三年行动计划（2020-2022）》，围绕“制度建设、内涵建设、项目建设”，提出完善疾病预防控制体系、完善重大疫情防控救治体制机制、建立应急保障体系、加强党对公共卫生应急管理工作的领导等8个方面35项重点工作。

（任正艺）

【卫生应急物资储备体系建设】 11月16日，区卫生健康委印发《门头沟区卫生应急物资储备体系建设实施方案》，建立“区—机构”两级医用物资设备储备体系，制定物资储备目录和清单，完成600余万元的区级卫生应急储备物资储备，基本实现医疗机构口罩、防护服、检测试剂、仪器装备等必要医用物资储备量满足30天以上需求。11月，区卫健委与嘉事堂药业股份有限公司签署合作协议，委托该公司管理配送区级卫生应急储备物资；组建涵盖传染病、呼吸、重症医学、创伤、心理、院前急救等专业由30人组成的区级综合类医学救援队。

（任正艺）

【老年友善医疗机构创建】 11月，京煤集团总医院、斋堂社区卫生服务中心、大台社区卫生服务中心、东辛房卫生服务中心、潭柘寺社区卫生服务中心、妙峰山社区卫生服务中心6家医疗卫生机构创建完成老年友善医疗机构。

（刘艳莉）

【孕产妇安全保障】 年内，区妇幼保健院建立临时产房，各助产机构落实好“一人一诊一室”的规范门诊建设、住院患者“一人一陪同”的标准化管理，确保全区孕产妇在新冠肺炎疫情防控时期的安全。“十三五”期间，门头沟区实现孕产妇零死亡。

（刘艳莉）

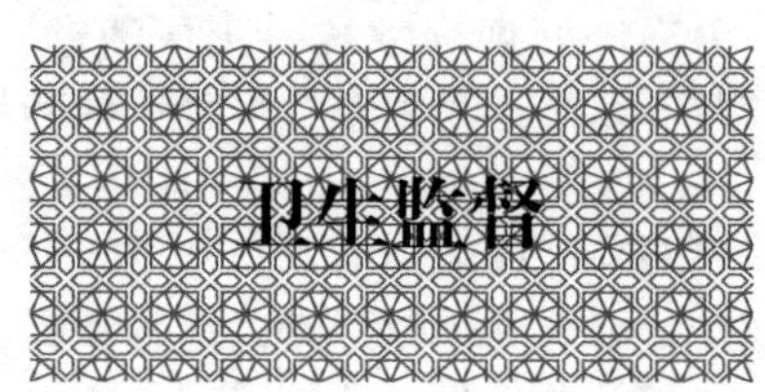

卫生监督

【概况】 2020年，门头沟区卫生健康监督所在新冠肺炎疫情防控期间，完善卫生监督执法体系，加强监督执法能力建设，以推进依法行政为主线，坚持宣传、培训、监督齐抓共管，开展医疗卫生、学校卫生、公共场所、生活饮用水、职业卫生等各项监督执法工作。年内，区卫生监督所完成监督检查5171户次，其中医疗机构1034户次，传染病和消毒监督837户次，计划生育7户次，血液管理4户次，生活饮用水673户次，学校卫生213户次，公共场所1424户次，放射卫生55户次，职业卫生39户次；监督覆盖率为99.92%，监督频次为3.27；实施行政处罚278件，撤销案61件；一般程序处罚72件，罚款22.9万元，没收违法所得35410元，简易程序处罚206件，罚款1050元，一般程序处罚和简易程序处罚共计罚款265460元；开展卫生监督协管服务巡查1605户次。区卫生监督所接到群众各类业务咨询3036人次；受理行政许可1008件，包括公共卫生行政许可受理355件，其中公共场所187件（含告知承诺制136件）、生活饮用水108件、放射诊疗60件；受理医疗卫生行政许可653件，其中医疗机构261件、医师注册142件、护士注册250件；受理中医诊所备案1件，办理食品安全企标备案3件；“接诉即办”工作办结控烟投诉45件、公共场所投诉16件、生活饮用水投诉3件、医疗机构及传染病消毒投诉7件。

单位名称：门头沟区卫生健康监督所
地　　址：北京市门头沟区新桥南大街9号
电　　话：60804950
邮　　编：102300

（陈　资　贾立娟）

【市卫生健康督导检查】 1月27日，市卫生健康监督所对门头沟区一级及以下医疗机构开展新冠肺炎疫情防控工作进行督导检查，对检查单位疫情防控工作表示肯定并对全区疫情防控工作现场指导，提出针对性建议。4月23日，对门头沟区大峪中学、北京市第八中学永定实验学校高三复课准备工作进行全面督导。5月8日，对门头沟区初三复学准备工作进行督导。11日，对京煤集团总医院、区医院、区中医院、区妇幼保健院等医疗卫生机构生活垃圾和医疗废物分类管理工作进行督导检查。27日，市卫生健康监督所领导到门头沟区调研，要求全区卫生监督工作提高政治站位，在疫情防控工作常态化的同时进一步加强监督执法力度，确保全国“两会”服务保障工作万无一失。6月18日，对双峪菜市场疫情防控工作开展监督检查，就市场主体责任、清洁消毒、人员防护等方面提出要求，同时检查市场周边公共场所。25日，对京煤集团总医院、区医院疫情防控工作进行“回头看”检查，两家医疗机构总体检查情况均达到市、区要求。8月24日，督导检查门头沟区全区中、小学校及幼儿园秋季学期开学工作，包括校内重点区域预防性消毒、应急物资储备、隔离室医疗废物处置、饮水设备清洗维护及消毒等环节。

（韦晶 王勇 吴健楠 张萌 张研）

【集中空调通风系统监督检查】 2月2日，区卫生健康监督所组织门头沟区仍在营业的集中空调通风系统单位召开视频会，为各单位讲解公共区域通风换气相关措施、卫生防护指南及工作人员个人防护知识，强化各单位责任人的应急处理能力，提高新冠肺炎疫情防控期间的卫生安全责任意识。4日，区卫生健康监督所对门头沟区内S1线地铁（石厂、小园、栗园庄、上岸、桥户营、四道桥）6站开展集中空调通风系统专项检查，共6户次。

（郎柏忠 马宽野）

【教育机构防疫检查】 5月7日，区卫生健康监督所会同有关单位对12所初中校初三春季试开学现场进行新冠肺炎疫情防控评估验收。5月20日至27日，会同有关单位对即将开学的12所初中校、22所小学进行疫情防控现场指导，检查结果是34所学校达到开学标准。6月4日至8日，会同有关单位组织4个检查组，对39所幼儿园进行新冠肺炎疫情防控现场指导，检查结果是39所幼儿园达到开学标准。7月2日，会同有关等单位对大峪中学、北京八中永定实验学校等高考考场进行疫情防控现场指导。10月28日，联合有关单位分两组对门头沟区中科幼教绿岛幼儿园、龙泉大地幼儿园、门头沟区第二幼儿园、实验二小永定分校附属幼儿园、世纪之星幼儿园、育园小学附属幼儿园6所托幼机构传染病防控工作进行监督检查并下达监督意见书。

（王勇）

【核酸检测工作】 5月13日，市疾控中心专家、佑安医院检验科专家和市卫生健康监督所监督员组成的检查组指导门头沟区新冠肺炎核酸检测工作。门头沟区新冠肺炎核酸检测工作由区疾病预防控制中心承担，接收京煤集团总医院、区医院等综合性医疗机构，以及区公安分局等单位的采样样本进行统一检测，无社会三方检测机构。

（张萌）

【打击非法行医宣传】 5月27日，区卫生健康监督所在新桥南大街开展“打非”专项宣传活动，鼓励居民及时将日常生活中发现的非法行医现象上报给卫生行政部门，倡导民众积极投身参与到新冠肺炎疫情防控攻坚战中。

（高岩）

【首份食品企业标准备案】 6月4日，北京某面业有限责任公司在“北京市食品安全标准管理系统”上提交修改信息，经区卫生监督所核查，该企业提交的网上申报材料符合备案要求，完成备案并同步实现向社会公众公示。这是《北京市食品企业标准备案办法》实施后，门头沟区完成的首份食品企业标准备案。

（刘承锋）

【新冠肺炎疫情防控监督互查】 6月5日，门头沟区卫生健康监督所与石景山区卫生健康监督所开展新冠肺炎疫情防控工作互查，各自派出医疗卫生、学校和公共场所3个专业组共6名监督员，分别对两区3所医疗机构、3家公共场所、2所学校进行互查。互查促进两区交流卫生监督执法经验，提升卫生监督执法工作水平。

（张萌）

【食品企业标准备案工作培训】 6月8日，区卫生健康监督所通过网上视频形式召开食品企业标准备案工作培训会，2家食品企业参加会议。新版备案办法实现申报企业“一次不用跑”，全程实现网上申报、网上核查、网上备案公示等全环节无纸质化办理，取消原备案前期10个工作日向社会公示环节，并且备案受理时限压缩到最多不超过3个工作日。

（刘承锋）

【医疗机构疫情防控监督检查】 6月12日至14日，区卫生健康监督所对设有发热门诊的京煤集团总医院、区医院、区中医医院、区妇幼保健院进行新冠疫情防控监督检查，向各医疗机构负责人下达监督意见书。

（吴健楠）

【生活饮用水卫生监督】 6月15日至22日，区卫生监督所检查二次供水单位6户，集中式供水4户，小型集中式供水水厂3户，重点检查各单位生活饮用水管理制度、消毒设备运转情况并下达监督意见书。

（王勇）

【医疗机构核酸采样专项检查】 6月17日，区卫生健康监督所对全区4家具有采集核酸检测样本的医疗机构进行全覆盖监督检查，要求医疗机构严格执行流行病学史询问登记制度，增加重点农贸海鲜批发市场相关接触史、重点区域出行史等询问内容，升级采样医务人员个人防护等级，落实“一米线”要求，保证防疫物资储备充足。

（吴健楠）

【防暑降温检查】 6月25日至28日，区卫生健康监督所开展夏季高温季节防暑降温安全检查，采取“四不两直”方式检查高温作业单位、建筑工地、交通场站等一线高温作业场所。接受检查的9家单位均落实防暑降温责任，开展“送清凉”等活动，加大防暑降温经费投入，合理调整安排作业时间，组织劳动者进行职业健康检查。

（赵　轩）

【集中隔离医学观察点监督检查】 6月27日，区卫生健康监督所对雁翅镇中小学素质教育基地和龙泉宾馆等集中隔离医学观察点涉疫生活垃圾的存放清运、消毒防护、医务人员个人防护、隔离房间设置等情况进行监督检查。检查发现，2家集中隔离医学观察点生活垃圾能够做到分开收集，使用双层医疗废物专用包装袋包装，经过含氯消毒剂的喷淋消毒后按照规范专区存放，并由特许清运企业每两天清运一次；能够落实各项消毒措施并留有记录；医务人员能够按照疫情防控期间防护要求进行个人防护。

（韦　晶）

【酒店疫情防控监督检查】 6月28日，区卫生健康监督所对复工酒店疫情防控情况进行监督检查，详细查看酒店入住顾客体温登记表、入住信息记录和公共区域消毒情况，要求企业对入住客人的姓名、来源地、联系方式和健康码等信息必须如实登记，增加清洁与消毒频次，每位顾客离店后房间内要进行无死角消毒，最大程度减少交叉感染风险。

（郎柏忠）

【医疗机构增设临床细胞分子遗传学专业】 6月29日，区卫生健康监督所完成龙泉医院、区中医院、区妇幼保健院变更医疗机构执业许可证申请业务受理工作。3家医疗机构申请变更医疗机构执业许可证，增设临床细胞分子遗传学专业，以提升门头沟区医疗卫生机构新冠肺炎病毒核酸检测能力。

（刘承锋）

【建筑工地疫情防控监督检查】 7月7日，区卫生健康监督所参加对建筑工地疫情防控工作落实情况的联合监督检查，重点检查建筑工地采取封闭式集中管理情况、隔离观察区域设立情况、防护物资准备情况、面对突发新冠肺炎疫情病例的应急预案情况。

（韦　晶）

疾病防控

【概况】 2020年，门头沟区疾病预防控制中心（以下简称区疾控中心）开展新冠肺炎疫情流行病学调查、密切接触者管理、环境预防性消毒及病家终末消毒、复工复产技术指导、生物及环境标本核酸检测等疫情防控工作。开展鼠疫防控联合应急演练。加大艾滋病疫情监测管理、健康教育与行为干预、自愿咨询检测与感染者随访管理等措施的落实力度，对男男同性性行为人群、流动人口、暗娼人群开展行为干预，完成辖区艾滋病筛查实验室及艾滋病快速检测点督导检查。强化督导医疗机构和社区卫生服务中心及结核病定点医院，制作结核病防治宣传动画《如果得了肺结核怎么办》。完善免疫规范化门诊建设，建立预防接种单位免疫规划例会制度，完成学龄前流动儿童强化查漏补种及外来务工人员流脑、麻疹疫苗接种工作以及入托入学儿童的查验接种证工作，完成年内流感疫苗接种，完成流行性脑脊髓膜炎健康人群带菌监测。创建慢性病综合防控示范区，提升全区职业人群健康素养，制定《门头沟区2020年全民健康生活方式行动方案》《门头沟区“三减三健”专项行动计划》。完成北京市健康素养现场检测、国家基本公共卫生服务项目健康教育服务培训、北京市第三批控烟示范单位终期评估等工作。开展平衡膳食校园健康促进行动。完成生活饮用水全年监测工作，开展冷却塔风险评估。完善食品安全风险监测评估，规范职业病报告。完成辖区1730例历史死亡数据根本死因编码，以及辖区医疗机构网上报告死因数据的监测审核工作。完善实验室安全委员会和实验室生物安全委员会，调整质量管理体系相关人员，参加11大类216个项目的能力验证活动，完成微生物实验室检验样品4565件7276项次，理化检验完成检测样品 1438 件 11227 项次。

单位名称：北京市门头沟区疾病预防控制中心
地　　址：北京市门头沟区城子东街甲40号
电　　话：69843156
邮　　编：102300

（屈朋欢）

【艾滋病防治知识宣传】 1月9日，区疾控中心在建筑工地开展性病、艾滋病防治知识、禁毒与毒品危害宣传教育、高危行为干预活动，发放宣传材料 400 余份、联系卡 100 余张、安全套 1500 只、纪念品 100 余份，100 余名建筑工人参加活动。9月14日，性病艾滋病防治志愿者结合“万步有约”集体健走活动在门城湖沿线开展性病艾滋病防治及预防接种宣传教育。11月5日和11日，在民生社区和龙门一区社区开展性病艾滋病防控知识讲座，共 100 余人参加。11月23日，开展门头沟区 2020 年度学校“世界艾滋病日”主题教育活动，发放宣传材料 3000 余份，为学生定制宣传品 2 种千余份。12月1日，开展“携手防疫抗艾 共担健康责任”主题宣传活动，发放宣传材料 3000 余份、宣传品 500 余份、艾滋病咨询检测联系卡 500 余张、安全套 2000 支。

（屈朋欢）

【新冠肺炎疫情防控工作部署】 1月21日，区疾控中心对全体员工发出战时动员令。1月23日，召开新型冠状病毒感染的肺炎防控工作部署会，打破科室设置，成立由疫情处置小组、实验室检测小组、疫情监测小组、信息统计小组、环境消杀小组、技术指导小组、健康宣教小组、后勤保障小组等 8 个小组组成的疫情防控专班。2月17日，疫情防控专班增设综合协调小组。5月20日，召开全国“两会”安全维稳工作部署会，做好“两会”期间疫情防控工作。6月12日，召开班子会议部署落实疫情防控工作，火速支援新发地外环境标本采集、辖区重点场所外环境及重点人员核酸检测、重点学校中考前疫情防控技术指导。6月27日，开展常态化疫情防控暨院感管理要求培训。

（屈朋欢）

【新冠肺炎疫情流行病学调查】 1月27日21时50分，区疾控中心接区医院报具有武汉旅居史的发热病例后立即到院开展流行病学调查，并采集病例相关生物标本，经区疾控中心实验室检测及北京市疾控中心复核，确认新型冠状病毒核酸实验室检测结果阳性，经专家会诊后确认为门头沟区首例新型冠状病毒感染的肺炎确诊病例。2月1日15时50分，区疾控中心接京煤集团总医院报告新冠确诊病例的密切接触者有发热症状后立即到院开展流行病学处置，采集咽拭子、血标本各两份，后确诊为新型冠状病毒感染的肺炎确诊病例。6月14日18时，区疾控中心接区医院报一例具有新发地市场接触史的人员新冠病毒核酸筛检结果阳性后立即到永定镇合景领汇长安项目处开展流行病学处置，采集病例及重点相关人员咽拭子、血液等生物标本，重点环境样本，后经北京市疾病预防控制中心确认为北京市首起工地聚集性疫情。年内，区疾控中心累计完成流行病学调查 190 人次，王志越、李兴隆、宋丽君、褚民尉、刘啸傲 5 人在区疾控中心累计坚守 108 天。

（屈朋欢）

【新冠肺炎疫情防控技术指导】 1月31日，区疾控中心召开新型冠状病毒感染的肺炎疫情防控知识培训会。会上，重点介绍新型肺炎疫情社区防控的防控形势、防控知识、防控措施，以及疫区返京人员的管理。2月15日，到芹峪口、杜家庄、双大路和白虎头村 4 处检查站对民警和防控筛查人员进行工作技术指导。18日，到清水镇政府、张家庄村开展疫情防控措施落实及执行情况技术指导。

（屈朋欢）

【学校卫生视导】 3月14日至22日，区疾控中心联合有关单位对全区中小学校进行学校卫生视导，围绕学生营养不良、超重与肥胖防控、视力不良等防控，开展分级预警、成人期疾病早期干预、教学环境检测结果反馈、饮用水及食品卫生检查。

（屈朋欢）

【全民健身宣传】 5月11日至24日，区疾控中心开展全民营养周、碘缺乏病日、学生营养日有奖答题活动。5月31日至6月6日，开展以“合理膳食推广行动、全民健康普及行动”为主题的“健康北京周”宣传活动。8月30日，组织 200 余名“万步有约”健走队员开展实地健走暨全民健康生活方式行动日宣传。9月，开展“健康要加油，饮食要减油”“915”减盐周，以及坚持“一米线”、勤洗手、戴口罩、公筷制等卫生习惯和生活方式宣传。

（屈朋欢）

【无烟家庭创建】 5月20日至6月10日，区疾控中心开展线上"无烟家庭创建及评选活动"，通过线上推广、线下部署双渠道开展活动，共在线上创建无烟家庭607个。

（屈朋欢）

【全国爱眼日活动】 6月3日至5日，区疾控中心举办爱眼日有奖问答活动，增强学生和家长近视防控知识。6日，联合有关单位，面向全区中小学生开展全国爱眼日线上直播主题活动，直播观看人数1525人次。

（屈朋欢）

【对口帮扶】 7月23日，区疾控中心到涿鹿县疾控中心开展对口帮扶，现场培训鼠疫防治、碘缺乏病防治。8月10日，接待涿鹿县疾控中心人员走访交流。26日，接待武川县、察右后旗卫生健康系统领导调研。8月31日至9月2日，在清水镇江水河村举行门头沟区·张家口涿鹿县开展鼠疫防控联合应急演练，两地疾控中心共24名应急队员参加演练。9月12日，区疾控中心到武川县疾控中心开展技术交流帮扶与实地考察。16日，到察右后旗疾控中心开展工作对接和调研，慰问部分因病致贫困难家庭。11月3日，联合门头沟区爱眼协会到涿鹿县蓝天幼儿园开展儿童青少年近视调查工作。4日，为察右后旗疾控中心专业技术人员开展鼠疫防治、饮用水安全培训。11月4日至5日，为武川县疾控中心提供2班次专业技术培训。

（屈朋欢）

【"万步有约"健走激励大赛】 7月，门头沟区43家单位71支队伍共987人参加"万步有约"健走激励大赛精英赛，收集82篇健走征文，获全国优秀健走示范区奖及优秀组织奖。

（屈朋欢）

【人群健康监测】 9月15日至25日，区疾控中心完成流动人口、部分重点人群的现场调查和血样采集工作，发放宣传折页2种千余份、安全套3000余只、联系卡600余张。9月底至10月初，在北京八中京西实验学校、城子街道龙门一区、大峪街道办事处、京煤昊华能源有限公司对监测对象开展现场监测，完成200余份调查问卷，重点了解门头沟区2020年健康人群流脑带菌情况、流脑病原分布及消长情况，科学评估流脑发病趋势及了解流脑病原耐药特征，北京市居民健康素养水平的变化趋势，评价疫情防控中健康教育与健康促进工作效果。11月20日，完成2013年、2015年共1290例监测对象的信息补充核查、结局事件随访以及2012年至2016年的11例死因监测基础信息补充工作。

（屈朋欢）

【疾病预防培训】 9月24日，区疾控中心召开全区流感疫苗接种工作培训会，推动新冠肺炎疫情常态化防控形势下秋冬季呼吸道传染病防控工作。10月10日，联合有关单位召开2020年门头沟区学生常见病和健康影响因素监测与干预培训会，研讨部署前期准备、现场监测及质量控制等工作。14日，召开门头沟区2020年秋冬季呼吸道传染病疫情处置培训会，辖区各医疗机构疾控科、地段防保科相关工作人员40余人参加培训。20日，开展国家基本公共卫生服务项目健康教育服务培训，全区各医疗机构、社区卫生服务中心（站）及部分中小学校的健康教育专兼职人员共71人参加培训。10月21日、29日，举办门头沟区2020年艾滋病防治师资培训班各一场，解读《中国预防与控制梅毒规划（2010-2020年）》终期评估方案。10月23日，召开2020年食源性疾病监测技术培训工作。28日，举办学校及托幼机构消毒专题培训会，各教育机构80名卫生老师参加；11月5日，召开诺如病毒疫情防控部署会。11月13日，召开深山区居民艾滋病防治知识宣传模式探讨与感染现况调查动员培训会。12月24日，为辖区社区卫生服务中心及二级以上医院培训医疗卫生机构新冠肺炎病毒外环境监测方案。

（屈朋欢）

【教学基地共建】 10月12日，区疾控中心为北京大学公共卫生学院4名实习生提供为期2个月的实习，实习内容包括新冠肺炎疫情常态化防控、秋季腹泻高发时期应对等。

（屈朋欢）

【新冠肺炎病毒检测】 年内，区疾控中心开展新冠肺炎病毒核酸检测33559件次，其中生物样本20644件，环境样本12915件；检测阳性5件，均为生物样本。

（屈朋欢）

【新冠肺炎患者密接者管理】 年内，区疾控中心管理新冠肺炎患者密切接触者206例，管理二代密接者244例，管理一般接触者13例。

（屈朋欢）

【新冠肺炎疫情防控消毒】 年内，区疾控中心环境消毒组累计出动人员 940 人次，车辆 30 次，消毒面积 685202 平方米，其中疫点消毒 12 次 419002 平方米，社会单位消毒 3 次 8000 平方米，社区环境消毒 5 次 15000 平方米，集中隔离医学观察点消毒 116 次 243200 平方米。

（屈朋欢）

【新冠肺炎疫情防控宣传】 年内，区疾控中心技术指导组累计派出 570 人次到商业楼宇、建筑工地、企事业单位、“七小场所”等开展防疫技术指导 948 户次；健康宣教组印制发放新冠肺炎防控海报 17015 张、折页 9.54 万张、不干胶粘页 6100 张、手册 3000 册；门头沟疾控官方微信平台发布相关信息 591 条。

（屈朋欢）

【慢性病监测】 年内，区疾控中心开展脑卒中高危人群随访干预工作，完成 1637 例电话随访、151 名脑卒中患者知信行问卷调查和督导，以及 20 名患者及家属的面对面访谈。开展社区高血压患者自我管理小组、糖尿病患者同伴支持小组工作。2019 年度至 2020 年度大肠癌早诊早治问卷或便潜血初筛完成 198 例，肠镜检查完成 17 例。完成老年人防跌倒操推广 170 例基线问卷评估。完成 807 例肿瘤患者的随访工作。

（屈朋欢）

【农村卫生环境监测】 年内，区疾控中心开展生活饮用水联网监测、农村自备井、农村集中供水、农村学校供水水质监测，累计监测 228 件，合格 225 件，合格率为 98.7%，并对不合格水样均进行复测；围绕 20 个农村环境综合整治村开展监测 80 件，合格 80 件，合格率为 100%。

（屈朋欢）

【食品安全风险监测】 年内，区疾控中心完善食品安全风险监测评估，累计采集各类食品样品 245 件，食源性疾病监测腹泻病例 172 例；开展沙门氏菌、副溶血性弧菌、志贺氏菌、致泻大肠埃希氏菌、耶尔森氏菌、空肠弯曲菌、肠出血性大肠埃希菌 O157、创伤弧菌检测，致病菌阳性病例检出 25 例，阳性致病菌检出率为 14.53%；对 66 例粪便标本开展诺如病毒、轮状病毒检测，检测结果阳性 14 例，阳性率为 21.21%。

（屈朋欢）

【消毒监测】 年内，区疾控中心完成医疗机构消毒监测 800 件，检测项目包括使用中的消毒剂、空气、物表、手、压力蒸汽灭菌、污水、医疗卫生用品，合格 800 件，合格率为 100%。完成托幼机构消毒监测 200 件，检测项目包括物表、餐具、手、空气，合格 200 件，合格率为 100%。

（屈朋欢）

【疫苗接种】 年内，门头沟区完成国家规划疫苗接种 75482 人次，非国家规划疫苗接种 56135 人次。全区接种流感疫苗 37245 人，接种人数同比增加 61.52%，其中学生接种 12043 人，接种率 55.18%，60 周岁以上老年人接种 17068 人，接种率 44.29%，保障人群、医务人员、中小学教师及其他人群接种 8134 人。年内，门头沟区学龄前儿童强化补种工作共调查 0 岁 ~ 入学前外来儿童 5964 人，其中有卡 5933 人、无卡 31 人、补卡 31 人，补卡率 100%；有证 5964 人，无证 0 人；零剂次脊灰疫苗漏种 1 人，非零剂次脊灰疫苗漏种 5 人，补种 6 人；麻风疫苗应补种儿童 5 人，实补种 5 人；麻风腮疫苗应补种儿童 15 人，实补种 15 人；流脑疫苗零剂次应补种儿童 12 人、补种 / 预约 12 人；乙脑疫苗零剂次应补种儿童 2 人、补种 / 预约 2 人；白百破疫苗零剂次应补种儿童 8 人、补种 / 预约 8 人；乙肝疫苗零剂次应补种 3 人，补种 / 预约 3 人；外来务工人员接种麻风疫苗 10 剂，流脑疫苗 11 剂。

（屈朋欢）

【碘营养状况调查】 年内，区疾控中心完成孕妇、8 岁 ~ 10 岁儿童、育龄妇女、成年男性重点人群共 503 人尿碘、303 份盐碘监测，开展学生甲状腺 B 超检测，共检测 203 人。

（屈朋欢）

【职业病鉴定】 年内，门头沟区职业病报告审核新发尘肺病例审核 560 例，晋级 20 例，疑似尘肺 25 例，死亡病例 60 例，无其他职业病发生。区疾控中心完成 16888 例职业性尘肺病随访与回顾性调查，完成 5 家放射诊疗医疗机构职业健康风险评估调查，完成 20 家用人单位 1010 人次个人剂量计检测，开展放射危害本底枯水期、丰水期监测采样及大气、土壤放射本底监测。

（屈朋欢）

【健康小屋创建】 年内，门头沟区 6 家机构创建健康小屋，其中 2 家食堂、2 家餐厅、2 家社区。

（屈朋欢）

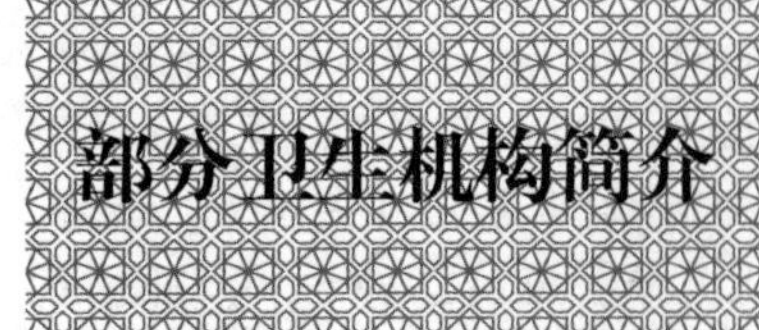

部分卫生机构简介

区医院

【概况】 2020年，门头沟区医院（以下简称区医院）胸痛中心PCI数量144例，D2B时间中位数缩短至84分钟。卒中中心完成静脉溶栓治疗50例，DNT中位数时间缩短至32.5分钟，北京市卫健委授予卒中中心称号。创伤中心逐步形成以患者为中心，“院前—急诊—专业科室”三联动的多学科联合诊疗模式，急诊外科就诊人次11119人，外伤人数3406人次，外伤占比30.6%，经创伤绿道推送213例。骨科首次独立开展Infix内支架微创技术治疗骨盆骨折。呼吸与危重症医学科与胸外科、肿瘤科、影像科开展肺癌MDT，优化肺部肿瘤诊疗方案。成立肾内科病房；心血管内科参加国家重点研发计划“高可信强智能的心脑血管疾病诊疗服务模式解决方案”——“三级诊疗服务协作及应用平台实践”研究项目。妇产实现24小时镇痛分娩服务。口腔科开展微创拔牙术、显微根管治疗术、全瓷嵌体修复技术、牙齿美白贴面技术、全口吸附性义齿修复技术、磨牙合垫修复技术、美学修复技术等新技术新项目7项。检验科开展新型冠状病毒核酸检测和抗体检测。年内，18家社区站实现转诊平台门诊转诊550人次，远程诊疗430人次。出院患者下转回社区1801人次，门诊下转患者153人次。担负社区全科医师练兵工作，选派讲师8名，累计培训12小时，各社区基层卫生服务人员50余名参加培训。年内，区医院获批科研课题2项，合作课题3项，在公开杂志发表论文47篇，其中SCI论文1篇，核心期刊8篇，在首届中国医院质量成果发表赛暨第八届全国品牌故事大赛医疗分赛决赛获得3项大奖，在首届中国医院质量成果发表赛暨第八届全国品牌故事大赛医疗分赛决赛中获“改进级”奖项，在2020中国医院质量管理最佳实践案例分享大会获第二名，在2020中国医院质量管理（QCC）最佳实践案例大赛上5个项目获奖，在第六届全国医院擂台赛活动中3个项目获奖，在第八届全国医院品管圈大赛获得6项奖项，《便携式智能气道管理系统》项目在第二届“科技部驼人医疗器械科技创新”项目大赛中获三等奖。年内，区医院党委在北京市抗击新冠肺炎疫情表彰大会上获“北京市抗击新冠肺炎疫情先进集体”“北京市先进基层党组织”，4人获“北京市抗击新冠肺炎疫情先进个人”荣誉称号。

单位名称：北京市门头沟区医院
地　　址：北京市门头沟区河滩桥东街10号
电　　话：69843251 69842251
邮　　编：102300

（肖丕霞）

【新冠肺炎疫情防控】 年初，区医院成立由18人组成的新冠肺炎医疗院级专家组，成立过渡病房，组建4批次109人的隔离病房医疗队，组建20人的医护团队与14人的隔离点医务保障人员团队、40人的区级流调梯队，8人支援湖北后备医疗队，调动医务骨干共16人支援发热门诊工作，派遣159名医护人员支援120院前急救。年中，组建150名经验丰富医护人员的核酸采样队伍；年底，组建100余人的院内核酸检测队，派出90余人次参与支援大兴区、顺义区及龙门进行核酸检测。

（肖丕霞）

【新冠肺炎患者救治】 1月28日，区医院成为接收疑似和确诊新型冠状病毒感染肺炎病人的定点医院。2月2日20:00，区医院接收门头沟区新型冠状病毒感染的肺炎疑似病人2例、确诊病人1例。11日，区医院首例新冠肺炎确诊患者出院。

（肖丕霞）

【全面线上预约挂号】 自2月16日起，区医院非急诊、发热门诊实施全面预约挂号，推出医院微信服务号。

（肖丕霞）

【过渡病房】 3月9日至25日，区医院过渡病房收治14人。

（肖丕霞）

【呼吸疾病诊疗中心成立】 4月29日，区医院呼吸疾病诊疗中心正式成立。

（肖丕霞）

【核酸检测实验室启用】 6月12日，区医院核酸检测实验室正式启用。

（肖丕霞）

【发热门诊升级改造】 8月15日至9月30日，区医院升级改造发热门诊，重点提升传染病防控能力。10月1日，发热门诊正式恢复开诊。

（肖丕霞）

【对口帮扶】 9月3日，门头沟区对口支援堆龙德庆区人民医院远程医疗影像项目正式开通。年内，区医院选派妇产科、影像中心、消化内科3名医师到堆龙德庆县人民医院开展为期一年援藏工作。派出10名医护人员到堆龙德庆县人民医院、察右后旗医院、涿鹿县医院开展对口支援帮扶工作。接收涿鹿县医院到院进修学习的影像、护理人员3人。接收察右后旗医院到院进修学习医疗护理人员6人。举办2020年京蒙医疗卫生精准帮扶与技术合作医务人员技能培训班，武川县、察右后旗的35名学员到院学习。

（肖丕霞）

【负压隔离病房建设】 11月30日，区医院负压隔离病房建设完工。12月30日，通过专家验收并投入使用。

（肖丕霞）

【基因扩增实验室建设】 12月4日，区医院基因扩增（PCR）实验室通过评审，获得核酸检测资质。

（肖丕霞）

【高端影像设备引进】 12月9日，区医院核磁室引进西门子Skyra3.0T核磁共振仪。

（肖丕霞）

【第十届学术节】 12月18日，区医院举行以“战疫情，勇担当，精学术，促发展”为主题的第十届学术节，区医院、区中医医院、区妇幼保健院以及各社区卫生服务中心300余人参加。

（肖丕霞）

【核酸检测基地启用】 12月25日，位于区医院急诊楼北侧的门头沟区核酸检测基地启用，基地集成式方舱核酸检测实验室总面积为81平方米。

（肖丕霞）

【科普宣传】 年内，区医院推送线上科普宣传53篇，开展线下健康大讲堂9场，出诊专家11人，受益居民368人次。开展义诊活动24场，参与人数182人，受益居民2260人次。与九三学社共同创建“8＋1行动进社区，医疗专家护健康”项目，每周三进行义务健康咨询，累计开展16次，出诊专家32人，惠及居民270人次。

（肖丕霞）

龙泉医院

【概况】 2020年，龙泉医院在抓实疫情防控，落实责任担当的同时，发挥专科医院职能，成立心理危机干预救援组，开展心理援助、心理危机干预援助。组建由卫生专业技术人员组成的核酸采集队，参加京浪岛、永定地区、军庄地区核酸采集工作。完成门城小馆，双峪农贸市场等5家单位的环境核酸采样工作。建立核酸检测方舱实验室，增设隔离病区。3名职工支援区医院120工作。改善就医环境，完成室内暖气、排水设施及太阳能热水改造工程。承担首都医科大学门头沟教学医院心理教研室工作，完成全科医师规范化培训任务，精防新入职人员培训任务。全年发表精神科专业论文7篇。

单位名称：北京市门头沟区龙泉医院

地　　址：北京市门头沟区门头沟路42号

电　　话：69842724

邮　　编：102300

（张　娟）

【新冠肺炎疫情防控】 年内，龙泉医院成立疫情防控工作领导小组，结合精神卫生工作特殊性和医院实际情况，从制度、管理、布局、环境、流程、人员等诸多层面制定防控方案、制度流程。加强重点部位管理，把好预检分诊关，在落实测温、扫码、戴口罩、一米线等防控措施的基础上，采取暂停家属进病区探视、职工病人全员封闭管理、全员核酸检测、注射新冠肺炎疫苗等措施严防疫情输入。采取门诊长处方，住院病人进餐、工娱活动分批进行等措施，防止人员聚集。

（张　娟）

【心理危机干预救援】 年内，龙泉医院成立心理危机干预救援组，针对社会公众开展心理干预，推送线上测评平台、心理援助热线，微信公众号发布心理科普、宣传文章。针对重点人群开展心理援助，深入隔离点开展心理危机干预援助。指导两个集中观察点医务人员开展心理疏导服务，制作发放《集中隔离观察人员心理援助服务手册》。

（张　娟）

体 育

1 月 11 日，门头沟区举办“助力冬奥　有我更精彩”冰上嘉年华（区体育局　供图）

◆| 10月21日，大峪第一小学参加“全国校园足球试点区复核验收”（区教委 供图）

◆| 10月24日，门头沟区与西城区武术交流展示活动在门头沟区体育馆举办（区体育局 供图）

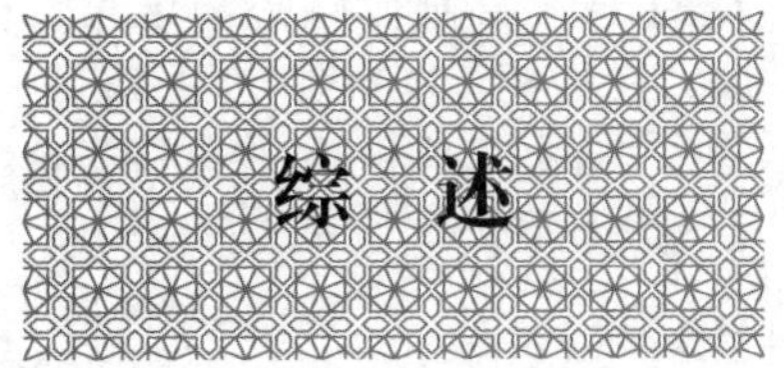

综述

【概况】 2020年，门头沟区体育局切实落实《北京2022年冬奥会和冬残奥会文化活动计划》《北京冬奥会文化活动工作协调小组重点工作分工方案》和《冬奥城市文化活动的指导意见》，开展群众冰雪运动，全力提升群众体育水平，保障竞技体育水平，加强行政审批执法，打造精品赛事活动，宣传门头沟区城市建设成就和旅游文化资源，在新冠肺炎疫情防控背景下推动区体育事业与经济社会协调发展。

单位名称：北京市门头沟区体育局

地　　址：北京市门头沟区新桥大街32号

电　　话：69851020

邮　　编：102300

（连　昊）

【体育行业疫情防控检查】 3月，区体育局对全区体育运动经营单位累计开展5次新冠肺炎疫情防控“全覆盖”检查行动，检查120家次，全区24家体育运动经营单位全部暂停开放。

（连　昊）

【门头沟区象棋协会成立】 10月14日，门头沟区象棋协会成立大会在门头沟区体育馆举行。会上，选举出新任门头沟区象棋协会主席、副主席，组成新一届门头沟区象棋协会领导班子。

（连　昊）

【教练员体能培训】 10月23日，区体育局面向区体校、区业余体校全体教练员和管理人员举行首期体能培训班，培训从概念、动作、素质训练、放松、运动康复等入手讲解示范并针对各运动项目特点进行讲授。

（连　昊）

【体教融合教学观摩研讨活动】 10月27日、29日、11月6日，区体育局组织区体校、业余体校、社会合作项目教练团队分批次在大峪一小综合楼四层报告厅通过直播的形式观摩大峪一小3名高级教师的示范课。课后的研讨交流中，双方就学生积极性调动、专注力培养等问题进行讨论。

（连　昊）

【法制宣传日系列宣传活动】 12月4日是第7个国家宪法日，区体育局与其他委办局共同在门头沟区体育场馆前，参加全区范围内组织开展的“12•4”国家宪法日暨全国法制宣传日系列宣传活动。此次活动以“深入学习宣传习近平法治思想大力弘扬宪法”为主题，通过悬挂条幅、向群众发放法制宣传资料等形式，全面宣传体育局的主要职责及体育方面的法律法规。

（连　昊）

【篮球新规则培训】 12月12日，区体育局主办2020年篮球新规则培训班，讲解国际篮联最新规则修订部分的内容并结合CBA战例开展现场互动交流，40余人参加培训。

（连　昊）

群众体育

【参加“美丽乡村”趣味采摘运动会】 10月15日、16日，“美丽乡村”趣味采摘运动会在怀柔区喇叭沟门乡中榆树店村举办。此次比赛由北京市农业农村局、北京市体育局、北京市农民体育协会主办。门头沟区率代表队参加运动会。比赛项目有“巧搓玉米庆丰收”“搬运轮胎强体魄”“同心锯木奔小康”“池塘抓鱼欢乐多”4项。

（连　昊）

【参加北京市第七届广场舞大赛】 9月5日，北京市第七届广场舞大赛在北京玉蜓公园开赛。此次比赛由北京市体育局主办，北京市社会体育管理中心，北京市东城区体育局承办。赛事共有来自全市各区、市直机关工委、市民委等单位选拔及社会报名的54支队伍。门头沟区派出一支代表队参赛，参赛队伍全部采用自选套路进行比赛，获大赛三等奖。

（连　昊）

【参加北京市龙舟大赛】 9月12日，2020年北京市龙舟大赛暨顺义区“牛栏山杯”龙舟赛在北京奥林匹克水上公园举办。此次活动由北京市体育局、顺义区人民政府主办，北京市社会体育管理中心、北京市顺义区体育局、北京市龙舟运动协会、顺义区体育总会、北京顺义文化旅游投资集团有限公司、顺义水上运动协会承办。门头沟区代表队参加取得优异成绩。

（连　昊）

【获北京市农民跳绳比赛女子第一名】 9月20日，由北京市社会体育管理中心、北京市农民体育协会主办的2020年北京市农民跳绳比赛在北京住总京体健身中心隆重举行。此次跳绳比赛共分个人和团体两大项目，共有来自全市各相关区的9支队伍，100余位农民及农村企业从业者参加比赛。门头沟区代表队参赛并获女子“一带一”第一名、男子“一带一”第二名、10人长绳“8”字跳第二名。

（连 昊）

【参加第十二届北京市体育大会钓鱼比赛】 9月26日，第十二届北京市体育大会钓鱼比赛在房山区吉塘垂钓园举行，各区县共100队参赛队员200余人。此次比赛由北京市体育局，北京市体育总会主办。门头沟区派出5个队10名优秀钓鱼选手参赛，三队2名队员获第六名。

（连 昊）

【参加2020年北京市健身气功站点联赛】 8月21日，由北京市体育局主办，北京市社会体育管理中心和北京市健身气功协会承办的2020年北京市健身气功站点联赛在北京住总京体健身中心举行。此次比赛共有43支代表队、260多名队员参加。门头沟区3支代表队参赛，取得优异成绩。

（连 昊）

【参加中老年优秀健身项目表演赛】 9月28日，门头沟区代表队受邀参加2020年石景山区第十六届中老年优秀健身项目表演赛。此次比赛在石景山体育馆举办，门头沟区派出2支代表队参加展示，分别取得优胜奖和优秀奖。此次活动为门头沟区和石景山区搭建起一个相互交流的平台。

（连 昊）

【北京市第十一届登山大会】 10月25日，由北京市体育局、顺义区人民政府、延庆区人民政府主办的“九九重阳”北京市第十一届登山大会开幕。此次活动共分为延庆柳沟、顺义五彩浅山2个主会场。门头沟区代表队50名运动员参加延庆柳沟主会场的登山活动。

（连 昊）

【第九届京西“大众杯”公园乒乓球比赛】 12月，2019年北京市体育公益活动社区行暨第九届门头沟区京西“大众杯”（团体）公园乒乓球比赛举办。由门头沟区体育局、门头沟区体育总会主办、门头沟区社会体育服务中心、门头沟区乒乓球运动协会承办。此次比赛共300余名选手、77支队伍参加，其中男队52支/女队25支。

（连 昊）

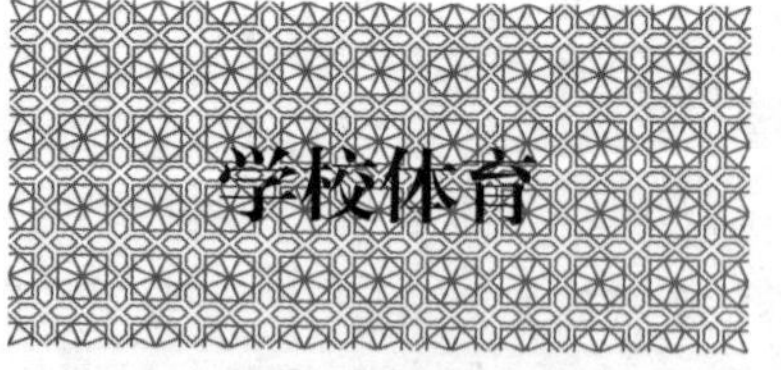

【青少年篮球嘉年华运动】 1月11日，区体育局与区教委联合主办2019年-2020年门头沟区青少年篮球嘉年华活动，11支小学队伍、7支中学队伍参加活动。

（连 昊）

【第二届“迎春杯”围棋赛】 1月11日、12日，门头沟区第二届“迎春杯”围棋赛在三家店铁路中学举行，全区50余名围棋选手参加比赛。

（连 昊）

【青少年篮球冬训营】 1月12日至22日，2019年—2020年门头沟区青少年篮球冬训营在大峪一小开营，全区19所篮球网点校的17名篮球教练员、50余名运动员参加训练。

（连 昊）

【青少年体育参赛】 9月26日、27日，门头沟区2名运动员参加北京市U系列武术散打冠军赛暨北京市中学生武术散打冠军赛男子U18组别75kg级比赛并获1金。10月16日，区青少年滑雪队参加全国青少年夏季滑雪挑战赛暨第四届京津冀青少年夏季滑雪挑战赛U12、U14组别双板滑雪项目比赛并获1金。10月16日至18日，10名运动员参加北京市青少年冰壶冠军赛并获1铜。10月17日、18日，31名运动员参加北京市青少年田径锦标赛，4名运动员达到国家二级运动员等级称号。10月31日、11月1日，11人参加“奥园”杯中国轮滑广场系列赛事活动并获儿童女子U8组第三名，区曲棍球代表队参加北京市青少年U系列曲棍球冠军赛并获1金1银2铜，区柔道代表队参加北京市青少年U系列柔道冠军赛并获4银4铜，7名运动员参加北京市青少年武术套路锦标赛并获1金2银2铜。11月13日至15日，11名运动员参加北京市青少年射击锦标赛并获得2银2铜。11月，26名运动员参加2020年北京市青少曲棍球锦标赛，6名运动员参加2020年北京市青少年冰壶锦标赛。12月26日、27日，10名运动员参加北京市青少年U系列滑雪冠军赛U10、U12、U15组别比赛并获1银。

（连 昊）

【发展体育运动特色校】 截至12月，门头沟区教委被认定为全国青少年校园足球“满天星”训练营。年内，北京市第八中学京西附属小学、育园小学被认定为国家级校园冰雪运动特色学校；北京市第八中学京西校区、京师实验中学被认定为国家级奥林匹克教育示范学校；育园小学、北京市第八中学京西附属小学、大峪第二小学、北京市第八中学永定实验学校被认定为国家级篮球特色学校。黑山小学、八中永定实验学校被认定为国家级校园足球特色学校。一幼、一幼龙山分园、京师实验小学附属幼儿园、实验二小永定分校附属幼儿园、智慧摇篮紫金幼儿园及龙泉大地幼儿园被认定为国家级足球特色幼儿园。京师实验小学、三家店小学被认定为区级校园足球特色学校；京师实验小学、潭柘寺中心小学、潭柘寺中学、大峪中学被认定为区级校园足球特色学校。截至2020年12月，门头沟区共有6所国家级冰雪特色校、13所区级冰雪特色校；11所国家级校园足球特色校、11所国家级篮球特色校。

（邵 华）

冰雪运动

【冰上嘉年华活动】 1月11日，“助力冬奥、有我更精彩”2020北京市门头沟区冰上嘉年华活动启动仪式在门城湖公园举行。活动期间，门城湖冰场向市民免费提供滑冰培训及体验、冰壶培训体验、怀旧冰车、陀螺、爬犁、冰上龙舟等项目。

（连 昊）

【冰雪嘉年华体验项目进社区】 10月17日、18日，“一区一品”冰雪嘉年华体验项目进社区系列活动在阁外山水小区广场举办，320余名居民体验旱地冰球、旱雪滑道、旱地冰壶、旱地冰蹴鞠、VR模拟滑雪体验项目。10月25日、26日，“一区一品”冰雪嘉年华体验项目进社区系列活动在龙泉务举办。

（连 昊）

【青少年冰雪进校园活动】 12月21日，北京市奥运城市发展基金会校园冰雪项目捐赠仪式暨2020年度-2021年度门头沟区青少年冰雪进校园活动启动仪式在大峪第一小学举行。捐赠资金用于支持全区38所中小学2万余名青少年开展冬奥、滑雪知识宣传，实地滑雪体验等活动。12月，600名学生参加在万龙八易滑雪场举行的滑雪体验活动，2000名学生参加在庞清佟健冰雪学校石景山校区举行的滑冰体验活动。

（连 昊）

【校园冰雪运动】 年内，区教委举办北京冬奥会和冬残奥会吉祥物故事征集主题活动，全区16所学校的5870名学生围绕北京冬奥会吉祥物“冰墩墩”和北京冬残奥会吉祥物“雪容融”撰写故事。继续推广普及校园冰雪运动，与区体育局联合开展冰雪体验活动，共有38所学校的1785人次上冰体验、1845人次参加实地滑雪活动。

（邵 华）

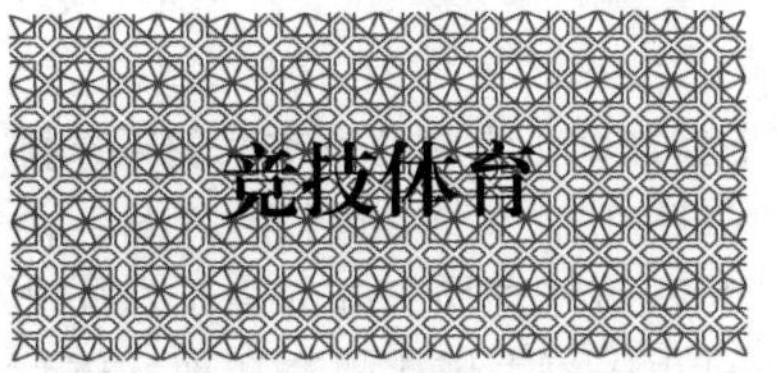

竞技体育

【参加第四届北京市冰蹴球挑战赛】 1月10日，门头沟区3支代表队参加第四届北京市冰蹴球挑战赛暨京津冀冰蹴球邀请赛。此次活动由北京市社会体育管理中心、北京市民族文化交流中心主办，北京市东城区体育局承办。门头沟区共派出3支代表队参加比赛，取得优异成绩。

（连 昊）

【参加第四届北京市柔力球公开赛】 8月8日，第四届北京市柔力球公开赛在北京地坛体育馆举办。此次比赛由北京市社会体育管理中心、北京市体育总会秘书处、北京市民族文化交流中心、东城区体育局主办。门头沟区代表队在第四届北京市柔力球公开赛上获社会组二等奖。

（连 昊）

【获女子乙组5公里迷你马拉松第六名】 9月13日，2020年北京轮滑公开赛在顺义区奥林匹克水上公园举办。此次比赛由北京市体育局主办，北京市社会体育管理中心、顺义区体育局、顺义区教育委员会、顺义区体育总会、北京顺义文化旅游投资集团有限公司共同承办，北京市冰上轮滑运动协会协办。比赛设速度轮滑5公里环湖迷你马拉松和自由式轮滑2个大项。来自北京市

42 支轮滑俱乐部代表队的近 500 名运动员参赛。门头沟区代表队获女子乙组 5 公里迷你马拉松第六名。

（连　昊）

【参加第十六届北京市民羽毛球挑战赛】 9 月 26 日至 27 日，由北京市体育局主办的第十六届北京市民羽毛球挑战赛在地坛体育馆举行。此次比赛设各区系统组和社会公开组 2 个组别，共有 91 支代表队参赛，门头沟区 4 支代表队分别参加了 2 个组别的比赛，取得社会公开组第六名。

（连　昊）

【武术交流展示活动】 10 月 24 日，2020 年门头沟区与西城区武术交流展示活动在门头沟区体育馆举办。此次活动由门头沟区体育局、西城区体育局主办。门头沟区社会体育服务中心、门头沟区体育场馆管理中心承办。两区共 9 支代表队参加活动，展示项目包括太极拳、扇、八极拳、少儿武术。

（连　昊）

【获北京市职工象棋围棋冠亚军】 11 月 28 日，2020 第十一届北京市职工象棋围棋系列比赛暨北京市职工围棋（线上线下）决赛在丰台区鲁能钓鱼台美高梅营销中心举办。此次比赛由北京市总工会、北京市体育局主办，北京市职工体育协会、北京市社会体育管理中心承办，海淀区围棋协会承办。门头沟区派出 2 支代表队参赛并包揽团体冠、亚军。

（连　昊）

社会生活

11 月 19 日，区医疗保障局在民生大厅医保经办窗口开展“领导干部进窗口、体验流程促服务”活动（区医疗局　供图）

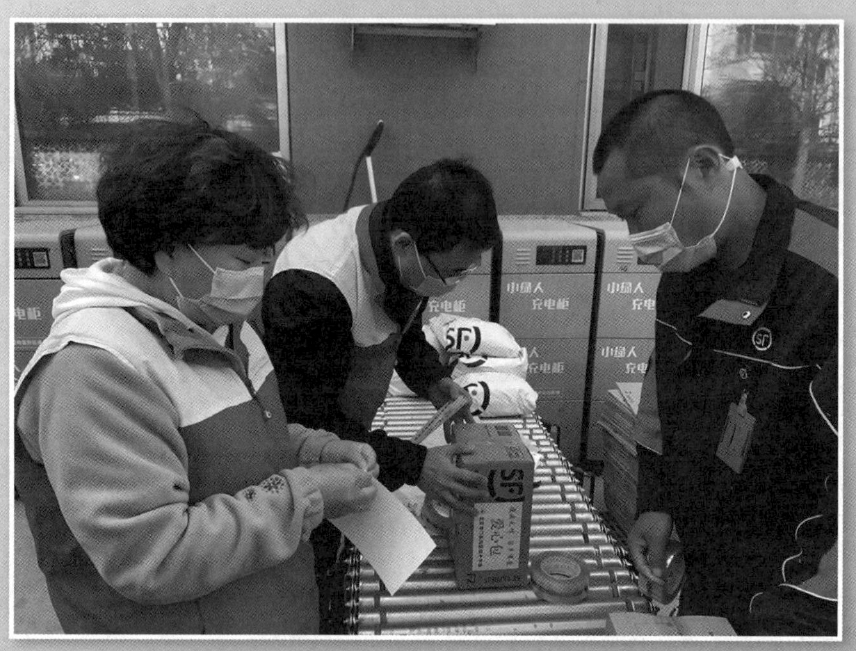

◆| 4月7日，区红十字会工作人员将“防疫爱心包”交付顺丰快递（区红十字会　供图）

◆| 7月，肢体残疾人在新桥大街参加无障碍设施体验活动（《京西时报》 供图）

◆| 9月30日，门头沟区举行烈士纪念日公祭烈士活动（区退役军人事务局 供图）

◆| 10月16日，“就业扶贫在行动，携手同心奔小康”主题活动现场（区人力资源和社会保障局 供图）

社会建设

【概况】　2020年，门头沟区委社会工委区民政局抓住统筹疫情防控和各项工作推进这条主线，坚持社会建设和民政民生“双轮驱动”，全力建设最有温度的部门、最接地气的部门、回应群众诉求最快的部门，疫情防控与重点工作做到“两手抓、两不误”。全市社会建设和民政工作综合评估，门头沟区连续第三年被评为“优秀”，群众满意度调查全市排名第三，《实施扶贫济困三大工程提升困难群体兜底保障水平》被评为全市社会建设和民政系统创新创优项目2020年度北京市“接诉即办”工作“体检”报告，门头沟区“七有”“五性”综合评价中老有所养得分在十六个区中排名第四。

单位名称：北京市门头沟区民政局

地　　址：北京市门头沟区中门寺16号

电　　话：69842081

邮　　编：102300

（祝迎涛）

【春节走访慰问】　“两节”期间，区民政局对全区64类人员开展送温暖、保和谐、促稳定走访慰问活动，对4112户重点家庭进行入户慰问，发放慰问金304.2万元

（赵　霞）

【基层政权建设】　年内，建成大峪街道峪园社区、城子街道龙门新区三区社区、东辛房街道石门营新区五区社区3个社区协商议事厅示范点。指导各镇街社区（村）开展2次民主日活动。开展2021年村、社区“两委”统一换届选举筹备工作。由区委组织部牵头，成立由区委农工委、区农业农村局、区委社工委、区民政局、区经管站等部门组成的换届选举工作专班；开展调研摸排；开展资格联审。联审现任村“两委”及预测人选1043人，联审现任社区“两委”及预测人选993人，共计2036人次。

（魏秀娟）

【社区建设】　年内，门头沟区完成市级民生实事项目，建成3个社区社会心理服务站和13个楼门院治理示范点。3个站点按照心理服务要求对站点进行装修，配备音乐治疗椅、沙盘等设施，共组织51场居民心理活动，通过线上线下等途径开展心理咨询和疫情下减压讲座，疏导居民心理问题；13个楼门均建立社区议事厅，制定楼门院民主议事相关制度，安装楼道门禁，粉饰楼道，安装无障碍设施。针对居民关注的问题制定楼门居民公约，组织居民开展文化活动，在楼门内展示居民书法、绘画和手工作品。

（刘　迪）

【垃圾分类社区动员】　年内，动员参与桶前值守。发挥社区党组织核心领导作用，通过党员回社区报到、志愿者参与等途径发动在职党员、社区党员、网格员、劝导员、楼门长参与桶前值守，宣传分类知识，共有6800余人参加。签订承诺书。动员全区机关企事业单位干部职工8604人签订承诺书，签订率100%，其中党员6376人，签订率100%。街镇社区动员居民签订承诺书，总户数143282户，签订率100%。多形式宣传动员。1000余名社区干部结合社区换届选举、创城和疫苗接种等工作开展敲门行动，发放一封信、折页，特别是针对分类不好的家庭进行重点走访。组织开展“垃圾分类我们一起来”“垃圾分类我先行”等主题活动，同时利用社区微信公众号进行宣传。线上媒介与线下活动相结合，普遍宣传和个人走访相结合，逐步织密宣传动员覆盖网。

（刘　迪）

【社区党建】　年内，区委以视频会议形式召开区党建工作协调委员会会议，研究区党建工作协调委员会各项工作，全力推动“红色门头沟”党建“1179”工程，为打造“绿水青山门头沟”提供坚强保障。会议审议通过《区党建工作协调委员会及办公室成员名单》《区党建工作协调委员会议事规则》《区党建工作协调委员会2020年重点任务》。发挥优秀社区党组织书记“传帮带”作用，提升党建引领社区治理水平，建成城子街道龙门新区三区社区、东辛房街道石门营新区七区社区2个“社区书记工作室”示范点。

（贾文宁）

【清明祭扫接待】　清明节期间，区天山陵园、殡仪馆、万佛华侨陵园3家殡葬服务单位共接待扫墓群众41.3万人，疏导车辆7.6万辆，未发生一起安全事故和群众投诉。

（张晓明）

【婚姻登记】　年内，门头沟区共办理婚姻登记业务4532件，

同比下降0.73%。其中结婚登记1906对，同比下降1.25%；离婚登记1288对，同比上升8.15%；补领婚姻登记证815对，同比下降13.12%；查档513人，出具证明10对，接待咨询电话及人员15126人次。

（翟　颖）

【流浪乞讨人员救助】　年内，区民政局共开展救助巡视290天，出动车辆360台次，工作人员1025人次，救助流浪乞讨人员64人次，街头救助流浪乞讨人员14人次。截至12月31日，在站滞留受助人员8人，托养至衡水市精神病医院8人。

（杨景新）

【慈善劝募救助】　年内，门头沟区慈善协会共接收善款1750.83万元，开展慈善项目51个，发放救助金1870.82万元，救助困难群众2.3万人。门头沟区慈善协会共接收社会各界定向用于抗击新冠肺炎疫情防护捐款52.11万元和价值18.12万元的各类防疫物资3775件。支出82.5万元全部用于疫情防控工作，所有防控物资按照捐赠人意愿进行捐赠。

（刘　菲）

【社会组织工作】　年内，门头沟区共完成社会组织行政审批事项39件、行政检查142件，全区登记在册的各类社会组织共192家，其中民办非企业单位106家、社会团体86家。应参检社会组织184家，收到申请142家，年检合格社会组织132家，基本合格2家。印发《北京市门头沟区全面推开行业协会商会与行政机关脱钩改革工作方案》，统筹推进脱钩改革工作。

（方　雯）

【城乡低保】　年内，门头沟区委社会工委区民政局审批城市低保593户1245人，撤销379户708人。截至年底，城乡低保对象3669户6868人，其中城市低保对象2596户4996人，农村低保对象1073户1872人，同比增加189户484人。支出低保金86227596.88元。同比增加13942967.54元。

（李文博）

【丧葬服务惠民便民】　年内，门头沟区委社会工委、区民政局继续开展“零百千万”工程。销售骨灰盒总量316个，百元以下骨灰盒63个，占销售总量的20%；殡仪服务量4256次，千元以下服务量1829次，占服务总量的43%。认真落实城乡无丧葬补贴政策，对符合条件的155份丧葬补贴给予审批，下拨补贴资金77.5万元。

（张晓明）

【行政区划工作】　年内，实地查看了与丰台区、石景山区、房山区3个相邻区县行政区域界线走向及其两侧地貌、地物、界线标志物的变化情况，及时将区划检查工作情况录机存档，加强区划信息化管理建设，不断提高区划管理信息化管理和服务水平。

（李　萌）

【征地超转人员服务管理】　年内，门头沟区委社会工委、区民政局共接收超转人员67人，上缴区财政接收资金1.15亿元；全年累计下拨市区两级超转人员生活补助费1.14亿元，其中市管942.4万元、区管1.04亿元；上缴市财政局社保专户医疗待遇资金7884.4万元。截至年底，门头沟区共有超转人员3628人，其中市管266人，区管3362人。

（胡　苏）

【社区服务相关工作】　年内，门头沟区委社会工委、区民政局开展301个社区志愿服务项目，累计服务时长1655745.5小时，参与社区志愿服务46512人次。开展“两节”亲情服务活动，便民服务进山区10次，服务山区居民2740人次，其中理发1160人次、家电维修295人次、送“福”1285人次。依托便民服务站在大村、高台村、河南台和太子墓村开展便民服务活动4次，共服务约600余人次。依托康依家商业连锁有限公司为8个街镇的26个村居提供蔬菜配送服务万余斤，累计配送31次。与区便民服务业协会联合为社区居民提供免费清洗100台空调及清洗折扣服务。完成2020年社区志愿服务时间兑换疫情防控专项兑换工作，2438名社区志愿者参与兑换，兑换金额共计28万元。提高社区志愿服务管理骨干业务能力，结合疫情防控要求，设计专项课程，对全区各街镇、村居123名社区志愿者管理骨干进行业务“云”培训1次。完成全区社区志愿服务网巡检指导工作。开展“李兆娴”爱国拥军志愿服务活动，为部队官兵送鞋垫100双，中国结100个。组织开展社区志愿服务项目评比暨社区志愿者之星评定大会，在互联网上进行，对9个志愿服务项目和10名个人进行表彰。以室外、分散宣传为主，通过电子屏、宣传栏、发放宣传折页、敲门宣传等多种形式开展大课堂工作，共开展疫情防控、垃圾分类等各类宣传讲座257次，超额完成全年目标任务的514%。在民政官方微信公众号刊登信息11条。

（曹斌斌）

【福利彩票工作】 年内，门头沟区开展双色球游戏、快3游戏、3D游戏和快乐8游戏等福彩主力游戏的市场营销活动，销售福利彩票3743.33万元，完成市福利彩票销售任务的114.13%。

（刘铁生）

【社会福利工作】 年内，门头沟区委社会工委、区民政局向46名事实无人抚养儿童发放生活救助金、助学金、防疫补贴等共计115.21万元。建设4家驿站，开展养老机构标准化体系建设，养老机构基础指标合格率100%。持续开展养老机构星级评定工作，全区养老机构星级均在二星级及二星级以上。投资64.92万元为2.88万名70周岁以上老人投保老年人意外险，累计为120730人次的80岁以上老年人发放高龄津贴1768.88万元，为16737人次的困难家庭老年人发放服务补贴415.24万元，为58553人次的重度失能老年人发放护理补贴3187.56万元。为入住福利机构的困境家庭人员发放2020年度补贴34.56万元。全年发放残疾人两补3351.02万元，其中生活补贴2745.29万元，护理补贴6054.73万元。

（赵建民　刘　迪　张芳莹　刘子帆）

【社工人才建设】 年内，门头沟区委社会工委、区民政局会同区委组织部、区农业农村局对全区各镇街城乡社区工作者参与一线防疫工作补贴发放工作进行部署、发放。完成社会工作者继续教育和注册登记工作，及时发放继续教育费用补贴，已考取社区工作者助理社会工作师和社会工作师后的待遇落实工作。完成2020年退离居委会老积极春节慰问工作。结合2020年第五届“北京社工宣传周”主题系列宣传要求，完成“优秀社工”、全国“最美城乡社区工作者”人选推荐工作。安排全区社区工作者参加体检。开展社区党组织书记、社区工作者能力提升等系列培训。完成区级社会工作领域“优秀人才”“青年人才”推荐、评审及认定工作。

（王　凤）

【社会动员】 建立“区社会组织孵化中心+镇街社会组织孵化园+镇街社区社会组织联合会党组织”的社会组织党建工作机制，加强对大峪、城子、东辛房、大台、龙泉、永定地区镇街级社会组织孵化中心的建立和工作指导。全区19家社会组织，采取志愿帮扶、捐赠帮扶等多种形式，主动与结对帮扶地区9个村签订21个帮扶协议，捐赠一个爱心超市、一个爱心图书馆、生活用品等价值为76586元，购销当地土豆2.28万斤、羊肉200斤。举行门头沟区社会组织垃圾分类志愿服务队成立仪式。动员、倡导全区各社会组织积极响应区委、区政府号召，主动投入垃圾分类行动。举办“庆八一 垃圾分类进军营 军民共建文明城主题活动”，为志愿者进行垃圾分类专题培训的同时，开启抖音同步直播，全区近20家驻区部队组织了集中或自行收看。完成北京市门头沟区食品药品安全企业协会首都文明社会组织推荐申报工作。

（乔　庆）

【社会组织党建工作】 年内，门头沟区委社会工委、区民政局开展社会组织党组织书记党建工作述职评议考核工作。在社会组织年检期间同步开展社会组织党建情况调查工作，全面摸排社会组织党建工作情况，规范社会组织党建信息填报，进一步提高社会组织党建工作规范化水平。社会组织党组织覆盖率达到71%。

（乔　庆）

【协管员队伍整合工作】 年内，门头沟区稳步推进协管员队伍管理体制改革，建立由区委副书记为召集人，区委常委、常务副区长和主管副区长为副召集人，业务相关部门主管领导，以及13个镇（街）的党（工）委副书记为成员的联席会议机制。成立由区委社会工委、区民政局、区财政局、区人力资源和社会保障局、区委编办主管领导组成的改革专班。完成全区《协管员队伍基本情况统计表》，研究制定《门头沟区城市协管员队伍规范管理工作联席会议制度》和《门头沟区城市协管员队伍管理体制改革实施方案》，针对部门职责、任务分工、区域实际情况等进行了梳理，确定下沉队伍清单。

（乔　庆）

【见义勇为】 年内，门头沟区新增见义勇为行为1例，发放一次性奖励金约6.8万元。区民政局走访慰问见义勇为人员60人，发放慰问金14.03万元；发放见义勇为人员伤残补助金约1.28万元；组织见义勇为人员疗养2批次，累计参加27人次。门头沟区籍见义勇为人员赵玉龙、吕永民获第十二届“首都见义勇为好市民”称号，门头沟区见义勇为办公室获第十二届“首都见义勇为权益保护工作先进单位”称号。

（孙海凤）

【临时救助工作】 年内，门头沟区委社会工委、区民政局安排临时救助资金122.43万元，帮助173户302名因病、因灾及子女就学等原因造成生活暂时困难的家庭渡过难关。53万元作为各街镇救急难资金进行下拨。落实“四免一关怀”政策，一次性拨付给区疾控中心16.2万元艾滋病患者临时救助款。

（赵 霞）

【地退人员权益保障】 年内，门头沟区委社会工委、区民政局共发放地退人员工资348.73万元，过节费24.9万元，慰问金3.23万元，防暑费0.63万元，采暖补贴费11.07万元，遗属生活补助1.76万元。

（孙海凤）

人力资源和社会保障

【概况】 2020年，门头沟区人力资源和社会保障局以“红色流水线，服务零距离”党建品牌为引领，着力做好“稳就业保民生”，大力实施就业优先战略，多措并举强化源头治理，统筹推进事业单位改革，不断强化社会保障水平。新冠肺炎疫情防控期间，区人力社保局大力推行“不见面”服务、承诺制办理、容缺受理等措施，开通电子邮件、快递等方式接收企业办理业务事项。全年完成各类人事考试3项，服务考生8712人次；办理群众来访、来信46件，同比下降16.36%；受理12345热线999件，同比增长149%。年内，区人力社保局荣获第六届全国文明单位称号以及北京市脱贫攻坚先进集体称号，门头沟区社会保险事业管理中心获北京市2019-2020年度“接诉即办”改革工作先进集体称号。

单位名称：北京市门头沟区人力资源和社会保障局
地　　址：北京市门头沟区中门寺街16号
电　　话：69843754
邮　　编：102300

（程 菲 武军秀）

【企业社会保险费减免】 2月至12月，门头沟区根据新冠肺炎疫情防控期间减免企业社会保险费政策，共为区内1.53万家企业减免养老、医疗、失业三项社会保险费共11.01亿元，267家单位缓缴社会保险。

（程 菲 武军秀）

【公务员职务职级并行改革工资兑现】 6月，门头沟区完成全区公务员职级套转和2019年职级晋升公务员工资兑现，涉及职级套转1150余人，职级晋升1080余人次。9月，完成2020年职级晋升公务员工资兑现，职级晋升658人次。11月，发放职务职级兼任人员工作性津贴（领导职务）。

（程 菲 武军秀）

【就业促进】 年内，门头沟区城镇登记失业率3.23%，创历史新低；城乡劳动力实现就业5434人，完成目标任务的126.4%；城乡困难劳动力实现就业3933人，完成目标任务的131.1%。门头沟区充分就业社区（村）达标159个，占比60.2%；充分就业街道（镇）达标4个，占比30.7%，实现历史零突破。

（程 菲 武军秀）

【就业服务体系建设】 年内，门头沟区作为就业工作运行体系4个试点区之一，率先在全市建立就业工作运行体系，构建起“纵深横宽”交错互通的就业服务体系，其中“纵向”串联区、镇街、村居三个层级，“横向”辐射多个职能部门，区人力社保局负责牵头抓总，体系运行实现“体外循环”和“体内循环”双循环；设立就业服务指导员、就业服务专员、企业联络员三支就业服务队伍，实现服务渠道畅通、服务快速便捷、信息资源共享、问题多元化解的就业服务新模式。

（程 菲 武军秀）

【稳就业保就业政策落实】 年内，区人力资源和社会保障局落实促进就业政策14项，补贴个人10550人次，补贴企业1895家，补贴资金2.59亿元；开展以训稳岗培训142期，惠及1702人次，在全市率先完成以训稳岗补贴审核工作；利用一次性培训补贴开展培训230期，惠及2846人次；职业技能提升行动共开展229期，培训6821人次。

（程 菲 武军秀）

【职业技能等级企业自主认定】 年内，北京绿京华生态园林股份有限公司实现职业技能等级企业自主认定，认定企业员工284人次。

（程 菲 武军秀）

【扶贫协作】 年内，区人力资源和社会保障局开展对口帮扶职业技能培训19期，培训建档立卡贫困人员1205人次，实现就业665人；开展创业致富带头人培训，191人参加培训，推动115人成功创业，带动贫困人口5133人。

（程 菲 武军秀）

【退休人员社会化管理】 年内，区人力资源和社会保障局开设国有企业退休人员社会化管理“绿色窗口”，接收社会化管理退休人员49280人，其中国有企业退休人员22716人（央企13945人、市属国企3633人、区属国企5138人），非国有企业退休人员26564人。

（程 菲 武军秀）

【失业档案集中管理】 年内，区人力资源和社会保障局收回全区各街镇社保所失业人员档案约1万份，完成失业人员档案集中管理系统切换，成为北京市第三个完成失业人员档案集中管理工作的区。

（程 菲 武军秀）

【创业孵化示范基地建设】 年内，门头沟区德山M-Lab生物医药孵化器成功认定为北京市创业孵化示范基地。

（程 菲 武军秀）

【社保基金运行】 年内，门头沟区养老保险参保人数25.15万人、失业保险参保人数17.31万人、工伤保险参保人数15.29万人，社保基金累计收入26.63亿元、支出52.52亿元。城乡居民基本养老保险参保1.4万人。区人力社保局办结社会保险稽核案件21件；累计补缴五项社会保险85人次90.83万元；办理养老保险转入788人，转入养老保险基金3037.77万元；办理养老保险转出1531人，转出养老保险基金5584.3万元；认定工伤886人，其中因工死亡11人，职业病659人，支出工伤保险基金3.16亿元。

（程 菲 武军秀）

【社保基金安全管理】 年内，区人力社保局应用自动预警分析系统累计处理疑似问题指标294条，处理完成率为100%；围绕风险核心开展经办“自查清单”专项整改工作，梳理“问题清单”19项，形成2020年度《门头沟区社会保险基金和财政就业补助资金管理风险防控清单》；审核持卡结算住院费用单据15720份，实时结算门诊费用47.41万人次，手工报销单据258份。

（程 菲 武军秀）

【退休待遇核准】 年内，区人力资源和社会保障局为3088名职工办理退休审批手续，其中办理正常退休人数2332人，提前办理病退人数90人，按特殊工种提前办理退休的职工666人。

（程 菲 武军秀）

【退役军人社会保险补缴】 年内，区人力资源和社会保障局为16名退役士兵办理待安置期保险补缴工作，补缴社会保险7.27万元；为328名退役后有社会保险间断的退役军人补缴养老保险767.23万元。

（程 菲 武军秀）

【养老保险补贴】 年内，门头沟区2545人享受城乡居民基本养老保险残疾人缴费补贴，补贴金额206万元；8292人享受城乡居民基本养老保险缴费补贴，补贴金额51.34万元。

（程 菲 武军秀）

【养老与工伤保险待遇调整】 年内，门头沟区13250人城乡居民基本养老保险待遇标准上调为每人每月820元；859家单位为6.42万人调整企业养老金，平均每人每月增长222.50元；98家单位3914人工伤调整定期待遇，其中伤残津贴平均每人每月增长375元，工伤护理费平均每人每月增长259.2元，供养亲属抚恤金平均每人每月增长200元。

（程 菲 武军秀）

【医务人员疫情防控薪酬待遇】 年内，门头沟对实际参与疫情防治医疗卫生机构，分两次核定1月至5月一次性核增绩效工资总量共计4002725元，为171人次落实防控一线医务人员临时性工作补助、卫生防疫津贴的核定发放工作。

（程 菲 武军秀）

【纳入规范管理事业单位改革】 年内，区人力资源和社会保障局研究制定《门头沟区纳入规范管理事业单位改革过渡方案（试行）》，全区各规范管理事业单位先后开展一、二次岗位等级晋升工作，一次晋升144人，二次晋升34人。

（程 菲 武军秀）

【事业单位公开招聘】 年内，门头沟区事业单位公开招聘工作人员243人，其中符合政府安置条件的退役士兵5人，退役大学生士兵9人。

（程 菲 武军秀）

【事业单位科级干部选拔任用】 年内，区人力资源和社会保障局研究制定《门头沟区事业单位科级干部选拔任用工作指导意见》，选拔任用正、副科级领导62人，七、八级职员43人。

（程　菲　武军秀）

【劳动监察保障】 年内，区人力资源和社会保障局检查用人单位1410户，涉及劳动者45913人次；查处、办结案件140件，为724名劳动者追欠工资998.1126万元，为36名劳动者要回劳动合同；作出行政处罚6件，处罚金额10.1万元。

（程　菲　武军秀）

【劳动人事争议案件调解仲裁】 年内，区人力社保局接到劳动人事争议仲裁案件申请1083件，其中受理986件，涉案金额7932.83万元；办结劳动人事争议案件905件，涉案金额2780.27万元；结案率为91.78%，调解率为51.93%。

（程　菲　武军秀）

医疗保障

【概况】 2020年，门头沟区医疗保障局（以下简称区医保局）完成全区基本医疗保险参保35.67万人，同比增长11.05%，其中参加职工生育参保人数18.52万人，同比增长31.72%。医保基金累计收入15.57亿元，同比增长0.24%；医保基金累计支出23.39亿元，同比下降3.76%，其中生育保险支付1.04万元，同比增长73.79%。医疗救助8162人次，救助资金支出1548.54万元；为全区2万余名低收入人员办理参保及免缴手续，累计减轻低收入群众医疗负担4000余万元；通过多项措施加强医保基金的监管力度，全年共拒付、追回医疗机构及参保人金额325.95万元，其中内控个人监控指标筛查16842人次，约谈31人次。年内，对全区48家定点医疗机构质量指标使用情况进行立体化分析；扎实推进第二批“4+7”药品集中采购工作，完成全年采购金额的126.09%，有效解决百姓“看病贵”“药价贵”的问题；积极应对新冠肺炎疫情，完成全区98620人次核酸检测费用审核任务；深化接诉即办，受理群众信访件116单，响应率、满意率均为100%。

单位名称：北京市门头沟区医疗保障局
地　　址：北京市门头沟区中门寺街16号
电　　话：69830329
邮　　编：102300

（公　俐）

【定点医疗机构业务系统验收】 1月22日，区医保局对全区35家一级及以下定点医疗机构进行院端业务系统现场验收，核验各类参保人员就诊时持卡实时结算、个人账户、医嘱信息共享等操作内容预期结果显示是否正确等重点环节。

（孙华丽）

【疫情防控期间医保政策】 2月至6月，区医保局对职工医保单位缴费部分实行减半征收。出台《关于做好新型冠状病毒感染的肺炎疫情医疗保障的通知》《关于切实做好疫情防控期间医疗保险和生育保险经办工作的通知》，积极引导“长处方”政策落实。出台《门头沟区关于进一步做好新型冠状病毒感染的肺炎疫情防控期间医保经办管理服务工作方案》，印制《关于修改定点医疗机构的温馨提示》《众志成城，战胜疫情——致门头沟区广大参保人员的一封信》，延期受理相关业务。

（张慧娟）

【医保业务办理防控疫情举措】 3月，区医保局按照新冠肺炎疫情防控需要，采取“不见面”办公方式完成一批住院押金减免和出院即时结算业务，为协议定点医院拨付救助资金54.86万元。4月20日起，区医保局办事大厅工作时间调整为工作日9时至17时，中午不休息，执行“弹性预约”，方便办事人员错峰办理业务，避免办事大厅出现人员聚集现象。

（张慧娟　董　秀）

【基本医疗保险定点医药机构协议续签】 4月1日，门头沟区57家定点医药机构（含48家定点医疗机构和9家定点零售药店）全部完成电子协议签订工作。

（黄凌月）

【第二批药品集中采购和使用】 4月，门头沟区47家定点医疗机构全部完成第二批药品集采信息系统维护工作，联通后实际环境操作中运行正常。

（张慧娟）

【“一院一策”管理】 4月，区医保局完成2020年第一季度“一院一策”质量指标使用情况横比、纵比、环比立体分析，下发《致各定点医疗机构的一封信》，就各医院的十项质量评价指标与全市标化值、去年同期值进行横纵向对比，深入分析研判，“精准画像”指导。

（黄凌月）

【医疗缴费视同年限复核业务】 5月，区医保局与区人力资源公共服务管理中心建立内部流转、协作共享的工作机制，对相关人员的医疗视同缴费年限材料、档案等进行“内部流转”，通过系统校核、档案查验，完成对37名视同缴费年限有误人员的信息修改及审批，使其“足不出户”就享受到退休后的医疗保险待遇。

（毛红宇）

【青年讲师团成立】 5月，区医保局组建一支由17名年轻干部组成的青年讲师团，负责宣讲医保基金征缴、手工报销、医疗救助、欺诈骗保行为及处罚规定、医疗保障政策沿革等内容。

（王梦娇）

【医疗保险医师信息数据比对】 6月，区医保局通过协调沟通理顺流程、拆分周报及时下达、快速响应及时解答，落实第一批医疗保险医师信息数据比对工作，全区医保医师信息比对正确率79.84%。

（黄凌月）

【“打击欺诈骗保，守护基金安全”法制宣传】 7月8日，区医保局在东辛房村和西辛房村开展法制宣传系列活动，为村民们详细讲解欺诈骗取医疗保险基金的行为及《北京市参保人员违反基本医疗保险规定处理办法》的相关规定，并分发《打击欺诈骗保行为 共同守护百姓保命钱》宣传折页及《致门头沟区参保人员的一封信》。

（王梦娇）

【办事大厅周末“不打烊”】 8月8日起，区医保局采取“预约办理、周末服务”的形式，对于需要在周末办理其他业务的单位和个人提供“周六全天办公、办理相关医保业务”人性化服务。

（高海娟）

【基本医疗保险定点医疗机构服务协议培训】 9月2日，区医保局召开2020年基本医疗保险定点医疗机构服务协议培训会，讲解协议重点条款和违背协议规定的具体案例，从定点医疗机构及医保医师的违约责任、医保医师规范行医行为、定点医疗机构日常管理、与医保经办的工作配合度、业务工作时限要求等五方面进行强调说明。全区48家定点医疗机构主管院长、医疗保险办公室主任和相关工作人员参会。

（黄凌月）

【自助服务终端医保验收培训】 10月13日，区医保局召开自助服务终端医保验收培训会，介绍自助服务终端验收的内容和标准，要求全区各定点医疗机构在自助服务终端具备医保验收条件后按照流程及标准开展自测，确保自助服务终端实现自助挂号、自助缴费、自助打印等便捷服务，提高定点医疗机构的服务效率，推动智慧医疗便民服务项目落地。全区24家智慧医疗覆盖的定点医疗机构参加会议。

（田晓路）

【死亡信息数据交换共享机制】 11月30日，区医保局与区疾病预防控制中心推进门头沟区居民死亡信息数据交换共享工作，在数据交换基础上，联合区民政、区公安分局、区法院等涉及医保基金风险的部门完善相关信息，建立更加丰富完善的居民死亡信息数据库。

（白振凯）

【医保患者住院病案首页检查】 12月4日，区医保局完成2020年度一级定点医疗机构医保患者住院病案首页检查工作，检查全区6家定点医疗机构128份病案首页，对检查中发现的问题进行汇总并现场反馈，要求医院对存在问题立行立改。

（徐亚涛）

【定点医疗机构脱卡结算】 12月18日，区医保局完成全区47家定点医疗机构脱卡结算现场业务验收工作。12月19日至20日指导47家定点医疗机构开展“刷码演练”工作，确保2021年1月1日启用电子凭证，实现医疗保障信息系统脱卡结算。

（孙华丽）

【京煤总医院异地门（急）诊直接结算】 12月24日，区医保局完成北京京煤集团总医院异地门（急）诊直接结算现场验收工作，北京京煤集团总医院成为门头沟区首家具备异地门（急）诊直接结算条件的定点医疗机构。

（孙华丽）

【异地就医备案宣传】 年内，区医保局大力宣传参保人员查询异地经办机构及定点医疗机构相关信息的三种途径，即国家医保服务平台、“国家医保”APP查询；“国家异地就医备案”微信小程序；拓宽宣传辐射范围，在医保大厅宣传栏、咨询台及业务窗口处摆放宣传材料；简化优化政务服务提效，梳理优化异地就医备案流程，简化操作手续。

（张慧娟）

【打击欺诈骗保检查】 年内，区医保局采取数据先行、检查分组、联合行动等多项措施统筹推进打击欺诈骗保检查工作，针对门诊日常审核中发现的诸如临床诊断概念模糊、检验检查类项目打包现象等可疑问题，探索以“暗访”等形式开展追踪检查、现场取证，确保问题找得准、抓得实；制定《关于2020年打击欺诈骗保定点医药机构自查自纠退回违规资金的通知》，定点医药机构退回医保基金67.17万元。

（李宝盟　黄凌月）

民族宗教事务

【概况】 2020年，中央统战部领导到潭柘寺、戒台寺调研宗教工作。扎实推进基督教私设聚会点治理，有效治理伊斯兰教领域“三化”问题，做好重大宗教节日、活动安全保障工作。组织全区宗教界积极开展抗疫捐款活动，全区宗教界向市、区慈善部门总计捐款150万元，为疫情防控工作做出了积极贡献。制定出台区宗教管理“一个意见、四个办法”，并以区委统战工作领导小组的名义下发各相关单位贯彻执行。

单位名称：中国共产党北京市门头沟区委员会统一战线工作部
地　　址：北京市门头沟区新桥大街36号
电　　话：69825265
邮　　编：102300

（刘　奎）

【抗疫捐款活动】 年初，全区宗教界积极开展抗疫捐款活动，潭柘寺僧团捐款120万元、白瀑寺僧团捐款15万元、戒台寺僧团5万元、清真寺2万元、基督教堂5万元、天主教会捐款3万元，全区宗教界向市、区慈善部门总计捐款150万元。

（刘　奎）

【区宗教管理办法印发】 年内，区委统战部认真研究制定《门头沟区关于加强和规范寺观文物场所管理的实施意见》,《门头沟区宗教活动场所安全管理办法（试行）》《门头沟区宗教活动场所教职人员管理办法（试行）》《门头沟区宗教活动场所财务监督管理办法（试行）》（简称“一个意见、三个办法”），并以区委统战工作领导小组的名义下发各相关单位贯彻执行，进一步规范门头沟区宗教事务管理工作，维护宗教领域正常秩序。

（刘　奎）

精神文明建设

【概况】 2020年，门头沟区以创建全国文明城区为总牵引，以争创首都文明示范区和全国文明城区提名为目标，持续拓展精神文明建设工作的广度和深度，全区上下全民动员、全民动手、全民参与，精神文明建设成果显著。年内，区新时代文明实践中心在区融媒体手机客户端增添新时代文明实践中心志愿服务平台入口，独立实现“菜单平台”功能。年内，门头沟区新时代文明实践中心东辛房新时代文明实践所服务品牌“一米阳光”入选中央文明办建设新时代文明实践中心工作方法100例。

单位名称：北京市门头沟区精神文明建设委员会办公室
地　　址：北京市门头沟区新桥大街36号
电　　话：69843219
邮　　编：102300

（王建玲　张紫妍）

【精神文明创建表彰参评】 5月，门头沟区获2018-2020年度文明村镇、文明单位、文明家庭、文明校园173家。推荐并荣获第六届全国级文明先进7个，复查确认第五届全国文明先进10个，推荐并荣获全国未成年人先进工作者1名。

（刘丽媛）

【四大专项整治行动】 7月，门头沟区开展“社区环境、背街小巷、乱停车、城乡结合部”四大专项整治行动。年内，2条背街小巷被命名为首都文明街巷，同时获首都文明商户10家，优秀街巷长11名，优秀小巷管家8名，优秀网格员10名，优秀责任规划师10名。

（王建玲）

【“1+X”达标创建】 10月，门头沟区创新拓展“1+X”达标创建领域，全区所有背街小巷、公园、银行网点纳入达标创建。各类达标单位测评标准及评分细则进一步完善，“达标公园”“达标背街小巷”“达标旅游集散中心”评分标准制定印发。年内，门头沟区命名7批共492家“1+X”达标单位。

（刘丽媛）

【首都精神文明建设奖参评】 11月，门头沟区开展2019-2020年度“首都精神文明建设奖”推荐申报工作，经过自下而上、逐级审核推荐，优先推荐在新冠肺炎疫情防控、脱贫攻坚、志愿服务、创建全国文明城区等工作中的精神文明先进典型，最终6人获首都精神文明建设奖。

（王建玲）

【“北京榜样”推选】 年内，门头沟区在全区“门头沟热心人”范围内广泛征集优秀典型，向首都文明委推荐“北京榜样”候选人22名，“身边好人”候选人23名。最终，王永萍被提名为“北京榜样”周榜人物，师恩光当选为“中国好人榜”的敬业奉献类“身边好人”。

（黄骞仪）

【文明城区创建“双达标”】 年内，门头沟区推出文明社区、文明农村“两考合一”机制，营造浓厚“赛马”氛围，着力打造“绿水青山门头沟”文明城区创建体系，获全市实地考察和综合测评第一名，实现2018年至2020年三年创建首都文明示范区和全国文明城区提名城区“双达标”。

（陈佳琳）

退役军人事务

【概况】 2020年，门头沟区退役军人事务局（以下简称退役军人局）对接改革强军新要求，聚焦“开展一次走访、建立一个联系卡、发送一封慰问信、赠送一个拥军包、解决一批现实困难”开展双拥工作，面向驻区部队开展慰问活动，为部队和现役士兵家庭赠送4000余只香囊和140余套战疫“五件套”暖心包；召开新春军政座谈会、“全国双拥模范城”总结表彰暨“五连冠”创建动员大会；制定实施《门头沟区自主择业军队转业干部退役金调整工作实施方案》；举办两场退役军人专场招聘会，31家招聘单位提供1135个就业岗位；接收军队退休干部4人；妥善解决20名驻区部队官兵子女入托、入学问题；核对全区124个烈士墓、6个纪念碑、23个纪念雕塑的信息并录入褒扬纪念管理系统。年内，门头沟区新增农籍老兵44名、伤残军人和伤残警察8人；冀热察挺进军司令部旧址陈列馆获第三批国家级抗战纪念设施称号；5名抗战烈士家属参加抗日战争胜利暨反法西斯战争胜利75周年座谈会，其中2人接受中央电视台专访。

单位名称：北京市门头沟区退役军人事务局
地　　址：北京市门头沟区滨河路87号
电　　话：69869196
邮　　编：102300

（李子鑫　王　朔　朱　政　梁晓冬　梁　妍）

【京西老兵志愿服务队】 2月，区退役军人局面向全区退役军人制发《倡议书》，2000余人次京西老兵踊跃投身防疫一线，争做新冠肺炎疫情防控的守门员、宣传员、战斗员和红色突击队。“首都老兵京西志愿服务队”事迹被《解放军报》《中国双拥》《北京日报》等中央及市级媒体宣传报道30余篇。

（朱　政）

【供暖补助发放】 3月，区退役军人局为186名优抚对象发放供暖补助34万元。

（王　朔）

【清明祭扫活动】 4月，区退役军人局开展“致敬·2020清明祭英烈”网上祭扫活动，全区13个镇街和40余家单位6500余人次参加活动。

（王　朔）

【示范型退役军人服务中心（站）创建】 5月，区退役军人局推进全国示范型退役军人服务中心（站）创建工作，通过召开镇街部署会、电话、网络、面对面交流等多种形式对各镇街创建工作进行指导。7月，区主管副区长到区退役军人局对“创建”工作进行调研指导。11月，“创建”专项工作组到全区各镇街服务站进行指导并提出整改意见，接受北京市退役军人局“四不两直”调研检查。12月，全区10个退役军人服务中心（站）被评为“全国示范型退役军人服务中心（站）”。

（朱　政）

【“京西老兵”助力垃圾分类】 6月5日，区退役军人局联合区城市管理委员会，组织全区60余位京西老兵志愿服务队骨干队员开展垃圾分类志愿活动，通过介绍垃圾桶模型、“垃圾分类我知道”问答理论培训及现场讲解等方式，向退役老兵、社区居民普及垃圾分类知识。

（朱　政）

【建军节慰问】 “八一”前夕，区领导分别带队到驻区部队走访慰问，为部队官兵送去节日问候和祝福。“八一”期间，区退役军人局为873名优抚对象发放慰问金共43.65万元，为19人发放立功受奖奖励金共1.1万元，为134户家庭发放义务兵优待金共645万元；走访慰问军休干部97人、军队无军籍职工65人，发放慰问金慰问品共10.07万元；为困难退役军人、关爱基金帮扶对象及其他退役军人发放慰问金或物品共4.66万元。

（梁晓冬　王　朔　李子鑫　朱　政）

【红色故事会】 9月15日，区退役军人局举办“聆听红色故事，畅享美好生活”红色故事会，邀请烈属讲解烈士的事迹。

（王　朔）

【退役军人适应性培训】 10月，区退役军人局开展2020年度退役军人适应性培训与2020年度退役军人返乡欢迎仪式，培训内容包括红色区情教育、兵支书致富成果展示、职业规划设计及创业实训等四大模块，全区2020年度接收自主择业军转干部、符合政府安排工作退役士兵及自主就业退役士兵共50余人参加活动。

（朱　政）

【抗美援朝70周年纪念章发放】 10月，区退役军人局组织“中国人民志愿军抗美援朝出国作战70周年”纪念章发放工作，全区共发放纪念章53块。

（朱　政）

【退役军人直播创业带货活动】 11月，区退役军人局会同雁翅镇青白口村退役军人服务站和惠军生活服务平台，开展退役军人直播创业带货活动，销售雁翅镇青白口村退役军人苹果种植户的滞销苹果8440斤，为退役军人创收8万余元。

（朱　政）

【退役士兵保险接续工作】 年内，区退役军人局完成退役士兵保险接续工作，经过审核录入保险接续系统退役士兵466人，补缴人数328人（含6名低保人员），累计缴费7672338.24元，其中财政缴费5194180.8元，个人缴费2478157.44元。

（王　朔）

【优抚资金发放】 年内，区退役军人局为伤残军人（人民警察、国家机关工作人员）发放伤残抚恤405万元、残疾护理费60万元、在乡残疾军人定补31万元；为三属、复员军人、参战参试人员、带病回乡退伍军人等重点优抚对象发放定期抚恤补助155万元；为烈士子女和农籍老兵发放生活补助金286万元；为850名“两节”慰问优抚对象和享受政治待遇烈属发放90万元；为符合条件的优抚对象进行医疗减免42万元；为12名一级至六级在乡伤残军人办理补充医疗保险、生育险、工伤险价值8万元；为32名死亡优抚对象和3名病故军人发放死亡一次性抚恤金150余万元。

（王　朔）

老龄事业

【概况】 2020年，门头沟区坚持老龄事业与产业协同推进、居家养老与机构养老统筹发展，举办第三十三届秋季“金秋杯”老年门球赛、门头沟区庆重阳暨第五届老年人象棋比赛、第五届“情系敬老情 夕阳展风采”——老年健身操舞比赛，努力提高养老服务质量和水平。年内，门头沟区老龄工作委员会办公室更名为门头沟区老龄事业发展中心，归口区卫生健康委管理。

单位名称：北京市门头沟区老龄事业发展中心
地　　址：北京市门头沟区石龙北路10号
电　　话：69858910
邮　　编：102300

（谷　萌）

【走访慰问】 春节期间，区老龄事业发展中心为196名高龄困难老年人发放慰问金11.76万元。重阳节期间，慰问门头沟区户籍高龄重度失能困难老人与各类助老先进代表，联合区红十字会慰问25名百岁老人。

（谷　萌　马文娟）

【老年健康宣传活动】 8月24日，区老龄事业发展中心开展老年健康宣传周活动，围绕新冠肺炎疫情常态化防控发放“老年人新冠肺炎防护攻略”宣传折页2万份、“提升健康素养，乐享银龄生活”老年健康宣传周海报1200余份。

（谷　萌）

【敬老爱老助老评选】 年内，门头沟区张志华被评为北京市“孝顺榜样”和2020年全国敬老爱老助老模范人物，门头沟区东辛房社区卫生服务中心（北京京煤集团总医院门矿医院）被评为2020年全国“敬老文明号”。

（谷 萌）

残疾人事业

【概况】 2020年，门头沟区残疾人联合会（以下简称区残联）作为全区无障碍环境建设工作专项行动专班牵头单位，带领各成员单位完成年度无障碍环境建设任务目标，在全市2019年度至2020年度绩效管理考核中获得非重点区第一名和400万元奖励资金。年内，门头沟区残疾人康复服务覆盖率实现100%；70人居家康复训练2100人次；1029人参加居家康复培训3078人次；88名残疾儿童免费参加康复训练；5492人适配各类辅具25789件；投入43.32万元为全区温馨家园（职康站）更换偏瘫康复器、训练用阶梯、液压式踏步器等康复器材；277人通过助残增收基地、帮扶性就业基地和居家就业实现就业脱贫；投入38.88万元为内蒙古自治区武川县、察右后旗及河北省涿鹿县共108名残疾人设置扶贫专岗，投入40万元帮助涿鹿县和察右后旗各建立一家残疾人温馨家园。

单位名称：北京市门头沟区残疾人联合会

地　　址：北京市门头沟区新桥大街58号

电　　话：69859231

邮　　编：102300

（李朗月）

【文化惠民活动】 1月14日，区残联专门协会联合残疾人书画协会在龙泉镇西老店残疾人温馨家园举办“福满京城 春贺神州”迎新春送春联文化惠民活动，为残疾人送出100副春联和福字。

（李朗月）

【残疾儿童康复定点医疗机构揭牌】 1月16日，区残联与区中医院儿科协作设立的“残疾儿童康复定点医疗机构”在区残疾人职业康复中心揭牌运行。

（李朗月）

【爱耳日线上宣传】 3月2日，区残联邀请专家以“互联网+微课”的模式，开展“保持听力，终身受益”爱耳日主题宣传教育活动，让残疾人线上了解日常用耳保健、助听器使用、语言康复训练等内容。

（李朗月）

【全区残疾人工作会】 4月15日，门头沟区人民政府残疾人工作委员会2020年全体会议暨全区残疾人工作会以视频会方式召开。会上，通报2019年残工委工作完成情况并安排部署2020年工作。

（李朗月）

【助残日活动】 5月13日，区残联举办庆祝第三十次全国助残日暨全区残疾人充分就业合作协议签约仪式，中国国际技术智力合作有限公司外企服务分公司与区残联签订促进残疾人充分就业合作协议，共同开发适合残疾人个性化需求的定制岗位，招用残疾人在常住地附近就业或居家就业。

（李朗月）

【爱眼日宣传】 6月4日，区残联盲人协会在潭柘寺镇鲁新小区开展以“合理用眼，关注眼健康”为主题的爱眼日宣传活动，志愿者现场发放爱眼护眼倡议书和指南并进行讲解，倡导居民科学合理用眼。

（李朗月）

【残疾预防日宣传】 8月25日，区残联在永定楼文化活动广场举办以“残疾预防，从儿童早期干预做起”为主题的第四次全国残疾预防日宣传教育活动，设立宣传体验展位，开展残疾预防知识宣传与解答、健康儿童保健检查与咨询、小儿推拿及针灸体检、康复政策及康复知识解答、成人康复训练相关政策解答及演示、辅具政策咨询及高端辅具产品体验、外骨骼康复训练机器人现场体验、温馨家园职康产品展示与体验等活动。

（李朗月）

【残疾人面点培训】 9月14日，区残联组织开展8期共40天的残疾人面点培训，280人完成培训。

（李朗月）

【残疾儿童少年全家福拍摄活动】 9月19日，区残联联合中国狮子联会北京会员管理委员会圆梦服务队开展“携手助力创城，关心关爱残疾儿童”活动，为38个残疾儿童少年家庭拍摄全家福。

（李朗月）

【“世界精神卫生日”活动】 10月10日，区残联精神残疾人及亲友协会举办以“缓解压力，心理健康，和谐社会”为主题的手工绘画活动，帮助残疾人进一步恢复身心健康。

（李朗月）

【首届山区残疾人特奥会】 10月22日，区残联温馨家园联合斋堂镇温馨家园在斋堂镇中学运动场举办门头沟区首届山区残疾人特奥运动会，清水镇、斋堂镇等地的120名山区残疾人在30名助残志愿者的帮助下，参加旱地冰壶、保龄球、套圈儿、定点投篮、沙包掷准、足球射门等运动项目。

（李朗月）

【残疾人钓鱼比赛】 10月27日，区残联举办第四届残疾人“欢乐杯”钓鱼比赛，全区63名残疾人及志愿者参加。

（李朗月）

【垃圾分类公益行】 10月29日，区残联肢体残疾人协会组织60名残疾人及志愿者到清水镇洪水口村开展“绿水青山是我家，环境保护靠大家”垃圾分类公益行活动，活动包括听取讲座、举行垃圾分类知识互动，在村内及灵山古道景区捡拾垃圾。

（李朗月）

【手工皂制作活动】 11月12日至13日，区残联聋人协会举办“防疫你我，为爱同行”手工皂制作活动，活动内容包含线下手工制作抗菌精油香皂，线上学习制作防疫香囊。

（李朗月）

【“推进冰雪项目，助力冬残奥会”系列活动】 11月24日至25日，区残联举办旱地冰壶培训，全区100名残疾人参加培训。培训分为肢体组和混合组，内容包括旱地冰壶比赛规则及技巧讲解、观看轮椅旱地冰壶比赛和组队实战练习。11月27日，区残联举办冰雪项目体验，体验项目包括旱地冰壶、旱地冰球、迷你桌板冰壶、冬奥拼图、冬季两项、VR冰雪体验共6个项目，100余名残疾人和志愿者参加。

（李朗月）

【国家宪法日宣传】 12月1日，区残联组织开展国家宪法日上街宣传活动，向过往群众发放残疾人政策、无障碍环境建设、冬残奥会知识介绍等宣传手册以及宣传纸袋和书包等各类材料500余份，现场解答相关政策问题20次。

（李朗月）

红十字事业

【概况】 2020年，门头沟区红十字会打造“红十字救在身边”党建实践品牌，深入推进对口帮扶、赈济救助、应急救援等工作。举办应急救援培训班37期，培训急救员1237人，急救知识普及惠及1180人次。新冠肺炎疫情防控期间，区红十字会发挥桥梁作用，迅速启动专项募捐工作，累计接受社会捐赠、上级红十字组织调拨款物总价值200.95万元，向区卫健委、各镇街等一线部门交付款物共计13批次，其中防护服3650套、口罩5.89万只。

单位名称： 北京市门头沟区红十字会
地　　址： 北京市门头沟区中门寺16号
电　　话： 69843746 69844406
邮　　编： 102300

（马文娟）

【新冠肺炎疫情防疫物资拨付】 2月2日，区红十字会购买手术衣200件、隔离衣500套，第一时间发放到区妇幼保健院和区医院。12日，紧急采购7万个暖贴和400个电暖手宝，物资总价值13万元，用于村居防疫一线值守工作。21日，向北京京煤集团总医院、区医院和区中医院调拨防护服1500套。3月16日，为门头沟区首都机场防疫工作专班调拨防护服1000套。

（马文娟）

【企业捐赠】 2月11日，中国人寿保险股份有限公司北京市分公司通过区红十字会向全区3237名新冠肺炎疫情防治一线医护人员捐赠“守护天使”医护人员特定保险，总捐助额17.8万元，每位医务工作者最高可得到50万元保额。25日，北京精雕科技有限公司通过区红十字会向区教委捐赠2.2吨食品级消毒液，总价值10万元，专项用于全区中小学校和幼儿园防疫消毒。

（马文娟）

【防疫爱心包】 4月7日，区红十字会紧急采购一批医用一次性隔离衣、医用外科口罩和PVC手套，制作防疫爱心包200个，邮寄往29个国家和地区，向门头沟区滞留海外的留学生和居民传递家乡亲人的关心和爱护。

（马文娟）

【“红十字博爱周”主题活动】 5月，区红十字会会同东辛房街道办事处开展“助力疫情防控 红十字救在身边”主题宣传活动，在20个社区疫情防控卡口点位发放疫情防控知识宣传单、红十字会法及应急救护知识宣传材料5000余份。雁翅镇淤白村和王平镇东马各庄村同步在疫情防控卡口开展宣传活动。

（马文娟）

【救护师资继续教育】 8月20日至21日，区红十字会通过心田救护培训基地直播室举办为期2天应急救护师资继续教育培训，30人线上参加培训，学习急救知识、教学方法、授课技巧。

（马文娟）

【“红十字村”义诊活动】 10月27日，北京市红十字会组建的专家医疗队伍到雁翅镇淤白村、王平镇东马各庄村开展“金秋健康服务季——博爱在京城、健康乡村行”主题义诊活动，给百余名村民提供糖尿病、心血管、骨科、眼科等科目的基础检查和咨询诊断，并为2个村调配口罩、消毒液等价值20万元的物资。

（马文娟）

【世界艾滋病日宣传】 12月1日，区红十字会会同区疾病预防控制中心开展“携手防疫抗艾，共担健康责任”主题宣传活动，发放防艾宣传材料500余份；开展“艾滋病防治”健康讲座2场；慰问10户生活困难的艾滋病患者家庭。

（马文娟）

【校园“智能急救站”建成】 12月2日，北京精雕科技集团有限公司定向捐助的“智能急救站”在大峪中学、大峪一小和育园小学3所校园落成并投入使用，急救站配备日常应急药品、自动体外除颤器等仪器，师生通过刷身份证或手机扫码即可使用。

（马文娟）

【“送医公益行”系列活动举办】 年内，区红十字会组织3家医院为门头沟区内老年人和困难群众开展白内障复明手术义诊活动，完成术前筛查12期417人次，对符合手术条件的33名患者实施了复明手术；与北京京煤集团医院合作开展消化道系统疾病及早癌筛查项目，对消化道疾病易发人群进行肿瘤试剂检测；开展“疫后心理疏导”知识讲座6期，350名社区干部、防疫志愿者参加培训；开展慢性病预防知识讲座4期，200人次居民参加讲座。

（马文娟）

【募捐救助】 年内，区红十字会共募集捐款472.01万元，其中抗击新冠肺炎募捐91.13万元，“博爱在京城”项目捐款85.5万元，99公益日互联网上募捐12.98万元，对口支援帮扶、低收入村帮扶等定向捐款282.4万元。开展“红十字博爱送万家”主题送温暖活动，拨付救助款59.2万元，走访慰问532户因病致贫、因病返贫的困难家庭。拨付救助款21.6万元，救助89户因大病或事故、火灾等自然灾害和突发事件导致基本生活出现困难的家庭，对百岁老人、生活困难的艾滋病患者发放博爱救助款4.72万元，落实定向捐助项目21个。

（马文娟）

人物　荣誉

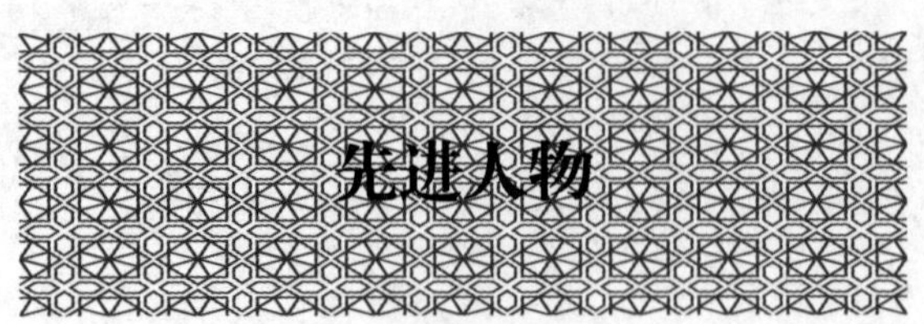

全国劳动模范
（2020 年）

邢卫兵

全国先进工作者
（2020 年）

苗保河

全国五好家庭
（2020 年）

刘宇航家庭

全国最美家庭

李信绨家庭

第二届全国文明家庭名单
（1 个）

曹　原家庭

“抗疫”全国最美家庭
（2020 年，2 个家庭）

刘宇航家庭　曹　原家庭

北京市劳动模范
（2020 年，4 人）

刘　晶　周德来　王进生　魏洪兴

北京市先进工作者
（2020 年，8 人）

孙树才　谢耀宗　张文敏　张慧萍
任正新　曹殿起　孙京浙　宋茂盛

首都最美家庭
（2020 年，11 个家庭）

刘宇航家庭　曹　原家庭　刘美丽家庭
邸秀梅家庭　孙建梅家庭　李信绨家庭
梁春悦家庭　李玉琴家庭　陆　军家庭
刘玉伟家庭　杨　逸家庭

首都文明家庭名单
（2018 年度 –2020 年度，5 户）

刘宇航家庭　曹　原家庭　刘美丽家庭
李　菲家庭　邸秀梅家庭

首都精神文明建设奖
（2019 年度 –2020 年度，6 个）

曲绍东　杜海霞　曹振刚
肖清海　闫　强　刘焕敏

首都最美巾帼奋斗者
（2020 年度）

王惠芳

门头沟区“最美军嫂”
（2020 年，5 人）

陈　娟　王　靓　高　颖
张　敏　董丽婷

门头沟区最美家庭
（2020 年）

大峪街道

陆　军家庭　张兴禄家庭　程秀雪家庭
张丽荷家庭　王瑞莲家庭　姚光茹家庭
崔　平家庭　李长录家庭　秦淑敏家庭
冯喜荣家庭　房晓萍家庭　赵凤英家庭
王德才家庭　葛振平家庭　南志莲家庭
安明华家庭　史长云家庭　周建民家庭

陈惠英家庭　王树芬家庭　陈长顺家庭
高金山家庭　郭锦章家庭　许红然家庭
安承兰家庭　刘成国家庭　高焕文家庭
李进福家庭　郑福庆家庭　许广全家庭
李景云家庭　李莲凤家庭　张国芝家庭
李亚莉家庭　王德金家庭　刘泽启家庭
曹　雍家庭　王景凤家庭　江文红家庭
张文福家庭　马永花家庭　朱玉兰家庭
王宗堂家庭　曹玉璞家庭　李佳音家庭
高桂琴家庭　吴述华家庭　李正文家庭
刘亚丽家庭　王丽利家庭　王万生家庭
刘永聪家庭　李艳辉家庭　郭锦芳家庭
尹宗红家庭　佟兰华家庭　刘秋芳家庭
曹淑珍家庭　刘　敏家庭　李文生家庭
张双梅家庭　赵正焕家庭　张会芹家庭
周洪良家庭　王淑华家庭　朱学棣家庭
周博然家庭　张春香家庭　焦颖敏家庭
胥兰花家庭　吕淑芬家庭　邢占江家庭
王梦圆家庭　胡雪闪家庭　杨来喜家庭
苏香珍家庭　张俊玲家庭　刘秀英家庭
霍月春家庭　蒋德胜家庭　殷明瑞家庭
王燕明家庭　韩玉堂家庭　王晓静家庭
王艳茹家庭　赵广荣家庭　于宪华家庭
周广义家庭　王媛媛家庭　刘新花家庭
王更银家庭　王　燕家庭　杨　晨家庭
李宝凤家庭　毕小宝家庭　韩建国家庭
杨兴明家庭　闫素敏家庭　李庆霞家庭
单　红家庭　杨　蕊家庭　薄淑兰家庭
韩秀平家庭　苏　文家庭　高建新家庭
孙淑珍家庭　魏　斐家庭　孙亚琴家庭
郑伯安家庭　曹海居家庭　杨兴敏家庭
胡淑改家庭　韩文林家庭　陈志会家庭
胡永安家庭　赵子玲家庭　刘玉伟家庭

城子街道

王绍春家庭　贾丽霞家庭　白兆悦家庭
张银荣家庭　陈淑敏家庭　崔占顺家庭
刘振河家庭　张海英家庭　张运华家庭
李文喜家庭　任万胜家庭　马文香家庭
刘智菊家庭　范玉兰家庭　韩明凯家庭
赵　娟家庭　张素然家庭　周丽敏家庭
乔玉彦家庭　李彩霞家庭　解连丽家庭
李苏芝家庭　刘风琴家庭　崔秀云家庭
夏翠琴家庭　焦凤云家庭　魏月坤家庭
李淑云家庭　张春梅家庭

东辛房街道

赵玉凤家庭　刘红娟家庭　安玉敏家庭
徐秀玲家庭　苏志凤家庭　肖永芬家庭
张广秀家庭　石玉成家庭　刘春涛家庭
白省心家庭　田玉梅家庭　刘凤兰家庭
赵建国家庭　石　鑫家庭　李金芳家庭
贾立民家庭　付英杰家庭　黄立荣家庭
张联盟家庭　李春柱家庭　张丽杰家庭
刘凤兰家庭　陈惠兰家庭　孙殿河家庭
郭立珍家庭　王兆凤家庭　彭兰英家庭
侯淑兰家庭　曹志荣家庭　刘润花家庭
孟凡萍家庭　孟庆侠家庭　张万全家庭
王玉环家庭　范淑香家庭　韩淑华家庭
杨春元家庭　王云芝家庭　赵　敏家庭
刘海燕家庭　刘建国家庭　仇来福家庭
程大燕家庭　邱淑云家庭　陈　宁家庭
史　良家庭　张银萍家庭　姚　建家庭
杨忠存家庭　岳著香家庭　孔令英家庭
于　富家庭　王德来家庭　李良彬家庭

大台街道

曹桂香家庭　李新华家庭　邱　景家庭
鲜　毅家庭

潭柘寺镇

靳慧儒家庭　李学平家庭　王艳霞家庭
赵焕金家庭　王秋吉家庭　刘振云家庭
黄春华家庭　周凤华家庭　刘赛英家庭
赵永梅家庭　周金花家庭　李　羿家庭
赵海燕家庭　赵玉兴家庭　卜改儒家庭
郭　壮家庭　贾德军家庭　李素珍家庭
贺明芬家庭　李迎春家庭　贾　臣家庭
冉文艳家庭　侯如琴家庭　赵建华家庭
陶　芳家庭　王桂琴家庭　李桂花家庭
王海萍家庭　艾迎菊家庭　贺　京家庭
刘坤儒家庭　王春香家庭　高文菊家庭
贾海飞家庭　王洪霞家庭　郑富荣家庭

永定镇

邸秀梅家庭

龙泉镇

郭志蕾家庭　赵春富家庭　张秋荣家庭
孙春静家庭　高富远家庭　甄淑英家庭
张淑梅家庭　田凤来家庭　安美玉家庭
曹凤霞家庭　白树坤家庭　王春霞家庭
吕雪薇家庭　范玉花家庭　曹淑云家庭
王　洁家庭　张　艳家庭　葛瑞莲家庭
丁慧鲜家庭　王津兰家庭　翟振兰家庭
李国政家庭　董桂英家庭　王俊英家庭
安招弟家庭　李淑珍家庭　董文林家庭
王　维家庭　曹金英家庭　邓广玲家庭
费淑英家庭　王永琴家庭　邓秀芝家庭
邓　文家庭　高洪英家庭　熊海山家庭
董德先家庭　付万萍家庭　高美丽家庭
许增清家庭　高树光家庭　郝晶晶家庭
郭立生家庭　薛春宝家庭　郭化民家庭
李维云家庭　韩凤强家庭　薛秀银家庭
李长生家庭　李亚娜家庭　韩永凤家庭
杨振兰家庭　李德志家庭　彭　琛家庭
胡殿成家庭　殷福海家庭　刘宏杰家庭
田　静家庭　黄连弟家庭　于从悦家庭
刘世茹家庭　王建玲家庭　霍光凤家庭
岳奎斌家庭　刘淑贞家庭　王　杰家庭
景春林家庭　岳淑改家庭　吕秀芬家庭
许建忠家庭　冷月起家庭　战福利家庭
马大志家庭　张天环家庭　李翠霞家庭
张桂英家庭　石金辉家庭　马平安家庭
李凤和家庭　甄树彩家庭　田玉兰家庭
毛崇莲家庭　李文来家庭　周淑琴家庭
王德英家庭　孙春华家庭　连　英家庭
周学菊家庭　王振东家庭　王桂花家庭
刘桂芬家庭　朱宝林家庭　夏　军家庭
范　然家庭　刘华增家庭　胡玉兰家庭
闫玉章家庭　高春英家庭　刘　敏家庭
苗志琴家庭　闫志兰家庭　韩金环家庭
马玉华家庭　沈国钢家庭　杨彦琴家庭
胡玉兰家庭　苗志兰家庭　张富河家庭
张凤英家庭　肖红忠家庭

妙峰山镇

李爱华家庭　张　来家庭　刘建华家庭
张文松家庭　陈斯雯家庭　王德强家庭
王来祥家庭　郝景征家庭　李红琴家庭
付连贵家庭　李　新家庭　张春梅家庭
孙玉磊家庭　丁贵富家庭　王风祥家庭

军庄镇

高　松家庭　李志山家庭　陈秀然家庭
郝国燕家庭　顾长河家庭　吴小秀家庭
王宝刚家庭

王平镇

李春莲家庭　霍来花家庭　杨　亮家庭
李玉琴家庭　边丽娟家庭　马　杰家庭
张洪玲家庭　李淑君家庭　陈　超家庭
李淑君家庭　王立珍家庭

雁翅镇

王久风家庭　彭春林家庭　卜玉凤家庭
安春燕家庭　李荣珍家庭　高连勤家庭
李勃然家庭　高连怀家庭

斋堂镇

吕维霞家庭　韩　蕊家庭　王建生家庭
梁春霞家庭　陈雪莲家庭　王惠花家庭

卫健委

刘宇航家庭　刘美丽家庭　杨　茜家庭
李信缔家庭　程　云家庭　王应旭家庭
辛玉璟家庭　安学敏家庭　刘云霞家庭
李卫华家庭

教委

孙建梅家庭　梁春悦家庭　王　奇家庭
郭新宇家庭　安子燕家庭　董　喆家庭
邓顺章家庭　杨　逸家庭　杨　瑾家庭

吕艳伟家庭　付娅莉家庭　宋玉玲家庭
朱誉虹家庭　王禹彤家庭　孙敖然家庭
杨　琪家庭　杜海宇家庭　王　奇家庭
王　宁家庭　肖　萌家庭　韩　璠家庭
魏洪燕家庭　赵春美家庭　郝玉娟家庭
师建熙家庭　孙敖然家庭　刘　艳家庭
张雅娟家庭　黄　静家庭　何久红家庭
刘雅男家庭　唐国静家庭

总工会

齐欣慧家庭　杨　沫家庭

人保局

谷秋芳家庭　王丽娜家庭

市场监管局

张　希家庭

检察院

陈宏博家庭

退役军人事务局

曹　原家庭

公安分局

李　菲家庭

全国五四红旗团支部
（2019 年度）

门头沟区城管委团支部

第六届全国文明村镇名单
（2 个）

门头沟区妙峰山镇炭厂村
门头沟区潭柘寺镇赵家台村

第六届全国文明单位名单
（4 个）

门头沟区疾病预防控制中心
门头沟区人力资源和社会保障局
门头沟区气象局
门头沟区大台街道黄土台社区

北京市模范集体
（2020 年，2 家单位）

北京市公安局门头沟分局——杜家庄站派出所
北京精雕科技集团有限公司——产品设计中心

首都文明镇
（2018 年度 –2020 年度，5 个）

门头沟区潭柘寺镇
门头沟区妙峰山镇
门头沟区龙泉镇
门头沟区王平镇
门头沟区斋堂镇

首都文明村
（2018 年度 –2020 年度，44 个）

门头沟区潭柘寺镇赵家台村
门头沟区潭柘寺镇贾沟村
门头沟区潭柘寺镇王坡村
门头沟区潭柘寺镇桑峪村
门头沟区永定镇卧龙岗村
门头沟区龙泉镇滑石道村
门头沟区龙泉镇东辛房村
门头沟区龙泉镇琉璃渠村
门头沟区龙泉镇岳家坡村
门头沟区龙泉镇龙泉务村
门头沟区军庄镇香峪村
门头沟区军庄镇东杨坨村

门头沟区军庄镇东山村
门头沟区军庄镇军庄村
门头沟区军庄镇西杨坨村
门头沟区妙峰山镇炭厂村
门头沟区妙峰山镇涧沟村
门头沟区妙峰山镇水峪嘴村
门头沟区妙峰山镇陈家庄村
门头沟区妙峰山镇禅房村
门头沟区妙峰山镇桃园村
门头沟区王平镇韭园村
门头沟区王平镇吕家坡村
门头沟区王平镇东王平村
门头沟区王平镇南涧村
门头沟区王平镇西王平村
门头沟区王平镇安家庄村
门头沟区雁翅镇太子墓村
门头沟区雁翅镇田庄村
门头沟区雁翅镇珠窝村
门头沟区雁翅镇泗家水村
门头沟区雁翅镇跃进村
门头沟区雁翅镇大村村
门头沟区斋堂镇马栏村
门头沟区斋堂镇白虎头村
门头沟区斋堂镇军响村
门头沟区斋堂镇牛战村
门头沟区斋堂镇沿河城村
门头沟区清水镇洪水口村
门头沟区清水镇黄安坨村
门头沟区清水镇达么庄村
门头沟区清水镇下清水村
门头沟区清水镇李家庄村
门头沟区清水镇西达么村

首都文明单位标兵

（2018 年度 –2020 年度，15 个）

门头沟区光荣院
门头沟区人民检察院
国网北京市电力公司门头沟供电公司
门头沟区人力资源和社会保障局
中国邮政集团有限公司北京市门头沟区分公司
门头沟区气象局
门头沟区教育委员会
门头沟区市场监督管理局
门头沟区民政局
门头沟区妇幼保健院
门头沟区融媒体中心
门头沟区大峪街道滨河德露苑社区
国网北京市电力公司门头沟供电公司龙泉供电所
北京住房公积金管理中心门头沟管理部
门头沟区疾病预防控制中心

首都文明单位

（2018 年度 –2020 年度，84 个）

北京市交通委员会门头沟公路分局
门头沟区城市管理委员会
门头沟区财政局
门头沟区统计局
门头沟区住房和城乡建设委员会
门头沟区图书馆
门头沟区交通局
门头沟区园林绿化局
中国共产党北京市门头沟区委员会党校
门头沟区商务局
门头沟区档案史志馆
门头沟区水务局
国家税务总局北京市门头沟区税务局
门头沟区总工会
中国共产主义青年团北京市门头沟区委员会
中共北京市门头沟区委区直属机关工作委员会
门头沟区科学技术协会
门头沟区公安分局交通支队
中国共产党北京市门头沟区委政法委员会
门头沟区文化和旅游局
门头沟区人民政府东辛房街道办事处
门头沟区人民政府城子街道办事处
门头沟区人民政府大峪街道办事处
门头沟区门城地区社区卫生服务中心
门头沟区审计局
门头沟区文化馆
门头沟区卫生健康委员会
中国联合网络通信有限公司北京市门头沟区分公司
北京宏华电器有限公司
北京京门商业投资发展有限公司
北京市自来水集团有限责任公司门头沟分公司
中国建设银行股份有限公司北京门头沟支行

中铁物贸集团有限公司
北京精雕科技集团有限公司
中铁北京工程局集团有限公司
中国邮政储蓄银行股份有限公司北京门头沟区支行
京西杂谈志愿者服务队
门头沟区食品药品安全企业协会
门头沟区便民服务业协会
门头沟区潭柘寺景区
门头沟区戒台寺景区
门头沟区妙峰山景区
门头沟区爨柏景区
门头沟区双龙峡景区
门头沟区百花山景区
门头沟区定都峰景区
门头沟区神泉峡景区
门头沟区京西古道景区
门头沟区京西十八潭景区
门头沟区八奇洞景区
门头沟区大峪街道月季园二区社区
门头沟区大峪街道剧场东街社区
门头沟区大峪街道龙泉花园社区
门头沟区大峪街道新桥西区社区
门头沟区大峪街道绿岛家园社区
门头沟区大峪街道桃园社区
门头沟区大峪街道滨河西区社区
门头沟区大峪街道双峪社区
门头沟区大峪街道向阳东里社区
门头沟区大峪街道葡东社区
门头沟区大峪街道承泽苑社区
门头沟区大峪街道峪园社区
门头沟区东辛房街道北涧沟社区
门头沟区东辛房街道石门营新区五区社区
门头沟区东辛房街道石门营新区六区社区
门头沟区东辛房街道石门营新区七区社区
门头沟区东辛房街道石门营新区四区社区
门头沟区城子街道桥东社区
门头沟区城子街道城子大街社区
门头沟区城子街道市场街社区
门头沟区城子街道蓝龙家园社区
门头沟区城子街道龙门新区三区社区
门头沟区城子街道龙门新区一区社区
门头沟区大台街道落坡岭社区
门头沟区大台街道桃园社区
门头沟区大台街道黄土台社区
门头沟区永定镇永兴社区
门头沟区永定镇信园社区
门头沟区永定镇嘉园社区
门头沟区永定镇丽景长安社区
门头沟区龙泉镇东南街社区
门头沟区龙泉镇龙门新区二区社区
门头沟区龙泉镇西山艺境社区
门头沟区王平镇色树坟社区

首都文明校园

（2018 年度 -2020 年度，15 个）

北京市大峪中学
北京市大峪中学分校
门头沟区大峪第一小学
门头沟区大峪第二小学
门头沟区新桥路中学
门头沟区东辛房小学
北京第二实验小学永定分校
门头沟区妙峰山民族学校
北京市王平中学　门头沟区龙泉小学
门头沟区育园小学
北京市第八中学京西附属小学
门头沟区三家店小学　门头沟区京师实验中学
北京市第八中学永定实验学校

街道　镇

11 月 2 日，王平镇机构改革大会召开（王平镇　供图）

◆| 6月24日，中国共产党清水镇第七届代表大会第五次会议召开（清水镇　供图）

◆| 7月，城子街道办事处组织工人在民生社区修建自行车棚（《京西时报》 供图）

◆| 7月，大台街道木城涧矿体育馆内的汛期避险转移安置点（《京西时报》供图）

◆| 8月6日，大峪街道月季园东里社区12号楼加装电梯项目开工（《京西时报》供图）

8 月 19 日，潭柘寺镇党建引领物业工作推进会在镇规划展示中心召开（潭柘寺镇　供图）

8 月，军庄镇军庄村拆除私搭乱建（《京西时报》 供图）

8月，妙峰山镇桃园村打造花园式村庄（《京西时报》供图）

9月4日，雁翅镇第九届人民代表大会代表补选投票（雁翅镇　供图）

◆| 10月，“红色永定网军”在永定镇何各庄村入户走访，推动实现未诉先办（《京西时报》供图）

◆| 10月，东辛房街道文化中心举行重阳节戏曲演出（《京西时报》供图）

◆| 10月，斋堂镇马栏村推动红色旅游，图为红色情景剧演出（《京西时报》供图）

◆| 12月24日，龙泉镇大峪村乡情村史馆竣工（《京西时报》供图）

大峪街道

【概况】 2020年，大峪街道坚持新冠肺炎疫情防控与社区治理统筹推进，建立街道、社区、网格“三级联防联控”工作体系，率先构筑“人防+技防”等管控模式，突出抓好近900家社会单位和4个商务楼宇疫情防控，推行“1米线”行动，始终保持零感染街道。推动辖区单位为承租中小微商户减免房租193.43万元。积极发挥党建引领物业服务企业作用，业委会覆盖率100%，业委会党组织覆盖率100%，物业覆盖率95.12%。在无物业管理小区引入菜单式物业服务，引导居民由“不交费管理差”向“交费享受服务”转变。统筹垃圾分类指导员、志愿者、在职党员等落实“盯桶行动”，对垃圾桶站进行升级改造、撤桶并站，桶站覆盖率100%，厨余分出率25%；严格“九步工作法”（即一看、二见、三研判，四报、五调、六快办，七查、八访、九结案）做好“接诉即办”，探索“四主动”特色做法（处级领导主动巡、包居干部主动查、社区干部主动找、居民群众主动纠），推动“接诉即办”向“未诉先办”延伸。发动8000余名“门头沟热心人”开展志愿服务。开展社区创城氛围要素排查、社区裸露绿地补种、“三类场所”疫情防控及创城宣传、社区小广告集中清理、社区公共空间清理及垃圾分类、社区公共设施修缮、门前三包专项整治、背街小巷集中整治。“小巷管家”累计巡访103804小时，处理各类事件12503件，随手解决事项5844；。完成9条背街小巷改造提升，建成门头沟区首个“社区节水主题公园”。年内，大峪街道办事处获北京市抗击新冠肺炎疫情先进集体，北京市“七五”普法先进集体称号，首都拥军优属拥政爱民模范单位。

单位名称：北京市门头沟区人民政府大峪街道办事处
地　　址：北京市门头沟区滨河路72号
电　　话：010-69828330
邮　　编：102300

（付京鸽）

【创城工作】 1月2日，大峪街道召开2020年门头沟区创建全国文明城区提名城区冲刺誓师大会。16日，开展“干净迎新春 文明天天见”创城社会动员高潮日活动暨迎新春卫生大扫除活动，2400人参加活动。4月19日，召开2020年决战全国文明城区提名百日冲刺动员会。5月20日，召开决战全国文明城区提名百日冲刺推进会，通报创城擂台赛33个社区排名情况。6月，开展学习宣传贯彻落实《北京市文明行为促进条例》高潮月行动。7月11日，街道创城办联合区公安分局交通支队等多个部门对新桥公园西侧路缘石（马路牙子）停放机动车问题进行专题调度。9月19日，大峪街道举办“反对舌尖上的浪费”青少年主题绘图活动，20余名小朋友参加活动。

（李思思　宋　歌）

【第十三届邻里节】 1月14日，大峪街道第十三届邻里节启动仪式在大峪街道文化中心举行，活动主题为“福满京城 春贺神州”，邀请书法家开展书法课堂，赠送“福”字100余份。社区开展相关活动24场。

（宋　歌）

【新冠肺炎疫情防控】 1月24日除夕夜，大峪街道全体机关干部、社区干部停休，开展疫情防控值守，辖区33个社区184个出入口封堵93个，街道各社区实行疫情管控封闭管理。1月至2月，排查街道小酒店、小旅馆、小饭店、民宿等开业情况、外来人口返京情况。2月2日，峪园社区实行“党员+X”值守模式。7日，临镜苑社区在全区率先启用“线上扫码”“技防”手段管控重点人员。16日，增产路东区社区对8个独院按照“两统一分”原则实行标准化封闭式管理。28日，成立“1米线守护队”，严防户外扎堆“倒春寒”。3月15日，采取疏堵结合措施加强医院周边地区疫情管控力度。29日，根据市级大数据反馈、“京心相助”小程序返京服务申请、前期摸排台账三项内容，梳理排查在鄂返京人员各项信息，做好在鄂人员返京转运和隔离工作。4月15日，全面启动出入证实名制管控模式。5月5日，大峪街道多个社区在原有居民出入证基础上，推行“当日出入证”，强化行程查验和来客登记管理。20日，采取严把社区“出入关”、抓实管理“机制链”、建立自治“新民约”三项举措做好“刚需”服务业社区管控工作。7月8日，采取卡口与入户结合、消杀与整治结合、动员与志愿结合，实现疫情防控不松劲，创城攻坚出实效。年内，大峪街道设置7处新冠肺炎病毒核酸检测点位，共完成核酸检测万余人次。

（宋　歌　曹少斌　董梅丹　卢惟莎）

【新冠肺炎疫情防控制度建设】　1月27日，《大峪街道新型冠状病毒感染肺炎防控工作领导职责分工》印发施行。31日，大峪街道发布《关于做好疫情防控新闻宣传工作的紧急通知》。2月22日，大峪街道实施分析在前、力劝在先、减租减难、服务排忧等“四项举措”。3月13日，建立抗疫物资保障配送机制，减少社区因申领防疫物资而造成的人力物力损耗。4月5日，印发《疫情防控工作政策依据材料汇编》，包含《关于镇街、社区（村）应对大人流返京的工作方案》《在鄂北京人员进入社区工作基本流程》《境外入境人员居家隔离医学观察的有关建议》等22项制度。6月26日，向进社区探亲访友、服务行业人员推广“当日临时出入证”，配合使用“健康宝”“通信大数据行程卡”等核实行程。

（宋　歌）

【复工复产服务】　2月17日，大峪街道工委采取“一送六查双对接”方式保障辖区大型商务楼宇、商场、超市平稳复产复工。3月31日，针对中昂小时代疫情防控的重难点问题开展集体约谈。

（宋　歌）

【疫情防控期间便民服务】　2月23日，大峪街道联系蔬菜直供基地，在社区外空旷地带设立临时售卖点。3月，为居家隔离人员共发放健康安心包1290个。

（宋　歌）

【爱国卫生月活动】　3月27日，开展“防疫有我 爱卫同行 勠力创城”爱国卫生月暨文明城区创建成果恢复巩固提升月行动高潮日活动，清理楼道小广告500余处，白色垃圾300余袋。4月18日，开展“防疫有我 爱卫同行 勠力创城”周末卫生日活动，1400余人次参加活动。

（李思思）

【垃圾分类】　4月17日，大峪街道成立垃圾分类指导员队伍，建立“定人、定点、定时、定标”指导工作机制，每天在早、中、晚高峰时段安排专人指导辖区居民进行垃圾分类。5月至11月，将原695个垃圾桶站合并为428个，升级改造8个社区181个垃圾桶站，增加桶架和遮雨棚，制作下发垃圾分类公示牌33个、更新桶站背板502个、新厨余垃圾标识2500个、有毒有害标识150个、其他垃圾标识4000个。5月至12月，召开垃圾分类动员部署和工作推进会7次、培训会5场、制作悬挂硬质条幅45条、绘制宣传板报30块、开展各类宣传活动171次，发放宣传手册3.8万份、张贴宣传海报2000余张。6月至7月，制作破袋器431个、垃圾桶拉手1374个、安装洗手装置459个，指导部分物业和社区及时更换脚踩式垃圾桶，解决厨余垃圾分类过程繁琐和破袋难题。10月，申报创建垃圾分类示范片区。11月，开展“倡导垃圾分类 争做文明市民 共建首善之街”原创作品展演活动。12月，大峪街道绿岛家园小区被评为市级垃圾分类示范小区，绿岛家园小区、向阳东里小区被评为区级垃圾分类示范小区，向阳东里社区、新桥南大街社区、永新社区建成垃圾驿站。

（宋　歌　刘　洋）

【社会面防控】　5月13日，大峪街道召开全国“两会”安保维稳工作动员大会，启动一级社会面超常防控，出动治安志愿者61068人次。9月3日至9日，落实2020年中国国际服务贸易交易会安保维稳工作方案和举措，启动社会面二级防控工作，出动治安志愿者20455人次。

（杨清禹）

【非京籍适龄儿童义教入学】　5月15日，大峪街道开展2020年度非京籍适龄儿童义教入学现场审核工作，接待咨询500余人次，审核合格83人。

（宋　歌）

【端午节活动】　6月19日至25日，大峪街道开展“和满京城 奋进九州”端午节庆祝活动，包括端午讲堂、手工制作粽子、慰问志愿者等11场活动。

（宋　歌）

【征兵工作】　6月，大峪街道召开“2020年党管武装会”，专题研究武装工作，对辖区388名大学生和186名18周岁适龄男青年开展征兵宣传，完成征兵工作。

（王　峰）

【安全生产宣传检查】　6月至8月，大峪街道安全生产检查队向石龙大厦、嘉诚嘉信物业、中昂物业、国信好望物业、综合地质工程加油站等171家重点生产经营单位发放《北京市生产经营单位安全生产主体责任规定》。9月27日，联合区应急执法队到辖域在建项目工地开展联合检查行动，对于检查中发现的基坑临边防护不到位、首层防护网铺盖不全、配电箱未锁闭等隐患问题，要求项目部及监理单位立即进行隐患整改。11月30日，开展瓶装液化石油气安全专项治理工作，对发现问题下达责令整改通知书要求限期整改。

（贾子阳）

【物业服务进小区】 7月31日，大峪街道召开加强物业管理工作提升物业服务水平三年（2020年—2022年）行动推进会暨大峪街道“菜单式”物业服务进小区工作推进会，启动7个无业委会小区的业委会组建工作以及18个无物业管理小区引入菜单式物业服务工作。

（云 天）

【北京市第二届“社区邻里节”】 9月11日至10月25日，大峪街道组织开展北京市第二届“社区邻里节”活动，累计开展各种主题活动70余场，参与群众3000余人。

（宋 歌）

【基干民兵整组】 9月15日，大峪街道基干民兵进行整组，成立40人的（空军）防化救援连和58人的伪装防护连，设立1名情报信息员。（空军）防化救援连连长由武装部长担任，书记担任政治指导员。

（王 峰）

【中秋国庆双庆活动】 9月25日至10月1日，大峪街道开展“月圆京城 情系中华”中秋国庆双庆活动，组织开展徒步大会、红歌会、志愿服务、诗会等活动18场。

（宋 歌）

【全民学习活动周】 10月20日至11月20日，大峪街道开展“全民智学促治理，素质提升增效能——品牌引领助创城”学习周活动，举办主题培训会、欢乐度重阳室外趣味运动会，组织党员学习《中国共产党基层组织选举工作条例》，开展国画、创意美术、跆拳道、舞蹈培训10场。

（宋 歌）

【社区议事厅示范点】 10月，大峪街道在峪园社区建设社区议事厅示范点，进一步加强和改进社区民主协商。

（云 天）

【社区社会组织联合会成立】 10月，大峪街道和谐家园社区服务管理协会正式更名为大峪街道社区社会组织联合会。年内，大峪街道有社团组织1个，民非组织4个。

（云 天）

【重阳节活动】 10月，大峪街道组织开展“孝满京城 德润人心”尊老孝亲活动月活动，街道、社区累计开展各项活动15场。

（宋 歌）

【滨河西区社区单行线改造协商】 11月14日，大峪街道组织各社区100名居民群众参加录制北京电视台《向前一步》栏目，节目组通过8个小时的有效沟通，让滨河西区社区单行线改造工程顺利获得隔音棚两侧底商代表及反对居民的肯定。

（宋 歌）

【人大代表补选】 11月，大峪地区河滩选区和新桥选区各补选1名人大代表，涉及47家单位，共6700名选民。参选率89%。

（王 峰）

【社区规模调整】 12月，大峪街道调整增产路、增产路东区、龙坡社区规模。将增产路东区社区管理的回迁安置小区惠民一区和增产路7号楼两处楼院共789户调整至增产路社区管理，将液压支架厂棚改定向安置房小区14栋楼共1122户并入龙坡社区管理。

（云 天）

【禁毒宣传】 年内，大峪街道开展禁毒宣传教育40场次，受众人数达1万余人次，辖区禁毒宣传覆盖率100%。

（杨清禹）

【占道经营行为查处】 年内，大峪街道综合行政执法队出动执法人员5000余人次，执法车辆1000余车次，查处无照经营、擅自摆摊设点等违法行为117起，罚款31300元。

（贾晓芳）

【“门前三包”环境秩序管控】 年内，大峪街道综合行政执法队加大对主要大街、商业街区及背街小巷商户的“门前三包”的执法检查力度，查处店外经营、堆物堆料、门前不洁等违法行为31起，罚款8700元。

（贾晓芳）

【蓝天保卫战】 年内，大峪街道综合行政执法队加大施工工地、建筑垃圾和渣土运输车的执法检查力度，严厉查处施工扬尘、泄漏遗撒等违法行为，查处工地管理与车辆泄漏遗撒等违法行为14起，罚款5万元。

（贾晓芳）

【垃圾分类专项执法检查】 年内，大峪街道综合行政执法队对社会单位和居民小区生活垃圾分类工作进行检查，查处生活垃圾类违法行为78起，罚款655960元。

（贾晓芳）

【乱停乱放专项整治】 年内，大峪街道综合行政执法队清理僵尸车22辆，其中主动自行清理僵尸车7辆，街道办事处统一清理僵尸车15辆。

（贾晓芳）

【社区减负】 年内，大峪街道投资17万元完成33个社区规范挂牌工作，并随时对照《社区挂牌清理规范要求》督促社区自查、加强联合检查，全年未发现问题。

（付京鸽）

【违法群租房整治】 年内，大峪街道共接收“12345”移交、排查违法出租房屋共44处，经核实不属实14处，整改完毕26处。

（杨清禹）

【背街小巷改造提升】 年内，大峪街道特聘请街道责任规划师全程参与街巷设计和实施，听取群众意见，坚持精雕细琢，提升背街风貌，修复街区生态，改造提升9条背街小巷，全部通过市级验收，建行西街成功入围北京市最美街巷。

（刘 洋）

城子街道

【概况】 2020年，城子街道89个基层党组织和1500余名党员干部参与新冠肺炎疫情防控，750名社区党员、200余名在职党员、100余名社区志愿者参与社区卡口值守，研发“社区盾”实名电子出入证小程序，升级社区出入证；坚持党建引领，成立生活垃圾分类和物业管理专项领导小组，建立责任领导包干和管理人联系制度，提高规范化管理水平，成立业委会1家，物管会37家，组建38个业委会（物管会）功能型党组织，10家物业公司成立党组织，实现物业服务覆盖率100%、业委会（物管会）组建率100%、党的组织覆盖率和党的工作覆盖率100%；围绕群众民生诉求加强“接诉即办”工作，建立“双见面”制度，8个典型案例被新闻媒体宣传报道。

单位名称：北京市门头沟区人民政府城子街道办事处
地　　址：北京市门头沟区龙门新区B9地块14号
电　　话：69864484
邮　　编：102300

（谷心长）

【创城工作】 1月16日，城子街道开展白色污染专项整治行动，发动人员1000余人次，清理白色垃圾100余公斤。

（李 航 祁美玲）

【新冠肺炎疫情社区防控】 1月31日，城子街道900余名“门头沟热心人”在41个社卡参与疫情防控。2月2日，龙门新区5个社区调派保安、保洁员及工程人员共89人封闭所辖小区出入口37个、设立执勤岗16个、室外消毒机1台，并主动与社区对接，在疫情防控期间协助社区解决12345案件。5日，街道工委吹响“红色集结号”，89个基层党组织发挥战斗堡垒作用，实行24小时设卡值守点位40个，170余名区属机关、街道机关干部、750余名社区党员、200余名在职党员积极参与到社区排查、轮值工作中，走访排查居民167825人次。6日，各社区实行全封闭式管理，每个小区保留一个出入口，设立24小时固定排查登记关卡，不能封闭的小区设立24小时流动巡查哨，志愿者排班轮值，对所有进入社区的返京人员和外来人员进行详细登记，对外省市返京的车辆进行消毒，并对车辆所有人员进行登记、测体温，人员参照相关规定进行居家隔离观察。

（李 航 祁美玲）

【石泉公园环境整治】 4月13日，城子街道执法队与区园林绿化局等多部门开展联合执法行动，集中整治石泉公园公共绿用地种菜行为，依法清除违种菜地1.1万余平方米。

（李 航 祁美玲）

【西龙门沟河道环境整治】 4月14日，城子街道河长办对西龙门沟A2、A3小区外沟道及周边环境进行集中整治，清理整治西龙门沟沟道及周边生活垃圾、杂草、堆物堆料、私自开荒种地问题，为防止堆物堆料、私自开荒种植等问题反弹，同时做好政策宣传工作并加强社区巡管员、第三方管护单位日常巡查。

（李 航 祁美玲）

【垃圾分类】 5月，城子街道开展“拍门行动”，发放垃圾分类一封信1.1万余张，协助投放“两桶一袋”，在卡口显著位置悬挂宣传标语60条，组建落实20位垃圾分类督导员，对居民丢弃的垃圾进行检查，组织207名党员、志愿者作为兼职人员参与垃圾分类指导。6月，街道各社区开展垃圾分类宣传30余次，向社区居民开展垃圾分类讲解20余次，建立大件家具存放处、装修垃圾临时存放点标识牌30余处，部分社区开展为社区居民发放垃圾分类积分卡活动，奖励居民配合参与垃圾分类工作，共发放积分卡5000余张。7月，街道基于“社区盾”小程序，依托其统计分析管理后台和“盾卡”志愿者机制，开发并上线“绿盾眼”垃圾分类模块功能，在七棵树西街、城子大街、龙门三区社区各选取1处垃圾桶站进行试点。

（李　航　祁美玲）

【防汛工作】　8月11日，城子街道连夜召开防汛专题工委会研究应对强暴雨的防汛工作安排，进入特别应急响应状态，启动社会面防控，街道、社区应急队24小时待命，处级、科级包片领导下到社区一线指导防汛各项措施的落实，河道长及巡河员加强河道的巡查管理，严格实行24小时应急值班值守制度，各社区排查排水系统，清理80余处雨水篦子内存垃圾，检查疏通排水设施60余处，张贴防汛宣传提示40余处，电子屏全天滚动播放50余次，微信平台发布20余条防汛信息。

（李　航　祁美玲）

【就业服务专项活动】　10月16日，城子街道社保所在龙门三区社区开展“金秋招聘月就业扶贫行动日”就业服务专项活动，15家用工单位为失业人员提供20个工种30个岗位，同时工作人员围绕养老、医疗、失业等保险法规政策及社保经办等问题开展宣传，发放宣传材料300余份。

（李　航　祁美玲）

【残疾人中式面点技能培训】　11月2日，城子街道残联组织残疾人开展为期一周的中式面点职业技能培训，45名残疾人参加。

（李　航　祁美玲）

【社会捐助】　11月，城子街道开展“爱心暖阳”系列之“战疫情奔小康”主题社会捐助活动，街道办事处及社区共捐赠34903元，同时在桥东社会慈善捐赠站点开展衣物捐赠活动，接收衣服26袋413件衣物。

（李　航　祁美玲）

【城子CD地块棚改回迁】　12月27日，城子CD地块棚改回迁安置房向3087户居民发放钥匙。

（李　航　祁美玲）

【“接诉接办”】　年内，城子街道建立“接诉接办”工作“日会商、周研判、月总结”工作制度，对不满意、未解决的案件逐一分析，查找问题原因，制定有效措施；强化监督考核，定期通报各社区、各科室办理案件数量、解决率、满意率情况排名，营造“比学赶超”的良性氛围；建立统计分析工作机制，细化案件分类标准，优化工作流程，做到“闻风而动，快速响应，应有成效”；组建工作专班，召开专题推进会、交流研讨、专项培训，对分管领导、科室、社区负责人和工作人员开展业务流程、沟通艺术和技巧进行培训；党政主要领导严格落实“五个亲自”，坚持早、晚亲自调度，解决居民诉求。

（李　航　祁美玲）

东辛房街道

【概况】　2020年，东辛房街道持续推进创新“将辛比心”党建品牌建设，以党建引领社区治理，切实做好新冠肺炎疫情防控，积极推进垃圾分类工作，优化营商环境，促进居民就业，开展第七次全国人口普查，推进九三学社北京市委·东辛房街道“8+1”行动社区医生服务项目，完成地方级财政收入5362.34万元，受理接诉即办案件8593件，就石门营地区停车难、房屋漏雨、交通噪声扰民等重点问题及时协调相关部门处理并得到有效缓解。年内，东辛房街道退役军人服务站学习推广新时代“枫桥经验”工作做法被收入国家退役军人事务部典型经验材料汇编并创建“全国示范型退役军人服务站”，石门营六区和石门营七区成功创建“北京市全民健康生活方式行动示范社区”。

单位名称：北京市门头沟区人民政府东辛房街道办事处
地　　址：北京市门头沟区石门营新区文体活动中心
电　　话：69842067
邮　　编：102300

（赵　家）

【执法工作】　1月1日，东辛房街道拆除清理北涧沟水务局工地集装箱。3日，对辖区瓶装石油液化气、占用无障碍盲道进行占道经营执法检查。5月22日，联合有关部门清除拆迁区域种植蔬菜行为4起，拆除私自搭建篱笆墙600延米，平整土地800平方米。6月2日，联合有关部门强制拆除西山社区新东山小区1号楼及滑石道社区安康小区10号楼的违建。7月24日，取缔散乱污违规砂石厂。8月10日，开展占道经营专项执法行动。13日，会同东辛房食药所开展市场疫情防控监督联合检查。17日，开展“僵尸车”专项整治行动。9月4日，开展运输散装货物车辆夜间联合执法检查。17日，开展食品安全专项检查。21日，拆除私搭乱建公厕面积5平方米。10月1日，开展燃气安全、餐厨垃圾处理专项执法检查。16日，开展工地围挡公益广告执法检查。27日，拆除和整治西山社区居民自圈菜地、私搭乱建、乱摆乱放杂物，清理西山楼西侧居民私自开种荒地260平方米。30日，开展秋冬季工地降尘及防火检查。11月19日，开展采暖季供热专项执法。25日，开展机动车环境污染治理60天执法专项行动。12月7日，联合有关部门开展夜间占道经营、食品安全执法检查。

（喻金凤）

【平安建设】　1月7日，东辛房街道召开第一季度安全生产会。8日，开展燃气安全宣传活动，发放《燃气安全使用告知书》。6月18日，开展2020年“安全生产月”宣传活动。8月7日，召开石门营一区消防安全隐患治理协调会。9月3日，召开第四季度安全工作会。17日，开展消防安全演习活动，100余人参加演习。23日，召开2020年国庆、中秋期间安全保障工作会。10月19日，召开十九届五中全会期间安全维稳工作会。28日，联合区消防支队到北涧沟开展消防安全演练活动。11月19日，召开街道2020年至2021年预防煤气中毒工作部署会，以及老旧居民小区和平房院落消防安全突出问题综合整治专项工作部署会。12月17日，召开老旧小区消防工作会。30日，召开岁末年初安全工作会。

（王佳冰）

【文化活动】　1月17日，东辛房街道组织开展“东辛房街道欢乐过大年”年味传统文化活动。6月25日，组织各社区开展全国科普日活动。9月20日，组织开展庆祝国庆节和中秋节文艺汇演。10月17日，组织各社区开展“社区邻里节活动”。11月15日，举行新时代文明实践传统曲艺演出。

（赵　家）

【活禽执法检查】　1月21日，东辛房街道联合区农业执法队开展无照经营活禽专项执法。4月16日，联合有关部门清理街道老区滞留户蓄养的家禽家畜53只，其中鸡44只、鹅2只、羊羔7只、成年羊4只。

（喻金凤）

【烟花爆竹禁放】　1月24日、1月29日与2月8日，东辛房街道在12个社区164个重点点位开展烟花爆竹禁放看护工作，基本实现“零”燃放工作目标。

（赵　家）

【新冠肺炎疫情防控】　1月26日，东辛房街道全员停休，落实应急值班、日会商制度，全面投入新冠肺炎疫情防控。6月，组织机关和社区干部347人，以及各社区志愿者、社会单位1167人参加核酸检测，检测结果全部为阴性。10月21日，举行“东辛房榜样 最美逆行者”表彰大会，表彰先进、弘扬正气，激发街道党员干部凝聚众志成城、共克时艰的强大正能量。年内，开展湖北来返京人员、境外来返京人员、涉新发地市场、涉玉泉东市场、大连来返京人员、乌鲁木齐来返京人员、冷链食品从业人员、青岛返京人员、新疆喀什返京人员共9轮16次集中入户摸排，摸排居民10万余人次；全面落实社区封闭管理，封闭出入口66个；对4184名中高风险地区来返京人员落实14天居家观察；向社区发放体温枪、口罩、消毒液等物资389662件。

（赵　家　马炳超）

【社会化退休人员服务】　1月，东辛房街道慰问社会化退休人员78人。8月，慰问参与新冠肺炎疫情防疫的社会化退休人员148人。10月，组织1690名社会化退休人员参加重阳节活动。

（杜春秋）

【社区示范点建设】　2月20日，石门营新区五区开展社区协商议事厅示范点建设。3月25日，石门营新区七区开展楼门院治理示范点建设。4月15日，石门营新区四区开展社区心理服务站建设。

（王　芊）

【普法宣传】　2月，东辛房街道在社区播放关于疫情防控的法律法规音频，发放宣传海报及宣传手册。7月1日，组织机关工作人员学习《社区矫正法》《社区矫正法实施办法》。8日，在社区开展《民法典》系列法制讲座。

（吴颖超）

【社区物业管理】　4月18日，

石门营新区四区、六区成立社区物业管理委员会。5月7日，石门营新区五区小区成立业主委员会。18日，北涧沟社区、河南街社区、矿建街社区、西山社区、石门营新区一区、七区成立社区物业管理委员会。

（王　芊）

【垃圾分类工作】　4月，奥和物业管理有限公司联合六区、七区社区居委会开展《北京市生活垃圾管理条例》宣传活动4次。5月6日，东辛房街道组织辖区物业公司召开“垃圾分类再动员再部署工作会”，学习《北京市生活垃圾管理条例》，明确物业公司担负垃圾分类主体责任。6月12日，西山社区家长学校举行“小手拉大手分类齐动员”知识讲座。13日，石门营二区组织在职党员开展垃圾分类宣传指导活动，发放垃圾分类手册50余份。9月16日，圈门社区组织居民开展垃圾分类宣传活动。10月17日，石门营一区开展垃圾分类从我做起宣传活动。12月31日，街道召开“垃圾分类工作动员部署会”，各社区党组织书记、居委会主任、物业经理20余人参加。12月，石门营新区四区、矿建街268号院（富裕家园）、龙苑小区、东辛房24号院等4个试点垃圾分类驿站投入使用。

（赵　家）

【就业促进】　5月20日，东辛房街道举办“防疫情 促就业”不见面小型招聘会。11月，举办失业人员技能培训班。12月12日，举办以“集中攻坚稳就业、精准服务保民生”为主题的小型招聘会。

（杜春秋）

【防汛工作】　5月29日，东辛房街道召开防汛工作部署会。汛期内开展汛期预警值守3次，出动300余人，车辆3车次，机械4次。辖区内未出现相关险情，安全度汛。

（李　一）

【无障碍环境建设】　5月，东辛房街道升级停车场，设立无障碍停车位，在街道政务服务大厅进出入口设置无障碍坡道，改造政务服务大厅服务台，设立专门的低位服务台并配置手语智能终端以及轮椅，拐杖等器具，在无障碍卫生间内设置各类无障碍服务设施。同时，在石门营一区、四区、五区、六区、七区居委会开展无障碍坡道改造。

（马炳超）

【“蛋壳”房屋中介纠纷事件调解】　年内，东辛房街道调解“蛋壳”房屋中介纠纷事件68件，达成书面协议31件，口头协议37件。

（吴颖超）

【“接诉即办”】　年内，东辛房街道共受理“接诉即办”案件8593件，其中市中心直派7346件，区中心转派1247件；日常事件7558件，新冠肺炎疫情一级响应15件，二级响应1035件。

（陈　昕）

大台街道

【概况】　2020年，大台街道下辖9个社区，总人口7548人，常驻人口3273人，面积80.9平方公里，是全市面积最大的街道，也是唯一的山区街道、矿区街道、林区街道。现有基层党委2个，党总支3个，党支部21个，党员664人。年内，紧抓煤矿关停后的转型发展机遇，持续推动党的建设、社会治理、为民服务、环境治理、平安建设在大台地区形成生动实践，开展第七次全国人口普查工作，广大党员干部干事创业的“精气神”进一步凝聚，“我是大台人”的认同感和自豪感进一步彰显，地区转型发展的合力进一步增强。年内，大台街道实现“接诉即办”年度平均成绩从2019年全市中下游跨越式提升至2020年全市336个街乡第1名，月度考核6次进入全市前十，3次位列全市第一，北京电视台、门头沟区电视台等市、区级媒体刊登报道街道“接诉即办”优秀案例20例，包括《“党领民治”让居民劲儿往一处使》《制胜法宝助力疫情防控 门头沟大台街道推行“口袋”防控法》等，市委改革办《北京改革交流》、市政府《昨日市情》刊载大台“接诉即办”工作经验做法；大台街道9个社区在4月至11月全区创城“比学赶超”擂台赛文明社区综合考评81次考评中共获得76次优秀、5次良好，5个社区连续被评为优秀等次，黄土台社区入榜第六届全国文明单位。

单位名称：北京市门头沟区人民政府大台街道办事处
地　　址：北京市门头沟区大台街道大台路8号
电　　话：61870355
邮　　编：102303

（杨晋子）

【新时代文明实践】　1月10日，

大台街道新时代文明实践所联合区文联开展“文化进万家”写春联送祝福活动，完成了近千个福字、800副对联。12月25日，大台街道新时代文明实践所联合区文旅局，共同举办“门头沟区百姓周末大舞台大台街道专场演出”活动。

（杨晋子）

【创城工作】 4月17日，大台街道召开创建全国文明城区百日冲刺动员大会，全面进入创城迎考状态。4月至8日，累计召开创城工作部署会8次。7月1日，组建综合创城检查队开展不定期实地检查。年内，大台街道在2个社区新建LED宣传大屏，依托10支“门头沟热心人”志愿服务队深入开展“防疫有我、爱卫同行、勠力创城”等主题活动百余次。

（杨晋子）

【防汛抢险综合演练】 6月5日，大台街道联合门头沟区消防支队、大台医院、蓝天救援队等单位在京西林场训练场举行民兵训练暨防汛抢险综合演练活动，100余人参加。

（杨晋子）

【垃圾分类】 8月21日，大台街道召开地区垃圾分类社会动员及签约工作部署会，组织居民以家庭为单位与居住地社区居委会签订垃圾分类承诺书，地区签订比例为100%。年内，大台街道通过街道公众平台、LED电子屏、社区广播等广泛科普垃圾分类知识，张贴宣传海报100余张，悬挂宣传条幅27块，发放垃圾分类倡议书3800余份、宣传手册3000余份；组织辖区各社区开展垃圾分类“我承诺、我践行”动员宣传活动，累计参与人数2400余人。

（杨晋子）

【老年人志愿服务大集】 10月22日，大台街道举办重阳节“余热生辉·奉献最美”社区老年人志愿服务大集。为社区老年人送去传统民俗非遗项目表演、各类知识科普宣传，以及理发等志愿服务。

（杨晋子）

【防火防煤气中毒】 11月6日，大台街道举办119消防宣传月启动仪式，现场进行“一警六员”消防培训，180余人参加。18日，开展防火防煤气中毒安保工作培训。年内，大台街道为消防重点人安装烟感报警器186台，更新一氧化碳报警器139台。

（杨晋子）

【司法工作】 12月1日至4日，大台街道开展宪法宣传日普法宣传活动，发放相关宣传材料1000余份，直接受众人数500余人。年内，大台街道共受理调解案件103件，其中涉及邻里纠纷31件、婚姻家庭27件、物业纠纷15件、其他纠纷30件，其他纠纷中包含因疫情产生的矛盾纠纷4件，涉及总金额4.3万余元；接待法律援助咨询106人次，协助办理资格审查1人。

（杨晋子）

【新冠肺炎疫情防控】 年内，大台街道建立健全全域管控和联防联控工作机制，设置17个社区卡口，办事处机关干部与社区党员、干部、志愿者600余人投入新冠肺炎疫情防控工作；拟定疫情防控方案9份，发布疫情公告通知150余份，组织疫情防控工作会议92场，处理疫情防控诉求348件，组织疫情防控检查108次；编写《大台街道疫情防控工作每日动态》150期，形成街道疫情防控工作档案。《北京日报》、北京电视台、《法制日报》等媒体报道了大台街道“口袋”阵法、“五户联治+平安户长”自主管理模式等防控经验。新冠肺炎疫情防控期间，大台街道为5个因疫情导致特殊困难的残疾人家庭申请慰问金5000元，为31名3岁至12岁低保、低收入、残疾儿童发放儿童口罩123个。

（杨晋子）

【抗疫主题活动】 年内，大台街道在街道办事处主办的微信公众号平台设立“影像志”“战疫情”等疫情防控板块，策划“战‘疫’全纪实”“‘云’上主题党日—抗疫战场上我们在一起”等系列抗疫主题活动。

（杨晋子）

【实事工程】 年内，大台街道新建千军台社区、木城涧社区、玉皇庙社区、灰地社区、黄土台社区等5个社区、7个居民居住地供水设施，改建蓄水池4座；配水管网维修建设40.13千米；分户安装IC卡智能水表754块、水表井140座；对灰地社区6、7号楼进行外墙加装外保温4000余平方米、楼顶新做防水1130平方米、更换门窗566樘、更换雨水管道288米；新建党建文化宣传长廊3处，道路修缮地面铺砖硬化面积13059平方米，安装楼梯扶手877米、护栏951米。

（杨晋子）

【招商引资】 年内，大台街道

完成新注册企业260家，实现地方级税收收入4813万元，完成全年任务的195.4%，实现区级财税收入2272万元，完成全年任务192.2%；实现区级招引收入任务完成1416万元，完成全年任务283.2%。各项指标任务提前半年完成。

（杨晋子）

【河长制】 年内，大台街道严格落实街道、社区级日常巡查制度和各项机制，共出动7000余人次、280车次，清理垃圾、渣土约3000方，水面漂浮物约490方，劝阻上冰、钓鱼人员约950人次，“北京河长”APP累计巡河2000余公里，巡河950人次，发现并完成整改60余处问题。

（杨晋子）

【清洁型煤消费】 年内，大台街道居民购买惠民清洁型煤109.1825吨。

（杨晋子）

【信访接待】 年内，大台街道接待群众来访19件19批25人次，受理群众来信1件，处理市、区信访办公系统交办件3件8批8人次，党政主要领导接待群众来访2件4批4人次，矛盾化解率达100%。

（杨晋子）

【防汛工作】 年内，大台街道召开2020年防汛工作部署会3次；联合大台医院、京西林场等单位开展无人机勘察、沙袋堆垒、帐篷搭建、医疗救护、群众转移等全要素防汛应急演练2次；设立18处避险点，储备2000条麻袋、200套救生衣、2台汽油抽水泵、6辆抢险车辆、20个手摇报警器等防汛物资；建立16支共350人的应急抢险队伍。汛期期间，大台街道经历4次预警天气，共转移群众132户247人。

（杨晋子）

【安全生产检查】 年内，大台街道开展安全生产检查608家次，任务完成率152%；完成安全隐患三年治理专项行动年度上账隐患任务20个，销账20个，完成率125%；针对辖区各类安全隐患累计罚款2万元。

（杨晋子）

【工会服务】 年内，大台街道总工会新增困难职工1名，困难职工脱困18名；为3名职工办理意外理赔慰问，金额共计800元；为19人办理住院理赔及住院津贴；为15名职工发放住院慰问金额共计8100元；为167名职工投保住院医疗保险及工会B类综合互助保险，金额共45014元。

（杨晋子）

【团组织活动】 年内，大台街道完善各社区团支部人员配备；对68名困境青少年人开展帮扶需求调查工作；开展团员到社区报到工作，28名团员到9个社区完成报到；开展团日活动12次，志愿服务活动12次。

（杨晋子）

【困难群体社会保障】 年内，大台街道，大台街道城乡低保对象有204户392人，月保障金额467469.18元；325名残疾人享受两项补贴政策，86名残疾人享受助残券补助；385名高龄老年人、189名失能老年人、27名困难老年人享受老年人津贴补贴；为70周岁以上老年人办理意外险投保共979人次；为105名就业年龄段失业残疾人办理了养老保险补贴；为9名残疾人办理自主创业保险补贴13.3万元；为13个困难家庭和1名“两劳”释放人员发放救急难项目资金1.48万元；元旦、春节向127户困难家庭发放慰问金5.7万元、慰问品60份，慰问12名患有癌症以及肾透析、肾移植病症的社区管理退休人员发放慰问金6000元。

（杨晋子）

【就业促进】 年内，大台街道新增城镇登记失业人员121人；为70名失业人员办理灵活就业手续；完成城镇登记失业人员就业112人，其中就业困难人员就业78人。

（杨晋子）

【城管行政处罚】 年内，大台街道城管执法队共实施行政处罚53起，罚款金额共102110元。

（杨晋子）

【无违建街道建设】 年内，大台街道基本建成无违建街道，涉及昊华能源缓拆部分完成上账并启动拆除工作，完成手续待核查建筑物图斑比对工作，68个图斑全部完成分类统计。

（杨晋子）

【食品药品监管】 年内，大台街道开展食品药品生产经营单位专项检查共456户次，出动912人次、456车次，监督检查覆盖率达100%；开展食品流通环节快速检测60批次，餐饮服务环节快速检测51批次。检查未发现问题。

（杨晋子）

潭柘寺镇

【概况】　2020年，潭柘寺镇主动适应经济发展新常态，扎实促进民生改善，精准科学做好新冠肺炎疫情防控工作，维护地区和谐稳定，全年实现农户所得总额25552.7万元，人均所得22434元，完成固定资产投资74223万元，完成区级财政收入3335万元，林木覆盖率79.5%。

单位名称：北京市门头沟区潭柘寺镇人民政府

地　　址：北京市门头沟区潭柘寺镇鲁家滩村鲁家滩大街52号

电　　话：60860600

邮　　编：102308

（段洋洋）

【全国文明城区创建】　1月9日，潭柘寺镇召开创建全国文明城区誓师大会，部署2020年创城工作。4月20日，召开创城提名百日冲刺动员大会，恢复常态化创建机制，巩固创建成果。6月8日，全面“拉练”检查各村创城达标、环境卫生、人居环境整治等方面工作。12月28日，召开创建全国文明城区“比学赶超”擂台赛。

（段洋洋）

【第七届党员代表大会第四次会议】　1月15日，中国共产党门头沟区潭柘寺镇第七届代表大会第四次会议召开，党代表、列席代表共121人参加会议。会上，听取并审议通过中共潭柘寺镇第七届委员会2019年工作报告，中共潭柘寺镇第七届纪律委员会2019年工作报告纪委工作报告，党委领导班子成员述职述德述廉报告，党费收缴与使用情况报告，代表提案、提议和意见建议办理情况的报告，代表提案审查情况的报告；对镇党委领导班子及成员进行民主评议。

（段洋洋）

【第七届人民代表大会第六次会议】　1月16日，潭柘寺镇第七届人民代表大会第六次会议召开，全镇正式代表42人参加大会。会上，审议通过《潭柘寺镇政府工作报告》《潭柘寺镇2019年财政预算执行情况和2020年财政预算》，听取并评议《潭柘寺镇社区治理专项承诺报告》和《2019年农林水工作承诺完成情况》，选举产生1名潭柘寺镇副镇长。

（段洋洋）

【安全生产检查】　1月19日，潭柘寺镇开展全镇安全隐患大检查专项行动，对镇域内在建工程、供热、污水净化、燃气站、景区、小卖部、新区物业等单位开展联合执法检查。5月4日，到桑峪村和平原村检查垃圾分类和“五一”期间交通、商业、售卖、民宿、旅游、新冠肺炎疫情防控各项工作。11月6日，对辖区中学及污水净化公司开展实验室危化品安全生产专项检查，推动实验室安全管理工作规范化、科学化、标准化。11月27日，到鲁家滩加油站、清源污水净化公司、首钢生态公司、首钢生物质公司、卫生院等单位开展专项检查。

（段洋洋）

【党建工作大会】　3月25日，潭柘寺镇召开2020年党建工作大会。会上，总结2019年党建工作，综合部署全镇2020年政法、党风廉政建设、组织、宣传思想文化、统战和老干部工作。

（段洋洋）

【首次村居书记点评会】　3月25日，潭柘寺镇召开2020年首次村居书记点评会，重点点评疫情防控工作，谋划红色党建引领绿色发展方向。

（段洋洋）

【“接诉即办”】　4月7日，潭柘寺镇召开“接诉即办”工作专题研讨会，确定专班推进、精准派单、现场调研、集体会商、主动作为、搭建平台、融合贯通、条块结合、举一反三、剖析总结的接诉即办工作思路。12日，举办“接诉即办”工作专题培训会，取得“学习经验找差距、解放思想拓思路”的效果。

（段洋洋）

【垃圾分类】　5月9日，潭柘寺镇召开垃圾分类工作动员部署暨培训会，成立镇垃圾分类推进工作领导指挥部，指挥部下设8个工作领导小组，形成高位协调、部门联动、重点突破的组织领导体制和工作机制。5月18日，召开创城拉练检查暨垃圾分类现场推进会。28日，启动“守护绿色青山，引领环保时尚”垃圾分类主题活动。9月27日，开展“党旗飘扬践初心 绿色守桶我先行”党建引领垃圾分类志愿服务活动，引导广大党员、干部、职工、居民抓好“设桶、盯桶、管桶”三个环节，做好“看桶、守桶、护桶”三项工作，共建绿色美好家园。

（段洋洋）

【防汛应急演练】 6月3日，潭柘寺镇开展防汛应急演练，涵盖险情发现、险情速报、临灾报警、疏散命令发布、领导决策、启动防灾应急预案、部门协作、疏散撤离避险行动、伤病救护等多个环节。

（段洋洋）

【物业管理委员会建设】 6月，潭柘寺镇完成山区第一家“物管会”檀香嘉园社区物业管理委员会，试点单位组建工作。随后潭柘新区一区、二区社区物业管理委员会组建完成。潭柘新区以物管会为依托，以破解物业管理难题为切入点，精耕细作，齐抓共管，推进物业服务水平有效提升，率先完成物业管理“三率”100%。

（段洋洋）

【第二届太平鼓展演】 9月28日，潭柘寺镇举办第二届太平鼓展演活动，全镇12个村231名太平鼓演员表演了“圆鼓”“逗公鸡”“大搧”“拉抽屉”和“摇头跪”等五段舞蹈。

（段洋洋）

【第二届“社区邻里节”】 10月20日，潭柘寺镇第二届“社区邻里节”活动启动，举办“邻里帮”——潭柘新区便民公益大集活动，现场提供中医义诊、理发、磨刀、手机贴膜、配钥匙、清洗老花镜以及急救知识讲座等公益服务。

（段洋洋）

【人口普查登记】 11月1日零时，潭柘寺镇启动第七次全国人口普查入户登记工作。全镇80余名普查工作人员入户登记。14日，完成短表登记工作。12月14日，长表入户登记结束。

（段洋洋）

【宪法宣传】 11月30日，潭柘寺镇开展“潭柘寺镇宪法宣传周”启动仪式，向群众发放法治宣传手册、宣传品等，组织北京盈渊律师事务所律师为百姓讲解宪法知识，引导广大群众尊崇宪法、学习宪法、遵守宪法、维护宪法、运用宪法。

（段洋洋）

【党员集中轮训班】 12月，潭柘寺镇组织“传承红色基因 聚力绿色发展”党员集中轮训班，以菜单化的方式制定培训内容，采取“线上红色云课堂+线下分段学习”教学模式开展培训。覆盖到各基层党组织书记、党员、党员发展对象、入党积极分子和村级后备干部等1000余人。

（段洋洋）

【新冠肺炎疫情防控】 年内，潭柘寺镇面对突如其来的新冠肺炎疫情，坚持落实属地责任，制定实施镇级防控工作方案、应急预案等制度性文件；设置47处“卡口”，村级值守力量406人，社区（村）卡口应用北京健康宝扫码登记功能；落实12个村居516名网格员入网入格，商住社区开展“地毯式”入户摸排工作；对全镇5000余户群众开展多轮“敲门行动”，形成“一小时圈子”情报行动网络，对接38家驻镇企业、部队、学校等单位，做到落地查人“全覆盖”；对居家隔离观察人员实施“落地入户、责任告知、外出管控、监测服务、问题处置、解除通知”等闭环管理，对重点场所实施“差别化”管理；组织216名餐饮从业人员和1044名一线值守人员统一参加核酸检测，检测结果均为阴性；通过宣传栏、海报、电子屏、微信公众号等多种形式引导群众科学佩戴口罩，减少人员聚集。

（段洋洋）

【美丽乡村建设】 年内，潭柘寺镇编制完成赵家台、王坡、贾沟、草甸水、阳坡元、桑峪、平原等7个村的村庄规划和美丽乡村实施方案并获得区政府批复，完成贾沟、赵家台、王坡等3个村美丽乡村创建工作。

（段洋洋）

【低收入帮扶】 年内，潭柘寺镇2个低收入村和全镇380户691人低收入户全部实现脱低，年人均可支配家庭收入达到20127.88元。

（段洋洋）

【新型集体林场管理】 年内，潭柘寺镇以平原生态林为试点，启动新型集体林场组建工作，通过聘用管理等方式，组织起一支本地农民管护队伍，吸纳辖区适龄劳动力、低收入农户参与养护工作，管护总面积共2046亩，涉及专项资金518余万元。

（段洋洋）

永定镇

【概况】 2020年，永定镇招商引资企业共121家1503万元，涉及行业包括建筑工程类、科技类、教育文化类等；完成一般公共预算收入5.37亿元。年内，启动镇政府机构改革；成立物业管理委员会党支部；建设职工之家1家、暖心驿站20家，覆盖17家非公企业；切实做好新冠肺炎疫情防控，全国文明城区的创建和垃圾分类工作。6月，全镇全员核酸检测101428人。制定《永定镇市民热线“接诉即办”工作考核方案》《永定镇创建“零诉求村居”和“诉求三率100%村居”工作实施方案》《永定镇关于开展“我为美好家园献一策”活动实施方案》等文件，推动“接诉即办”工作；永定镇党委、镇政府对辖区优抚对象89人以银行转账形式发放慰问金4.45万元，每人500元；动员社会力量拨付帮扶资金59.32万元，拨付财政资金61.8万元；非本市户籍适龄儿童少年接受义务教育证明证件材料审核通过163人；动员社会力量广泛购买消费扶贫产品，完成采购金额328.79万元；开展15场“百场社区大课堂”活动；整改人居环境方面台账200余处，新建或补植绿化1500平方米，修补硬化卧龙岗村内道路20平方米。年内，永定镇TSP（粗颗粒物）年平均值100，PM2.5年平均值34，降尘量年平均值8.2；接待信访210批次230人次，集体访1批6人次。

单位名称：北京市门头沟区永定镇人民政府
北京市门头沟区永定地区办事处
地　　址：北京市门头沟区永定镇石龙西路58号
电　　话：69805490
邮　　编：102308

（王佩玉）

【纪检工作】　1月13日，永定镇召开2020年全镇党员干部警示教育大会。2月，制定实施《永定镇关于新冠型肺炎防控防疫期间物资发放管理制度》《永定镇关于新冠型肺炎防控防疫期间督查约谈制度》，成立“两代表一委员”巡查组对新冠肺炎疫情防控、创建全国文明城区、垃圾分类等工作进行全覆盖检查。3月，召开2020年党风廉政建设工作会。5月，召开2020年案例分析和警示教育大会。6月11日，召开2020年上半年党风廉政建设工作推进会。8月4日，召开2020年上半年落实全面从严治党主体责任工作汇报会。11月30日，召开“一报告三清单两项折子工程”工作落实情况汇报会。12月2日，召开2020年“以案为鉴、以案促改”警示教育大会。

（王佩玉）

【人大工作】　1月21日，永定镇组织区人大代表永定团视察龙湖天街，人大代表听取龙湖地产发展历程和有关业务介绍，参观长安天街商圈，并对周边环境及便民设施提出建议。7月至9月，组织永定镇市、区、镇三级代表对所在村居、社区垃圾分类及物业管理情况进行检查，并扫码提交检查情况。11月16日至12月10日，开展补选区代表工作，补选区代表1名。年内，成立5支“两代表一委员”组成的联防联控巡查队，以“四不两直”方式每天随机选取3个时段开展3次检查，重点督查村、社区（村）是否落实卡口防控“五个一”标准、是否具有群众聚集性休闲活动以及是否将区纪委明察暗访反馈点位问题整改到位等方面内容。

（王佩玉）

【新冠肺炎疫情防控】　1月22日，永定镇开始统计湖北来返京人员、外省市来返京人员。2月13日，各村居使用“京心相助”小程序和北京市疫情跟踪数据报送系统登记来（返）京人员信息。6月13日，摸排去过新发地市场、京深海鲜批发市场人员，摸排核实近1000人。年内，永定镇开展新冠肺炎疫情防控执法检查10489次。

（王佩玉）

【残疾人工作】　1月31日，永定镇慰问269名残疾人，发放26.45万元。10月，完成残疾人动态更新入户访视2590人，新办证动态更新登记39人。

（王佩玉）

【安全工作】　1月，永定镇与辖区村居、物业、建筑工地等重点单位签订安全生产责任书140余份。4月28日，召开“五一”假期新冠肺炎疫情防控、城市运行及安全稳定工作部署会。5月13日，召开全国“两会”安全维稳工作部署会。29日，召开全镇2020年防汛工作部署会。9月，制定实施《2020年国庆、中秋节永定镇安全生产大检查工作方案》，镇领导班子成员分组对辖区重点企业开展节前检查。年内，永定镇开展“蓝盾一号”燃气安全专项整治行动，开展燃气安全检查134次，建立燃气使用单位基础台账单位119家。

（王佩玉）

【工会服务】　1月，永定镇开展“暖·2020爱心互助行动”，开展温暖基金“一元捐、十元捐”活动，收到捐款金额14753元。2月，为辖区新冠肺炎疫情一线防控人员发放帽子3400余顶、香薰包549只、口罩800只。4月，向18家复工企业的322名职工送去644包口罩、322瓶免洗洗手液、322包消毒湿巾，为所属基层工会的23名2月家庭人均收入低于北京市最低工资（2200元/人）的职工申请每户600元生活补贴。

（王佩玉）

【政务服务】 2月3日，永定镇升级改造社会事务服务中心，实现“一窗通办”。8月8日，社会事务服务中心周六延时服务（周末不打烊），每周六09:00-15:00（法定节日除外）对外开门办事。11月19日，开展“领导干部进窗口，换位体验办事效能促服务”活动，镇主要领导以办事人员和窗口工作人员身份到永定镇政务服务大厅走访体验。11月，永定镇就业和社会保障事务所（社会事务服务中心）更名为永定镇便民服务中心。

（王佩玉）

【社区生活性服务功能网点建设】 3月，永定镇开通6个便民服务直通车网点；10月，完成对辖区内各类社区生活性服务功能网点统计更新。据统计，全镇共328个社区生活性服务功能网点，其中蔬菜零售共40个，占比12.20%；末端配送87个，占比26.52%；便利店（超市）71个，占比21.65%；早餐49个，占比14.94%；维修17个，占比5.18%；家政15个，占比4.57%；洗染17个，占比5.18%；美容美发32个，占比9.76%。

（王佩玉）

【对口帮扶】 4月，永定镇完成与对口帮扶地区锡勒乡、二份子乡、保岱镇签订2020年扶贫协议内容工作，并动员社会企业拨付帮扶资金。8月，镇领导带队到保岱镇二份子乡、锡勒乡开展对口帮扶工作。拨付保岱镇“爱心超市”项目，帮扶资金22万元；拨付9.8万元财政资金用于25户建档立卡贫困户完成脱贫指标；动员社会企业拨付15.12万元帮助保岱镇42名贫困人员实现就近就地就业。动员社会企业捐赠11.2万元，资金用于为锡勒乡42名贫困人员提供环境保洁员公益性岗位；动员社会企业捐助5万元人民币用于二份子乡14户贫困户危房修复；拨付50万元用于二份子乡蛋鸡场公路的修建工作。年内，累计动员社会力量拨付帮扶资金59.32万元，拨付财政资金61.8万元。动员社会力量广泛购买消费扶贫产品，累计完成采购金额328.79万元，超额完成120万元任务指标，完成比例273.99%；办理消费扶贫卡600张，超额完成500张任务指标。

（王佩玉）

【拆迁腾退】 4月6日，永定镇启动3751棚户区改造及环境整治项目109户滞留户拆迁腾退工作，完成拆除39户，实现中交C二期上市地块滞留户全部清零、南区棚户区改造及环境整治项目B1安置房地块滞留户清零、中冶14街区安置房0091（A）地块滞留户清零、门头沟区高新技术产业项目（石龙五期）A区滞留户清零。

（王佩玉）

【垃圾分类】 5月30日，永定镇领导以“四不两直”方式先后检查永和新苑南区、云梦嘉园、京西嘉苑及冯村嘉园等社区垃圾分类工作，针对检查中所发现的厨余垃圾分类不纯净、未按规范填写公示牌信息、桶身损坏、桶站周边不洁、厨余垃圾分类不纯净，其他垃圾桶内含有可回收物等问题，要求做好宣传、分类指导以及垃圾桶站的清运及周边保洁工作。6月1日，永定镇召开垃圾分类专项执法百日行动工作会，要求做到“盯桶”人员到位、硬件设施到位、宣传标识到位。24日，召开端午期间疫情防控和安全生产工作会，要求垃圾分类力度不减。年内，清理白色垃圾425吨，小广告1720张，杂草165.6吨，渣土606吨，建筑垃圾1597.7吨；改造老旧及回迁社区垃圾桶站125组，以旧换新垃圾桶951个；459个桶站更新桶站背板与标识；组织40个社区签订《垃圾分类承诺书》34952份，签订率达到100%；举办各类活动60余场，培训人数达到万余人次；发放垃圾分类一封信及宣传彩页约12万册；开展垃圾分类专项检查2694次，其中检查居住小区1093家次、检查社会单位1601家次，立案处罚119起，罚款90.6万元。

（王佩玉）

【“留白增绿”工作】 5月，永定镇对惠润菜市场进行简易绿化。8月，完成城建二公司拆违工作。10月，对辖区内涉及农村乱占耕地建房的14个点位进行梳理分析和摸排，其余清理整治8处图斑。年内，永定镇清退商户、摊贩20余家，对拆除后的1000余平方米腾退土地进行绿化；清理永升嘉园西侧、108国道两侧、石门营沟两侧、黑江路周边等开荒种地问题4万余平方米；协调区园林绿化局在曹各庄村绿海公园西侧全面推进“战略留白”工作，绿化面积25亩；综合整治迎晖南苑北侧及新城大街东侧边坡裸露黄土，种植沙地柏等绿植3万余平方米。

（王佩玉）

【有害生物防治】 6月18日，永定镇悬挂国槐小卷蛾诱捕器300套，监测和防治320亩辖区内林业有害生物。7月5日，释放昆虫天敌——周氏啮小蜂1千万头，对辖区树木进行生物防治。8月8日，使用20%除虫脲、25%灭幼脲或5%杀铃脲等仿生物制剂对美国白蛾等林业有害生物进行喷雾预防，预防面积1200亩。

（王佩玉）

【双拥工作】 7月28日，永定镇召开“携手共建，共庆八一”军民共建双拥座谈会。11月5日，组织由5人组成的民兵武装小队参加应急抢险比武。19日，镇退役军人服务站完成全国示范型退役军人服务站检查验收工作。

（王佩玉）

【争创国家森林城市宣传】 10月16日，永定镇举办“同在蓝天下，人鸟共家园”宣传活动，为居民们发放保护野生动物的宣传材料。10月21日，北京市园林绿化局林业总站在永定镇开展“森林城市全民共建 美好家园你我共享”主题活动，向群众发放创森一封信。12月11日，永定镇开展“争创国家森林城市 共筑城市美好生活”主题宣传，向群众发放《创建国家森林城市知识宣传册》《北京常见野生鸟类》以及环保袋。

（王佩玉）

【就业促进】 10月27日至30日，永定镇联合北京市科技职业技能培训学校，组织开展为期四天的“智能楼宇”技能培训班，培训对象主要为辖区劳动年龄段内的城镇失业人员和农村转移劳动力人员，共40人参加培训，培训内容包括综合布线、电梯原理、电梯运行及操作、消防等科目。11月15日，举行永定镇2020年度就业招聘会，2家用人单位提供8个工种30多个就业岗位，32名求职者参加。

（王佩玉）

【古树名木管理保护】 12月11日，首都绿化委员会办公室义务植树处、市城市管理综合执法局、古树专家组成联合检查组，对永定镇古树名木管理保护工作进行随机抽检，检查组细致检查每株抽检到的古树，包括生长环境、枝干长势、安全隐患、管护措施、日常养护等，对永定镇镇古树名木管理保护工作给予肯定并对工作中存在的问题提出具体要求和改进措施。

（王佩玉）

【护苗2020开学季行动】 年内，永定镇各村居开展“护苗2020开学季行动”宣传教育活动，向家长和青少年讲解护苗行动的重要性，引导青少年了解相关法律法规，自觉抵制不良精神垃圾产品和盗版侵权产品。活动共发放宣传折页1000余张、笔袋200余个、布袋200余个。

（王佩玉）

【信访工作】 年内，到镇来访210批次，230人次，到市、区来访122批次，133人次，较上年下降31%；集体访1批6人次，较上年下降25%；初访5批次11人次；网信695批次，纸信12件次。

（王佩玉）

【社会保障】 年内，永定镇实有参保及享受待遇人员19121人，其中灵活就业1720人、领取失业保险待遇386人；城乡居民养老保险参保1685人，享受福利养老金504人，无保障领取人员503人；城乡医保参保8769人；退休社会化管理4572人；城乡低保家庭112户202人，城乡低收入家庭2户6人；公益性岗位职工275人，其他参保人员219人；保障性住房备案家庭183户，市场租房补贴申请家庭61户。

（王佩玉）

【社区建设】 年内，永定镇开展清理规范社区挂牌工作，社区办公服务场所外除社区党支部、居委会和社区服务站3块牌子以外的其他各类牌子全部摘除；创建小园三区、曹各庄新三区、西悦嘉园、四季怡园等4个一刻钟社区服务圈；完成小园一区首次业主委员会的选举工作及全镇36个社区物管会的组建工作，实现物业三率100%；为西悦嘉园、上悦嘉园等新建社区筹备组招聘工作人员43人。

（王佩玉）

【城市管理执法】 年内，永定镇检查“门前三包”商户27家，走访工地7家次，检查户外广告牌21块，清理堆物堆料2处；查处店外经营和未落实“门前三包”责任制3起，擅自摆摊设点和无照经营9起，清理违规设置户外宣传品3处，乱堆物料1起，清理僵尸车2台。

（王佩玉）

【垃圾清理】 年内，永定镇开展清理雨篦子及绿地垃圾主题行动，出动1100余人，清理雨箅子496个，清理绿地内烟头、堆物等各类垃圾300余袋，清理河道交叉口4处、暗涵2处，清理杂物垃圾20余立方米；卧龙岗村开展农村人居环境整治，发动群众436人次，清理农村生活垃圾98处8.2吨，拆除私搭乱建30处180余平方米，清理乱堆乱放、乱贴乱画449处。

（王佩玉）

【创城工作】 年内，永定镇制定实施《永定镇2020年决战全国文明城区提名百日冲刺工作实施方案》；开展六次创建全国文明城区暨接诉即办比学赶超擂台赛，通报辖区文明城区创建实地检查情况；镇领导班子成员以“把脉会诊”的形式深入村居检查指导创城工作；为全镇480名“门头沟热心人”永定巡查员发放《2020年永定镇创城巡查手册》4500册；在西苑路、冯石环路、景观大道等制作更换创城公益广告；开展永定镇创城宣传活动，发放宣传品6520份。

（王佩玉）

龙泉镇

【概况】 2020年，龙泉镇（龙泉地区办事处）坚持红色党建引领绿色发展，创新基层治理、统筹新冠肺炎疫情防控，保持全镇经济社会平稳有序发展，实现地方级收入54145万元，区级收入38967万元，完成农村经济总收入6.09亿元，人均劳动所得3.2万元；大峪化工厂、液压支架厂、三家店粮库等棚改安置项目加快实施；稳步推进三家店地区改造提升项目；12个地块集中返还产业预留用地工作手续加快办理；109高速龙泉段7平方米地块“清零”取得突破性进展；完成69座旱厕改造任务；城中村坡头地区完成72户煤改电工作；成立龙泉镇集体林场，完成“留白增绿”“战略留白”275亩；修缮保护白衣庵、龙王庙、窑神庙、三义庙、关帝庙、天利煤场与琉璃博物馆；推进龙泉宾馆、三家店、琉璃渠、高家园党群活动中心等4个实体书店项目；惠及老年人、残疾人、困境未成年人等弱势群体各项政策全面落实，完成转移就业579人，办理各项保障性住房业务752户；全镇14户低收入户22人实现脱低。年内，龙泉镇承办门头沟区第二届“社区邻里节”、门头沟区社会组织垃圾分类志愿服务队成立大会。

单位名称：北京市门头沟区龙泉镇人民政府
北京市门头沟区龙泉地区办事处
地　　址：北京市门头沟区门头沟路24号
电　　话：69844312
邮　　编：102300

（刘　培）

【第八届党员代表大会第五次会议】 1月15日，中国共产党龙泉镇第八届党员代表大会第五次会议召开，111名镇党代表和37名列席代表参加会议。会上，审议通过党委工作报告、纪委工作报告、通报党代表提案审查情况，补选龙泉镇第八届委员会党委委员1名。

（刘　培）

【第九届人民代表大会第四次会议】 1月16日，龙泉镇召开第九届人民代表大会第四次会议，48名代表参加会议。会上，审议通过《龙泉镇政府工作报告》《龙泉镇2019年财政预算执行情况和2020年财政预算（草案）的报告》《国道109新线高速公路（西六环路—市界段）工程腾退补偿方案》，选举出龙泉镇镇长。

（刘　培）

【人大工作】 5月20日至6月20日，龙泉镇集中开展人大代表联系群众、接待选民和代表述职活动，联系选民及群众人数3951人，参加述职代表8名。

（刘　培）

【社区（村）国庆活动】 9月17日，龙泉镇举办“宪法进社区”法治文艺演出，100余群众观看演出，天桥浮村开展“十一健走迎国庆”活动，琉璃渠社区举办“烽火连三月 家书抵万金——革命时期的红色家书”主题活动。23日，东南街社区举办“月满京城 情系中华”中秋读书会活动，40余人参加。26日，三家店村党总支举办三家店地区“月圆京城情系中华”迎中秋庆十一文艺汇演暨创城表彰活动。

（刘　培）

【工会活动】 9月20日，龙泉镇总工会开展“走出健康——2020龙泉镇工会职工健步大赛”活动，300余人参加活动。25日，举办“‘羽’你同行——2020龙泉镇工会羽毛球比赛”，40余名职工参加比赛。

（刘　培）

【平安建设】 年内，龙泉镇完

成春节、全国“两会”等重点时期安全维稳任务，4000余名“龙泉热心人”参与平安巡防、志愿服务、文明守礼，实现38个森林防火点位“零火情”、29个永定河巡河点位“零事故”、35个村居全覆盖管控“零死角”。

（刘 培）

【新冠肺炎疫情防控】 年内，龙泉镇在新冠肺炎疫情防控期间，全面实现社区（村）封闭管理，实施“人防＋技防＋物防”措施，确保8577名居家隔离人员足不出户、居家无忧；建立突发病例快速响应、核酸检测应急处置、重点领域常态化防疫检测等3项机制，组建核酸检测、疫苗接种、集中隔离等3个专班，累计检测辖区群众1.8万余人次，疫苗接种1.46万余人次；落实属地责任，确保3个农贸市场、572家“七小门店”万无一失；开展2020年至2021年冬春季新冠疫情应急处置、核酸检测桌面推演。

（刘 培）

【创城工作】 年内，龙泉镇开展“点赞龙泉”“保护永定河”“文明龙泉、平安龙泉”创建以及“公益微创投”大赛等志愿服务活动；发挥29个社会组织、76支志愿服务队伍作用，每天文明巡视引导、每周环境秩序整治、每月文明活动实践，强力推进常态化创城攻坚；中门寺南坡一区、二区、琉璃渠社区等3个社区分别开展一居一品、一居多品、精品社区创建活动；完善水闸西路等7个协商议事组织，进一步提高基层各类问题解决效率。

（刘 培）

【垃圾分类】 年内，龙泉镇建立垃圾分类一周七查、当日整改、实时通报工作机制，推进农村地区撤桶并站、上门收集工作，完成改造463个垃圾站点，553个临街商铺100%签约，实现“有桶必有站、有站必值守”目标；建成5个农村生活垃圾处理点，创建12个垃圾分类示范村，投入使用全区首家符合标准、设施完备的垃圾分类驿站。

（刘 培）

【“接诉即办”】 年内，龙泉镇建立接诉即办“日调度、周通报、月小结、季点评”机制，受理案件9883件，综合成绩95.35分，全市排名第193名、全区排名第10名。

（刘 培）

【防汛工作】 年内，龙泉镇修订《2020年防汛应急预案》《防汛值班制度》，完善村居防汛预案，成立机关、村居“两级”共39支526人抢险队伍，排查地质灾害隐患点8处、危房险户22户、重点沟渠4处、重点隐患道路3处，清理雨篦子558处、雨水管井226处、截流井19处、拦污坎21处、入河口4处，清通专用雨水管涵1.2万余米、排水沟300余米。

（刘 培）

【双拥工作】 年内，龙泉镇建立“1+3+3”双拥工作机制，统筹推进领导干部基层调研、困难优抚对象帮扶、军民联动联建创新等3项任务，形成“军地齐动、上下联动、整体推动”创建合力；依托区域党建协调委员会，与辖区部队建立“一帮一”结对帮扶机制，不断促进军民融合发展；依托“村居共建、联防联控”工作机制，36个退役军人服务站和老兵之家积极行动，加入战“疫”一线，延续退役军人退伍不褪色的红色基因。

（刘 培）

【第二次民主日活动】 年内，龙泉镇25个选举村开展第二次民主日活动，落实党务、村（居）务、财务公开制度，通过电话、微信、电子邮箱等“线上”，以及入户、座谈等线下多种形式，征求群众意见建议，梳理“接诉即办”反映情况，建立台账，研究解决措施。

（刘 培）

【物业管理】 年内，龙泉镇落实党建引领物业管理条例成立物业专班，开展物业管理提升三年行动，成立13个物业管理委员会、2个业主委员会，物业“三率”实现100%。

（刘 培）

【疏解整治促提升】 年内，龙泉镇开展联合执法行动163次，梨园、三家店、龙泉务等重点地区无证无照、占道经营等现象明显改善，全年无新增违法建设；拆除侵街占巷、私搭乱建、乱堆乱放点位468处7000余平方米；集中清理九龙路沿线26个点位9000余平方米垃圾渣土，完成68个黄土裸露地块复绿，整改96个“疏整促”点位，提升18个基层便民商业网点。

（刘 培）

【环境治理】 年内，龙泉镇坚持“一微克”行动，全年PM2.5平均浓度32微克/立方米；治理裸地35处，苫盖7.5万平方米；开展扬尘污染治理等专项行动，降尘量达到市级要求；建立“小微水体”长效管控机制，地区水环境质量不断改善；强化土壤污染风险管理，全镇土壤安全利用率达到100%。

（刘　培）

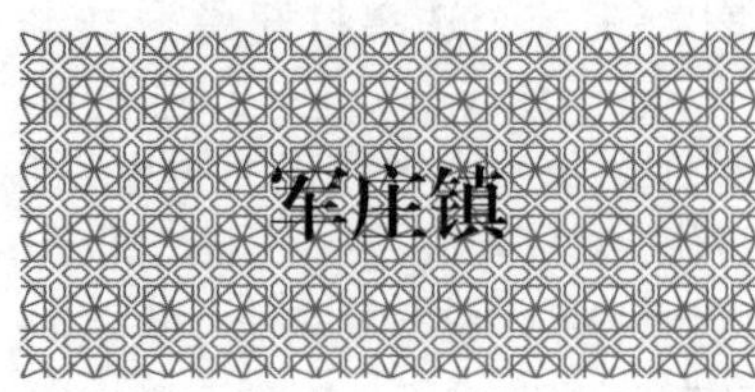

军庄镇

【概况】 2020年，军庄镇严格做好新冠肺炎疫情防控，强化创建全国文明城区工作，加快推进重点镇建设和城镇化进程，落实社区减负要求，切实做好垃圾分类工作，举办就业创业服务攻坚季行动专场招聘会，开展“月圆京城系中华”中秋节插花活动、第二届“爱老敬老 情暖夕阳”九九重阳节主题活动等文化活动。年内，全镇农村集体经济总收入1706.4万元；农民人均所得20592元，同比增长2.4%；立足于“传统、特色、实效”，实现京白梨年产量丰收增产与现代化、规模化、市场化推广，运送440棵京白梨树苗到对口帮扶的西藏自治区拉萨市堆龙德庆区苗圃基地进行推广种植，成活率70%，进一步擦亮京白梨特色果品品牌。

单位名称：北京市门头沟区军庄镇人民政府

地　　址：北京市门头沟区军庄镇西杨坨村

电　　话：60810741

邮　　编：102300

（孙平飞）

【新冠肺炎疫情防控】 1月，军庄镇成立11支村居疫情防控临时党支部，推动开展人员排查、回访监测、道卡值守、宣传引导等各项疫情防控工作，全镇11个村居利用“大喇叭”每天多次滚动播放疫情防控常识，利用应急消防电动车车载扩音器流动播放疫情防控提示，发放、张贴“一封信”和“明白卡”2万余份，张贴海报80处、发放宣传折页400余份，悬挂条幅、张贴标语80余条（块）；2月，军庄镇11个村居依托“红色零距离暖心室”“老街坊议事会”等自治组织，通过有威望的老党员、老乡贤、老家长向家属提出喜事缓办、丧事简办建议，实现缓办喜事4件、简办丧事6件。

（孙平飞）

【清明节防火】 清明节期间，军庄镇推动新冠肺炎疫情防控值守卡口、防火人员力量联动，维护保养扑火装备、车辆、机具，镇域内64名护林员做到定人、定岗、定责，对军庄林场4900多亩养护范围进行养护及防护，林场80多工作人员包片定人建立主体责任制。

（孙平飞）

【京白梨特色品牌】 4月4日至7日，在京白梨梨花授粉的关键时期，军庄镇统筹68批次志愿者、专业梨农分片包干开展人工授粉3000多棵梨树，保花保果不误农时，提高座果率；8月22日，2130多亩京白梨准时开采，并统一使用“灵山绿产”包装和商标在区农产品销售平台销售。年内，军庄镇与区科信局、中国农业大学、北京农林科技院等单位合作，对350多亩果园的9600多棵果树进行现代化改造，实现京白梨甜度1到2个百分点的增长；在孟悟生态园合作进行“新型可移动式保温膜结构日光温室”项目，引进杨梅、西洋梨品种，实现京白梨多产融合。

（孙平飞）

【大风黄色预警应对】 4月下旬，军庄镇为应对大风黄色预警，成立大风天气安全小组，严格落实24小时领导带班值班制度，强化宣传引导，做好室外设备、广告牌匾、路灯、电线等巡检管控。

（孙平飞）

【妇女手工技能培训】 6月10日，军庄镇妇联邀请北京千秋韵工艺品有限公司在灰峪村开展招财猪手工技能培训，50余人参加培训；7月下旬，开展玲珑枕手工技能培训，邀请北京千秋韵工艺品有限公司老师在西杨坨村分两批培训妇女130余人。

（孙平飞）

【复工复产企业安全检查】 6月24日，军庄镇综合行政执法队对桥头堡所有复工复产店铺进行安全大检查，发放《企业日常防疫措施落实情况自查清单指引》，督促做好“间隔1.5米”工作以及开业期间室内外消杀、佩戴口罩、通风管理等工作。

（孙平飞）

【创城工作】 7月25日，军庄镇开展“创城成果齐巩固 城市环境更美好”新时代文明实践志愿服务活动，11个村居、12支“门头沟热心人”志愿者服务队参加，清理私搭乱建15处、乱堆乱放68处、小广告21处、杂草9车，擦拭垃圾桶及公共区域60余处。

（孙平飞）

【青少年暑期教育】 7月，军庄镇在北四社区举办“快乐假期平安相伴”普法安全讲座，讲解如何在暑期做好安全出行和公共场所的自我保护；邀请明恩眼科医疗机构在北四社区举办“保护眼睛 预防近视”讲座。

（孙平飞）

【残疾人工作】　9月22日，军庄镇举办以肢体残疾为主的康复项目培训，康复讲师为46名轻度残疾人及家属传授康复技巧、康复知识；11月19日，残疾人温馨家园组织20名残疾人家庭参加军庄镇“平安健康生活”卫生健康知识讲座。

（孙平飞）

【道路联合执法专项行动】　9月，军庄镇综合行政执法队联合区交通队、大气办在六环路军庄出口设卡逐一排查重型车辆，严厉打击建筑垃圾和渣土车运输车、混凝土罐车、砂石运输车等重型车辆上路扬尘和道路遗撒违法行为；整治占道游商，定点、定位、定人，采取“法制教育为主、行动处罚为辅”的工作方法，对发现的沿街售卖水果、蔬菜等的占道游商进行法治宣传和批评教育，劝导占道游商停止占道经营违法行为。

（孙平飞）

【铁路护路联防队员培训】　10月，军庄镇联合区护路办为铁路护路联防队员举行培训，加强做好铁路沿线巡查工作，强化自我保护，加强应对突发事件能力。

（孙平飞）

【消防应急演练】　10月，军庄镇联合区消防支队在东杨坨中铁天宏料场院内组织全镇各村居安全员开展消防应急演练，教授使用消防器材，传授火灾避险处理知识。

（孙平飞）

【施工扬尘执法检查】　12月7日至13日，军庄镇综合行政执法队出动执法力量40余人次，执法车辆15车次，检查3处在施工地，要求施工工地硬化出入口、设置车辆冲洗设施、加装监控探头；12月21日，军庄镇开展扬尘专项巡查，重点检查国道109新线高速公路工区施工工地，解决该工地某工区建设、供电、树木伐移等项目存在的不同程度的扬尘管控措施不到位问题。

（孙平飞）

【槐井石舍民宿项目签约】　12月11日，北京市槐井石舍文化旅游有限公司与新村股份经济合作社现场签订“村企合作协议”，推动槐井石舍民宿项目在新村落地。

（孙平飞）

雁翅镇

【概况】　2020年，雁翅镇围绕“滨河水岸，休闲小镇”的发展定位，全力推动“绿水青山就是金山银山”发展理念在雁翅形成生动实践，以“一腔血”的热情不断书写雁翅“一片绿”奉献的新篇章。年内，雁翅镇实现农村经济总收入34830万元，同比增长3.3%；完成固定资产投资6179万元；实现农民人均可支配收入18648元，同比增长8%；完成区级财政收入3808万元，同比增长12.4%，其中新招引企业形成区级财政收入1667万元，是年度任务的3倍。年内，雁翅镇共立案处罚各类违法行为67起，罚款48710元；开展镇政府机构改革与城市协管员队伍管理体制改革；镇文化活动中心投入使用，组织开展瑜伽班、化妆课、少儿英语课、声乐课等文化培训活动；升级改造12个村级电影放映设备，累计完成1294场电影放映。

单位名称：北京市门头沟区雁翅镇人民政府

地　　址：北京市门头沟区雁翅镇付家台村

电　　话：61839794

邮　　编：102305

（郝学赛　邓天宇　彭德东）

【元旦、春节慰问】　1月，雁翅镇走访慰问建国前党员与生活困难党员152人、残疾人209人、困难户与大病户71户、高龄12人、困境儿童3人、现役军人家属8人、区光荣院4人、综治人群10人，累计发放慰问金59.27万元。

（彭国亮）

【乡村文化活动】　1月，雁翅镇在苇子水村举办第二届“传统戏曲进乡间 文化创城谱新篇”迎新春戏曲专场演出。10月，举办雁翅镇第八届乡村大舞台文艺汇演活动。

（彭德东）

【安全工作】　1月，雁翅镇为24个村居配备电动消防车3辆、灭火防护服6套、灭火器360个、各类宣传品4000余份。5月，下发防震减灾科普宣教材料、手提袋等宣传品150余份。11月，开展为期一个月的易燃易爆危化品、液化石油气安全专项整治行动。

12月，开展液化气安全专项整治志愿服务活动，发放液化石油气管理条例宣传手册100余份。年内，雁翅镇开展安全隐患大排查、大清理、大整治专项行动，签订各类安全责任书800余份；开展打击非法盗采、安全生产、交通安全、食品药品安全等安全隐患排查检查200余次，填写检查记录559余份，发现安全隐患195处，要求现场立即整改80处，限期整改115处；推动12家企业安全责任保险上险。

（刘正培）

【妇联工作】 3月，雁翅镇开展“暖春三月 线上过节”——纪念“三八”国际妇女节主题活动，开展“京鄂巾帼 共御疫情”公益项目募捐活动并筹集善款85334元。6月，开展手工编织“端午五彩绳”技能培训并联系公司按件计费，为低收入妇女创利增收。8月，在雁翅社区家长学校开展“节俭养德 反对浪费”DIY绘画主题活动和制作丙烯画活动。年内，雁翅镇妇联帮助大村销售蔬菜玉米水果等6364斤，共16928元。

（种立莉）

【森林防火】 3月，雁翅镇召开森林防火工作会议，全面部署清明节期间森林防火工作。4月，在主要路段沟口、重点祭扫区、坟头等易发生火情的重点区域，每日上岗700余人严防死守。11月，组织开展2020年雁翅镇秋冬季森林防火大会。年内，雁翅镇不定期开展森林防火联合检查，督促护林员在岗在位，严禁一切野外用火。

（彭 良）

【生活垃圾分类】 4月，雁翅镇召开垃圾分类专项部署会，全面推进生活垃圾分类工作。5月15日，组织开展以“红色”先锋力量助推“绿色”垃圾分类主题宣传教育活动，发挥24个村居基层党组织战斗堡垒作用，签订“垃圾分类我先行”承诺书947份。5月，举办“家风家训传美德 垃圾分类我先行”活动，开展“大手拉小手，垃圾分类一起走”知识竞赛、垃圾分类宣传创城志愿活动、“分类齐动员 文明天天见”社会动员培训等系列活动，引导广大村民正确投放垃圾。8月，在芹峪村开展“创建文明城区 做好垃圾分类”知识竞赛活动。年内，雁翅镇聘请第三方清运公司实现24个村居上门收集全覆盖，确保垃圾不落地；设置3个大件垃圾及建筑垃圾暂存区；建成可腐化生活垃圾处理站1座，年处理量450吨。

（王建魁 种立莉）

【防汛工作】 6月，雁翅镇举行2020年防汛桌面推演，24个村居完成防汛应急演练。6月至9月，镇领导班子不定期带队对全镇防汛工作进行拉练检查，实现平安度汛。

（崔春宇）

【第八届党员代表大会第四次会议】 7月16日，中国共产党雁翅镇第八届党员代表大会第四次会议召开，99名党代表参加会议。会议主题是“立足绿水青山 红色雁翅 聚力“五镇”建设 高水平谱写滨河水岸休闲小镇新篇章”。

（邓天宇）

【第九届人民代表大会第八次会议】 9月30日，雁翅镇第九届人民代表大会第八次会议召开，选举镇人大主席1名，镇长1名。

（种立莉）

【新冠肺炎疫情防控】 年内，雁翅镇以29个基层党组织、4家党建协调委员会成员、500名骨干党员、114名在职党员、432名“门头沟热心人”为主体的防控体系；建立“54321”工作法、“2+2+N”重点人看护机制和散户“三包”机制，累计排查2800余户21万人次，排查管控重点人250名，核酸检测采样1250例；涌现出“田庄村六个带头”“身残志坚的河南台党员王久相”“退伍不褪色的淤白村民张文欣”等一批特色做法和榜样人物。

（安秀霞）

【党风廉政建设】 年内，雁翅镇制定《雁翅镇党委深化落实全面从严治党主体责任清单》，召开党风廉政建设专题会议，开展疫情防控、整治四风、接诉即办等专项监督检查100余次，相关责任人约谈14人次，谈话提醒2人次。

（王 维）

【双拥工作】 年内，雁翅镇完成全国退役军人服务站建设工作，完善25个退役军人服务站标牌和主要工作职责标牌，为334人退役军人悬挂光荣牌，为74名优抚对象发放补助49801元。

（彭国亮）

【低收入帮扶】 年内，雁翅镇低收入户人均可支配收入23031.94元，较2016年增长

135%，1138户2111人低收入群体全部实现上线脱低；建设低收入帮扶项目9个，20余家帮扶单位和企业开展对接帮扶，发放帮扶财物302万元；依托“绿水青山门头沟”城市品牌，累计推动低收入户三产就业67人，输出劳动力65人。年内，农工党北京市委在青白口村建立“名医工作室”，邀请医疗专家为村民进行全面健康体检和医疗咨询服务，惠及200余人。

（郝学赛）

【环境保护】　年内，雁翅镇建立《〈雁翅镇环保督察整改方案〉雁翅镇中央环境保护督察反馈意见具体问题整改措施清单》《雁翅镇餐饮业大气污染防治工作台账》；重点关注4处大气粗颗粒物监测点位，加强扬尘监管力度，建立裸地台账、减排清单，有效应对7次重污染天气；发挥“河长制”作用，组建40人的巡护员队伍，建立长效巡查管控机制，实施7600亩“两田一园”农业高效节水灌溉和12平方公里小流域综合治理；采暖季共销售清洁燃煤1232吨；成功申报田庄村“绿水青山就是金山银山”实践创新基地。

（郝晨光）

【美丽乡村建设】　年内，雁翅镇完成全镇23个村的美丽乡村规划与实施方案编制；完成淤白村、泗家水村等8个村庄的美丽乡村验收。

（王建魁）

【农村人居环境建设】　年内，雁翅镇以提升农村人居环境为导向，持续推进违法建设治理，完成126个图斑核实分类任务；发挥“街巷长”机制作用，完成“留白增绿”2.93亩，“战略留白”74.34亩；完成风沙源工程1500亩、森林健康经营项目23165亩、国家公益林抚育项目5000亩；栽植月季等花卉3000余株；修补破损路面400余平方米；清理各类垃圾6000余吨、水面漂浮物5余吨；完成户厕改造104户；开展联合执法行动100余次，规范各类违法行为81起，责令相关单位清理乱堆渣土、堆物堆料55处，制止和处理露天烧烤和焚烧行为17起，拆除广告牌匾、条幅60余块。

（王建魁）

【创城工作】　年内，雁翅镇常态化开展镇“比学赶超”擂台赛，开展志愿服务300余次，整改问题点位982处，在全区7月、8月、10月“比学赶超”擂台赛上取得非建成区镇街第一、第三的成绩。

（陶祥生）

【“吹哨报到”】　年内，雁翅镇累计吹哨9次，解决松树村古树危及村民房屋安全、碣石公交站点移位、黄土贵公交站点移位、汽修企业入驻核验等重点问题。

（郝学赛）

【“接诉即办”】　年内，雁翅镇成立“接诉即办”工作专班，制定“三色三级”接诉即办响应方案，形成案件分级处置闭环管理，创立真实地走、真切地访、真情地调、真心地解“四真”工作法，办结各类群众诉求2701件，办结率和结案率均为100%，解决率79.14%，综合排名全区第二。

（郝学赛）

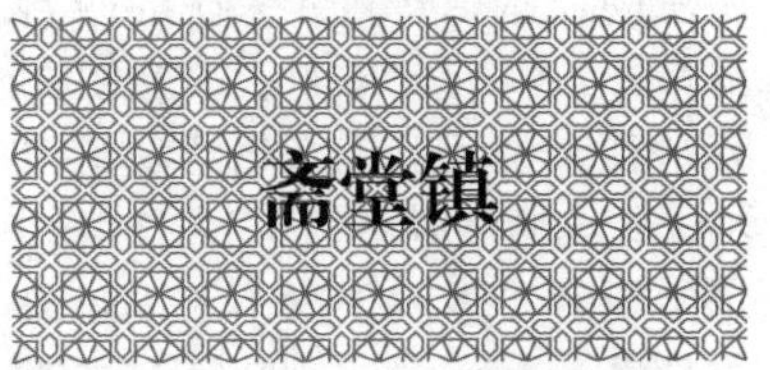

斋堂镇

【概况】　2020年，斋堂镇实现集体经济总收入3696.1万元；农民所得总额为25651.7万元，同比增长13.6%；人均所得实现19811元，同比增长5.3%；农村家庭经营性收入5251.4万元，其中第一产业实现收入152.7万元，主要来源于林业和农业，第二产业实现收入103.1万元，全部来自建筑业收入，第三产业实现收入4995.6万元，主要来源于服务业收入1949.7万元；报酬性收入12977.3万元；财产性收入2490.6万元，主要是林权补偿款等财产性收入增加；转移性收入5363.4万元，主要包括城乡居民养老保险、无保障老人生活补贴等。年内，斋堂镇共有劳动力6585人，已就业劳动力人数6109人，其中常年外出务工劳动力3080人；全镇从事家庭经营性第一产业344人、第二产业70人、第三产业370人，从事本地务工劳动力第一产业428人、第二产业44人、第三产业1773人，从事外出务工劳动力第一产业40人、第二产业25人、第三产业3015人；待业476人。

单位名称：北京市门头沟区斋堂镇人民政府
地　　址：北京市门头沟区斋堂大街45号
电　　话：69816919
邮　　编：102309

（刘盼盼）

【双拥工作】　1月10日，斋堂镇退役军人服务站到区光荣院走访慰问斋堂镇转入光荣院的两名复员军人。3月26日，斋堂镇在宛平烈士陵园开展祭扫活动，向烈士纪念碑敬献花篮。7月29日，镇主要领导慰问现役军人，向两家部队捐赠矿泉水100箱、方便面70箱，组织现役军人、军属分别召开座谈会。9月30日，门头沟区烈士纪念日公祭活动在斋堂镇宛平抗日烈士纪念公园举行，200余人参加活动。

（刘盼盼）

【低收入帮扶】 1月14日，斋堂镇召开低收入帮扶工作总结座谈会，总结2019年度收入帮扶工作。2019年，斋堂镇实际监测低收入农户762户1427人均已实现脱低，低收入户人均可支配收入18522.9元，提前一年实现所有低收入户超过现行低收入标准。5月，斋堂镇走访低收入家庭726户，摸排1427人，发现边缘户2户、收入不稳定250余人次。

（刘盼盼）

【安全生产检查】 1月15日，区消防支队、区工商局联合镇安全科、派出所工作人员对辖区内1家烟花爆竹经营单位开展安全生产检查行动。此次检查行动重点检查该经营场所是否有营业执照，是否有烟花爆竹经营许可证，消防通道是否畅通，消防设施是否配备到位，经营周边场地是否安全、规范。同时，对经营业主进行安全常识宣传教育，督促其严格遵守烟花爆竹安全管理规定，做好安全防范工作。19日，区应急局、斋堂镇领导等对镇1家烟花爆竹零售店开展全面安全检查工作。在检查过程中发现零售店存在配电箱未张贴安全警示标志、电线未穿管保护2处安全隐患，已责令改正。

（刘盼盼）

【第八届党员代表大会第四次会议】 1月16日，斋堂镇召开中国共产党第八届代表大会第四次会议，大会应到正式代表107人，实到代表97人，列席代表60人，分成4个代表团。会上，总结和回顾中共斋堂镇第八届委员会第三次会议以来取得的成绩和经验，确定2020年全镇经济社会的发展思路和奋斗目标。

（刘盼盼）

【2019年度工作总结表彰会】 1月20日，斋堂镇2019年度工作总结表彰会在机关后二楼会议室召开。全镇副职以上领导、派出所主要领导、包村科室负责人、各个村（居）党支部书记、村委会主任等共计60余人参加会议。会上，对全镇20个村居进行表彰。

（刘盼盼）

【新冠肺炎疫情防控】 1月26日，斋堂镇成立新冠肺炎疫情防控专班，以镇委书记、镇长为双组长的工作领导小组，建立2项台账，强化居家隔离，30个村居关闭旅游项目、农家乐及各种接待场所并设立进村“堵截”点。31日，复盘检查东西斋堂大街临街“五小”商户，尤其是6户兼有住宿功能商户。2月18日，检查斋堂大街门店防疫措施落实到位情况，入户检查在营业门店4家。3月5日，检查双大路二期道路工程施工现场复工复产防疫措施落实情况。20日，召开斋堂镇复工复产工作会议，会议强调对辖区商超、菜店等民生单位进行检查，确保执行“一米线”、进门测量体温和撤掉进门门帘相关要求。4月14日，各村居实行村民自治管理封闭40余个出入口，建立管控卡点24个，自行设置紫外线杀菌通道和热成像测温点。6月，迅速响应疫情防控新任务，深入排查餐馆等“七小”场所、批发零售店、大型超市等63家实体门店的进货来源和工作人员行程，核酸检测第一批1359个采集样本全部阴性，第二批6名居家隔离期满二次检测人员和13名“七小”商户工作人员样本全部阴性。

（刘盼盼）

【安全检查】 1月，斋堂镇执法队联合有关部门到用气单位开展安全检查并监督用气单位落实安全措施情况。2月，开展燃气执法检查和燃气安全宣传工作并检查液化气站。5月，开展“两会”前安全大检查行动，检查加油站、双大路施工现场和液化气站。7月，开展辖区生产经营单位和重点场所联合检查3次，日常安全检查50户次，排查整改应急出口锁闭等安全隐患12处，约谈相关责任人2次，罚款2000元。10月，召开秋冬季防火工作部署会，对学校、超市等人员密集型场所开展消防安全集中排查，集中开展山林巡护，清理水瓶、杂草等可燃物6车次，组织开展灭火技能培训2次。

（刘盼盼）

【爱国卫生月活动】 3月27日，斋堂镇开展“防疫有我 爱卫同行 勠力创城”新时代文明实践日的志愿服务活动，30个村居清理垃圾300余吨，擦拭路边栏杆20余处。4月，斋堂镇开展爱国卫生活动，平整土地600余平方米，清理各类垃圾300余吨，劝返109国道以及河道沿线停留游客2200余人次，980余辆车，制止“露天烧烤”、乱投乱倾等破坏河湖生态环境行为120余次，及时清理河道内垃圾杂物约4吨，开展蚊蝇虫卵灭杀工作70余次。

（刘盼盼）

【春耕备耕】 3月，斋堂镇将新冠肺炎疫情防控与春耕备耕工作相结合，发动村民收拾玉米秆等杂物600余亩，开展果树剪枝，全镇5支农业技术服务队分片、分级、分品种制定差异化农耕策略，通过微信视频开展线上远程问诊5次，解决农户修剪树枝填埋玉米秆等问题4个，推行人与人分开、活儿与活儿分开、时间与时间分开的三分工作法；4月，开展战“疫”抗击疫情果树春管行动，围绕沿河城片、斋堂片及军响片，全科农林技术员分为3个灭虫小组上门服务，指导草履蚧防治。

（刘盼盼）

【党建工作大会】 4月30日，斋堂镇召开2020年党建工作大会，回顾总结2019年全镇党建工作，部署安排2020年各项工作任务。镇领导班子成员、各基层党支部书记、驻村第一书记、机关科室负责人参加会议。

（刘盼盼）

【殡葬改革】 4月，斋堂镇秉持“节约土地资源、保护生态环境、减轻群众丧葬负担”的宗旨，召开文明殡葬部署会、专题会35次，排查墓穴以及公路、河道沿线及其他区域内各类散坟3600余次，依托30个红白理事会将殡葬改革政策写入村规民约。斋堂镇规定凡只起坟头，不立墓碑的，免费提供一棵松柏树树苗；凡不起坟头，也不立墓碑，实行树葬的，除免费提供一棵松柏树树苗外，另外给予逝者家属奖励金人民币1000元。

（刘盼盼）

【创城工作】 4月，斋堂镇召开创城“百日冲刺”工作动员部署大会，会议通报近期创城工作存在的问题，部署创城“百日冲刺”工作，细化12项专项行动。5月，开展“百日倒计时”活动，建立台账反馈销号机制，提升村绩效考核权重，推动各村居比学赶超。6月，开展创城百日冲刺行动，整治侵街占巷，清理街巷乱堆乱放27处，处罚13人次，深入清理44条河道、沟渠常年堆积垃圾3吨，修复街坊路坑洼裂纹14处800余平方米。7月，开展村居风貌提质专项行动，规范村居宣传栏布局32处，清理过期和无效内容146处，整治违规停车，劝导不文明停车行为26车次，清理斋堂大街占道经营蔬菜车3次，清理各村主干道和河道沟渠两侧垃圾1.5吨，完成区镇两级台账整改778处。

（刘盼盼）

【永定河生态补水保障】 4月，斋堂镇为保障永定河生态补水工作，全面排查镇域内补水河道所有漫水桥、下河口、线杆等隐患点，对漫水桥、下河口等20个点位落实看守责任并封堵194.5米，通过联合执法坚决杜绝永定河沿线取水、捕鱼、游泳、野餐、露营、游客滞留等涉水事件发生。5月，出动52人次，打捞河道倒伏树木16棵，清理镇域永定河沿线河塘沟渠44条，保障河道补水安全。

（刘盼盼）

【社会火灾防控】 4月，斋堂镇制发《斋堂镇“五一”消防安全保卫工作方案》，镇主要领导带队开展消防安全检查10余次，各村居组织召开专题会议30余次，对人员密集场所开展“地毯式”检查，发放宣传材料1万余张，培训演练20场次。5月，制发《斋堂镇消防安全保卫工作方案》，开展“5·12”防灾减灾宣传周活动，组织辖区25家驻镇单位安全负责人召开防灾减灾宣贯会设立消防宣传站24处，出动检查人员200余人次，检查350余次，消除火灾隐患20处，发放消防宣传材料5000余份。

（刘盼盼）

【慈善捐赠活动】 5月13日，北京市文化投资发展集团有限责任公司和北京文化产权交易中心有限公司在斋堂镇政府举办慈善捐赠活动，将艺术品拍卖款205617.5元捐赠给斋堂镇，用于新冠肺炎疫情防控。

（刘盼盼）

【保护国防光缆宣传活动】 5月17日，斋堂镇在斋堂大街物美超市门口联合开展“5·17世界电信日”保护国防光缆宣传活动，通过车载广播、发放传单、现场讲解、发放宣传物品等形式向群众讲解国防光缆的常见标志和基本常识。

（刘盼盼）

【垃圾分类】 5月，斋堂镇开展深山区垃圾分类工作行动，依照29个集中转运点位规划整合4条线路，设置镇垃圾转运车辆集中集散点，每日运输 6 次至 8 次，号召群众从“要我分”向“我要分”转化，发放折页、海报等资料 2000 余份，115 名分拣员每日上门收取垃圾并进行现场指导，对斋堂大街 61 家商户逐一检查，发现整改问题 5 处；8 月，开展企业商户、景区工地、驻镇单位联合执法检查 8 次，处罚相关单位 4 家，与沿河城火车站 5 个工作段签订责任书并开展 3 次联合检查，发放绿色积分卡 300 余张用于村民垃圾分类后兑换生活物品。

（刘盼盼）

【社会面防控】 5 月，斋堂镇启动社会面防控，投入流管员、治安志愿者、社区民警等 544 人，以“卡口检查、内部巡查、定期排查”方式做好外来人员和重点地区人员排查登记工作。10 月，斋堂镇启动辖区社会面二级防控，组织流管员、治安志愿者、社区民警等520人开展“住宅—路口—卡口”三点一线巡查。

（刘盼盼）

【农村街巷治理行动】 5 月，斋堂镇开展街巷美化专项整治行动，清理巷道农村生活垃圾和积存垃圾约 5 吨，对斋堂大街东侧黄土裸露进行垫地和苫盖共 600 平方米，播撒花籽 500 余平方米，清除修复沿街破旧横幅 4 处、门店门窗帖字 30 余处、小广告 10 余处；6 月，开展村庄美化系列志愿服务活动 6 次，1400 余人次参加，美化村级文化墙约 2000 平方米，种植花卉 10 种 48000 株，清理渣土并垫土 300 余立方米，为村内低收入户修缮房屋 40 余次；7 月，开展街边美化街巷治理行动，拆除私搭乱建和乱堆乱放 24 处，处罚企业堆物堆料和未苫盖行为 3 次，修整各村绿化带和花箱 600 余米，修复斋堂大街破旧公益广告 4 处、清理商户门窗张贴小广告 22 处，修复道路坑洼裂纹 43 处 200 平方米，翻修老旧主街 300 平方米，铺整青石板 1500 余块。

（刘盼盼）

【防汛工作】 6 月，斋堂镇召开防汛工作筹备会，制定永定河生态补水期间防汛专项预案，设置村级领导小组“双组长”制，在永定河流经各村增设 6 处临时雨量情报站，成立由 156 人、24 台车辆组成的“三大片区 + 旅游景区”四支防汛抗旱抢险队，每日出动 600 余人次开展永定河和清水河河道“双线”巡护，每周开展斋堂水库地区巡查整治行动。7 月 2 日，召开防汛工作会，设置村级应急小组，维修河道护栏 5 处。8 月 20 日，开展汛期河道环境治理专项行动，排查 44 条主干、支流、沟渠和水库垃圾及污染源，清理杂草和积存垃圾 8 吨，打捞倒伏树木和树枝 24 棵，清理淤泥 3 车次。

（刘盼盼）

【招商引资座谈会】 7 月 14 日，斋堂镇召开民营企业暨招商引资座谈会。会上，介绍 2020 年上半年招商引资及税收基本情况，为中交旭日（北京）等三家完成 2019 年区级收入指标的企业颁发现金支票奖励。

（刘盼盼）

【第九届人民代表大会第七次会议】 8 月 17 日，斋堂镇第九届人民代表大会第七次会议召开。会议通过大会选举办法（草案）、联名提名人大主席与镇长候选人名单，确定 2020 年度政府专项工作，听取并审议政府工作报告，听取政府专项工作承诺报告，选出斋堂镇镇长 1 名、镇人大主席 1 名。

（刘盼盼）

【精准帮扶】 9 月 2 日，斋堂镇开展低收入精准帮扶工作，与内蒙古武川县上秃亥乡、内蒙古察右后旗白音察干镇、河北省涿鹿县大堡镇签订 2020 年结对帮扶协议，设立经济、就业等 4 项帮扶版块。组织川底下村与大堡镇下沙河村签订京冀扶贫协作协议，协调村级社会援助资金 2 万元，提升帮扶精准度。年内，与帮扶单位实地对接，交流扶贫工作经验，走访慰问当地贫困户 16 户。向扶贫地区给予 40 万资金支持，用于农业产业扶持、村民房屋修缮、村庄道路修缮等基础设施建设，共覆盖受益贫困户 51 户、101 人，帮助约 110 名建档立卡贫困户脱贫或不返贫。建立“点对点”信息共享机制，双方可实时了解资金项目落实进程。实地考察对口帮扶地区特色农业种植、规模、产品质量等情况。利用斋堂商会，广泛动员社会力量，建立“镇村 + 驻镇单位 + 企业”帮扶联动机制，购买 27 余万元扶贫地区农产品，依托区双创中心，累计办理扶贫消费卡 88 张，完成指标额度的 176%。

（刘盼盼）

【文化旅游节活动】 9 月 29 日，斋堂镇举办“红色斋堂，薪火相传”2020 年文化旅游节，活动以峥嵘岁月、风雷激荡、黎明曙光和扬帆远航为主线，内容包括红色文化展览、节目演出、红色沉浸式体验活动，800余人参加活动。

（刘盼盼）

【“红叶季”旅游安全保障行动】 10月，斋堂镇采取景区线上购票方式打造“双龙峡红叶+古村落”旅游线路，联合多部门开展109国道交通秩序维护实地演习，劝阻游客国道随意停车等不文明停车行为60余次，整治景区游客违规停车、占道经营行为40余次，责令景区民宿整改消防设施配备不全等问题6处，增设停车场标识和文明停车引导牌8个。

（刘盼盼）

【冬季供暖服务】 11月，斋堂镇在试供暖期间开展设备提质改造工程，更换集中供暖设备2件，聘请专业公司实地考察14次，统筹完成6个村“煤改电”项目，开展2次线路集中检修，开通用户缴费点4处，实现300余户居民即时刷卡给水。12月31日，开展“抵制劣质燃煤共创清洁家园”主题宣传活动，覆盖群众1000余人。

（刘盼盼）

【抵制劣质燃煤共创清洁家园主题宣传】 12月31日，斋堂镇开展“抵制劣质燃煤共创清洁家园”主题宣传活动，发放宣传折页500余份，张贴致村民的一封信30张，覆盖群众1000余人。组织新完成煤改清洁能源的3个村“两委”成员和红色网格员开展政策推广活动，印发用户使用说明和注意事项300余份。

（刘盼盼）

【“接诉即办”】 2月，斋堂镇制定实施《斋堂镇关于进一步加强接诉即办应急值守工作的实施方案》，落实8小时外接诉即办工作要求，确保2小时内反馈、办理结疫情类诉求。7月31日，召开接诉即办整改工作会，会上对现工作阶段存在的问题进行剖析并提出具体工作要求。10月，召开会商会8次，协调解决重难点问题32件，其中依托党建协调机制办理的27项诉求。年内，斋堂镇党委研究制定“接转办访结”五步工作法，明确包村领导和干部“七个主动”工作措施，召开会商会8次，协调解决重难点问题32件。针对接诉即办工作，将挂牌户党员和村居网格员纳入村级协调议事会，在回迁房B区成立社区协调管理委员会，上门了解诉求60余次，其中依托党建协调机制办理的27项诉求实现100%解决。定期进行群众回访，启动倒查机制，以整改清单形式开展“回头看”工作4次，防止已解决问题出现反复。

（刘盼盼）

清水镇

【概况】 2020年，清水镇完成经济总收入5.48亿元，同比增长0.6%；人均可支配收入20267元，同比增长7.5%；区级财政收入1861.7万元，同比增长-19.6%。年内，清水镇完成森林健康抚育工程23275亩、留白增绿45.22亩；在灵山实施软硬隔离1454米、种植树木13680棵、种植草籽18365平方米、侵蚀沟恢复1913.02米，牵头河北矾山镇、谢家堡乡成立三地70人的灵山生态管护队伍；拆除上账违法建设18处7376平方米；32个人居环境验收村通过验收；投资2400万元完成清水百花沟域建设项目一期、二期工程；投资1700余万元实施齐家庄村、台上村、上清水村农业基础设施建设项目；完成梁家庄等6个村58套精品民宿建设；完成台上等3个村21套闲置宅基地流转手续；在春节、清明节、七夕节、重阳节等传统节日开展“我们的节日”主题活动10场。

单位名称：北京市门头沟区清水镇人民政府
地　　址：北京市门头沟区清水镇上清水村河西60号
电　　话：60855407
邮　　编：102311

（刘浩洋）

【结对帮扶】 1月3日，北京国资公司、北科建集团履行企业帮扶社会责任，到梁家庄村走访慰问，实地调研梁家庄村精品民宿，研讨下一步发展方向。17日，清水镇召开低收入结对帮扶工作会。5月19日，北京市农业农村局领导到台上村调研低收入产业项目。7月13日，北京市农业农村局农村社会事业促进处领导到李家庄村、梁家庄村、台上村检查低收入产业项目。22日，区人大常委会领导走访慰问杜家庄村低收入户并召开推进低收入结对帮扶工作座谈会。8月27日，北京联通在天河水村开展“宽带扶贫”签约仪式，举行宽带扶贫签约、授牌、赠锦旗仪式。

（刘浩洋）

【创城工作】 1月16日，清水镇开展“干净迎新春·文明天天见”新时代实践推动日志愿活动，营造干净整洁的节日环境。4月

16日，召开创城百日冲刺工作部署会，统一思想共识，明确时间节点、重点任务，落实各方责任，坚定“创则必成”的信心和决心。12月26日，组织镇级文明实践所及32个实践站带动“门头沟热心人”志愿服务队伍开展“疫情防控常态化 文明实践暖人心”主题实践活动。年内，清水镇聚焦创建全国文明城区“双达标”攻坚，突出在“抓实、抓细、抓深入”上下功夫，依托电子屏、海报、广播等形式开展多角度、立体化的宣传；建立创城实地考察工作培训例会制度，集中解决难点问题，完成区级台账整改1121处；坚持志愿服务常态化，统筹40支“门头沟热心人”志愿服务队，先后开展“防疫有我、分类有我、爱卫同行、戮力创城”等主题志愿服务10次。

（刘浩洋）

【消防宣传演练】 1月19日，清水镇开展消防应急演练，进一步提高全镇应急救援队伍的水平以及应对突发情况的应急处置能力。10月27日，镇应急分队组织“一警六员”开展消防演练，提升建筑火灾防范和处置能力。11月5日，在北京市政路桥有限公司109国道新线高速项目部举行清水镇“119”消防宣传月活动启动仪式暨灭火应急救援演练，200余人参加。

（刘浩洋）

【双拥工作】 1月20日，清水镇开展“迎新春”双拥慰问活动，慰问雁翅派出所、雁翅交通执法站、雁翅应急救援队、斋堂消防救援队、清水派出所、杜家庄检查站等单位。

（刘浩洋）

【新冠肺炎疫情防控】 1月24日，清水镇成立疫情防控工作领导小组，设立行业管理、舆论宣传等7个工作组，32个村分沟域分批召开疫情防控工作会议，镇班子成员不间断深入分包战线、分包村检查指导。29日，130余名未出京的镇机关干部、第一书记、党建助理员立即停止休假，返回镇机关，快速下沉到村参与疫情防控工作，开展卡口执勤、摸排走访、入户宣传、体温测量等工作，并协助各村排查“五小场所”。6月23日，区领导以“四不两直”方式到上清水村文化活动广场检查核酸检测情况，到杜家庄检查站检查疫情防控工作。12月27日，区政协领导以“四不两直”方式检查清水镇新冠肺炎疫情防控工作，听取工作汇报并予以充分肯定。

（刘浩洋）

【爱国卫生主题活动】 2月27日，清水镇开展“防疫有我·爱卫同行·勠力创城”主题活动，各村开展爱国卫生运动高潮日活动暨人居环境大整治活动。4月18日，开展周末卫生日活动，1200人参与。28日，开展环境卫生扫除，600余人参与，清理堆物堆料、暴露垃圾约3吨，清除非法小广告10余张。5月29日与30日，开展周末清洁日活动，强化村民垃圾分类意识，助力创城冲刺。10月31日，在梁家庄村开展“清洁家园 人人参与 健康环境人人共建”周末卫生日主题活动，捡拾白色垃圾、烟头等废弃物。

（刘浩洋）

【农耕饮食文化节】 10月9日，清水镇举办农耕饮食文化节——秋收活动，活动倡导绿色、生态种养理念，展示地区风土人情，助力打造清水镇“农耕文化旅游”新名片。

（刘浩洋）

【百姓大舞台文艺演出】 10月22日，清水镇开展“善作善成决胜攻坚 久久为功绿色发展”乡村大舞台主题活动，全镇14支队伍参加演出，以各类原创作品多角度展示清水镇脱低攻坚、绿色发展工作成果。12月22日，北京绿谷胜利文化传播有限公司在下清水村开展百姓大舞台文艺演出，为村民提供经典评剧表演。

（刘浩洋）

【电影下乡】 11月18日，清水镇开展“3D电影下乡”活动，联合区电影中心在胜利村、八亩堰村、梁家庄村、下清水村播放3D电影《天火》，累计受益80余人次。年内，清水镇35个放映点累计放映公益电影1613场、3D电影4场。

（刘浩洋）

【险村搬迁工作】 12月10日，清水镇椴木沟村举行分房仪式，开始进行险村搬迁回迁房分房工作。

（刘浩洋）

【污染防治攻坚战行动】 年内，清水镇制定实施《清水镇2020年污染防治攻坚战行动计划》，聚焦扬尘污染、餐饮企业油烟污染，加大执法检查力度，保证PM2.5年均浓度连续三年下降，土壤环境质量总体保持稳定。

（刘浩洋）

【灵山生态环境保护】 年内，清水镇推进灵山生态环境保护项目，投资2000余万元，实施软硬隔离1.4千米、种植草坪1.8万平方米、侵蚀沟恢复1.9千米，提升景区植被覆盖率；加强京冀两地协同联动发展，清退牦牛150只，改善生态环境。

（刘浩洋）

【国家森林城市创建】 年内，清水镇完成森林健康抚育工程2.3万亩、留白增绿45.22亩。

（刘浩洋）

【河长巡查】 年内，清水镇严格落实河长制巡查制度，镇级河长每月至少一次，村级河长每周至少一次，累计出动400余人次、车辆140车次完成巡查140次，累计劝离旅游、野餐人员200余人，劝离钓鱼人员80余人，劝离车辆50余辆。

（刘浩洋）

【人居环境整治】 年内，清水镇强化600余名保洁员队伍管理，坚持“分片包干、责任到人”，全力保障农村环境卫生干净整洁；探索“由支部提、听群众说、给群众议、让群众定、使群众享、请群众评”的“六步法”物业化委托管理模式，试点10个村物业化托管，破解农村人居环境整治“难规划、难管理、难整治”问题；推行垃圾分类“定时定点、上门收集”模式，牵头解决社会单位垃圾清运、撤桶并站等问题，厨余垃圾分出率平均达21.3%，实现“垃圾不落地”。

（刘浩洋）

【低收入帮扶】 年内，清水镇低收入帮扶工作实际监测1767户3100人，低收入农户年人均可支配收入29273元，同比增长38.2%，较2015年增长近两倍，实现全面脱低。

（刘浩洋）

【特色农林经济发展】 年内，清水镇持续发展特色农业和林下经济，完善“村集体＋企业”利益联结机制，种植中草药辽五味、高山芦笋、奇异莓、红藜麦、高山草莓育苗超1600亩；针对新冠肺炎疫情防控期间农产品滞销困难，采取“线上线下＋区内区外”销售模式销售高山芦笋5万余斤，实现村集体收入达30万元。

（刘浩洋）

【社会保障政策落实】 年内，清水镇办理低保户申请医疗救助613人次，农村大病救助47人，城乡居民基本养老保险续保率86.98%，补贴困难老年人养老服务津贴303人，推动有求职意愿的农村劳动力转移就业73人。

（刘浩洋）

【安居工程】 年内，清水镇推进安居工程，严格执行“三级审核、两级公示”等程序，办理保障性住房复审45户、新增14户。

（刘浩洋）

【综合行政执法】 年内，清水镇完成专项执法工作方案30余项，其他工作方案及应急预案22项；累计出动执法人员1200余人次、执法车辆300余辆次，规范各类违法行为600余起；立案52起，实行简易程序36个，罚款金额共计75320元，同比增长442%；检查“三类场所”852家次，责令改正40家次，张贴监督检查公示6家；检查垃圾分类900余家次，约谈96家次，累计处罚10件，罚款5万元。

（刘浩洋）

【“接诉即办”】 年内，清水镇以提高群众满意率为目标，完善接诉即办7×24小时平台值守、100%见人见面、“2小时”“24小时”办理等多项制度，接件3164件，综合成绩97.1分。

（刘浩洋）

【星火演出】 年内，清水镇开展星火演出38场，接待星火工程专业演出30场，业余演出58场，5支星火团队参加区级星火演出原创大赛并在清水、雁翅、斋堂等地点演出45场。

（刘浩洋）

妙峰山镇

【概况】 2020年，妙峰山镇切实做好新冠肺炎疫情防控、创城、接诉即办、垃圾分类工作；深耕大樱桃、大盖柿、京白梨、玫瑰花“三果一花”特色农产品，实现农村经济总收入30958万元，人均所得17504元；推进陈家庄村拆迁工作，服务国道109新线高速公路工程；拆除岭角村违建486平方米；完成重要节点安保维稳工作，做好第七次全国人口普查工作；推进“‘峰’火传承妙峰山”党建品牌，建设红色教育基地，试点“精品民宿＋红色教育”，民进北京市委分基地和民进北京市委红色教育基地在炭厂村挂牌。年内，炭厂村获第六届全国文明村镇；妙峰山镇政务服务中心获“优秀大厅”荣誉称号与三季度镇街“文明大厅”称号；谷山村景区荣登首届北京网红打卡地人文景观类榜单。

单位名称：北京市门头沟区妙峰山镇人民政府
地　　址：北京市门头沟区妙峰山镇陇驾庄村
电　　话：61880012
邮　　编：102300

（王译霄）

【创城工作】　1月2日，妙峰山镇召开2019年创城工作总结大会。9日，各村开展新时代文明实践活动“干净迎新春 文明天天见”活动，500余人清理各类垃圾3余吨、小广告10余处，清洁宣传橱窗20余组。5月7日，召开2020年创城测评体系实地考察指标专题培训会和“1+X”达标村创建工作培训会。5月底，开展“爱妙峰山 创文明城”之“文明你我他，垃圾分类靠大家”作品手绘主题活动。6月，开展“文明条例我先行，志愿服务我当先”以及“治理有我 健康强国”志愿服务活动。7月，召开妙峰山镇创城迎检冲刺工作调度会，开展“创城冲刺我当先，建设家园我奉献”与“五清两洁两规范”志愿服务活动，新增学雷锋便民服务标识牌20组、“讲文明 树新风”公益海报60张、硬制横幅92处，更新精神文明创建活动宣传栏25组。11月3日，丁家滩、水峪嘴、斜河涧、下苇甸村开展“铁路清洁我当先 志愿服务我奉献”活动。

（王译霄）

【安全生产】　1月7日，妙峰山镇召开春节期间安全环保工作会。4月，召开全国“两会”期间安全生产部署会，专项检查谷山村景区餐饮开展拟复工前食品安全情况，检查辖区企业、工地、景区20余次并发现隐患20余处。5月，开展“食用油专项整治”及“塑料袋专项整治”行动，专项检查学校周边商户安全生产情况。6月11日，召开“安全生产月”工作部署会。9月24日，专项检查妙峰山学校、华港燃气、液化气站、加油站、妙龙仓储重大活动期间安全生产情况。29日，召开中秋、国庆“两节”期间旅游假日安全工作部署会。11月6日，开展预防煤气中毒警示宣传活动，检查辖区危化经营企业、液化石油气使用单位、餐饮企业安全生产情况。12月，检查陇驾庄村餐饮企业的油烟净化器使用、垃圾分类、食品安全落实情况。

（王译霄）

【第五届党员代表大会第五次会议】　1月17日，中国共产党妙峰山镇第五届代表大会第五次会议召开，镇党代表87人、列席人员43人，共130人出席大会。会议通过镇党委、纪委工作报告决议及党费收缴、使用情况报告。

（王译霄）

【美丽乡村建设】　1月18日，中国人民大学到炭厂村调研美丽乡村建设。4月14日，妙峰山镇在炭厂村召开农村饮用水收费暨美丽乡村工作部署会。5月14日，召开陇驾庄村发展专题讨论会，致公党北京市委领导参会，共同研讨陇驾庄村未来发展及合作方向。9月30日，中建集团到斜河涧村讨论美丽乡村规划实施方案。11月2日，中铁集团主要领导调研考察滴水岩。10日，市有关单位检查验收水峪嘴村美丽乡村建设情况。12月14日，市委党校课题组到炭厂村调研点状供地、集体经济、美丽乡村建设工作。

（王译霄）

【“接诉即办”】　1月23日，妙峰山镇召开春节期间“接诉即办”应对工作部署会。5月25日，召开接诉即办数字化系统建设工作推进会。27日，北京电视台从未诉先办角度采访陈家庄村蚯蚓养殖场垃圾分类案例。6月1日，召开“接诉即办”工作部署专题会。8月18日，召开“接诉即办”调度会。9月15日，召开“接诉即办”重难点问题调度会。29日，召开中秋、国庆“两节”期间“接诉即办”工作部署会。12月7日，召开“接诉即办”工作部署会。

（王译霄）

【新冠肺炎疫情防控】　1月24日，妙峰山镇召开防控新型冠状病毒感染的肺炎疫情紧急部署会，建立“1＋5＋17”工作统筹指挥体系，组建217人的镇村一线防控队伍。25日，建立日会商、日报告制度，全镇17个村全部实行封闭管理，设41个卡点全天候开展入村登记检查和测体温。1月，完成17个村4548户住户、48户商户入户排查，第一批口罩等防疫物资到位，累计发放医用口罩3376个、电子体温计30个、消毒剂（粉）796袋，发放各类宣传材料6640余份，张贴宣传画130余张。2月1日，建立工程施工人员返京租房管理动态台账，严格实施14天居家隔离。2月，向各村下发20余种防疫宣传材料、26幅标语横幅、39个用于播放《执勤点广播》的播放机；3月25日，采购50个物联网人体探测器。4月，完善农村集体工作档案，进一步规范出租房屋备案制度落实，排查出租房屋663户。6月20日，完成各村一线防疫、餐饮从业、商超等公共服务领域等1598人核酸检测，结果均为阴性。23 日，完成对全镇 8930 人的两轮排查。7 月 6 日，召开餐饮行业防疫安全大排查工作部署会。10 月，镇卫生院为镇内青岛返京及共同居住人员进行核酸检测。11 月 24 日，开展新冠肺炎疫情防控应急桌面推演。12 月 8 日，开展冷链食品专项检查。

（王译霄）

【复工复产服务】　2 月，妙峰山镇"吹哨"市、区应急管理局和区科信局，联合到北京东方机电有限公司、北京南丁格尔科技发展有限公司等企业开展新冠肺炎疫情防控复工检查。4 月 20 日，召开旅游企业复工复产工作部署会。

（王译霄）

【国道 109 新线项目妙峰山段建设】　3 月 1 日，区领导到国道 109 新线项目妙峰山镇谷山村进口便道施工现场检查开工情况。12 日，国道 109 新线高速公路重点工程启动会召开。6 月至 11 月，一工区陈家庄 L1 点位红线，二工区担礼 L2、L3 点位红线、担礼大河峪临时用地、下苇甸韩木沟临时用地、担礼大河峪临时用地，三工区下苇甸南坡及斜井临时用地、下苇甸韩木沟红线进行接地清登工作，完成二、三工区全线树木伐移。10 月 15 日，妙峰山镇召开陈家庄村拆迁部署会。19 日，召开陈家庄村拆迁动员会。12 月 4 日，召开限超限载源头管控工作会，并与 109 各工区及运输单位负责人签订责任书。

（王译霄）

【群团工作】　3 月 8 日，妙峰山镇开展"京鄂巾帼 共御疫情"公益项目线上捐款活动，17 个村 310 人累计捐款 20439 元，炭厂村开展"宅家抗疫情——品甜蜜生活，感受幸福味道"主题活动。4 月 26 日，妙峰山镇在禅房村开展以"'峰'火传承，青春风采"为主题的纪念"五四"运动 101 周年主题活动。

（王译霄）

【低收入帮扶】　3 月 17 日，妙峰山镇对涧沟四季玫瑰特色农林产业项目开展调研和规划设计。4 月 17 日，召开 2020 年低收入帮扶督查工作部署会。6 月 9 日，在丁家滩村、南庄村开展低收入农户家庭基本情况调查。7 月 17 日，北京市农林科学院农业信息与经济所、北京市农林科学院果树研究院、北京市农林科学院推广处工作人员到南庄村、涧沟村调研农业生产情况。9 月 3 日，妙峰山镇完成 45 周岁至 65 周岁低收入户体检工作。

（王译霄）

【河长制】　3 月 18 日，妙峰山镇召开大风应对工作部署会，各村组成"机动巡逻队"加强村庄周边巡视；查处垂钓 4 人罚款 4 起，劝离河道游玩人员 8 人。4 月 5 日，召开永定河河道深坑安全隐患排查部署会。8 月 10 日，市领导到爱河湾督导永定河（山峡段）河长制工作落实情况。10 月 15 日，水利部领导到炭厂村调研生态清洁小流域工作。11 月 12 日，北京市水务局领导到妙峰山镇调研永定河生态补水工作，并到陈家庄村查看泉眼（长流水）情况。

（王译霄）

【森林防火】　3 月 25 日，开展"文明祭扫 安全防火"主题宣传活动，发放《清明节期间致广大村民朋友的一封信》3500 余份，播放广播 600 余次，电话劝返准备回村现场祭扫、游玩人员 200 余人次。4 月 3 日，妙峰山镇在明显路段悬挂森林防火宣传横幅。29 日，召开春季防火安全暨"五一"期间防火安全大会。11 月 16 日，召开 2020-2021 年度森林防火工作会。

（王译霄）

【垃圾分类】　4 月 29 日与 30 日，妙峰山镇先后召开垃圾分类工作部署会、驻镇企业垃圾分类工作部署会。4 月，撤除蓝色铁皮垃圾箱 100 个，新置 40 处垃圾桶固定架、2000 余个分类垃圾箱。"五一"期间，村"红绿灯"文明引导队开展"义务环境清理、共享劳动成果"志愿服务活动。5 月 12 日，检查 7 家沿街餐饮单位和 4 家企事业单位的垃圾分类情况。28 日，农业农村部农村社会事业促进司领导到炭厂村调研农村人居环境整治、污水处理、垃圾分类等工作。

（王译霄）

【养老服务】　5 月 12 日，妙峰山镇水峪嘴村养老服务中心项目正式开工。9 月 1 日，妙峰山镇首家老年驿站——桃园村老年驿站开业。

（王译霄）

【防汛工作】　5 月 13 日，妙峰山镇开展防汛应急救援演练。6 月 11 日，召开 2020 年防汛工作部署会。18 日，开展爱河湾防汛应急救援演练。8 月，为应对特大暴雨，转移 60 户 175 人，准备草袋 100 个、编织袋 300 个、发电机 1 台、固定卫星电话 1 部、移动卫星电话 1 部、工程抢险车 1 辆以及其他防汛物资。

（王译霄）

【直播带货】 6月4日，妙峰山镇联合区融媒中心举办“共赴金顶妙峰山的玫瑰之约”直播，累计访问量2000余次。10日，联合区融媒中心举办“妙峰山樱桃沟 大樱桃来啦！”直播，累计访问量达2800次。

（王译霄）

【双拥工作】 6月22日，妙峰山镇召开创建全国示范型退役军人服务站专题会。8月2日，联合驻地部队官兵代表及辖区内退役军人代表，在涧沟村红色实践创新教育基地开展“双拥筑长城·‘峰’火忆初心”主题活动，共叙军民鱼水情。12月25日，区退役军人事务局领导到妙峰山镇专题调研“红色历史英雄事迹挖掘”工作。

（王译霄）

【第五届人民代表大会第六次会议】 8月10日，妙峰山镇第五届人民代表大会第六次会议召开，镇人大代表43人，实到42人出席大会。会议选举产生镇长、镇人大主席，通过镇政府工作报告，镇2019年财政政策执行情况和2020年财政政策报告的决议。

（王译霄）

【法制宣传】 8月，妙峰山镇拍摄制作短视频《宪法在我心中，我为宪法发声！》并在镇政府微信公众号播放。8月26日，在斜河涧村举办“宪法进乡村”法治文艺主题演出，并开展药品科技活动周宣传活动。11月11日，在陈家村开展新冠肺炎疫情防控、预防煤气中毒、禁毒、消防日及法制宣传活动。12月2日，在水峪嘴法治文化广场开展宪法宣传日活动，发放新冠肺炎防疫知识等各类宣传材料120份。

（王译霄）

【空气污染治理专项执法】 10月8日至10日，妙峰山镇检查在施工地扬尘、渣土砂石裸露、道路遗撒、露天烧烤等行为，共检查工业企业4家次、餐饮经营户7户次、在施工地2家次，苫盖裸露土堆、砂石3000余平方米。11月6日，召开煤改电设备售后运行保障专题会。11月15日至17日，检查新109国道3个工区施工地响应气重污染黄色预警情况，督促做好扬尘管控工作。

（王译霄）

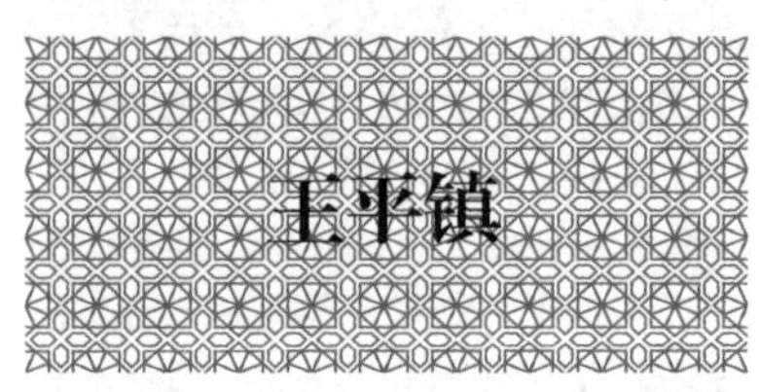

王平镇

【概况】 2020年，王平镇取得打赢新冠肺炎疫情防控阻击战和推动全镇经济社会发展“双胜利”；完成地方级税收3338万元，新招引企业形成区级收入654万，同比增长28.6%；低收入户年人均可支配收入22186.6元，同比增长7.16%；完成批复16个美丽乡村建设方案，以镇级联营公司的形式优化产业空间布局；完成永定河流域山峡段治理工程土地腾退工作，治理王平沟和安家庄村15平方公里小流域；完成造林绿化22259亩，绿色增收645.8万元；实施手工麦秸画、高山稻种植产业项目，收益52万余元；完成安家庄百山观光园、西王平村休闲农业园、色树坟村等生态综合治理及农业基础设施项目；南涧村、河北村简易低风险项目主体建设竣工；举办王平镇首届农民丰收节暨京白梨“赶秋”大会节庆活动；探索具有王平特色的精品民宿发展路径，东马各庄村盘活20余间闲置房屋，韭园村诗雨丽舍精品民宿对外试营业。

单位名称：北京市门头沟区王平镇人民政府
北京市门头沟区王平地区街道办事处
地　　址：北京市门头沟区王平镇王平大街东路18号
电　　话：61859400
邮　　编：102300

（王　蕊）

【第四届党员代表大会第五次会议】 1月17日，中国共产党王平镇第四届代表大会第五次会议召开，82名镇党代表出席大会。会议总结王平镇2019年总体工作，部署2020年重点任务。

（王　蕊）

【创城工作】 3月27日，王平镇开展以“防疫有我 爱卫同行 勠力创城”为主题的志愿服务活动，500余人参加。5月29日，开展以“分类齐动员 文明天天见”为主题的环境清洁活动，40余人参加活动，清理各类垃圾3车，清除小广告20余处。9月1日，王平镇召开创城工作推进会，通报各村居8月“比学赶超”擂台赛情况和文明社区、文明农村综合考评成绩及“接诉即办”工作情况。

（王　蕊）

【“5·12”防灾减灾宣传】 5月12日，王平镇旅游管理科联合安全科在河北村开展以“提升基层应急能力，筑牢防灾减灾救灾的人民防线”为主题的集中宣传活动。现场以通知悬挂横幅标语，发放宣传材料，回答咨询问题等方式开展形式多样的宣传，发放宣传资料300余份，参加居民60余人次。

（王　蕊）

【退耕还林后续政策部署会】　5月14日，王平镇召开关于落实《北京市关于完善退耕还林后续政策的意见》工作部署会。会上，部署北京市退耕还林后续政策，要求各村按照工作要求及时宣传新政。会后，区园林绿化局与景观园林工作人员实地勘验安家庄村，现场指导安家庄村委会填报工作。

（王　蕊）

【生态保护主题线上宣传】　5月22日，王平镇文化中心开展线上“5·22”国际生物多样性日生态环境保护主题宣传活动。工作人员线上向王平辖区居民展示生物多样性科普图片，并讲解生物多样性的知识和保护的重要意义、作用及有效措施。随后，参加线上活动的居民还观看生物多样性生态环境保护的科普视频。活动有30余名居民参加。

（王　蕊）

【韭园村体检诊疗】　5月27日，王平镇韭园村联合北京市体检中心开展体检诊疗，150余人参加体检。

（王　蕊）

【门头沟热心人环境整治活动】　5月29日，王平镇开展以“分类齐动员 文明天天见”为主题的门头沟热心人环境清洁活动，志愿者们对王平商业街及湿地公园周边的公共区域进行清理。此次活动共40余人参加，清理各类垃圾3车，清除小广告20余处。

（王　蕊）

【志愿服务队主题学习】　6月28日，王平镇组织21支志愿服务队开展以“践行文明行为 助力健康防疫”为主题的学习活动，通过学习疫情防控知识带动身边人做好疫情防控工作，450人参加。

（王　蕊）

【落实物业管理条例座谈会】　7月14日，王平镇召开“全面落实《北京市物业管理条例》提升社区管理水平”座谈会，为社区与物业公司搭建沟通交流平台，推动提升社区管理水平。

（王　蕊）

【养老照料中心接受捐助】　8月24日，王平镇与北京市物业管理条例签署杨庄社区卫生服务站支持王平镇养老照料中心《大门及门窗改造项目资金援助协议书》，石景山区杨庄社区卫生服务站向王平镇养老照料中心定向捐款10万元。

（王　蕊）

【徒步活动】　8月31日，王平镇在西马各庄村举办以“呵护自然、你我同行”为主题的健康环保徒步活动，全程近1公里；9月19日，在东马各庄村举行“赏秋”健步走大会，全程8公里，200余人参加活动。

（王　蕊）

【退役军人座谈会】　9月7日，王平镇召开“五关爱”退役军人返乡座谈会，欢迎3名退役军人回乡，对他们为国家贡献青春、为家乡争得荣光表示敬意。

（王　蕊）

【乡镇论坛杂志社“两刊一报”调研】　9月15日，民政部、北京市委社会工委、市民政局领导到西苑社区调研“两刊一报”（《乡镇论坛》杂志、《社区》杂志、《中国社区报》）工作，了解西苑社区对乡镇论坛杂志社“两刊一报”在采编、发行、征订、投稿等方面的意见建议以及近三年在征订方面存在的困难。

（王　蕊）

【高山稻丰收】　10月9日，西马各庄村高山稻50亩稻田获得丰收，年产量2.5万公斤，销售收入超过50万元。

（王　蕊）

【重阳节文艺演出】　10月22日，王平镇举办“孝满京城、德润人心”重阳节文艺演出，丰富老年人精神生活。

（王　蕊）

2021 BEI JING MEN TOU GOU NIAN JIAN

北京门头沟年鉴

统计资料

1-1 自然概况（2017-2020年）

项　目	单　位	2017	2018	2019	2020
土地面积					
辖区面积	平方公里	1447.85	1447.85	1447.85	1447.85
新城规划区面积	平方公里	87	87	87	87
户籍人口					
户籍户数	户	120146	121146	122536	123080
户籍人口	人	249131	250864	254102	254737
农业人口	人	43855	43218	42478	41423
非农业人口	人	205276	207646	211624	213314
户籍人口自然增长率	‰	-12.23	0.95	6.41	-6.8
降水量及气温					
全年降水量	毫米	711	403.1	405.7	522.2
全年平均气温	℃	13.6	13.3	13.8	13.5

资料来源：北京市规划和自然资源委员会门头沟分局、门头沟区公安分局、门头沟区气象局。

1-2 行政区划（2020年）

项　目	辖区面积（平方公里）	村民委员会（个）	社区居委会（个）
合　计	**1447.85**	**178**	**123**
大峪办事处	5.16		33
城子办事处	2.31		20
东辛房办事处	10.88		13
大台办事处	80.87		9
潭柘寺镇	79.83	12	3
永定镇	65.48	24	20
龙泉镇	30.80	17	16
军庄镇	33.47	8	3
妙峰山镇	112.61	17	
王平镇	45.92	16	4
雁翅镇	263.20	23	1
斋堂镇	382.17	29	1
清水镇	335.14	32	

资料来源：北京市规划和自然资源委员会门头沟分局、门头沟区民政局。

1-3 常住人口（2006-2020年）

单位：万人

年 份	常住人口	
		常住外来人口
2006	27.9	4.2
2007	28.2	4.4
2008	28.7	4.8
2009	28.8	4.6
2010	29.0	4.7
2011	29.6	5.2
2012	30.4	5.7
2013	31.1	6.3
2014	31.8	6.3
2015	32.2	6.2
2016	32.8	7.5
2017	34.2	7.9
2018	35.7	8.8
2019	37.3	10.2
2020	39.3	11.5

注：2020年数据为第七次全国人口普查数据；2011—2019年常住人口、常住外来人口数据已根据普查结果进行了修订。

1-4 户籍人口（2000-2020年）

单位：万人

年　份	户籍人口
2000	23.4
2001	23.4
2002	23.5
2003	23.6
2004	23.7
2005	23.8
2006	23.9
2007	24.0
2008	24.1
2009	24.4
2010	24.6
2011	24.7
2012	24.8
2013	24.9
2014	24.9
2015	24.9
2016	25.1
2017	24.9
2018	25.1
2019	25.4
2020	25.5

资料来源：门头沟区公安分局。

1–5 国民经济主要指标

项　目	单　位	2020	2019	增长速度（%）
人口与就业				
人口				
年末全区常住人口	万人	39.3	37.3	5.4
就业				
全部法人单位从业人员	人	94524	111197	−15.0
城镇登记失业率	%	3.2	3.3	−3.0
宏观经济				
国民经济核算				
地区生产总值	万元	2509648	2492733	0.7
第一产业	万元	21890	31102	−29.6
第二产业	万元	668231	676946	−1.3
第三产业	万元	1819527	1784685	2.0
固定资产投资				
全社会固定资产投资	万元			11.7
#房地产开发投资	万元	907464	878398	3.3
财政				
公共财政预算收入	万元	320588	336481	−4.7
公共财政预算支出	万元	1068936	1109059	−3.6

注：1.资料来源：门头沟区人力社保局、门头沟区财政局。

2.地区生产总值为初步核算数，增长速度为现价增速。

1–5 续表1

项　目	单　位	2020	2019	增长速度（%）
产业				
农村经济				
农林牧渔业总产值	万元	47729.2	68081	−29.9
农村经济总收入	万元	108101.4	122996.3	−12.1
工业				
规模以上工业企业总产值	万元	546110.7	554602.8	−1.5
商业				
社会消费品零售额	万元	1012320.3	1095342.1	−7.6
对外经济贸易				
新批“三资”企业	个	10	18	−44.4
实际利用外资	万美元	4220	3462	21.9
金融保险				
金融机构存款余额	万元	8297744	7701676	7.7
#个人存款	万元	4717799	4134996	14.1
金融机构贷款余额	万元	2793658	2546272	9.7
保险业务收入	万元	33216	28203	17.8

资料来源：门头沟区农村合作经济经营管理站、门头沟区商务局、中国人民保险公司门头沟支公司、中国人寿保险公司门头沟支公司。

1–5 续表2

项　目	单　位	2020	2019	增长速度（%）
教育、文化、科技、卫生				
教育				
中、小学在校生	人	21215	20205	5.0
中、小学专任教师	人	1987	1945	2.2
文化				
公共图书馆总藏书	万册	129.5	121.5	6.5
科技				
专业技术人员	人	6363	6115	4.1
卫生				
卫生机构病床数	张	2989	2981	0.3
卫生机构技术人员数	人	3835	3769	1.8
生活与环境				
生活				
城镇居民人均可支配收入	元	59360	57892	2.5
全部法人单位从业人员平均工资	元	112829	103660	8.8
能源消费				
全社会用电量	万千瓦时	126259	123042	2.6
环境				
城市绿化覆盖率	%	50.7	47.4	3.3
城市污水实际处理量	万吨	1577.0	1538.2	2.5

资料来源：门头沟区人力社保局、门头沟区财政局、门头沟区教委、门头沟区文化和旅游局、门头沟区卫生健康委、门头沟区园林绿化局、门头沟区供电公司、门头沟区水务局。

1-6 地区生产总值

单位：万元

项　目	2020 年	2019 年	增长%（现价）	增长%（不变价）
地区生产总值	**2509648**	**2492733**	**0.7**	**0.2**
按产业分：				
第一产业	21890	31102	−29.6	−27.6
第二产业	668231	676946	−1.3	−1.1
第三产业	1819527	1784685	2.0	1.1
按行业分：				
农、林、牧、渔业	22258	31549	−29.4	−27.3
工业	411485	402955	2.1	2.3
建筑业	260549	277843	−6.2	−6.0
批发和零售业	148722	155436	−4.3	−3.3
交通运输、仓储和邮政业	18437	15594	18.2	25.0
住宿和餐饮业	75171	97453	−22.9	−25.3
信息传输、软件和信息技术服务业	67785	62509	8.4	9.3
金融业	232313	202891	14.5	9.9
房地产业	361679	333755	8.4	6.5
租赁与商务服务业	38531	49718	−22.5	−21.6
科学研究和技术服务业	121690	93961	29.5	23.0
水利、环境和公共设施管理业	42717	34374	24.3	16.9
居民服务、修理和其他服务业	39437	42210	−6.6	−9.0
教育	173568	183578	−5.5	−8.6
卫生和社会工作	131319	127272	3.2	0.8
文化、体育和娱乐业	43767	47270	−7.4	−8.3
公共管理、社会保障和社会组织	320220	334365	−4.2	1.2

注：1.产业划分依据国家统计局2018年制定的《三次产业划分规定》（国统字〔2012〕108号），行业划分执行《国民经济行业分类》（GB/T4754—2017）。

2.2020年地区生产总值为初步核算数。

2021 BEI JING MEN TOU GOU NIAN JIAN
北京门头沟年鉴

附　录

中共北京市门头沟区委部分文件目录

中共北京市门头沟区委文件

京门发〔2020〕1号　中共北京市门头沟区委关于在新型冠状病毒感染的肺炎疫情防控阻击战中进一步发挥党组织和党员作用 带领广大群众争当“红色先锋”的通知

京门发〔2020〕2号　中共北京市门头沟区委关于印发《“不忘初心、牢记使命”三年行动计划（2020年—2022年）》的通知

京门发〔2020〕3号　中共北京市门头沟区委关于印发《区委常委会2020年工作要点》的通知

京门发〔2020〕4号　中共北京市门头沟区委关于印发《中共北京市门头沟区委贯彻落实<中国共产党政法工作条例>实施细则》的通知

京门发〔2020〕5号　中共北京市门头沟区委关于印发《门头沟区委常委会及其成员职责清单》的通知

京门发〔2020〕6号　中共北京市门头沟区委关于坚持“红色门头沟”党建引领基层社会治理深化“接诉即办 办好‘小事’”工作的实施意见

京门发〔2020〕7号　中共北京市门头沟区委关于门头沟区深化全面从严治党“六六工程”的实施意见

京门发〔2020〕8号　中共北京市门头沟区委北京市门头沟区人民政府关于印发《北京市门头沟区生态环境保护工作职责分工规定》的通知

京门发〔2020〕9号　中共门头沟区委关于制定门头沟区国民经济和社会发展第十四个五年规划和二〇三五年远景目标的建议

京门发〔2020〕10号　中共北京市门头沟区委印发《门头沟区关于加强新形势下党的督促检查工作的实施方案》的通知

京门发〔2020〕11号　中共北京市门头沟区委印发《门头沟区关于推动监督向村居延伸的实施意见》的通知

中共北京市门头沟区委办公室文件

京门办发〔2020〕1号　中共北京市门头沟区委办公室关于印发《门头沟区文联深化改革方案》的通知

京门办发〔2020〕3号　中共北京市门头沟区委办公室关于印发《政协门头沟区第十届委员会2020年协商工作计划》的通知

京门办发〔2020〕4号　中共北京市门头沟区委办公室北京市门头沟区人民政府办公室关于印发《门头沟区2020年双拥工作要点》的通知

京门办发〔2020〕5号　中共北京市门头沟区委办公室关于印发《中共北京市门头沟区委关于深入贯彻落实<中共北京市委贯彻《中共中央关于坚持和完善中国特色社会主义制度、推进国家治理体系和治理能力现代化若干重大问题的决定》的实施意见>的分工方案》的通知

京门办发〔2020〕6号　中共北京市门头沟区委办公室关于印发2020年度重点调研课题和重点关注调研课题的通知

京门办发〔2020〕7号　中共北京市门头沟区委办公室关于印发《区委常委会2020年议题计划》的通知

京门办发〔2020〕8号　中共北京市门头沟区委办公室关于印发《2020年门头沟区委督查工作要点》的通知

京门办发〔2020〕9号　中共北京市门头沟区委办公室北京市门头沟区人民政府办公室关于印发《门头沟区2020年度综合考评实施方案》的通知

京门办发〔2020〕10号　中共北京市门头沟区委办公室北京市门头沟区人民政府办公室印发《门头沟区关于落实<关于抓好“三农”领域重点任务 确保如期高质量实现全面小康的行动方案>的工作措施》的通知

京门办发〔2020〕11号　中共北京市门头沟区委办公室关于印发调整后的《中共北京市门头沟区第十二届委员会常委分工》的通知

京门办发〔2020〕13号　中共北京市门头沟区委办公室北京市门头沟区人民政府办公室关于印发《以红色门头沟党建为引领全面贯彻落实<北京市物业管理条例>的实施意见》的通知

京门办发〔2020〕14号　中共北京市门头沟区委办公室北京市门头沟区人民政府办公室关于印发《加强门头沟区物业管理工作提升物业服务水平（2020-2022年）三年行动计划》的通知

京门办发〔2020〕15号　中共北京市门头沟区委办公室北京市门头沟区人民政府办公室关于印发《门头沟区加强公共卫生应急管理体系建设三年行动计划（2020-2022年）》的通知

京门办发〔2020〕16号　中共北京市门头沟区委办公室关于印发对《中共北京市门头沟区第十二届委员会常委分工》调整的通知

京门办发〔2020〕17号　中共北京市门头沟区委办公室北京市门头沟区人民政府办公室印发《门头沟区关于加强新时代民营经济统战工作的实施意见》的通知

京门办发〔2020〕18号　中共北京市门头沟区委办公室北京市门头沟区人民政府办公室印发《关于区委、区政府文件制发工作的管理办法（试行）》的通知

京门办发〔2020〕19号　中共北京市门头沟区委办公室关于印发《北京市门头沟区区管国有企业领导人员选拔任用管理办法（试行）》的通知

京门办发〔2020〕20号　中共北京市门头沟区委办公室北京市门头沟区人民政府办公室印发《关于做好全区村和社区“两委”换届工作的实施意见》的通知

北京市门头沟区人民政府部分文件目录

北京市门头沟区人民政府文件

门政发〔2020〕8号　北京市门头沟区人民政府关于印发门头沟区食品摊贩备案管理办法（试行）的通知

门政发〔2020〕9号　北京市门头沟区人民政府关于印发门头沟区畜禽养殖禁养区划定方案的通知

门政发〔2020〕10号　北京市门头沟区人民政府关于公布门头沟区第七批区级非物质文化遗产代表性项目名录的通告

门政发〔2020〕16号　北京市门头沟区人民政府关于印发门头沟区国家生态文明示范区建设规划（2020-2030年）的通知

门政发〔2020〕15号　北京市门头沟区人民政府关于开展第七次全国人口普查的通知

门政发〔2020〕20号　北京市门头沟区人民政府关于印发门头沟区进一步构建高精尖产业结构促进高质量绿色发展若干措施的通知

门政发〔2020〕24号　关于印发门头沟区应对新冠肺炎疫情影响减免中小微企业房租成本若干措施的通知

门政发〔2020〕25号　关于印发门头沟区落实《进一步支持中小微企业应对疫情影响保持平稳发展若干措施》实施细则的通知

门政发〔2020〕27号　北京市门头沟区人民政府关于对载货汽车和专项作业车采取交通管理措施的通告

门政发〔2020〕36号　北京市门头沟区人民政府关于门头沟区新桥大街北口由西向北、由东向南全天禁止一切车辆向左转弯的通告

门政发〔2020〕38号　北京市门头沟区人民政府关于门头沟区部分道路禁止摩托车通行的通告

门政发〔2020〕40号　北京市门头沟区人民政府关于对部分载客汽车采取交通管理措施的通告

门政发〔2020〕44号　北京市门头沟区人民政府关于印发门头沟区征收城市基础设施建设费管理办法的通知

北京市门头沟区人民政府办公室文件

门政办发〔2020〕1号　北京市门头沟区人民政府办公室关于印发门头沟区污染防治攻坚战2020年行动计划的通知

门政办发〔2020〕2号　北京市门头沟区人民政府办公室关于印发门头沟区镇级公办养老机构管理体制改革工作方案的通知

门政办发〔2020〕3号　北京市门头沟区人民政府办公室关于印发门头沟区国家知识产权试点城区工作实施方案的通知

门政办发〔2020〕4号　北京市门头沟区人民政府办公室关于印发门头沟区推进城市安全发展实施方案的通知

门政办发〔2020〕5号　北京市门头沟区人民政府办公室转发区农业农村局关于门头沟区山区农民搬迁村（户）原址旧宅拆除专项整治工作方案的通知

门政办发〔2020〕8号　北京市门头沟区人民政府办公室转发区水务局关于进一步强化永定河河道管理范围内有关事项的通知

门政办发〔2020〕10号　北京市门头沟区人民政府办公室关于印发门头沟区落实北京市促进乡村民宿发

展指导意见实施方案的通知

门政办发〔2020〕11 号　北京市门头沟区人民政府办公室关于印发门头沟区 2020 年义务教育阶段入学工作实施细则的通知

门政办发〔2020〕12 号　北京市门头沟区人民政府办公室关于印发门头沟区 2020 年非本市户籍适龄儿童少年接受义务教育证明证件材料审核实施细则的通知

门政办发〔2020〕13 号　北京市门头沟区人民政府办公室关于印发门头沟区 2020 年就业工作重点任务分工实施方案的通知

门政办发〔2020〕14 号　北京市门头沟区人民政府办公室关于印发门头沟区区长副区长区政府党组成员工作分工的通知

门政办发〔2020〕19 号　北京市门头沟区人民政府办公室转发区商务局关于 2020 年门头沟区促进消费提档升级工作要点的通知

门政办发〔2020〕20 号　北京市门头沟区人民政府办公室转发区水务局关于门头沟区进一步加快推进城乡水环境治理工作三年行动方案（2019.7-2022.6）任务分工方案的通知

门政办发〔2020〕22 号　北京市门头沟区人民政府办公室关于印发门头沟区 2020 年消费扶贫行动方案的通知

门政办发〔2020〕23 号　北京市门头沟区人民政府办公室关于印发门头沟区落实重点企业“服务包”制度暨重点企业服务管家工作方案的通知

门政办发〔2020〕28 号　转发区园林绿化局关于门头沟区落实《北京市关于完善退耕还林后续政策的意见》实施方案的通知

门政办发〔2020〕31 号　北京市门头沟区人民政府办公室转发区文化和旅游局关于“门头沟小院 +”田园综合体实施方案的通知

门政办发〔2020〕34 号　北京市门头沟区人民政府办公室转发区文化和旅游局关于“门头沟小院”精品民宿扶持办法的通知

门政办发〔2020〕35 号　北京市门头沟区人民政府办公室关于废止部分行政规范性文件的通知

门政办发〔2020〕37 号　北京市门头沟区人民政府办公室关于印发门头沟区全国艾滋病综合防治示范区建设实施方案（2019-2022 年）的通知

门政办发〔2020〕39 号　北京市门头沟区人民政府办公室关于印发门头沟区区长副区长区政府党组成员工作分工的通知

门政办发〔2020〕40 号　北京市门头沟区人民政府办公室转发区生态环境局关于门头沟区 2020-2021 年秋冬季污染防治攻坚战任务分解工作方案的通知

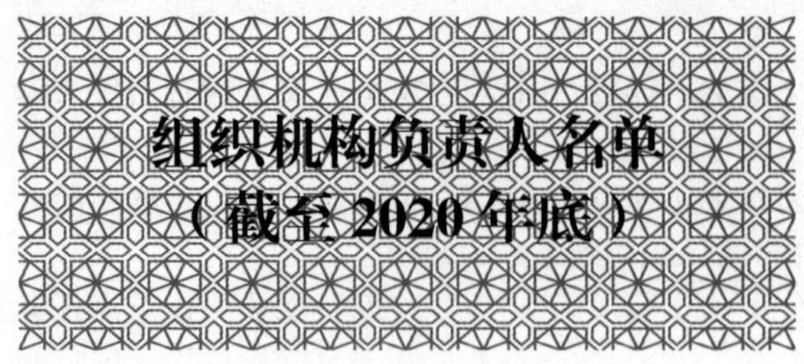

组织机构负责人名单（截至2020年底）

中共北京市门头沟区委员会

区 委 书 记　张力兵

区委副书记　付兆庚

彭利锋（7月免）

刘贵明（7月任）

区委常委　张力兵、付兆庚

彭利锋（7月免）

刘贵明（7月任）

张维刚（11月任）

陆晓光、张金玲（9月免）

范永红、王建华、

金秀斌、张翠萍（7月任）

李耀光（11月免）

李森林（11月任）、庆兆珅

区委办公室主任、区委保密委员会办公室主任、区国家保密局局长　金秀斌

区委组织部部长　王建华

区委组织部分管日常工作的副部长（正处级）

王培兰

区委宣传部部长　张金玲（9月免）

区委宣传部分管日常工作的副部长（正处级）

马占军（10月免）

宋爱民（10月任）

区委网信办主任　笪　艳（9月任）

区委统战部部长、区社会主义学院院长

张　永（8月免）

张翠萍（8月任）

区委统战部分管日常工作的副部长（正处级）

周博华（10月免）

马占军（10月任）

区委政法委书记　彭利锋（7月免）

刘贵明（7月任）

区委政法委分管日常工作的副书记（正处级）

李　健（12月免）

区委综合考评办主任　聂淑芳

区委研究室主任　夏名君

区直机关工委书记　金秀斌

区直机关工委分管日常工作的副书记（正处级）

梁增霞（4月免）

刘素芬（4月任）

区委编办主任　杜斌英（10月免）

周博华（10月任）

区委老干部局局长　张慧琦

区委巡察办主任　刘建文（6月免）

张书军（6月任）

区委党校（区行政学院、区社会主义学院）

常务副校长（常务副院长）　杜桂斌（4月免）

耿新民（4月任）

北京市门头沟区人民代表大会常务委员会

区人大常委会主任　陈国才

区人大常委会副主任许　彪、何　渊、李　伟

陈　波、张　焱（不驻会）

区人大常委会办公室主任　陈世杰（4月免）

孙隆盛（4月任）

区人大常委会研究室主任　尹晓君

区人大常委会代表联络室主任　李国庆

区人大常委会法制办公室主任　史雅琳

区人大常委会教科文卫办公室主任

穆春林（4月免）

李秋芳（4月任）

区人大常委会财政经济办公室主任

白晓芳（9月免）

区人大常委会城建环保办公室主任　曹志远

区人大常委会农村办公室主任　孙砚章

北京市门头沟区人民政府

区　长　付兆庚

副区长　陆晓光、庆兆珅、孙鸿博

赵北亭、张翠萍（11月免）

王　涛、李晓峰（4月任）

曹子扬（11月任）

区政府办主任　朱　凯

区发展改革委主任 曹子扬
区教委主任 陈江锋
区科技和信息化局局长 李世春
区民政局局长 韩兴无
区司法局局长 卫一平
区财政局局长 苗建军
区人力社保局局长 杜斌英（6月免）
贾莉莉（6月任）
区生态环境局局长 王九中（9月免）
冷 飞（9月任）
市规划和自然资源委员会门头沟分局局长
贾 骥
区住房城乡建设委主任 杨武平
区城市管理委主任 占永谦
区交通局局长 张旋里
区农业农村局局长 耿新民（4月免）
贾卫东（4月任）
区水务局局长 韩瑞昌
区商务局局长 杨少培
区文化和旅游局局长 刘贵清（10月免）
区卫生健康委主任 野京城（6月免）
陈立栋（6月任）
区审计局局长 王培训
区国资委主任 舒伯文
区应急管理局局长 刘振林
区体育局局长 刘树军
区统计局局长 刘握龙
区园林绿化局局长 杨树国（4月免）
周玉勤（4月任）
区人防办主任 张书军（7月免）
张雅利（9月任）
区信访办主任 夏淑强
区城管执法监察局局长 杜春涛
区政务服务管理局局长 阎丽春
区档案史志馆馆长 张慧军
区经管站站长 曹宝华（8月免）
赵明文（9月任）
区地震局局长 乔 韬

中国人民政治协商会议北京市门头沟区委员会

区政协主席 张 永
区政协副主席 张满仓、高连发、杜斌英
顾慈阳（不驻会）
郑华军（不驻会）
孙建新（不驻会）
区政协秘书长 付军利
区政协办公室主任 张 静（9月免）
杜 军（9月任）
区政协研究室主任 连玉华
区政协专委会工作一室主任 赵 凯（6月免）
刘建文（6月任）
区政协专委会工作二室主任 陈事毅
区政协专委会工作三室主任 安久亮
区政协专委会工作四室主任 艾德禄（10月免）
刘贵清（10月任）
区政协专委会工作五室主任 连春国（4月免）
郑华军（4月任）
区政协专委会工作六室主任 王亚君

中共北京市门头沟区纪律检查委员会

区纪委书记 范永红
区纪委副书记 贾志国、廖慧兰
李海龙（4月任）

北京市门头沟区监察委员会

区监委主任 范永红
区监委副主任 贾志国、廖慧兰
李海龙（4月任）

政法、军事

区人民法院院长 亓 纪
区人民检察院检察长 杨淑雅
区公安分局局长 孙鸿博
区人民武装部部长 李耀光（6月免）
王道岷（9月任）

群众团体

区总工会主席 陈 波
团区委书记 王 杨

区妇联主席 李秋芳（10月免）
梁增霞（10月任）
区科协主席 顾慈阳
区残联理事长 高增龙
区工商联主席 孙建新
区红十字会常务副会长 段铁军
区文联常务副主席 彭天和

镇、街道

潭柘寺镇党委书记 娄相峰
潭柘寺镇镇长 李岿然
永定镇党委（永定地区工委）书记 周　杨
永定镇（永定地区办事处）镇长（主任）
黄　景
龙泉镇党委（龙泉地区工委）书记 亓建军
龙泉镇（龙泉地区办事处）镇长（主任）
刘　学
军庄镇党委书记 高建光
军庄镇镇长 王　垚
妙峰山镇党委书记 丁章春（2月免）
姜春山（2月任）
妙峰山镇镇长 姜春山（8月免）
陈连军（8月任）
王平镇党委（王平地区工委）书记 刘甫通
王平镇（王平地区办事处）镇长（主任）
冯　涛
雁翅镇党委书记 孙东宇
雁翅镇镇长 张雅利（9月免）
白晓芳（9月任）
斋堂镇党委书记 李文凯
斋堂镇镇长 谢晓东（8月免）
晋卫华（8月任）
清水镇党委书记 贾卫东（4月免）
崔兴珠（4月任）
清水镇镇长 崔兴珠（7月免）
杨雪飞（7月任）
东辛房街道党工委书记 张学明
东辛房街道办事处主任 苑芳洁
大峪街道党工委书记 周玉勤（4月免）
李红忠（4月任）
大峪街道办事处主任 李红忠（4月免）
李　静（4月任）
城子街道党工委书记 金　涛
城子街道办事处主任 于　彤
大台街道党工委书记 李宗荣
大台街道办事处主任 张　胜（9月免）
赵金亮（9月任）

事业单位

区机关后勤服务中心主任 张晓明
区环卫中心主任 闫　强
北京百花山国家级自然保护区管理处主任
刘　东
区融媒体中心主任 宋　奇（3月免）
苏燕平（3月任）
石龙经济开发区服务中心主任
王元真（12月任）
区房屋征收事务中心主任 李　超
区公共工程服务中心主任 张　冉
区棚改中心主任 张　冉

区管重要企业

北京京门商业投资发展有限公司
党委书记、董事长 宋建筑
北京京门国有资产经营中心党委书记
陶鹏典（3月免）
衣丰飞（3月任）
北京京门国有资产经营中心
党委副书记、总经理 陶鹏典
北京市门头沟区供销社党委书记、主任
王智辉（10月免）
张卫东（10月任）
北京京西山水文化旅游投资控股有限公司
党总支书记、董事长 衣丰飞（3月免）
王　冰（3月任）
北京京西山水文化旅游投资控股有限公司
党总支副书记、总经理 王　冰（3月免）
徐　帅（3月任）
北京京西门城基础设施投资建设有限公司
党总支书记、董事长 张中亭
北京京西鑫融投资管理有限公司
党支部书记、董事长 刘　春
北京石龙经济开发区投资开发有限公司
党总支书记、董事长 刘　春

索 引

说 明

1. 本索引采取主题索引，也称内容分析索引法编制。主题词以《北京门头沟年鉴（2020）》正文中出现的专业名词或名词词组、机构名等为主。

2. 索引的文字部分称为标目，标目之后的数字为其在正文中出现的页码，数字后的英文字母（a、b,c）表示正文中的栏别（从左至右）。部分标目后面有若干个页码，则表示该标目均在这些页码出现。

3. 本索引按汉语拼音音序排列，汉字打头的标目按首字母的音序音调依次排列，首字相同时，则以第二字排序，依此类推；以阿拉伯数字打头的主题词，排在最前面；以英文字母打头的主题词，列于其次。

4. 类目中的《特载》《专文》《附录》栏目内容不在索引范围内。

1–9

A–Z

A

B

C

D

E

F

G

H

J

K

L

M

N

P

Q

T

W

X

Y

Z